AtV **Texte zur Zeit**

Der Prager Slansky-Prozeß des Jahres 1952 war unter den osteuropäischen Schauprozessen zu Beginn der fünfziger Jahre der brutalste. Unter unsinnigen Vorwürfen wurden elf hochrangige Politiker zum Tode, drei zu lebenslanger Haft verurteilt. Rudolf Slansky, vordem Generalsekretär der Kommunistischen Partei der Tschechoslowakei, dann stellvertretender Ministerpräsident, war der prominenteste von ihnen.

Artur London, einer der drei Überlebenden, rekapituliert in seinem Buch den Hergang der Untersuchung sowie die Hintergründe dieses Justizskandals. Was dabei beschrieben wird, ist von alptraumartiger Absurdität und Bedrückung: der überzeugte Kommunist, der Spanienkämpfer und KZ-Häftling in Mauthausen muß erkennen, daß seine Verhaftung keineswegs irrtümlich erfolgte, sondern von langer Hand lanciert war, daß die grausamen Foltern keineswegs Verfehlungen übereifriger Beamter waren, sondern gezielte Methode, Geständnisse zu erpressen. Auch der Antisemitismus der Ankläger, von ihnen in den Vorwurf des „Zionismus" gekleidet, erwies sich nicht als Zufälligkeit. In schreckliche Verlängerung der Moskauer Prozesse der dreißiger Jahre wurde die blutige Kontinuität der Stalinschen Herrschaft behauptet.

Aber nicht nur die „große Politik" wird in Londons Erinnerungen beleuchtet und in ihrer primitiven Menschenverachtung bloßgestellt. Auch und vor allem die privaten Wirren sind es, die diesen Bericht zu einem erschütternden Dokument machen.

Artur London

Ich gestehe

Der Prozeß
um Rudolf Slansky

Deutsch von Willy Thaler

Aufbau Taschenbuch Verlag

Titel der französischen Originalausgabe
L'Aveu

ISBN 3-7466-0043-X

1. Auflage 1991
Aufbau Taschenbuch Verlag GmbH, Berlin
© Editions Gallimard, Paris 1968
©Hoffmann und Campe Verlag, Hamburg 1970 (deutsche Übersetzung)
Reihengestaltung Sabine Müller, FAB Grafik-Design, Berlin
Einbandgestaltung Sabine Müller, FAB Grafik-Design, Berlin
Druck und Binden Elsnerdruck
Printed in Germany

Inhalt

Erster Teil	Kolodeje	9
Zweiter Teil	Ruzyne	107
Dritter Teil	Wechsel in der Verschwörung	195
Vierter Teil	Prozeß in Pankrac	279
Fünfter Teil	Meine Familie	331
Sechster Teil	Die Wahrheit wird siegen	389
Zwölf Jahre später		454
Chronologische und biographische Anhaltspunkte		456
Historische Anhaltspunkte		458
Personenregister		462

Für meine Leidensgefährten, die unschuldig hingerichtet wurden oder im Gefängnis starben,
Für alle unschuldigen Opfer der Prozesse,
Für alle Kampfgenossen, bekannte und namenlose, die ihr Leben hingaben für die Errichtung einer besseren Welt,
Für alle diejenigen, die den Kampf weiterführen, um dem Sozialismus sein menschliches Antlitz wiederzugeben.

Was ist aus der Welt der Kindergeschichten geworden, in der man mit Groschen rechnete und Grenzen überschritt, ohne sich darum zu kümmern? Sahen wir auch die aufsteigenden Wolken am Horizont, ahnten wir die Tragödie voraus - wer konnte sie sich in seinem eigenen Heim vorstellen, die eingeschlagenen Türen, die verstreuten Patiencekarten, die armseligen Dinge, die einem gesichert schienen - und da standen wir nun, vor Schreck erstarrt oder in Aufruhr, und klammerten uns an das, was vom Zweifel unangetastet erschien, und fanden noch in der alten Zuversicht die Kraft zum Überleben.

Louis Aragon
La mise à mort.
(Der Todesstoß)

Erster Teil
Kolodeje

1

Ich kann nicht mehr. So schwer es mir gefallen ist, habe ich am Sonntag beschlossen, zu Ossik zu gehen und ihn zu bitten, mir auch noch dies eine Mal zu helfen. Ossik - Oswald Zavodsky, der Chef des Staatlichen Sicherheitsdienstes - ist seit dem Spanischen Bürgerkrieg und dem Widerstand in Frankreich mein Freund. Wir waren zusammen in Mauthausen. Aber seit einigen Monaten kann ich nicht mehr übersehen, daß er mir ausweicht, sogar vor mir flieht. Ich habe den Eindruck, daß er der Welle des Verdachts innerhalb der Partei und des Landes einfach nicht zu widerstehen vermag. Unsere gemeinsame Vergangenheit müßte aber doch in seinen Augen eine Garantie bedeuten. Sollte er feige geworden sein? Vielleicht sehe ich die Dinge anders als er.

Seit Pavlik und Feigl verhaftet wurden, habe ich den Eindruck, verfolgt zu werden, besonders seit Noel Field verschwunden ist und sein Name im Rajk-Prozeß erwähnt wurde. Es wäre doch so einfach, mein Verhältnis zu ihnen zu klären. Man hat mich vernommen. Lang und eingehend. Ich glaubte, das sei zu Ende, aber nun hat das Beschatten wieder begonnen, dieses offensichtliche Nachspüren, das mehrere Leute in meiner Umgebung tatsächlich bemerkt haben. Auch mein Chauffeur. Später sollte ich erfahren, daß der Sicherheitsdienst ihn beauftragt hatte, ihm lückenlose Berichte, auch über meine geringfügigsten Fahrten und Ausgänge, zu liefern. Meine Lage im Außenministerium wird unhaltbar.

Ossik wohnt in einem der großen Gebäude in Letna, gegenüber dem Innenministerium, in dem eine Anzahl von Beamten untergebracht sind. Ich suche zuerst Oskar Valeš auf, der beim Sicherheitsdienst arbeitet und auch dort wohnt. Wir sind seit Spanien sehr befreundet geblieben. Er ist kein engherziger Mann, auch seine Arbeit hat ihn nicht verändert. Ich weiß, daß ich mich ihm anvertrauen, mit ihm offen sprechen kann.

Ich habe mich nicht getäuscht. Sobald ich ihm meine Lage dargestellt habe, bietet er mir spontan an, mich zum Zweck einer Aussprache zu Zavodsky zu begleiten.

Zavodsky ist nicht allein. Tonda Svoboda und Otto Hromadko sind bei ihm, letzterer in Begleitung seiner beiden kleinen Töchter. Sie seien zufällig bei ihrem Sonntagsspaziergang in diese Gegend gekommen, sagen sie. Da sie also schon in der Nähe waren, kamen sie herauf. Aber ist es nicht eher irgendeine Unruhe oder gar ein Unbehagen, das sie gleichsam unbewußt hierhergeführt hat? Einfach das Bedürfnis, sich bei Ossik zu erkundigen?

Ossik hat Pavel aus dessen Wohnung im oberen Stockwerk geholt. Nun sitzen wir sechs Veteranen aus dem spanischen Krieg dort beisammen.

Wo aber bleibt unsere einstige Begeisterung, wo die Freude, einander wiederzutreffen und von unseren Erinnerungen aus Teruel, Madrid, der Casa de Campo, aus Albacete zu reden?
Wir sprechen nur mehr von dem, was gegenwärtig in unserem Land vorgeht, das heißt von den Verhaftungen. Von der Festnehmung Šlings, auch er ein alter Kämpfer aus Spanien, Mitglied des Zentralkomitees der Kommunistischen Partei und Sekretär des Brünner Gebiets. Und von anderen, die wir kennen. Will man Joseph Pavel glauben, so ist das noch gar nichts gegen weitere drohende Gefahren. Es sei zu erwarten, daß wir bald auch bei uns eine Affäre Rajk erleben werden.
Pavel ist seit einigen Wochen nicht mehr stellvertretender Innenminister. Zuerst wurde er zum Kommandanten der Grenzwache ernannt und dann als Schüler in die zentrale Parteischule geschickt. Svoboda leitet nicht mehr die Abteilung der Streitkräfte des Zentralkomitees der Partei; man hat ihn zur »Perfektionierung« in die Militärakademie geschickt. Ebenso war Otto von der Parteileitung der Armee in die Militärakademie versetzt worden. Nur Oskar Valeš und Zavodsky üben ihre Funktion noch aus. Was mich betrifft, so wäre ich recht gern aus dem Außenministerium geschieden. Pavel behauptet, mit seiner Versetzung zufrieden zu sein. Und bei unserem Gespräch über all diese Versetzungen fügt er hinzu: »Als wir den Bericht über die ehemaligen Freiwilligen der Brigaden schrieben und ihn der Partei schickten, war das wirklich ein guter Einfall; auf diese Weise haben wir vielleicht so manches Mißverständnis vermieden und die alten Spanienkämpfer vor der Säuberung bewahrt, die jetzt im Gang ist.«
Ossik fragt mich, ob es bei mir etwas Neues gebe. Er ist ganz betroffen, als er erfährt, daß seine Intervention wohl für einige Zeit die Beschattung unterbrochen hat, deren Gegenstand ich bin, daß sie jedoch seit drei Tagen von neuem begonnen hat. Er geht nervös auf und ab: »Bist du sicher, daß du dich nicht täuschst? Warum vermutest du, daß es Wagen des Sicherheitsdienstes sind?«
Ich trete ans Fenster. Unten erblicke ich den Wagen, der mir gefolgt ist. Ich zeige ihn Ossik und reiche ihm den Zettel, auf welchen ich die Nummern der Wagen geschrieben habe, die mir in den letzten Tagen auf den Fersen waren. Lange betrachtet er den Zettel und sagt nichts.
Ich erkläre den anderen, die, Oskar Valeš ausgenommen, nicht auf dem laufenden sind, was mir da passiert. Sie nehmen die Sache nicht tragisch. Tonda Svoboda macht Witze über die »Polypen« und ihre Manien. Hromadko bemerkt zu Ossik: »Die Schuster haben immer die schlechtesten Schuhe!«
Nur Pavel reagiert nicht. Er schweigt. Man fühlt seine innere Spannung. Nach einiger Zeit wendet er sich an Ossik: »Wenn das trotz deiner Inter-

vention weitergeht, so ist es ernst! Du mußt unbedingt herausfinden, woher die Befehle gekommen sind. Und wenn sie von der Seite kommen, von der ich es glaube, gib acht, denn das könnte sehr gefährlich sein!« Ich höre ihm erstaunt zu, denn ich verstehe nicht, *wen* er im Sinn hat.
Ossik wird immer nervöser. Das Gespräch stockt. Pavel verabschiedet sich als erster, bald folgen ihm die anderen nach. Auch ich gehe. Ich fahre langsam und beobachte dabei im Rückspiegel den Wagen des Sicherheitsdienstes. Ich bin wütend und gleichzeitig gekränkt. Haben die keine anderen Sorgen?
So komme ich nach Hause. Am späten Nachmittag steige ich wieder in meinen Wagen; ich will ins Ministerium, um die Zeitungen zu holen. Da man mich wieder verfolgt, beschließe ich, einen anderen Weg einzuschlagen und nochmals zu Ossik zu fahren.
Diesmal ist er allein und scheint nicht gerade entzückt, als er mir die Tür öffnet. Bevor ich noch sagen kann, was mich zu ihm führt, will er wissen, ob man mir auf dem Weg zu ihm wieder gefolgt sei. Als ich es bejahe, erbleicht er. Dann knipst er das Licht aus und geht ans Fenster, um sich den Wagen auf der Straße anzusehen, den ich ihm zeige.
Ich explodiere: »Ich habe genug von der ganzen Geschichte! Was will man denn noch von mir? Habe ich nicht alle eure Fragen über Field beantwortet? Habe ich euch nicht einen ausführlichen Bericht über die Beziehungen gegeben, die ich zu ihm hatte? Nichts leichter für euch, als nachzuprüfen, ob das, was ich gesagt habe, wahr ist. Ihr dürft mich doch nicht für einen Dummkopf halten! Ich weiß, daß Field in Ungarn gefangen ist. Worauf wartet ihr noch, um mich ihm gegenüberzustellen, wenn ihr mir nicht glaubt?«
Damals ahnte ich bei weitem noch nicht, daß der Sicherheitsdienst jeden Menschen dazu bringen kann, alles Erdenkliche über sich und andere auszusagen...
Da ich schon in Schwung bin, werfe ich Ossik sein Verhalten in letzter Zeit vor: »Du läßt deine Kameraden fallen. Wenn man mich aufs Korn nimmt oder Dora Kleinova, so wird damit auch auf dich gezielt, darüber bist du dir wohl nicht klar.«
Dann erzähle ich ihm von dem Gespräch, das ich vor kurzem mit ›seinem‹ Minister, Ladislav Kopřiva, geführt habe. Kopřiva war bis Mai 1950 für die Kaderabteilung des Zentralkomitees verantwortlich. Dann wurde er zum Leiter des Sicherheitsministeriums ernannt, das man eben geschaffen hatte, indem man verschiedene Abteilungen, darunter die Zavodskys, vom Innenministerium loslöste. Kopřiva hatte mich nur kommen lassen, um mir Fragen über Zavodsky zu stellen; dabei mußte ich ihm versprechen, nichts davon verlauten zu lassen. Doch nun, unter vier Augen, kann dieses Versprechen keine Geltung mehr haben. »Je-

mand beschuldigt dich, während des Krieges Verrat geübt zu haben. Dieser Jemand behauptet sogar, du hättest den Tod von mehreren Genossen auf dem Gewissen...«
Ossik antwortet, er habe von der Sache gehört, jedoch nie geglaubt, daß man derartigen Anklagen Bedeutung beimessen werde. »Und was hast du Kopřiva gesagt?« - »Ich habe darauf hingewiesen, daß dein Verhalten stets als untadelig angesehen wurde und daß die französische Partei es bezeugen kann.« Ich fahre fort: »Anstatt nur daran zu denken, dich von uns zu distanzieren, tätest du besser daran, diese ganze Atmosphäre des Mißtrauens um uns zu klären. Du sagst mir, du hast Weisung erteilt, daß ich nicht mehr belästigt werden soll. Schließlich bist du der Chef des Sicherheitsdienstes; dann erkläre mir doch, wieso man über deinen Kopf hinweg handeln kann?«
Er hat nicht versucht, mich zu unterbrechen. Er blickt auf mich, besser gesagt, durch mich hindurch, ohne mich zu sehen. Ich bin es, der bei ihm Hilfe zu suchen kam, doch ist er ebenso erschreckt, ebenso hilflos wie ich. Muß er denn nicht auf Grund seiner Stellung von all dem wissen, was da gebraut wird?
Immer nervöser geht er im dunklen Zimmer auf und ab. Nur die Straßenlaterne beleuchtet uns. Er redet unzusammenhängend, und es gelingt mir nicht, dem Faden seiner Gedanken zu folgen. Er hat Angst und versucht nicht mehr, sie zu verbergen. Schließlich verspricht er mir, meinen Fall noch einmal zu prüfen und mir Nachricht zu geben.
Ich verlasse ihn.
Als ich mich verabschiede, bittet er mich noch, ganz langsam loszufahren. Er will sich vergewissern, daß es sich bei meiner Verfolgung tatsächlich um einen Wagen des Sicherheitsdienstes handelt. Doch ist er offensichtlich bereits nicht mehr im Zweifel darüber.
Wie verabredet fahre ich langsam an. Sofort setzt sich auch der schwarze Wagen in Bewegung. Nun bekomme ich wirklich Angst. Welche dunkle Macht verbeißt sich so in mich? Wie soll ich mir erklären, daß ich trotz ausdrücklicher Weisungen von seiten des Leiters des Staatssicherheitsdienstes Tag und Nacht von dessen Wagen verfolgt werde?
Und Ossiks Verstörung? Ich kann sie nicht begreifen, und deshalb erfaßt mich diese Angst, aus der Tiefe der Beklommenheit, die mich seit so langer Zeit schon nicht mehr verläßt.
Es drängt mich nach Hause, zu den Meinen, ich will meinen schwarzen Gedanken entkommen. Das Stammeln Michels, dessen ersten Geburtstag wir vor kurzem gefeiert haben, die Spiele Gérards und Françoise', die Gespräche mit meiner Frau und ihren Eltern bedeuten mir gewöhnlich eine Entspannung. Heute aber sind sie ohne Wirkung. Ich habe das Gefühl, daß alles für mich ein schlechtes Ende nehmen wird. Und was

soll dann aus ihnen allen werden? Sie sind Fremde in unserem Land, sie sprechen nicht seine Sprache.
Montag früh, als ich ins Ministerium fahre, folgt mir wieder ein Wagen. Doch mittags, abends, am nächsten Tag - nichts mehr. So vergeht die Woche. Ich beruhige mich ein wenig, ohne daß es mir jedoch gelingt, die mich quälenden Sorgen loszuwerden. Ich stürze mich Hals über Kopf in die Arbeit. Seit diese Beschattung auf mir lastet, bemühe ich mich, jede meiner Aufgaben mit besonderer Aufmerksamkeit zu erledigen, da ich weiß, daß der geringste Fehler als feindselige Handlung ausgelegt werden könnte.
Ein Telefonanruf von Ossik. An seiner Stimme merke ich seine Erleichterung, als ich ihm sage, daß die Verfolgung nach seiner Intervention aufgehört hat.
Auch ich versuche mich zu beruhigen, aber nichts zu machen. Ich beschließe, noch einmal mit meinem Chef Široky zu sprechen, der seit der Kaltstellung von Clementis im März 1950 Außenminister ist. Ich werde ihm erzählen, was vorgeht, und ihm diesmal unwiderruflich meinen Rücktritt melden. Er kennt mich gut. Wir haben in den Jahren 1939 bis 1940 in Paris eng zusammengearbeitet. Fast ein Jahr lang trafen wir täglich zusammen. Er weiß, daß ich alle schwierigen Aufgaben, die mir damals von der Delegation der tschechoslowakischen Kommunistischen Partei in Frankreich, der er angehörte, anvertraut wurden, gewissenhaft und mit Erfolg erledigt habe. Er kennt auch meine ganze Familie, von der er herzlich aufgenommen worden war. Er weiß von meinen Unannehmlichkeiten, seit sie letztes Jahr begonnen haben; ich habe ihn von der ganzen Sache in Kenntnis gesetzt. Er weiß, daß ich bei meinem Aufenthalt in der Schweiz 1947, wo ich wegen eines Tuberkuloserückfalls - einer Folge meiner Deportation nach Mauthausen - behandelt wurde, Noel Field kennenlernte und durch seine Vermittlung vom *Unitarian Service*, dessen Leiter er war, Unterstützung erhielt. Durch Široky lernte ich in Paris 1939 auch Pavlik und Feigl kennen. Schließlich weiß er, daß ich, sobald ich den Argwohn des Sicherheitsdienstes gegen mich bemerkte, die Leitung der Partei ersucht habe, mich von meinem Posten als stellvertretender Minister zu entheben, da ich mich nicht mehr von dem für die Erfüllung einer solchen Aufgabe notwendigen Vertrauen umgeben fühlte.
Ich weiß wohl, daß Širokys Verhalten mir gegenüber nicht so war, wie ich es erwartet hatte, und daß er für meine Befürchtungen mitverantwortlich ist. Aber ich bin sicher, daß wir diese Frage jetzt endlich regeln werden, daß er mich verstehen und dann meinen Rücktritt gutheißen wird.
Da ich mich nun entschieden habe, ist mir besser zumute.

Dann rechne ich mir aus, daß ich Široky schon seit zwei Wochen nicht mehr gesprochen habe. Er hat die üblichen Zusammenkünfte der stellvertretenden Minister nicht mehr einberufen. Meine Kollegen wurden einzeln in sein Arbeitszimmer gerufen, um die laufenden Angelegenheiten zu regeln. Mir ließ er durch seine Sekretärin sagen, er sei mit Arbeit überhäuft und ich solle ihm meine Akten durch sie vorlegen lassen. In meiner Arbeit aufgehalten, ersuchte ich sie, dem Minister mein Befremden auszudrücken. Ohne Ergebnis. Dann wandte ich mich an sie, um eine dringende private Besprechung zu erbitten. Sie wurde von einem Tag zum anderen verschoben. Schließlich, am Samstag, als ich denke, es wird nie dazu kommen, teilt mir die Sekretärin mit, Široky wolle mich gleich Montag früh empfangen.
Zu dieser Verabredung sollte ich nicht mehr erscheinen. Und Široky mußte das bereits wissen.

2

Hier nun der verhängnisvolle Sonntag, der 28. Januar 1951. Tonda Havel ist gerade bei uns. Ich habe ihn durch Otto Hromadko kennengelernt. Er war Landarbeiter und ist im Jahre 1933 der Partei beigetreten. Im Augenblick ist er Verwalter einer staatlichen Farm. Bei ihm ersetzt die praktische Erfahrung auf den Feldern ein Diplom, und er gerät mit den lokalen und regionalen Chefs in Gegensatz, die mechanisch die Weisungen von oben befolgen, auch wenn der gesunde Menschenverstand ihnen beweisen muß, daß die natürlichen Bedingungen sich für die verlangten Experimente nicht eignen. Seiner Ansicht nach sind viele Posten mit Unfähigen besetzt, die das ABC ihrer Aufgaben nicht kennen. Kurz, er ist in Prag, um mit Smrkovsky, dem Generaldirektor der staatlichen Bauerngüter und Wälder, zusammenzutreffen. Beide waren vor dem Krieg Mitglieder der Kommunistischen Jugend. Ich verspreche Havel, ihm für morgen, Montag, eine Zusammenkunft zu erwirken. Er ist sehr froh; Smrkovsky wird ihn anhören, wird die Probleme in Ordnung zu bringen verstehen.
Meine Frau liest gerade *Loin de Moscou* (Fern von Moskau) zu Ende. Sie findet den Roman überaus lehrreich. »Jeder Kommunist sollte ihn lesen«, sagt sie mir. »Auch du.«
Lise hat ihre ganze Jungmädchenfrische bewahrt: man muß sehen, wie sie sich begeistert, leidenschaftlich Partei ergreift und ihrer ganzen Umgebung ihre Überzeugung beibringen will. In alles, was sie tut, legt sie

ihre Seele hinein. Für ihre Freunde ist sie zu jedem Opfer bereit, jedoch streng und unbeugsam, wenn es um die Pflicht der Kommunisten geht. Ihr Glaube an ihr Ideal ist rein, und ihr Vertrauen zur Partei und zur UdSSR unbegrenzt.
Für sie lassen sich die Hauptprinzipien der politischen Tätigkeit einfach formulieren: »Wer an der Partei zu zweifeln beginnt, hört auf, Kommunist zu sein.« »Am Ende siegt immer die Wahrheit.« Sie glaubt mit eiserner Überzeugung daran, daß unsere augenblicklichen Schwierigkeiten bald beendet sein werden. Oft sagt sie mir: »Was haben wir zu befürchten, da unser Gewissen für uns ist?«
Ich habe Bedenken, ihr meine Bestürzung zu zeigen, ihr meine Sorge, mein Bangen, meine Angst mitzuteilen. Doch andererseits, wem kann ich mich anvertrauen, wenn nicht ihr ...
Nach dem Mittagessen muß ich Havel zu Otto bringen. Ich gehe in den Garten, wo meine Frau mit dem Jungen spielt. Françoise ist nicht da, sie ist zur Geburtstagsfeier einer ihrer Schuldfreundinnen gegangen.
An die Gittertür gelehnt, betrachte ich Lise; sie drückt unseren kleinen Michel an sich, der sich in die Falten ihres weiten Capes schmiegt. Gérard läuft um sie herum.
Ich trenne mich nur schwer von ihnen und bitte Lise, mit den Kindern auf eine Spazierfahrt mit in die Stadt zu kommen. Ich merke, daß sie das gern tun würde. Aber Gérard ist auf sein Spiel versessen und sagt: »Du hast mir versprochen, heute mit mir zu spielen. Ich will nicht spazierenfahren.«
»Ein Versprechen muß man halten«, sagt Lise lächelnd. »Fahr nur und komm bald wieder!«
Ich küsse sie und verlasse sie nur schweren Herzens. Ich sollte diesen letzten Anblick meiner Frau und der Jungen nicht mehr vergessen.
Ich bin schon so an das Beschatten gewöhnt, daß ich mechanisch im Rückspiegel nachsehe. Erfreut stelle ich fest, daß ich auch heute nicht verfolgt werde.
Ich fahre am Schloß vorbei und werfe wieder einmal einen bewundernden Blick auf die Stadt zu unseren Füßen. Sie ragt aus violettem Dunst empor, von dem sich das matte Rot, die Bronze- und Goldtöne der alten Dächer abheben. In den Straßen sieht man zahlreiche, in warme Winterkleider gehüllte Fußgänger. Plötzlich erscheint ein Tatra in meinem Rückspiegel, einer jener Wagen, die mir schon manchmal gefolgt sind. Ein unheimliches Vorgefühl bemächtigt sich meiner. Ich bitte Havel, die Nummer des Wagens zu notieren. Absichtlich mache ich mehrere Umwege und ersuche Havel festzustellen, ob derselbe Wagen uns weiter folgt. »Ja«, sagt er. »Was geht denn da vor?«
»Wir durchleben eine für die Kommunisten schwierige Zeit; es gehen

ernste Dinge vor, die man im Interesse der Partei klären muß. Aber alles kommt wieder in Ordnung.«
Ich glaube nicht, daß er den Sinn meiner Worte versteht. Er schweigt.
Ich überhole eine Gruppe Spaziergänger und erkenne Dora Kleinova, die den Wagen ihres kleinen Jungen schiebt. Ich habe sie in Spanien kennengelernt, wo sie als Ärztin bei der internationalen Brigade tätig war; dann traf ich sie in Frankreich während des Krieges bei einer tschechischsprechenden Gruppe der MOI*. Sie war in Paris verhaftet und nach Auschwitz deportiert worden; von dort war sie zurückgekommen und wollte nach Polen heimkehren. Nach einem Pogrom in Kielce hatte sie jedoch beschlossen, sich endgültig in Prag niederzulassen, wo sie seinerzeit Medizin studiert hatte. Hier lernte sie Gisela kennen, die Frau des Schriftstellers Egon Erwin Kisch, die sie heute begleitet.
Sie bemerken mich, lächeln mir zu, und ich winke ihnen zum Gruß. Ich weiß, daß es auch bei ihnen in letzter Zeit Schwierigkeiten gibt. Auch sie kannten Field, aber ich denke, daß sich für sie alles wieder eingerenkt hat, während, was meine Person anlangt, ich den Eindruck habe, daß ich mit vollen Segeln auf eine Katastrophe zusteure.
Havel kann nicht verstehen, wieso ich als alter politischer Kämpfer, Spanienveteran, Widerstandskämpfer, Gegenstand einer solchen Überwachung sein kann. Er ist darüber entrüstet. Ich erkläre ihm, daß ich in eine dunkle Affäre verwickelt bin, deren Ausgang mir, trotz meiner Unschuld, unsicher erscheint. Im Laufe unseres Gesprächs erreichen wir das Haus Hromadkos. Es liegt in einer kleinen Straße hinter dem alten Parlament, der Valentinska. Havel verabschiedet sich. Einen Augenblick bin ich versucht, ihm zu folgen, um bei Otto neue Kraft zu schöpfen. Ich verzichte aber darauf, da ich ihn nicht kompromittieren will.
Der Wagen des Sicherheitsdienstes hält hinter mir; am Ende der Straße stellt sich ein zweiter Wagen des gleichen Typs mit drei Insassen an den Rand. Ich fahre los, ich weiß gar nicht mehr, welchen Weg ich nehme.
Ich würde Ossik gern nochmals aufsuchen, entschließe mich jedoch unterwegs, ihn vorher anzurufen. Ich kann da noch nicht ahnen, daß er, Valeš und andere bereits am Vortag verhaftet worden sind. Ich fahre also ins Ministerium.
In dem Augenblick, da ich das Gebäude betrete, bleiben die beiden Wagen neben dem meinen stehen. Ich werde nicht mit Ossik telefonieren, sondern direkt zu ihm fahren. Ich wechsle ein paar Worte mit dem Portier und setze mich wieder ans Steuer.

---

* *Main-d'Oeuvre Immigrée,* Name der Zentralabteilung der Kommunistischen Partei Frankreichs, der die politische Arbeit bei den eingewanderten Arbeitern oblag.

Die beiden Wagen folgen mir. Ich will zuerst nach Hause, um Lise über die Vorgänge zu benachrichtigen; dann werde ich zu Ossik fahren.
Dreihundert Meter weiter, als ich in die Gasse einbiege, die am Toskanischen Palais vorbeiführt, überholt mich einer der Wagen, schlängelt sich vor, bleibt jäh stehen und versperrt mir den Weg. Sechs bewaffnete Männer springen aus den beiden Wagen, reißen mich von meinem Sitz, legen mir Handschellen an und werfen mich in das erste Auto, das brausend losfährt. Ich wehre mich. Ich protestiere. Ich verlange zu wissen, wer die Männer sind. Man verbindet mir die Augen. »Halt's Maul! Stell keine Fragen! Du wirst schon noch rechtzeitig erfahren, wer wir sind!«
Das ist keine Verhaftung - es ist ein Kidnapping. So beschreibt man derlei in den Kriminalfilmen oder den Kriminalromanen. Ich fand sie immer ein wenig übertrieben. Und plötzlich bin ich selbst ein solches Opfer - am hellichten Tag, in einem Wohnviertel von Prag. Ich bin schon so weit, an die Aktion eines umstürzlerischen Kommandos zu denken. Man flüstert in letzter Zeit, daß westliche Geheimdienste bewaffnete Gruppen geschickt haben, daß es zu Schießereien mit den Leuten des Sicherheitsdienstes gekommen sei...
Ich fasse mich ein wenig. Ich protestiere nochmals. Ich verlange, man solle mir die Binde von den Augen nehmen und mir die Kennkarten der Leute zeigen, die mich festgenommen haben. »Maul halten! Du hast nichts zu verlangen. Für dich ist's aus!«
Der Wagen fährt durch die Stadt. Ich höre den Lärm der Straßenbahnen und Autos, die an uns vorbeifahren. Wir halten mehrmals an. Die Männer flüstern. Einer von ihnen steigt für einen Augenblick aus, kommt aber wieder. Erneutes Geflüster, wir fahren weiter. Ich habe den Eindruck, daß wir im Kreis fahren, und das Warten wird immer beängstigender.
Endlich steigt nach einem kurzen Aufenthalt einer der Männer wieder in den Wagen und sagt: »In zwanzig Minuten können wir hinfahren.«
Wir fahren wieder. Der Lärm nimmt ab. Dann knirschen die Räder über Kies. Hände fassen mich, schieben mich aus dem Wagen und in einen Gang. Wir steigen über Treppen auf und ab, gehen durch einige Korridore. Endlich, nach allerlei Umwegen, nimmt man mir die Binde von den Augen und befreit mich von den Handschellen. Ich befinde mich in einem kleinen, leeren, fensterlosen Raum, den nur eine winzige Glühbirne über einem Tisch in einem Winkel erhellt. Der Rest des Raumes liegt im Dunkeln.
Ich werde gezwungen, mich zu entkleiden, ein Drillichgewand ohne Knöpfe und unförmige Pantoffel anzuziehen. Ich verlange, sofort zu einem Verantwortlichen der Partei gebracht und von ihm verhört zu werden, was mir eine Flut von Beschimpfungen und Drohungen ein-

trägt. Die wenigen Wertsachen, die ich bei mir trage, werden mir abgenommen, und ich muß eine Quittung unterschreiben. Die Darexbons*, die ich auf den Tisch lege – im Werte von etwa 1200 Kronen –, nimmt einer meiner Kidnapper an sich und eilt auf die Tür zu. Ein anderer läuft ihm nach: »Wohin gehst du damit? Laß das auf dem Tisch liegen.« Später sollte ich feststellen, daß mir alles gestohlen worden war.

Wieder verbindet man mir die Augen, diesmal mit einem so festgeknüpften Handtuch, daß es mir fast den Atem raubt. Wieder wandere ich durch Korridore, steige Treppen auf und ab, ohne den Mauern ausweichen zu können, gegen die man mich stößt. Schließlich reißt man mir brutal die Binde ab. Ich stehe in einer Zelle; in einer Ecke gibt es zwei zusammengelegte Decken und eine Matratze.

Ehe die Tür geschlossen wird, ein Befehl: »Niedersetzen verboten! Herumgehen!«

Diese Haft wird die schlimmste Prüfung meines Lebens. Seit mir die Handschellen angelegt worden sind, durchstreifen mein Gehirn allerlei Bilder aus meiner zweiundzwanzigjährigen Tätigkeit in der Partei: Die Kameraden – lebende und tote, mit denen ich in der Tschechoslowakei, in Spanien, in Frankreich, in den Gefängnissen und Lagern der Nazis gekämpft habe. Ihr Vertrauen, ihre Zuneigung, deren ich mich nie unwürdig gezeigt habe. Meine Familie, die so viele Opfer für die Partei gebracht hat, meine Schwiegereltern, meine Frau, meine Kinder, die heute vergebens auf meine Rückkehr warten werden.

Ich bin verzweifelt, allein in meiner Zelle, doch gleichzeitig, so paradox es klingt, empfinde ich eine gewisse Erleichterung. Nach mehr als einem Jahr der Verdächtigungen, nach den Ängsten, die aus mir ein gejagtes Wesen gemacht haben, werde ich endlich erfahren, was man mir zum Vorwurf macht. Ich werde mich verteidigen können. Alles wird sich aufklären. Das liegt im Interesse der Partei. Ich klammere mich an diese Hoffnung, trotz der Verhaftung, die in ihrer Form eher dem Gangstertum als der kommunistischen Ethik entspricht! Ich bleibe einen Augenblick stehen, ich bin ja so müde! Die Tür wird mit großem Getöse aufgerissen. Zwei Wächter packen mich, stoßen mich hin und her und schlagen meinen Kopf gegen die Wand, um ihn mir zurechtzusetzen, sagen sie. Und das werden sie jedesmal tun, wenn ich stehenbleibe, erklären sie mir. Die beiden Wächter tragen Uniform und den fünfzackigen roten Stern auf der Mütze. Ich kann nicht mehr daran zweifeln: ich befinde mich tatsächlich in den Händen des Sicherheitsdienstes.

---

* Kupons, die einem Gegenwert in westlichen Devisen entsprachen und mit denen man in besonderen Kaufhäusern einkaufen konnte, in denen tschechische Kronen nicht angenommen wurden.

Es ist bereits völlige Nacht, und kein Lichtschein dringt durch das undurchsichtige Fenster.
Ich frage mich, wo ich mich befinde. Ist das das Gefängnis von Ruzyně, von dem man seit einiger Zeit mit Schrecken spricht? Das Brausen von Flugzeugen in unmittelbarer Nähe scheint diese Hypothese zu bestätigen.
Ich bezweifle jedoch nicht, daß es mir bald möglich sein wird, eine leitende Persönlichkeit der Partei zu sprechen. Vielleicht Široky, dem meine gegenwärtige sowohl als meine frühere Arbeit bekannt ist? Oder Kopřiva, um diese Field-Affäre zu klären, in die ich, wie er weiß, indirekt verwickelt bin. Ich bilde mir ein, meine Verhaftung müsse, da ich ja stellvertretender Außenminister bin, Aufsehen erregt haben, und die Genossen, die meine Vergangenheit kennen, würden für mich intervenieren.
Ich denke intensiv an die Meinen. Ich suche mir vorzustellen, was sie in diesem Augenblick tun. Sie müssen zuerst geglaubt haben, ich hätte mich im Gespräch mit Freunden verspätet. Dann machten sie sich wohl Sorgen. Lise hat gewiß versucht, überallhin zu telefonieren, um sich zu vergewissern, daß ich nicht Opfer eines Unfalls war.
Inzwischen muß man Lise mitgeteilt haben, was mit mir geschehen ist. Was hat man ihr gesagt?
Wie bedauere ich, daß ich nicht mehr bis nach Hause kommen konnte! Der Besuch Havels hat mich schon seit dem vorigen Abend gehindert, mit Lise zu sprechen, ihr endlich meinen Fehltritt einzugestehen. Ich kannte ihren Charakter, ich wußte, wie sehr sie verletzt sein würde, und hatte es immer wieder verschoben. Jetzt werde wahrscheinlich nicht ich es sein, der ihr Bescheid sagt. Wie wird sie leiden, wenn man es ihr erzählt, meine so lautere, so unduldsame Lise, wenn es sich um uns beide, um unsere Liebe handelt ... Während ich ihr völliges Vertrauen so sehr nötig habe ...
Dumpfe Geräusche von Gegenständen, die man auf den Boden stellt. Es ist die Stunde der Suppenausteilung. Ich habe schon so viele Gefängnisse hinter mir, von Ostrau, zu Anfang der dreißiger Jahre, bis zu jenen unter der Besatzung in Frankreich, die Santé, Poissy, Blois ... Überall war die Verteilung der Abendsuppe mit Lärm verbunden, von aneinandergeschlagenen Eßnäpfen, dröhnenden Karren, klappernden Holzschuhen, Geschrei der Wärter. Hier ist alles still. Als sie in die Nähe meiner Zelle kommen, höre ich nur gedämpfte Schritte und Flüstern.
Ich stelle mir einen langen Gang vor, viele Türen, die Stille gehört wohl mit zu den Methoden des Sicherheitsdienstes. Immer habe ich geglaubt, diese Methoden müssen zwar streng sein, um zu wirken, seien aber zugleich menschlicher als in den Gefängnissen des Bürgertums und ent-

sprächen dem sozialistischen Recht. Ich bin empört über die Wirklichkeit, auf die ich nun stoße. Brutalität. Bestialität. Unmenschlichkeit. Aber ich weiß noch gar nicht, was mich erwartet.
Die Filzschritte halten vor meiner Tür nicht an. Kein Eßnapf für mich. Es ist übrigens unwichtig, denn ich wäre außerstande, einen Bissen hinunterzubringen. Ich kann nicht ahnen, daß man mich auch mit Hunger martern wird.
Im Augenblick ist meine Marter die entsetzliche Nacht, die die Meinen verbringen müssen.

3

Endlich gestattet man mir, mich auf der Matratze auszustrecken. Ich starre in die elektrische Birne. Meine Zelle ist kaum anders als jene, in die man mich vor bald zwanzig Jahren eingesperrt hat. Nur hatte ich damals ein Eisenbett, während meine Matratze jetzt auf dem bloßen Boden liegt. Zu jener Zeit war ich sechzehn Jahre alt, es war meine erste Verhaftung.
Ich denke wieder an meine Frau. An meine Familie. Ich habe oft mit Lise über das Mißtrauen, das mich umgab, gesprochen, über die Überwachung, die Beschattung. Von meinen - vergeblichen - Bemühungen, vom Parteisekretariat und in letzter Zeit von Široky empfangen zu werden. Im Grunde jedoch habe ich meine Befürchtungen vor ihr herabgemindert. Ich merkte, wie fremd, wie ratlos sie sich fühlte, daß sie ihrer journalistischen Arbeit nachtrauerte. Ich wollte sie nicht leiden oder meine Furcht teilen sehen. Sie sollte heiter und optimistisch bleiben.
Jener nächtliche Anruf, damals, Mitte November. Lise greift im Halbschlaf nach dem Hörer. Und am anderen Ende die weinselige Stimme: »Ah, du bist es, die Französin... Dein Mann wird dieser Tage aufgehängt...« Lise fragte: »Wer ist am Apparat?« Und die anderen lachen, lachen, denn es sitzen da mehrere beisammen und sie haben getrunken...
Lise sagte mir nur: »Es ist nichts... ein paar Strolche...«
Die Stunden vergehen, meine Gedanken schweifen umher. Meine Besorgnis nimmt zu. Die unheilschwangere Atmosphäre in Moskau, als wir in den Jahren 1935 bis 1937 dort waren. Die Menschen, die eines schönen Tages spurlos verschwanden. In unseren internationalen Kreisen war es undenkbar, Fragen zu stellen. Das Verschwinden konnte bedeu-

ten, daß der Betreffende zu illegaler Arbeit in seine Heimat zurückkehrte. Also war das Thema tabu. Einmal hatte ich mit Jiři Drtina, meinem Sekretär im Außenministerium, der mich über meine Jugend und meinen Aufenthalt in der UdSSR befragt hatte, davon gesprochen. »Und was ist aus diesen Menschen geworden?«
Wir hatten keinen von ihnen wiedergesehen mit Ausnahme einer Polin, Marthe, die in Frankreich aufgewachsen und zur Schule gegangen war, bevor sie zur Arbeit in die UdSSR gekommen war. Die französische Kolonie hatte sie unter die Ihren aufgenommen, und ihr sympathisches Wesen hatte ihr nur Freunde eingebracht. Sie verschwand Anfang 1937, und dann hatte niemand mehr ihren Namen erwähnt. Im Jahre 1945, kurz nach unserer Rückkehr aus den Lagern Hitlers, trafen wir sie in Paris wieder: »Du warst also auch in einem Lager?« fragte Lise und dachte dabei natürlich an ein nationalsozialistisches Lager. Da war Marthe, zutiefst erschüttert, in Tränen ausgebrochen. »Ja«, antwortete sie mit zitternden Lippen, »in einem Lager, aber in Sibirien! In einem ganz schlimmen Lager.« Dann sagte sie gleichsam verschämt: »Lassen wir das. Es ist eine schwarze Seite unserer Geschichte, aber es ist vorbei.«
Ich hatte mit Lise viel über Marthe gesprochen. Unsere drei Haftjahre im besetzten Frankreich und im Konzentrationslager waren nichts, verglichen mit Marthes Schicksal, denn im Kampf gegen den Feind zu fallen ist nichts gegen die Ächtung durch die Seinen. Wir versuchten damals, solche Fehler zu erklären, sie zu rechtfertigen, weil ein so mitleidloser Kampf wie der unsere eine solche Disziplin erforderte. Wir verschwiegen unsere eigenen Zweifel.

Ich denke an meine Jugend zurück, wie ich mich als Vierzehnjähriger mit Leib und Seele in den Kampf für die Revolution gestürzt hatte. In meiner Generation hatte dieses jugendliche Alter nichts Außergewöhnliches; die kommunistische Jugend war wirklich jung.
Während des Krieges geboren, waren wir von ihm und den schweren Jahren danach gezeichnet: in der Heimat Arbeitslosigkeit, Elend, blutige Kämpfe zwischen den Arbeitern und ihren Unterdrückern; im Ausland Faschismus in Italien, Einsetzung reaktionärer Regimes nacheinander in Polen, Bulgarien, Ungarn. Auch die Affäre Sacco-Vanzetti hatte es gegeben; mein Vater hatte mir in leidenschaftlicher Erregung davon erzählt. Mit ihm nahm ich in den Straßen von Ostrau an den Protestumzügen gegen den Justizmord teil, den Amerika im Begriff war zu begehen.
Ich war gleichzeitig in der Jugendbewegung und in der Kommunistischen Partei politisch tätig. Die Führer hatten mich trotz meiner Jugend dazu

ausersehen, in dem antimilitaristischen Kampfapparat mitzuwirken. Das war eine Anerkennung meiner Treue und meines Mutes, beides Vorzüge, die für diese damals als sehr wichtig geltende Arbeit unentbehrlich waren. Zu jener Zeit bestand für jeden Kommunisten die oberste Pflicht der Arbeiterklasse und ihrer Partei darin, die Vernichtung der ersten sozialistischen Macht zu verhindern. Daraus ergab sich die Notwendigkeit, innerhalb der Armeen der kapitalistischen Länder eine Aufklärungsarbeit gegen den imperialistischen Krieg zu leisten, um die jungen Soldaten im Geist des Friedens und des revolutionären Defaitismus zu erziehen.
Ich arbeitete mit einem Ehepaar zusammen. Sie waren politische Emigranten, die nach dem Sturz der ungarischen Kommune in die Tschechoslowakei geflüchtet waren. Die Partei beauftragte sie seit langen Jahren mit den heikelsten und schwierigsten Aufgaben.
Ich mußte das Propagandamaterial bei mir aufbewahren und es dann an die Gruppen weitergeben, die die Verteilung in den Kasernen und den Urlauberzügen besorgten.
Zuerst mußte ich die Propagandaschriften aus der geheimen Druckerei fortschaffen. Dann versteckte ich sie in der Werkstatt meines Vaters, zuweilen auch unter dem Bett meines Bruders Oskar in unserer winzigen Wohnung. Mein Vater bemerkte mein Treiben; er muß geahnt haben, daß es sich um illegale Schriften handelte, äußerte sich jedoch nicht dazu. Der 1. August 1931 war zum »Internationalen Kampftag gegen den Krieg« erklärt worden. Um diese Kundgebung vorzubereiten, verteilte ich alle meine Pakete an Genossen, deren Identität ich nicht kannte.
Am 29. Juli rief mich eine unserer Nachbarinnen an meinem Arbeitsplatz an und teilte mir mit, daß die Polizei unser Haus durchsucht und die Flugblätter beschlagnahmt hatte. Ich hatte kaum noch Zeit, einen Genossen von der Jugendbewegung, der im selben Unternehmen wie ich arbeitete, zu warnen und ihn zu bitten, das Ortssekretariat der Partei zu verständigen, da kam der Hauspolyp - ein pensionierter Polizeibeamter - zu mir und ersuchte mich, eine sofortige Lieferung außer Haus vorzunehmen. Ich warf ihm einen ironischen Blick zu: »Auf diese ›Lieferung‹ habe ich schon gewartet.« Er ging mir nicht von der Ferse, während ich meine Kleider nahm und durch den Personalausgang hinausging. Zwei Polizeibeamten erwarteten mich: »Keine Geschichten! Folgen Sie uns, sonst müßten wir Ihnen Handschellen anlegen und Sie gefesselt zum Präsidium bringen.«
Bei der Polizei wurde ich eingehend verhört. Man wollte wissen, von wem ich das Material erhalten hatte und wem ich die Pakete weitergab.
Trotz erschöpfender Verhöre, trotz aller Schläge weigerte ich mich zu

sagen, woher ich das Material hatte. Als man mich mit dem Genossen konfrontierte, dessen Verhaftung zu der meinen geführt hatte, leugnete ich, ihn zu kennen. Ebenso erklärte ich, daß weder mein Vater noch mein Bruder von meiner Tätigkeit wußten und daß ich selbst den Inhalt oder die Bestimmung dessen nicht kannte, was ich bei uns versteckt hatte.
Damit folgte ich den Anweisungen meiner Vorgesetzten: »Dem Feind gegenüber muß man schweigen.« So mißlang die Bemühung der Polizei, einen erwachsenen Schuldigen zu finden - mich konnte man als Minderjährigen nicht verurteilen. Aber man brachte mich in das Ortsgefängnis von Ostrau - Einzelhaft, Abteilung für Minderjährige - unter der Anklage »Gefährdung der Sicherheit der Republik«. Dort machte ich mir in meiner Einsamkeit Sorgen über meine Eltern. Nicht über mich. Und die Folge gab mir recht. Ich hielt meine Aussagen vor dem Untersuchungsrichter aufrecht, und er mußte mich wohl oder übel auf freien Fuß setzen.
Mein Verhalten hatte zur Einstellung der polizeilichen Fahndung geführt. Nach mir wurde niemand mehr belästigt und der antimilitaristische Kampfapparat konnte ungeschoren seine Arbeit fortsetzen. Meine Haft hatte mich jedoch gezeichnet. Die endlosen Stunden, die Wochen ... der Hunger. Ich war sechzehn Jahre alt. Doch nichts beeinträchtigte meinen guten Mut, meine Entschlossenheit, den Kampf weiterzuführen.
Ich kam noch mehrmals ins Gefängnis und in die Polizeistrafanstalt von Ostrau. Achtzehn Monate später, im Januar 1933, befand ich mich unter der gleichen Anklage in der Abteilung für Minderjährige im Ortsgefängnis von Ostrau.
Zweimal wöchentlich wurde ich in die Gefängnisschule gebracht, wo ich von einem brummigen alten Herrn Unterricht in Bürgerkunde erhielt. Das bedeutete eine Unterbrechung meiner Isolierung, um so mehr, als man uns Bücher lieh. Obgleich sie erbaulicher Art waren und dazu bestimmt, mich zum Respekt vor der bestehenden Ordnung zu erziehen, waren sie mir eine große Hilfe im Kampf gegen die damalige Langeweile.
Eines Tages fragte mich der Oberaufseher des Stockwerks: »Sind Sie nicht der Neffe von Robert London?« Als ich das bejahte, erzählte er mir, daß er oft abends im Café mit meinem Onkel Karten spielte. Er zeigte sich erstaunt, daß ein so »feiner« Mann einen so nichtsnutzigen Schlingel zum Neffen haben konnte. Die Entdeckung dieser Verwandtschaft verschaffte mir jedoch doppelte Portionen Bohnen oder Spalterbsen, der üblichen Kost im Gefängnis. Mein Hunger war so groß, daß diese zweite Ration für mich einen wahren Segen bedeutete.

Ich bekam einen Zellengenossen: einen jungen Zigeuner, der wegen Landstreicherei eingesperrt wurde. Anfangs war ich ganz glücklich, nicht mehr allein zu sein. Aber nach einiger Zeit kam es zum Streit zwischen uns wegen der Reinigung der Zelle; die sollten wir zweimal wöchentlich abwechselnd besorgen. Wenn mein Haftkollege an der Reihe war, verrichtete er seine Arbeit sehr schlecht. Der Boden blieb schmutzig. Ungerechterweise machte der Oberaufseher mich dafür verantwortlich - eben jener, der mit meinem Onkel Karten spielte - und prügelte mich unbarmherzig. Nach diesem Vorfall konnte ich meinen Nachbarn nicht mehr ertragen, der mir unablässig von seinen Taschendiebstählen und seinem Glück bei Frauen erzählte... Ich verlangte, man solle mich wieder in Einzelhaft setzen.

Wie weit liegt das alles zurück!

Immer noch Nacht. In regelmäßigen, kurzen Abständen wird das Guckloch geöffnet. Dann läßt das Fenster ein Stückchen schmutziggrauen Winterhimmel erkennen. Wieviel Uhr mag es sein? Eine Amsel beginnt zu singen. Ach Lise, genau wie ich schläfst du nicht an diesem traurigen Morgen. Woran denkst du? Wie konnte es mit uns so weit kommen? Ich glaube zu hören, wie du mich ermutigst. Wir sind beisammen.

Ich warte auf den Tagesanbruch. Wer weiß, vielleicht werde ich endlich einen Vertreter der Partei zu sehen bekommen, der mich dem Zweck meines Lebens wiedergeben wird?

Endlich erwacht das Gefängnis. Die Tür geht auf. Ein Wärter befiehlt mir, meine Decken zusammenzufalten und meinen Marsch wiederaufzunehmen. Ein neues Warten beginnt, voller Ungewißheit, Bangen und Demütigung.

Ich habe den Eindruck, schon lange hin- und hergewandert zu sein, da öffnet sich die Tür aufs neue. Ein Wärter mit einem Heft in der Hand ruft mir zu: »Bringen Sie Ihre Ansuchen und Beschwerden vor.« Ich beginne zu sprechen: »Wann kann ich denn...«, doch er unterbricht mich und brüllt: »Stillgestanden! Meldung erstatten! Hier haben Sie keinen Namen, sondern nur eine Nummer.« Ich habe die Nummer vergessen, die man mir bei meiner Ankunft gegeben hat. Zugleich war mir eingeschärft worden: »Hier dürfen Sie Ihren Namen nicht angeben, Sie sind Nummer...«

Ich nehme meinen Marsch von einer Wand zur anderen wieder auf. Zu Mittag esse ich meine erste Ration. Hinsetzen darf ich mich nicht. Das Licht verblaßt schon, als man mich abholt. Man verbindet mir die Augen. Geübte Hände schieben mich über Treppen und Korridore. Wir steigen eine Treppe hinab. Endlich nimmt man mir die Binde von den Augen; ich befinde mich in einem unterirdischen Kerker ohne Fensterluke. Mein Staunen und meine Besorgnis dauern nicht lange. Bald bringt

man mir Kleider, gegen die ich meine Gefängnistracht vertauschen soll. Endlich ist die Stunde der Aufklärung gekommen!
Die Enttäuschung ist bitter, als die Tür sich wieder schließt und ich in völliger Dunkelheit zurückbleibe. Ich gehe lange Zeit im Dunkeln auf und ab, in kurzen Abständen durch das grelle Licht einer starken Lampe geblendet. Sie leuchtet nicht nur jedesmal auf, wenn der Wärter das Guckloch öffnet, um zu kontrollieren, was ich tue, sondern blinkt manchmal zehn Minuten lang; das ist wirklich unerträglich.
Wie viele Stunden vergehen, bis man mich abholt? Anstelle des Handtuchs, das bisher als Augenbinde gedient hat, setzt man mir nun eine Motorradbrille auf, deren Gläser durch schwarzen Stoff ersetzt wurden. Das erlaubt mir wenigstens, leichter zu atmen. Wieder werden mir Handschellen angelegt. Ich werde sie einen Monat lang ununterbrochen tragen.
Unser Weg führt ins Freie. Man läßt mich in einen Wagen steigen, links und rechts von mir sitzt je ein Wächter. Dieses ganze Verschwörungsmanöver kommt mir immer rätselhafter vor. Was ist das Ziel unserer Fahrt? Meine Ungeduld ist nun größer als meine Furcht; endlich wird sich der Kreis schließen, und ich werde bald mein Schicksal erfahren.
Die Geräusche der Stadt nehmen ab. Wir fahren nun in raschem Tempo über Land. Zuerst versuche ich mich zurechtzufinden, doch ich gebe es bald auf. Es ist zwecklos, meine Wächter zu fragen, in welche Richtung wir fahren; bis zu unserer Ankunft öffnen sie kein einziges Mal den Mund.
Endlich hält der Wagen an. Man führt mich durch ein Gewirr von Korridoren und Treppen. Viel später erst erfahre ich, daß ich mich im Schloß Kolodeje, etwa fünfzehn Kilometer von Prag entfernt, befinde. Es hat zuerst Klement Gottwald als Sommerresidenz gedient, ehe er zum Präsidenten der Republik gewählt wurde. Dann wurde es vom Sicherheitsdienst requiriert, der darin seine fachlichen und politischen Schulungskurse abhält.
Grobe Hände stoßen mich vorwärts, ich stehe mit dem Gesicht zu einer Mauer. Sie reißen mir Krawatte und Gürtel ab und legen mir die Handschellen an die hinter dem Rücken gebundenen Hände. Das Metall schneidet mir ins Fleisch. Dann stößt man mich in einen Raum, dort nimmt man mir die Maske ab und befiehlt mir wieder, pausenlos umherzugehen.
Der Raum wird von einer nackten Glühbirne schwach erleuchtet, die mitten an der Decke hängt. Dicke, vor das Fenster genagelte Bretter, fallen mir ins Auge. Das ist kein normales Gefängnis. Das Zimmer, in dem ich mich befinde, sieht nicht wie eine Zelle aus. Es ist völlig leer. Man hat in der gewöhnlichen Tür ein primitives Guckloch angebracht. Ich gehe

zum Fenster, um zu versuchen, zwischen den Fugen der Bretter etwas zu erkennen, das mir eine Orientierung gestatten würde; dann könnte ich vielleicht erraten, wo ich bin. Doch ich sehe nichts, die Bretter sind so befestigt, daß es keinen Spalt gibt. Ein Fußtritt gegen die Tür - ich schrecke zusammen. Dieselbe Stimme wie zuvor befiehlt mir weiterzugehen.
Vier Schritte von der Mauer bis an die Tür. Das Guckloch öffnet sich in kurzen Abständen. Von Zeit zu Zeit ist kurzes Flüstern hinter der Tür zu vernehmen. Die Stille ist tief und geheimnisvoll. Es ist sehr kalt. Ich marschiere mit raschen Schritten, um mich zu erwärmen. Die Handschellen schneiden in meine Gelenke, meine geschwollenen Hände sind eiskalt, völlig empfindungslos.
Wie lang ist doch diese zweite Nacht! Auf das Geräusch meiner Schritte in der Zelle antworten andere, wie ein Echo. Was ich zu erleiden habe, erleiden auch andere! Aber wer sind diese anderen? Versunken in meine Gedanken, wandere ich von einer Wand zur anderen, sooft ich anhalte, ruft mich eine unpersönliche Stimme zur Ordnung. So weiß ich, daß die Augen hinter dem Guckloch mich nicht loslassen. Ich bin erschöpft, kann mich kaum mehr auf den Beinen halten.
Man kommt, um mich zu holen. Man setzt mir die Maske wieder auf, und ich gelange nach einer neuerlichen Wanderung durch das Labyrinth in einen geheizten Raum. Man nimmt mir die Maske ab, und sofort blendet mich ein greller kleiner Scheinwerfer, dessen ganzes Licht auf mein Gesicht gerichtet ist; der Rest des Raums bleibt dunkel. Eine Stimme mit starkem ukrainischem oder russischem Akzent sagt: »Sie sind aus einem sehr ernsten Grund hier. Die Partei hat Ihre Verhaftung angeordnet und uns beauftragt, Sie zu verhören. Ich wiederhole, die Sache ist sehr ernst, eine internationale Affäre, Spionage und Verrat der Sowjetunion und der Volksdemokratien. Es ist Ihre Pflicht, bei der Erforschung der Wahrheit mitzuhelfen. Sie sind nicht als einziger verhaftet. Mit Ihnen sind andere hochgestellte Persönlichkeiten in die gleiche Affäre verwickelt, Sie können auf niemandes Hilfe rechnen. Sie gehören schon sehr lange der Partei an, und ich fordere Sie auf, der Sowjetunion und unserer Partei zu helfen. Haben Sie etwas auszusagen?«
Ich höre diese Worte mit größter Verwunderung. Außerdem frage ich mich, mit wem ich es zu tun habe: Mit einem Sowjetrussen? Später erfahre ich, daß es Janoušek war, der sehr lang in der UdSSR gelebt hat und seit mehreren Jahren im Innenministerium arbeitet. Er wurde von Zavodsky wegen seiner Brutalität seiner Funktionen enthoben: er hat Häftlinge bei den Verhören fürchterlich mißhandelt. Man erzählt sich über ihn, daß er rauschgiftsüchtig sei, und er haßt seinen vormaligen Chef und uns alle, die wir uns nun in seinen Händen befinden. Er wurde

nach seiner Kaltstellung von den sowjetischen Beratern wieder aufgenommen; sie beschäftigen ihn in der Spezialabteilung, die sie im Sicherheitsdienst eingerichtet haben.

Ich gewöhne mich nach und nach an das blendende Licht und nehme neben dem Mann, der mit mir spricht, zwei Schatten wahr. »Haben Sie über Field etwas auszusagen?« wiederholt er, »über die feindselige Tätigkeit der Freiwilligen der internationalen Brigaden?«

Ich antworte, daß mir trotz des schweren Schlages, den meine Verhaftung und deren Begleitumstände für mich bedeuten, leichter zumute ist, weil ich endlich vor jemandem stehe, der von der Partei beauftragt ist, alles über mich klarzustellen, ferner, daß ich ja unablässig verlangt habe, von der Partei angehört zu werden, und daß ich bereit bin, alle Fragen zu beantworten.

Dieselbe Stimme unterbricht mich: »Sehr gut, wir werden also jetzt ein Protokoll aufnehmen.« Er wendet sich an eine der beiden unerkennbaren Schatten und befiehlt: »Fangen Sie an!« Dann an die zweite: »Schreiben Sie!«

Ich höre das Knistern des Papiers, das in die Walze einer Schreibmaschine eingelegt wird, während eine andere Stimme fragt: »Wann und wo sind Sie mit dem amerikanischen, von Allan Dulles geleiteten Spionagedienst in Verbindung getreten? Von wem und wo wurden sie von ihm angeworben? Und mit welchen Personen haben Sie zusammengearbeitet?«

Ich bin völlig zerschmettert. Man hat mich nicht hergebracht, um irgend etwas klarzustellen. Ich werde nicht nur angeklagt, sondern schon für schuldig erklärt! Es ist ein fürchterlicher Schlag. Ich schreie ihnen meine Antwort entgegen: »Niemals. Nirgends. Von niemand!« Ich protestiere mit aller Heftigkeit, deren ich fähig bin, gegen die Nichtigkeit solcher Beschuldigungen. Später soll ich erfahren, daß Major Smola mich verhört. Ihn hat man zum Leiter der Gruppe der sogenannten »Referenten« gemacht, das sind die Untersuchungskommissare, die beauftragt sind, die ehemaligen Freiwilligen der internationalen Brigade zu verhören.

Die frühere Stimme, die Stimme Janoušeks, brüllt: »Schweigen Sie! Ich warne Sie, diese Sache wird so manchen den Kopf kosten. Wir haben alle Beweise in der Hand. Wir wenden Methoden an, über die Sie staunen werden, durch die wir Sie aber dazu bringen werden, alles, was wir wollen, zu gestehen. Ihr Schicksal hängt von uns ab. Entweder Sie entschließen sich zum Geständnis, um damit eine Wiedergutmachung zu versuchen, oder Sie bleiben hartnäckig bei Ihrem Standpunkt eines Feindes der Sowjetunion und der Partei, bis Sie unter dem Galgen stehen. Antworten Sie also vorerst auf die Frage, die Ihnen gestellt wurde.«

Ich bleibe bei meinen Protesten und meiner Empörung. Janoušek ruft

einen Wärter und entläßt mich: »Gehen Sie in Ihre Zelle zurück. Überlegen Sie. Und mögen Ihre Überlegungen zum Guten führen, sonst werden Sie es bitter bereuen.«
Wieder die Maske. Dann die Zelle und die Stimme mit dem Marschbefehl. Ich bin fassungslos. Verzweifelt suche ich in meiner Lebensgeschichte nach einer Erklärung, ich kann die Sache nicht verstehen.

4

Paris hatte sich in Weiß gehüllt, um unseren Deportiertenzug zu empfangen, der durch das Internationale Rote Kreuz aus Mauthausen abtransportiert wurde. Die Repatriierung in Kriegszeiten war eigentlich nur für Staatsbürger der westlichen Länder vorgesehen, aber die geheime Leitung des Lagers hatte beschlossen, auch die Ausländer, die in Frankreich verhaftet worden waren, mitzuschicken. So waren Zavodsky und ich zusammen nach Paris zurückgekehrt. Wir trafen dort Laco Holdoš - auch er ein alter Kämpfer aus Spanien -, der am Vortag mit dem Flugzeug aus Buchenwald gekommen war.
Es schneite am 1. Mai 1945, als wir zusammen mit mehreren Dutzend Genossen, die wie wir überlebt hatten, in dem riesigen Volkszug von der Place de la République zur Place de la Nation marschierten. Paris begrüßte in uns die ersten Deportierten, die aus den Todeslagern zurückkehrten. Die Menschen weinten beim Anblick unserer abgemagerten, jämmerlichen Gestalten. Auf dem ganzen Weg klammerten sich Männer, Frauen, Kinder an uns, manche zeigten uns Fotos: »Haben Sie vielleicht meinen Vater gekannt... meinen Mann... meinen Sohn... meinen Bruder...?«
Für sie stellten wir einen Hoffnungsstrahl dar, wir aber wußten, wie gering diese Hoffnung war! Es würden so wenige sein, die am Ende »Hier!« antworten könnten. Wir wagten nicht, die Wahrheit zu sagen: sie war ja so entsetzlich, daß sie kaum faßbar wirkte! Aber nach unserer Rückkehr dauerte es nicht lange, bis sich von seiten jener, die mitgeholfen hatten, die Lager zu füllen, Stimmen erhoben: »Und wie kommt es, daß gerade ihr zurückgekommen seid?«
Und daß ich diesen Satz auch bald in den Gefängnissen meines eigenen Landes hören sollltel
Endlich konnte ich meinen kleinen Jungen kennenlernen, der zwei Jahre zuvor geboren worden war, als ich im Gefängnis de la Roquette saß. Ich fand meine Tochter wieder, schon ein großes Mädchen von sieben Jah-

ren, und meine Schwiegereltern. Doch Lise war nicht da. Wir hatten keine Nachricht von ihr. Jeden Tag gingen wir ins Hotel Lutétia, das in eine Aufnahmezentrale für die Deportierten umgewandelt worden war, und sahen in den Listen der Überlebenden nach. Sie sollte erst Ende Mai zurückkommen.

Welche Freude, als wir damals unsere Kampfgenossen wiederfanden, Svoboda und Zina, Hromadko und Vera, Ickovič und Isabelle, Nelly Štefkova, denen es gelungen war, den Sturm zu überstehen und die an den Befreiungskämpfen von Paris teilgenommen hatten.

Alle rüsteten sich zur Rückkehr in das befreite Prag. Für mich lag das Problem anders. Meine Frau war bei der Kommunistischen Partei Frankreichs politisch tätig. Sie war vor kurzem zum nationalen Sekretär des französischen Frauenverbandes gewählt worden, dessen Presseabteilung sie leitete. André Marty, der zu jener Zeit über die Politik der Parteikader zu entscheiden hatte, sprach die Ansicht aus, ich solle in meine Heimat zurückkehren, meine Frau müsse jedoch in Frankreich bleiben. Diese Lösung erschien uns grausam und unannehmbar.

Ich entsinne mich noch eines Gesprächs, das wir einmal mit Maurice Thorez bei meinen Schwiegereltern Ricol führten. »André hat mit seiner Stellungnahme unrecht. Das Problem ist falsch angesetzt. Wir sind ja doch Internationalisten. Du bist schon lange in Frankreich, du bist in unserer Partei politisch tätig, du warst in der Widerstandsbewegung, du hast hier zahlreiche Kameraden und Freunde; auch lebt deine Familie hier. Warum solltest du dorthin fahren, wenn du deine Arbeit als Kommunist ebensogut hier machen kannst?« Und auf eine Bemerkung von Jeannette Vermersch über die Bindungen mit der Heimat und den Wunsch eines jeden, eines Tages in ihrem Schoß zu ruhen, hatte Maurice gelächelt und gesagt: »Frag doch Vater Ricol, ob er nach Aragon zurück will, aus dem ihn das Elend vertrieben hat. Für ihn ist das Land seine Heimat, in dem er arbeiten und leben, in dem er seine Familie ernähren kann. In diesem Sinn ist übrigens auch zu verstehen, was Marx und Engels in der Schlußfolgerung des ›Manifestes‹ sagen wollten: ›Die Proletarier haben nichts in ihr zu verlieren als ihre Ketten; sie haben eine Welt zu gewinnen. Proletarier aller Länder, vereinigt euch!‹«

Das Parteisekretariat hatte schließlich vorgeschlagen, ich solle in Frankreich bleiben, wo mir nach der Rückkehr von Bruno-Grojnowsky und Hervé-Kaminsky in ihre polnische Heimat die politische Leitung der MOI übertragen werden sollte. Meine Landsleute hatten meine Sonderstellung verstanden und stellten meiner Wahl Frankreichs als zweites Vaterland kein Hindernis entgegen. Wir hatten übrigens Gelegenheit gehabt, uns mündlich darüber zu unterhalten, denn ich war in den Monaten April bis Mai 1946 nach Prag zurückgekehrt; ich begleitete Jacques Duclos, der Frankreich beim VIII. Kongreß der tschechoslowakischen Kommunistischen Partei vertrat.

Rudolf Slansky, der Generalsekretär der tschechoslowakischen Partei, hatte wohl anfangs versucht, mich zur Rückkehr zu überreden - ich sollte in der Kaderabteilung der tschechoslowakischen Partei arbeiten -, doch konnten ihn meine Gegenargumente sehr bald umstimmen.

Im Frühjahr 1946 trat ich in Paris während der Konferenz der Außenminister zur Vorbereitung der Friedenskonferenz mit Clementis, dem damaligen Staatssekretär im Außenministerium, wieder in Verbindung und machte dabei auch die Bekanntschaft des Ministers Jan Masaryk und Vavro Hajdus', von dem ich damals nicht wußte, daß uns das Schicksal eines Tages so eng verbinden sollte wie die beiden Zweige eines Astes. Vavro zeichneten lebhafte Intelligenz, ungewöhnliche Bildung und ein hervorragendes Gedächtnis aus; er war eine Autorität bei der Diskussion des deutschen Problems.

Kurz darauf, in der zweiten Hälfte des Jahres 1946, war in Paris das tschechoslowakische Informationsbüro und die französisch-tschechoslowakische Freundschaftszeitung *Parallèle 50* gegründet worden. Auf Ersuchen von Clementis und Kopecky, des Informations- und Kulturministers, hatte ich die politische Leitung der Zeitung übernommen. Anfänglich machte ich die Arbeit ohne Vergütung; später wurde ich in die Liste der an Ort und Stelle Vertragsverpflichteten aufgenommen.

Anfang 1947 hatte ich einen schweren Tuberkuloserückfall, beide Lungen waren angegriffen. Mein Zustand erforderte eine Behandlung mit Streptomycin, das zu jener Zeit in Frankreich so gut wie nicht aufzutreiben war. Ich mußte in die Schweiz fahren, um dort die richtige Behandlung zu erhalten.

Es war mir unmöglich, aus eigenen Mitteln für die Kosten meines Aufenthalts und der ärztlichen Behandlung aufzukommen. Clementis und Kopecky, die von meiner kritischen Lage erfahren hatten, erteilten sofort den Auftrag, mich, um mir ein reguläres Gehalt in der Schweiz zu sichern, auf die Personalliste des Kulturministeriums zu setzen. Diese Formalitäten dauerten einige Zeit, da meine Anstellung im Ministerium zuerst von der Personalkommission des Ministerpräsidiums bestätigt und die Devisenausgabe von der Staatsbank bewilligt werden mußten.

Ich konnte die Lösung dieser Probleme nicht abwarten und nahm dankbar die Gastfreundschaft meiner Freunde Jean und Ninon Vincent an, die schon meinen kleinen Gérard bei sich beherbergten. Er erholte sich gerade von einer schweren Infektion, die er sich im Gefängnis geholt hatte.

Wer hätte damals ahnen können, daß mir dieser Aufenthalt in der Schweiz eines Tages als Verbrechen angekreidet werden sollte? Da ich weder ein Gehalt noch eine andere Zuwendung erhielt, ermächtigte die französische Partei Hervé-Kaminsky, meinen Kameraden bei der MOI, für mich um eine vorübergehende Unterstützung vom *Unitarian Service* anzusuchen, einer amerikanischen Wohlfahrtsorganisation, die während des Krieges die antifaschistischen Flüchtlinge und die Juden unterstützt hatte. Die Erholungsheime, die diese Gesellschaft in Frankreich, zum Beispiel in Savoyen und bei Hendaye besaß, waren den Deportierten zur Verfügung gestellt worden. Auch viele spanische Republikaner hatten deren Hilfe in Anspruch genommen, insbesondere verwundete Soldaten, die in einem Hospital bei Toulouse gepflegt wurden.

So kam ich dazu, mich bei Noel Field zu melden, einem amerikanischen Staatsbürger, der in Genf wohnte und Direktor des *Unitarian Service* für Europa war. Ich hatte einen Empfehlungsbrief von seiner Mitarbeiterin für Frankreich, Herta Tempi. Er war willens, mir eine kurze Zeit hindurch zu helfen. Drei Monate später, als ich durch die Vermittlung des tschechoslowakischen Kulturattachés in Genf, Josef Šup, mein Gehalt bekam, teilte ich Field mit, daß seine Hilfe nun nicht mehr notwendig sei, und dankte ihm nochmals herzlichst für die Solidarität, die er mir gegenüber bewiesen hatte.

Mein Rückfall war sehr ernst, und ich entging nur knapp der doppelseitigen Thorakoplastik, was ich meinen Pariser Ärzten und besonders dem Chirurgen Hertzog-Cachin zu verdanken habe. Sie sprachen sich gegen eine solche Behandlung aus, die mein Arzt in Betracht gezogen hatte.

Im Laufe des Jahres 1948 besserte sich mein Zustand. Damals kam ich in das tschechoslowakische Außenministerium, dessen neuer Minister, Clementis, den Wunsch aussprach, ich solle an der Seite Hoffmeisters, der zum Botschafter ernannt wurde, den Posten des Ersten Botschaftsrates in Paris übernehmen.

Die Ereignisse entschieden es jedoch anders. Damals wurde eben in der Schweizer Presse eine Kampagne gegen mich geführt. Das geschah kurz nach dem, was man im Westen den »Coup von Prag« nannte, und die Angriffe gegen mein Vaterland waren sehr heftig. Auf dieser Grundlage nahmen Journalisten, zweifellos von Emigranten beeinflußt, an, ich sei nicht in die Schweiz gekommen, um mich ärztlich behandeln zu lassen, sondern um die Verbindung zwischen der Kommunistischen Partei Frankreichs und der Schweizer Arbeiterpartei herzustellen. Zu normalen Zeiten wäre das Lächerliche einer solchen Vermutung allen in die Augen gefallen. Um so mehr als ich mir für diese »geheime Verbindung« nichts Besseres ausgedacht hatte, als mich bei einem der Sekretäre der Schweizer Partei beherbergen zu lassen; diese Funktion übte Jean Vincent nämlich aus.

Aber meine Verleumder trieben es noch weiter. Ihren Behauptungen

nach war ich nichts Geringeres als die Graue Eminenz des Kominform* für Frankreich, auch sei ich der Agent der Komintern** in Spanien gewesen. So wären nicht André Marty und Palmiro Togliatti die Vertreter der Komintern in Spanien gewesen, sondern ich, ein junger Freiwilliger von zweiundzwanzig Jahren! Man erwies mir wirklich allzuviel Ehre!
Doch war damals, zur Zeit des Bruchs mit Titos Jugoslawien, der kalte Krieg in vollem Gange. Und diese törichte Kampagne, die der geringsten ernsten Prüfung nicht hätte standhalten können, hatte zur Folge, daß man mir die Verlängerung meines Aufenthaltes in der Schweiz verweigerte und, was noch ernster war, daß ich die Genehmigung der französischen Regierung für den vorgesehenen diplomatischen Posten nicht rechtzeitig erlangen konnte. So mußte ich Ende 1948 nach Prag zurückkehren.
Dort machten zwei Jahre später andere Fälscher gleichen Schlages, die aber in entgegengesetzter Richtung arbeiteten, aus mir einen Agenten des französischen *Deuxième Bureau,* einen Spion des amerikanischen Nachrichtendienstes. Und zwanzig Jahre später begegnen mir Neo-Stalinisten, in deren Augen es ja »keinen Rauch ohne Feuer« gibt, mit einer gewissen Vorsicht, während ich für die anderen, die ihrerseits auch nichts vergessen und nichts dazugelernt haben, weiter das Auge Moskaus bin, was übrigens auch erklärt, weshalb ich nicht gehängt wurde... Und dazwischen hatten meine Peiniger im Gefängnis von Ruzyně einen Beweis meiner Schuld darin gesehen, daß ich lebendig aus Mauthausen zurückgekommen war...
Ich war nur nach Prag zurückgekehrt, um dort das französische Visum abzuwarten. Da es im Februar 1949 noch immer nicht eingetroffen war, schlug mich die Partei für den Posten des stellvertretenden Außenministers vor. So wurde meine Rückkehr endgültig, und meine Familie reiste mir nach.
Kaum waren wir eingerichtet, kaum hatte ich Zeit gehabt, mich an meine neue Arbeit zu gewöhnen, da verbreitete sich in Prag das Gerücht von der Verhaftung Rajks. Noel Field verschwand während einer Reise in die Tschechoslowakei. Manche behaupteten, er habe sich mit den in Ungarn verhafteten Männern kompromittiert. Im Ministerium sah ich, wie sich der Austausch von Noten zwischen der amerikanischen und unserer Regierung bezüglich seines Schicksals vervielfältigte.
Als ich diese Nachrichten erfuhr, war ich sofort zum Leiter der internationalen Abteilung des Zentralkomitees, Bedřich Geminder, gegangen. Er beobachtete die Tätigkeit der Kommunisten des Außenministe-

---
* Russische Abkürzung für »Informationsbüro der kommunistischen und Arbeiterparteien«.
** Russische Abkürzung für »kommunistische Internationale«.

riums, und ich legte Wert darauf, ihn über meine Verbindung zu Field in Kenntnis zu setzen. Er riet mir, der Kaderabteilung davon Mitteilung zu machen, die damals unter Kopřivas Leitung stand, sowie auch Švab und meinem Freund Zavodsky, die sich besonders mit den Sicherheitsproblemen in der Partei beschäftigten. Ich informierte sie mündlich und schrieb ihnen dann auch noch einen Bericht. Damit glaubte ich, die Geschichte sei für mich zu Ende.

Aber ich täuschte mich. Kurze Zeit später wurden fünf Genossen verhaftet, Pavlik und seine Frau, Feigl und seine Gefährtin Vlasta Vesela und Alice Kohnova, die ich sehr gut kannte. Gemeinsamer Grund für ihre Verhaftung: Field. Wie ich bereits sagte, waren Pavlik und seine Frau nach der Kommune in Ungarn, an der sie teilgenommen hatten, in die Slowakei zurückgekommen. Sie waren mir in Paris im Jahre 1939 von Široky vorgestellt worden und sollten bei unserer tschechoslowakischen Gruppe mitarbeiten.

Zur gleichen Zeit war mir auch Feigl von Široky empfohlen worden. Er war Vertreter einer großen amerikanischen Firma in Frankreich, die zahntechnische Artikel herstellte und einem seiner Vettern gehörte. Da er sehr viel verdiente, zahlte er uns regelmäßig eine Subvention als Beitrag zur Finanzierung unserer illegalen Arbeit. Aus verschiedenen europäischen Radiosendungen und insbesondere aus den Quellen der in den Jahren 1940 bis 41 in Paris zur Verfügung stehenden internationalen Presse verfaßte er für die Leitung der Kommunistischen Partei Frankreichs ein Informationsblatt über Probleme der Wirtschaft. Seine Frau, Vlasta Vesela, war bei den internationalen Brigaden freiwillige Mitarbeiterin im Sanitätsdienst gewesen. Die beiden Ehepaare hatten einander später in Marseille wiedergetroffen, wo sie die Verbindung mit unserer tschechoslowakischen Gruppe aufrechterhielten. Später hatten alle vier bis Kriegsende in der Schweiz ein Obdach gefunden.

Alice Kohnova, auch sie eine ehemalige Freiwillige bei den Brigaden, war nach der deutschen Besetzung in die Vereinigten Staaten ausgewandert und hatte während des ganzen Krieges in den tschechischen und slowakischen Kreisen von Amerika eine Hilfstätigkeit zugunsten der ehemaligen Spanienkämpfer - insbesondere der Invaliden -, die in den Lagern der freien Zone Frankreichs interniert waren, ins Leben gerufen. In Verbindung mit den Spanienveteranen unserer Marseiller Gruppe hatte sie auch finanziell an unserer illegalen Tätigkeit in Frankreich teilgenommen.

Ich wurde im Zentralkomitee von Švab verhört. »Merkwürdig, alle Verhafteten berufen sich auf dich!« Ich verließ tief erbittert die Besprechung mit Švab, der sich eher als Polizist denn als Kamerad benommen hatte. Aus diesem Grund verlangte ich übrigens, daß meine private Geschichte

mit Field ein für allemal von der Kaderabteilung geprüft und ein Schlußpunkt darunter gesetzt werde. »Du wirst schon sehen, welchen Verlauf die Sache nehmen wird«, antwortete er mir ohne jede Kameradschaftlichkeit.
Bis zu meiner Verhaftung sollte ich von da an beobachten, wie das Mißtrauen mir gegenüber immer weiterwuchs; bei jedem Wort, bei jeder Handlung fand ich mich Verdächtigungen gegenüber.
Im August 1949 teilte mir Švab mit, daß Fields Frau sich in Prag befinde. Sie wollte herausfinden, was aus ihrem Mann geworden war. Sie hatte mich wiederholt zu sprechen verlangt. Im Zentralkomitee hatte man sie in dem Glauben gelassen, ich sei auf Urlaub, denn man wollte unser Zusammentreffen verhindern. Auf ihr Drängen gab das Parteisekretariat jedoch ihrem Wunsch nach. Ich traf also mit Mrs. Field im Hotel Paris zusammen. Schluchzend schilderte sie mir das Leben ihres Mannes und seine vielen Opfer für die Sache des Kommunismus. Erschüttert über ihre Angst und ihre Tränen, war ich dennoch unfähig, ihr zu helfen. Ich kehrte sofort zum Zentralkomitee zurück, um Švab zu berichten. Er verlangte von mir, ich solle ihm eine schriftliche Darlegung schicken. Das lehnte ich ab: »Nein«, sagte ich, »gib mir eine Stenotypistin, dann diktiere ich ihr den Bericht. Ich habe die Dinge im Kopf. So bleibt es euch erspart, Lücken und Widersprüche der Bandaufnahme unseres Gesprächs zu finden, die ihr doch sicher im Hotel gemacht habt.« - »Es wäre interessant zu erfahren, wieso du über diese Dinge informiert bist!« erwiderte Švab mit einem zweideutigen Lächeln.
Einen Monat später, im September 1949, fand der Rajk-Prozeß statt. Drei Tatsachen trugen dazu bei, meine Bestürzung noch zu verstärken:
Field erschien darin als der Star-Spion, der im amerikanischen Nachrichtendienst im Kampf gegen die volksdemokratischen Länder eine hervorragende Rolle gespielt hatte. Der *Unitarian Service* war von nun an als Spionagewerkstatt, als Anwerbeagentur von Agenten für den amerikanischen Geheimdienst gekennzeichnet.
Der im Rajk-Prozeß zum Tod verurteilte Szöny, Leiter der Kader des Zentralkomitees der Kommunistischen Partei Ungarns, hatte gestanden, zusammen mit anderen Mitgliedern seiner Gruppe in der Schweiz von Field Geld erhalten zu haben, und behauptete, die Field übergebene Quittung sei als Druckmittel bei seiner Anwerbung als Agent verwendet worden. Szöny erklärte auch, er wisse, daß Field und die amerikanische Nachrichtenzentrale in der Tschechoslowakei eine Geheimorganisation gebildet hätten, der Pavlik als Mitglied angehöre. Der zu lebenslänglicher Zwangsarbeit verurteilte Jugoslawe Brankow behauptete seinerseits, daß laut Rankovitsch, dem jugoslawischen Innenminister, die Agenten in der Tschechoslowakei besser arbeiteten als in Ungarn.

Rajk schließlich, einst Freiwilliger der internationalen Brigaden, der lange Zeit in den Internierungslagern Frankreichs zugebracht hatte, gestand, daß die meisten der ehemaligen Spanienkämpfer von dem durch die Jugoslawen verbreiteten Trotzkismus beeinflußt seien. Daß das französische *Deuxième Bureau* ebenso wie die Gestapo und der amerikanische Nachrichtendienst zahlreiche Agenten unter ihnen angeworben habe. Daß die Gestapo während des Krieges die Rückkehr zahlreicher Freiwilliger in ihre jeweilige Heimat zugesichert habe, und zwar als Agenten, die für die Gestapo bestimmte Aufgaben auszuführen hatten.
Als einer der nationalen Leiter der MOI hatte ich persönlich an der Organisation der Heimkehr zahlreicher Freiwilliger aus verschiedenen Ländern, einschließlich Jugoslawiens, teilgenommen, damit sie dort den Kampf gegen ihre Regierungen, die mit Hitler zusammenarbeiteten, oder gegen die deutsche Besatzung führen könnten. Das geschah auf eine Anweisung der Kommunistischen Internationale hin, die als solche von der Kommunistischen Partei Frankreichs befolgt wurde.
Ich beschloß, eine neue Zusammenkunft mit Geminder herbeizuführen und von ihm zu erreichen, daß mein Fall schnellstens von der Partei geprüft werde. Da ich feststellen mußte, daß nichts geschah, bat ich Geminder, für mich eine Besprechung mit Slansky, dem Generalsekretär der Partei in die Wege zu leiten. Ich rief ihn deswegen jeden Tag an. Schließlich antwortete er mir (und seine Verlegenheit bestätigte mir Slanskys Weigerung): »Er hat ungeheuer viel zu tun, er wird dich anrufen, sobald er kann.« Slansky konnte nie...
Bei einer Reise Jacques Duclos' nach Prag schüttete ich ihm mein Herz aus. War er nicht über die gesamte Arbeit der MOI während des Krieges auf dem laufenden? Hatte er nicht die ganze illegale Tätigkeit geleitet? Er gestand mir, daß er ebenso durch die Erklärung Rajks zur Rückführung der Freiwilligen in ihre Heimat bestürzt sei. Aber es darf nicht dazu kommen, sagte er mir, daß man den Wald vor lauter Bäumen nicht mehr sieht!

5

Im Herbst 1949 stand die tschechoslowakische Delegation bei der UNO unter der Führung von Clementis. In seiner Abwesenheit war es Široky, der stellvertretende Premierminister, der ihn im Außenministerium vertrat. Da wir früher zusammengearbeitet hatten und er meine Tätigkeit in Frankreich kannte, beschloß ich, ihn von meinen Sorgen in Kenntnis zu setzen. Ich hoffte, in ihm eine Stütze zu finden, doch änderte Široky von jenem Tag an sein Verhalten mir gegenüber. Er wurde, wie mir nun erst rückblickend klar wird, zurückhaltend und zeigte sich distanziert.

Und dann traf mich ein erneutes Mißgeschick. Einer unserer Diplomaten in der Schweiz, der mit Field sehr befreundet gewesen war, sandte mir einen unverschlossenen Brief und bat mich, ihn an das Zentralkomitee der Partei weiterzuleiten. Er schrieb, »es sei seine Pflicht, der Partei mitzuteilen, daß er *auf meine Weisung* Briefe des im Rajk-Prozeß als Spion entlarvten Noel Field mit der Diplomatenmappe abgeschickt habe«. Tatsächlich hatte seine Frau im Frühjahr auf einer Reise nach Prag Briefe für Freundinnen Noel Fields mitgebracht, für Gisela Kisch und Dora Kleinova sowie eine Karte für mich, in der Field mich zu meiner Anstellung im Außenministerium beglückwünschte. Ich hatte diesen Umstand Švab und Zavodsky mitgeteilt, als ich zum erstenmal über meine Beziehungen zu Field mit ihnen gesprochen hatte.

Ich leitete den Brief unter Anfügung eines Dementis weiter. Kurz darauf erfuhr ich durch meinen Freund und Kollegen Vavro Hajdu, daß der Diplomat und seine Frau nach Prag beordert worden waren. Diese Weisung hätte über meine Abteilung gehen müssen, und ich drückte Široky gegenüber meine Verwunderung aus, daß man in einer Angelegenheit, für die ich zuständig war, ohne mein Wissen gehandelt hatte. Er antwortete kühl, er handle, wie er es für richtig halte.

Einige Tage danach berief mich der Anruf eines Unbekannten ins Innenministerium. Man weigerte sich, mir den Zweck der Unterredung anzugeben.

Ich mußte in dieser Angelegenheit ein sehr scharfes Verhör über mich ergehen lassen, das von acht Uhr morgens bis neun Uhr abends von drei Inspektoren des Sicherheitsdienstes geführt wurde. Auf mein Verlangen wurde ich mit dem Diplomaten und seiner Frau konfrontiert. Er zog seine Anklage sofort zurück, wobei er sich erstaunt zeigte, denn, sagte er, »ich habe bereits vor mehreren Tagen bekannt, daß es sich um einen Irrtum meinerseits handelte«. Demnach war das ganze Verhör von Anfang an gegenstandslos. Es wurde mir klar, daß der Sicherheitsdienst zu einem Zweck, den ich noch nicht verstand, bewußt gegen mich vorging.

Ein Hauptmann vom Sicherheitsdienst, der gegen Ende des Vormittags gekommen war, um dem Verhör beizuwohnen, hatte sich wiederholt eingemischt, um die Untersuchungskommissare zu besänftigen. Nachdem er dann einen Augenblick mit ihnen allein gesprochen hatte, ersuchte er mich um eine »Selbstkritik«, die dem Verhör ein Ende machen sollte. Ich gab also, um endlich zu einem Schluß zu kommen, eine schriftliche Erklärung ab, wonach ich in dem Fall Fields mangelnde Wachsamkeit bewiesen hatte.

Es war Oswald Zavodsky, damals bereits Chef der Sicherheitsabteilung

des Innenministeriums, der, wie ich später erfuhr, den Hauptmann geschickt hatte, um mir zu helfen und meine Verhaftung zu verhindern, zu der ein solches Verhör hätte führen müssen.
Diese Ansichten und Arbeitsmethoden der Partei brachten mich immer mehr in Verwirrung. Ich hatte mich vertrauensvoll an das Sekretariat und an die Kaderabteilung gewandt, damit mein Fall geprüft und in Ordnung gebracht werde und ich meine politische Loyalität beweisen könne. Und daraufhin verhörte mich der Sicherheitsdienst wie einen Schuldigen!
Ich benachrichtigte Široky von diesem Verhör, von der Konfrontierung und der Zurückziehung der gegen mich erhobenen Beschuldigung. Ich bat, von meiner Funktion als stellvertretender Minister so lange enthoben zu werden, bis mein Fall endgültig geregelt wäre.
Drei Tage später teilte er mir mit, daß Kopřiva meinen Rücktritt nicht annehme, da die Partei mir nichts vorzuwerfen habe. Ich bestand darauf. Široky bestätigte mir die Ablehnung meines Rücktritts und kündigte mir eine bevorstehende Besprechung mit Kopřiva an, der alle Probleme mit mir regeln werde.
Diese Besprechung wurde mehrfach aufgeschoben und fand schließlich nicht statt. Geminder hielt auch eine Diskussion mit mir für überflüssig, da, seiner Meinung nach, alles, was mich betraf, völlig klar war.
Ich wußte, daß das nicht stimmte. Sie hatten sich doch die Zeit genommen, den Diplomaten zu empfangen und die ihn betreffenden Fragen zu regeln.
Im Ministerium bestätigte sich das nun offene Mißtrauen Širokys. Man hatte mich vorgeschlagen, um Clementis bei seiner Rückkehr von der UNO in Paris zu empfangen; dem widersetzte sich Široky im letzten Augenblick mit einem fadenscheinigen Vorwand.
Zur gleichen Zeit wurden mehrere Personen verhaftet, die Noel Field oder seinen in Polen verschwundenen Bruder Hermann gekannt hatten.
Am 5. Januar 1950, wenige Tage nach der Rückkehr Clementis' nach Prag, wurde sein Privatsekretär Theo Florin auf offener Straße auf seinem Weg ins Ministerium festgenommen.
Die Schritte, die Clementis unternahm, um etwas über die Motive seiner Verhaftung und über sein weiteres Schicksal zu erfahren, blieben vergeblich; sogar der Innenminister Vaclav Nosek erklärte, er wisse nichts über die Angelegenheit. Diese Antwort, die Clementis meinem Kollegen Vavro Hajdu und mir mitteilte, mißfiel uns sehr: Wie konnte der Sicherheitsdienst der Kontrolle des Ministers entgehen, dem er unterstand?
Clementis wandte sich in letzter Instanz an Slansky und Gottwald und bat sie, ihm bei der Erkundung der Wahrheit zu helfen. Am dritten Tag teilte ihm Präsident Gottwald telefonisch mit, daß die Verhaftung seines

Sekretärs keinerlei politischen Charakter habe und daß überdies der Fall rasch erledigt sein werde. Minister Nosek seinerseits, dem es schließlich gelungen war, einen Bericht von seiner Abteilung zu erhalten, sandte seinen stellvertretenden Minister Vesely und den Sicherheitschef Zavodsky zu Clementis, um ihm offiziell die Beweggründe mitzuteilen, die zur Verhaftung Florins geführt hatten. Ihre Erklärungen deckten sich mit jenen Gottwalds.

Eine Woche später wurde ich Zeuge eines Vorfalls, der mich tief beeindruckte. Ich war in Begleitung Vavro Hajdus in das Arbeitszimmer des Ministers getreten. Clementis hatte uns nicht klopfen hören; er stand beim Fenster, zog vorsichtig den Vorhang hoch und beobachtete die Straße. Er schien nervös und beunruhigt. Er erzählte uns, daß man seit dem Morgen seiner persönlichen Wache eine zusätzliche Gruppe von Mitgliedern der Sicherheitspolizei hinzugefügt hatte. Diese Männer befanden sich im Korridor und im Vorzimmer des Büros des Ministers. Sie hatten Weisung, Tag und Nacht »auf ihn achtzugeben«. Als er sich an seinen Kollegen Nosek gewandt hatte, um die Gründe für diese Überwachung zu erfahren, teilte ihm dieser mit, daß für ihn die gleichen Maßnahmen getroffen worden waren. Sie entsprachen - laut Erklärung des Leiters vom Sicherheitsdienst - der Notwendigkeit, bestimmte führende Personen, deren Leben durch ausländische Agenten gefährdet wurde, besser zu schützen. Bei dieser Antwort war Nosek guten Glaubens. Ihm selbst, der in London während des Krieges das Oberhaupt der kommunistischen Emigranten gewesen war, drohte damals Verhaftung; wahrscheinlich war es Klement Gottwald, der ihn persönlich davor bewahrte.

Diese Erklärungen hatten Clementis jedoch nicht beruhigt. Die Verhaftung Florins gewann für ihn nun eine andere Bedeutung. Er fühlte sich persönlich aufs Korn genommen. Übrigens wurde das Versprechen, die Sache rasch zu regeln, nicht eingehalten. Clementis ließ im Laufe unserer Besprechungen wiederholt seine Besorgnis erkennen. Er brachte diese Begebenheiten mit der Kampagne in Verbindung, die während seines Aufenthalts in New York entfesselt worden war, »über die Verhaftung, die ihm bei seiner Rückkehr nach Prag drohte«. Gottwald, der ihm stets großes Vertrauen entgegengebracht hatte, schrieb ihm damals persönlich einen Brief nach New York, in dem er ihm erneut sein Vertrauen aussprach. Als zusätzlichen Beweis dafür kündigte er den bevorstehenden Besuch seiner Frau Ludmilla in New York an. Sie war dann auch tatsächlich gekommen. Nach seiner Rückkehr aus Amerika blieben seine privaten Kontakte mit Gottwald auch weiterhin ausgezeichnet. Dennoch war er sich dessen bewußt, daß etwas gegen ihn im Gang war ... Er glaubte, daß das nicht von Gottwald herkam, sondern vom Sekretariat ...

Um mir die Gründe für seine Befürchtungen zu erklären, führte er unter anderem als Beispiel André Simone an.* Hatte der nicht auch das Vertrauen und die Achtung der Parteileitung und Gottwalds genossen und war doch von einem Tag zum anderen in Ungnade gefallen? Clementis erklärte mir, wie sich das abgespielt hatte. Während der Friedenskonferenz in Paris im Herbst 1946 hatte sich Molotow, der damals Außenminister der UdSSR war, in Gegenwart von Clementis bei Slansky nach der Rolle erkundigt, die André Simone bei der Konferenz spielte, und in sehr verächtlichem Ton gesagt: »Was macht denn dieser Weltenbummler hier?«

Diese Bemerkung Molotows wurde von Slansky in Prag den anderen Leitern der politischen Büros mitgeteilt. Kurz darauf verlor André Simone seinen Posten als Chef der Abteilung für internationale Politik des *Rude Pravo*, des Zentralorgans der Kommunistischen Partei. Bald fand er sich gezwungen, seine Artikel und Rundfunkkommentare unter Pseudonym zu schreiben.

Die Befürchtungen Clementis' fanden ihr Echo in meinen eigenen. Anfang Februar hörten die beiden Ausschüsse des Zentralkomitees - jener der »Drei« (Dienstreisen ins Ausland und Ernennung der Kader von Subalternbeamten für die diplomatischen und kommerziellen Vertretungen im Ausland), dessen Mitglied ich war, und jener der »Fünf« (Ernennung der Kader höherer Beamter in der Diplomatie und grundlegende Fragen im Ministerium), dem Clementis und ich angehörten - auf, sich zu versammeln; dabei ließen die Begleitumstände keinen Zweifel: wir beide sollten eliminiert werden.

Am 13. März 1950 ließ mich Clementis in sein Büro kommen. Er kam soeben aus dem Hradschin, dem Schloß, in dem der Präsident der Republik residierte. Er teilte mir mit, daß Gottwald ihn aufgefordert habe, wegen »seiner schlechten Kaderpolitik« seinen Rücktritt einzureichen. »Hat Gottwald konkrete Beispiele angeführt?« fragte ich bestürzt. Clementis schüttelte den Kopf. »Also geht es auch um meine Arbeit, da wir auf diesem Gebiet seit einem Jahr zusammenarbeiten!« Clementis zog mit hilfloser Miene die Schultern hoch. Ich war sehr beunruhigt, um so mehr als der angegebene und auch mich betreffende Grund mir nur ein Vorwand zu sein schien. Ich fragte Clementis, ob bei seinem Gespräch mit Gottwald etwa von seiner politischen Einstellung im Jahre 1939 gegen den deutsch-sowjetischen Pakt, gegen die Besetzung von Weißrußland und der Ukraine durch die Rote Armee und gegen den russisch-

---

* Journalist und Publizist, besonders in Frankreich sehr bekannt, wo er vor dem Krieg Mitarbeiter der unter der Leitung Emile Burés erscheinenden Zeitung *L'Ordre* gewesen war. Er ist auch der Autor des Buches *Les hommes qui ont trahi la France* (Die Männer, die Frankreich verraten haben).

finnischen Krieg die Rede war. Das sei überhaupt nicht erwähnt worden, antwortete Clementis, er vermute jedoch auch, daß die wirklichen Motive in dieser Richtung zu finden sein müßten ...
Ich setzte ihn von den Schwierigkeiten in Kenntnis, denen ich meinerseits begegnete, insbesondere wegen meiner Beziehungen zu Noel Field. Ich sagte ihm, der gegen ihn vorgeschützte Grund werde bestimmt auch für mich aufgegriffen. Zwei Tage später fand die Sitzung des Ministerrats statt, der außer den stellvertretenden Ministern und Clementis auch Viliam Široky beiwohnte. Der offizielle Rücktritt von Clementis wurde uns zur Kenntnis gebracht, ebenso die Ernennung Širokys zum Außenminister.
Am Tag nach dieser Sitzung berief mich Široky zu sich und überhäufte mich mit Vorwürfen: »Wie konntest du über ein Jahr lang mit Clementis zusammenarbeiten und seine schlechte Kaderpolitik decken?« Als ich ihn um genaue Angaben und konkrete Beispiele ersuchte, antwortete er, die ganze Kaderpolitik sei schlecht und ich trüge einen Teil der Verantwortung. So brachte also Širokys Ernennung zum Außenminister keine Besserung meiner Lage, ganz im Gegenteil.
Ich traf noch mehrmals Clementis, der vorläufig die Ministerwohnung beibehielt. Sein neues Heim wurde für ihn vom Innenminister bereitgestellt. Diese Tatsache fiel mir auf, und da ich durch die gegenwärtigen Polizeimethoden hellhörig geworden war, schloß ich daraus, daß man wahrscheinlich beabsichtigte, seine Wohnung mit Mikrophonen zu spikken und die Überwachung seiner Person zu verschärfen... Als ich ihn das letzte Mal sah, sprachen wir andeutungsweise davon: er hegte den gleichen Verdacht wie ich.
Im Ministerium war der einzige, bei dem ich weiterhin moralische und freundschaftliche Unterstützung bei meiner Arbeit fand, Vavro Hajdu. Seine große Sachkenntnis, sein Wissen und seine Erfahrung waren mir eine große Hilfe, um mich in meinen neuen Funktionen zu orientieren, um so mehr als ich nach fünfzehnjähriger Abwesenheit nach Prag zurückgekehrt war und bisher nie auf einem Regierungsposten gearbeitet hatte. Dieses Ministerium war damals einer der schwierigsten, heikelsten Sektoren, und zwar seit Februar 1948. Neben den laufenden Schwierigkeiten, insbesondere den zahlreichen Ausfällen von Diplomaten, die »die Freiheit gewählt« hatten, stieß ich dort auf eine Atmosphäre von Intrigen und sogar Korruption. Hinzu kam, daß unsere Abteilungen mit Leuten vom Sicherheitsdienst durchsetzt waren, was unausbleiblich zu Spioniererei, Denunziationen und allgemeinem Argwohn führte. So wurden zum Beispiel systematisch von den Spitzeln des Sicherheitsdienstes Kampagnen gegen die allzu große Anzahl von Juden oder Intellektuellen im Ministerium unternommen. Die Komplikationen bei der Arbeit wur-

den immer als absichtliche Sabotageakte solcher Angestellter hingestellt. Trotz meiner heiklen Stellung zögerte ich nie, diese ungesunden Erscheinungen zu bekämpfen. Ich ging so weit, daß ich den Angestellten des Sicherheitsdienstes den Zutritt zum Ministerium verbot, und machte die Abteilungschefs darauf aufmerksam, daß sie jede nicht dokumentarische Information jedermann zu verweigern hatten, insbesondere aber den Beamten des Innenministeriums, wenn die Anfragen nicht auf dem Dienstweg gekommen waren. Ich hatte mehrmals heftige Zusammenstöße mit den Vertretern des Innenministeriums wegen der von mir ergriffenen Maßnahmen. Übrigens war mir diesbezüglich Unterstützung, zuerst von Clementis, von Geminder und sogar von Široky, den ich über die Entwicklung dieser Probleme auf dem laufenden hielt, gewährt worden. Zu einem bestimmten Zeitpunkt hatte sich die Diskussion sogar bis zu Gottwald ausgeweitet.

Im Juni 1950 erfuhr ich, daß die zentrale Kontrollkommission des Zentralkomitees der Partei und der Sicherheitsdienst mehrere Angestellte des Ministeriums über mich befragten. Mein Büro wurde durchsucht. Einmal fand ich sogar, daß meine Schubladen aufgebrochen worden waren. Damals merkte ich auch, daß mir einige Wagen folgten oder nachts ohne Licht in der Nähe meiner Wohnung parkten. Mein Telefon wurde überwacht. Immer wieder wurde ich angerufen, ohne daß sich jemand auf der anderen Seite meldete... Wenn ich mit den Leitern der Partei irgendwelche Probleme zu besprechen hatte, ließen sie sich regelmäßig von Untergebenen vertreten. Bei Sitzungen und Empfängen wichen sie mir aus.

Und plötzlich kam die Affäre Field in der DDR wieder aufs Tapet. Mehrere Parteiführer und Staatsbeamte, die ich aus Spanien oder Frankreich kannte, wurden gemaßregelt, weil sie mit ihm in Verbindung gestanden hatten. Bei einem Empfang im Schloß rief mir Švab, der ein wenig angetrunken war, zu: »Deine Akte nimmt beispiellose Dimensionen an. Hast du gesehen, was in Deutschland los ist? Auch hier sind wir mit der Affäre noch nicht fertig!«

Wie hätte ich, angesichts der Verbissenheit Švabs und seines grausamen Spieles mit mir, ahnen sollen, daß wir bald im gleichen Gefängnis sitzen würden...

Nachdem sie ihn benutzt hatten, entschieden sie sich, auch ihn zu opfern...

Ich bekomme Anfälle von Verfolgungswahn; in jedem Blick lese ich Verdacht, in jedem Satz entdecke ich Anspielungen. Mein alter Freund Ossik, der mir anfangs geholfen hatte, meidet mich nun, wie ich bereits sagte, und läßt sich seine große Angst anmerken. Leopold Hoffman, Chef des persönlichen Sicherheitsdienstes des Präsidenten der Republik,

ein alter Spanienkämpfer, der uns auch bald nachfolgen wird, berichtet mir von einem Gespräch, das er im Wagen mit Ossik führte, als sie eines Abends nach einem Empfang heimfuhren: »Wir alten Freiwilligen von den Brigaden, die während des Krieges im Westen geblieben sind, werden es eines Tages schwer haben zu erklären, wer wir wirklich sind!«
Dazu kam es tatsächlich Ende Dezember, als Minister Kopřiva mich unter dem Siegel der Verschwiegenheit über den angeblichen Verrat Zavodskys während des Krieges ausfragte.
Die Atmosphäre im Ministerium wurde unerträglich. Trotz meiner Wachsamkeit und aller Sorgfalt, mit der ich meine Arbeit erledigte, blieb diese nicht lange vor Angriffen verschont.
Wir hatten von einem hohen Beamten des Ministeriums für Binnenhandel erfahren, daß sein Bruder, einer unserer Diplomaten, die Absicht hatte, seinen Posten aufzugeben und im Ausland zu bleiben; meine Kollegin Truda Sekaninova und ich hofften, ihn umstimmen zu können. Wir glaubten, es werde zu diesem Behufe genügen, eine Zusammenkunft zwischen den beiden Brüdern an der Grenze herbeizuführen. Dies brachte jedoch keinen Erfolg. Danach ließ Kopřiva uns drei - den Bruder, meine Kollegin und mich - zu sich kommen, aber der einzige, der ins Gebet genommen wurde, war ich. Er schickte mich zu Šváb, der sein Vizeminister geworden war, damit dieser ein Protokoll über die Sache aufnähme. Šváb empfing mich aggressiv: »Also wirklich, du scheinst sie ja zu sammeln, die Unannehmlichkeiten! Von der Affäre Field bis zu dieser - vom Regen in die Traufe!« Er ließ seinem Argwohn gegen mich freien Lauf und weigerte sich sogar, die Unterredung zu unterbrechen, um mich zum Empfang einer chinesischen Delegation auf den Flugplatz fahren zu lassen. Er ließ mich erst frei, nachdem ich das Protokoll unterschrieben hatte.
Dann kam eine neue Affäre: Ein Brief des Parteikomitees des Innenministeriums erteilte dem entsprechenden Komitee im Außenministerium den Auftrag, mich über die Gründe zu befragen, derentwegen ich mich geweigert hatte, einen gewissen Treister im Ministerium anzustellen, der vor kurzem unter der Beschuldigung der Spionage verhaftet worden war*. Er war uns von Josef Frank empfohlen worden, dem Sekretär des Zentralkomitees der Partei, und von Arnošt Tauber, dem damaligen Gesandten in Bern, die ihn in Buchenwald sehr gut gekannt hatten. Der einzige Grund, der damals unsere Personalabteilung veranlaßt hatte, ihn nicht aufzunehmen, war der Umstand, daß Treister, der polnischer Herkunft war, noch nicht lange genug die tschechoslowakische Staatsbürgerschaft besaß.

---

* Diese Beschuldigung erwies sich als falsch. Treister wurde nach dem Jahre 1956 rehabilitiert.

Die Sache lag mehr als ein Jahr zurück. Man wärmte sie nur wieder auf, um zu »beweisen«, daß ich für die spätere Anstellung Treisters durch das Innenministerium verantwortlich war, da ich diesem Ministerium unsere Ablehnung, ihn bei uns aufzunehmen, nicht mitgeteilt hatte...
Die Parteiorganisation des Innenministeriums verlangte außerdem in ihrem Brief, daß Strafmaßnahmen gegen mich getroffen und sie davon benachrichtigt werden sollten, was in der Angelegenheit unternommen wurde.
Das Ganze war eigentlich lachhaft, aber man hatte eine Riesensache daraus gemacht, obgleich meine Argumente die ganze Konstruktion zerstörten.
War ich stellvertretender Außen- oder Innenminister? War es der Außen- oder der Innenminister, dem ich Rechenschaft über meine Arbeit schuldete? Hätte ich mich an eine Wahrsagerin wenden sollen, um zu erfahren, wo Treister sich später um eine Anstellung bewerben würde? Sollte ich bei jeder Ablehnung eines Bewerbers durch unsere Personalabteilung sämtliche Büros der Republik durch Zirkulare davon verständigen?
Das Parteikomitee des Ministeriums wurde also mobilisiert, um mich zu befragen, und das roch nach einem ausdrücklichen Wunsch, eine verstärkte Atmosphäre des Mißtrauens um mich zu verbreiten.
Der Sicherheitsdienst unterzog mich seinerseits einem erneuten Verhör und versuchte stundenlang, meine Verantwortlichkeit für die Anstellung eines »Spions« durch das Innenministerium zu beweisen.
Das Netz zog sich zusammen.
Ende November 1950 besuchte mich ein leitendes Mitglied der französischen Partei auf der Durchreise nach Moskau. Er teilte mir vertraulich mit, die Affäre Field sei noch lange nicht zu Ende, es gebe da Verzweigungen in allen Ländern, und in Frankreich sei die MOI besonders kompromittiert. Während ich ihn ins Hotel begleitete, suchte ich ihm klarzumachen, daß derartige Verdächtigungen gegen die MOI, deren Tätigkeit während des Krieges unter der unmittelbaren Kontrolle Jacques Duclos' gestanden hatte, völlig unsinnig waren.
Und noch eine Geschichte:
Unser Gesandter in einem skandinavischen Land, M...., befand sich im Januar 1951 auf Einladung des Sicherheitsdienstes in Prag, um bei der Entlarvung der »verbrecherischen« Tätigkeit des bereits verhafteten Ortsparteisekretärs von Brünn, Šling, mitzuhelfen. M... hatte seinerzeit in Brünn eine verantwortungsvolle Stellung innegehabt. Šling hatte ihn wegen Unfähigkeit abgesetzt. Das Parteipräsidium und Gottwald selbst hatten ihn jedoch später als Entschädigung auf seinen diplomatischen Posten eingesetzt.

Vier Tage nach diesen Besprechungen übergab M... Široky einen gegen mich gerichteten Bericht. Er enthielt die phantastischsten Beschuldigungen. Er behauptete, daß Verbrecher vom gleichen Schlag wie Šling, namentlich London, im Außenministerium ihr Unwesen trieben; gleichzeitig zeigte er andere Personen an, die angeblich zu meiner »Clique« gehörten!
Široky beauftragte meinen Untergebenen Černik mit der Untersuchung. Selbstverständlich unter Verbot, mir davon zu erzählen! Černik war jedoch empört und von der Lächerlichkeit der Beschuldigungen überzeugt und setzte sich darüber hinweg. Für mich bestand kein Zweifel, daß diese Anzeige von den Männern des Sicherheitsdienstes stammte.
Um mich und meine Familie entstand ein Vakuum. Trotz unserer sehr alten Freundschaft - Geminder stammte wie ich aus Ostrau - ging er mir von nun an aus dem Weg. Bis dahin war er stets gern zu uns gekommen, wenn wir Freunde aus Frankreich, Spanien oder Italien in unserem Haus empfingen. Nun lehnte er jede Einladung unter dem einen oder anderen Vorwand ab.
Eines Tages besuchte Lise die Frau des Außenhandelsministers Gregor. Auf der Heimfahrt erfuhr sie durch den Fahrer, der auf sie gewartet hatte, daß unmittelbar nach ihrer Ankunft Frau Slansky die Villa durch einen in den Garten führenden Ausgang verlassen habe. Meine Frau ließ sich sofort zu Vera Gregorova zurückfahren, um sie zu fragen, was dieser überstürzte Abgang, den sie mit Recht als eine Beleidigung ansah, zu bedeuten habe.
Vera Gregorova war von dem Zwischenfall sehr unangenehm berührt und fragte, ob sie Slanskys Frau von diesem Gespräch erzählen dürfe. Lise war durchaus dafür und fügte noch hinzu, sie behalte sich vor, bei der ersten Gelegenheit selbst wegen dieses beleidigenden Verhaltens Rechenschaft zu verlangen.
Jetzt weiß Lise, daß diese Flucht bedeutete, man lehnte es ab, mit ihr zusammenzutreffen. Man verkehrt nicht mit der Frau eines Mannes, der bald verhaftet werden soll!
Ich fühlte mich von der Partei im Stich gelassen. Nochmals versuchte ich, von einem der Führer empfangen zu werden. Weder Slansky noch Geminder, noch Köhler, der an Kopřivas Stelle für die Kaderabteilung im Zentralkomitee verantwortlich war, zeigten sich bereit, mit mir eine Verabredung zu treffen. Široky wich mir unter verschiedenen Vorwänden aus.
Ich verbrachte schlaflose Nächte...
Wenn ich all den Methoden nachspüre, die gegen mich während fast zweier Jahre angewandt wurden - angefangen von der Weigerung des Parteisekretariats, mich anzuhören, bis zu meiner schließlichen Verhaf-

tung - scheint es mir klar, daß da ein genauer Plan ausgeführt wurde, um mich systematisch auf den Weg der Entmutigung, der Angst, der Verzweiflung zu treiben. Meine Demoralisierung wurde bewußt bewerkstelligt, bis ich der gebrochene, verfolgte Mann geworden war, endlich reif, in die von jenen Menschen aufgestellte Falle zu stürzen, die mein Verderben beschlossen hatten.

6

Meine Gedanken werden durch das Knallen der Tür unterbrochen. Ein Grenzwächter in voller Ausrüstung, die Pelzmütze mit dem roten Stern auf dem Kopf, steht in der Türöffnung, die Maschinenpistole auf mich gerichtet. Ein zweiter Wärter stellt einen dampfenden Eßnapf auf den nackten Boden und tritt auf mich zu, um mir die Handschellen abzunehmen. Welche Erleichterung! Doch das dauert nur einen Augenblick. Alsbald werden meine Arme wieder nach vorne gezerrt und die Handschellen angelegt. Die beiden Männer gehen ohne ein Wort hinaus.
Ich bin durstig und vor Kälte starr. Ratlos betrachte ich den Eßnapf zu meinen Füßen. Einige Minuten vergehen. Türen werden zugeschlagen, und das Geräusch von Eßnäpfen, die bereits eingesammelt werden, läßt mich verstehen, daß ich weder einen Löffel noch eine freie Hand haben werde, um zu essen. Ich knie nieder und führe mit Schwierigkeit den Eßnapf an die Lippen. Doch wie soll ich essen? Ich versuche, die Gemüsestücke in den Mund zu bekommen. In diesem Augenblick öffnet sich die Tür. »Hergeben!« sagt der Wärter und entreißt mir den Eßnapf. »Und jetzt vorwärts, weitergehen!«
Mit den vorne gefesselten Händen ist das Gehen etwas weniger mühsam. Wieviel Uhr mag es sein? Es scheint mir eine Ewigkeit vergangen zu sein, seit ich hier bin. Vor Müdigkeit fällt mir jeder einzelne Schritt schwer. Schon zweimal kam der Wärter herein und mißhandelte mich, weil ich stehenblieb, um zu verschnaufen. Was kann ich anderes tun als gehorchen, mich unterwerfen, guten Willen bezeugen und dadurch meine fügsame Einstellung offenbaren?
Der Schmerz in den Schultern und im Rücken wird immer heftiger. Die Unmöglichkeit, die Hände auszustrecken, führt zu unerträglichen Krämpfen. Ich bin nicht mehr imstande zu denken. Meine Gedanken verwirren sich. Da man mir Trikotunterhemd, Pullover und Mantel weggenommen hat, ist mir sehr kalt. Bei der nächsten Essenverteilung will ich nicht wieder ratlos vor dem Eßnapf stehenbleiben; ich werde trotz der Handschellen zu essen versuchen. Ich höre die Geräusche von

Türen und Schalen, doch vor meiner Zelle nichts. Ich suche mir einzureden, ich sei noch nicht an der Reihe! Doch bald gibt es keinen Zweifel mehr, das Klappern der leeren Näpfe, die geholt werden, dringt wieder zu mir. Man hat mich vergessen!
Noch nimmt das Umhergehen kein Ende. Ich habe seit dem Vortag weder getrunken noch gegessen. Das erste Licht eines neuen Tages dringt durch die Bretter. Ich kann nicht weiter und lege mich auf den Boden. Sofort befiehlt mir die brutale Stimme »Weitergehen!« Da ich nicht gehorche, öffnet der Wärter die Tür und stößt einige Drohungen aus. Ich weigere mich aufzustehen. Ich sage ihm, man habe nicht das Recht, einen Menschen so zu behandeln und schon gar nicht einen Unschuldigen. Er ruft einen anderen Wärter zu Hilfe, der mich schlägt und mit Beschimpfungen überhäuft. »Sie werden sich hier nicht weiter renitent benehmen. Sie werden gehorchen oder bestraft werden!« Ich will nicht, daß meine Auflehnung als feindseliges Verhalten gedeutet wird und beginne mühselig weiterzugehen; das dauert bis zum Abend. Dann kommt man mich holen, und ich werde, wieder mit verbundenen Augen, in ein anderes Gebäude gebracht.
Man kettet mir die Hände hinter dem Rücken zusammen und nimmt mir die Maske ab. Ich stehe vor einem mittelgroßen, untersetzten, elegant gekleideten, mir unbekannten Mann. Später erfahre ich, daß es sich um den Prager Š... handelt, der es als Advokat zu nichts gebracht und sich dem Sicherheitsdienst zur Verfügung gestellt hat. Er ist der Referent[*], dem mein Verhör obliegt.
Ich erwarte von ihm präzise Fragen, die ebenso präzise Antworten erfordern und mir die Möglichkeit geben werden, mich zu rechtfertigen. Davon ist jedoch keine Rede. Während der ganzen Nacht höre ich nichts als Beschimpfungen und immer wieder den gleichen Satz: »Gestehen Sie, wer Sie sind, gestehen Sie Ihre Verbrechen, Menschen wie Sie haben einen Namen, gestehen Sie Ihren Namen.« Den Sinn dieser Fragen verstehe ich nicht. Wer ich bin? Nun, Artur London! Ich habe nichts zu gestehen! Mein Fragesteller ist außer sich vor Wut. Er zieht den Kragen meiner Jacke um meinen Hals zusammen, verdreht ihn, schlägt meinen Kopf immer wieder gegen die Wand und skandiert dabei: »Gestehen Sie, wer Sie sind, gestehen Sie Ihre Verbrechen, Männer wie Sie haben einen Namen, gestehen Sie Ihren Namen!« Ich habe den Eindruck, es mit einem Verrückten zu tun zu haben, doch ich bin entschlossen, ruhig zu bleiben.

---

[*] Nachdem man im Jahre 1950 die Untersuchungsrichter für derartige Angelegenheiten abgeschafft hatte, wurden sie durch Männer des Sicherheitsdienstes ersetzt, die die Verhöre des Gefangenen von seiner Verhaftung bis zu seiner Anklage vor Gericht zu führen haben.

Und nun nimmt der Referent meine Familie in Angriff, er nennt sie »ein Nest von Feinden«. Ich mache ihn darauf aufmerksam, daß zu diesem Nest von Feinden ein Mitglied des politischen Büros der Kommunistischen Partei Frankreichs gehört, mein Schwager. Er brüllt noch lauter: »Alle, ihr seid alle Feinde! Ihr Schwager auch! Wir kennen heute seine wirkliche Rolle. Er kann Ihnen nicht helfen. Sie können auf niemanden von draußen rechnen!«
Das Verhör - dieser hysterische Monolog - endet erst gegen Morgen. Es ist tatsächlich schon fast Tag, als der Referent den Wärter ruft, um mich in meine Zelle zurückbringen zu lassen. Kurz bevor ich hinausgehe, wende ich mich um und sage: »Man hat gewiß ein Paket Dollarnoten in meinem Stahlschrank im Ministerium gefunden! Bevor Sie noch verschiedene verrückte Hypothesen aufstellen, möchte ich Ihnen mitteilen, daß diese Dollars Eigentum des Weltfriedenskomitees sind. Sie wurden mir von meiner Schwägerin Fernande Guyot anvertraut, der Verwaltungssekretärin des Komitees, damit ich sie während der zehn Tage, die sie in den Bergen Ferien macht, sicher verwahre.«
Der Referent blickt mich betroffen an. Er beauftragt den Wärter, mich zu bewachen, und verläßt den Raum. Zurückkommend ersucht er mich, meine Erklärung bezüglich der Dollars zu wiederholen. Er schreibt eine Notiz auf der Schreibmaschine. Ich habe das Gefühl, daß er ganz verdutzt ist wie ein Hund, dem man seinen Knochen weggenommen hat. Was hat er doch da für einen schönen Beweis für meine Bestechlichkeit erhalten!
Als man mich wieder in meine Zelle bringt, dringt das Tageslicht durch meine Maske. Ich höre, wie im Korridor Türen geöffnet und geschlossen werden: man sammelt leere Eßnäpfe ein. Wieder ist es für mich zu spät! Dabei habe ich so großen Hunger und friere ganz jämmerlich. Wieder bin ich im gleichen Raum. Und der erschöpfende Marsch beginnt von neuem.
Ich überdenke die Worte des Referenten. Wie soll ich die draußen wissen lassen, daß ich unschuldig bin? Es fällt mir ein, daß man in allen Gefängnissen, die ich bis dahin gekannt habe, die Wäsche der Häftlinge ihren Familien zur Reinigung schickt. Meine Frau soll unbedingt erfahren, daß ich unschuldig bin. Ich gehe zum Fenster und bemerke da einen schlecht eingeschlagenen Nagel; es gelingt mir, ihn loszureißen. Nicht ohne Mühe ziehe ich ein Fischbein aus meinem Hemdkragen. Obgleich meine Hände im Augenblick vorne zusammengekettet sind, fallen mir die Bewegungen nicht leicht. Dennoch kratze ich, von meiner Verzweiflung getrieben, während der kurzen Pausen, in denen das Guckloch geschlossen bleibt, Buchstaben für Buchstaben auf das Zelluloidfischbein: »Ich bin unschuldig.« Der Gedanke, daß Lise, die aus der Besat-

zungszeit an die Methoden des illegalen Lebens gewöhnt ist, meine Botschaft finden wird, beruhigt mich ein wenig.
Doch das Hemd und die Botschaft sollen niemals in meine Wohnung gelangen; sie verschwinden im Kleidermagazin des Gefängnisses.
Ich bin erschöpft und friere erbärmlich. Der Hunger krampft mir den Magen zusammen. Ich vermag noch nicht zu begreifen, was ich soeben erlebt, gesehen, gehört habe. Was mir zustößt.
Ich klopfe an die Tür. Auf mein Verlangen bringt man mir einen Eimer. Der Wärter weigert sich, mir die Handschellen abzunehmen, und hält seine Maschinenpistole dauernd auf mich gerichtet. Stehend, unter dieser Bedrohung, muß ich meine Bedürfnisse erledigen. Welche Erniedrigung! Und ich bin so ungeschickt mit meinen gefesselten Händen... Ich fühle mich wie zum Tier herabgewürdigt.
Am späten Vormittag kommt man mich holen. Wieder die Maske! Man schiebt mich vorwärts, ich stoße gegen die Bretter. Ich bleibe lange im Dunkel. Hinter mir wird geflüstert. Schließlich höre ich, wie eine Tür aufgeht. Brutale Hände drehen mich herum, reißen mir die Maske vom Gesicht, packen mich und pressen mich mit dem Rücken gegen die Wand. Vor mir stehen vier Männer, einer davon in Zivil - Major Smola -, der mich an der Kehle packt und haßerfüllt schreit: »Sie und Ihre dreckige Rasse, wir werden Sie schon ausrotten! Alle seid ihr gleich! Nicht alles, was Hitler getan hat, war richtig, aber er hat die Juden vernichtet, und das war gut. Es sind noch zu viele den Gaskammern entkommen. Was er nicht zu Ende geführt hat, werden wir tun!« Wütend stampft er auf den Boden. »Zehn Meter tief unter der Erde wird man euch eingraben, Sie und Ihre dreckige Rasse!«
Diese Worte werden von einem Mann ausgestoßen, der im Knopfloch das Abzeichen der Partei trägt, in Gegenwart von drei anderen, die ihm durch ihr Schweigen beipflichten! Was kann es Gemeinsames geben zwischen diesem Antisemitismus, diesem Pogromgeist und dem Kommunismus, Marx, Lenin, der Partei? Es ist das erste Mal, seit ich erwachsen bin, daß ich als Jude beschimpft werde, daß mir mein Ursprung als Verbrechen vorgeworfen wird. Und das von einem Mann des Sicherheitsdienstes eines sozialistischen Landes, einem Mitglied der Kommunistischen Partei. Ist es vorstellbar, daß der Geist der »Schwarzen Hundertschaften«, daß der Geist der SS in unseren eigenen Reihen wieder auflebt? Der gleiche Geist beseelt diese Männer und jene, die im Jahre 1941 meinen Bruder Jean erschossen, die meine Mutter, meine Schwester Juliette und ihren Mann und ein paar Dutzend von meiner Familie nach Auschwitz deportiert und in die Gaskammer geschickt haben. Ich hatte den Nazis mein Judentum verschwiegen, hätte ich in meinem sozialistischen Vaterland das gleiche tun sollen?

Mit einem Stoß schleudert Smola mich in eine Ecke: »Sie werden reden, Sie werden Ihre Verbrechen gestehen. Wir wissen alles. Sie sind nicht allein hier. Die Freunde, die Sie ehemals schützten, sind alle hier - und sie reden. Da...« Er hält mir eine Schale entgegen, in der mehrere Karten liegen. »Ihr seid alle ausgeschlossen worden. Die Partei verwirft euch wie bösartige Bestien. Sehen Sie her...« Es waren die Parteikarten von Zavodsky, von Valeš, meine und noch andere. »Und die noch fehlen«, fuhr er fort, »sammeln wir jetzt ein. Sie werden die Fragen beantworten, die Ihnen diese Genossen« - er wies auf die drei Männer in Uniform - »stellen werden. Die einzige Chance, die Sie haben, Ihren Kopf zu retten, ist, daß Sie reden und schneller gestehen als die anderen.«
Er verläßt den Raum, und die anderen nehmen hinter dem Tisch Platz. Einen von ihnen kenne ich; ich war ihm ein paarmal im Außenministerium begegnet, wo er hingekommen war, um die das Innenministerium betreffenden Probleme zu regeln. Ich hatte mit ihm die bereits erwähnten Meinungsverschiedenheiten über die Einmischungen des Sicherheitsdienstes in Angelegenheiten gehabt, die meiner Kompetenz unterstanden. Nun sitzt er als Untersuchungskommissar vor mir; er ist jedoch der einzige, dessen Augen keinen Haß zeigen.
»Letzten Sonntag hat eure trotzkistische Gruppe ehemaliger Brigadekämpfer bei Zavodsky eine geheime Versammlung abgehalten. Ihr wußtet, daß ihr entlarvt und in einer verzweifelten Lage wart. Was habt ihr beschlossen, um euch zu retten?«
Wie können sie meinen Sonntagsbesuch bei Zavodsky und mein zufälliges Zusammentreffen mit anderen Freunden als Verschwörung einschätzen? Sie scheinen von unseren Gesprächen zu wissen. Was soll das bedeuten? Und vor allem, warum geben sie unserem Zusammentreffen eine so abwegige Deutung? Man läßt mich nicht reden. Von drei Seiten zugleich regnet es Fragen, Fragen, die nicht einmal eine Antwort erwarten. Meine drei Befrager schleudern mir Namen von alten Spanienkämpfern entgegen - von denen ich manche seit 1939 nicht wiedergesehen habe -, die Namen von Freiwilligen verschiedener Nationalitäten, unter anderem der Polen Rwal und Winkler, die in Moskau verschwunden waren, der Ungarn Rajk und Baneth, der Jugoslawen Copik und Daptschewitsch, des sowjetischen Journalisten Koltzow. Sie fragen mich über Anna Seghers aus, über Egon Erwin Kisch und seine Frau, die sie beschuldigen, in Paris und in Prag Zusammenkünfte trotzkistischer Intellektueller veranstaltet zu haben. Worauf wollen sie hinaus? Sooft ich versuche, ihnen zu antworten, etwas zu widerlegen, wird mir das Wort abgeschnitten, man schreit, man brüllt mir die ungeheuerlichsten Anklagen entgegen. Man beschimpft mich. Man ruft mir die Namen von verschiedenen Städten zu: Paris, Marseille, Barcelona, Albacete... Man

erwähnt Zusammenkünfte mit dem oder jenem, ohne jedoch genaue Angaben zu machen.
Sie sind über unser Leben informiert, über unsere Kämpfe - was suchen sie also noch? Was ist denn verbrecherisch daran? Kämpfen wir denn nicht gegen den gemeinsamen Feind? Wir alle haben eine Vergangenheit, auf die wir stolz sind. »Gestehen Sie Ihre Verbrechen!« schreit man mir unaufhörlich zu. »Sie müssen uns alles sagen, das ist Ihre einzige Chance, Ihren Kopf zu retten. Die anderen gestehen, machen Sie es ihnen nach, sonst sind Sie verloren. Für euch ist es auf jeden Fall zu Ende. Ihr seid alle hier. Es wird euch nicht gelingen, unser Regime zu stürzen. Bei uns wachsen die Bäume nicht in den Himmel, man legt sie rechtzeitig um!« Ich verteidige mich weiter verbissen. »Stellen Sie mir doch präzise Fragen, ich habe nichts zu verbergen. Ich will die Dinge erklären. Lassen Sie mich doch aussprechen.« Vergeblich!
Einer der drei Männer entfernt sich. Das Verhör beginnt in ruhigerem Ton von neuem. Die Männer stellen mir neue Fragen über die internationalen Brigaden. Sie greifen nach Papieren aus einem großen Haufen, der auf dem Tisch liegt. »Was wissen Sie über X?« Ich versuche mich zu erinnern, aber man läßt mir keine Zeit. »Wir wissen, daß er desertiert ist.« Ein anderer hatte zu wenig Kampfgeist in Spanien. Ein dritter hat sich in den französischen Lagern schlecht verhalten. Einer hat sich mißfällig über die Partei geäußert und oppositionelle, trotzkistische Neigungen gezeigt. Und der oder jener wurde von der spanischen Kommunistischen Partei oder von der kommunistischen Organisation seiner Einheit als verdächtiges, feindseliges Element angesehen ...
Aber über welches Material verfügen sie denn? Als sie mir im Lauf des Verhörs gewisse Papiere zeigen, wird mir klar, daß das Berichte sind, die in Spanien von den Parteiorganisationen der Kompanien, Bataillone und Brigaden über die Freiwilligen abgefaßt worden sind, und zwar in dem damaligen nur allzu oft unnachgiebigen, dogmatischen Geist und dazu in der Hitze des Krieges, in den Schützengräben, inmitten der Kämpfe; ihre Strenge entspricht dem Ernst der Zeit, die wir damals durchlebten.
Gewiß waren nicht alle Freiwilligen Heilige. Es gab unter ihnen einige Feiglinge, ja sogar Intriganten. Sie wurden zumeist rasch entlarvt. Wer wollte sich übrigens brüsten, er habe in diesem schonungslosen Kampf nie Augenblicke der Schwäche gekannt? Ich weiß von manchen, die bei ihrer Feuertaufe Angst bekamen und aus der Frontlinie flohen. Aber später bewiesen diese gleichen Männer großen Mut. In den folgenden Jahren illegaler Kämpfe in Frankreich, in der Tschechoslowakei oder bei der tschechoslowakischen Armee in England erwies sich die große Menge der Freiwilligen als kriegstüchtige, tapfere Kämpfer.

Die Referenten greifen aus diesen Berichten nur das auf, was negativ ist. Natürlich muß, was wir im Parteijargon »Kadermaterial« nannten, eine unnachsichtliche Beurteilung über die möglichen Fehler der Mitkämpfer enthalten; ihre guten Eigenschaften waren uns ja ohnehin bekannt. Aber dies sind Berichte politischer Art, keine Polizeibeschreibungen; sie gehören dem Zentralkomitee der Partei, hier sind sie nicht am Platz. Wer hat sie wohl dem Sicherheitsdienst übergeben? Die Partei? Und warum? Ich denke an die Art und Weise, wie der eine oder andere von uns die Beurteilungen für solche Berichte erbracht hat. An unsere Unbeugsamkeit. Wir waren durch die politische Erziehung, die wir genossen hatten, geformt worden, durch das Beispiel unerbittlicher Strenge der Bolschewiken, und wir achteten mit eifersüchtiger Sorge darauf, unser Heldenepos, den Sinn unseres Einsatzes für das spanische Volk rein zu erhalten. Es lag uns am Herzen, jeden Schatten, jeden Fehler zu unterstreichen. Und - was macht man nun aus dem, was nur Härte gegen uns selbst gewesen war! Plötzlich wird alles Kleinlichkeit, Besudelung, Schmutz. Alles wird umgekehrt, alles Gute zum Schlechten gedreht.
Plötzlich öffnet sich die Tür, und Smola wirft noch ein Bündel Papiere auf den Tisch. Er faßt mich an der Kehle und brüllt: »Da, da ist alles beisammen. Zavodsky hat alles gestanden. Sie brauchen uns nichts mehr zu sagen. Nur noch zu gestehen und seine Aussage zu ergänzen. Wir kennen Ihre ganze parteifeindliche Tätigkeit. Ihr Treiben in Marseille. Ihre Zusammenarbeit mit dem amerikanischen Geheimdienst. Ihre Verbindung mit Field. Alles steht hier, auf diesen Seiten. Gestehen Sie jetzt selbst!«
Im Text, den er mir vorliest, finde ich bestimmte Gespräche wieder, die ich mit Zavodsky geführt habe. Die können nicht erfunden sein! Aber alle unsere Gedanken, unser ganzes Verhalten werden als Trotzkismus bezeichnet, als parteifeindliche Handlungen, als Sabotageakte. Unsere freundschaftlichen Zusammenkünfte erhalten unfehlbar verschwörerischen Charakter. So haben wir also seit undenklicher Zeit eine trotzkistische Gruppe organisiert, die eine parteifeindliche Tätigkeit entfaltete? Ich schüttle den Kopf: »Nein, das ist nicht wahr. Obgleich einige der Tatsachen, die Sie erwähnen, stimmen, sind die Deutung und die Folgerungen, die Sie daraus ziehen, falsch. Ich glaube Ihnen nicht, wenn Sie behaupten, Zavodsky habe solche Unsinnigkeiten geschrieben.«
Ohrfeigen. Smola schlägt mir den Kopf gegen die Wand.
»Nein, das ist nicht wahr, das ist nicht wahr!«
»Sie kennen doch seine Schrift, sehen Sie sich diese Unterschrift an. Ist sie von Zavodsky oder nicht?«
Er hält mir die Blätter entgegen, auf jedem steht unten die Unterschrift Zavodskys! Ja, das ist seine Unterschrift! Ich kenne sie zu gut, als daß

ich mich geirrt hätte. Smola hält mir eine Seite vor die Augen, die die Überschrift trägt: »Meine Tätigkeit für das FBI in Marseille.« Darin erzählt Zavodsky, wie er als Trotzkist mit den Agenten Fühlung nahm...

»Aber das ist doch falsch! Das ist unmöglich!« Ich kann nur immer wieder die gleichen Worte wiederholen. Ich bin wie vor den Kopf geschlagen, völlig niedergeschmettert. Ich verstehe überhaupt nichts. Ich beteure nur immer wieder: »Es ist nicht wahr!« Da reicht mir Smola ein handbeschriebenes Blatt: »Sie kennen die Schrift Ihres Komplicen. Lesen Sie selbst die von seiner eigenen Hand geschriebenen Geständnisse, und vergleichen Sie sie mit dem, was ich Ihnen eben gesagt habe.«

Es ist tatsächlich Zavodskys Schrift. Doch was er geschrieben hat, ist ein Haufen Lügen, phantastische Berichte oder - noch schlimmer - Halbwahrheiten. Er berichtet von unseren Gesprächen, unserer Tätigkeit. Aber seine Auslegung ist völlig aus der Luft gegriffen und wird uns nun alle an den Galgen bringen! Wie konnte Ossik sich zu einer solchen Fälschung hergeben - er vor allem? Ich habe ihn während des spanischen Krieges und in Frankreich, in der Besatzungszeit, als loyalen Menschen und mustergültigen Kämpfer gekannt.

Ich sehe ihn noch vor mir, wie ich ihm damals in den Straßen von Paris erklärte, es sei nun notwendig, zum bewaffneten Kampf gegen die Besatzungstruppen überzugehen. Das war im Jahr 1941. Er sowie Alik Neuer waren vorgeschlagen worden, um der OS, der Spezialorganisation, der Kerntruppe der FTPF*, zugeteilt zu werden. Zwei Wochen später berichtete mir noch ein Mitglied des nationalen Dreiecks der MOI, Hervé-Kaminsky, von den Schwierigkeiten Ossiks, sich seiner neuen Tätigkeit anzupassen. Man hatte vereinbart, daß ich mit ihm sprechen sollte. Ossik war sehr froh, mich wiederzusehen. Er erzählte mir von den Schwierigkeiten, denen er sich gegenüberfand. Sein militärischer Vorgesetzter hatte ihm bestimmte Aufgaben gestellt; als Zavodsky ihn jedoch um die dazu nötige Waffe ersuchte, wurde ihm geantwortet, die müsse er sich eben beim Feind holen. Aber wie sollte er, mitten in Paris, einen deutschen Offizier niederschlagen und entwaffnen? Um ihm Mut zu machen, schilderte ich ihm, wie Neuer, unterstützt von einigen Chemikern, mit veralteten, primitiven Mitteln Spreng- und Brandbomben herstellte. Wir sprachen lange miteinander. Als er mich verließ, wußte ich, daß er entschlossen war, alles nur Erdenkliche zu versuchen.

Tatsächlich verschaffte er sich wenige Tage später seine erste Waffe. Er hatte bemerkt, daß die deutschen Offiziere meistens, bevor sie sich beim Friseur auf ihren Stuhl setzten, ihren Gürtel mit dem Revolver an den

---

* Franctireurs et Partisans Français.

Kleiderhaken hängten. Eines Tages ergab sich die Gelegenheit: er trat bei einem Friseur ein, bei dem sich gerade ein deutscher Offizier rasieren ließ. Er packte dessen Revolver und rannte, so schnell er konnte, davon. Später erzählte er mir lachend, wenn es seinem Verfolger gelungen wäre, ihm allzu nahe zu kommen, so hätte er an jenem Tag seinen ersten Schuß abfeuern müssen.

Zavodsky war rasch ein erfahrener Kämpfer geworden und hatte an den tollkühnsten militärischen Aktionen teilgenommen. Er hatte im Herbst 1942 zusammen mit zwei anderen Tschechoslowaken, Bukaček und Ickovič, an einem Attentat gegen ein deutsches Hotel in einem Arbeiterbezirk von Paris, Rue d'Alésia, teilgenommen, bei dem es unter den deutschen Offizieren dreißig Tote und Verwundete gegeben hatte.

Warum war Zavodsky, der durch seine verantwortliche Stellung beim Sicherheitsdienst die Dinge besser zu übersehen vermochte als irgendein anderer, bereit, solche Ungeheuerlichkeiten zu schreiben? Er ist sich doch der Tragweite dieser Erklärungen und ihrer Folgen für sich, für mich, für die anderen bewußt...

Smola und ein Referent verlassen den Raum, und ich bleibe allein mit dem Mann zurück, den ich aus dem Ministerium kenne. Er wirft mir einen kurzen Blick zu. »Du befindest dich in einer sehr ernsten Lage. Was sie dir gesagt haben, ist kein Scherz. Zavodsky hat gestanden. Er wurde am Sonnabend verhaftet, vierundzwanzig Stunden vor dir. Eine halbe Stunde nach seiner Ankunft legte er hier die ersten Geständnisse ab. Die dreißig Seiten, die du gesehen hast, hat er in der Nacht von Sonnabend auf Sonntag geschrieben. Und seither hat er noch viele andere geschrieben und schreibt weiter. Seine Aussagen werden dich das Leben kosten. Dir bleibt nur ein Ausweg: gestehen. Ich habe an all dem kein besonderes Interesse und vor allem nicht daran, dir zu schaden. Du hast dich mir gegenüber stets korrekt verhalten, und wenn ich dir einen Rat geben kann, dann nur: gestehe. Du mußt mir glauben. Du mußt dich entschließen, und zwar rascher als die anderen. Sonst hast du, da du in Frankreich ihr Chef warst, nicht die geringste Aussicht davonzukommen.«

»Aber das, was Zavodsky schreibt, ist nicht wahr! Seine Geständnisse kann doch niemand ernst nehmen. Es gibt Beweise, offizielle Dokumente. Die anderen werden das ebenso wie ich widerlegen. Es läßt sich ja alles nachprüfen. Es genügt, sich an die Zeugen von damals zu wenden, an die französische Kommunistische Partei, an die anderen Organisationen der Widerstandsbewegung.«

»Gegen diese Geständnisse kommst du nicht an. Auch andere haben bereits begonnen, Geständnisse zu machen. Und jene, die es noch nicht getan haben, werden es über kurz oder lang tun. Glaube mir: hier

gesteht jeder. Und du mußt auch noch etwas verstehen: es werden Zavodskys Geständnisse sein, die man in Betracht ziehen wird, denn die sind nicht nur eine Anklage gegen dich, sondern noch dazu die Geständnisse »deines« Komplicen. Hier« - er nimmt die Geständnisse Zavodskys wieder zur Hand - »sieh doch, wie er sie gemacht hat. An erster Stelle gesteht er seine eigenen Verbrechen: ›Ich habe für den amerikanischen Geheimdienst spioniert, um das Regime zu stürzen... Bei dieser feindlichen Tätigkeit stand ich unter der Leitung Artur Londons.‹ Glaubst du nicht, daß ein solches Zeugnis schon überzeugend genug für das Gericht sein wird? Ein Mann klagt sich der schwersten Verbrechen an und erklärt dann, sie auf deinen Befehl hin begangen zu haben. Wem wird man glauben, dir oder Zavodsky? Du kannst sicher sein, daß niemand *dir* glauben wird.«
Er spricht ganz ruhig, fast freundschaftlich.
»Wenn es aber nicht wahr ist! Ich kann doch nicht Verbrechen gestehen, die ich nicht begangen habe!«
»Was zählt, sind die Geständnisse. Warum glaubst du denn, daß Zavodsky gesteht? Warum gesteht er Dinge, die ihm den Kopf kosten können? Er ist kein Ahnungsloser. Er kennt unseren Sicherheitsdienst und weiß, was solche Geständnisse bedeuten. Dazu hat er lang genug beim Sicherheitsdienst gearbeitet. Bis gestern war er dessen Chef, vergiß das nicht. Warum also glaubst du, verhält er sich so? Weil er seinen Kopf retten will. Er weiß, daß hier nur eines gilt: gestehen, und zwar so schnell und vollständig wie nur möglich. Überleg dir das gut!«
Ich lehne mich an die Wand. Alles dreht sich um mich. Ich bin fürchterlich müde, überall habe ich Schmerzen, meine Arme und Schultern krampfen sich qualvoll zusammen. Ich werfe einen Blick in das kleine Nebenzimmer, dessen Tür offensteht. Es ist eine Kammer mit einer Badewanne. Nichts erinnert an ein Gefängnis, man könnte glauben, man sei in einer Wohnung. Wo bin ich? Welchem Apparat bin ich in die Hände gefallen?
Ich habe Durst und verlange etwas Wasser. Der Mann reicht mir einen Becher und führt ihn mir selbst an den Mund, meine gefesselten Hände sind zu steif!
Der Referent redet weiter und versucht, mich zu überreden. Da kommen die beiden anderen zurück. Smola hört, wie mich der Mann duzt, und schreit ihn an:
»Ich verbiete dir, ihn zu duzen. Du hast es nicht mit einem Genossen zu tun, sondern mit einem von der Partei entlarvten Verbrecher. Er ist ein Verräter, ein Verbrecher, ein Mann, dem der Galgen sicher ist. Sein Verhör muß mit größter Strenge geführt werden.«
Er tritt zu mir, faßt mich wieder an der Kehle und brüllt: »Ich verbiete

Ihnen, hier den Namen der Partei auszusprechen. Ich verbiete Ihnen, den Namen eines einzigen unserer führenden Parteigenossen auszusprechen. Sie sind ein Verräter, der nichts mit der Partei zu tun hat. Die Partei hat Sie verhaften lassen. Warum wären Sie sonst hier, Sie, Zavodsky und so viele andere? Bleiben Sie nur in der Haut des Verräters, der Sie sind. Sie sind entlarvt und stehen nun hier, um unsere Fragen zu beantworten. Wir werden alle Methoden anwenden, um Ihren Verrat, den Moder und den Schmutz, in dem Sie und Ihre Leute sich gewälzt haben, vor der Partei und dem Volk bloßzulegen.«

Das Verhör wird fortgesetzt. Man liest mir Erklärungen anderer Freiwilliger der internationalen Brigaden vor. Sie bestätigen Zavodskys Aussagen. Sie klagen einander gegenseitig und auch mich an. Und in jeder von ihnen finde ich immer ein Körnchen Wahrheit, jedoch entstellt oder mißdeutet, sowie auch glatte Lügen.

Die »Geständnisse« Zavodskys und die Erklärungen, die ich gehört habe, bringen mich immer mehr in Verwirrung. Unablässig wiederholen die Referenten:

»Glauben Sie, wenn das, wie Sie behaupten, unwahr wäre, hätte die Partei Ihre Verhaftung angeordnet?«

Ich beginne an meinen Kameraden zu zweifeln, mich zu fragen, ob sie sich während der langen Zeit, in der ich nicht mehr mit ihnen in Verbindung gestanden habe – das galt für manche, als sie in Internierungslagern in Frankreich und Afrika oder in der Emigration in London waren, und für alle, als sie in der Tschechoslowakei waren und ich in Paris –, vom Feind hatten verleiten lassen.

Die Referenten geben mir zahlreiche Einzelheiten über deren angebliche feindselige Tätigkeit bekannt, von denen ich nichts wußte. Meine Verwirrung wird um so größer, als sie ihre Behauptungen mit zweckentsprechenden Bemerkungen ausschmücken wie:

»Sie waren sich nicht darüber klar, mit wem Sie es zu tun hatten. Man hat Sie hinters Licht geführt. Das einzige Mittel, um Ihre Rechtschaffenheit zu beweisen, ist, uns alles zu sagen, was Sie wissen.«

Ich versuche es mit Erklärungen, merke jedoch bald, daß die Referenten meine Antworten auf die gleiche tendenziöse Weise deuten, die mir bei allem auffällt, was sie mich lesen lassen. Ich lehne mich heftig gegen ihre Einstellungen auf.

7

Anfänglich versucht man mit aller Kraft, der Partei zu helfen, indem man alle Fragen peinlich genau beantwortet, alle erdenklichen Einzelheiten angibt. Man will ja der Partei dazu verhelfen, klarzusehen; man will sich selbst und die anderen klar sehen. Man will verstehen, warum man sich da befindet, welch unerkannter Fehler einen hergebracht hat. Die Jahre des Kampfes und der Disziplin in den Reihen der Partei, unsere ganze Erziehung haben uns gelehrt, daß die Partei nie irrt, daß die UdSSR immer recht hat. Man ist durchaus gewillt, Selbstkritik zu üben, zuzugeben, daß man möglicherweise unabsichtliche Fehler bei seiner Arbeit begangen und so der Partei geschadet hat.
Und dann merkt man, daß die Leute vom Sicherheitsdienst nicht eine oder einige, sondern alle Antworten, die man gibt, umstülpen wie einen Handschuh, daß sie deren Inhalt völlig entstellen. Das Ergebnis ist, daß alles, was man getan oder gedacht hat, verbrecherisch wird. Keinen Augenblick haben diese Männer den Wunsch, die Wahrheit an den Tag zu bringen, sondern sie wollen im Gegenteil aus dem Mann, den man ihnen in die Hände geliefert hat, koste es, was es wolle, einen Schuldigen machen. Und man versucht zu verstehen, warum sie das tun. Man versteht den Grund nicht. Man ist ein machtloser Gegenstand geworden, mit dem sie ihr Spiel treiben.
Man fühlt sich schmerzlich allein, von allen verlassen: von der Partei, von seinen Freunden und Genossen. Man weiß, daß man von niemandem Hilfe zu erwarten hat, daß für jeden, der draußen ist - auch für die eigene Familie -, der Verdacht bestehen muß, daß man schuldig ist, da doch die Partei es ist, die einen verhaften ließ. Ich weiß das alles aus Erfahrung. Ich habe selbst so reagiert, als die Prozesse von Moskau, von Budapest und Sofia stattfanden. Denn schließlich, welcher aufrichtige und rechtschaffene Kommunist - sogar unter den Familienmitgliedern des Mannes, den die Partei verhaften läßt - geriete da nicht in Verwirrung? Wie soll jemand annehmen, daß die Partei - die er über alles stellt - ungesetzliche Verfahren anwenden und solche Ungeheuerlichkeiten gegen unschuldige Menschen begehen könnte, um aus ihnen Geständnisse herauszulocken? Doch welche Geständnisse und warum? Diese beiden Fragen sind quälend. Man findet keine Antwort darauf. Man kann keine Antwort darauf finden.
Plötzlich wird der Referent, den ich kenne, aus dem Zimmer gerufen. Er wird nicht wiederkommen. Ich werde ihn niemals wiedersehen.
Nun werde ich immer nur von einem Referenten befragt. Sie lösen einander ab. Sie verlangen, ich solle von meinen Beziehungen zu Field spre-

chen, von meiner Arbeit in Frankreich, von meiner Funktion im Ministerium. Die Fragen sind stets gleich irreführend; sie suchen in mir ein Schuldgefühl zu wecken, mich irre, wehrlos zu machen und mir jede Urteilsfähigkeit zu rauben.

Nach und nach läßt die anfängliche Heftigkeit des Verhörs nach. Der Referent, der jetzt bei mir ist, liest mir Abschnitte der Aussagen Zavodskys vor, erzählt mir schwerwiegende Dinge über ihn. Das gleiche tut er über Valeš und Pavel. Er behauptet so vieles und vielerlei, daß ich schließlich nicht mehr wahr von falsch unterscheiden kann, denn alles beruht auf halben Wahrheiten. Zum Beispiel sind mir über die Tätigkeit Laco Holdoš', Otto Hromadkos, Tonda Svobodas in den Internierungslagern, über jene Valeš' in Spanien und in England gewisse Tatsachen bekannt; andere entziehen sich natürlich meiner Kontrolle, denn ich war zu jener Zeit nicht immer mit ihnen zusammen gewesen.

Nun wird behauptet, Pavel sei während seines Aufenthalts im Lager Vernet in den Dienst der Gestapo getreten, Valeš habe im Krieg für den britischen Geheimdienst zu arbeiten begonnen... Auf meine Weigerung, diesen Beschuldigungen Glauben zu schenken, wurden mir eine Menge Einzelheiten und genaue Angaben geliefert. Danach habe Pavel vor dem folgenden Dilemma gestanden: entweder in das deutsche Protektorat Böhmen und Mähren zurückgeschickt zu werden (dort wäre er mit Sicherheit angeklagt und zum Tod verurteilt worden) oder in einem Lager in Frankreich zu bleiben und nach Afrika deportiert zu werden - unter der Bedingung, daß er sich verpflichte, sobald er freigelassen werde, für die Gestapo zu arbeiten. Was Valeš anlangt, sei er von der britischen Polizei dazu bestimmt worden, nach Kanada deportiert zu werden. Nun war kurz vorher ein Schiff mit Kriegsgefangenen zwischen Großbritannien und Kanada von deutschen U-Booten versenkt worden. (Die Geschichte dieser Versenkung war mir bekannt.) Valeš habe sich also - immer laut Behauptung des Referenten - aus Angst, das gleiche Schicksal zu erleiden, verpflichtet, nach dem Krieg für den *Intelligence Service* zu arbeiten.

Er liefert mir auch zahlreiche Einzelheiten über den angeblichen Verrat Zavodskys nach dessen Verhaftung in Frankreich 1942.

Ich erkläre wieder, was ich bereits seinem Minister Kopřiva gesagt habe, als er mich über dieses Thema befragte.

Bei unserer Rückkehr aus den nationalsozialistischen Lagern hatten wir von den Verhören Zavodskys durch die Pariser antiterroristische Sonderabteilung erfahren. Obgleich man Zavodsky fürchterlich geschlagen hatte, hatte er dichtgehalten. Der Referent beantwortete meine Aussagen mit der Verlesung bestimmter Abschnitte aus dem Manuskript der »Geständnisse« Zavodskys. Der Text lautete ungefähr wie folgt:

»Als ich im Jahre 1942 in Paris verhaftet wurde, verriet ich vor der Gestapo mehrere meiner Kameraden, die danach verhaftet und nach Deutschland deportiert wurden. Einige von ihnen sind nicht zurückgekehrt. Weil ich mich einverstanden erklärt hatte, sie der Gestapo zu verraten, wurde ich nicht vor ein Kriegsgericht gestellt und zum Tode verurteilt. Auf Weisung des Obersten Sicherheitsdienstes wurde ich nur nach Mauthausen deportiert.

Als ich erfuhr, daß London ein Agent Fields war und die Beweise in den Händen hatte, daß er der wichtigste in der Tschechoslowakei ansässige Agent des amerikanischen Nachrichtendienstes war, sorgte ich dafür, daß diese Information keine weiteren Folgen hatte. Ich verhinderte seine Verhaftung, denn ich wußte, daß London von meinem Verrat an die Gestapo wußte und mich deckte. Seine Verhaftung hätte die meine und jene der anderen Mitglieder unserer Gruppe von trotzkistischen vormaligen Spanienfreiwilligen zur Folge gehabt.«

Nun greift der Referent nach anderen Blättern und liest mir zunächst ein paar Abschnitte von Aussagen vor, ohne mir zu sagen, von wem sie stammen, und dann die verleumderischen Berichte, die zwei vormalige Spanienkämpfer, N... und M..., mehrere Monate vor unserer Verhaftung geschrieben haben. Alle sprechen mit verschwenderischen Einzelheiten von dem Verrat Zavodskys; er sei sogar an der Verhaftung und dem Tod eines jungen Mädchens schuld gewesen, das mit ihm in der Widerstandsbewegung gearbeitet hatte.

Später wird man mir das Protokoll der Aussage Nekvasils nach seiner Verhaftung zeigen, in dem er diese Fakten bestätigt; unter anderem erklärt er:

»London wußte vom Verrat Zavodskys an die Gestapo. Er hatte sogar das Protokoll von dem Verhör in Händen gehabt, in dem dieser Verrat deutlich erkennbar war. London erzählte mir davon, als er von Mauthausen zurückkam. Wir hatten einander im Café »Deux Magots« in Saint-Germain-des-Prés getroffen, und dort zeigte er mir das Protokoll. Ich sagte London, er müsse unverzüglich die Partei davon benachrichtigen. Er antwortete, es sei im Augenblick besser, nichts zu unternehmen. Er werde sich später selbst mit der Angelegenheit befassen.«

Der Referent sagt mir, diese »Geständnisse« beweisen, daß ich meine Kenntnis vom Verrat Zavodskys an die Gestapo bei mir behalten habe, um ihn zu zwingen, mich in meiner Spionagetätigkeit zu decken.

Diese »Geständnisse« werden im Laufe der Untersuchung und des Prozesses schreckliche Folgen haben. Aus ihnen setzt sich ein Hauptteil dessen zusammen, mit dem der Sicherheitsdienst unsere Schuld und meine Komplicenschaft mit Zavodsky »aufbaut«.

Dabei ließen sich die Tatsachen so leicht rekonstruieren. Warum wandte man sich dazu nicht an die Leitung der Kommunistischen Partei Frankreichs, wie ich es von Anfang an verlangt hatte? Es wäre so einfach gewesen, diese verbrecherische Irreleitung auf der Stelle zunichte zu machen, wenn man es wirklich gewollt hätte!

Nach meiner Freilassung im Jahre 1956, werde ich Lise von den Beschuldigungen gegen Zavodsky berichten. Ich werde sie bitten, bei ihrer ersten Reise nach Frankreich nach meiner Rehabilitierung, sich mit dem »jungen Mädchen, dem Opfer Zavodskys« in Verbindung zu setzen; das war Regine Ickovič, die Schwester unseres Freundes Salomon. Ich wollte der Rehabilitierungskommission der Partei einen zusätzlichen Beweis für die Täuschungen und falschen Anklagen bringen, die vom Sicherheitsdienst aufgebaut wurden. Dadurch wäre die Partei gezwungen gewesen, die Rehabilitierung der noch eingekerkerten alten Spanienkämpfer und jener, denen man die Freiheit, nicht aber ihre Ehre wiedergegeben hatte, zu beschleunigen.

Erste Lüge: der angebliche Tod Regines nach ihrer Verhaftung! Aber Lise sollte auch den Rest der Anklagen nachprüfen. Also teilte sie Regine mit, daß die Kameraden der Widerstandsbewegung sie gebeten hatten, sie nach den Umständen ihrer Verhaftung und ihrer Verhöre zu befragen. Regine erregte sich sehr darüber und meinte, es handle sich um ihr eigenes Verhalten der Polizei gegenüber. Sie berichtete folgendes:

»Es hat mich niemand angezeigt. Ich wurde als Folge der Verhaftung meines vorgesetzten Genossen, eines Rumänen von der MOI, festgenommen. Er sollte mir bei unserer nächsten Zusammenkunft eine Kennkarte übergeben, und als man ihn durchsuchte, fand man diese Karte bei ihm; so gelangte die Polizei bis zu mir.«

»Wurdest du nach deiner Verhaftung mit den Genossen konfrontiert?«

»Ja, mit meinem Chef. Der Arme war fürchterlich mißhandelt worden; sein verschwollenes Gesicht hatte fast nichts Menschliches mehr. Ich konnte ihn kaum erkennen. Ich leugnete, ihn zu kennen. Ich wurde geschlagen, dann zeigte man mir jene Kennkarte mit meinem Foto. Da nützte kein Leugnen mehr...«

»Wurdest du auch mit Zavodsky konfrontiert?«

»Nein, nie. Du kannst ihn übrigens fragen.« (Sie wußte nichts über Ossiks Schicksal.) »Er wird dir sagen, daß er, als wir uns nach der Rückkehr aus den Lagern in der Kantine für die Deportierten trafen, auf mich zukam, mich umarmte und mir zu meinem Verhalten bei der Polizei gratulierte. ›Du hast dich prächtig gehalten‹, sagte er. ›Du hast zu schweigen verstanden!‹«

Und sie bat Lise nochmals, Zavodsky zu ersuchen, ihre Erklärungen zu bestätigen. Mit ihrem Einverständnis verfaßte Lise ein Protokoll von ihrer Unterredung.

Dieses von Regine unterzeichnete Protokoll übergab ich 1956 der Rehabilitierungskommission, und damit wurde die Anklage gegen Zavodsky völlig zunichte gemacht.
Zavodsky wurde als letzter von uns allen im März 1954 hingerichtet, nachdem seine Begnadigung abgelehnt worden war...
Bis zum frühen Morgen liest mir der Referent andere Berichte und Anzeigen gegen Svoboda, Holdoš, Hromadko und Pavel vor, ohne mir die Namen der Verfasser bekanntzugeben. Immer der gleiche psychologische Druck, der mich davon überzeugen soll, daß ich von meinen Kameraden getäuscht wurde, daß sie meine Redlichkeit und mein Vertrauen mißbrauchten und daß ich auf diese Weise in ein Netz von Trotzkisten und Spionen verwickelt wurde. Bis zur Ankunft des anderen Referenten wird mir diese These eingetrichtert.
Dieser liest die Notizen seines Kollegen nach und fährt dann auf die gleiche Art fort. Er beschuldigt sämtliche Freiwilligen der Demoralisierung und des Verrats.
Und doch gab es - sogar bei pessimistischer Nachrechnung - unter den alten Spanienkämpfern nur einen Ausfall von etwa zehn Prozent. Und das ist, wenn man all das in Betracht zieht, was wir zu erdulden hatten, beachtlich wenig.
Übrigens waren unsere Freiwilligen während des ganzen Spanienkrieges niemals sich selbst überlassen. Sie blieben stets unter der Kontrolle der militärischen und politischen Leitung der Brigaden und unter dem Patronat der Kommunistischen Partei Spaniens. In ihren Reihen konnte nichts Wichtiges vorkommen, ohne daß die Führung in Prag nicht sofort informiert worden wäre und die notwendigen Entscheidungen getroffen hätte.
Außerdem befand sich Anfang 1937 ein Vertreter der tschechoslowakischen Kommunistischen Partei, Robert Korb, in Spanien. Im Sommer 1937 kam aus Prag eine Delegation der Kommunistischen Partei, die sich aus Jan Šverma, Gustav Beuer und Jan Vodička zusammensetzte, besuchte alle tschechoslowakischen Einheiten in Spanien und führte bei dieser Gelegenheit mit den Leitern der Brigaden und auch mit der Kommunistischen Partei Spaniens eingehende Besprechungen über alle Probleme, die unsere Freiwilligen betrafen. Im Jahre 1938 wurde die Funktion Robert Korbs von Petr Klivar übernommen.
Ich mag noch so sehr auf Dutzende lebender und vertrauenswürdiger Zeugen hinweisen, Mitglieder kommunistischer Schwester-Parteien, die für uns einstehen können - alles vergeblich.
Jetzt verwendet man die Zeugnisse der minderwertigen Elemente, die wir in Spanien oder in den französischen Internierungslagern sehr rasch entlarvt hatten, um hier Anklagen gegen uns aufzubauen. Man geht so

weit, solchen Leuten die Palme guter Kommunisten zuzuerkennen und aus ihnen die Opfer unserer »Trotzkisten-Bande« zu machen. Es läßt sich ja denken, wie leicht es für die Männer vom Sicherheitsdienst war, lügenhafte Erklärungen von ihnen zu erhalten. Welche Befriedigung, sich rächen und gleichzeitig von der Situation profitieren zu können, um sich eine neue moralische Unschuld zuzulegen!
Besonders versessen sind sie auf Josef Pavel, der der Kommandant des Bataillons Dimitrow der internationalen Brigaden gewesen war. Er war Arbeiter gewesen und aus Moskau, wo er die Leninschule besucht hatte, nach Spanien gekommen. Er war energisch, tüchtig, tapfer, und seine Eignung zum Führer hatte sich schnell bei den Männern seiner Einheit erwiesen. Schon in Spanien verleumdeten ihn einige demoralisierte Mitkämpfer, um seine Autorität zu untergraben; sie beschuldigten ihn sogar, die Hinrichtung eines tschechischen Freiwilligen angestiftet zu haben. Ich erfuhr von dieser Affäre durch Petr Klivar. Die Hinrichtung wurde nach einem Ereignis vollzogen, das man als Rebellion unter besonders schweren militärischen Umständen an der Front bezeichnete. Sie konnte Pavel nicht zur Last gelegt werden.
Von den übergeordneten militärischen und politischen Behörden war eine eingehende Untersuchung geführt worden. Pavel wurde nie in die Sache hineingezogen; Anfang 1939 wurde er sogar auf einen höheren Kommandoposten befördert.
Die gleichen Leute versahen dann später die französischen Internierungslager mit schmählichen Inschriften gegen Pavel: »Pavel, Mörder!« Die meisten waren Angehörige der »Compania d'Oro«, jener Zuflucht von Deserteuren und demoralisierten Elementen, von denen einige die Spitzel der Lagerpolizei geworden waren und daher von der Gemeinschaft geächtet wurden.
Der Referent setzt sich an seine Schreibmaschine und beginnt ein Protokoll zu tippen, das eine Synthese der Angaben für die Kader und auch des Berichtes darstellt, den wir gemeinsam auf die Initiative Pavels kurz nach dem Rajk-Prozeß verfaßten, um, wie wir glaubten, die Mißverständnisse bezüglich der Freiwilligen in Spanien zu zerstreuen.
Ich wiederhole dem Referenten, daß dieser Bericht, den wir mit Pavel zusammen aufgesetzt haben, ein politischer Bericht ist, der an die Kaderabteilung des Zentralkomitees gerichtet war und als solcher nicht als Grundlage für eine politische Untersuchung dienen darf.
Es ist Mittwochmittag. Seit meiner Verhaftung vor zweiundsiebzig Stunden habe ich nur ein einziges Mal gegessen und nur den einen Becher Wasser getrunken, den mir der mitleidige Referent reichte. Endlich öffnet sich die Tür, und man gibt mir einen Eßnapf Suppe mit einem Löffel. Ich darf mich setzen.

Ich habe Schwierigkeiten, mich meiner gefesselten Hände zu bedienen, meine steifen Finger versagen mir den Dienst; dennoch gelingt es mir, schlecht und recht zu essen. Die Pause ist nur kurz. Nun muß ich wieder in meiner Ecke stehen, und das Verhör beginnt von neuem; es dauert ohne weiteres Ergebnis bis in die Nacht von Donnerstag auf Freitag.
Wieder versieht man mich mit der Maske und führt mich in eine andere Zelle. Ich habe seit meiner Verhaftung noch nicht geschlafen. Ich sehe mich in dem völlig leeren Raum um, es gibt nicht einmal eine Matratze. Es ist eisig kalt. »Sie können sich hinlegen«, schreit mir der Wärter zu. Ich krümme mich in einem Winkel auf dem bloßen Boden zusammen und werde augenblicklich von einem bleiernen Schlaf überwältigt. Als man mich weckt, scheint es mir, als sei ich eben erst eingeschlafen. Durch die Spalten der Bretter dringt fahlgraues Licht herein, es ist früh am Morgen. Ich habe sicher nicht mehr als zwei Stunden geschlafen. Der Wärter bringt mir einen Eimer Wasser, einen Lappen und befiehlt mir, die Zelle aufzuwaschen. Ich bitte ihn, mir die Handschellen abzunehmen. Er weigert sich. Ich bin also gezwungen, mit gefesselten Händen die Zelle zu säubern, das Scheuertuch auszuwinden. Meine Gelenke, meine von den zu fest angezogenen Handschellen geschwollenen Hände schmerzen entsetzlich. Es sind keine Hände mehr, sondern verschwollene, violette Fleischklumpen. Ich hätte fast vor Schmerz gebrüllt. Kaum bin ich mit der Arbeit fertig, nimmt mir der Wärter die Handschellen ab, fesselt mir die Hände wieder hinter den Rücken und befiehlt mir, den Marsch wiederaufzunehmen.

8

Am Freitagmorgen führt man mich, wie gewöhnlich mit verbundenen Augen, über endlose Korridore und Treppen, die dauernd nach unten führen. Schließlich atme ich feuchte, eisige nach Schimmel riechende Luft. Man entfernt meine Augenbinde. Eine Stimme befiehlt mir, während die Tür geschlossen wird: »Gehen!«
Ich bin in einem Keller; ein Loch, das an zwei Seiten von Wänden, halb Ziegel halb Lehm, an den beiden anderen von rohen Holzzäunen eingeschlossen ist. Die Grundfläche mißt kaum vier Quadratmeter. Von allen Wänden tropft es. Es ist so naß, daß meine Kleider sofort feucht werden. Da und dort gibt es Eiszapfen. Der Boden ist lehmig. Ich gehe umher. Besser gesagt, ich drehe mich im Kreis, wie ein Tier im Käfig. Was für eine neue Erfindung meiner Inquisition ist das nun wieder?

Einen Augenblick lang denke ich daran, mich zu Boden zu werfen, dort, wo zwei Bretter auf dem Lehm liegen, und mich zu weigern weiterzugehen. Doch ich denke an die Bemerkung eines Referenten bei einem der Verhöre: »Wir schicken der Partei jeden Tag einen Bericht, um sie vom Ergebnis der Untersuchung und dem Verhalten der Angeklagten in Kenntnis zu setzen. Sie können überzeugt sein, daß das, was wir über Sie schreiben, nicht günstig ist; Ihre Weigerung, ein Geständnis abzulegen, beweist, daß wir es bei Ihnen mit einem verstockten Verbrecher zu tun haben.« Ich darf ihnen keinen Vorwand geben zu schreiben, daß ich mich auflehne.

In dem Loch gibt es nichts, das einen Begriff der Zeit erlaubt hätte. Es könnte mir so scheinen, als sei alles Leben zum Stillstand gekommen, würde ich nicht von Zeit zu Zeit unweit von mir Schläge auf den Bretterboden hören, begleitet von den eintönigen Befehlen: »Vorwärts! Weitergehen!«

Ich bin also nicht allein in diesem Kellerverlies, das, nach dem Echo zu schließen, sehr groß sein muß. Neben mir gibt es noch andere ähnliche Zellen. Jede Viertelstunde klopft der Wärter an die Tür. Dann muß ich Front gegen das Guckloch machen und mit leiser Stimme melden: »Hier Gefangener Nr. . . . .«

Ich versuche aus den Stimmen zu erkennen, wer meine Nachbarn sind. Vergeblich. Nur ein viel zu schwaches Murmeln dringt bis zu mir. Mein Ohr vernimmt das Geräusch von Türen, die geöffnet und geschlossen werden, von Schritten, die näherkommen oder sich entfernen. Tag und Nacht sind nicht zu unterscheiden.

Die Bewegung fällt mir bei meiner ungeheuren Erschöpfung immer schwerer. Brust, Rücken, Schultern, meine Arme und Beine, mein ganzer Körper schmerzen. Ich kann nicht mehr weiter. Ich breche zusammen. Wenige Augenblicke später erzittert die Tür unter wütenden Fußtritten. Die unbekannte Stimme brüllt: »Aufstehen! Weitergehen!« Ich gehorche nicht. Die Tür wird aufgerissen, zwei Wärter packen mich unter den Achseln, schütteln mich, schlagen meinen Kopf gegen die Wand. »Sie werden gehorchen und tun, was wir Ihnen befehlen.« Ich weigere mich, denn ich kann nicht mehr. Ein dritter kommt mit einem Eimer eiskalten Wassers zu Hilfe. Er packt mich am Kopf und taucht ihn mehrmals in den Eimer. »Jetzt sind Sie wach«, sagen die beiden anderen. »Sie werden wieder weitergehen, sonst machen wir das gleiche nochmal und wenden noch andere Mittel an, wenn Sie sich weiter trotzig verhalten wollen.«

Sie lassen mich allein, und ich nehme meinen wahnwitzigen Marsch wieder auf. Plötzlich höre ich Stimmen hinter der Tür. Mehrere Leute stehen draußen, die nacheinander durch das Guckloch blicken und sich

über mich lustig machen. Sie rufen mir Beleidigungen, unanständige Witzeleien zu. Sie beschimpfen meine Familie. Das Treiben dauert lange. Ich reagiere nicht. Sie werden müde, schließlich entfernen sie sich.
Ich weiß nicht mehr, wie lange ich schon im Kreis gehe, immer weiter im Kreis. Mein Körper ist ein Brunnen des Schmerzes. Und ich bin so schrecklich schläfrig! Es gelingt mir nicht mehr, die Augen offen zu halten, und nach und nach sehe ich alles, was mich umgibt, nur mehr undeutlich wie durch einen Schleier. Ich stoße gegen die Bretter. Schließlich liege ich wieder auf dem Boden. Wieder packen mich Hände. Fußtritte hageln gegen meine Rippen; man entblößt meinen Oberkörper und übergießt mich mit eiskaltem Wasser. Das ist ihre Art, mich wachzuhalten; während der ganzen Zeit, die ich dort bleibe, erlebe ich täglich mehrmals solche Szenen. Ich nehme taumelnd meinen Marsch wieder auf. Ich schlafe stehend und erwache, wenn ich gegen die Wände stoße. Ich gehe, ich träume, ich höre Stimmen, Bilder ziehen an meinen Augen vorbei, ich vermag nicht mehr die Wirklichkeit von der Einbildung zu scheiden. Ist es vielleicht ein Alptraum, den ich durchlebe?
Lange Zeit danach, in der Nacht von Sonntag auf Montag (ich werde das etwas später erfahren, wenn ich auf dem Tisch meines Untersuchungskommissars einen Kalender sehen werde), höre ich, wie mir jemand auf slowakisch durch das Guckloch sagt: »Was haben Sie denn getan?« Ich verstehe nicht sofort, ich habe nur das Gefühl, daß jemand hinter dem Guckloch steht. Man klopft leise an die Tür. Schließlich reagiere ich darauf und trete näher. Die Stimme flüstert: »Was haben Sie getan?« - »Nichts, ich bin unschuldig, ich weiß nicht, warum ich hier bin. Ich verstehe nicht, was man von mir will, ich bin unschuldig. Ich bekomme weder zu essen noch zu trinken, man hindert mich am Schlafen. Ich begreife nicht, was vorgeht.« Die Stimme beginnt wieder: »Man hat uns verboten, Ihnen zu trinken und zu essen zu geben. Was haben Sie denn getan, um eine solche Behandlung zu verdienen? Sie sind der einzige, dem es so ergeht. Ich bringe Ihnen zu trinken.«
Durst ist qualvoller als Hunger. Ich muß Fieber haben. Ich fühle stechenden Schmerz in den Lungen und Atembeschwerden. Das sind die Nachwehen meiner Brustfellentzündung; am vergangenen Montag hätte ich eine Luftfüllung für den Pneumothorax bekommen sollen. Doktor Dymer* hat vergeblich auf mich gewartet.
Nach einer Zeit, die mir endlos scheint, öffnet sich leise die Tür: vor mir steht ein junger Wärter in Uniform, auf dem Kopf eine »Pelz-Tschapka«

---

* Spezialist für Erkrankungen der Atmungsorgane. Als er sah, daß ich nicht zur Behandlung kam, fragte er nach mir und bemühte sich um die Erlaubnis, mich weiter zu behandeln. Für seine Intervention zu meinen Gunsten mußte er büßen - er verlor seinen Posten.

mit dem Stern. Er hält eine Flasche Wasser in der Hand. Er setzt mir die
Öffnung an die Lippen und läßt mich geduldig die ganze Flasche trinken.
»Das dürfen Sie niemandem erzählen«, sagte er, »sonst werde ich bestraft. Wahrscheinlich wird man Sie in einigen Stunden rufen; dann
können Sie zu trinken und zu essen verlangen.« Er entfernt sich sofort
und schließt die Tür ab.
Das menschliche Verhalten dieses Mannes, seine barmherzige Handlung
geben mir wieder etwas Zuversicht. Es ist also nicht jede Hoffnung verloren, auch hier nicht! Tief erschöpft schleppe ich mich weiter. Endlich
kommt jemand, um mich zu einem neuen Verhör zu holen.
Wieder beginnt die Wanderung mit verbundenen Augen durch Korridore und über Treppen. Es fällt mir schwer, sie hochzusteigen. Ich bekomme keine Luft. Ich keuche. Ich bin nahe daran zusammenzubrechen.
Aber ich werde von energischen Armen aufrecht gehalten, geschoben,
gezogen.
Als meine Augen befreit werden, habe ich einen Mann vor mir, den ich
zum erstenmal sehe. Er läßt mich in eine Ecke stellen und betrachtet
mich lange: »Was haben Sie denn? Sie sind anscheinend in schlechter
Verfassung.«
»Ich bin seit einer Woche hier« - ich hatte einen Blick auf den Kalender
auf seinem Tisch geworfen - »und habe in der Zeit fast nichts zu trinken
und zu essen bekommen. Ich habe nur zwei Stunden geschlafen. Ich
habe drei Nächte und drei Tage in einem Keller verbracht, in dem man
mich zwang, unaufhörlich auf- und abzugehen. Ich bin am Ende. Sie
begehen ein Verbrechen. Sie haben kein Recht, solche Methoden anzuwenden. Ich bin unschuldig. Fragen Sie mich, was Sie wollen, aber
lassen Sie mir die Möglichkeit, normal zu antworten, und schreiben Sie
meine Antworten so auf, wie ich sie gebe. Ich will einen Leiter der Partei
sprechen.«
Mein Gesprächspartner stellt sich verwundert. »Wie, Sie haben nichts zu
essen und zu trinken bekommen, Sie haben nicht geschlafen? Das muß
ich untersuchen. Zweifellos sind die Wärter daran schuld.«
Das grausige Spiel, das darin besteht, den Wärtern die Schuld zuzuschieben, wiederholt sich noch oft in der Folgezeit. Ich habe in der vergangenen Nacht durch den jungen Slowaken den Beweis erhalten, daß
die Befehle von Männern des Sicherheitsdienstes ausgehen und daß die
Wärter sie nur befolgen.
Wie viele Wochen ohne Schlaf, voll ermüdenden Herumwanderns, mit
wenig Nahrung und Wasser werde ich noch erleben! Wie viele ununterbrochene Verhöre bei Tag und Nacht!
Der Referent löst meine Handschellen, bringt meine Arme nach vorn
und fesselt sie wieder. Dann geht er hinaus. Ich höre, daß er einen Be-

fehl gibt. Kurz darauf habe ich einen Eßnapf mit einem warmen Getränk und ein Stück Brot vor mir. Ich falle buchstäblich darüber her.
Der Referent sagt:
»Was Ihr Verlangen betrifft, einen Leiter der Partei zu sprechen, wiederhole ich Ihnen, daß meine Kollegen und ich hier die Partei vertreten. Wir sind von ihr beauftragt, Sie zu verhören, sie über Ihr Verhalten in Kenntnis zu setzen, von Ihrer Bereitwilligkeit oder Weigerung, bei der Klärung der ernsten Probleme mitzuwirken, die sie beschäftigen. Betrachten Sie sich also als vor der Partei stehend. Klarer kann ich nicht sein! Sie müssen ein Geständnis ablegen, Sie müssen die Partei unterstützen.«
Immer noch stehend, mit dem Rücken an der Wand, mit den Handschellen an den Gelenken, muß ich die Fragen beantworten, die schnell aufeinander folgen. Sie sind gut informiert: über unser Leben, unsere Tätigkeit, unsere Beziehungen während der Widerstandszeit in Frankreich und vorher während des spanischen Kriegs; über unsere Freundschaftsbeziehungen, unsere Sympathien und Antipathien... Doch, wie ich bereits bemerkte, das Ganze ist in ein Lügengewebe gehüllt und durch verleumderische Auslegungen entstellt. Das Bild, das daraus entsteht, ist so weit von der Wahrheit entfernt, daß kein Mensch sich darin zurechtfinden kann. Im Mund der Referenten sind die Freiwilligen der internationalen Brigaden nichts als ein Haufen gefährlicher demoralisierter Männer, die sich nach dem Spanienkrieg während ihres Aufenthalts in den französischen Lagern an die verschiedenen amerikanischen, deutschen, englischen oder französischen Nachrichtendienste verkaufen.
Die Referenten lösen einander in regelmäßigen Abständen ab, während ich dauernd vor ihnen stehen muß... Jeder von ihnen tippt, ehe er den Raum verläßt, eine Notiz für seinen Nachfolger, wahrscheinlich um ihn über den Ablauf des Verhörs zu informieren. Der neue Referent liest die Notiz, bevor er anfängt, mir die gleichen Fragen zu stellen.
Bei ihren Aufzeichnungen über den oder jenen einstigen Freiwilligen lassen die Referenten auch weiterhin systematisch alles aus, was zu meinen Gunsten ausgelegt werden kann.
Ich weigere mich, derartige Protokolle zu unterzeichnen.
Plötzlich erscheint Smola im Raum und sagt: »Jetzt ist es soweit: man hat ihn soeben hergebracht.« Und, an mich gewandt: »Ich spreche von Ihrem Freund Laco Holdoš*. Er war der einzige, der noch fehlte; jetzt seid ihr alle da! Eure ganze Gruppe ist hinter Schloß und Riegel. Jetzt wissen wir genau, wer die einstigen Spanienkämpfer sind. Sie wissen,

---

* Laco Holdoš war, nachdem er Vizepräsident des slowakischen Nationalrats gewesen war, bis zu seiner Verhaftung am 2. Februar 1951 Staatssekretär für Kulturangelegenheiten in der Slowakei.

was sich in Ungarn abgespielt hat. Aber was in Polen, in Deutschland vorgeht, das wissen Sie nicht. Ihre Gruppe ist kein Einzelfall. Dies hier betrifft alle internationalen Brigaden.«

Die Zeit verstreicht - endlos. Doch wo gäbe es Worte, um meine Erschöpfung, meine Qualen, meinen Schlafmangel zu beschreiben! Wiederholt stürze ich auf die Knie. Ich schlafe im Stehen ein. Dann schleppt mich der Referent zum Waschbecken, füllt es mit Wasser und taucht meinen Kopf hinein. Und wieder beginnen die Verhöre, und ich bekomme nichts zu essen. Von Zeit zu Zeit - denn meine Zunge wird ganz hart, ich kann nur mehr schwer sprechen - reicht mir der Mann einen Becher Wasser.

Fragen, immer noch Fragen. Und nun erinnern sie mich an den Rajk-Prozeß. Ich rufe: »Aber das sind doch genau die gleichen Fragen, die man Rajk bei seinem Prozeß gestellt hat!«

»Sie scheinen ja diesen Prozeß studiert zu haben, Herr London. Wir haben es bei euch übrigens mit der gleichen Verschwörung zu tun. Dann müssen wir aber auch so handeln wie seinerzeit die Ungarn. Glauben Sie nicht, daß wir, weil Sie jenseits der Pyrenäen waren, von Ihrem Tun und Lassen in Spanien nichts wissen! Ebensowenig verbergen uns die Alpen Ihre Tätigkeit in der Schweiz! Wir stehen nicht allein, der sowjetische Nachrichtendienst unterstützt uns. Wir machen uns seine Erfahrungen in den Moskauer Prozessen und bei der Säuberung der Bolschewikenpartei zunutze. Glücklicherweise übrigens, denn so konnten die Sowjets den Krieg gewinnen. Ihre Nachrichtendienste helfen uns, ein klares vollständiges Bild über Ihre Tätigkeit in Spanien, in Frankreich und in der Schweiz zu gewinnen.«

Für mich war das ein schwerer Schlag. Hinter all dem standen demnach die Sowjets und ihr Nachrichtendienst, der die Informationen lieferte. Hat Pavel darauf angespielt, als er am Sonntag vor meiner Verhaftung mit Zavodsky sprach?

Ich hatte erfahren, daß Sowjetleute als Berater in Prag arbeiteten. Ich wußte davon, weil man vom Außenministerium verlangt hatte, es sollten für »russische Fachkräfte« Sonderkarten für Lebensmittel und andere Vorteile zur Verfügung gestellt werden, die sonst den Mitgliedern des diplomatischen Korps vorbehalten waren. Wir hatten übrigens abgelehnt, diesem Verlangen nachzukommen. Aber die Anwesenheit sowjetischer »Berater« in wichtigen Sektoren schien sich aus dem Prinzip »Hilfe von seiten der älteren Schwester des Sozialismus« zu ergeben. Ich hatte bis dahin nie geahnt, welche Rolle sie im Apparat des Sicherheitsdienstes spielten.

Mir fallen meine Zweifel wieder ein, die ich nach dem Rajk-Prozeß über mehrere Anklagegründe hegte. Sollten die gleichen Männer, die nun hier

am Werk sind, in den Kulissen des Rajk-Prozesses gestanden haben? Diese Gedanken gehen mir flüchtig durch den Kopf, ich habe keine Zeit, ihnen länger nachzuhängen, denn ich muß antworten, unaufhörlich auf die Fragen antworten, die in atemberaubendem Tempo auf mich losknattern.
»Sie können nicht leugnen, daß Sie Rajk gekannt haben!«
»Ja, ich habe ihn tatsächlich in Spanien kennengelernt. Wir trafen uns mehrmals im Stützpunkt der Brigaden, in Albacete, Anfang 1938.«
Man befragt mich eingehend über Baneth, unseren gemeinsamen Freund in Spanien. Er stammte aus der Slowakei, war politischer Kommissar des ungarischen Regiments Rakosi. Ich hatte von Freunden erfahren, daß er sich kurz nach der Verhaftung Rajks eine Kugel in den Kopf geschossen hatte.
Man befragt mich über bulgarische Freiwillige. Ich habe viele gekannt. Man verlangt, ich solle über meine Freundschaftsbeziehungen zu jugoslawischen Freiwilligen sprechen, die Tito treu geblieben waren: »Erzählen Sie mir von dem Titoanhänger Soundso in Spanien.«
Man verhört mich auch über einen der Mitangeklagten Rajks, Maud, der mit ihm zusammen verurteilt worden war und seinerzeit in Frankreich bei der MOI gearbeitet hatte. Nach der Verhaftung von Laco Holdoš hatte er an dessen Stelle bei unserer Kaderabteilung gearbeitet. Ich hatte ihn 1945 in Paris kennengelernt.
Ich bin am Ende meiner Kräfte und breche zusammen. Wieder wird mein Kopf in das Wasser des Waschbeckens gesteckt, und wieder beginnt der Teufelskreis: Verhöre, begleitet von Schlägen und Beschimpfungen, von Drohungen gegen meine Familie. Besonders auf meine Frau haben sie es abgesehen. Man droht mir, man werde sie verhaften lassen. Ich antworte weiter wie ein Automat. Ich weiß nicht einmal mehr, was ich sage. Ich unterscheide die Untersuchungskommissare nicht mehr, die einander ablösen. Am Ende bilden sie für mich nur mehr eine einzige Gestalt. Ich weiß nicht mehr, welcher Tag es ist. Ich beginne in verschiedenen Sprachen zu reden. Ich bin erstaunt, daß man mich auf spanisch, dann französisch, dann russisch und deutsch verhört, und springe von einer Sprache auf die andere über.
Und dann ist es nicht mehr der Referent, an den ich mich wende. Ich spreche zu meinem Freund Wagner. Wir befinden uns in Moskau, im Jahre 1936, zur Zeit der großen Säuberungsaktionen. Er arbeitet in der Komintern. Er besucht mich in meinem kleinen Zimmer im Sojusnaja*. Er ist niedergeschlagen, entmutigt. Man hat ihn von seinem Arbeitsplatz gejagt, weil in der Lebensbeschreibung, die man ihn wieder einmal ver-

---

* Kleines Hotel in der Nähe des Hotels Lux in der Gorkijstraße, in dem junge Leute der Kommunistischen Jugendinternationale, Genossen, die vom Roten Hilfswerk betreut wurden, Angestellte von fremdsprachigen Verlagen usw. wohnten.

fassen ließ - und das war zumindest die zehnte im Laufe weniger Jahre -, eine geringe Abweichung in der Darstellung einer weit zurückliegenden Episode festgestellt wurde, und zwar aus der Zeit, als er in der Mandschurei gelebt hatte. Sein Vater war im zaristischen Rußland bei der Eisenbahn angestellt gewesen und in jene Gegend versetzt worden, wo er seither mit seiner Familie lebte. Wagner war illegal bei der chinesischen Kommunistischen Partei politisch tätig. Später arbeitete er in der Organisation der Komintern und sorgte für die Verbindung mit Schanghai, Kanton und anderen großen chinesischen Zentralen; außerdem befaßte er sich mit der illegalen Beförderung der Kämpfer der koreanischen Kommunistischen Partei über die sowjetisch-chinesische und die chinesisch-koreanische Grenze. Als seine Lage in der Mandschurei gefährlich wurde, ging er nach Moskau.

Sein Abteilungschef war bei der letzten Säuberungsaktion innerhalb der Komintern verhaftet worden. Eine neue Untersuchung der zahlreichen Lebensbeschreibungen Wagners wurde angeordnet. Man hatte abweichende Nuancen in der Abfassung - so erzählte er mir - rot und schwarz unterstrichen. Man hat ihn entlassen, ihm seine Ausweispapiere, seine Parteikarte abgenommen und ihn aus seinem Zimmer im Hotel Lux, wo die meisten Angestellten der Komintern wohnen, fortgejagt. Ohne Geld, ohne Parteikarte, ohne Ausweispapiere stand er verlassen auf der Straße. Dann kam er zu mir. Ich versuche ihn zu trösten: er sei allgemein bekannt und geschätzt, es werde bald alles für ihn wieder gut werden.

Er sitzt mit gesenktem Kopf vor mir im Untersuchungszimmer; seine Augen drücken tiefste Verzweiflung aus. Wir sprechen miteinander. Ich sage: »Leg dich in mein Bett, du kannst bei mir schlafen. Du wirst mit mir essen, du brauchst dir keine Sorgen zu machen. Du kannst unbehindert in mein Zimmer gehen; niemand wird wissen, daß du dort bist. Auf diese Weise kannst du das weitere abwarten. Alles wird wieder gut, verliere nur nicht den Mut. Man kann einen Menschen wie dich nicht fallenlassen; bis sich die Lage klärt, wird man dir zumindest Arbeit geben müssen und das Recht, irgendwo zu wohnen.«

Dann gesellt sich einer meiner Landsleute - ein Einarmiger - zu uns, durch den ich Wagner kennengelernt hatte. Er hat vor kurzem die Journalistenschule in Charkow absolviert und wartet auf seine Abreise in die Tschechoslowakei, wo er die Parteizeitung des subkarpatischen Gebietes leiten soll. Wir führten damals eingehende Debatten über das Attentat gegen Kirow, die Verhaftungen, die Prozesse Sinowiew und Kamenew, die nachfolgenden zahllosen Untersuchungen, die Säuberungen, die innerhalb der Jugendinternationalen und der Komintern wüteten.

Da sitzen wir nun zu dritt beisammen, und ich verstehe nicht, warum sich der Referent immerfort in unser Gespräch einmischt. Warum schreit er: »Redet tschechisch, redet tschechisch! Was plappert ihr denn da?« Aber was mischt der denn sich ein? Er war doch nicht mit uns in Moskau! Und warum erzählt er mir immer von Spanien, von den Spaniern? Ich war doch noch nicht in Spanien. Wie ist er denn überhaupt hergekommen? Woher kennt er mich? Warum beutelt er mich so und schleppt mich zum Waschbecken? Warum taucht er meinen Kopf ins Wasser? Ich sage zu Wagner: »Sieh doch, was sie machen, sie sind verrückt geworden!« Ich bin so sehr bestrebt, mich ruhig mit meinen Freunden zu unterhalten, aber man hindert mich daran. Und immer diese Fragen, diese Fragen! Spanien, die Spanier... Aber ich bin doch in Moskau, mit meinen Freunden, eben spreche ich mit ihnen über meine Absicht, in die internationalen Brigaden einzutreten. Warum überspringt der Mann die Etappen? Ich höre, wie er schreit, aber der Sinn seiner Worte entgeht mir.

Wie ist es möglich, daß ich mich heute noch so intensiv jener Momente des Persönlichkeitsverlustes und der Erschöpfung entsinne, die ich in jenem Untersuchungszimmer durchlebte?

Jemand sagt: »Sie sind im Begriff überzuschnappen. Sie verlieren den Verstand.« Man setzt mir die Maske auf und führt mich zurück in den Keller. Dann, mit wieder befreiten Augen, sehe ich, daß man mich in eine andere Zelle sperrt. Sie ist etwas größer als die erste. In der Mitte dringt aus einer Art Kanalisationsrohr in kurzen Abständen ein schwärzliches, ekelhaftes Wasser. Meine Füße stehen darin. Der Wärter beginnt sein altes Lied: »Vorwärts, gehen!« Ich bewege mich wie ein Schlafwandler. Mein Blick trübt sich, ich kann nichts mehr erkennen, ich sehe die Mauern nicht und stoße dagegen an. Ich stürze zusammen. Rund um mich sehe ich riesige, mich einschließende Spinnweben, ich suche mich gegen den Angriff ungeheurer schwarzer behaarter Taranteln zu verteidigen, doch immer schiebt sich eine Art schwarzweißes Gitter zwischen meine Hände und die scheußlichen Bestien. Ich erhebe mich. Ich kann keine Entfernungen mehr erkennen. Ich stoße wieder gegen die Mauern, und dann wird es völlig schwarz um mich.

Ich bin mir dunkel bewußt, daß ich höre, wie die Tür sich öffnet und eine Stimme sagt: »Laßt ihn sitzen, man wird ihn gleich holen.« Von meinen Kleidern tropft Wasser. Ich werde auf die im Winkel des Gefängnisses auf den Boden genagelten Bretter geschleift. Dann führt man mich irgendwohin an die frische Luft, und ich habe eine wundervolle Vision: Ich liege in Monte Carlo (wo ich nie gewesen bin) an einem wunderschönen, durch tausend Flammen beleuchteten Strand. Auf der Reede sehe ich Kriegsschiffe, eine ganze Flottille. Ein Feuerwerk wird abgebrannt. Sanfte Musik spielt Wiener Walzer. Kanonenschüsse werden von den auf der Reede ankernden Schiffen abgefeuert...

Und dann komme ich wieder zu Bewußtsein. Es ist Morgen. Ich liege auf dem bloßen Erdboden. Ein durch die Bretter eindringender Lichtstrahl zeigt mir, daß es Tag ist. Wie lange habe ich geschlafen? Vier, fünf Stunden? Ich erhalte einen Eßnapf mit Suppe und ein Stück Brot.
Am Nachmittag beginnen die Verhöre von neuem. Der Kalender auf dem Tisch des Referenten gibt mir wieder an, welcher Tag es ist: Freitag. Es ist also eine zweite Woche vergangen, in der ich fast nichts getrunken oder gegessen, in der ich außer in jenen vier Stunden nicht geschlafen, stets mit gefesselten Händen gestanden habe und ununterbrochen verhört wurde. Dieses Verhören dauert dann noch bis zur Nacht von Sonntag auf Montag.
Die Referenten werden immer gewalttätiger. Jetzt sind es zwei und auch drei gleichzeitig, die mich verhören. Wenn man mir Faustschläge versetzt, wenn man meinen Kopf gegen die Wand schlägt, verbindet man mir zuerst vorsichtshalber die Augen. Warum? Damit ich nicht erkenne, welcher von den dreien die Mißhandlungen ausführt? Um meine Verstörung noch zu steigern?
Plötzlich packen mich zwei Referenten und schleppen mich auf die Korridore hinaus. Ich steige - noch immer mit der Maske vor den Augen - mehrere Treppen hinunter und befinde mich im Freien, an der frischen Luft. Ich spüre, daß man mir eine Schlinge um den Hals legt, vielleicht mit einem Schal, und mich zieht wie einen Hund an der Leine. Sie würgt mich, aber man zieht mich weiter: »Vorwärts!« Ich muß laufen. Ich spüre weichen Boden unter den Füßen. Ich stürze. Man hebt mich auf, indem man die Leine noch stärker anzieht. »Weiter! Im Schritt!« Ich gehe. »Und nun im Laufschritt!« Ich stürze zusammen. Schließlich packen mich zwei kräftige Arme. Man zwingt mich mit über Stufen hinab. An der eisigen Luft und dem Modergeruch erkenne ich, daß ich wieder in einem Keller bin. Eine Stimme beschimpft mich auf russisch: »Du Saukerl, du trotzkistischer Bandit! Du hast mit deiner dreckigen trotzkistischen Arbeit schon in der UdSSR angefangen. Gesteh es! Jetzt wirst du uns verraten, wer deine Komplicen dort waren! Man wird dich als Trotzkisten erschießen!« Der Mann, der zu mir spricht, ist kein Russe; die Stimme spricht mit tschechischem Akzent. Ich antworte: »Ich bin kein Trotzkist und war es nie. Sie werden mich nicht dazu bringen, Dinge zu sagen, die nicht wahr sind.« Man schlägt mich. Man beschimpft mich weiter auf russisch, aber ich weiß, daß ich Tschechen vor mir habe. Wieder werde ich zum Verhör geschleppt. Immer mit der Maske vor den Augen. Bei jeder meiner verneinenden Antworten erhalte ich Faustschläge - und weiß nicht, wer mich schlägt. Ich sinke zusammen. Man richtet mich auf, wieder erhalte ich eine Tracht Prügel, und die Fragen beginnen von neuem. Endlich nimmt man mir die Maske ab, doch meine

Augen unterscheiden nichts mehr, alles dreht sich um mich herum. Ich bin besessen von einem einzigen Gedanken: Schlafen!

In der Nacht von Sonntag auf Montag kommt Smola in den Raum, um eine andere Strategie zu verfolgen. Er spricht ruhig und will mich besänftigen: »Es liegt klar zutage, Herr London, daß sich in der Leitung der französischen Kommunistischen Partei viele unserer Feinde befanden; ihre Politik nach der Niederlage zeugt ja davon, und es wäre sehr verdienstvoll von Ihnen, wenn Sie uns helfen könnten, diese Leute zu entlarven. Es gäbe Ihnen eine Gelegenheit, Ihre Verbrechen gutzumachen. Sind Sie denn nicht willig, der Partei und der UdSSR zu helfen? Sind Sie so tief gesunken, daß Sie dabeibleiben wollen, uns Ihre Mitarbeit zu verweigern?« So appelliert er an meinen Parteigeist, an meine Treue der UdSSR gegenüber, an mein Gewissen als Kommunist, um von mir zu erreichen, was physischer Druck und moralische Folter nicht erwirken konnten.

Nach diesen drei Tagen und drei Nächten ununterbrochener Verhöre bin ich vollkommen erschöpft. Wieder werde ich das Opfer von Wahnvorstellungen, ich höre Stimmen, erkenne die Stimmen Lises und der Kinder im Korridor, ich spreche zu erdachten Personen, ich phantasiere. Mehrere Male breche ich zusammen. Einschlafend stürze ich zu Boden und bleibe wie ein lebloser Klumpen liegen. Da glaubt Smola, hier sei seine Chance, und er könne mir nun eine Unterschrift entreißen. Er tippt ein Protokoll über die von der Kommunistischen Partei Frankreichs begangenen politischen Fehler. Trotz meines Zustands protestiere ich gegen die Formulierungen, die er mir vorliest. Um seinen Plan nicht ganz scheitern zu lassen, ist er bereit, sie abzuschwächen: »Ich habe im Verlauf meiner Arbeit gewisse Fehler begangen, die sich aus denen der Leitung der französischen Partei ergaben. Ich stand in Beziehungen zu Alice Kohnova, Vlasta Vesela, Pavlik und Feigl, die alle bereits wegen ihrer Verbindung mit Field verurteilt worden waren (ausgenommen Vlasta Vesela, die während der Untersuchung in Ruzyňe Selbstmord begangen hatte); ich habe für die Untergrundarbeit der Partei Geld von den amerikanischen Imperialisten angenommen« (so wurden die Geschenke, die wir zu Beginn der Besetzung von Feigl erhalten hatten, vom Sicherheitsdienst interpretiert).

Ich entsinne mich nicht mehr genau des Inhalts dieser Erklärungen, in meinem damaligen Zustand bin ich außerstande, sie genau im Gedächtnis zu behalten. Alles nur Erdenkliche, auf mich Bezügliche, würde ich unterschreiben, um fünf Minuten schlafen zu dürfen!

Ganz stolz auf »seinen« Sieg - denn dafür hält er die Erlangung meiner Unterschrift - schickt mich Smola daraufhin in meine Zelle, wo man mich einige Stunden schlafen läßt. Am folgenden Tag, bei Wiederaufnahme des Verhörs, ist es meine erste Sorge, meine Unterschrift unter dem Protokoll des Vortags zu annullieren. Ich erkläre, sie sei mir im Zustand der Bewußtlosigkeit unter physischem und moralischem Druck abgenötigt worden.

Smola tobt vor Wut: »Weil Sie wohl glauben, dieses Protokoll sei ein Geständnis? Es hat nicht einmal so viel Wert wie eine Selbstkritik bei einer Zellensitzung der Partei. Was könnten wir mit Ihrer Erklärung machen? Jetzt erst werden Sie anfangen zu reden - und Sie *werden* reden!«

Ein Verhör folgt auf das andere, und man wird dabei immer gewalttätiger. Ich bin durch den Mangel an Schlaf, Nahrung und Wasser in einem bedauernswerten Zustand. Und dabei wissen alle, daß sie es mit einem schwerkranken Mann zu tun haben. Schon bei meiner Verhaftung habe ich sie von meiner Behandlung in Kenntnis gesetzt und von der dringenden Notwendigkeit, meinen Pneumothorax mit Luft nachzufüllen. Doch ich erhalte keine Behandlung: »Man wird Sie pflegen, sobald Sie Ihre trotzkistische Tätigkeit und Ihre Spionage gestanden haben!« ist die einzige Antwort, die ich erhalte.

Das ständige Tragen der Handschellen hat meine Hände in riesige, schmerzende Klumpen verwandelt. Ich werde weiter ohne jede Schonung verhört, muß stehen, während die Referenten einander regelmäßig abwechseln. Manchmal machen sie sich zu zweit oder zu dritt daran, mich mit Fragen und Beschimpfungen zu betäuben. Von Zeit zu Zeit bringt man mich in meine kahle Zelle zurück oder in den völlig leeren Keller. Nur eines ändert sich: meine Hände werden mir nicht mehr auf den Rücken gefesselt, sondern vorn, um es dem Wärter zu ersparen, die Handschellen aufzuschließen und neu anzulegen, wenn ich in seiner Gegenwart meine Bedürfnisse erledige. Ist es ein barmherziger Mann, dann hilft er mir, meine Hose wieder anzuziehen.

Wenn der Eßnapf auf den Boden gestellt wird, knie ich nieder, und ich esse nur unter größter Mühe, da ich meine Hände kaum gebrauchen kann.

Diese Methoden, deren Zweck darin besteht, die Würde im Menschen zu brechen, stehen im Widerspruch zur sozialistischen Moral. Es sind die barbarischen Methoden des Mittelalters und des Faschismus. Wenn man sie erleidet, fühlt man sich erniedrigt, alles Menschseins beraubt.

Ich aber will leben, ich bin entschlossen weiterzukämpfen! Ich habe meine erste Unterschrift widerrufen. Wenn ich schon krepieren muß, nachgeben werde ich nicht! Mich sollen sie nicht kriegen! Ich muß für mich kämpfen, für meine Vergangenheit, für meine Freunde, das bin ich meinen Genossen, meiner Familie schuldig.

9

Tag und Nacht gibt es nicht mehr. Nur die Geräusche, die ich unterscheiden kann: Schritte in den Nebenräumen, Schluchzen, Frauenstimmen, Schläge an die Türen, Kämpfe und den brutalen Befehl: »Gehen!« Und daß einer geschleppt wird.
Während der Verhöre weiß ich, daß die Nacht zu Ende geht, wenn der Referent zu gähnen und sich zu strecken beginnt. Gegen den frühen Morgen zu herrscht eine gedämpfte Atmosphäre. Ich habe das Gefühl, außerhalb der Zeit im Irrealen zu leben. Diese alptraumartige Welt gehorcht bestimmten Gesetzen. Von Zeit zu Zeit öffnet sich die Tür, man bringt dem Referenten einen Imbiß, den er auspackt und vor uns verzehrt. Es gibt auch Augenblicke, in denen manche Referenten unsicher werden, sich nicht mehr auskennen.
Der Mann, den sie verhören, läßt eine Zeit vor ihnen erstehen, von der sie nichts wissen und die zu bewundern sie sich nicht enthalten können:
»Wann haben Sie Oskar Valeš kennengelernt?«
»Während eines seiner Urlaube, in Barcelona.«
»Kein Wunder, daß Männer wie er, mit so unkontrollierbarer Vergangenheit, Verrat begingen; in Spanien verließ er sogar seine Einheit bei den internationalen Brigaden.«
»Ja, die verließ er, um sich freiwillig für eine viel gefährlichere Aufgabe zu melden. Er wurde einer jener Männer, von denen Hemingway in seinem Roman *Wem die Stunde schlägt* spricht. Mit anderen Freiwilligen aller möglichen Nationalitäten schlich er durch die Reihen der Faschisten, um auf feindlichem Gebiet Sabotageakte auszuführen. Eines Tages im Jahre 1938 hatte seine Gruppe von Guerillakämpfern die Aufgabe, fünfzehn Kilometer weit in die Etappe des Feindes einzudringen. Das spielte sich im Abschnitt Tremp ab. Ihre Aufgabe bestand darin, sich des Führungsstabs einer faschistischen Division zu bemächtigen.«
Ich erzähle, wie sie sich nachts außerhalb des Dorfes dem Gebäude genähert hatten, in dem sich der Generalstab befand. Einige mußten ins Innere vordringen, während die anderen Minen legten, um das Gebäude in die Luft zu sprengen. Valeš gehörte zu der Gruppe, welche die Aktion decken und den Rückzug sichern sollte. Es war eine sehr helle Nacht, und die Guerillakämpfer lagen in einem Graben, wenige Meter vom Wachposten entfernt. Im Augenblick, da eine Wache die Gruppe Valeš bemerkt hatte und sich anschickte, Alarm zu schlagen, begann der Angriff gegen den Generalstab. Die Wache und einige Stabsoffiziere wurden getötet. Ein Offizier wurde gefangengenommen, und es gelang allen Guerillakämpfern, mit ihm die Linien der Republikaner zu erreichen.

»Valeš nahm bis zum Ende des Krieges an derartigen Einsätzen teil. Zweifellos ist es das, was Sie den richtigen Weg nennen, um Agent des *Intelligence Service* zu werden?«

»Wie erklären Sie sich, daß Laco Holdoš den Befehlen der Brigadenführung, die Freiwilligen von allen Frontabschnitten abzuziehen und sie in Katalonien zu gruppieren, nicht gehorchte? Wie kommt es, daß Holdoš in Spanien blieb, während die anderen tschechoslowakischen Freiwilligen bereits in Frankreich waren? Wie kommt es, daß er eines schönen Tages in Nordafrika auftauchte?«

»Laco hatte im Jahre 1939 das Angebot Giuliano Pajettas, des Adjutanten Luigi Longos, der Generalinspektor der internationalen Brigaden war, angenommen, die Sendungen in slowakischer Sprache bei der Rundfunkstation Aranjuez nahe Madrid zu übernehmen. Da der Abzug der Freiwilligen aus Spanien bereits vom Völkerbund beschlossen und von der republikanischen Regierung angenommen worden war, hatte man Laco spanische Ausweispapiere gegeben. Er wurde verhaftet und in Madrid unter der Beschuldigung der Spionage eingekerkert, denn die auf seinen Papieren angegebene Einheit gab es nicht. Nun erwartete Jaime Guanter Coll – so lautete sein falscher Name – in der Stadt, die er bei den Kämpfen um das Studentenviertel im November 1936 mit seinem an seiner Seite gefallenen Freund Josef Majek verteidigt hatte, erschossen zu werden, denn er weigerte sich zu sagen, warum er in der Zone der Hauptstadt geblieben war und wer ihn mit falschen Papieren ausgerüstet hatte.

Er wurde mit knapper Not von einem anarchistischen militärischen Führer gerettet, der ihn gekannt hatte, als er an der Front im Osten die Batterie Gottwald befehligte. Endlich ließ man ihn frei und schickte ihn nach Valencia, wo er Leiter einer Gruppe ausländischer Freiwilliger wurde, die auf ihre Rückkehr in die Heimat warteten.

Als es zu dem antirepublikanischen Putsch Casados kam, stellte Holdoš die Verbindung mit der Kommunistischen Partei von Valencia her, um mitzuhelfen, die militärischen und politischen Kader der Kommunistischen Partei Spaniens zu retten, gegen die eine richtige Menschenjagd veranstaltet wurde.

Die Truppen Francos hatten bereits die Front durchbrochen. Die Fahnen Casados und der Phalangisten flatterten schon auf den Dächern, als es Laco gelang, mehrere Männer und Frauen mit falschen Ausweispapieren als internationale Freiwillige in die Kaserne einzuschmuggeln, die er mit seiner Gruppe besetzt hielt. Sie hatten unter dramatischen Umständen den Hafen von Alicante erreicht, und es gelang allen, sich auf dem letzten Schiff, das auslaufen sollte, der *Stammbroock,* unter britischer Flagge, einzuschiffen. So verließen Laco und seine Kameraden Spanien, während die italienischen Flugzeuge die letzten Bomben auf den Hafen abwarfen, und erreichten ein Internierungslager in Nordafrika.«

Der Referent hört meine Erzählung mit Verwunderung. Für ihn sind der Mann, den er vor sich hat, und die Leute, von denen ich spreche, auf Befehl der Partei verhaftet worden und können daher nur Feinde sein!

Ich bin mir dessen bewußt, daß manche unter den Referenten überzeugt sind, mit ihrem Verfahren gegen uns eine »Ehrenpflicht« zu erfüllen, indem sie der Partei helfen, uns zu entlarven. Man hat sie entsprechend ausgebildet und davon überzeugt, daß im Kampf gegen Feinde der Partei alle Mittel erlaubt sind, um ihnen Geständnisse in dem von ihren Chefs gewünschten Sinn zu entreißen. Die Methoden dabei, die Inszenierung, die Verschleierung, die moralischen und körperlichen Zwangsmittel und sogar die Provokationen erscheinen ihnen normal. Gerechtfertigt. Viele Referenten sind neue Mitarbeiter aus jüngster Zeit. Manche wurden in den Fabriken ausgewählt. Sie sind das Produkt der schnellen notdürftigen Ausbildung, die ihnen von seiten der »Dienststellen, die sie verwenden«, zuteil wurde.

Wie ist es möglich, daß Männer, die ursprünglich keine schlechten Kerle waren, derart gefügige blinde Instrumente werden können? Ich glaube, für sie ist die Partei ein abstrakter Begriff; sie sind mit deren Leben nicht verbunden und empfinden kein Gefühl der Verantwortung ihr gegenüber. Für sie sind es ihre Vorgesetzten und die sowjetischen Berater, welche die Partei vertreten. Oder, besser gesagt, die über der Partei stehen. Deren Befehle sind heilig und unbestritten. Eine solche Art der Betrachtung führt notwendigerweise zu Selbstgefälligkeit, dazu, sich als Übermenschen anzusehen, sich das Beurteilungsrecht über alles und alle in der Partei und im Land anzumaßen.

Wenn der neue Referent seinen Kollegen ablöst, um das Verhör fortzusetzen, bekommt er sein Blatt Papier mit einer oder zwei Fragen und der Antwort, die er darauf erhalten soll. Stunden und Tage hindurch bleibt es das gleiche Leitmotiv: »Dreckskerl... Halunke... reden Sie... schweigen Sie... reden Sie... schweigen Sie... lügen Sie nicht... Sie lügen... Schweinehund... Hurensohn... reden Sie... reden Sie... reden Sie...«

Und wenn irgendwo eine Tür sich öffnet, dringen die gleichen Rufe heraus! Jeder von ihnen kennt nur eine Seite des ganzen Baus von Anschuldigungen, der von ihren Vorgesetzten gegen uns errichtet worden ist. Sie müssen um jeden Preis unser Geständnis in diesem Punkt erreichen. Dann wird man ihnen einen anderen Punkt anvertrauen, und so geht es weiter.

Das überaus niedrige politische Niveau, das sie kennzeichnet, zeigt, daß

man es mit Neubekehrten zu tun hat, manche sind überdies ausgesprochen primitiv und beschränkt.
Es ist schwierig, ja bisweilen unmöglich, ihnen auch nur die einfachsten Dinge verständlich zu machen, die den Kampf der illegalen Kommunistischen Parteien und ihre Politik der nationalen Front betreffen:
»Warum haben Sie nach der Besetzung Frankreichs die Verbindung mit dem tschechischen Konsulat in Marseille aufrechterhalten, das von den Männern Beneš' geleitet wurde? Warum wandten Sie sich damals nicht an die sowjetische Botschaft in Vichy, um das notwendige Geld für Ihre Untergrundarbeit zu erhalten?«
Als ich von der Bildung der nationalen Front tschechoslowakischer Emigranten in Frankreich spreche, der auch Benešanhänger, Kommunisten, Parteilose angehörten, sieht der Referent darin ein Aufgeben der kommunistischen Prinzipien: »Wie ist es möglich, daß Kommunisten mit Benešanhängern zusammenarbeiten? Halten Sie uns für Idioten?«
Ein anderer bekommt einen Wutanfall, als ich ihm die Bewegung der FTPF in Paris erkläre: »Sie werden mir doch nicht einreden wollen, daß die Partisanen in den Städten oder gar in Paris operieren konnten. Das gab es nur auf dem Land und in den Wäldern...
Wo haben Sie jemals Partisanengruppen zu dritt oder zu fünft gesehen? Oder vereinzelte Attentate? Wie können Sie wagen, uns solche Lügen aufzutischen? Organisierte Aktionen mitten in Paris am hellichten Tag? Meinen Sie, Sie könnten davonkommen, indem Sie all diese blödsinnigen Geschichten vor uns auskramen?«
Ein anderer bestreitet ganz einfach den Wert der bewaffneten Widerstandsbewegungen in den Ländern des Westens, denn »das einzige, was in diesem Krieg zählte, war der Beitrag der Roten Armee, die, ob mit den Widerstandsbewegungen oder ohne sie, die gleichen Ergebnisse erzielt hätte.«
Andere wieder können nicht verstehen, warum die Kommunistische Partei Frankreichs nach der Landung der Amerikaner nicht die Macht übernommen hat.
Für sie ist jeder Mensch, der in den Westen gereist ist, zumindest verdächtig, ein potentieller Spion.
Sie verlangen so lächerliche Geständnisse wie: »Die MOI ist in Frankreich das leitende Organ der IV. Internationale für Europa.«
Trotz der bei der französischen Partei leicht zu prüfenden Erklärung der Anfangsbuchstaben MOI: *Main-d'Oeuvre-Immigrée* (Eingewanderte Arbeitskräfte), beharren sie darauf, sie so zu deuten, wie es vor ihnen die Nazibesatzung getan hat: *Mouvement Ouvrier International* (Internationale Arbeiterbewegung).
Nichts ist schlimmer, als wehrlos und allein der Dummheit und der Ver-

blendung gegenüberzustehen. Und das stunden-, tage-, ja ganze Monate lang.
Sie bleiben taub für jedes Argument, für den schlagendsten Beweis.
Ich glaube, die Verwendung solcher Elemente durch »den Sicherheitsapparat, in dessen Händen wir uns befinden«, ist beabsichtigt, denn die kann man lenken wie Roboter. Das ist die Gewähr dafür, daß alle Argumente des Angeklagten, selbst die überzeugendsten, am Panzer der Unwissenheit und Dummheit abgleiten und den Begriff der »Geständnisse« unversehrt lassen, die sie beauftragt sind, um jeden Preis von »ihrem Kunden« zu erreichen. Ihre Scheuklappen erlauben ihnen nicht, weiter zu sehen als vom Ruzyňer Gefängnis bis nach Dejvice*.
Dieser Apparat enthüllt sich uns nach und nach im Lauf der Verhöre. Seine Struktur ist folgende:
Jede Referentengruppe wird von einem Chef geleitet, der den Dienstgrad eines Hauptmanns oder Majors besitzt. Oberstleutnant Doubek koordiniert die Tätigkeit aller Gruppen; er stellt die Verbindung zum Sicherheitsministerium her.
Die Gruppenchefs sind keine einfachen Exekutivorgane wie die Referenten. Sie leiten die Verhöre geschickter und schlauer. Sie wissen mehr über die Beschuldigten als ihre Untergebenen. Sie sind die willigen gehorsamen Werkzeuge der sowjetischen Berater und werden persönlich von ihnen ausgebildet. Auf diese Weise kennen sie einen Teil der »Konstruktion« der Männer, die das Spiel führen, eben jenen Teil, den sie mit Hilfe ihrer Referenten verwirklichen sollen.
Alois Samek, einst ein Spanienfreiwilliger, der anfänglich mit den sowjetischen Beratern beim Sicherheitsdienst gearbeitet hatte, wird mir im Jahre 1956, nach meiner Rehabilitierung, folgendes erzählen:
»Sie kamen nach dem Rajk-Prozeß im Herbst 1949 in die Tschechoslowakei. Sie sagten, es gebe bestimmt auch bei uns eine Verschwörung gegen den Staat; die Feinde, die das sozialistische Regime stürzen wollten, seien überall in das Räderwerk der Partei und des Regierungsapparates eingedrungen.
Gemäß den Weisungen, die sie uns erteilten, schritt man zur Verhaftung jener Personen, die durch ihre Funktionen und dank ihren Verbindungen möglicherweise gegen den Staat tätig waren. Nach Beweisen suchte man erst hinterher...
Ich erhielt von Borrissow, einem der sowjetischen Berater, den Auftrag, ihm persönlich nach Ende der Verhöre einen Durchschlag jedes mit dem Angeklagten aufgenommenen Protokolls zu übergeben. Ich machte ihn

---

* Prager Bezirk, in dem sich damals die zentrale Leitung des Sicherheitsdienstes befand.

darauf aufmerksam, daß der Generalsekretär der Partei bereits einen Durchschlag der Protokolle erhielt. Er wies mich scharf zurecht und befahl mir, seinen Weisungen nicht zu widersprechen.
Ich kam auch mit anderen sowjetischen Beratern in Verbindung, namentlich mit Lichatschew und Smirnow. Sie sammelten kompromittierende Informationen über alle möglichen Leute, insbesondere über solche, die hohe Posten bekleideten, einschließlich Slansky und Gottwald...
Das Vertrauen, das die Parteileitung ihnen bezeigte, weil sie in ihnen die Garantie für erstklassige korrekte Arbeit auf dem Gebiet der Sicherheit sah, nutzten sie aus, um ihre Macht zu bekunden und auszubauen. Bei jedem ernsten Fall holte Gottwald ihren Rat ein... Sie regten die meisten wichtigen Maßnahmen an, die dann vom Sicherheitsministerium beschlossen wurden, und benutzten diesen Umstand dazu, die Methoden einzuführen, die in der UdSSR üblich waren. Die Angestellten des Sicherheitsdienstes, namentlich jene, die mit Untersuchungen betraut waren, holten sich ihre Weisungen in immer stärkerem Maß bei ihnen, statt den Dienstweg zu gehen.
Sie hatten gleich nach ihrer Ankunft begonnen, das ganze Räderwerk des Sicherheitsdienstes mit Vertrauensmännern, die ihnen mit Leib und Seele ergeben waren, zu durchsetzen. So gelang es ihnen rasch, innerhalb des Sicherheitsdienstes - in dem sie eigentlich offiziell arbeiten sollten - eine parallele eigene Polizei zu schaffen, die nur ihnen gehorchte...«
In Ruzyně hatte ich Gelegenheit, mir im Verlauf der zweiundzwanzig Monate, die meine Haft bis zum Prozeß währte, und der täglichen Verhöre, denen ich unterworfen wurde, über das Vorhandensein dieser Vertrauensmänner klarzuwerden, die von den Beratern nicht nur unter den Gruppenchefs, sondern auch unter den einfachen Referenten geworben wurden. Sie wurden von ihren »eigentlichen Chefs« mit vertraulichen Sonderaufgaben betraut, die sie außerhalb des Dienstweges auszuführen hatten. Wiederholt stellte ich fest, daß zwischen dem offiziellen und dem innerhalb davon von den sowjetischen Beratern geschaffenen geheimen Apparat ein Antagonismus bestand.
Kohoutek kam beispielsweise eines Tages während eines Verhörs herein und zog meinen Referenten beiseite. Er sagte ihm leise - doch meinem geübten Ohr gelang es, dem Gespräch zu folgen -, daß der Major (Doubek) zwecks Übermittlung an den Minister (Kopřiva) die Protokolle von... verlange. Den Namen konnte ich nicht verstehen. Dann sagte Kohoutek: »Du mußt aus der Akte entfernen, was...« Wieder verstand ich hier das folgende nicht mehr. »Wenn man dir dann die Akte wiedergibt, legst du alles wieder an seinen Platz.«
Daraufhin nahm der Referent eine Akte aus dem Ordner, zog vor Kohouteks Augen ein Bündel Blätter heraus und schloß sie in eine Schub-

lade ein. Als Major Doubek eine Viertelstunde später kam, um die Akte von ... zu verlangen (diesmal reichte er dem Referenten ein Stück Papier, auf dem der Name stand), erhielt er die gesäuberte Akte. Zwei Stunden später, als Doubek sie zurückbrachte, wiederholte mein Referent sein Treiben im entgegengesetzten Sinn und stellte den ursprünglichen Zustand der Akte wieder her, indem er die entnommenen Blätter an ihren Platz zurücklegte. Kurz darauf kam Kohoutek und erkundigte sich: »Nun, alles wieder in Ordnung? Hat er nichts gesagt?«
Zwei oder drei Tage vor dem Prozeß, das heißt Mitte November 1952, stürzte Kohoutek in das Büro, in dem man mich verhörte, und rief dem Referenten zu: »Gib mir alle Protokolle der Leute, die vor Gericht erscheinen müssen. Der Minister ist gekommen und will sie sich ansehen...«
So erfuhr also - sozusagen ganz nebenbei - der Justizminister erst zwei Tage vor dem Prozeß den Inhalt der Protokolle, die man im Beisein der Angeklagten aufgenommen hatte.
Nun ergab sich jedoch, daß besagte Protokolle keineswegs für das Auge des Ministers bestimmt gewesen waren. Und ich sah, wie Kohoutek und mein Referent sich daran machten, fieberhaft aus den Akten jedes Angeklagten noch und noch Blätter herauszusuchen; hastig rafften sie sie zusammen und schlossen sie in der Schreibtischlade ein. Jene Seiten enthielten die Teile der Verhöre, die sich mit der Person des Ministers Stefan Rais befaßten. Die »Geständnisse« schienen auf seine Verbindungen mit dem Verschwörungszentrum gegen den Staat hinzuweisen. War er nicht Justizminister? Es war also nötig, Material gegen ihn in Reserve zu halten. Um so mehr, als er noch dazu jüdischer Herkunft war...
Auch im Zentralgefängnis Leopoldow, in das ich 1954 gebracht werde, sehe ich wieder die Vertrauensmänner der sowjetischen Berater bei der gleichen Arbeit; sie kommen, um einen unserer Unglücksgenossen, Oldrich Černy, zu verhören.
Černy war in einem Prozeß, der sich aus dem unseren ergab, wegen trotzkistischer Betätigung angeklagt worden, und man will ihn zwingen, jene »Kriegsverbrechen« einzugestehen, die in Wirklichkeit auf das Konto des Präsidenten der Republik, Antonin Zapotocky, selbst gingen. Zapotocky hatte nämlich den unverzeihlichen Fehler begangen, in dem Lager Sachsenhausen, wohin er deportiert worden war, an der Widerstandsbewegung teilzunehmen. Die Berater bedrohten Černy, um gegen den Präsidenten das gleiche Material zusammenstellen zu können, das bei unserem Prozeß dazu gedient hatte, Josef Frank und Švab zu verurteilen.
Übrigens wurden in Ruzyně alle Protokolle ins Russische übersetzt, und diese Version galt. Die Berater fügten die ihrer Meinung nach nötigen

Änderungen und Korrekturen hinzu, ehe sie sie an die Gruppenchefs zurückschickten; diese hatten Auftrag, dem Angeklagten seine Unterschrift für dieses Nachwerk abzuzwingen.

Dieses System ermöglichte den Beratern nicht nur, den Verhören etappenweise zu folgen, sondern auch jedesmal die »Richtung« der »Geständnisse« festzulegen und überdies einen Wetteifer zwischen den Teams sowie innerhalb der Teams zwischen den einzelnen Referenten zu veranstalten. Die unveränderliche Weisung lautet, daß »jedes Protokoll ein Schuldgeständnis des Angeklagten darstellen muß«. Das ist aber eine Weisung ohne genau umrissenen Plan, die es allen Beflissenen ermöglicht, ihren Eifer nach ihrer Art zu entfalten. Es geht also darum, wer am schnellsten die »besten Geständnisse« erreicht, jene, die den »eigentlichen Chefs« am besten gefallen werden. Es geht nicht mehr nur darum, den Plan für die erforderlichen »Geständnisse« zu verwirklichen, sondern es soll auch noch ein bemerkenswerter persönlicher Beitrag hinzugefügt werden. Unsere Referenten rühmen sich untereinander ihrer Formulierungen mit ebensoviel Eitelkeit wie schlechte Poeten.

Ich werde fast unmittelbar danach, Anfang April, Gelegenheit haben, mir darüber klarzuwerden. Während Smola mich verhört, stürzt ein Referent, ein Papier in der Hand schwenkend, ins Büro. Er strahlt. »Das klappt prima«, verkündet er seinem Chef. »Er fällt schon um. Er packt aus. Sieh mal, was für eine schöne Formulierung ich hier habe«, sagt er. »Sie gibt uns alles, was wir brauchen...« Damit überreicht er Major Smola einen Durchschlag. Beim Hinausgehen sagt er nochmals: »Ah, man kann nicht anders als sagen, das ist gut, das ist gelungen!«

Eine halbe Stunde später gerät Smola über mein ständiges Leugnen in Wut, packt mich, wie es seine Gewohnheit ist, an der Kehle und schüttelt mich hin und her. Dabei zeigt er mir noch die famose, »so gut gelungene« Stelle, und so erfahre ich, daß es sich um ein Verhör Svobodas handelt. Man hat von ihm auf eine Frage die folgende Antwort erzwungen: »Das ist alles, was ich über die Tätigkeit der trotzkistischen Gruppe der ehemaligen Freiwilligen der Brigaden während ihres Aufenthaltes in Paris zu sagen habe.« Der Referent betrachtet seine Formulierung »trotzkistische Gruppe« in Svobodas Protokoll als seinen persönlichen Erfolg. Das übrigens vermag seinen Chef Smola in solche Wut zu bringen, da ihm selbst bei meinem Verhör keine so schöne Leistung gelungen ist.

Als ich später bei Kohoutek, der Smola in der Führung meiner Verhöre ablöst, gegen die Verwendung der Formel »trotzkistische Gruppe« zur Bezeichnung der ehemaligen spanischen Freiwilligen protestiere, wird er mir zynisch antworten: »Das ist noch gar nichts. In den späteren Protokollen werde ich die Formel: *die trotzkistische Spionage-Organisation*

verwenden, und Sie werden sie gelten lassen müssen. Machen Sie sich darüber bloß keine Illusionen!«
Eine ganze Nacht lang Verhöre über die Behauptungen eines Mannes, der von der Sicherheitspolizei zur Botschaft nach Paris geschickt und auf Verlangen des Außenministeriums zurückberufen worden war. Wir hatten uns bei seiner Rückkehr geweigert, sein gesamtes Gepäck, das weit mehr neue Waren enthielt, als erlaubt war, vom Zoll befreien zu lassen, und er rächte sich, indem er einen Bericht von sechzehn maschinengeschriebenen Seiten verfaßte, worin er den Botschafter Hoffmeister und mich beschuldigte, Spionagebeziehungen mit einem gewissen Lampe unterhalten zu haben. Ich kenne tatsächlich einen gewissen Maurice Lampe, einen früheren Spanienkämpfer und ein Mitglied der französischen Kommunistischen Partei. Ich hatte ihn im Gefängnis von Blois wiedergetroffen, später im Lager Mauthausen, wo wir einen engen Kontakt miteinander hatten - er gehörte der Leitung der geheimen französischen Gruppe an.
Eine ganze Nacht voller Mißverständnisse und Verwechslungen, bis ich endlich merke, daß es sich nicht um jenen Lampe handelt, sondern um einen »Kapellmeister«, den ich nie und nimmer gekannt habe! Unser Mann von der Polizei hat ohne weiteres geschrieben, daß Hoffmeister mit meiner Unterstützung die Botschaft in Paris mit Verrätern besetzt habe, die von einer Änderung des Regimes in der Tschechoslowakei träumten.
Ich hege sehr bald den Verdacht, daß der Schwiegervater dieses Mannes das lächerliche Verhör selbst führt, denn ich entsinne mich nun, daß mich ein Genosse damals, als wir seine Rückkehr aus Paris verlangt hatten, gewarnt hatte: »Gib acht, sein Schwiegervater hat eine wichtige Stellung beim Sicherheitsdienst!«
Es wird immer deutlicher, daß die Verhöre gegen die einstigen Freiwilligen der Brigaden gerichtet sind. Es besteht *a priori* eine feindliche Einstellung gegen die Gesamtheit der Freiwilligen. Sie werden alle ausnahmslos zumindest für Abenteurer und gefährliche Individuen angesehen. Was uns, die Verhafteten, anlangt, so sind wir Trotzkisten, Feinde der Partei, Agenten des französischen *Deuxième Bureau,* der anderen ausländischen Geheimdienste und der Gestapo. Jeder Name eines ehemaligen Freiwilligen ist nun auf einem Protokoll durch ein Beiwort wie »demoralisiert«, »trotzkistisch«, und so weiter charakterisiert. Später wird das eigentliche Wort »Freiwilliger« selbst das Äquivalent für alle verächtlichen Adjektive. Jedes Gespräch, jede Handlung - auch die normalsten, harmlosesten -, an denen ein Freiwilliger beteiligt ist, erhält den Charakter einer Verschwörung gegen den Staat, einer feindlichen Tat.

Ebenso wie für die Juden besteht eine Pogromatmosphäre für die Freiwilligen. Diese abwegige Verdammung wird noch im Jahre 1953 in einem Rundschreiben des nationalen Sicherheitsdienstes an alle staatlichen Behörden seinen Ausdruck finden, in dem die Freiwilligen der internationalen Brigaden den Mitgliedern der Polizei und der Armee im deutschen Protektorat Böhmen und Mähren sowie den faschistischen slowakischen Garden Hlinkas gleichgestellt werden.

Die internationalen Brigaden in Spanien werden einfach mit den interventionistischen Einheiten gegen die Rote Armee in den Jahren 1918 bis 1922 und im Jahre 1919 gegen die Räterepublik Ungarn auf gleiche Stufe gestellt.

Diese Einstellung betrifft die Brigaden in ihrer Gesamtheit; niemand wird verschont. So zum Beispiel werde ich eingehend über ein Abendessen verhört, bei dem wir - Pavel, Svoboda, Zavodsky, Valeš, ich und noch einige andere - 1950 in Prag mit Luigi Longo, dem jetzigen Generalsekretär der Kommunistischen Partei Italiens, der in Spanien Inspektor der internationalen Brigaden gewesen war, beisammen saßen.

Das gleiche gilt für die freundschaftlichen Beziehungen, die ich mit Edo D'Onofrio, dem Senator und einem der leitenden Leute der Kommunistischen Partei Italiens, unterhielt. Er besuchte mich jedesmal, wenn er in Prag war, denn wir waren in Spanien gute Freunde gewesen.

Auch über ein Diner werde ich befragt, das ich für meinen Freund, den bulgarischen Minister Dimo Ditschew gelegentlich bei einer seiner Reisen in die Tschechoslowakei gegeben habe.

Er hatte den Wunsch geäußert, einige der früheren Freiwilligen wiederzusehen, die er in Spanien gekannt hatte. Ganz zufällig hatten auch mein Schwager, Raymond Guyot, Mitglied des politischen Büros der Kommunistischen Partei Frankreichs, und seine Frau, die auf der Durchfahrt in Prag waren, an dieser Mahlzeit teilgenommen. Als der Referent von diesem Umstand hört, springt er buchstäblich von seinem Stuhl hoch. Er übergibt mich einem anderen Referenten, dem er sagt, er müsse sich unverzüglich zu einigen »Freunden« begeben, um sie über etwas sehr Ernstes zu unterrichten. Als er nach einer Viertelstunde zurückkommt, werde ich von ihm erbarmungslos geschlagen. Er will mich dadurch zum Geständnis zwingen, daß ich Guyot mit Ditschev zusammengebracht habe, um dem ersten die Möglichkeit zu geben, unter Mithilfe des zweiten »sein Spionagenetz in Europa« aufzubauen.

10

Spanien! Durch den Schmutz hindurch, den sie Tag für Tag aufrühren, versuche ich, wenn sie mich mit mir allein lassen, unser Spanien zu rekonstruieren. Das Spanien, das ich im Herzen trage.
Da die politische Amnestie, die im Frühjahr 1936 in der Tschechoslowakei verkündet worden war, mich nicht betraf, hatte ich im November, während der Kampf um Madrid tobte, um meine Aufnahme in die internationalen Brigaden ersucht. Ich war noch in Moskau und mußte die Erlaubnis der KIM (Kommunistische Jugendinternationale) abwarten, ehe ich abreisen konnte. Eines schönen Tages im März teilte mir eine Genossin von der tschechoslowakischen Abteilung völlig überraschend mit, daß ich in einer Stunde abreisen sollte. Sie gab mir den Rat, meinen falschen Paß gründlich zu studieren. Seit ich ihn bei meiner Ankunft abgegeben hatte, hatten sich seine Seiten mit zahlreichen verschiedenen Visen gefüllt.
»Gib acht«, sagte sie, »der Paß darf auf keinen Fall den ausländischen Behörden in die Hände fallen!« Ich mußte mir die vorgeschriebene Route auf einer Karte genau einprägen. Der Fahrschein des sowjetischen Reisebüros, der mir von der KIM übergeben wurde, war nur bis zu dem dänischen Hafen Isberg gültig, von da an war ich mir selbst überlassen.
Niemand durfte von meiner Abreise erfahren. Dennoch richtete ich es so ein, daß ich von meiner Schwägerin und meinem Schwager, die damals in Moskau waren, Abschied nehmen konnte.
Ich schloß gerade meinen Koffer ab, als der Chauffeur bereits erschien, um mich zum Bahnhof zu bringen. Ich fuhr nach Leningrad. Dort hatte ich einen freien Tag. Ich benutzte ihn dazu, ein letztes Mal die Stadt zu besichtigen, die ich so schön fand und die mich so sehr beeindruckte: dort hatte die große Oktoberrevolution begonnen und ihre Erfüllung gefunden.
Nun war ich auf dem finnischen Bahnhof. Ich hatte ein Abteil für mich allein, und als ich durch den Korridor ging, stellte ich fest, daß ich der einzige Reisende in dem ganzen Waggon war. Wir kamen an die sowjetische Grenze. Bewegt betrachtete ich die letzten zwei Soldaten mit dem roten Stern, die mir freundlich zulächelten und mir gute Reise wünschten. Der Zug rollte jetzt ganz langsam unter einem hölzernen Torbogen durch, auf dem sich die Inschrift abhob: »Proletarier aller Länder, vereinigt euch!«
Nach dreijährigem Aufenthalt verließ ich die Sowjetunion. Damals, bei meiner Ankunft, hatte das Land gegen große Schwierigkeiten anzu-

kämpfen, die Lebensmittelversorgung ließ zu wünschen übrig, viele lebensnotwendige Waren fehlten. Ich hatte mich oft mit einem Stück Schwarzbrot und einer Tasse Tee oder sogar heißen Wassers als Abendbrot begnügen müssen. Jetzt hatte sich die wirtschaftliche Lage gebessert, das Land begann, einigen Wohlstand zu genießen, das Dasein war leichter geworden. Aber es waren Schatten aufgetaucht: seit einiger Zeit schon, nach dem Tode Kirows, herrschte eine Atmosphäre des Mißtrauens und der Angst. Ernste Vorfälle hatten sich ereignet.
Deshalb konnte ich, trotz echter Bewegung beim Abschied, nicht umhin, eine gewisse Erleichterung zu empfinden.
Ich war glücklich, zu neuen Kämpfen in ein härteres, aber weitaus erhebenderes Leben auszuziehen.
Ich hatte vor kurzem erfahren, daß meine Frau sich bereits in Spanien befand, wo sie in Albacete bei der Zentrale der internationalen Brigaden im Sekretariat André Martys arbeitete. Ich würde sie also bald wiedersehen ...
Als der Zug in Malmö auf die Fähre nach Kopenhagen fuhr, brach die Nacht herein. Wir gingen im Hafen an Land, wo die Polizei unsere Pässe prüfte. Als die Reihe an mich kam, bat man mich zu warten; irgend etwas war nicht in Ordnung. Ich machte mir Sorgen, nicht meinetwegen, sondern wegen des Passes, der in den Händen der Polizei war. Man verhörte mich während der ganzen Nacht über meine Identität, die Gründe meiner zahlreichen Reisen, über mein jetziges Ziel. Ich hatte keine Wahl. »Belgien«, sagte ich. Und was hatte ich für weitere Absichten? Ich antwortete, ich gedächte die internationale Ausstellung in Paris zu besuchen. Weshalb dann der große Umweg über Helsinki, Stockholm, während es eine direkte Verbindung gab? ...
Ich erläuterte alle guten Gründe, die ich mir schon im voraus zurechtgelegt hatte. Früh am Morgen nahm ein Polizeibeamter den Paß an sich, um beim tschechoslowakischen Konsulat die Richtigkeit meiner Identität zu prüfen. Ich glaubte, die Partie sei nun endgültig verloren, und mein Denken wurde davon beherrscht, welches Urteil die Kaderabteilung meiner Partei gegen mich fällen würde, weil ich »den Paß in den Händen der Polizei gelassen hatte«.
Einer der beiden Polizeibeamten zeigte mir seine Karte als Mitglied der dänischen Sozialistischen Partei und sagte mir, er wisse genau, daß alle jene, die wie ich aus der Sowjetunion durch Dänemark reisten, Freiwillige für die internationalen Brigaden waren. Er stand uns durchaus wohlwollend gegenüber und wünschte aus ganzem Herzen die Niederlage Francos, müsse sich jedoch nach den jüngsten Entscheidungen des Nichteinmischungskomitees richten, die alle Regierungen verpflichteten, die Durchreise von Freiwilligen für Spanien durch ihr Land zu verhin-

dern. Schließlich teilte er mir mit, ich sei frei, müsse aber dänischen Boden innerhalb von vierundzwanzig Stunden verlassen.

Ich verließ also wenige Stunden später Kopenhagen in Richtung Isberg, wo ich mich nach Antwerpen einschiffte. Auf dem Schiff neuerliches Verhör, diesmal aber nicht sehr schlimm. Es wurde durch die Abfahrt unterbrochen. Ungeduldig wartete ich auf die Ankunft in Antwerpen, der letzten schwierigen Etappe meiner Reise, da sich die belgische Polizei meistens sehr streng zeigte. Doch es ging alles gut.

Endlich fuhr ich Richtung Paris, und mein Weg nach Spanien war frei! An der *Gare du Nord,* ein wenig verloren im Gedränge, hörte ich plötzlich, wie mich jemand rief: »Gérard! Gérard!«* Die Eltern meiner Frau waren gekommen, um mich abzuholen; sie hatten mich zwar noch nie gesehen, erkannten mich jedoch nach einem Foto, das Lise ihnen gegeben hatte.

Zwei Tage später meldete ich mich bei der Kaderabteilung der Kommunistischen Partei Frankreichs. Es wurde vereinbart, daß ich mich in Sète einschiffen sollte. Die Grenzen wurden bereits sehr genau bewacht, viele Freiwillige waren während der letzten Wochen festgenommen oder zurückgetrieben worden. Drei Tage später erhielt ich neue Anweisungen, wonach ich vorläufig in Paris bleiben sollte. Das war übrigens für mich ein Glück, denn das Schiff, mit dem ich hätte fahren sollen, wurde vor der katalonischen Küste von einem italienischen Unterseeboot angegriffen und versenkt. Es gab nur wenige Überlebende.

Ich wohnte zwei Wochen lang bei meinen Schwiegereltern im 20. Bezirk – in der Nähe des Friedhofs Père Lachaise. Mein Schwiegervater zeigte mir die Stadt. Zu Fuß, denn mit seinem aragonesischen Starrsinn weigerte er sich, mit der Métro zu fahren. »Wenn man eine Stadt kennenlernen will, gibt es nichts Besseres als zwei Beine!« sagte er. Ihm verdanke ich es, daß ich die Straßen von Paris wirklich kennen- und liebengelernt habe. Abends kam ich begeistert und betäubt nach Hause zurück. Mein Führer sprach mit mir in einem Gemisch von Französisch und Spanisch, das ich anfangs nur schwer verstand. Er war sehr stolz auf seine Lehrerrolle und rühmte sich am Abend vor seiner Frau: »Morena, hast du gesehen los progresos, die er con migo macht!« Und ich kann sagen, ich machte tatsächlich Fortschritte mit ihm ... in beiden Sprachen gleichzeitig!

Das Abreisedatum kam heran. Am festgesetzten Tag zur vereinbarten Stunde fand ich mich in einem Café ein, wo mich ein Genosse abholte. Er brachte mich in ein Hotel, in dem ich, ohne auszugehen, vierund-

---

* Seit dem Jahr 1934 wurde ich von allen Verwandten und Genossen mit diesem Vornamen gerufen.

zwanzig Stunden blieb, bis ich in meinen Zug stieg. Der Mann, der für die Kolonne verantwortlich war, teilte mir mit, daß noch eine Anzahl Freiwilliger, die meisten aus Österreich, in anderen Abteilen saßen. Da ich mehrere Sprachen konnte, erbat er meine Hilfe, um die Fühlung mit ihnen aufrechtzuerhalten.

In meinem Abteil saßen frühere Angehörige des Schutzbundes, der bewaffneten Organisation der österreichischen Sozialistischen Partei, die in Wien im Februar 1934 auf den Barrikaden gegen den Faschismus gekämpft und sich nach ihrer Niederlage in die UdSSR geflüchtet hatten. Ich traf auch zwei Landsleute, die gleichfalls aus Moskau kamen. Zu der Kolonne gehörten außer Deutschen auch Bulgaren, einige Jugoslawen, Engländer und Amerikaner.

Wir kamen ohne Zwischenfall nach Perpignan. Noch am selben Abend werden wir, zu fünft in Taxis, in offenes Gelände gebracht.

Die Nacht war schön und ziemlich kühl. Gegen den dunklen, von Mond und Sternen silbern bestrahlten Himmel zeichneten sich die Pyrenäen ab.

Der Führer, ein Franzose aus den Bergen von kleinem Wuchs - etwa fünfzig Jahre alt, mager - erwartete uns. Wir gingen im Gänsemarsch, ich gleich hinter dem Führer, um ihm als Dolmetscher zu dienen. Wir waren in leichten Leinenschuhen mit Bastsohlen; die sollten uns den Aufstieg erleichtern und unsere Schritte dämpfen.

Der Marsch war von Anfang an mühsam. Wir mieden die gebahnten Wege und gingen zwischen Gesträuch und Steinen, überquerten Bäche und erkletterten Felsen in so raschem Tempo, daß wir Mühe hatten, es durchzuhalten. Mir fiel es noch schwerer als den anderen, denn ich hatte mich in den letzten Tagen meines Aufenthaltes in Paris erkältet und mir eine leichte Pleuritis zugezogen. Das hatte ich nicht gemeldet, um meine Abreise nicht zu verzögern, und jetzt kam ein Aufgeben nicht mehr in Frage, denn die Befehle des Führers mußten unbedingt übersetzt werden: »Halt! Versteckt euch hinter den Büschen! Hinüber, dort, in das Wäldchen!« Unser Führer kannte die Zeit genau, zu der die Grenzpatrouillen vorbeikamen. Ich konnte bei dem Tempo nicht mehr mithalten, und meine Gefährten waren nun gezwungen, meinetwegen langsamer zu gehen und mehr Aufenthalte einzuschalten, als vorgesehen war.

Trotz der Besorgnis des Führers, der unaufhörlich wiederholte, wir müßten bei Tagesanbruch auf der anderen, der spanischen Seite sein, wenn wir den Grenzwächtern nicht in die Hände fallen wollten, vermochte ich dennoch nicht, schneller zu gehen. Ich hatte meine persönlichen Habseligkeiten bereits weggeworfen, um mir den Marsch zu erleichtern, und nur einige Erinnerungsstücke behalten, an denen ich am

meisten hing. Die Kameraden stützten mich unter den Achseln, fast trugen sie mich, sonst wäre ich nicht mitgekommen. Wir waren auf halber Strecke, als ein amerikanischer Neger, der zu unserer Gruppe gehörte, trotz unserer Ermunterungen kraftlos zusammenbrach. Der Führer verbarg ihn in einem Gebüsch, versorgte ihn mit einigem Proviant und trug ihm auf, bis zum folgenden Tag zu warten; er werde ihn um die gleiche Zeit holen und ihn nach Spanien führen. Unser Führer hatte mir erzählt, daß er diesen Weg fünfmal wöchentlich hin und zurück machte!
Die Überquerung der Bergpässe war unendlich mühsam. Die Pyrenäen verdienen tatsächlich ihren Ruf! Wir bewegten uns im dichten Nebel, der an den Berggipfeln haftete. Bald umgab uns ein grauer schimmernder Dunst. Der Morgen kam, und wir erlebten den prächtigen Anblick leuchtender Farben, die unseren ersten Tag in Spanien ankündigten. Wir hatten ein letztes Mal im Wald gerastet, um auf den günstigen Augenblick zu warten, zwischen den kurz und regelmäßig aufeinanderfolgenden Durchgängen der Patrouillen in scharfem Lauf eine Wiese zu überqueren.
Alles ging gut. Wir kamen atemlos, erschöpft bei einer kleinen Holzhütte an, aus deren Schornstein ein von den ersten Sonnenstrahlen rosig gefärbter Rauch hochstieg.
Vier Männer traten aus der Hütte; mit erhobenen Fäusten grüßten sie *Salud camaradas!* Endlich waren wir in Spanien.
Unsere neuen Freunde bewirteten uns mit gutem heißem Kaffee. Unser Führer nahm bald Abschied. Wir beschworen ihn, unseren schwarzen Kameraden nicht zu vergessen, der im Gehölz zurückgeblieben war. Er beruhigte uns: er hätte am folgenden Tag wieder einen Zug zu führen. Tatsächlich stieß unser schwarzer Kamerad zwei Tage später in Figueras wieder zu uns.
Nun führte der Weg bergab. Doch meine Kräfte, die bisher gehalten hatten, verließen mich. Die spanischen Kameraden mußten mich auf ihren gekreuzten Gewehren tragen. So kam ich in die Festung Figueras, den ersten Sammelpunkt der Freiwilligen.
Ich sollte auch über Figueras in den letzten Tagen des Bürgerkriegs, Februar 1939, Spanien verlassen. Die Kaderkommission der spanischen Partei hatte vier von uns, einen Bulgaren, einen Engländer, einen Italiener und mich, nach Lagostera geschickt, wo eine neue internationale Brigade gebildet wurde. Unsere Aufgabe bestand darin, die Parteiorganisation zusammenzustellen. Es war Pavel, der die Einheit aufbaute. Trotz seiner Erschöpfung nach einem Nachtmarsch von vierzig Kilometern von La Garriga bis Figueras rang er um all seine Kräfte, in der Hoffnung, rechtzeitig so weit zu sein, um an den Nachhutgefechten teil-

zunehmen. Wir hatten über die Lage debattiert, doch er verließ uns sehr bald. Da trat Hromadko in den Raum, wo wir uns gerade aufhielten, mit den Händen in den Taschen und seinem Lausbubenlächeln auf den Lippen - nichts hatte seine Sorglosigkeit beeinträchtigen können. Auch die Bomben, die nun fielen, konnten ihm nichts anhaben. Später, als wir ihm im Mai 1941 halfen, aus einem Gefangenenzug nach Deutschland zu entweichen, sollte er der gleiche Spaßmacher bleiben. Dann stürzte er sich Hals über Kopf in den Kampf bis zur Befreiung von Paris, bei der er einer der verantwortlichen Führer der patriotischen Miliz war.

Wir wollten am Abend eine Besprechung abhalten, doch die Lage hatte sich sehr verschlechtert. Die motorisierten italienischen Truppen hatten die Front durchbrochen und schickten sich an, das Dorf zu besetzen. Schon krachten von allen Seiten Schüsse und Maschinengewehrsalven. Wir trafen Pavel, der uns sagte, er habe der Brigade Befehl erteilt, an dem noch freien Ausgang des Dorfes Stellung zu nehmen. Dort stieß ich bei der Kirche auf Tonda Svoboda, der mit seiner Maschinengewehrabteilung die besten Stellungen suchte, um den Rückzug zu decken. Er war in seiner Uniform und mit seinem schon fast völlig weißen Haar eine imposante Erscheinung: man verstand seinen Einfluß auf die Leute. Er zeigte uns den Weg nach Gerona, wo uns André Marty am folgenden Tag erwartete.

Nach zahlreichen Schwierigkeiten kamen wir bei Morgengrauen endlich nach Gerona, mußten jedoch erfahren, daß Marty nicht mehr dort war. Im lokalen Zentrum der Partei hielt uns der diensthabende Beamte für Deserteure. Glücklicherweise bürgte der von Marty zurückgelassene Verbindungskurier für uns. Wir sollten nach Figueras zurück, um dort mit ihm zusammenzutreffen. Dort erlebten wir einen fürchterlichen Bombenhagel, den mörderischsten, der der kleinen Stadt je widerfahren war. Wenige Tage später, am 9. Februar 1939, als die faschistischen Armeen nur mehr wenige Kilometer von der französischen Grenze entfernt waren, stellte der Kaderausschuß des Zentralkomitees der Kommunistischen Partei Spaniens die Liste der politischen und militärischen Kader jeder einzelnen Nationalität auf, einschließlich der aus der Sowjetunion gekommenen Freiwilligen. Der Zweck bestand darin, ihnen zur Rückkehr nach Paris und von dort in ihre jeweilige Heimat zu verhelfen. Zur tschechoslowakischen Liste gehörten etwa zwanzig Namen, darunter Pavel, Hoffman, Knezl, Hromadko, Štefka, Svoboda, Neuer, Grünbaum... Es wurden Meldegänger ausgeschickt, um die Männer zum Sammelplatz hinter La Junquera zu führen. Die republikanische Armee hatte den Kampf bereits aufgegeben und sich auf einem schmalen Landstrich längs der französischen Grenze gesammelt. Die Einheiten der Generäle Lester und Modesto deckten den Rückzug. Bei der herrschenden

Unordnung konnte nur mit einigen von ihnen Fühlung aufgenommen werden.
André Marty beauftragte mich, die verlorene Verbindung mit dem Zentralkomitee der Kommunistischen Partei Spaniens wiederherzustellen; es wurde jeden Tag woandershin verlegt, um jedem Überraschungsangriff von seiten der motorisierten faschistischen Einheiten oder der Fünften Kolonne vorzubeugen. Ich sollte in Erfahrung bringen, in welcher Reihenfolge die letzten republikanischen Einheiten die französische Grenze überschreiten würden. Ich sollte auch Ercoli – unter diesem Pseudonym verbarg sich Palmiro Togliatti, damals einer der Sekretäre der Kommunistischen Internationale und in dieser Eigenschaft Delegierter für das republikanische Spanien – bitten, sich zu Marty zu begeben. Man stellte mir einen Kradfahrer zur Verfügung. Wir mußten eine Gegend durchqueren, in die die Faschisten bereits eingedrungen waren, und Dörfer, wo noch Nachhutgefechte im Gang waren. Schließlich fand ich Mije, ein Mitglied des politischen Büros der Kommunistischen Partei Spaniens, und entledigte mich eines Teiles meines Auftrags; Ercoli war bereits fort.
Als ich zurückfahren wollte, stellte ich fest, daß mein Kradfahrer verschwunden war. Er hatte den gefährlichen Rückweg nicht nochmals wagen wollen und vorgezogen, direkt zur Grenze weiterzufahren. Ich war sechzehn Kilometer von La Junquera entfernt und mußte zu Fuß zurückgehen, inmitten eines Stroms von Flüchtlingen und Soldaten auf wilder Flucht.
Bei der Wegkreuzung wandte sich niemand in Richtung La Junquera. »Figueras ist bereits gefallen«, sagte man uns von allen Seiten, »sicher sind sie auch schon in La Junquera!«
Was sollte ich tun? Wenn das Gerücht falsch war, wie so viele in den letzten Tagen, und ich mich dort nicht meldete, konnte das als Desertion aufgefaßt werden. Also beschloß ich, meinen Weg nach La Junquera fortzusetzen. Von Zeit zu Zeit hielt ich an und lauschte dem Lärm der entfernten Kanonen, um festzustellen, woher er kam. Bevor ich mich in Dörfer oder Weiler begab, beobachtete ich vorsichtig, was vorging. Sie waren leer. Niemand dort, um mir Bescheid zu geben. Vergeblich klopfte ich an Türen und Fenster. Doch Geräusche aus dem Inneren verrieten mir, daß die Einwohner sich versteckt hielten. Ich war völlig allein auf der Landstraße und fürchtete jeden Augenblick, einer motorisierten feindlichen Patrouille in die Hände zu fallen.
Die faschistischen Aufklärungsflugzeuge kamen im Tiefflug heran. Ich verzichtete darauf, mich bei jedem Vorbeiflug zu verstecken. Ich mußte so schnell wie möglich vorwärtskommen, das war meine einzige Chance. Plötzlich erblickte ich in der Ferne einige Gestalten. Ich näherte mich

ihnen mit bangen Herzen. Es waren unsere Leute! Sie sagten, wir müßten schneller vorrücken, denn die Faschisten seien nur mehr vier oder fünf Kilometer entfernt. Es waren politische Gefangene, die aus den Gefängnissen von Barcelona befreit worden waren, Anarchisten und Mitglieder der POUM. Auch sie flohen vor den Leuten Francos. Die Spione und Mitglieder der Fünften Kolonne waren an Ort und Stelle geblieben, um ihre Kameraden zu erwarten.
Gegen Abend kam ich endlich zu dem Häuschen hinter La Junquera, wo sich André Marty aufhielt. Er stand auf der Straße mit einem großen Verband um den Kopf, von Müdigkeit entkräftet, aufgeregt - halb verrückt. Er überschüttete mich mit Vorwürfen wegen meiner Verspätung. Er war von Freiwilligen verschiedener Nationalitäten umgeben, die nicht abtransportiert werden konnten. Bald befahl uns Marty, die Soldaten zurückzujagen, die zur französischen Grenze marschierten, und nur Zivilisten durchzulassen, bald drohte er, uns erschießen zu lassen, wenn wir die mit Soldaten besetzten Militärlastwagen hinderten, zur Grenze zu fahren...
In der Nacht ließ er mich rufen und teilte mir mit, daß alle Tschechoslowaken bereits an der Grenze waren. »Jetzt sind Sie an der Reihe fortzugehen«, sagte er. »Wir werden übrigens alle im Laufe der Nacht oder spätestens morgen vormittag abziehen. Sie gehen zusammen mit Rol Tanguy und einem deutschen Genossen und werden in einem Wagen mit zwei französischen Abgeordneten, Ihrem Schwager, der soeben angekommen ist, und Raoul Cathelas, die Sperrkette der Mobilgarden passieren.«
Das war das erste und auch das letzte Mal, daß ich Gelegenheit hatte, mit diesem Genossen zu sprechen; er wurde im Jahre 1942 im Gefängnis La Santé unter der nationalsozialistischen Besetzung guillotiniert. Rol Tanguy sollte am 24. August 1944 an der Seite von General Leclerc die Übergabe von *Groß-Paris* durch General von Choltitz, den Kommandanten der deutschen Garnison, entgegennehmen. Über das Schicksal des deutschen Genossen ist mir nichts bekannt.
Wir gingen zu Fuß in Richtung Grenze, von der wir noch einige Kilometer entfernt waren. Es war eine helle Sternennacht. Die Hänge der Pyrenäen waren mit Lagerfeuern übersät. Sie stammten von Zivilisten und Soldatengruppen, die eine letzte Rast auf spanischer Erde hielten. Wir entledigten uns unserer Brigaden-Dokumente. Wir zerlegten auch unsere Waffen und warfen die Einzelteile in die Schlucht, an deren Rand wir entlangmarschierten.
An der Grenze entwaffneten die Mobilgarden alle Soldaten. Zu beiden Seiten der Straße häuften sich die Berge von Waffen. Man stellte uns keine Fragen, denn wir trugen Zivilkleider. Auf alle Fragen, die die

Flüchtlinge den Garden stellten, um zu erfahren, wie sie nach Toulouse, nach Marseille, nach Bordeaux kommen könnten, wurde ihnen immer wieder geantwortet: »Links, über die große Landstraße.« Und diese Straße führte alle in die improvisierten Lager von Argelès und Saint-Cyprien.

Unsere Gruppe kam ohne Schwierigkeiten durch, und wir gelangten in das Dorf, wo uns der große Wagen mit dem Abzeichen des Abgeordneten an der Windschutzscheibe erwartete. Der deutsche Genosse und ich kauerten uns hinten auf den Boden. Wir passierten mehrere Kontrollen. Die beiden Abgeordneten zeigten ihre Parlamentsausweise. So kamen wir nach Perpignan, wo wir in der »Maison du Peuple« abstiegen. Am Tag darauf fuhr der Wagen mit uns nach Tarascon weiter, wo wir in einen Zug nach Paris stiegen.

11

Eines Abends sagt mir einer der Referenten, während er seinen Kaffee schlürft, sie hätten Befehl erhalten, unseren Fall Tag und Nacht zu bearbeiten, um dem Zentralkomitee, das im Laufe des Monats zusammentreten wird, das nötige Material zu liefern; Genosse Gottwald soll die Verhaftung der Freiwilligen der Brigaden vor der Partei und der Nation erklären und rechtfertigen.

So beabsichtigen die Leiter des Sicherheitsdienstes, die dieses böse Spiel führen, unter Verwendung der »Geständnisse« Zavodskys und falscher Zeugenaussagen und Denunziationen, die von ihnen fabrizierte Vorstellung eines trotzkistischen Komplotts in der Tschechoslowakei, das ehemalige Freiwillige der Brigaden angezettelt hätten, durch das Zentralkomitee bestätigen zu lassen.

Tatsächlich wird Gottwald im Zentralkomitee am 22. Februar 1951 eine Rede halten:

... Wir sehen heute noch ein anderes, ähnliches Phänomen: das Los zahlreicher Männer, die in Spanien gekämpft haben. Nach dem Zusammenbruch der spanischen Republik befanden sich viele Freiwillige der Brigaden in den französischen Lagern. Sie lebten dort unter sehr üblen Bedingungen und waren zuerst dem erpresserischen Druck der französischen und amerikanischen, später der deutschen und noch anderer Geheimdienste ausgeliefert. So gelang es den Geheimdiensten, indem sie den schlechten körperlichen und moralischen Zustand der Freiwilligen

ausnutzten, eine Anzahl von ihnen als Agenten für sich anzuwerben. Diejenigen, die von den Amerikanern und Franzosen angeworben wurden, dienten unmittelbar den westlichen Imperialisten, und jene, die von der Gestapo angeworben wurden, übernahm man nach der Niederlage Hitlerdeutschlands, ebenso wie alle Agenten der Gestapo, in den amerikanischen Geheimdienst.

Zu jener Zeit versuchten ich und andere verzweifelt, unsere Unschuld zu beweisen. Doch wir waren bereits verurteilt. Diese Stellungnahme der Partei wurde dann durch den Sicherheitsdienst gründlich ausgenutzt und hatte für uns die Folgen, die sich jeder leicht vorstellen kann. Die Verbissenheit der Referenten sollte keine Grenzen mehr kennen.

Die Formulierungen, die sich die Sicherheitsleute in dem grauenhaften Schloß Kolodeje ausgedacht haben, treffen uns wie ein Bumerang, nachdem sie das Zentralkomitee passiert haben. Von nun an sind Gottwalds Worte »einwandfreie« Beweise für unsere Schuld und rechtfertigen die von den Referenten verwendeten Methoden, da es ja die Partei ist, die sie ausspricht, und die Leute dadurch, daß sie uns foltern, ihre Ergebenheit ihr gegenüber beweisen!

Der Ort der Verhöre ändert sich oft, doch Tageslicht gibt es dabei nie. Diese Welt bleibt in meiner Erinnerung in das gedämpfte oder grell blendende Licht elektrischer Lampen getaucht.

Jede Unterbrechung des Verhörs bringt mir eine Änderung des Aufenthaltsraumes. Am häufigsten werde ich in den Keller gesperrt, das soll mich in die richtige Verfassung für das weitere bringen. Wenn ich mich in einem Raum mit trockenem Fußboden und einer Matratze befinde, so ist das kein Vorteil, denn ich muß mit zusammengeketteten Händen die Matratze aufrollen, sie, ehe ich fortgehe, wieder zusammenrollen, und auch oft den Boden aufwaschen. Bei solchen Anlässen sind die Schmerzen so schlimm, daß ich schon beinahe Sehnsucht nach dem nassen Keller empfinde, wo mir wenigstens diese Qualen erspart bleiben. Tag um Tag scheinen sich die Handschellen stärker zusammenzuschnüren; meine Handgelenke sind zum Zerspringen angeschwollen, die Handschellen dringen mir tief ins Fleisch.

Noch heute quält mich die Erinnerung an diese Handschellen, und ich habe die Manie beibehalten, meine Handgelenke abzutasten, sie zu massieren. Die ständig gebückte Haltung verursacht Krämpfe und Muskelschmerzen in den Schultern und im Rücken. Meine steifen Arme mit dem Gewicht der Handschellen an ihrem Ende zwingen mir während des unaufhörlichen, irrsinnigen Gehens eine vorgebeugte Haltung auf. Mein gesenkter Kopf stößt gegen die Wände, falls ich im Gehen einschlafe. Und wenn mich der Stoß weckt, vermag ich die Wirklichkeit nicht mehr von den Trugbildern zu unterscheiden. Ich bin nicht mehr allein in dem Keller: eine phantastische, beängstigende Welt begleitet, verfolgt mich. So geht es einem wahrscheinlich bei Anfällen von delirium tremens. Sooft mich die Müdigkeit, der Schmerz und das Schlafbedürfnis zu Boden werfen, werde ich mit kaltem Wasser übergossen und zu Kniebeugen und schweren Reinigungsarbeiten in der Zelle gezwungen.

Sogar die so sehnsüchtig erwarteten Mahlzeiten sind weitere Folterqualen: man stellt den Eßnapf, der in der eiskalten Luft dampft, auf den Boden. Es gibt weder Tisch noch Hocker. Mit gefesselten Händen muß ich das Essen auf allen Vieren auflecken, und das ist nicht leicht - dem Menschen fehlen die Hilfsmittel des Tieres. Wenn man die Eßnäpfe einsammelt, ist der meine noch fast voll. Ich bleibe hungrig, und das verschlimmert meine Wahnvorstellungen!

Später werden die Verhöre weniger wirr; die Heftigkeit und der ausgeübte Druck bekommen nach und nach ein bestimmtes Ziel. Ich werde mir darüber klar, daß man mich, zuerst zusammen mit Pavel, und dann allein zum Chef der demoralisierten trotzkistischen Gruppen ehemaliger Freiwilliger der internationalen Brigaden stempeln will.

Später werde ich die Erklärung für diese veränderte Taktik erhalten.

Im Jahre 1953, einige Monate nach dem Prozeß und meiner Verurteilung, werde ich mich eines Tages im Büro eines der Referenten befinden, die mich augenblicklich verhören. »Glauben Sie nicht, Herr London«, sagt er mir, »daß Sie von Anfang an als Chef der Gruppe der Freiwilligen der internationalen Brigaden angesehen wurden. Sie waren viele Jahre lang nicht in der Tschechoslowakei gewesen. Sie kamen erst nach 1948 zurück, und das stellte ein Handikap dar. Wir versuchten zuerst, unsere Aufmerksamkeit auf Pavel, dann auf Holdoš als Gruppenchef zu richten, doch das war nicht völlig befriedigend. Da verfielen wir auf Sie, denn Sie waren lange Zeit im Westen geblieben und hatten, dort ebenso wie hier, verantwortungsvolle Stellen bekleidet. Sie waren der verantwortliche Führer der Freiwilligen in Frankreich. Sie standen mit Field in Verbindung und hatten sehr weitreichende internationale Beziehungen. Auch sind Sie ja jüdischer Herkunft ... Durch all das entsprachen Sie unserer Vorstellung.«

Ich stehe erst am Anfang des Weges, auf dem ich später den Sinn dessen, was mir widerfährt, begreifen soll. Während ich in meinen verschiedenen Kellerzellen im Kreis wandere, versuche ich, meine Gedanken wieder in Ordnung zu bringen; ich stoße jedoch immer wieder gegen die gleichen Unmöglichkeiten. Auch wenn sich die äußere Lage verschlimmert hat, auch wenn eine Verschwörung gegen unseren sozialistischen Staat entdeckt wurde - wie sollen wir ehemaligen spanischen Freiwilligen darin verwickelt sein? Zu Beginn meiner Haftzeit glaubte ich, allein wegen

meiner Beziehungen zu Field zur Rechenschaft gezogen zu werden, doch nun verwischt sich dieser Eindruck. Die ersten Angriffe gegen die spanischen Freiwilligen stammen aus der Zeit der jugoslawischen Affäre. Beim Rajk-Prozeß wurden sie intensiver. Und nun dieses entscheidende, endgültige Urteil Gottwalds über uns alle...
Wie kann ein Mann wie Gottwald auf so krasse Weise Hunderte von Männern verurteilen, die, von der Partei gerufen, nicht gezögert haben, ihr behagliches Heim, ihre sicheren Stellungen, ihre Angehörigen zu verlassen, um an die Front von Madrid, von Aragon zu gehen, überallhin, wo die Schlacht tobte, im Bewußtsein, ihr Vaterland zu verteidigen, indem sie für Spanien kämpften?
Wie konnte die Partei sich auf Grund von polizeilichen Fälschungen entscheiden, ohne sie weiter zu prüfen. Wie konnte sie, ohne uns anzuhören, ein Urteil sprechen? Wie konnte sie ihre wichtigsten Pflichten gegen ihre politischen Mitkämpfer und Kader auf den Sicherheitsdienst abschieben? Die geringste Untersuchung hätte die Nichtigkeit der Anklagen gegen uns sehr rasch an den Tag gelegt. Und warum gibt es sowjetische Berater, die hinter den Referenten stehen? Berater, die sie in Bewegung setzen, wie ein Puppenspieler seine Marionetten?
Es gelingt mir nicht, meine Überlegungen zu entwirren; nichts ist schlimmer, als nicht begreifen zu können, was man erlebt!
Wieder einmal werde ich mit verbundenen Augen fortgeführt. In den Keller? Nein, statt des üblichen Schimmelgeruchs atme ich frische, reine Luft. Gierig sauge ich sie ein. Wir sind im Freien. Man stößt mich in einen Wagen. Während der ganzen Fahrt frage ich mich dauernd: Wo bringt man mich hin? Vielleicht werde ich freigelassen!
Der Wagen hält an. Ich steige Treppen hoch, gehe durch lange Korridore. Die Augenbinde wird mir abgenommen. Ich befinde mich in einer Gefängniszelle, einer normalen Zelle, wie ich schon so viele in meinem Leben gekannt habe. Sofort wird die Tür abgeschlossen, durch das Guckloch sagt eine Stimme: »Sie dürfen sich hinlegen.« Der Befehl ist überflüssig, ich stürze in einer Ecke zusammen und schlafe sofort ein.
Ich erwache, als man mich stößt und beutelt. Zwei Männer stehen vor mir, einer nimmt mir die Handschellen ab, die ich mehr als einen Monat lang Tag und Nacht getragen habe. Wie soll ich die Erleichterung beschreiben als ich meine Arme frei fühle, die Finger bewegen und mich aufrichten kann? Von nun an wird man mir die Hände nur mehr einmal wöchentlich auf den Rücken fesseln, wenn man mich in meiner Zelle rasiert.
Ich muß ein Drillichgewand ohne Knöpfe anziehen, dessen Hose durch ein Gummiband gehalten wird, und in riesige, schwere Filzpantoffeln schlüpfen, deren Innensohle mit harten, scharfen Kokosfäden geflochten

ist. Ich weiß noch nicht, daß auf diese Weise eine neue Marter jene der Handschellen ersetzen soll.
Und wieder der Marschbefehl. Von den ersten Schritten an spüre ich den Schmerz in den Füßen. Ich gehe wie auf Rasierklingen, bald beginnen meine Füße anzuschwellen. Dennoch gibt mir das Bewußtsein, mich in einem normalen Gefängnis zu befinden nach der Hölle, die ich erduldet habe, neue Hoffnung. Mein Fall wird sich aufklären. Ich werde bald wissen, wo ich bin, und über mein Schicksal und vielleicht sogar über die Meinen Genaueres erfahren.
Man bringt mir eine heiße Suppe und ein Stück Brot. Ausnahmsweise darf ich mich zum Essen auf einen Hocker setzen. Ich lebe auf.
Etwas später führt man mich, wieder mit verbundenen Augen, in eine Richtung, die ich nicht erkenne. Dann befinde ich mich vor Smola. Er blickt mich kurz an: »Wenn Sie sich sehen könnten, Sie würden sich nicht wiedererkennen.« Ich zweifle nicht daran, daß ich befremdend aussehe, mit dem einen Monat alten, struppigen Bart, schmutzig, abgemagert, entkräftet durch wochenlangen Hunger und Durst, durch den Mangel an Schlaf!
Noch nie im Leben wurde mir eine solche Prüfung auferlegt.
Er fährt fort: »Heute ist der 1. März. Sie befinden sich in einem Gefängnis des Staatssicherheitsdienstes. Wir werden Ihr Verhör von Anfang an wieder aufnehmen. Die Partei hat uns mit Ihrem Fall und dem der anderen betraut. Wir berichten ihr täglich über Ihr Verhalten uns gegenüber und bei dem Verhör. Wenn Sie Ihre Verbrechen wiedergutmachen wollen, gibt es nur einen Weg: Gestehen Sie alles über sich und die anderen.«
»Ich bin gern bereit, alle Fragen zu beantworten, die Sie mir stellen werden, jedoch unter einer Bedingung: daß das Protokoll meine Antworten genau wiedergibt, und nicht so, wie man es bis jetzt machen wollte.«
»Sie sind im Begriff, Ihren Kopf aufs Spiel zu setzen. Überlegen Sie sich genau, welche Haltung Sie einnehmen wollen. Wenn Sie sich gegen uns stellen, stellen Sie sich gegen die Partei. Gehen Sie in Ihre Zelle zurück und warten Sie auf Ihr Verhör.«
Es war also der 1. März! Ich hatte mehr als einen Monat in Kolodeje zugebracht!

12

Ich bin sicher, daß meine Frau mit der ganzen Energie, die ich an ihr kenne, Himmel und Erde in Bewegung setzt, um zu erfahren, was mit mir geschehen ist, und Erklärungen fordert.

Später erhalte ich aus ihrem Mund eine Schilderung dessen, was sich nach meiner Verhaftung in unserem Hause abspielte:
»Wir warteten den ganzen Nachmittag auf dich. Ich war über dein Fortbleiben zugleich gekränkt und verärgert, denn du hattest uns versprochen, so schnell wie möglich zurückzukommen. Als es Zeit zum Abendbrot wurde, rief ich so gut wie überall an, um dich zu suchen. Ein, zwei, drei Anrufe bei Hromadko, ohne Erfolg. Es klingelte, doch niemand kam zum Telefon. Ich rief Zavodsky an. Ich erkannte die Stimme seiner Frau am anderen Ende, sie klang ein wenig verschleiert, traurig: ›Hast du Gérard heute nachmittag gesehen?‹ ›Nein, er war nicht hier. Ossik ist übrigens nicht zu Hause.‹ Nun zu Valeš. Eine Männerstimme fragte: ›Wer ist am Apparat?‹ ›Frau London.‹ ›Was wünschen Sie?‹ ›Ist Oskar nicht da? Oder seine Frau? Ich möchte einen von beiden sprechen.‹ ›Nein, es ist niemand hier‹, und es wurde eingehängt.
Ich rief noch andere deiner Freunde an, doch keiner hatte dich gesehen. Wir wollten uns zu Tisch setzen, da hörte ich, daß ein Wagen vor dem Haus anhielt. Ich stürzte hin, meinte, du seist endlich gekommen. Statt dessen standen da vier Männer, die mich ins Haus zurückschoben. Alle waren jung und fuchtelten mit den Armen herum: ›Wir kommen, um das Haus zu durchsuchen.‹
›Mit welchem Recht? Zeigen Sie mir den schriftlichen Befehl, der Sie dazu bevollmächtigt.‹
Sie hatten keinen, also wehrte ich mich heftig, sie in den Salon einzulassen, wo sie ihre Durchsuchung beginnen wollten. Ich sagte ihnen, ich würde mich telefonisch mit Slansky und dem Sicherheitsminister in Verbindung setzen, um ihre Forderung zu melden und Hilfe gegen sie zu verlangen. Sie waren auf einen solchen Widerstand nicht gefaßt. Meine ruhige und energische Haltung beeindruckte sie sichtlich. Sie ließen mich nicht telefonieren, beschlossen aber, nachdem sie sich untereinander besprochen hatten, einen von ihnen zum Rapport abzusenden. Die anderen setzten sich im Vorzimmer auf den Diwan, um auf seine Rückkehr zu warten.
Meine Eltern waren bei mir. Ihre Bestürzung, ihr Schmerz taten mir weh. Ich überredete Mama, der von dem Schock schlecht geworden war, sich im Schlafzimmer hinzulegen. Papa blieb bei mir. Er verstand zwar nicht, was mit uns geschah, doch er half mir mutig, den widrigen Umständen zu begegnen.
Inzwischen war Françoise zurückgekommen. Ich sagte ihr, die Männer seien Angestellte des Ministeriums, von Papa geschickt. Sie ahnte nicht, welches Unglück über uns hereingebrochen war, und ging wie ihr Bruder hinauf und zu Bett, nachdem sie uns genau erzählt hatte, wie und was sie heute gespielt hatte.

Mein Vater ging im Salon auf und ab. Michel trottete von einem Stuhl zum anderen und babbelte: ›Papa - Papa‹, es war sein erstes Wort. Er ging zu den jungen Leuten, die anscheinend verlegen waren, hielt sich an ihren Beinen fest und plapperte lachend ›Papa - Papa‹. Sie fragten mich: ›Wie alt ist er?‹ ›Dreizehn Monate.‹ ›Und da kann er schon so gut gehen? Komisch, daß er immer seinen Vater ruft.‹ Ich hatte ihnen Kaffee vorgesetzt, ihnen erklärt, daß Papa Spanier war, Bergmann von Beruf, und daß er ein alter politischer Mitkämpfer der Kommunistischen Partei Frankreichs war. Ich spürte, daß sie von unserem Verhalten beeindruckt waren; sie wurden höflich und bemühten sich, nicht lästig zu fallen.
Drei Stunden später kam ein neuer Wagen an, und ein anderes Polypenteam stürzte herein wie ein Orkan. Es waren mindestens fünf. Der eine - anscheinend der Chef - wies ein Papier vor, schob mich, ohne auch nur zu warten, bis ich es entziffert hatte, beiseite und gab Befehl zur Haussuchung. Sie brauchten dafür beinahe die ganze Nacht. Ich konnte sie dazu bringen, sich in den Zimmern der Kinder still zu verhalten; die Kleinen öffneten kaum die Augen und schliefen wieder ein, sobald sie meine beruhigende Stimme hörten. Auch bei den Eltern durchsuchten die Männer alles von oben bis unten, wühlten in allen ihren Sachen. Mama lag zu Bett und weinte still vor sich hin. Ich sagte ihnen: ›Ihr seid um nichts besser als die Nazipolizisten, die mich und meinen Mann im Jahre 1942 verhaftet haben.‹
Die Gruppe, die als zweite gekommen war, entfernte sich mit einem Koffer voller Dokumente und Familienpapiere. Die anderen blieben im Salon. Papa und ich verbrachten in ihrer Gesellschaft eine schlaflose Nacht. Ich versuchte, Erklärungen von ihnen zu verlangen, doch wußten sie offensichtlich nichts und führten einfach die erhaltenen Weisungen aus.
Am Morgen gab ich den Kindern ihr Frühstück in der Küche, als ob nichts vorgefallen wäre. Sie gingen zur Schule wie alle Tage. Etwas später kam ein Mann vom Sicherheitsdienst und holte seine Kollegen im Wagen ab. Ehe sie weggingen, empfahl er mir, mit niemanden über das zu sprechen, was vorgefallen war, und wie immer zu meiner Arbeit zu gehen.
Zur gewohnten Stunde kam der Wagen vom Ministerium, um mich in mein Büro zu bringen. Dem Fahrer war offensichtlich nicht wohl zumute, er stellte mir jedoch keine Frage. Bevor ich ging, wählte ich auf der direkten Linie, die uns mit dem Ministerium und mit dem Zentralkomitee der Partei verband, die Telefonnummer Širokys, der unangenehm überrascht war, mich am anderen Ende zu hören. Ich berichtete ihm von deiner Verhaftung und bat ihn, mich unverzüglich zu empfangen. Er bestellte mich für den nächsten Morgen.

Ich versuchte auch Geminder anzurufen - es war seine Sekretärin, die mir antwortete. Geminder sei nicht frei und könne nicht zum Telefon kommen. Die gleiche Antwort erhielt ich später bei jedem meiner Anrufe. Slansky verhielt sich ebenso. Es war klar: sie wollten mich nicht empfangen!
Am folgenden Morgen suchte ich also Široky in seinem Büro auf. Er schien sehr verlegen und sagte, auch er sei erstaunt über die Vorfälle. Ich erzählte ihm, wie nervös und entmutigt du in letzter Zeit wegen der um dich entstandenen Atmosphäre des Mißtrauens gewesen warst. Ich fragte ihn, warum er dich nicht empfangen hatte, als du vergeblich versuchtest, ihn zu sprechen, um ihm dein Rücktrittsgesuch zu übergeben und ihn um seine Hilfe zu bitten. Er stellte sich verwundert. ›Er hat versucht, mich zu sehen? Das habe ich nicht erfahren!‹ Er sagte, er habe sich nach meinem Anruf über dein Schicksal erkundigt, und ich solle doch die Vorfälle nicht tragisch nehmen. Du seist nicht verhaftet; es handle sich bloß darum, dich so lange zu isolieren, bis gewisse ernste Probleme, unter strikter Geheimhaltung, klargestellt wären. Man habe gewissermaßen deine Hilfe nötig, um ein verwickeltes Knäuel wichtiger Angelegenheiten zu entwirren, die der Partei Sorge machten. Ich sagte ihm, daß du am Vortag eine Luftnachfüllung in deinen Pneumothorax bekommen solltest. Er beruhigte mich und sagte, du würdest gut gepflegt. Dann erwähnte er noch, daß mir der Wagen und der Fahrer auch weiterhin zur Verfügung stünden. Kurz, ich konnte nach diesem Gespräch wieder Hoffnung fassen. Als ich sein Büro verließ, kam ich bei Hajdu vorbei, der auf mich gewartet hatte. Er schien sehr betroffen über deine Abwesenheit im Ministerium und fragte mich, was vorginge. Ich wiederholte ihm die Worte Širokys. Auch er atmete erleichtert auf, als er dessen Antwort hörte. Er tröstete mich sehr freundlich mit netten Worten und stellte sich mir nötigenfalls zur Verfügung.
Ich ging auch weiterhin jeden Tag ins Büro. Keiner meiner Kollegen ahnte, welches Drama ich durchlebte. Am Mittwoch kam ein neuer Fahrer in einem alten Skoda zu uns und sagte, das Ministerium schicke ihn mir als Ersatz für deinen Fahrer. Ich dachte mir ja, daß es ein Polyp war, aber das kümmerte mich wenig. Er begleitete mich überallhin, bei jeder geringsten Fahrt, zwei Monate lang, bis zu dem Tag, an dem er mir mitteilte, das Parteikomitee des Ministeriums habe dich ausgeschlossen...«
Nach ihrem Gespräch mit Široky hatte Lise sofort einen Brief an die Parteileitung geschrieben. Ich sollte den Durchschlag erst nach meiner Rehabilitierung lesen. Er lautete:

30. Januar 1951

*An das Sekretariat der Partei
zu Händen von Genosse Slansky*

*Liebe Genossen,
Ich mache im Augenblick eine überaus schmerzliche Prüfung durch, zweifellos die schmerzlichste meines Lebens, das doch nicht gerade arm an Prüfungen war. Als Mitglied der Partei und der Kommunistischen Jugend seit dem Jahre 1931 genoß ich immer das Vertrauen der Partei. In der Kaderabteilung finden Sie meine Lebensbeschreibung, ich will sie daher nicht hier wiederholen.
Am vergangenen Sonntag haben Agenten des Nationalen Sicherheitsdienstes zweimal bei uns eine Haussuchung durchgeführt - es waren zwei Gruppen, die nacheinander operierten. Sie verhielten sich, als hätten sie es mit Feinden des Regimes zu tun, mit Faschisten. Ich erklärte ihnen, daß mein Mann zu Hause kein Büro hatte. Tatsächlich hat er nie hier gearbeitet, um nicht Akten vom Ministerium forttragen zu müssen. Es waren also meine privaten Dokumente, Angelegenheiten meiner Eltern und meiner Kinder - Korrespondenz, Zeitungsartikel, Belege, Bündel von Briefen, die ich von meinem Mann während des Krieges erhalten habe, als wir beide in Frankreich gefangen waren, Briefe, welche wir damals an unsere Eltern geschrieben hatten und die sie sorgfältig aufbewahrt haben - die im Mittelpunkt der Nachforschung standen. Die Papiere und Dokumente, die von den Sicherheitsagenten in einem Handkoffer fortgeschafft wurden, gehören alle, mit Ausnahme einiger Ausweispapiere meines Mannes, meinen Eltern und mir.
Gleichzeitig erfuhr ich zu meinem großen Kummer, daß mein Mann verhaftet worden ist. Genosse Široky, mit dem ich gestern im Ministerium sprach, sagte mir zwar, »verhaftet« sei nicht das richtige Wort - doch alle Anzeichen sprechen dafür!
Ich sage: zu meinem großen Kummer. Wie könnte das anders sein, wenn ich sehen muß, daß mein Mann, zu dem ich volles Vertrauen habe, eine so harte Prüfung erduldet: Ist der Gedanke nicht das Schlimmste, daß die Partei einem nicht mehr vertraut?
Aber ich erwarte dennoch mit völliger Ruhe die Aufklärung dieses Mißverständnisses. Ich habe mehr als fünfzehn Jahre an Gérards Seite gelebt. Zusammen mußten wir uns sehr harten Prüfungen stellen und haben sie auch bestanden, und jedesmal, sei es im spanischen Krieg, während der Besetzung in Frankreich oder in den Gefängnissen und Lagern der Nazis, hat er sich als echter Kommunist bewährt.
Überall, wo er arbeitete, wo er politisch tätig war, genoß er nicht nur das volle Vertrauen der Partei, sondern auch die Zuneigung aller seiner*

Kameraden. Mein Vertrauen zu seiner politischen Rechtschaffenheit, zu seiner Anhänglichkeit an die Partei, die der Leitfaden seines ganzen Lebens war, ist vollkommen. Ich spreche zu Ihnen ganz einfach, ganz gelassen über meinen Mann. Ich bin dabei nicht durch meine Liebe verblendet, ich beurteile ihn als Kommunistin, im Bewußtsein seiner Vorzüge und seiner Fehler.
Genosse Široky hat mir erklärt, daß Gérard, ohne verhaftet zu sein, isoliert gehalten werde, um bei der Klärung ernster, wichtiger Probleme mitzuhelfen.
Ich bin schon zu lange bei der Partei, um nicht zu wissen, daß sie das Recht hat, jeden ihrer Kämpfer zu kennen, daß sie in jedem Augenblick Erklärungen über sein Leben und seine Handlungen verlangen kann. Niemand in der Partei ist von dieser Vorschrift ausgenommen, und wenn es Probleme gibt, die Gérard klären muß, verstehe ich, daß es seine Pflicht ist, das zu tun.
Davon abgesehen bin ich jedoch der Ansicht, daß man hier nicht richtig vorgegangen ist. Nichts in unserem Verhalten rechtfertigt die Behandlung, die uns zuteil wurde. Ich versichere Ihnen, daß ich es keineswegs übelgenommen hätte, wenn unsere Genossen verlangt hätten, unsere Sachen durchzusehen. Aber solche Methoden, wie wir sie uns gefallen lassen mußten, sind völlig unannehmbar.
Als Gérard vor etwa zwei Jahren dem Sicherheitsdienst Erklärungen über die zufällige Verbindung liefern mußte, die er während seines Pflegeaufenthalts in der Schweiz mit Field hatte, ließ sich die Kaderabteilung nie dazu herab, diese Frage gründlich mit ihm durchzusprechen, um wirklich Klarheit zu erlangen. Meiner Ansicht nach ist das ein Fehler. Die Partei hat wohl das Recht, alles zu wissen, was ihre Kader angeht, aber auch die Pflicht, ihren Fall zu prüfen und darüber zu bestimmen. Gérard hat unter der Haltung der Partei ihm gegenüber sehr gelitten.
Ich bin sicher, daß auch er im Augenblick sich ganz ruhig und tapfer verhält und bemüht ist, bei der Klärung der noch offenen Fragen mitzuhelfen. Auch da wird er als pflichtbewußter Kommunist handeln und nicht der Entmutigung verfallen, zu der die gegen uns angewandten Methoden einen Menschen führen könnten.
Bei dieser Gelegenheit möchte ich noch erwähnen, daß ich trotz meiner beharrlichen Bemühungen, von einem Verantwortlichen des Sicherheitsdienstes empfangen zu werden, um ein Mindestmaß an Information zu erreichen, gegen eine Mauer stoße.
Mein grenzenloses Vertrauen zu Gérard war es, das mich veranlaßte, allen Außenstehenden, sowohl an meinem Arbeitsplatz wie in meiner sonstigen Umgebung, das Drama zu verheimlichen, das ich nun erlebe.

Mein Mann wird sicher zu uns zurückkehren; ich bin der Ansicht, daß diese Vorfälle nicht unter die Leute gebracht werden dürfen, denn das könnte der Partei schaden. Ich bitte die Parteileitung, ihrerseits alle Maßnahmen zu treffen, damit diese Angelegenheit so schnell wie möglich geklärt wird.
Mit kommunistischem Gruß

Lise Ricol-London

Nach meiner Freilassung werde ich unter den zurückgestellten Papieren die Briefe finden, die Frau und Tochter mir zum Geburtstag vier Tage nach meiner Verhaftung geschrieben hatten und die mir nie ausgehändigt worden waren.

1. Februar, 22 Uhr
Mein lieber Gérard,
heute ist Dein Geburtstag. Sicher hast Du so innig an uns gedacht wie wir an Dich. Du fehlst mir sehr, dennoch erwarte ich Deine Rückkehr ruhig und mit Fassung. Ruhig, weil ich Kommunistin bin, und Deiner sicher. ›Die Wahrheit kann man weder verbrennen noch in einem Brunnen ertränken‹, sagt ein altes russisches Sprichwort. Am Ende siegt immer die Wahrheit - und ganz besonders in der Partei.
Gérard, du Lieber, fühlst Du, wie ich mit meinen Gedanken bei Dir bin? In jedem einzelnen Augenblick? Aber ich bin nicht niedergeschlagen, ich spiele mit den Kindern, ich arbeite. Mein Vertrauen und mein Glaube an Dich sind grenzenlos, ebenso der an die Partei. Sicher hätte ich diese schmerzlichste aller Prüfungen lieber nicht erduldet, doch als alte Kommunisten, wie wir es sind, müssen wir den Schwierigkeiten beherzt ins Auge sehen und kämpfen, um sie zu überwinden.
Das, mein lieber Gérard, wollte ich Dir heute sagen. Ich erwarte Dich voller Zuversicht. Ich liebe Dich.

Deine Lise.

Prag, 1. 2. 1951
Mein angebetetes Väterchen,
Ich schreibe Dir dieses Briefchen, um Dir meine besten Geburtstagswünsche zu schicken und Dir zu sagen, wieviel ich während Deiner Abwesenheit an Dich gedacht habe. Ich freue mich sehr, Dir mitteilen zu können, daß ich zu Deinem Geburtstag gute Noten in der Schule hatte und hoffe, bald meinen Pionierschal zu bekommen. Ich denke schon an Deine Freude, wenn ich mit dem Schal nach Hause komme - das hattest Du Dir doch schon so lang gewünscht! Auch Gérard hat recht gute Noten bekommen. Er sagt stolz: ›Wenn Papa zurückkommt, wird er mit mir

sehr zufrieden sein und mich in die UdSSR fahren lassen, um einen Beruf zu erlernen.‹ Wir denken oft an Dich und heute noch mehr als gewöhnlich. Als wir heute zu Tisch gingen, haben wir geseufzt. Wir alle dachten: ›Wenn doch Papa bei uns wäre...‹ Mama sagt uns, Du würdest in einer Woche wiederkommen, und dann würden wir Deinen Geburtstag feiern. Wir haben seit heute Ferien, das ist schön! Michel kann schon Fußball spielen und auf einen Lehnstuhl klettern. Mama hat ihm eine ›Ponyfrisur‹ geschnitten, jetzt sieht er wie ein kleines Mädchen aus... Morgen gehe ich sicher mit Opa zu dem Film Ein großer Bürger, *der einen Teil von Kirows Leben beschreibt. Die Lehrer in der Schule sind sehr streng geworden, das ist sehr unangenehm, denn jetzt kann man gar nicht mehr mit den Nachbarn schwatzen. Mama hat* Fern von Moskau *zu Ende gelesen, jetzt werde ich damit beginnen. Ich bin eben am Ende von* Das Leben Oleg Kochevois *angelangt, der Kommissar der Jungen Garde war. Ich hoffe, du bist ebenso gesund wie wir hier. Jetzt schließe ich meinen Brief und gehe mit Mama schlafen.*

Deine Dich liebende Tochter
Françoise.

Zweiter Teil
Ruzyně

1

Nie sagt mir jemand, in welchem Gefängnis ich mich befinde. Häufiges lautes Dröhnen von Flugzeugmotoren läßt darauf schließen, daß ich wieder in Ruzyně bin, dem Gefängnis, das ganz in der Nähe des Prager Flughafens liegt. Das bleibt mein einziger Anhaltspunkt. Dort werde ich siebenundzwanzig Monate in vollkommener Isolierung verbringen. Ich bekomme nur Wärter und Referenten zu Gesicht. Wenn ich von meiner Zelle in den Vernehmungsraum geführt werde, verbindet man mir immer die Augen mit einem Handtuch. Die Binde wird mir in meiner Zelle angelegt und erst entfernt, wenn ich vor den Referenten stehe. Am Ende des Verhörs und in den Pausen spielt sich in umgekehrter Folge das gleiche Zeremoniell ab.

Meine Zelle ist klein, langgestreckt. Ein Doppelfenster mit undurchsichtigen Scheiben wird zur Lüftung täglich für einige Minuten geöffnet, wobei man nicht vergißt, mich ans andere Ende der Zelle zu schicken. Wenn ich nicht mit dem Gesicht zur Wand stehen muß, kann ich am Himmel die Wipfel zweier Pappeln erkennen.

Später komme ich in eine andere Zelle im neuen Gebäude; damit wird mir auch dieser Ausblick genommen, denn das Lüftungssystem ist so beschaffen, daß man das Fenster nicht mehr zu öffnen braucht.

Ich entsinne mich mit einer gewissen Rührung jener ersten Zelle. Zwischen zwei Verhören war sie für mich ein Zufluchtsort. Einige Geräusche aus der Außenwelt drangen herein: Stimmen aus der Ferne, Hundegebell, das Zwitschern von Sperlingen, Vogelgesang. Manchmal ein Trauermarsch, das Fenster meiner Zelle ging wohl auf den Friedhof von Ruzyně hinaus.

Der schmale Tisch, aus Holz wie die beiden an die Wand geketteten Hocker, der Strohsack, die Latrine in der Ecke, an all dem ist nichts Ungewöhnliches. Ich lernte es, nach dem Einfallswinkel von Sonnenstrahlen und Schatten die Tagesstunde zu unterscheiden und allmählich alle Geräusche im Gefängnis zu identifizieren. Ich bin in Gewahrsam, aber in einem Gewahrsam wie noch nie, in einer Einsamkeit, wie noch nie, einer Überwachung wie noch nie. Wenn ich schlafen darf, muß der Strohsack genau gegenüber dem Guckloch liegen. Die Deckenlampe bleibt die ganze Nacht angezündet, ihr Licht fällt mir unmittelbar in die Augen. Es ist sehr kalt. Der Drillichanzug, den ich erhalten habe, schützt mich überhaupt nicht. Wenn ich mich abends hinlege, muß ich ihn sorgfältig auf den Hocker legen, und wenn der Wärter eine Falte an unrichtiger Stelle findet, weckt er mich, nötigenfalls mehrmals, und ich muß ihn anders zusammenlegen.

Links trennt mich die Wand von einer anderen Zelle, deren Insassen häufig wechseln, wie mir klar wird. Denn sie versuchen eine Verbindung mit mir aufzunehmen, indem sie Morsezeichen oder das Alphabet an die Wand klopfen, ein Mittel, dessen die Revolutionäre sich in den zaristischen Gefängnissen bedienten. Ich kenne nur letzteres und kann daher nur auf einige dieser stets anonymen Zeichen antworten. Ich enthülle nie meinen Namen, da ich nicht weiß, mit wem ich es zu tun habe. Zweimal überrascht mich der Wärter, während ich Signale zu geben versuche. Zur Strafe befiehlt er mir, mich auszuziehen, und übergießt mich mit Wasser. Dann muß ich Turnübungen machen und schließlich mehrmals hintereinander das Bett auseinandernehmen und wieder in Ordnung bringen.

Manchmal höre ich heftige Schläge gegen die Nachbartür, furchtbares Brüllen, die eiligen Schritte mehrerer Wärter, dann den Lärm von Kämpfen, von einem Körper, der durch den Korridor geschleppt wird, und unterdrückte Klagelaute. Nach einiger Zeit wird die Tür wieder geöffnet und geschlossen, man hat meinen Nachbarn zurückgebracht. Aus den geflüsterten Worten der Wärter entnehme ich, daß man ihm eine Zwangsjacke angelegt und ihn geknebelt hat, um ihn unter die kalte Dusche zu führen. Manche Gefangene behalten vierundzwanzig, ja sogar achtundvierzig Stunden lang diese Zwangsjacke. Ich werde übrigens bald Gelegenheit haben, mit dieser Zelle Bekanntschaft zu machen, besser gesagt mit diesem Loch.

Ich erhalte keinerlei Briefe, weiß nichts von dem, was in der Außenwelt vorgeht: ich bin mit mir und meinen Gedanken allein. Jeden Morgen erscheint der Wärter mit seinem ewigen »Beschwerden und Reklamationen« zum Rapport. Ich wiederhole automatisch das gleiche Verlangen: »Ich will an das Zentralkomitee schreiben. Ich will einen Vertreter der Parteileitung sprechen.«

Obgleich das Essen regelmäßiger verteilt wird als in Kolodeje, plagt mich immer noch der Hunger: die Rationen sind ja so klein! Ein Referent bemerkt eines Nachts meinen gierigen Gesichtsausdruck vor seinem Sandwich und sagt: »Sie haben Hunger, wie? Also gestehen Sie! Dann bekommen Sie eine volle Ration.« Im Laufe einer sehr heftigen Diskussion schenkt er mir doch ein Stück Brot. Es war ein Landsmann aus Ostrau.

Das schlimmste ist immer noch der Mangel an Schlaf, wobei das ewige Stehen bei den Verhören und das erschöpfende Gehen in der Zelle das ihrige tun.

Das Gefängnis erwacht früh, zwischen fünf und sechs Uhr. Da muß man aufstehen, die Decken falten, die Matratzen zusammenrollen, die Zelle reinigen, sich waschen. Und dann wieder auf und ab gehen ...

Zu Beginn meines Aufenthaltes in Ruzyně dauern die Verhöre Tag und Nacht an. Sie beginnen am Morgen und enden erst am folgenden Tag zwischen vier und fünf, ohne daß es mir möglich gewesen wäre, mich hinzusetzen. Während die Referenten sich stärken, werde ich in meine Zelle zurückgebracht, wo ich weiterhin auf und ab gehen muß, bis man mich wieder holt. Mitunter zwingt man mich, den ganzen Tag hin- und herzugehen und führt mich erst zur Schlafenszeit zum Verhör, das dann ununterbrochen bis zum Morgen dauert. Anschließend muß ich von Sonnenaufgang an - da der Weckruf bereits ertönt ist -, ohne einen einzigen Augenblick schlafen zu können, den Marsch wiederaufnehmen, der mich zum Irrsinn treibt.

Wenn man mir gestattet, die vier Stunden zu schlafen, auf die ich theoretisch »ein Recht« habe, sind auch diese Stunden wieder nur eine Qual. Ich muß auf dem Rücken liegenbleiben, die Arme an den Seiten ausgestreckt - über der Decke. Wenn ich mich umdrehe oder einen Arm anziehe, weckt mich sofort der am Guckloch hängende Wärter. Dann heißt es aufstehen, mein Bett zusammenlegen, mit horizontal ausgestreckten Armen Kniebeugen machen. Ich muß mich entkleiden, werde mit Wasser begossen und gezwungen, wieder eine Zeitlang umherzugehen. Erst dann gestattet man mir, mich wieder hinzulegen.

Es kommt vor, daß dieses Strafmanöver drei- oder viermal hintereinander wiederholt wird. Wenn nicht ich das Opfer bin, so wecken mich die Rufe eines Wärters, seine Schläge an die Tür einer Nachbarzelle, wo ein Mitgefangener der gleichen Behandlung unterworfen wird. Praktisch beschränken sich die theoretischen vier Schlafstunden auf eineinhalb bis zwei.

Da ich sehr oft achtzehn bis zwanzig Stunden lang pausenlos verhört werde, wobei ich immer stehen muß, läßt man mich vormittags schlafen. Das geht so vor sich: Das am Abend zuvor gegen neun Uhr begonnene Verhör endet um vier Uhr morgens. Bis ich wieder in meiner Zelle bin, das Bett gemacht, mich entkleidet habe, ist schon eine halbe Stunde vergangen. Ich schlafe ein. Um fünf Uhr dreißig ertönt der Weckruf für das ganze Gefängnis. Also bin ich gezwungen, gleichfalls aufzustehen, mich zu waschen, die Zelle zu säubern, auf die Verteilung des Frühstücks zu warten, dann dem Wärter den Eßnapf, das Handtuch, das Stück Seife und die Zahnbürste zurückzugeben. Um sechs Uhr fünfundvierzig lege ich mich wieder hin. Doch der mir bis acht Uhr bewilligte Schlaf wird ständig unterbrochen: um sieben Uhr fünfzehn kommt ein Wärter und öffnet das Fenster, um zu lüften; um sieben Uhr dreißig erscheint ein anderer zum täglichen Rapport; um sieben Uhr fünfundvierzig kommt der erste wieder, um das Fenster zu schließen. Um acht Uhr muß ich aufstehen; um neun Uhr beginnt wieder das Verhör...

Oder ich komme um acht Uhr morgens vom Verhör zurück. Die verschiedenen täglichen Aufgaben erwarten mich. Ich lege mich um neun Uhr hin und werde nach mehrfach unterbrochenem Schlaf um elf Uhr dreißig wieder geweckt. Dann erhalte ich meine Mahlzeit, muß wieder auf und ab gehen, später das Verhör, und so geht es immer weiter...
Einige Zeit hindurch ist meine Lebensweise folgende: während des ganzen Tages gehe ich in der Zelle auf und ab. Zur Schlafenszeit mache ich mein Bett und falle wie ein Klotz in den Schlaf, denn ich bin mehr tot als lebendig. Kaum bin ich eingeschlafen, rüttelt mich der Wärter wach und führt mich zum Verhör. Nach einer oder zwei Stunden werde ich in die Zelle zurückgebracht. Wieder lege ich mich hin, um kurz darauf wieder geweckt und zum Verhör geführt zu werden. So geht es die ganze Nacht weiter.
Dieser wochen- und monatelange Mangel an Schlaf erklärt die Anfälle von Wahnsinn und Sinnestäuschungen, denen ich immer wieder unterworfen bin. Ich bin meines Gehirns nicht mehr mächtig, ich fürchte, verrückt zu werden. Manchmal verfalle ich in einen Zustand völliger Teilnahmslosigkeit und Apathie, bewege mich und handle wie ein Automat.
Nichts ist schlimmer als diese unaufhörliche Beraubung von Schlaf! Ich war mehrmals unter der ersten Republik in Haft, dann auch in Frankreich während der Besetzung. Ich habe Verhöre durch die antiterroristischen Sonderabteilungen in Paris erlebt, die wegen ihrer Brutalität berüchtigt waren. Ich habe die Konzentrationslager der Nazis kennengelernt, und zwar die schlimmsten, Neue Bremme, Mauthausen. Aber Beschimpfungen, Drohungen, Schläge, Hunger, Durst sind ein Kinderspiel im Vergleich zum planmäßigen Schlafentzug, dieser Höllenqual, die dem Menschen jeden Gedanken raubt und aus ihm ein nur mehr vom Selbsterhaltungstrieb beherrschtes Tier macht.
Dazu kommt, daß gleichzeitig auch die anderen physischen und moralischen Zwangsmittel zum Paroxysmus getrieben werden. Beispielsweise das ununterbrochene Hin- und Hergehen. Das hatte ich im Straflager der Gestapo in Neue Bremme bei Saarbrücken kennengelernt; diese Methode wurde im Rahmen des Vernichtungssystems der Nazi als Vorbereitung für die Deportierung nach Mauthausen wirkungsvoll gehandhabt. Aber dort hatte sie für mich nur sechsundzwanzig Tage gedauert. Hier wird das erschöpfende Marschieren monatelang weitergehen, noch qualvoller gemacht durch den Zwang, ständig mit gestreckten Armen die Hände an der Hosennaht zu halten.
Außerdem sind nach einem Marsch von wenigen Stunden meine Füße dank der Pantoffeln, die man mir - welch »gute Idee« - bei meiner Ankunft gegeben hat und die man erneuert, sobald die Sohlen weicher werden, mit Blasen bedeckt; einige Tage später sind meine Füße und Beine

so angeschwollen, als hätte ich Elefantiasis. Die Haut rund um meine Nägel springt auf, aus den Blasen werden eitrige Wunden. Ich kann die Pantoffeln nicht mehr anziehen. Ich gehe mit nackten Füßen, weshalb ich brutal zur Ordnung gerufen werde. Diese Marter wird auf die Dauer ebenso entsetzlich wie das ständige Tragen der Handschellen.
Als ich eines Tages ohne Schuhe gehe, beeindruckt der Anblick meiner unförmigen, schmerzenden Füße, aus denen ein Gemisch aus Wasser und Eiter dringt, den Wärter. Er schickt mir den Arzt, der mir nach zwei Sekunden der Untersuchung... ein harntreibendes Mittel verordnet, mit der Behauptung, ich uriniere nicht genug!
Nach Verlauf von sechs Monaten sind meine Füße in so bösem Zustand, daß der Referent, der mich »bearbeitet«, mir ausnahmsweise gestattet, mich zweimal für einige Augenblicke hinzusetzen.
Trotz meiner Bitte nach einem Arzt, werde ich nicht behandelt. Zwei Tage hindurch speie ich Blut. Als man sich Ende März entschließt, mich ins Hospital Bulovka zu bringen, um meinen Pneumothorax mit Luft nachzufüllen, erklärt Major Smola: »Sie dürfen nicht glauben, daß wir das aus Interesse für Ihre Gesundheit tun. Sie werden nur behandelt, damit Sie uns bis zum Prozeß erhalten bleiben und man sie lebend zum Galgen führen kann.«
Der Arzt stellt fest, daß kein Luftkissen mehr vorhanden ist. Er versucht einen neuen Pneumothorax anzulegen, das gelingt ihm jedoch nur teilweise. Die untere Hälfte der Lunge bleibt verklebt. Außerdem stellt er eine Rippenfellentzündung mit Exsudat fest.
Die Verhöre werden verschärft. Alle Anstrengungen der Sicherheitsleute zielen, wie bereits gegen Ende meines Aufenthalts in Kolodeje, dahin, aus mir den Vormann der »trotzkistischen Gruppe der Freiwilligen der internationalen Brigaden« und den Anführer der trotzkistischen Verschwörung in der Tschechoslowakei zu machen.
Jedes neue Verhör bedeutet für mich neue Beschuldigungen. Man legt mir neue »Geständnisse« vor, die man von meinen Mitgefangenen erpreßt hat. Auf jene Zavodskys folgten die »Geständnisse« von Dora Kleinova, Svoboda, Holdoš, Hromadko, Pavlik, Feigl, Špirk, Nekvasil und noch anderen.
Jedes Geständnis enthält die furchtbarsten Anklagen, und auch solche Halbwahrheiten, die das Verständnis trüben - die einzigen Lügen, die dauerhaft sind. Später werde ich erfahren, daß das Protokoll, das die »Geständnisse« von Valeš enthält, vollkommen von den Referenten erfunden worden und ihm gar nicht bekannt war. Wahrscheinlich ist das nicht die einzige Fälschung dieser Art, deren Opfer ich war.
So werden auch Dutzende Erklärungen aus der Außenwelt vom Sicherheitsdienst und den Parteiorganisationen gegen uns gesammelt, die auf

diese Weise auf den von der Partei ergangenen Aufruf antworten: Alle jene, die uns gekannt haben, sollen schreiben, was sie wußten, um bei der Entlarvung der Verräter mitzuwirken! Diese Aufforderung zur Denunziation löst die Welle der Hysterie und der kollektiven Psychose aus, die für die öffentliche Vorbereitung unsereres Prozesses benötigt wird.
Jeden Tag sehe ich, wie auf dem Tisch des Referenten der Haufen der Denunziantenbriefe größer wird. Er zeigt sie mir bereitwillig, um meine Verwirrung noch zu vergrößern und mir zu beweisen, daß ich tun kann, was ich will, ich kann mich doch nicht retten. Zahlreiche Briefschreiber, die durch die Zeitungsartikel, durch die Reden der führenden Persönlichkeiten beeinflußt sind und die uns als aus der Gesellschaft ausgestoßen erklären, deuten normale Handlungen im Rückblick als Verbrechen. Die einen, um das Verdienst zu haben, ihren Stein zum Gebäude beizutragen, die anderen aus Angst. Viele schreiben Dinge, die sie später bedauern oder für die sie Entschuldigungen suchen werden. Ohne es zu ahnen, vollbringen sie die gleiche Arbeit wie der Sicherheitsdienst. Ob die Denunziationen im guten oder schlechten Glauben geschehen, für uns sind ihre Folgen die gleichen.
Andere beteiligen sich unmittelbar an der Jagd und erfinden ganz einfach die Dinge, die unsere Ankläger hören wollen. Wie viele Karrieren entstehen und entwickeln sich auf dieser Grundlage!
Leute auf guten Posten in den Botschaften oder im Parteiapparat fabrizieren, auch wenn sie mich kaum kennen, ganze Romane. Manche tun es, um sich klar von mir zu distanzieren und um sich persönlich sicherzustellen. Einige jedoch werden, statt ein Dankschreiben für ihren »Bericht« zu bekommen, verhaftet, da der Sicherheitsdienst nach seiner Lektüre zur Ansicht gelangt, daß ihre Persönlichkeit mit seiner Auffassung der »Verschwörung« übereinstimmt und sie nun selbst reif sind, für »Geständnisse« herangezogen zu werden.
Die meisten dieser Schriftstücke sind an das Zentralkomitee der Partei gerichtet. Man liest mir mehrere vor, und ich bekomme sogar einige in die Hand. Auf einem steht eine Randbemerkung von einem Mitglied der Kaderabteilung: »Weiterleiten an Minister Kopřiva«, und von einer anderen Hand geschrieben: »Weiterleiten an Genossen Doubek«.
Auf diese Weise verwendet der Sicherheitsdienst den Apparat des Zentralkomitees.
Während der ganzen Zeit gelingt es mir nicht, bei der Partei Gehör zu finden. Mein Ohnmachtsgefühl ist entsetzlich. Man weigert sich, ein Protokoll mit meinen Antworten aufzunehmen. Dagegen schreiben die Referenten täglich lange Berichte an die Parteileitung, in denen meine Weigerung, »Geständnisse« zu unterschreiben, als das Verhalten eines erwiesenen Feindes gedeutet wird.

Wenn ich nach dem Prozeß mit Vavro Hajdu zusammentreffen werde -
der einige Zeit nach mir verhaftet wurde -, wird er mir von dem Gespräch erzählen, das er mit Minister Široky über meine Verhaftung geführt hat. Auf seine Frage: »Und Gérard, wie nimmt er die Dinge auf?«
antwortete ihm Široky einfach: »Sehr schlecht. Er hat eine ganz falsche Einstellung!« Diese ganz falsche Einstellung besteht in Wirklichkeit nur darin, daß ich meine Unschuld beteure.
Übrigens wird mir die Ungeduld der Referenten allmählich bewußt. Schon in Kolodeje hatte mich einer darauf aufmerksam gemacht, daß sie Tag und Nacht mit unserer Affäre beschäftigt seien. Und dies, damit das Zentralkomitee sich über unsere Verhaftung auslassen konnte. Jetzt ist das Ziel eine möglichst schnelle Anklageerhebung gegen unsere Gruppe, weil es »politisch notwendig« geworden ist, einen öffentlichen Prozeß abzuhalten. Man erklärt mir, der Prozeß müsse im Mai oder Juni stattfinden. Von nun an wiederholt einer nach dem anderen, »die politische Lage erfordert, daß eure ganze verbrecherische Tätigkeit aufgedeckt wird«. Smola ist freudig errregt und geizt nicht mit schaurigen Einzelheiten: »Das wird ein großer Prozeß vor dem Obersten Gerichtshof. Eure Bande wird vor der Arbeiterklasse unseres Landes entlarvt werden. Wissen Sie, was das für Sie bedeutet? Der Oberste Gerichtshof wird euch nichts schenken...«
Da ich meine »Geständnisse« immer noch nicht unterschreibe, droht man mir mit Ausschluß der Öffentlichkeit. »Sie werden mit Ihrem Leben bezahlen!« denn »auch ohne Geständnis ist die Menge der Beweise, die wir besitzen, und die Anzahl der Belastungszeugen gegen Sie für eine Verurteilung ausreichend.« Smola erklärt weiter: »Schon unsere Berichte allein würden genügen.« Und ein anderer Referent: »Wir sind es, die den Staatsanwalt und das Gericht informieren; wir werden dort sein, wenn die Verhandlung gegen Sie stattfindet und werden mit dem Vorsitzenden und den Mitgliedern des Gerichtshofes sprechen. Sie werden so verurteilt werden, wie wir es fordern. Und unser Verhalten Ihnen gegenüber bei Gericht wird von Ihrem jetzigen Verhalten gegen uns bestimmt werden.«
So könnten sie also hinter geschlossenen Türen ein Urteil gegen mich erwirken? Und dann würde nie jemand erfahren, daß ich unschuldig bin? Diese Drohung ist schrecklicher als alle anderen. Aber sie hat nicht ihre volle Wirkung auf mich, denn obgleich meine Hoffnung von Tag zu Tag wie Chagrinleder schrumpft, will ich noch immer nicht glauben, daß man mich hindern wird, mich zu rechtfertigen. Welches Interesse soll die Partei haben, ein derartiges Verbrechen zu decken? Das ist für mich unbegreiflich. Und weil ich es nicht zu begreifen vermag, halte ich stand.
Ende Mai kommt ein Referent und wohnt meinem Verhör bei; ehe er

weggeht, ruft er mir zu: »Als wir Sie verhafteten, besaßen wir nur wenige Informationen über Ihre feindliche Tätigkeit. Heute wissen wir alles über Sie. Wenn Sie sich entschließen, ein Geständnis abzulegen, werden Sie uns nichts erzählen, was wir nicht bereits wüßten. Neben Ihnen erscheint ja Rajk wie ein kleiner Junge!«
Und wirklich bemühen sie sich alle nachzuweisen, daß meine »Gruppe« parallel mit »jener von Rajk« arbeitete. Alle Geständnisse, die von meinen Mitgefangenen erpreßt wurden, zeigen, wie sich darin die Aussagen aus dem Rajk-Prozeß wiederholen. Die Referenten nehmen die verschiedenen, gegen Rajk und »seine Komplicen« erhobenen Anklagen bei uns schematisch wieder auf; in diesem Sinn fälschen sie unsere Vergangenheit in Spanien und Frankreich.
Wodurch kann diese Höllenmaschine aufgehalten werden?
Seit vier Monaten bereits sitze ich in ihrem Räderwerk fest.

2

Die Drahtzieher von Ruzyňe sind Meister in der Kunst, bei denen, die sie »bearbeiten«, ein Schuldgefühl zu wecken. Die ganzen Verhöre hindurch machen sie es sich zunutze, daß der Mann vor ihnen nicht versteht, wessen er beschuldigt wird, daß er, wie ein Gläubiger seinem Beichtvater, sein Leben erzählt und unaufhörlich herauszufinden sucht, welche Nachlässigkeit oder Fehler bei der Arbeit oder in seinem Privatleben, welches Unverständnis oder Vorbehalt gegen diese oder jene Entscheidung der Partei ein solches Mißverständnis bei der Partei hervorrufen konnte, und sie verstehen es vortrefflich, jede nur erdenkliche Lücke ausfindig zu machen. Oder vielmehr, sie erkennen jede Schwäche, die ihrem Spiel dienlich sein kann, und merken sie sich zwecks späterer Auswertung. Sie handhaben Subjektivität und Objektivität einzig im Hinblick darauf, ihr Opfer zu einem Schuldbekenntnis zwingen zu können. Sie haben Erfahrung und Übung, Zeit zur Überlegung, Abstand und Distanz. Sie arbeiten aus der Ferne, durch Mittelsmänner. Der Mann, der in ihrer Falle sitzt, entdeckt ihre Existenz erst nach und nach, und das Geheimnis, das sie umgibt, ist gleichfalls dazu angetan, ihre Autorität, ihren Einfluß, ihre Macht zu verstärken - und daher die Angst ihres Opfers zu steigern. Diese Ränkeschmiede sind die sowjetischen Berater.
Kierkegaard spricht irgendwo aus, was ich erlebt habe: »Das Individuum wird erst in seiner Angst, für schuldig gehalten zu werden, nicht es zu sein, schuldig.«

Dieses Schuldgefühl, das potentiell in jedem Menschen vorhanden ist, auch in seinem alltäglichen Leben, gehört mit zum menschlichen Bewußtsein.

Wer wäre nicht einmal auf der Schulbank bis über beide Ohren errötet, ohne jedoch schuldig zu sein, wenn der Lehrer sich an die ganze Klasse wandte und verlangte, der Urheber irgendeiner Missetat solle sich melden?

Wer hat noch nie beim Überschreiten einer Grenze beim bloßen Anblick der Uniform eines Zollbeamten ein Angstgefühl empfunden, auch wenn er nichts Unerlaubtes bei sich führte?

Wer hat sich nicht - wenn ein Schutzmann auf ihn zutrat und noch ehe dieser den Mund geöffnet hatte - gefragt: »Was habe ich getan?«

Wer von den verhafteten Kameraden der Untergrundbewegung hat nicht bei sich gedacht: »Wenn ich die Weisungen bei der illegalen Arbeit besser befolgt hätte... Wenn ich nicht meine Mutter oder meine Frau besucht hätte... Wenn ich nicht in mein altes Versteck zurückgekehrt wäre... Wenn... Wenn... Wenn...«

In unserem Leben als politische Kämpfer hat uns die Praxis der Selbstkritik, unser Streben nach Vollkommenheit daran gewöhnt, in uns selbst die Verantwortung für Unzulänglichkeiten, Fehler und Mißerfolge zu suchen. Wir waren in dieser Disziplin ausgebildet worden und ahnten nicht, daß die stalinistischen Methoden, das, was man später den Personenkult nennen würde, schließlich in uns eine unbewußte Religiosität erwecken würde.

Wenn wir jedoch schon in der Freiheit so reagierten, gegenüber der zum Gott erhobenen Partei diese Art verschwommenen Schuldgefühls empfanden, wie konnten wir uns unter dem Schock, daß eine Partei eine Verhaftung angeordnet, ihr Vorsitzender sie bestätigt hatte und diese »sowjetischen Berater« sie sogar noch guthießen, ihrem Griff entziehen?

Ich fühlte die Wirkung dieser Waffe des Sicherheitsdienstes auf mich, und gelingt es mir auch heute, ihren Mechanismus zu analysieren, so war damals natürlich keine Rede davon. Ich ließ alles über mich ergehen. »Jede Handlung, jede Tatsache«, sagte man mir, »muß in den Protokollen objektiv beurteilt werden. Zur subjektiven Seite werden wir später kommen.« Das bedeutete, daß ich, da ich mit Field in Verbindung gestanden hatte und Field im Rajk-Prozeß zum Spion erklärt worden war, auf Grund dieser Verbindung meine »objektive« Schuld zugeben mußte, auch wenn ich »subjektiv« damals von der Rolle Fields nichts gewußt hatte. Das bedeutete ferner, da meine Kameraden von den internationalen Brigaden Geständnisse unterzeichnet hatten, in denen sie ihre Schuld bei verschiedenen Verbrechen gegen den Staat bekannten, daß ich »objektiv schuldig« war, da ich ihr Leiter war.

Und das Lied von der objektiven Schuld wird kein Ende nehmen, Tag für Tag, Nacht für Nacht, Protokoll für Protokoll.

Man verhört mich nun beispielsweise über eine interne Ministerkonferenz, die im Jahre 1949 im Büro von Clementis mit dem stellvertretenden Ministerpräsidenten Dolansky, dem Finanzminister Kabeš und dem Minister für Außenhandel Gregor stattgefunden hatte. Einem Ersuchen der Regierung von Pakistan nachkommend, beschließen die vier Minister, einen gewissen Havlicek als Industriefachmann in dieses Land zu entsenden. Sie werden zwar darüber informiert, daß dieser Havlicek kein Anhänger unseres neuen Regimes ist, erhoffen sich jedoch durch seine Vermittlung Aufträge für unsere Industrie. Ich erhalte von Clementis den Befehl, die Reise Havliceks zu organisieren. Das tue ich. Ich habe diesen Havlicek nie persönlich gesehen, kenne ihn überhaupt nicht.

Hat er dann »die Freiheit gewählt« oder was sonst? Nun beschuldigt man mich, einen unzuverlässigen Mann nach Pakistan geschickt zu haben, »objektiv« einen Feind. Die subjektive Seite, daß ich nämlich nichts anderes getan habe, als eine ministerielle Entscheidung im Rahmen meiner Tätigkeit auszuführen, wird in dem Protokoll nicht erwähnt. Es bleibt nur der »objektive Tatbestand«: ich bin »objektiv« schuldig, einen Feind nach Pakistan geschickt zu haben.

»Die Kader- und Personalabteilung des Außenministeriums unterstand Ihrer Führung, als Brotan in die Schweiz und Kratochwil nach Indien geschickt wurden. Beide weigerten sich, in die Tschechoslowakei heimzukehren, als sie vom Ministerium zurückberufen wurden. Sie begingen also einen Verrat! Sie, Herr London, können also nicht leugnen, Verräter ins Ausland geschickt zu haben? Wie bezeichnet man eine Kaderpolitik, die darin besteht, Verräter ins Ausland zu schicken? Objektiv ist das eine Politik der Sabotage und des Verrats!«

Die Referenten behaupten auch, daß jegliche einem Ausländer (und wäre es auch ein Kommunist) gegebene Information - auch wenn sie Artikeln entnommen ist, die im Zentralorgan der Kommunistischen Partei *Rude Pravo* veröffentlicht wurden - nach unseren Gesetzen ein Akt der Spionage ist.

»Die Gespräche, die Sie mit Ihren französischen Gästen führten, wenn Sie sie bei sich empfingen - und wer sagt Ihnen, daß es keine Agenten unter ihnen gab? -, drehten sich um die allgemeine Lage in unserem Land. Also hatten diese Gespräche »objektiv« den Charakter der Spionage.«

Einer der Referenten gibt mir folgende geniale Erklärung dessen, woraus sich das Delikt der Spionage ergibt:

»Wir wissen wohl, daß sich Field Ihnen nicht als Spion vorgestellt hat.

So arbeiten diese Leute ja nicht!... Er hat gewisse Informationen von Ihnen verlangt, die Sie ihm beschafft haben: die Adresse der Prager Rundfunkstation und den Namen ihres Direktors, Laštovička; die Adresse der Abteilung für kulturelle Beziehungen des Ministeriums für Information und Kultur sowie den Namen des Leiters dieser Abteilung, Adolf Hoffmeister. Sie haben ihm mitgeteilt, daß Sie der Chefredakteur der Pariser Wochenzeitung *Parallèle 50* waren. All das einem Mann, der als Spion entlarvt wurde. Das stellt objektiv eine Zusammenarbeit mit einem Spion dar, und so wird Ihr Verhalten von unseren Gesetzen beurteilt.«
Und er fährt fort:
»Sie haben Field gekannt?«
»Jawohl.«
»Sie haben Beziehungen zu ihm unterhalten?«
»Ja.«
»Wurde Field nicht im Rajk-Prozeß als amerikanischer Spion entlarvt?«
»Doch.«
»Wie nennt man Beziehungen, die man mit einem Spion unterhält? Das sind Spionagebeziehungen. Oder nicht? Derjenige, der Spionagebeziehungen mit einem Spion unterhält, ist selbst ein Spion. Warum soll man vor dem richtigen Wort zurückschrecken? Wer Brot backt, ist doch wohl ein Bäcker...«
Ich wehre mich heftig gegen eine solche verkehrte Deutung der Tatsachen, da die Informationen, die ich Field gegeben habe, öffentlich bekannt waren; er hätte die Adressen im Prager Telefonbuch finden können. Darauf erhalte ich von dem Referenten die weise Antwort:
»Wenn Ihnen ein Soldat sagt, daß das Kaliber seines Gewehrs 7,92 ist, so ist das Spionage, auch wenn am Tag zuvor die genaue Beschreibung des Gewehrs in der Zeitung gestanden hat...«
Einer solchen Interpretation, einer solchen Entstellung der Tatsachen kann nichts entgehen. Sobald man mittels dieser Ruzyňer »Logik« und auch durch andere Druckmittel die Angeklagten gezwungen hat, sich einer Handlung »objektiv« schuldig zu bekennen, wechselt man die Platte. Und von diesem »Geständnis« an beginnt man zu schreiben, daß sie nicht nur »objektiv«, sondern auch »subjektiv« Feinde sind.
»Sie selbst haben doch zugegeben, Kontakt mit Titoisten gehabt, Spionagebeziehungen mit dem Spion Field unterhalten, die Kaderpolitik im Außenministerium sabotiert zu haben... Sie wagen wohl nicht zu behaupten, daß alle diese Tatsachen dem Zufall zu verdanken sind. Sie sind weder geistesgestört noch ein Dummkopf. Wenn Sie so gehandelt haben, dann geschah es deshalb, weil Sie ein Verräter sind, weil Sie der Partei und der Regierung schaden wollten...«

Mit einem solchen Verfahren und derartigen Methoden ist es unmöglich, im Leben eines Menschen keine Vorfälle und Handlungen zu finden, die sich zu Deutungen und Entstellungen dieser Art eignen. So kann man aus jedem Menschen einen Spion, einen Verräter, einen Saboteur, einen Trotzkisten machen... Jede rechtschaffene, loyale Tätigkeit innerhalb der Partei und für sie wird zweifelhaft oder feindselig.

Solche wiederholten »objektiven« Beweisführungen hätten genügt, einen wahnsinnig zu machen, selbst wenn alles übrige nicht gewesen wäre. Um so mehr, als die sowjetischen Berater verblüffende, abscheuliche Fragen stellen, die ihre Unkenntnis der Lebensumstände im Westen und ihre Weigerung, sie wie die politische Lage zu begreifen, verraten. Alles, was wir getan haben, wird im unmittelbarsten Licht der internationalen Lage angesehen und beurteilt, nach politischen Normen, die derzeit in der UdSSR Geltung haben. Es ist die Verallgemeinerung dessen, was mir mit Field widerfährt. Hatte ich im Jahre 1937 in Spanien einen jugoslawischen Kommunisten kennengelernt, so schreibt man, daß ich bereits vor dem Krieg mit dem Titoisten X in Verbindung stand...

Einer der Chefs in Ruzyňe, Vertrauensmann besagter Berater, sagt mir eines Tages wörtlich: »Wir müssen die Dinge und Aktivitäten der Vergangenheit im Licht der heutigen Ereignisse sehen und sie nicht mit der damaligen Lage in Verbindung bringen. Sonst könnten wir niemals zu einem Prozeß kommen, die Partei aber benötigt einen Prozeß.«

Mitunter wird eine andere Taktik angewandt: »Da die Partei erklärt, daß Sie und Ihre Gruppe schuldig sind, müssen Sie Ihre Schuld zugeben.« Oder auch: »Als altes diszipliniertes Mitglied der Partei haben Sie sich ihrem Urteil zu unterwerfen und ein in dem von ihr gewünschten Sinn lautendes Geständnis abzulegen.«

Doubek, Leiter der Ruzyňer Untersuchung, drückte den gleichen Gedanken in »dichterischer« Form aus: »Nur so können Sie Ihre Treue gegen die Partei beweisen, daß Sie sich ihrer Art anpassen, die Ereignisse *der Vergangenheit* nach *heutigen* Notwendigkeiten beurteilen. Sie brauchen sich nur vorzustellen, daß die Partei auf dem anderen Ufer steht. An Ihnen liegt es, sich ins Wasser zu stürzen und hinüberzuschwimmen. Das kalte Wasser darf Sie nicht schrecken!« Und er schließt: »Der Standpunkt der Partei wird auf jeden Fall siegen. Wenn sie sich dazu bekennen, im Interesse der Partei zu handeln, versprechen wir Ihnen, daß Ihnen das zugute gehalten wird.«

Auf diese Argumente antworte ich: »Wenn ich ein gutes Mitglied der Partei bin, was tue ich dann hier? Bin ich aber ein trotzkistischer Feind, wie Sie es behaupten - wie können Sie dann an meine Gefühle als guter Kommunist appellieren?«

Am Ende stellt man sich die Frage: In welchem Fall dient man der

Partei? Wenn man hier leugnet, denn das entspricht der Wahrheit? Das wird von den Referenten verneint. Wenn man Verbrechen eingesteht, die man nicht begangen hat? Ja, behaupten sie. Man weiß aber doch als Kommunist, daß es nie die Lügen sind oder sein können, auf deren Grundlagen sich die sozialistische Gesellschaft aufbauen läßt. Im Gegenteil, der Kommunismus bedeutet Ehrlichkeit, Wahrheit, Offenheit. Mit dem, was sich hier abspielt, hat der sozialistische Humanismus nichts zu tun!

Ich sinne über das Problem nach und stolpere immer wieder über den Beweggrund, der Zavodsky veranlaßt haben kann, schon am ersten Tag alles zu »gestehen«, was man von ihm hören will, ja, es selbst wie eine Beichte aufzuschreiben... Selbst wenn man einen fürchterlichen Druck auf ihn ausübte und ihm bewies, daß ich ein Spion bin und daß ich daher dank seiner Hilfe meine Spionagetätigkeit auszuüben und einer früheren Verhaftung zu entgehen vermochte, läßt sich weder diese Hast noch sein völliger Zusammenbruch erklären, wenn man bedenkt, was Zavodsky nach unseren verschiedenen Aussprachen von mir weiß.

Vielleicht ist es die Enthüllung seines angeblichen Verrats an die Gestapo, die ihn durch das Gewicht ihrer Schändlichkeit zusammenbrechen ließ? Doch auch das genügt nicht. Und nun verstehe ich die Bemerkung des Referenten von Kolodeje darüber, daß Zavodsky den Sicherheitsdienst genau kenne, anders. Er kennt die Existenz der von den sowjetischen Beratern geleiteten Abteilung. Ich denke an die Bemerkung Pavels betreffs meiner Beschattung, daran, daß diese Beschattungen über den Kopf Zavodskys hinweg durchgeführt wurden. Zavodsky konnte sich über die sowjetischen Berater keinen Illusionen hingeben, er wußte, daß früher oder später, wie in den Moskauer Prozessen, der Angeklagte »sich zum Geständnis entschloß«. Lieber wollte er dem zuvorkommen. Hatte er sich also, weil er mehr wußte als wir, widerstandslos gefügt?

Eines Nachts wird Major Smola, der mich verhört, zum Telefon gerufen. Er läßt mich mit verbundenen Augen im Korridor stehen, unter Bewachung des Referenten, der im Raum nebenan beschäftigt ist. Dieser stellt sich an die offene Tür, um mich bewachen zu können. Mein durch die Isolierung geschärftes Gehör vernimmt ein mit leiser Stimme geführtes Gespräch. Ich erkenne die Stimme Zavodskys. »Wer ist im Korridor?« fragt er den Referenten. »London«. Nach kurzem Schweigen Zavodskys Stimme: »Wie müde er sein muß!« Der Referent antwortet ihm, ich bekäme nur, was ich verdiente, ich hätte eine dicke Haut, aber mein Schicksal sei besiegelt. Dann fragt Zavodsky, was denn mit ihm geschehen werde. Der Referent sagt: »Wahrscheinlich wird man Sie irgendwohin schicken, wo Sie isoliert leben werden, auf ein Staatsgut, für vier oder fünf Jahre, bis die ganze Angelegenheit vergessen ist...«

Bei einem späteren Verhör, als Smola wieder die »Aussagen« Zavodskys gegen mich verwendet, erwidere ich heftig: »All diese Lügen haben Sie von Zavodsky durch das Versprechen erreicht, ihn...« und ich wiederhole ihm, was ich im Korridor gehört habe. Ich bin an jenem Tag nicht zu bändigen, außer mir vor Wut, und ich sage ihm alles, was ich über ihre Methoden, ihre Lügen denke. Smola verläßt zornig den Raum, um - so nehme ich an - den Referenten anzuschnauzen, der schuld daran war, daß ich jenes Gespräch mitangehört habe.

Später, nach meiner Rehabilitierung, werde ich Gelegenheit haben, diesem Referenten zu begegnen. Als ich ihn nach einer Erklärung für die Geständnisse Zavodskys frage, antwortet er mir, sie seien zwei Monate lang vom Sicherheitsminister Kopřiva persönlich angewiesen worden, Zavodsky bevorzugt zu behandeln, sich ihm gegenüber wie zu einem Genossen zu verhalten. Nach zwei Monaten wurde diese Anweisung ohne Erklärung widerrufen.

Die »Geständnisse« der anderen wurden durch unmenschliche Methoden und unter dem Druck der »Geständnisse« Zavodskys erzwungen.

Diese neuen »Geständnisse« sollen jene Zavodskys bestätigen, aber auch neue Elemente bringen, die eine Verschärfung des Drucks auf mich rechtfertigen. Man liest mir lange Stellen aus Protokollen vor, von denen manche raffiniert formuliert sind. Man läßt zum Beispiel Svoboda sagen, er habe in meiner Anwesenheit über alle Fragen zur tschechoslowakischen Armee, ihre Bewaffnung usw. gesprochen. So »*konnte* London den westlichen Imperialisten in seiner Eigenschaft als Nachrichtenagent der trotzkistischen Gruppe diese Enthüllungen übermitteln«.

In diesem »Geständnis« ist das Wort »konnte« die Antwort auf die machiavellistische Frage des Referenten: »Konnte er sie übermitteln?« »Jawohl, das konnte er.« Daraus wird dann der Beweis, daß ich es getan habe, auf Grund »meiner Spionagebeziehung mit Field«.

Um die Lücken zu füllen, die sie in ihren Kenntnissen von meiner Betätigung - infolge meines langjährigen Aufenthalts im Ausland - aufweisen, lassen sie Zavodsky »gestehen«, daß er mich brieflich über die Tätigkeit der Gruppe auf dem laufenden gehalten, mir die Spionagenachrichten, die ich von ihm verlangte, habe zukommen lassen und daß ich ihm, gleichfalls brieflich, meine Weisungen weitergab.

Svoboda läßt man »gestehen«, daß Zavodsky seine feindselige Tätigkeit leitete, daß er aber, »da er wußte, daß Zavodsky mit mir in brieflicher Verbindung stand«, verstanden habe, daß ich über diesen die Gruppe leitete.

Pavel läßt man erklären, er habe im Jahre 1944 in Frankreich von mir die nötigen Weisungen erhalten, um seine »feindliche« Tätigkeit in der Tschechoslowakei auszuüben. Auf meine Antwort: »Wie hätte ich das

tun sollen, da ich im Jahre 1944 nach Mauthausen deportiert wurde!«
wird Kohoutek, der inzwischen Smola abgelöst hatte, zu meiner Bestürzung und um mich völlig zu entmutigen, erklären: »Da sehen Sie ja, wie sich alle auf Sie werfen wie die Wölfe, um Sie zu zerreißen.«
Denn das ist die letzte Waffe der Sicherheitsleute.
Teuflisch hetzen sie uns gegeneinander auf. Sie schüren die Antipathien, nähren alten Groll und persönliche Differenzen. Sie täuschen uns: »Soundso hat das über Sie gesagt.« »So ein Schwein, das hat er gesagt.« »Noch Schlimmeres hat er gesagt, und Sie armer Narr wollen ihn schonen.« So gelingt es ihnen, ungünstige Behauptungen der einen gegen die anderen zu bewirken, den infamen Sumpf zu schaffen, aus dem die Referenten schamlos ihre »Beweise« schöpfen. Sie lesen mir Proben vor. Ich finde darin den Widerschein der Zwistigkeit zwischen Hromadko einerseits und Svoboda und Nekvasil anderseits, zwischen Nekvasil und Zavodsky, zwischen Kleinova und Hromadko. Natürlich werden diese Unstimmigkeiten nach der üblichen Methode von den Referenten, die sie von der privaten auf die politische Ebene übertragen, verschlimmert und entstellt. Was haben sie schließlich aus diesen loyalen, beherzten Kämpfern gemacht, indem sie sie auf solche Art gegeneinander aufhetzten!
Man verstärkt den Druck auf mich: »Das sind die Leute, die unter Ihrer Leitung standen. Ihr Charakter beleuchtet vollends den ihres Chefs.«
Wo ist sie nun, die Solidarität im Kampf, die in den Gefängnissen der bürgerlichen Parteien oder der Nazis die politischen Gefangenen vereinte und die eines der wichtigsten Elemente ihrer mutigen, heldenhaften Haltung gegenüber der Polizei, dem Gericht, ihren Henkern war?
Ich sehe mich wieder, im September 1943, im Hof des unheimlichen mittelalterlichen Gefängnisses von Poissy, unter achtzig anderen politischen Gefangenen, die alle zu sehr schweren Strafen verurteilt waren. Abteilungen der Polizei, Deutsche und Vichyanhänger, bis an die Zähne bewaffnet, warteten, daß die Gefängnisdirektion sie ihnen ausliefere. So wurde meistens mit den Geiselabteilungen, die man zur Erschießung führte, verfahren. Wir sangen die Marseillaise und die Internationale, wir schrien »Es lebe Frankreich!«, »Es lebe de Gaulle!«, »Es lebe die Rote Armee!«, Es lebe Stalin!«, und alsbald fielen die anderen politischen Genossen, die in den Zellen geblieben waren, in unseren Gesang mit ein.
Plötzlich hörte ich meinen Namen rufen: »Gérard! Gérard!« Ich suchte unter den menschlichen Trauben, die an den Gittern der Fenster rund um den Hof hingen, und erkannte Laco, der mir aufgeregt zuwinkte. Ich kam näher und erwiderte seinen Gruß: »Adieu, Laco!« Er weinte und schrie: »Ich will mit euch gehen! Ich will mit euch sterben!«
So hielten unsere Bande der Brüderlichkeit, der Treue bis ins Grab.

Was hat man hier aus uns gemacht?
Die Mitgefangenen, deren entstellte Erklärungen man einem vorlegt, die falschen, verleumderischen »Geständnisse«, die einen aller Verbrechen beschuldigen, sind keine Kampfgefährten mehr, sondern eine Bande von Schweinehunden. Zuletzt haßt man sie als eine entfesselte Meute, die einen in ein gehetztes Tier verwandelte.
Die Waffe der Zwietracht wird mit einer Geschicklichkeit ohnegleichen gehandhabt. Mit ihrer Hilfe gelingt es den Referenten zum Beispiel, Dora Kleinova gegen mich aufzuhetzen. Zavodsky erwähnte in seinen »Geständnissen« eine Episode aus dem Leben Doras und behauptete, sie von mir erfahren zu haben. Später redete man Dora ein, ich sei der Urheber dieser Erklärungen über sie gewesen. Sie grollte mir um so mehr, als sie mir viel Vertrauen und Freundschaft entgegengebracht hatte. Die Referenten nutzten ihre Enttäuschung und Erbitterung dazu aus, um ihr falsche Behauptungen gegen mich abzunötigen. Dann gelang es ihnen, von ihr auf Grund dieser Behauptungen, »Geständnisse« über ihre eigene »feindliche Betätigung« zu erpressen.
Auf solche Weise machen die Referenten allmählich aus jedem einzelnen Angeklagten einen Wolf für die anderen. Mit diesen teuflischen Methoden lassen sich unschwer die gröbsten, abscheulichsten Fälschungen über den »Verrat« und die »Verbrechen«, die man begangen haben soll, in Serien herstellen.
Jeden Tag bereichert sich meine Akte um eine neue »Beschuldigung«, jeden Tag unterstellen mir die Referenten ein neues, immer schwereres »Verbrechen«:
»Ihre Spionagetätigkeit hat nicht im Jahre 1947 mit Noel Field begonnen. Sie übten sie bereits aus, als Sie in Spanien waren. Zum Beweis...«
Der wird folgendermaßen formuliert:
»London ermöglichte den Zutritt der internationalen Kommission des Völkerbunds in die Lager, wo sich die tschechoslowakischen Freiwilligen befanden, um sich einzeln mit ihnen unterhalten, sie Fragebogen ausfüllen lassen zu können... So trieb er Spionage auf internationaler Ebene...«
Ich entsinne mich jener Tage im Herbst 1938, als auf Vorschlag der spanischen republikanischen Regierung der Völkerbund den Abzug sämtlicher ausländischen Streitkräfte beschlossen hatte. Um beide kriegsführenden Parteien bei der Ausführung dieses Beschlusses zu kontrollieren, wurde eine internationale Kommission sowohl auf dem von Franco besetzten als auch auf republikanischem Gebiet eingesetzt.
Die Freiwilligen waren daher von den Fronten abgezogen und in Katalonien in Lagern zusammengefaßt worden.
Nach listenmäßiger Erfassung aller Freiwilligen - in getrennten natio-

nalen Gruppen - erhielten die Mitglieder der Kommission das Recht, ohne Beisein von Zeugen mit jedem von ihnen zu sprechen; so durften sie sicher sein, daß ihre Antworten durch keinerlei Druck beeinflußt wurden. Es handelte sich vor allem darum zu erfahren, in welches Land der Freiwillige zurückgeschickt werden wollte. Vor allem galt das für Staatsangehörige von Ländern unter faschistischer Herrschaft, deren Rückkehr in die Heimat ihre Einkerkerung bedeutet hätte.
Ich arbeitete zu jener Zeit als Instruktor des Zentralkomitees der Kommunistischen Partei Spaniens bei den tschechoslowakischen Freiwilligen. In dieser Eigenschaft wurde ich von einem ehemaligen Offizier der Brigaden, unserem Landsmann Smrčka aufgesucht, der damals Dolmetscher für die internationale Kommission war. Er wollte uns warnen und teilte uns mit, daß manche Freiwilligen bei ihren Gesprächen mit den Mitgliedern der Kommission in aller Treuherzigkeit so weit gingen, Einzelheiten über die Art und Weise anzugeben, wie sie nach Spanien gekommen waren, und insbesondere auch die Namen der Männer, die in den Hilfskomitees für das republikanische Spanien arbeiteten und die sich an der Anwerbung und Organisierung der Abreise der Freiwilligen nach Spanien beteiligt hatten. Einige hatten diese Angaben sogar in die Formulare eingetragen, die sie ausfüllen mußten.
Das war angesichts der Lage in der Tschechoslowakei nach den Münchener Ereignissen eine ernste Sache. Um so mehr als die meisten unserer Kameraden den Wunsch geäußert hatten, in die Heimat zurückzukehren, um dort den Kampf gegen Hitler fortzusetzen, der das Sudetenland bereits besetzt hatte und sich anschickte, den Rest der Tschechoslowakei zu schlucken.
Dank Smrčkas Hilfe konnten jene Formulare zurückgezogen werden. Wir überredeten unsere Kameraden dazu, neue auszufüllen, in denen keine für die antifaschistischen und kommunistischen Kämpfer nachteiligen Einzelheiten vorkamen.
Meine Verbindung mit Smrčka, der sich ungemein für die internationale antifaschistische Solidarität und die Interessen unserer Heimat und auch unserer Partei eingesetzt hatte, wird hier zum Beweis meiner »Spionagetätigkeit für die internationale Kommission des Völkerbundes und meiner Zusammenarbeit mit dem Spion Smrčka« umgewandelt.
Dieser Berufsoffizier, der gleichfalls nach Spanien gekommen war, um in den Reihen der internationalen Brigaden zu kämpfen, war als Verbindungsoffizier dem Generalstab der 15. Brigade zugeteilt worden. Manche glaubten, er arbeite für den tschechoslowakischen Geheimdienst. Möglich! Jedenfalls unterhielt er unverhüllte Freundschaftsbeziehungen zum tschechoslowakischen Konsul in Barcelona. Dagegen mußte jeder anerkennen, daß seine Haltung bei den Brigaden untadelig war. Bei den

Soldaten, mit denen er zu sprechen verstand, war er ungemein beliebt. Sein außergewöhnlicher persönlicher Mut trug ihm Bewunderung und Respekt ein. Nach einem Angriff seiner Brigade gegen die Stellungen der Faschisten war der politische Kommissar einer Einheit wenige Meter vor den feindlichen Gräben verwundet liegengeblieben. Alle Versuche, ihn zu uns zurückzuschaffen, waren mißlungen, da die Faschisten jedesmal, wenn jemand sich ihm zu nähern suchte, ein Sperrfeuer eröffneten.
Smrčka hatte sich freiwillig gemeldet, um ihn zu holen. Am Boden kriechend, war er zu ihm gelangt und hatte es unter Einsatz seines Lebens fertiggebracht, den Verwundeten zurückzubringen.
Er selbst wurde im Laufe der Kämpfe siebenmal verwundet. Er verlor ein Auge...
Nach Abzug der Freiwilligen von der Front war er Dolmetscher bei der internationalen Kommission des Völkerbunds geworden und hatte uns in seiner neuen Funktion wichtige Dienste erwiesen.
Kurz vor Ende des Krieges verließ Smrčka Spanien und ging nach Frankreich. Im Jahre 1941 erfuhren wir von tschechoslowakischen Genossen, die aus Belgien kamen, daß er dort gesehen worden war. Nach der deutschen Besetzung Belgiens hatte er zu entfliehen versucht, indem er sich insgeheim auf ein nach Argentinien reisendes Schiff schmuggelte. Am Ziel angekommen, war er unglückseligerweise zurückgetrieben und mit demselben Schiff wieder nach Belgien gebracht worden.
Nach dem Krieg erfuhren wir, daß er 1943 oder 1944 von der Gestapo hingerichtet wurde. Das ist der Mann, mit dem verkehrt zu haben, mir als Verbrechen angerechnet wurde.
Die Referenten machen sich über meine Erklärungen lustig.
»Sie haben also mit Ihrem Komplicen Smrčka in Spanien Spionage getrieben. Das ist aber nicht alles: Damals begannen Sie mit Field und mit dem amerikanischen Nachrichtendienst zusammenzuarbeiten...«
Ich hatte von Noel Field nie auch nur gehört, bis ich 1947, kurz vor meiner Abreise in die Schweiz, in Paris aus den Händen meines Freundes Hervé jenen Empfehlungsbrief erhalten hatte...
Man läßt mich nicht weitersprechen. Und Tag und Nacht lösen die Referenten einander ab, um mir das Geständnis zu entlocken, daß »ich nach meiner Rückkehr aus Spanien von Field eine hohe Belohnung für die ausgezeichnete Arbeit erhielt, die ich dort für die CIA geleistet hatte...«
Sie behaupten, Field sei ein Mitglied der Kommission des Völkerbunds gewesen...
Nun kommt eine neue Beschuldigung: ich sei ein Agent Titos. Diese Theorie der Sicherheitsleute beruht auf den Freundschafts- und Parteibeziehungen, die ich mit zahlreichen Jugoslawen unterhielt.

Die tschechoslowakischen Freiwilligen kämpften in Spanien in gemischten militärischen Einheiten, in denen sich auch Jugoslawen befanden, der 129. tschechisch-balkanesischen Division, dem Bataillon Divisionario der 45. Division und noch anderen. Natürlich bestanden Freundschaftsbeziehungen und tägliche Kontakte zwischen Jugoslawen und Tschechen. Konnte es denn anders sein? Sie lagen Seite an Seite in den gleichen Schützengräben, auf Hospitalbetten, in den gleichen Kasernen und dann in den gleichen Internierungslagern.

Da hier nunmehr jeder Jugoslawe als »Titoist« gilt, wird natürlich jeder ehemalige Freiwillige beschuldigt, mit »Titoisten« verkehrt zu haben - bereits in Spanien - und jetzt ein Agent Titos zu sein. Die bloße Erwähnung des Namens Bojidar Maslaritsch beispielsweise (eines Veterans der serbischen Arbeiterbewegung, eines der Gründer der Kommunistischen Partei Jugoslawiens) in Zusammenhang mit jenen der politischen und militärischen Verantwortlichen der Brigade, der Pavel angehörte, veranlaßt den Referenten, in das Protokoll zu schreiben, daß »Pavel bereits in Spanien mit dem bekannten Titoisten Maslaritsch in Verbindung stand...«

Da ich nun in den Jahren 1939 bis 1940 mit dem Pariser Vertreter der jugoslawischen Partei gearbeitet hatte - das war Kidric, damals Minister in seinem Land, der von den Sowjets als »einer der Leiter der Titoclique« bezeichnet wird - ergibt sich damit ein schlagender Beweis für meinen damaligen titoistischen Verrat. Auch wenn es sich damals darum gehandelt hatte, für Šverma und Široky, das heißt für die Leiter der tschechoslowakischen Partei in Frankreich, falsche Pässe herzustellen.

Doch das ist eine andere Geschichte, die Geschichte meiner Tätigkeit bei der MOI und dessen, was die sowjetischen Berater und die Referenten daraus schließen.

3

Trotz der unmenschlichen Behandlung, die mir zuteil wird, der fürchterlichen Druckmittel, die gegen mich angewandt werden, meiner körperlichen Schwächung, kämpfe ich weiterhin gegen die Meute der Referenten an, stellte ich weiter die Beschuldigungen energisch, manchmal auch wütend, in Abrede.

Smola droht mir: »Glauben Sie nur nicht, daß Sie uns zermürben können. Wir verfügen über genügend Referenten, um jene, die Sie verbrauchen, zu ersetzen! Wir werden mit unseren Verhören kein Ende machen,

bevor wir nicht Ihre Geständnisse erwirkt haben - oder aber Sie krepieren wie eine Ratte!«
Einmal läßt er mich nachmittags in sein Büro bringen, packt vor mir ein Paket mit Preßkopfschnitten und weißen Brötchen aus, holt zwei Flaschen Bier aus seinem Schrank und beginnt zu essen. Ich bemühe mich, seine Kaubewegungen zu übersehen. Er fragt mich: »Haben Sie Durst? Wollen Sie trinken?« Ich bleibe stumm, ich glaube, daß er sich über mich lustig macht. Er reicht mir ein Glas Bier: »Nehmen Sie!« Ich ergreife es zögernd, dann leere ich es in einem Zug. Er fordert mich auf, mich zu setzen, schiebt mir ein Brötchen und zwei Scheiben Preßkopf hin: »Essen Sie!« Über sein Verhalten erstaunt, nehme ich dennoch das Anerbieten an. »Wenn Sie ein Geständnis ablegen, Herr London«, sagt er, »verspreche ich Ihnen, sofort mit Ihnen zusammen einen Brief an das Zentralkomitee zu schreiben. Die Partei wird Ihre langjährige hervorragende Vergangenheit als politischer Mitkämpfer in Rechnung ziehen. Sie wird Ihnen die Möglichkeit geben, aus der gegenwärtigen Sackgasse herauszugelangen. Denken Sie an Merker und Leo Bauer in Ostdeutschland; sie waren ebenso wie Sie in der Fieldaffäre verwickelt und wurden nicht verhaftet, sondern nur gemaßregelt. Genauso wird es Ihnen ergehen, wenn Sie ein Geständnis ablegen und uns damit Ihre Anhänglichkeit an die Partei beweisen. Nun, entschließen Sie sich zu gestehen?«
Mit vollem Mund antworte ich: »Ich habe nichts zu gestehen, da ich nicht schuldig bin!«
Da springt er in heller Wut vom Stuhl hoch, läuft um den Tisch herum, packt mich an der Kehle und an den Haaren und schnürt mir den Hals zu; er schüttelt meinen Kopf hin und her - ich soll ausspucken, was ich schon im Mund habe. Er brüllt: »Sie Schweinehund! Das möchten Sie! Herkommen und schlemmen, das paßt Ihnen! Aber gestehen, das nicht!«
»Ich habe nichts zu gestehen. Ich habe Sie wiederholt ersucht, mich Field gegenüberzustellen. Er ist in Ungarn verhaftet, das ließe sich also leicht bewerkstelligen.«
Seitdem ich am 1. März von Kolodeje nach Ruzyně gebracht worden bin, verlange ich jeden Tag beim Morgenrapport, einen Brief an das Zentralkomitee oder an Präsident Gottwald schreiben zu dürfen. Ich wiederhole mein Ersuchen den Referenten und Major Smola, die mir jedesmal antworten: »Die Partei wird Ihnen nichts anderes sagen als wir. Hier sind wir die Partei! Sie sind ein Verbrecher. Mit Ihnen spricht die Partei nicht! Beweisen Sie Ihre Reue, indem Sie Ihre Verbrechen und Ihre Spionage gestehen, dann wird die Partei Sie anhören!«
Dessenungeachtet bringe ich weiter jeden Tag das gleiche Ersuchen vor. Schließlich führt man mich am 3. April in einen Raum, nimmt mir die

Binde ab, und vor mir sitzt der Minister Kopřiva. Doubek, der Kommandant von Ruzyně, und Smola wohnen der Begegnung bei. Kopřiva fährt mich heftig an: »Wie ist das also? Du weigerst dich immer noch zu sprechen? Wie lange glaubst du so weitermachen zu können?«
»Vom ersten Tag an habe ich verlangt, daß man ein Protokoll mit mir abfaßt, dann könnte ich auf alle Fragen antworten. Ich kann mir jedoch unmöglich gefallen lassen, daß man die Unwahrheiten hineinschreibt, die von mir gefordert werden.«
Kopřiva brüllt wütend: »Du wirst uns jetzt gestehen, auf wessen Weisung du alle Feinde und Trotzkisten deiner Bande auf internationaler Ebene verteilt hast.«
»Ich verstehe nicht, was Sie damit meinen; ich habe nie etwas anderes getan, als die Partei mir befohlen hat.« Er unterbricht mich und schreit: »Du hast Zavodsky gesagt, daß ich dich über ihn ausgefragt habe.« Ich will das aufklären, doch er gibt mir keine Chance. Tobend vor Zorn, schneidet er mir das Wort ab: »Du lügst, wie du uns immer belogen hast! Wir werden dich vernichten. Mit oder ohne deine Geständnisse werden wir dich vernichten. Bei Gericht ziehst du den kürzeren, das kannst du mir glauben!« Und er gibt Befehl, mich in die Zelle zurückzuführen.
Bei der Tür angelangt, wende ich mich an ihn: »Gestatten Sie mir wenigstens, meiner Familie, meinen Kindern das Geld zu schicken, das ich bei meiner Verhaftung bei mir trug.« Mit unverminderter Heftigkeit erwidert er: »Sobald du dein Geständnis abgelegt hast!«
Smola frohlockt: »Nun, jetzt haben Sie sie gehabt, Ihre Unterredung mit der Partei! Gewarnt waren Sie ja! Hat Ihnen der Minister etwas anderes gesagt als ich?« Und als Schlußwort: »Und nun kommen Sie in Dunkelhaft.« - »Warum?« - »Weil Sie unverschämt gegen den Minister waren und wagten, etwas von ihm zu verlangen, bevor Sie ein Geständnis abgelegt haben.«
So komme ich ins Loch, ohne Decke, ohne Matratze. Ich hatte richtig geraten: Es ist die Zelle, die neben meiner früheren liegt ...
Das ist also das einzige Ergebnis all meiner Bemühungen. Ich wollte der Partei von meinem zähen Kampf um die Wahrheit erzählen; sie sollte erfahren, welche Netze in ihrem Namen gesponnen werden.
Ich gehe in völliger Dunkelheit auf und ab; in regelmäßigen Abständen, sooft das Guckloch geöffnet wird, blendet mich das grelle Licht. Plötzlich überkommt mich die Erkenntnis, daß das alles keinen Sinn mehr hat; für mich ist es zu Ende. Ich halte an und lege mich auf den Boden. Der Wärter befiehlt mir aufzustehen. Ich weigere mich. Ein zweiter Wärter übergießt mich mit einem Eimer Wasser. Ich rühre mich nicht. Mit gemeinsamen Kräften bemühen sie sich, mich auf die Beine zu stellen. Ich spiele den Toten und lasse mich niederfallen wie eine Strohpuppe.

Sie drohen mir mit der Zwangsjacke. Ich bleibe weiter bewegungslos auf dem Boden liegen. Einer von ihnen geht hinaus; wahrscheinlich muß er sich Weisungen holen. Der zweite folgt ihm. Die flüsternden Stimmen entfernen sich. Ich bleibe zitternd in meinem feuchten Drillich auf dem Fußboden liegen.
Diese Begegnung mit Kopřiva, einem Mitglied des Politbüros der Partei und Sicherheitsminister, bedeutet für mich den Zusammenbruch aller meiner Hoffnungen.
Es ist für einen Kommunisten schon eine furchtbare Prüfung, Gefangener der Polizei eines sozialistischen Staates zu sein. Jetzt, nach dieser Begegnung, hege ich keinen Zweifel mehr daran, daß die Parteileitung bereits über mein Schicksal entschieden hat. Ich bin isoliert, schwach, wehrlos gegenüber den »Vertretern« dieser Partei, der ich mein ganzes Leben geweiht habe, dieses Regimes, bei dessen Entstehen ich während so vieler Jahre der Kämpfe und Opfer mitgeholfen habe. Mein Gefühl der Ohnmacht, der Schmerz kennen keine Grenzen mehr, als ich begreifen muß, daß hinter den Männern vom Sicherheitsdienst, die mich peinigen, die Leitung der Partei steht. Es ist eine schreckliche Qual: Wie ist so etwas möglich? Wo liegt die Wahrheit? Wo bleibt die Partei?
Ich werde mir dessen bewußt, daß die Reden und Drohungen der Referenten keine leeren Worte waren und daß dieser Prozeß, den man mir androht, auf die eine oder die andere Weise zustande kommen wird. Ich habe nichts mehr, woran ich mich klammern kann. Ich bin ein verlorener Mann.
Ich entsinne mich der Worte meiner Frau am Tag nach dem Rajk-Prozeß: »Für eine Kommunistin muß es furchtbar sein, plötzlich eines schönen Tages zu erfahren, daß sie mit einem Mann leben und von ihm Kinder haben konnte, der sich als Verräter entpuppt.« Diesmal bin ich es, der für alle Welt, auch für meine Frau als Verräter gelten wird!
Heute, am Tag meiner Unterredung mit Kopřiva, hat mein Sohn Gérard Geburtstag. Er war in Paris am 3. April 1943 im Gefängnis La Roquette, wo seine Mutter festgehalten wurde, zur Welt gekommen.
»Heute morgen um sechs Uhr wurde Dir ein schöner, springlebendiger Sohn geboren«, hatte mir damals Odette Duguet geschrieben, die wegen der gleichen Sache wie meine Frau verhaftet war. »Er hat sofort tüchtig geschrien, du hättest ihn hören sollen! Für Lise ist alles gut verlaufen. Sie war sehr tapfer und dachte ständig an dich. Soeben wurden Mutter und Kind auf einer Bahre ins Baudelocque-Hospital gebracht...«
Ich wußte durch unseren gemeinsamen Rechtsanwalt Maître Bossin, daß meine Frau im Gefängnis entbinden wollte, obgleich das vom Reglement untersagt war. Sie hatte dafür ihre guten Gründe.
Drei Wochen zuvor hatte sie Schmerzen bekommen, und der Gefängnis-

arzt hatte das Einsetzen der Wehen konstatiert. Sie war sofort in einem Krankenwagen unter Bewachung von Polizeibeamten weggebracht worden; der Wagen war außerdem von Polizisten auf Motorrädern umgeben. Der Chef der antiterroristischen Brigade, David, und seine Leute erwarteten sie am Eingang des Hospitals. Während der Arzt die Aufnahmeuntersuchung durchführte, bei der sie auf dem Untersuchungstisch lag, beschimpften und bedrohten sie sie und versuchten, ihren geschwächten Zustand sowie den Ort und die derzeitigen Umstände auszunutzen, um von ihr durch ein Verhör Angaben zu erpressen, die sie nie zuvor von ihr erhalten konnten.

Sie war dann in ein kleines Zimmer mit vergitterten Fenstern gebracht worden. Zwei Polizeibeamte bewachten sie ständig, einer an ihrem Bett, der andere im Korridor. Die Wehen hörten glatt auf. Meine Frau flehte den Geburtshelfer an, ihren Entlassungsschein zu unterschreiben, damit sie wieder ins Gefängnis zurück könnte, wo sie - der reine Hohn! - sich freier fühlen und eine Linderung - das Mitgefühl anderer Frauen - finden würde. Zweimal wiederholte sich das ganze Theater ... Krankenwagen, Schutzleute, Motorräder ... ins Baudelocque und wieder zurück. Es war klar: mein Sohn weigerte sich, zwischen zwei Polizisten zur Welt zu kommen!

Beim dritten Mal, als die Wehen wieder einsetzten, benachrichtigte sie den Gefängnisarzt nicht. Unter Mitwisserschaft ihrer Gefährtinnen hatte sie beschlossen, das Kind solle im Gefängnis von La Roquette geboren werden. Es gelang ihrer Freundin Odette, sich in den Krankentrakt aufnehmen zu lassen, um in der schweren Stunde bei ihr zu sein. Einige Gefangene schmuggelten Laken und Handtücher aus der Wäscherei, mit denen sie ihr Bett ausstatten konnte.

Am frühen Samstagmorgen, dem 3. April, als die in dem Krankentrakt diensttuenden Nonnen bei der Messe waren, wurde das Kind geboren. Als sie zurückkamen, riefen sie bestürzt den Arzt, der gerade rechtzeitig eintraf, um die Nabelschnur durchzuschneiden.

Lise hatte gehofft, mit dem Kind dort bleiben zu dürfen, wo sie von der warmen Sympathie ihrer Gefährtinnen und von der Freundschaft der alten Nonne, Schwester Sainte-Croix de l'Enfant Jésus umgeben war. Diese leitete die Krankenstube und hatte der beiden ersten Male, als sie sah, wie man ihren Pflegling forttrug, heftig geweint. Es war ein Samstag - Besuchertag. Am Nachmittag sollte Lise von ihren Eltern und unserer Tochter besucht werden. Sie glaubte, ihnen unseren Sohn zeigen zu können. Doch dazu kam es nicht, beide wurden ins Entbindungsheim zurückgebracht und unter Polizeibewachung gestellt.

Der Chef der Antiterroristenabteilung verwehrte ihr die Freude, die Ihren zu umarmen, die am Besuchertag mit dem vom Untersuchungs-

richter unterzeichneten Erlaubnisschein gekommen waren. Die Polizisten weigerten sich sogar, den Koffer mit der Säuglingswäsche entgegenzunehmen.
Am 15. April wurde Lise mit dem Baby in das Gefängnis Fresnes gebracht. Sie mußte hilflos zusehen, wie die Krankenschwester, die dorthin begleitet hatte, den Kleinen in der eisigen Aufnahmehalle völlig entkleidete, um die Kinderwäsche des Entbindungsheims wieder mitzunehmen. Man legte ihn ihr ganz nackt, nur mit einer Gazebinde um den Bauch, auf die Knie.
Das war einer der schmerzlichsten Augenblicke ihrer Gefangenschaft. Sie hatte mir von diesen Einzelheiten nichts erzählt, ebensowenig wie von den anderen Qualen, die sie erduldete. Die Briefe, die sie mir schrieb, waren fröhlich, voll Zuversicht und Optimismus. Niemals eine Klage... während sie jede Nacht davon träumte, wie sie sich verhalten würde, wenn sie aufs Schafott steigen müßte!
Auch ich war gefangen, im Gefängnis La Santé, und zu jener Zeit war der Tod unser Gefährte. Doch wie schön und reich war unser Leben!
Am 12. August 1942 waren meine Frau und ich infolge einer Anzeige in einer illegalen Wohnung, in der uns die Polizei eine Falle gestellt hatte, verhaftet worden. Meine Frau wurde von der Antiterroristenabteilung eifrig gesucht, seit am hellichten Tag am 1. August in der Avenue d'Orléans, in der Nähe der Place Denfert-Rochereau, eine große patriotische Kundgebung stattgefunden hatte.
Damals waren alle Mauern von Paris mit jenen roten Plakaten beklebt, mittels derer die Kommandantur die Pariser Bevölkerung auf das Schicksal aufmerksam machte, das die Partisanen erwartete, sobald sie mit der Waffe in der Hand angetroffen würden, sowie auf die Vergeltungsmaßnahmen gegen deren Familien. Madeleine Marzin und die Männer der FTPF, die kurz vorher nach einer Kundgebung in der Rue de Buci verhaftet worden waren, hatte man eben zum Tode verurteilt. In den Hauptstraßen von Paris patrouillierten Panzer – ein Einschüchterungsmanöver...
In dieser Atmosphäre fanden sich Hunderte von Frauen zu der Verabredung ein, die von den weiblichen Komitees im Gebiet von Paris zusammengerufen worden waren; eine ihrer Führerinnen war Lise. Viele Hausfrauen standen Schlange vor dem großen Laden Félix Potin an der Ecke der Rue Daguerre und der Avenue d'Orléans. Auf den Gehsteigen in der Umgebung gab es eine Menge Spaziergänger... Die FTPF, die für die Sicherheit der Kundgebung zu sorgen hatte, war auf ihrem Posten.
Pünktlich um drei Uhr stieg meine Frau auf eine Theke und hielt eine Rede an die Menge, rief zum bewaffneten Kampf gegen die Besatzung

und zur Weigerung auf, für die deutsche Kriegsmaschine zu arbeiten. Von allen Seiten regnete es Flugblätter, und die Marseillaise ertönte. Zwei Schutzleute mit Revolvern in der Faust versuchten sich Lises zu bemächtigen, die sich wehrte und ihnen zu entkommen vermochte. Die FTPF deckte ihre Flucht, indem sie zwei Polizisten und einen deutschen Offizier, der auf die Menge schoß, niederschlugen. Es gab Verwundete und einen Toten unter den Demonstranten. Zeugen der Kundgebung erklärten: »Diese Frauen sind wahre Kreuzritter...«
Die Kundgebung rief großes Aufsehen in Frankreich hervor, wo de Brinon in einem Aufruf an die Bevölkerung gegen die »Megäre von der Rue Daguerre« wütete, eine Bezeichnung, die von der ganzen Presse der Kollaborateure aufgegriffen wurde. Radio London und Radio Moskau gingen in mehreren Sendungen auf diese Kundgebung ein.
Nach unserer Verhaftung blieben wir zehn Tage in den Händen der furchtbaren »Sonderabteilung«. Die Verhöre wurden Tag und Nacht geführt. Meine Frau bot den Polizisten die Stirn; weit entfernt davon, etwas zu leugnen, war sie stolz darauf, bei der Kundgebung gesprochen zu haben. »Ich habe nur meine Pflicht als Französin getan... Ich bedaure meine Handlung nicht und übernehme die volle Verantwortung dafür. Dagegen sind die mit mir oder im Zusammenhang mit mir verhafteten Personen unschuldig. Mein Vater und mein Mann wissen überhaupt nichts von meiner Tätigkeit.«
Ihren alten Vater, Frédéric Ricol, hatte man tatsächlich nach uns als Geisel verhaftet, um den Druck auf meine Frau zu verschärfen. Als er seiner Tochter gegenübergestellt wurde, stellte er sich ganz überrascht, als er »diese Dinge« über sie erfuhr; während er seine Aufrichtigkeit in seinem köstlichen Französisch-Spanisch beteuerte, zwinkerte er unmerklich seiner Tochter zu, um sie zum Durchhalten zu ermutigen.
Ich war stumm geblieben. Meine wirkliche Identität wurde nach Prüfung der Fingerabdrücke festgestellt, und das einzige, was festgestellt wurde, war, daß ich unter falschem Namen lebte. Trotz aller Schläge und brutaler Behandlung erfuhren die Polizisten nichts über meine illegale Arbeit und auch nicht, daß ich Freiwilliger in Spanien gewesen war; ich blieb dabei, nach dem Einzug der Deutschen in Prag nach Frankreich geflüchtet zu sein.
Kein einziger Name, keine einzige Information wurde uns entrissen, die gestattet hätte, die Fäden der Organisation der Kundgebung zu verfolgen, und die möglicherweise andere Verhaftungen zur Folge gehabt hätte. Da meine Frau alles auf sich genommen hatte, wurde sie, als Verantwortliche der »Affäre in der Rue Daguerre«, des Mords, des versuchten Mords, der Zusammenstellung von Verbrecherbanden der kommunistischen und terroristischen Betätigung angeklagt...

Ehe wir aus der »Sonderabteilung« ins Gefängnis geführt wurden, erfuhren wir, daß Madeleine Marzin, deren Todesstrafe in lebenslängliches Zuchthaus umgewandelt worden war, während ihrer Überführung in das Zentralgefängnis von Rennes entflohen war. Als meine Frau sich ganz unverhohlen darüber freute, sagte ihr ein Polizeibeamter: »Das wird Ihrer Sache nicht gerade nützen. Ihnen bleibt jetzt nicht mehr die geringste Aussicht, Ihren Kopf auf den Schultern zu behalten...«
Wer hat gesagt, daß Wunder nur einmal passieren? Als meine Frau ins Gefängnis kam, wurde sie von Übelkeit befallen und stellte fest, daß sie ein Kind erwartete.
Die Verhandlung gegen sie fand fast ein Jahr später, am 16. Juli 1943, vor dem Gerichtshof für Staatsverbrechen statt, und sie entging der Todesstrafe dank der Geburt unseres Sohnes, der bei ihrer Verurteilung drei Monate alt war. Sie kam mit lebenslänglicher Zwangsarbeit, also wenigstens mit dem Leben davon.
Ich selbst war zwei Monate zuvor zu zehn Jahren Zwangsarbeit verurteilt worden; man hatte mich in die Kategorie der Geiseln eingereiht und später als N. N. (Nacht und Nebel) nach Deutschland deportiert.
Doch damals war ich umgeben von Genossen, ich hatte die Partei, ich hatte Hoffnung, und ich war stolz auf das, was ich tat. Nun habe ich nichts mehr, außer meiner grenzenlosen Verzweiflung...

4

Bei diesem Gedanken angelangt, beschließe ich, anstatt mich als Verräter aufhängen zu lassen, Selbstmord zu begehen.
Es ist in Ruzyně sehr schwierig, sich das Leben zu nehmen; ebenso schwierig wie der Wahrheit zum Sieg zu verhelfen. Hauptmann Kohoutek wird mir einmal sagen: »Wenn wir nicht vorsichtig wären, würden die meisten Leute, die hier sind, versuchen, Selbstmord zu begehen.«
Ich wähle also die einzige Möglichkeit, die sich mir bietet: zu verhungern, ohne daß es jemand merkt; denn wenn man erkennt, daß einer in den Hungerstreik tritt, wird er künstlich ernährt. Ich hoffe, daß mehrere Tage ohne Nahrung meinen Tuberkuloserückfall beschleunigen, ihm eine virulente Form geben werden und daß ich rasch sterben werde. Um die Erschöpfung meines Organismus noch zu beschleunigen, verlange ich zweimal Abführmittel, indem ich Verstopfung vortäusche. Achtzehn Tage lang nehme ich außer Trinkwasser nichts zu mir.
Ich werfe meine Nahrung sorgfältig fort, um mich nicht ertappen zu las-

sen. Doch eines Tages verrate ich mich. Da ich dem »guten« Geruch der Speise in meinem Eßnapf nicht zu widerstehen vermag, werfe ich das Ganze mit einer raschen Bewegung ins Klosett. Kurz darauf blickt der Wärter durch das Guckloch und stürzt sofort herein: »Was haben Sie mit Ihrem Essen gemacht? Sie hatten keine Zeit, es aufzuessen, und doch ist Ihr Napf leer!« Er untersucht die Toilettenmuschel, sieht aber nichts Ungewöhnliches, ich hatte die Spülung betätigt. Beruhigt verläßt er die Zelle...
Ich magere sichtlich ab. Am dritten Tag fühle ich, daß ich fiebere, mein Durst wird sehr schlimm. Ich versuche, sowenig wie möglich zu trinken, um meine Qualen zu verkürzen. Dennoch bin ich gezwungen, während der Verhöre Wasser zu verlangen, denn meine Zunge gehorcht mir nicht mehr: sie füllt meinen Mund aus und kommt mir wie ein Fremdkörper vor. Meine Worte sind unverständlich. Ich fürchte, die Referenten könnten etwas ahnen, sie blicken mich seltsam an. Schließlich geben sie mir unbeschränkt zu trinken. Zu meinen Füßen steht dauernd eine Flasche Wasser, und ich trinke, um während der Verhöre durchzuhalten. Ich bin sehr mager geworden, ich verliere meine Hose, fühle mich ganz schwach. Ich habe Schwindel, meine Lippen sind aufgesprungen, an den Armen und Händen treten meine Venen wie dicke Stricke hervor. Ich träume mitten am Tag, daß ein Springbrunnen aus Sodawasser in der Ecke meiner Zelle hervorsprudelt, gemischt mit Himbeersirup, dessen berauschendes Aroma ich einatme. Mehrere Tage lang verfolgt mich dieser quälende Duft.
Am achtzehnten Tag meines Hungerstreiks werde ich über Milan Reiman, einen der Mitarbeiter des Ministerpräsidenten, der wegen seiner Beziehungen zu Field verhaftet wurde, verhört. Der Referent sagt: »Sein Selbstmord im Gefängnis beweist, daß er ganz schön tief drinsteckte.« Diese Bemerkung bringt mir Kopřivas Rede bei der Sitzung des Zentralkomitees in Erinnerung, an der ich im Februar 1950 teilnahm und bei der er den Selbstmord Reimans mit genau diesen Worten schilderte. Bei mir wird das gleiche geschehen. Anstatt meine Ehre als Mensch und Kommunist zu retten, indem ich einem Prozeß und einer schandbaren Verurteilung entgehe, wird mein Selbstmord der Partei und der Welt beweisen, daß »ich ganz schön tief drinsteckte«.
Also beschließe ich, das Essen wiederaufzunehmen, und meine Kräfte bis zu dem Tag zu erhalten, an dem ich vor Gericht stehen würde, um meine Unschuld hinauszuschreien und die verbrecherischen Methoden der Sicherheitsleute zu entlarven. Trotz meiner jämmerlichen Verfassung verleiht mir dieser Entschluß durchzuhalten wieder den Wunsch, zu leben und weiterzukämpfen.
Ironie des Schicksals; jetzt, da ich beschlossen habe, am Leben zu blei-

ben, wird mir nach meiner ersten Mahlzeit sterbensübel. Ist es die Folge der beiden Abführmittel, welche ich am vierten und sechsten Tag meines Hungerstreiks eingenommen habe? Oder ist es darauf zurückzuführen, daß ich nach meinem langen Fasten eine so grobe Nahrung aß? Tatsache ist, daß ich wirklich zu sterben geglaubt habe...
Die Referenten sind über meinen körperlichen Zustand sehr bestürzt. Der Gedanke, ich könnte ihnen »zwischen den Fingern abkratzen«, beunruhigt sie, sie legen Wert darauf, daß das Kernstück ihrer Konstruktion am Leben bleibt... Sie alarmieren Smola, der mich daraufhin während eines Verhörs aufsucht. Auch er scheint über mein Aussehen erstaunt. »Was ist mit Ihnen los?« fragt er. »Sie sehen merkwürdig aus. Ihr Kopf scheint auf dem Hals eines gerupften Huhns zu sitzen.«
Also beschließen sie, mich zur ärztlichen Untersuchung zu schicken, und der Gerichtsarzt Sommer, der keineswegs den Ruf genießt, Mitgefühl für die Leiden der Gefangenen zu empfinden, kann seine Verwunderung über meinen Zustand kaum verbergen. Ich wiege 51 Kilogramm, habe also fünfzehn verloren. Er verordnet mir sofort Kalziumspritzen. Von da an erhalte ich zusammen mit der normalen Nahrungsration, die man mir bisher vorenthalten hat, die Ergänzung, auf die ich als Tuberkulosekranker ein Anrecht habe. Herausfordernd schleudere ich Smola und seinen Referenten die Mitteilung ins Gesicht, daß ich versucht habe, Selbstmord durch Hunger zu begehen. Ich sage ihnen auch, ich hätte darauf nur verzichtet, um zu vermeiden, daß es als Eingeständnis meiner Schuld gedeutet werde. Smola beschimpft mich: »Halunke! Ihre Kinder haben vielleicht kein Stück trockenes Brot, während Sie hier die Nahrung fortwerfen! Das zeigt, was für ein unmoralischer Mensch Sie sind...« Er droht, mich zu bestrafen, wenn mir derlei nochmals einfallen sollte. Ich werde dann öfters nach der Mahlzeit geröntgt; man will nachprüfen, ob ich richtig gegessen habe.
Von einer Krankenschwester Doktor Sommers und einem neuen Referenten begleitet, werde ich ein zweites Mal ins Hospital gebracht, damit in meinen Pneumothorax Luft nachgefüllt wird. Der Arzt untersucht mich. Besorgt stellt er mir Fragen über meinen Gesundheitszustand und horcht mich sorgfältig ab. Das Einblasen verursacht Schwierigkeiten, es gelingt ihm erst beim dritten Versuch. Dann zieht er sich mit der Schwester in den Nebenraum zurück, wo sie eine lange Besprechung abhalten.
Anders als bei der Hinfahrt – da wurde mir die Maske erst beim Eintreffen in der Innenstadt abgenommen – vergißt der Referent diesmal, sie mir anzulegen. Wir fahren in Richtung Ruzyně, und meine Vermutung bestätigt sich. Ich kenne die Straße; jeden Tag fuhr ich hindurch, um vom Ministerium nach Hause zu gelangen. Ich weiß also, daß ich in wenigen Minuten bei uns vorbeifahren werde!

Und schon erblicke ich, als wir aus der Loména-Straße einbiegen, meinen Schwiegervater, der vorgebeugt und gramverzehrt den Kinderwagen schiebt, an den sich mein kleiner Michel festklammert. Ich bin völlig aus der Fassung. Er trägt seine weißen Schuhe und das rosa Spielhöschen, das ihm meine Frau aus Paris mitgebracht hat. Mit seinen weit aufgerissenen schwarzen Augen und dem bei ihm üblichen ernsten Ausdruck trippelt er vor sich hin. Ein flüchtiger, aber für mich unendlich ergreifender Anblick! Ich kann meine Tränen nicht zurückhalten. Ich breche in Schluchzen aus.
Verwundert fragt sich der Referent, was denn mit mir los ist. Ich kann kaum sprechen. Als er begreift, daß ich soeben meinen Sohn gesehen habe, ist auch er erschüttert. Er gibt mir eine Zigarette, spricht mir beruhigend zu und verbindet mir dann die Augen mit den Worten: »Es wäre für Sie besser gewesen, wenn ich das schon früher getan hätte.«
Die Verhöre werden jedoch mit gleicher Schärfe fortgesetzt. Das während einiger Tage etwas gemilderte System wird wieder so streng wie zuvor.
Ich kämpfe weiter. Dem aus Ostrau stammenden Referenten rufe ich zu: »Vielleicht werdet ihr mich aufhängen, aber unterkriegen könnt ihr mich mit solchen Methoden nicht. Man hat schon einen Yejov gekannt, der viele Genossen erschießen ließ; aber am Ende hat er selbst daran glauben müssen. Auch bei uns wird der Tag kommen, an dem die Urheber dessen, was hier vorgeht, dafür bezahlen werden!« In meinem Zorn gehe ich so weit, Kopřiva zu erwähnen, den ich seit der Begegnung vom 3. April verfluche.
Der Referent nimmt meine Worte als guten Witz hin. Er lacht darüber: »Ich habe andere gekannt, die ebenso zäh waren wie Sie. Einer von ihnen wurde zum Tode verurteilt... Ich sah ihn später wieder, nach dem Urteilsspruch, da rutschte er vor uns auf den Knien und hätte alles Erdenkliche getan, um gestehen und so seinen Kopf retten zu können. Vielleicht werden Sie es so machen wie er. Der »Staatsschlips« wird Ihnen sehr gut passen, Herr London!«
Später werde ich erfahren, daß es sich um Otto Ernest handelt, den Sekretär des großen slowakischen Dichters Laco Novomesky*. Er war tatsächlich zum Tod verurteilt worden und hatte ein Gnadengesuch eingereicht. Der Sicherheitsdienst hatte das benutzt, um von ihm - gegen sein Leben - alle gewünschten Erklärungen zu erzwingen. Er erfuhr von seiner Begnadigung erst, nachdem man ihn wie eine Zitrone ausgepreßt hatte ... Ich werde Otto Ernest im Zentralgefängnis Leopoldov treffen, wo er mir seinen Leidensweg schildern wird. Was er erduldet hatte, war

---

* Im Jahre 1954 wegen »Nationalismus« zu zehn Jahren Gefängnis verurteilt.

mehr, als ein Mensch zu ertragen vermag. Ich werde im Jahre 1962 von seinem Selbstmord nach seiner Freilassung erfahren. Er war so oder so zum Tod verurteilt worden! Durch seine »Geständnisse« hatte er nur die Gnade erwirkt, den Augenblick und die Art seines Todes selbst zu wählen. All das im Namen des sozialistischen Humanismus!
Von nun an droht mir die Gruppe Major Smolas und seiner Referenten täglich mit dem Tod. »Für Sie gibt es kein anderes Ende als den Strick. Zeigen Sie Ihren Kindern, daß Sie Ihre Verfehlungen vor Ihrem Tod durch ein Geständnis gutmachen wollten!«
Am 1. Mai gestattet man mir, einen kurzen Brief an meine Frau zu schreiben: es ist das erste Mal seit meiner Verhaftung. Meine Hauptsorge ist, ihr vor Augen zu führen, daß sie nicht die Frau eines Verräters oder Spions ist. Doch Smola weist den Brief zurück, und man zerreißt ihn vor meinen Augen. Ich muß mich streng auf die Themen Gesundheit und Familie beschränken. Der Referent, der mir diese Weisungen übermittelt, fügt hinzu: »Die Schlußfolgerung, ob Sie ein Spion und Verräter sind oder nicht, ziehen wir. Auch vor Gericht werden Sie mit Ihrer Frau nicht sprechen dürfen. Wenn Sie Ihre Haltung nicht ändern, wird die Verhandlung gegen Sie unter Ausschluß der Öffentlichkeit stattfinden. Ihre Familie wird Ihrem Prozeß nicht beiwohnen können. Dabei sein werden nur zwei von unseren Leuten; die werden Ihre Frau über Ihren Fall und Ihre Verurteilung in Kenntnis setzen.«
Sie haben alles bedacht und nichts, was uns entehren kann, dem Zufall überlassen. Wie es wohl die zum Tode Verurteilten in den Gefängnissen der Gestapo taten, schrieb ich einen letzten Brief, auch ich, ohne zu wissen, ob er jemals ankommen würde.
»Meine Lise,
es ist schon mehr als sechzehn Jahre her, seit wir uns zum erstenmal geküßt haben. Jeden Tag lasse ich die Erinnerung daran und an die ganze Zeit, die seither vergangen ist und die mir Deine so lautere, starke Liebe offenbarte, aufleben. Für das Wohl unserer Kinder und unserer Eltern mußt Du nun allein sorgen. Überlege, ob es nicht für euch alle besser wäre, nach Frankreich zurückzukehren, in deine Heimat, der ich euch entrissen habe und wo man Deine Sprache spricht. Du kannst dort eine bessere Arbeit finden, und mit Hilfe Deiner Geschwister wird es Dir leichter fallen, die Familie zu ernähren. Vielleicht berät Dich jemand von der Partei! Ich jedenfalls glaube, das wäre die beste Lösung. Doch kann ich Dir von hier aus nur so schwer raten! Auf Wiedersehen, meine Liebste. Bis zu meinem nächsten Brief. Ich küsse Euch alle.«
Bald danach zeigt mir Smola einen Brief meiner Frau. Er verbirgt den Text, läßt mich nur die Unterschrift sehen und den einen Satz: »Sicher ist es nicht leicht, sechs Personen zu erhalten, doch mit der Hilfe der

Partei werde ich es schaffen.« Und er teilt mir mit, daß meine Frau mich verleugne und sich von mir trenne. So verliere ich also, nachdem ich die Partei verloren habe, meine Frau und meine Kinder. Während ich weiterkämpfe, werde ich von denen, die ich liebe, verlassen!
Man läßt mich noch lange Zeit in diesem Glauben. Welch bitteres Gefühl der Hilflosigkeit für jemanden, der in solchen Augenblicken viel mehr noch als in der Freiheit die Bindungen und die Liebe empfindet, die ihn mit seiner Frau, seinen Kindern und all seinen Verwandten verknüpfen.
Erst nach meinen »Geständnissen« wird man mir die Briefe meiner Frau und meiner Kinder geben. Dann werde ich entdecken, wie schändlich ich auch da irregeführt worden war.

5

Nach Beendigung des spanischen Krieges war ich Vertreter der tschechoslowakischen Freiwilligen beim internationalen Hilfskomitee für das republikanische Spanien geworden. Das war im Einverständnis mit dem Zentralkomitee der Kommunistischen Partei Frankreichs und mit Bruno Köhler geschehen, der damals der Bevollmächtigte der tschechoslowakischen Kommunistischen Partei in Frankreich war. Es war ganz natürlich, daß man mich ersuchte, gleichzeitig die politische Leitung der tschechoslowakischen Gruppe der MOI zu übernehmen.
Diese Anfangsbuchstaben bedeuten einfach Main-d'Oeuvre Immigrée (Eingewanderte Arbeitskräfte). Als nach 1918 große Mengen ausländischer Arbeiter nach Frankreich kamen, um in der Industrie und auf dem Land die Lücken zu füllen, die die gewaltigen Verluste im Krieg geschaffen hatten, erachteten die Kommunistische Partei Frankreichs und die Gewerkschaften es für unerläßlich, sie neu zu gruppieren und zu organisieren, sowohl um sie zu schützen als auch um zu verhindern, daß man sie gegen das französische Proletariat ausspielte. Aus dieser Notwendigkeit entstand die MOI. Die Verbreitung des Faschismus in Europa brachte nicht nur die erste wirtschaftlich bedingte Einwanderung mit sich, sondern dazu zahlreiche politische Emigranten. Dann verstärkte die Ankunft der Spanienkämpfer und der Freiwilligen aus den Brigaden noch den antifaschistischen Geist der Organisation.
So lagen die Dinge, als ich einer der verantwortlichen Führer wurde. Diese Organisation wurde nicht nur eine solide Basis für eine geheime Widerstandsbewegung, sondern auch für den Ausbruch eines bewaffne-

ten Kampfes gegen die Besatzungsmacht. Zur gleichen Zeit, in jenem Frühjahr 1939, wurde nach der vollständigen Besetzung unseres Landes durch Hitler die Delegation der tschechoslowakischen Partei in Frankreich durch die Ankunft von Viliam Široky und Jan Šverma verstärkt. Außer meinen sonstigen Aufgaben mußte ich mich mit der Organisation dieser Delegation beschäftigen.

Im Juli etwa traf Clementis aus Moskau ein. Er sollte in die Vereinigten Staaten fahren, wo es eine starke slowakische Auswanderergruppe gibt, wurde jedoch zusammen mit anderen Flüchtlingen zu Kriegsbeginn im September 1939 von der französischen Polizei verhaftet. Er wurde dann freigelassen und wurde zum Kampf in der slowakischen Armee nach Frankreich geschickt, von wo er bei der Niederlage im Juni 1940 nach England evakuiert wurde.

Im Oktober mietete meine Frau eine Etage für Jan Šverma in dem gleichen Wohnblock HLM von Ivry (Wohnbauten mit billiger Miete), in dem wir lebten. Die Wohnung gehörte offiziell meinem Schwager, der damals schon als Soldat eingezogen worden war. Ich entsinne mich des ersten nächtlichen Luftangriffs, den wir gemeinsam erlebten. Šverma war zu uns gekommen, und wir hatten ihn in den Luftschutzkeller des Hauses geführt. Unter den Mietern gab es viele Genossen. Keiner ahnte etwas von der wahren Identität Švermas, doch er strahlte. Nach der wochenlangen illegalen Einschließung war er endlich unter Genossen.

Damals erhielt die tschechoslowakische Delegation Befehl von Gottwald, nach Moskau zu kommen, und man mußte ihr falsche Pässe, Ausreise- und Durchreisevisa beschaffen; zu diesem Zweck wandte ich mich an Kidric, den Vertreter der Kommunistischen Partei Jugoslawiens in Paris.

Šverma reiste als erster gegen Ende des Jahres nach Moskau ab. Ich sollte ihn nicht wiedersehen. Bei meiner Rückkehr aus Mauthausen erfuhr ich, daß er 1944 beim slowakischen Aufstand, an dem er zusammen mit Slansky aktiv teilgenommen hatte, umgekommen war.

Široky reiste im März 1940 ab. Ich hatte ihn in seinem Hotel in der Rue du Cardinal-Lemoine abgeholt. Er spielte gerade Schach mit unserem Freund Erwin Polak, der Mitglied der »tschechoslowakischen Jugend« und einer der Verantwortlichen der KIM war. Sie waren beide leidenschaftliche Schachspieler. Ich konnte sie noch soviel drängen, unser Taxi erreichte in letzter Minute den Bahnhof. Während ich die Fahrkarten besorgte, liefen Erwin und Široky zum Zug; Široky sprang auf, als er sich schon in Bewegung setzte.

Als Erwin zu mir zurückkam, teilte er mir mit, daß Široky nicht in dem Zug nach Italien saß, sondern Richtung Schweiz fuhr, da am selben Tag der Fahrplan geändert worden war. Er wurde erst in Dijon vom Kon-

trolleur über seinen Irrtum aufgeklärt und erschien am nächsten Tag in übelster Laune wieder bei uns. Er fuhr tags darauf von neuem los und kam ohne Zwischenfall nach Moskau. Heute jedoch sitzt sein Freund Erwin Polak, der 1950 Parteisekretär in Bratislava wurde, in einer meiner Nachbarzellen in Ruzyně.
Köhler hingegen hätte schon viel früher abreisen sollen, hatte jedoch, als er die Pässe für sich und seine Frau erhielt, Besorgnis geäußert, da er sie für mangelhaft hielt. Široky meinte, ich sollte ihm andere besorgen; er ging von dem Prinzip aus, daß, wenn jemand Angst hat, er sich bestimmt an der Grenze erwischen läßt. Der von Köhler abgelehnte Paß wurde später dem Genossen Ackerman gegeben, einem der Leiter der Kommunistischen Partei Deutschlands, und damit gelangten seine Frau und er anstandslos nach Moskau. Köhler hingegen kam die Verzögerung teuer zu stehen; er wurde von der französischen Polizei verhaftet und interniert, ehe der neue Paß fertig war.
Široky ist jetzt stellvertretender Ministerpräsident, Außenminister und Vorsitzender der slowakischen Kommunistischen Partei; Köhler ist der Leiter der Kaderabteilung des Zentralkomitees an Stelle von Kopřiva. Wenn man mich über meine damalige Tätigkeit im Dienst der Delegation der tschechoslowakischen Kommunistischen Partei in Frankreich verhört, eine Tätigkeit, die sie ausgezeichnet kennen, die sie teilweise leiteten und die ihnen nicht nur ihre Arbeit, sondern auch ihr Leben in Paris erleichterte, frage ich mich jedesmal, wie es die beiden nur anstellen, um mit ihrem Gewissen ins reine zu kommen. Wie können sie nur schweigen? Unsere Peiniger gewähren lassen?
Und es handelt sich nicht nur um mich. Man legt uns unseren Beitritt zur tschechoslowakischen Armee in Frankreich als Verbrechen zur Last. Das war aber ein guter Entschluß gewesen - und hatten uns nicht übrigens Šverma, Široky, Köhler das Beispiel gegeben, indem sie sich als erste meldeten und allen Weisung erteilten, das gleiche zu tun? Die meisten Freiwilligen der Brigaden folgten dieser Anweisung. Und sie konnten wegen ihrer Erfahrung und Entschlossenheit sehr rasch einen großen Einfluß auf ihre Kampfgenossen gewinnen. Laco Holdoš wurde ihr Anführer in der Armee. Als sie die Verhältnisse prüften, die sich nach der Niederlage und der deutschen Besetzung eines Teils von Frankreich ergeben hatten, gedachten die Freiwilligen der Brigaden nach und nach völlig in der Untergrundbewegung zu verschwinden und sich vorläufig unter der Bevölkerung bei ihren in Frankreich ansässigen Landsleuten zu verstecken. Sie hatten auch für einige die illegale Rückkehr in die Heimat vorgesehen, sie sollten den Kampf dort fortsetzen. Die Weisungen, die ich kurze Zeit später an Laco Holdoš gelangen ließ, bestätigten die Berechtigung dieser Entschlüsse.

Es war ganz natürlich, daß manche unter den Führungskadern der tschechoslowakischen Emigranten in Frankreich einst Spanienfreiwillige waren und daß viele von ihnen wichtige Verantwortungen übernahmen, auch auf nationaler Ebene in der MOI, der FTP oder der TA (Arbeit der Widerstandsbewegung innerhalb der Besatzungsarmeen).
Die Vichy-Regierung verweigerte die Demobilisierung der zweihundert Freiwilligen der Brigaden. Sie erwog, sie in Internierungslager zurückzusenden und sie später an Hitler auszuliefern.
Laco Holdoš machte sich die Verwirrung zunutze, die damals in der Zentrale in Agde herrschte, und verschaffte sich eine Menge leere, aber mit allen notwendigen Stempeln versehene Demobilisierungsformulare; das ermöglichte ihm, die Freiwilligen illegal zu demobilisieren und auch den gefährdetsten unter ihnen eine makellose Identität zu geben, mit der sie später besser den Wechselfällen des Untergrundlebens zu begegnen vermochten. Später ließ die tschechoslowakische Gruppe der MOI auch den anderssprachigen Gruppen und der französischen Widerstandsbewegung solche ungebrauchten Demobilisierungsformulare und Wehrpässe zugute kommen, die sie sich nachträglich in Paris besorgt hatte.
Und hier in Ruzyně wurde mein Freund Laco wegen dieser für den Widerstand begangenen Tat beschuldigt, ein Dieb zu sein.
Das genügt wohl, um sich vorstellen zu können, was aus dieser Widerstandstätigkeit wurde, wenn sie von unseren Referenten umgedeutet wurde. Außerdem waren unsere Beziehungen zu den jugoslawischen Freiwilligen und Einwanderern recht gut; sie wurden noch enger, da wir uns sprachlich verstanden. Jetzt ließen wir ihnen unsere guten technischen Möglichkeiten für die Herstellung falscher Papiere zugute kommen.
Meiner alten Freundin Erna Hackbart, einer politischen Mitkämpferin aus Deutschland, verdankten wir das unverhoffte Glück, »authentische« Kennkarten, Wehrpässe und Lebensmittelmarken zu bekommen.
Dagegen mangelte es an Unterkunft für unsere Illegalen. Die französische Partei riet uns, mit den Jugoslawen Kontakt aufzunehmen, die über eine herrliche Villa inmitten eines Parks in Louveciennes verfügten. Sie gehörte einem amerikanischen Ehepaar, das an die Côte d'Azur gezogen war und die Villa unter der Obhut ihrer Hausangestellten gelassen hatte, einer französischen Kommunistin, Lebensgefährtin des Leiters der jugoslawischen Gruppe. Dort konnten wir einige unserer Landsleute eine Zeitlang, bis zu ihrer Abreise in die Heimat, unterbringen.
Das sind die Tatsachen, und hier ist ihre Verdrehung in Ruzyně. Sie geht auf eine »Aussage« zurück, die man von einem ehemaligen tschechoslowakischen Freiwilligen erpreßte, einem Invaliden, der seinerzeit von unseren jugoslawischen Freunden in »ihrer Villa« in Louveciennes aufgenommen worden war:

»Die Repatriierung der tschechoslowakischen wie der titoistischen Freiwilligen in die Heimat vollzog sich im Einverständnis und mit der Hilfe der Amerikaner...«
Um diese »Aussage« pikanter zu machen, stützt man sich darauf, daß Louveciennes, wie übrigens zahlreiche Städte im besetzten Frankreich, eine deutsche Garnison hatte, und fügte folgendes hinzu:
»Der Repatriierung kam überdies das Wohlwollen der Gestapo zugute...« Und zum Beweis: »Die Villa lag inmitten von Häusern, die von Offizieren der deutschen Armee und der Gestapo bewohnt wurden, sie konnten sehr wohl das Kommen und Gehen in dem Haus überwachen und die Leute kennen, die in ihre Heimat zurückfuhren...«
So wird in Ruzyně Geschichte geschrieben.
Eine der Aufgaben der tschechoslowakischen Gruppe der MOI bestand darin, die noch internierten ehemaligen Freiwilligen der Brigaden mit allen Mitteln herauszubekommen: die Invaliden und jene, die von der Vichy-Regierung als gefährliche Kommunisten vermerkt waren.
Zwei Möglichkeiten standen uns offen: ihnen zur Flucht zu verhelfen oder sie legal herauszubringen, indem wir ihnen Visa für ein anderes Land besorgten. Ein solches Visum ermöglichte dem Inhaber, das Lager ungehindert zu verlassen und eine gewisse Zeit in der unbesetzten Zone zu leben. Diese Zeitspanne wurde dazu verwandt, ihren Durchbruch ins illegale Leben vorzubereiten.
Die Leitung der Marseiller Gruppe organisierte mit Erfolg die Flucht einiger Invaliden aus dem Lager Argelès, die später geheim nach Paris gebracht wurden. Wenn es ihre körperliche Verfassung gestattete, blieben sie in Frankreich, wo sie, soweit es ihre Möglichkeiten erlaubten, an der illegalen Arbeit teilnahmen; manche kehrten sogar freiwillig in die Heimat zurück.
Die französische Partei beauftragte die verschiedenen Sprachgruppen, eine Liste der Invaliden und der politischen Kader aufzustellen; man wollte für sie ein Ausreisevisum in die UdSSR verlangen. Die Liste für die tschechoslowakische Gruppe wurde der sowjetischen Botschaft in Vichy von Laco Holdoš übergeben. Und ich selbst übergab eine Abschrift davon der Leitung der französischen Partei.
Die »Ruzyňer« Version dieser Aktion lautet:
»Auf die Anweisungen des amerikanischen Nachrichtendienstes hin und gedeckt durch die Leitung der Kommunistischen Partei Frankreichs, versuchte London, einen Teil seiner ›trotzkistischen Gruppe‹ ehemaliger Freiwilliger in die UdSSR zu schicken, indem er für Invaliden und die Kader der Brigaden um sowjetische Visa ansuchte.«
Die Marseiller Leitung hielt die Verbindung mit den im Lager von Vernet internierten Genossen aufrecht. Aus Paris beförderten wir illegales

Material sowie Anweisungen der französischen Partei in Koffern mit doppeltem Boden, die scheinbar nur Kleider und sonstiges enthielten.
Auf diesem Weg hatten wir Pavel mitgeteilt, er solle sich um ein Visum nach Mexiko bemühen, denn dieses Land hatte sich damals zu einer solchen Hilfsmaßnahme den spanischen Republikanern und Freiwilligen der Brigaden gegenüber bereit erklärt. Gleichzeitig sollte die Parteileitung in Marseille bei der mexikanischen Botschaft Schritte unternehmen, um dieses Ansuchen zu unterstützen.
Die Ruzyňer Version lautete: »Ich wollte Pavel nach Mexiko schicken, um die Verbindung mit der Führung der IV. Internationale zu gewährleisten.«
»Wie können Sie es wagen, Ihre Spionagearbeit in Frankreich zugunsten des amerikanischen Nachrichtendienstes zu leugnen? Wer unterstützte Ihre Gruppe in Marseille finanziell? Die YMCA über die Agenten Lowry und Dubina. Wer war die YMCA? Die Deckorganisation des amerikanischen Nachrichtendienstes ... alle Ihre Komplicen von der Marseiller Gruppe haben zugegeben, daß sie von der YMCA Unterstützungen erhielten. Sie waren ihr Chef, das haben Sie gestanden. Warum wollen Sie unter diesen Umständen weiter leugnen, daß Sie der Chef einer Spionengruppe waren?«
Nach 1939 hatte das tschechoslowakische Konsulat in Marseille mit der tschechoslowakischen Regierung in London, von der es Anweisungen für seine Arbeit sowie die dazu nötigen Geldmittel erhielt, die Verbindung aufrechterhalten. Dank diesem Umstand wurde Marseille zu jener Zeit das Zentrum der tschechoslowakischen Emigranten in Frankreich. Nach dem Zusammenbruch und der Teilung des Landes hatte sich das Konsulat in ein Hilfskomitee für die nach Frankreich geflüchteten Tschechoslowaken verwandelt. Es unterstützte sie mit Geld, half ihnen, Arbeit zu finden, und denen, die in andere Länder reisen wollten, Auswanderungsvisa zu besorgen.
Bei einer dreitägigen Reise, die ich im Herbst 1940 nach Marseille unternahm, erfuhr ich von Laco Holdoš, daß die Gruppe der ehemaligen Freiwilligen vom Hilfskomitee Unterstützung erhielt. Ich hatte das ganz normal gefunden. Denn wenn auch die Mittel sowohl von der Londoner Regierung als auch von der Hilfszentrale stammten, die unter dem Schutz der YMCA lief - wie konnte die Annahme dieser finanziellen Hilfe durch unsere Genossen als Verbrechen der Parteifeindlichkeit und Spionage ausgelegt werden, dessen man uns jetzt beschuldigt? War es nicht selbstverständlich, daß sie unterstützt wurden wie irgendwelche andere politische Flüchtlinge?
Damals hatte das verratene Frankreich kapituliert, und die deutschen Truppen standen auf seinem Boden. Damals machte sich ein vernünfti-

ger Kopf keine Gedanken über die angeblichen Zusammenhänge der YMCA mit dem amerikanischen Imperialismus, sondern dachte über Mittel und Wege nach, um mit neuen Methoden, die den neuen Umständen angepaßt wären, den Kampf fortzusetzen und Hitler zu besiegen. Damals waren Nazideutschland, seine Besatzungsarmeen, die kollaborierende Vichy-Regierung die Hauptfeinde und nicht ... das zukünftige reaktionäre Amerika Allan Dulles' und McCarthys!
Sooft ich es auch sage, es wiederhole, zehnmal, zwanzigmal meine Erklärungen neu beginne, es ist vergeblich: »Hier steht der grundlegende Beweis der Spionagetätigkeit der trotzkistischen Gruppe der ehemaligen Freiwilligen der Brigaden während des Krieges in Frankreich.«
Diese Anklage stützen sie mit den Protokollen, die sie von Spirk, Zavodsky und Holdoš erpreßt haben. Darin steht, daß »London bei der Reise, die er Ende Oktober 1940 nach Marseille unternahm, in Vichy mit dem Spion Lowry eine Begegnung hatte, um mit ihm die Einzelheiten der Probleme der Repatriierung zu besprechen«. Und ihre Schlußfolgerung lautet:
»Was die illegale Rückkehr der ehemaligen Freiwilligen in die Heimat während des Krieges anlangt, so haben Sie gelogen, als Sie erzählten, sie sei auf Weisung der Kommunistischen Partei Frankreichs und der Komintern vor sich gegangen.
Diese Weisung erhielten Sie vom amerikanischen Nachrichtendienst und von der Gestapo. Zu welchem Zweck? Zunächst um die illegale Führung der tschechoslowakischen Kommunistischen Partei der Gestapo auszuliefern. Und ferner um deren Spione und Ablenkungsagenten, die von Ihnen unter den ehemaligen Freiwilligen angeworben wurden, zu plazieren, die sollten später in Mitteleuropa gegen die volksdemokratischen Regimes arbeiten ...«
Ich bringe einen Referenten in helle Wut, als ich ihm eines Tages antworte, es sei ein Versehen von mir gewesen, damals nicht den berühmten Nostradamus gefragt zu haben; seine Prophezeiungen unterrichteten uns über die Regimeänderungen, die zwischen 1945 und 1948 in den Ländern Osteuropas und insbesondere in der Tschechoslowakei vor sich gehen würden! »Er hätte mich vor dem Schicksal gewarnt, das ihr mir im Jahre 1951 zuteil werden laßt ...«
Ich wiederhole das Wie und Warum all jener Aufgaben. Ich beziehe mich auf die Aussage der Kommunistischen Partei Frankreichs, aber ich rede ins Leere!
Von Dezember 1940 an hatten die im Gebiet von Marseille lebenden Freiwilligen begonnen, sich nach Paris zu begeben. Sie sprachen mit einem Losungswort in den Wohnungen zweier sehr treuer Genossinnen vor, Nelly Štefkova und Vera Hromadkova.

Sobald wir den geeigneten Abreisetermin für gekommen hielten, meldeten sie sich im deutschen Stellennachweis, der Arbeitskräfte für das Großdeutsche Reich anwarb. Die Papiere, die wir ihnen gaben, waren erstklassig. Die einzige Kontrolle, die sie vor der Aufnahme über sich ergehen lassen mußten, war eine ärztliche Untersuchung.
In Deutschland sollten unsere Genossen bei der ersten Gelegenheit ins *Protektorat* fahren. Dort angekommen, mußten sie mit der Partei in Verbindung treten. Oder falls ihnen das nicht gelang, aus eigener Initiative einzelne Kommunisten, Antifaschisten, Patrioten um sich sammeln, um selbständig Aktionen und Sabotageakte gegen die Besatzung auszuführen und sich gegebenenfalls einer Partisanengruppe anzuschließen. Falls unsere Genossen keine Möglichkeit fanden, in das *Protektorat* zu gelangen, sollten sie bei ihrem ersten regulären Urlaub nach Frankreich zurückkommen, und dort brachten wir sie dann in einer Gruppe der FTPF unter.
Zu Beginn des Jahres 1941 waren fast alle tschechischen Kommunisten der Marseiller Gruppe auf diesem Weg in die Heimat zurückgekehrt. Sie sandten uns harmlose Postkarten, auf denen sie bestätigten, das Ziel ihrer Reise erreicht zu haben. Von jenem Augenblick an war unsere Verbindung mit ihnen zu Ende.
Das war die Zeit, zu der in Paris die Kommission der slowakischen Repatriierung eingerichtet wurde. Für uns war das eine Möglichkeit, einen zweiten Weg zu schaffen, um unsere slowakischen Genossen, einschließlich der noch internierten Freiwilligen nach Hause zu bringen.
Sie wurden unter die zahlreichen, aus wirtschaftlichen Gründen nach Frankreich ausgewanderten Slowaken gemischt, die man mit ihren Familien in die Heimat zurückbeförderte, und kamen ungehindert nach Bratislava. Auf dem gleichen Weg schickten wir auch Tschechen, Ungarn, Rumänen, Jugoslawen, denen wir slowakische Papiere beschafft hatten. Aus der Slowakei fiel es ihnen dann viel leichter, ihre Heimat zu erreichen. Unter unseren slowakischen Genossen waren einige jüdischer Herkunft. Bei der Parteiarbeit war zwischen jüdischen oder nichtjüdischen Mitkämpfern nie irgendein Unterschied gemacht worden. Sie selbst verlangten, zurückgeschickt zu werden. Sie wären verletzt gewesen, wenn wir ihnen die Genehmigung verweigert hätten; sie wären sich wie geringer geschätzte Mitkämpfer und Opfer einer Diskriminierung vorgekommen. Selbstverständlich waren wir für sie doppelt vorsichtig: wir gaben ihnen Ausweise von Slowaken, die in Frankreich lebten, sich statt ihrer der vorschriftsmäßigen ärztlichen Untersuchung unterwarfen und bei der Rückbeförderungsstelle sämtliche Formalitäten erledigten.
Jene Leute, die mich in Kolodeje mit antisemitischen Reden empfingen und bedauerten, daß Hitler seine Judenausrottung nicht vollendet hat,

diese gleichen Leute spielen jetzt die guten Hirten und beschuldigen mich, ich hätte Juden in die Slowakei zurückbefördert, um sie dem Löwen in den Rachen zu schieben.
Um die noch in Vernet internierten Genossen herauszuschaffen, hatten wir sie angewiesen, sich im Büro des deutschen Arbeitsnachweises einschreiben zu lassen, das auch bis in die Lager hinein funktionierte. Als sie dann unterwegs waren, verhalfen wir Ihnen zur Flucht und brachten sie in die Untergrundbewegung. Die erste Gruppe kam Ende Mai 1941 durch Paris und wurde in der Kaserne Tourelles untergebracht. Es gelang uns, unseren ganzen tschechischen Kameraden zur Flucht zu verhelfen, darunter Neuer, Hromadko, Stern, Bukaček, Klecan und vielen anderen, ebenso Rumänen, Ungarn, Jugoslawen, alles in allem etwa vierzig Mann. Die meisten verließen Frankreich auf dem eben beschriebenen Weg; die anderen traten der französischen Widerstandsbewegung bei.
Damals wußte ich noch nicht, daß mir diese Aktion die infamste Anklage eintragen sollte.

6

Nach fünf Monate dauernden Verhören weiß ich nun, daß auch das größte Opfer während der Widerstandskämpfe einen nicht vor den Beschuldigungen der Referenten bewahrt. Man verleumdet Sirotek, den die Gestapo skalpierte, beim vergeblichen Versuch, ihn zum Sprechen zu bringen. Ebenso Vejrosta, der Zyankali schluckte, Kuna, Honek, Formanek, Maršalek, die geköpft wurden, Grünbaum, der beim Ghettoaufstand von Warschau fiel. Wie sollten sie dann erst mit uns umgehen, die wir lebendig aus den Todeslagern zurückgekehrt waren!
Eines Tages finde ich mich der Anklage gegenüber, die dem ganzen schändlichen Bau, den ich schon so lange habe anwachsen sehen, die Krone aufsetzt. Daraus, daß ich die Rücksendung der Freiwilligen in die Heimat organisiert habe, schließt man, daß »ich es war, der das geheime Zentralkomitee der tschechoslowakischen Kommunistischen Partei, mit Fučik und Jan Černy an der Spitze, an die Gestapo ausgeliefert habe«. Das wagt man zu behaupten.
Das ist für mich das schlimmste. Die Niederträchtigkeit, die mich am tiefsten trifft. Ich habe Fučik und Černy bei meinem Moskauer Aufenthalt in den dreißiger Jahren gut gekannt. Der bärtige Fučik kam damals braungebrannt wie ein Forschungsreisender von einer Expedition durch Mittelasien zurück, die ihm den Stoff für einige seiner aufsehenerregen-

den Reportagen über die Sowjetunion lieferte. An den gemeinsam verbrachten Abenden genoß ich den Vorzug, ihn von seinen Eindrücken erzählen zu hören.
Mit Černy war ich am 1. Mai 1935 mit einer Delegation bei Gorkij und im autonomen Gebiet der Tschuwaschen, deren Kommunistische Jugendorganisation als Pate jener der Tschechoslowakei fungierte. Dann traf ich ihn 1938 in Spanien wieder. Er war zuerst politischer Kommissar des Bataillons Dimitrow gewesen und hatte eine schwere Lungenverletzung erlitten. Nach seiner Genesung wurde er Leiter der tschechoslowakischen Kaderabteilung im Brigadenstützpunkt Albacete. Mehrere Monate lang lebten wir mit ihm und Klivar, dem damaligen Vertreter der Partei in Spanien zusammen in derselben Wohnung. Gegen Ende des Krieges trafen wir einander wieder in Barcelona. Černy war nach Belgien gegangen und dann mit eigenen Mitteln in die Heimat zurückgekehrt.
Diese beiden hätte ich dem Henker ausgeliefert, so lautet die Anklage gegen mich. Ich hätte mich zu diesem Zweck der Repatriierung Klecans bedient. Klecan war einer von den in Vernet internierten Freiwilligen. Er war Jugendführer im Bergwerksgebiet von Kladno gewesen und hatte sich im Kampf hervorragend bewährt. Da wir ihn aber für undiszipliniert hielten, hatten wir ihn angewiesen, nicht mit der Parteileitung Verbindung aufzunehmen, sondern selbst ein eigenes Widerstandsnetz zu schaffen. Gleichzeitig hatten wir in der dem geheimen Zentralkomitee übermittelten Liste der Genossen, die wir in die Heimat zurückschickten, diese Beurteilung Klecans zum Ausdruck gebracht. Selbstverständlich lag die Entscheidung in letzter Instanz bei der Parteileitung an Ort und Stelle. Černy kannte Klecan aus Spanien und gliederte ihn dem Zentralkomitee ein.
Klecan wurde, zusammen mit Černy und Fučik, ein Opfer der tragischen Razzia, die die Parteileitung ihrer Führung beraubte. In seinem Buch »Unter dem Galgen geschrieben« spricht Fučik die Annahme aus, daß Klecan unter der Folter gesprochen habe.
Das sind die Tatsachen. Doch zahlreiche »Geständnisse« und »Zeugenaussagen«, die meinen Haftgenossen abgenötigt wurden, behaupten mit einer Fülle von Einzelheiten, sie hätten gehört, wie ich Klecan den Befehl erteilt hätte, die Parteileitung - mit ihr in Verbindung zu treten hatte ich ihm in Wirklichkeit verboten - der Gestapo auszuliefern.
Smola geht noch weiter: »Sie sind an der Festnahme der tschechischen und slowakischen Freiwilligen schuld, die Sie repatriiert haben. Sie haben sie bewußt in den Tod geschickt...«
Und auch da kommen die notwendigen »Aussagen«.
Jetzt kann mich nichts mehr verwundern. Ich sei schuld am Tod Hunder-

ter von Juden in Frankreich! Dieses Hirngespinst stützt sich ursprünglich auf die Verordnung der kollaborierenden französischen Polizei, die die Juden zwang, sich in den Kommissariaten ihres Bezirks eintragen zu lassen. Damals verfügte die Partei über keinen technischen Apparat, der imstande gewesen wäre, sofort Verstecke zur Verfügung zu stellen und allen unseren jüdischen Kameraden falsche Papiere zu besorgen. Um Zeit zu gewinnen und die als Juden bekannten Genossen von einem Verstoß gegen die Vorschriften abzuhalten, bis man ihnen eine neue Identität besorgt hätte, riet ihnen die Parteileitung, entweder der Vorladung Folge zu leisten oder in der unbesetzten Zone zu verschwinden.

Damals handelte es sich nur um eine einfache Zählung der Juden. In der Folge verschaffte der technische Apparat der Partei nach und nach allen jüdischen Kameraden, die Kommunisten und in der Widerstandsbewegung waren, falsche Papiere. Als dann einige Monate später das Tragen des gelben Sterns für sie Vorschrift wurde, waren unsere jüdischen politischen Mitkämpfer bereits alle im Untergrund oder konnten in den nächsten Tagen sich ihm anschließen.

Daß ich den jüdischen Genossen diese Weisungen gegeben habe, wird nun verfälscht mit »Hunderte von Juden in den Tod geschickt zu haben«. Und wie stets stützt sich diese Interpretation auf die »Geständnisse« Zavodskys und »Erklärungen«, die man von Štefka und anderen »Zeugen« aus jener Zeit erpreßt hat.

Nun beschuldigt mich der Sicherheitsdienst, da er einmal in Fahrt ist, ich hätte Široky an die französische Polizei ausliefern wollen. Sein Irrtum auf dem Bahnhof wird mir als Verbrechen angekreidet: »Ihr Versuch, Široky der Polizei auszuliefern, indem Sie ihn bewußt in einen falschen Zug haben steigen lassen, beweist, daß Sie bereits im Jahre 1940 für die französische Polizei arbeiten.«

Ich versuche vergeblich darzulegen, daß, wenn dies meine Absicht gewesen wäre, wir nicht auf den Tag seiner Abreise hätten zu warten brauchen, sondern ihn viel leichter in Paris hätten verhaften lassen können. Überdies hätten wir doch nicht einen Zug gewählt, der in die Schweiz fuhr, in ein neutrales Land, wo ihm nichts geschehen konnte. War er übrigens nicht wenige Tage darauf mit dem richtigen Zug gereist?

Aber Ruzyně ist für jegliche Logik, für alle Beweise taub, seine einzige Sorge ist es, gleichgültig um welchen Preis, Halbwahrheiten zu benutzen, um seinem Aufbau den Anschein der Wahrheit zu verleihen!

Bruno Köhler und seine Frau waren also Anfang 1940 in Frankreich interniert worden. Im Augenblick des Zusammenbruchs waren sie in Toulouse in Freiheit, von dort kamen sie nach Portugal und warteten auf die amerikanischen Visa, die ihnen Alice Kohnova, die heute auch im Gefängnis sitzt, besorgen sollte.

Vor der Reise Köhlers und seiner Frau von Portugal nach Moskau über Amerika und Japan beabsichtigte die Kommunistische Partei Frankreichs, mich nach Lissabon zu schicken, um die beiden nach Frankreich zurückzubringen, wo ihre sowjetischen Visa bei der Botschaft der UdSSR in Vichy für sie bereitlagen. Die Schwierigkeiten und das Risiko einer solchen Reise bewogen die Partei, diesen Plan aufzugeben. Durch einen Genossen, der über Portugal nach Amerika auswanderte, sandte ich Köhler in einem Koffer mit doppeltem Boden 10 000 Francs (eine Summe, die damals für unsere Gruppe ein beträchtliches Opfer bedeutete), einige Exemplare unserer geheimen Zeitung, einen Bericht über unsere Tätigkeit und den Vorschlag der Leitung der Kommunistischen Partei Frankreichs. In seiner Antwort, die er mir kurz darauf übermittelte, weigerte er sich, nach Frankreich zurückzukehren. Zweimal, aus Portugal und dann aus den Vereinigten Staaten, schlug er mir vor, in die UdSSR auszuwandern. Ich lehnte ab: Meine Aufgabe war es, den Kampf in Frankreich fortzuführen, wo ich bereits in der Widerstandsbewegung wichtige Funktionen ausübte.

Die Affäre Köhler bringt mir eine weitere Anklage ein: nicht nur sei ich an seiner Verhaftung und an der seiner Frau in Paris schuld, weil ich ihnen »unbrauchbare« Pässe beschafft hätte, sondern ich hätte auch versucht, sie wieder nach Paris zu lotsen, um sie der Gestapo auszuliefern.

In Ruzyně bin ich also ein Agent der französischen Polizei und der Gestapo. Als Beweis für die erste Anschuldigung gilt, daß »der Erkennungsdienst der Polizeipräfektur eine Liste sämtlicher in den Lagern internierten ehemaligen Freiwilligen besaß«.

»Wir wissen sogar«, sagt mir der Referent, »daß diese Listen Anmerkungen über die politische Zugehörigkeit sowie über charakteristische Züge jedes einzelnen enthielten, etwa: Kommunist, Sozialist, nicht organisiert, Trotzkist, demoralisiertes Element usw.«

»Ihre Mitarbeiterin N... Š...«, behauptet er, »hat uns erklärt, sie habe diese Liste mit eigenen Augen beim Erkennungsdienst gesehen, als sie zur Verlängerung ihrer Aufenthaltsgenehmigung dort war. N... Š... fügte hinzu, daß auch Sie zum gleichen Zweck in die Abteilung gekommen waren und daß die französische Polizei die Liste nur durch Sie bekommen haben konnte, da Sie auf Grund ihrer verantwortlichen Stellung in Spanien der einzige waren, der das politische und moralische Profil der tschechoslowakischen Freiwilligen so gut kannte.

Sie wurden übrigens zum Dank für Ihre Dienste nur zu zehn Jahren Zwangsarbeit verurteilt, während Ihre Frau mit knapper Not der Todesstrafe entging.«

Diese schändliche Beschuldigung mag lächerlich klingen, aber auf solche »Zeugenaussagen« gestützt, die mich die Referenten lesen lassen und die durch Erpressung, Drohungen und allerlei widerrechtliche Mittel von Haftgenossen oder, wie es hier der Fall war, von unverhafteten Zeugen erzwungen worden waren, ist sie für mich sehr schwerwiegend; die Menge der »konkreten« Einzelheiten und »genauen Angaben« verschafft ihr Glaubwürdigkeit.

Ich erwidere, daß die französische Polizei mich keineswegs dazu gebracht hatte, die Liste der internierten ehemaligen Freiwilligen aufzustellen, da es zu den Aufgaben der französischen Lagerleitungen gehörte, diese Liste anzulegen und sie dem Innenministerium zur Kenntnis zu bringen, so konnte man die Entlaufenen erkennen, falls sie auf den Gedanken kamen, in der Ausländerabteilung vorzusprechen, um eine Aufenthaltsgenehmigung zu erlangen. Sooft ich ihnen auch erkläre, daß es der französischen Polizei mit ihren Spitzeln ein Leichtes war, sich über (richtige oder falsche) charakteristische Züge jedes einzelnen Internierten zu informieren, hier bleiben alle meine Bemühungen natürlich vergeblich.

Ich lasse nicht locker: Aus welchem Grund, frage ich, sollte es die Polizei für angezeigt gehalten haben, meiner Mitarbeiterin N... S... jene Liste vorzuzeigen, und wie kommt es, daß diese nicht sofort der Kommunistischen Partei Frankreichs darüber berichtet hatte? Antwort: Weil sie, ebenso wie Sie, Trotzkistin war. Sie hat es uns übrigens gestanden.

Ich frage noch: »Warum sollte mich die französische Polizei 1942 verhaftet haben, statt mich weiter als Agent innerhalb der französischen Partei zu verwenden, besonders da ich damals in so verantwortungsvoller Stelle beschäftigt war?« Antwort: »Die Polizei wollte sich Sie für wichtigere Aufgaben nach dem Krieg, sobald in der Tschechoslowakei das Regime der Volksdemokratie herrschen würde, aufbewahren. Um Ihnen einen Glorienschein als Märtyrer zu schaffen, Ihre Verdienste und Ihr Ansehen zu erhöhen, hielt sie es für besser, Sie eine Zeitlang nicht mehr zu verwenden, und für aussichtsreicher, Sie 1942 festnehmen zu lassen, wobei man dafür sorgte, Sie lebendig in die Hand zu bekommen.«

Der Sicherheitsdienst interpretiert auch meinen Abtransport aus Mauthausen, Ende April 1945, in einem Geleitzug des Roten Kreuzes, nach dem gleichen Schema.

»Zahllose Dokumente beweisen, daß schon während des Krieges zwischen dem amerikanischen und deutschen Nachrichtendienst eine Verbindung bestand«, behaupten die Referenten. »Deshalb war es für die Amerikaner leicht, durch die Gestapo Ihren Abtransport aus Mauthausen in einem der Geleitzüge des Roten Kreuzes zu organisieren. Ihr Ziel war, Sie so schnell wie möglich nach Frankreich zurückzuschaffen, damit Sie Ihre Zusammenarbeit mit ihnen gegen unsere Republik wieder aufnehmen konnten.«

Darauf antworte ich: »Meine Rückreise nach Frankreich in einem Geleitzug des Roten Kreuzes war von der Leitung des geheimen internationalen Widerstandskomitees des Lagers beschlossen worden.« Der Referent läßt sich nicht aus der Fassung bringen: »Was beweist uns, daß diese Leute nicht gleichfalls Agenten der Gestapo waren, die deren Befehle ausführten?« erwidert er mir.

Auf alles, was ich vorbringe: die schlechte Behandlung, die ich nach meiner Festnahme in Paris und während meiner Haftjahre durchmachte, meine Einreihung unter die Geiseln, meine Verschickung als N. N. in das Straflager Neue Bremme und von dort nach Mauthausen, die schwere Krankheit, die ich mir während der Deportierung zuzog, meine Tätigkeit in der geheimen Widerstandsbewegung in den Gefängnissen und Lagern, gibt es nur eine Antwort: »Die Tatsache, daß Sie, obgleich Sie Jude sind, lebend zurückgekehrt sind, ist schon an sich der Beweis für Ihre Schuld und zeigt *daher,* daß wir im Recht sind.«

Wozu die Verbrechen, die mir zugeschrieben werden, noch weiter aufzählen? Ich fühle mich erdrückt von einer Pyramide der Fälschungen und Lügen. Tag und Nacht arbeiten die Spezialisten daran, aus mir den Chef der trotzkistischen Verschwörung zu machen, die sie aufzudecken haben.

Es wird mir klar, daß man in Ruzyně verschiedene Stufen von Verhören anwendet, je nach der Rolle, die dem Mann, der »bearbeitet« wird, auf dem Schachbrett des zukünftigen Prozesses zugeteilt ist. Später, nach dem Prozeß, kann ich durch Gespräche mit den anderen, die lebend davongekommen sind, die folgende Rangordnung aufstellen: Gruppenchef, Komplicen, Nebenfiguren, Zeugen. Die »Behandlung« richtet sich nach dieser Hierarchie und variiert auch je nachdem, ob es sich um einen großen öffentlichen Prozeß oder um einen handelt, der im Verborgenen stattfindet. Mir gebührt demnach die härteste, verbissenste Behandlung von seiten der Referenten.

Die Referenten bemühen sich, von den Mitangeklagten sowie von anderen der Gruppe nicht zugehörigen Häftlingen und auch von Zeugen, die auf freiem Fuß sind, Erklärungen zu erhalten, die die Rolle, die mir in ihrem Aufbau zugeteilt ist, erhärten würden.

Die Technik des Sicherheitsdienstes verlangt, daß diese Erklärungen, um überzeugender zu sein und gegen mich - den Chef - ein unwiderlegbares Zeugnis darzustellen, damit beginnen müssen, daß mein Mitangeklagter seine »eigene« Schuld gesteht.

Falls der Sicherheitsdienst nicht rasch zu einem solchen Ergebnis, der Krönung der Verhöre, gelangt, bemüht er sich um unmittelbar gegen mich gerichtete Aussagen. Zu diesem Zweck behaupten die Referenten, die Partei habe alle Beweise dafür, daß der Mann, gegen den diese Zeu-

genaussagen sich richten müssen, ein gefährlicher Feind ist und daß die Mitangeklagten, wenn sie sie abgeben, der Partei bei dessen Entlarvung einen großen Dienst leisten; das wird sich bestimmt zu ihren Gunsten auswirken, wenn über ihr eigenes Schicksal entschieden werden wird.
Diese Argumente verfehlen nicht ihre Wirkung. Manche Genossen beginnen zu glauben, sie seien in der Vergangenheit vom »Gruppenchef« hinters Licht geführt worden und er sei die Ursache ihres jetzigen Unglücks. Wenn auch jeder von seiner eigenen Unschuld überzeugt ist, so veranlassen ihn die Verdrehungen, deren Opfer er ist, dazu, an den anderen zu zweifeln. Er beginnt also Argumente zu suchen, um seine Aussagen gegen andere Genossen aufzubauen.
Man verspricht ihnen auch, die Erklärungen, die sie gegen den Gruppenchef abgeben und die für sie selbst kompromittierend sein können, nicht gegen sie zu verwenden. »Die Partei wird Ihrem guten Glauben Rechnung tragen und Ihre Aussagen nur im Verlauf der Untersuchung verwenden...«
Selbstverständlich stellen jene, die sich durch diese Argumentation einfangen ließen, eines Tages, jedoch zu spät, fest, daß ihre Erklärungen nicht in Vergessenheit geraten sind; bald stehen sie trotz aller Widerrufungsversuche vor Gericht. Der Sicherheitsdienst läßt seine Beute niemals entkommen.
Sein Trumpf sind die Leute, die er körperlich und moralisch gebrochen hat. Ganz abgesehen von jenen, die er überzeugen konnte. Ich habe von dem Schuldkomplex gesprochen, der sich auch bei mir einstellte. Später sollte ich in der Zentrale Leopoldov Genossen treffen, die sich noch nach ihrer Verurteilung und der Komödie der Prozesse für schuldig hielten. Einer sagte: »Ich hätte vielleicht höchstens sechs Jahre verdient. Aber achtzehn Jahre, das ist wirklich ungerecht!« Ein anderer erklärte: »Objektiv gesehen, waren wir ja wegen unserer Beziehungen während des Krieges potentielle Trotzkisten und Feinde...« Meistens können diese Schuldpsychosen auf Unvorsichtigkeiten oder wirkliche Fehler zurückgeführt werden, die jedoch nichts mit den Prozessen, die uns gemacht werden, zu tun haben. Etwa in der Widerstandsbewegung nicht bemerkt zu haben, daß man verfolgt wurde, bei der Festnahme ein Papier bei sich gehabt zu haben, auf dem Namen standen, eine politische Meinung geäußert zu haben, die von der der Partei abwich... Daraus sind mitunter richtige Psychosen geworden. Chruschtschow wird in seiner Rede vor dem XX. Parteikongreß von den Genossen sprechen, die vor acht, zehn oder fünfzehn Jahren verurteilt worden waren und die man später überzeugen mußte, daß sie unschuldig waren...
Einer meiner Freunde erzählte mir nach unserer Rehabilitierung, daß er wochen-, monatelang seine eigene Unterschrift, seinen Namen verleug-

net hat... weil er glaubte, man wolle ihn auf die Probe stellen, erkunden, ob er fähig war, den bedeutenden Posten zu bekleiden, den er - vor seiner Verhaftung - beim Sicherheitsdienst bekleidete. Lachend sagte er: »Und als ich eingekerkert wurde, rieb ich mir die Hände bei dem Gedanken: das ist die letzte Prüfung; heute ist Dienstag, am Freitag wird man immer entlassen. Also nur mehr drei Tage...«
Erst als er vor dem Gericht stand und seine Verurteilung zu zweiundzwanzig Jahren Gefängnis hörte... erst da erkannte er, daß sein Leidensweg nichts mit einem Auf-die-Probe-Stellen zu tun hatte!

7

Eines Tages sagt mir ein mir unbekannter Referent, der meinem Verhör beiwohnt: »Glauben Sie denn, Sie werden noch lange weiterleugnen können? Sie sind hier einer der verstocktesten Kerle, der verbissensten Feinde, denen wir je begegnet sind. Während die anderen bereits Abbitte vor der Partei geleistet und ihre Verbrechen eingestanden haben, verharren Sie weiter in Ihrer zynischen Haltung. Nehmen Sie sich doch ein Beispiel an Holdoš: durch seine Geständnisse und sein Verhalten hat er bewiesen, daß noch ein Funken kommunistischen Geistes in ihm lebendig ist; daß man nur darauf blasen muß, um die Flamme wieder zu entfachen. Sie haben schon ziemlich viele Referenten verbraucht. Wenn Sie die beiden zermürbt haben, die Sie jetzt verhören, werden andere sie ablösen. Wollen sehen, wer als erster aufgibt! Ein Mann wie Radek hat drei Monate lang durchgehalten. Dann hat er endlich gestanden. Sie halten schon bald vier Monate durch... Glauben Sie, daß dieses Spiel noch lang dauern kann? Die Verzögerung nützt Ihnen gar nichts! Ihre verbrecherische Tätigkeit ist von solchem Ausmaß, daß ein einziger Strick nicht genügen wird. Für Sie werden mindestens vier nötig sein!«
Immer die gleichen Drohungen. Nur die Erwähnung Radeks... so habe ich also richtig geraten. Diese Bemerkung bestätigt mir, wie eng die Zusammenarbeit der Referenten mit den sowjetischen Beratern ist, denn sie allein konnten das Verhalten Radeks vor seinem Prozeß gekannt haben.
Nun verbeißen sich also die Referenten in ein Thema, das man schon in Kolodeje bei meinen ersten Vernehmungen angeschlagen hatte. Gegen die Leiter der Kommunistischen Partei Frankreichs und ihre Politik während des Krieges werden die erstaunlichsten, die beleidigendsten Anklagen erhoben. Alle Einschüchterungsmittel, auch Schläge, werden

angewandt, um mir kompromittierende Erklärungen gegen die französischen Kommunistenführer zu entlocken. So hätten sie zum Beispiel während des ganzen Krieges innerhalb der Partei eine leitende Organisation des europäischen Trotzkismus unterhalten und zwar die MOI, eine Abteilung der IV. Internationale, eine Zionistenbande, deren drei Führer Juden waren. Die Gestapo und der Nachrichtendienst hätten ihre Leute in der Parteileitung gehabt, und deshalb sei der Befehl erteilt worden, die »trotzkistischen« Mitglieder der internationalen Brigaden und andere Parteifeinde gleichen Schlags in die besetzten Länder zurückzubringen.

Als ich erwidere, daß Jacques Duclos persönlich die Arbeit der MOI verfolgt und kontrolliert habe, antwortet man mir: »Und wenn auch? Švermova war ebenfalls eine Sekretärin der Partei. Wo ist sie jetzt? Im gleichen Loch wie Sie und aus dem gleichen Grund: sie ist eine alte Feindin.«

Man befragt mich über den Adjutanten von Duclos im Jahre 1940, Maurice Tréand, und verlangt von mir eine Erklärung, wonach er in Frankreich einer der Leiter des europäischen Trotzkismus und ein Agent der Gestapo gewesen sei.

Die Referenten wollen die Fehler und Irrtümer zu Beginn der Besetzung in Frankreich, zum Beispiel den Versuch, das legale Erscheinen der *Humanité* durchzusetzen, in eine bewußte Zusammenarbeit der damaligen Kommunistenführer mit den Nazis umwandeln. Das klingt wie ein Narrenhauswitz! Aber die Narren fallen über mich her, und ich muß schlimmste Gewalttätigkeit erdulden.

Im Mai und Juni wird der regelrechte Angriff gegen die Kommunistische Partei Frankreichs fortgeführt. Man will mich unbedingt dazu bringen zu »gestehen«, daß der Schwager meiner Frau, Raymond Guyot, ein Agent des *Intelligence Service* ist. Daß er von dieser Organisation während der deutschen Besetzung mit Fallschirm in Frankreich abgesetzt wurde. Daß er von meiner trotzkistischen Tätigkeit gewußt, sie gedeckt und unterstützt habe; daß er der Chef eines Spionagenetzes für Europa ist. Major Smola, der diese Verhöre in brutalster Weise führt, behauptet, daß »unsere sowjetischen Freunde das gesamte Material über diese Fakten besitzen, daß ihr Nachrichtendienst alles aufgedeckt hat«. Er behauptet, in seinem Namen zu handeln.

Außerdem zeigt er mir die »Geständnisse« einiger meiner Mitangeklagten, die Raymond Guyot und Jacques Duclos inkriminieren, und erklärt mir seelenruhig: »Warten Sie nur ab, bis es in Frankreich zu einer Änderung des Regimes kommt, dann werden Sie sehen, was man mit Ihrem Schwager und seinesgleichen machen wird!«

Ich verstehe noch heute nicht, welchen Zweck diese Angriffe gegen die Kommunistische Partei Frankreichs verfolgten. Ihre Inspiratoren waren nicht die Männer in Ruzyně, ja nicht einmal die Anführer des ganzen Spiels. Die Initiative kam sicher von einer viel höheren Stelle, direkt von Berija. Den Beweis dafür kann man darin sehen, daß die sowjetischen Berater die Führer der Kommunistischen Partei Frankreichs des Verrats beschuldigen ließen und gleichzeitig den Referenten Befehl erteilten, bei den bewußten Verhören den Zusammenhang mit der Tätigkeit Desider Frieds zu berücksichtigen. Fried war gegen Ende der zwanziger Jahre ein Jugendführer und Mitglied der tschechoslowakischen Parteileitung gewesen. Ich wundere mich, über ihn verhört zu werden. Man will mich zum Geständnis veranlassen, daß meine verbrecherischen politischen Entgleisungen - Anarchismus, Trotzkismus, Sowjetfeindlichkeit - auf den schlechten Einfluß, den die politische Haltung Frieds auf mich ausübte, zurückzuführen sind. Ich soll aussagen, daß er schon 1929 wegen grober politischer Abweichungen und seiner parteifeindlichen Haltung von der Parteileitung ausgeschlossen wurde. Lächerlich! Als er Prag verließ und nach Moskau ging, wo er unter dem Pseudonym Clement Dozent an der Komintern-Schule für Frankreich wurde, war ich vierzehn Jahre alt. Ich hatte ihn persönlich kaum gekannt, ihn höchstens zwei- oder dreimal 1935 in Moskau getroffen, im Jahr des VII. Kominternkongresses. Dagegen hatte mir damals Maurice Thorez zum erstenmal (»dein Landsmann!« wie er sagte) mit großer Achtung und Zuneigung von ihm erzählt. Als ich später nach meiner Rehabilitierung im Februar 1964 zur Kur in Südfrankreich war, erinnerte er sich seiner mit großer Wärme. Er sprach wirklich von ihm wie von einem Bruder. Er sagte, daß die französische Arbeiterbewegung ihm zu Dank verpflichtet war, und zwar für seinen Anteil an der Ausarbeitung einer Einheitspolitik, einer großzügigen Politik, die es der Kommunistischen Partei Frankreichs ermöglichte, eine bedeutende nationale politische Formation zu werden, die in Frankreich eine hervorragende Rolle spielt.

Warum diese Verhöre über Fried? Er hatte vor mehr als zwanzig Jahren die Tschechoslowakei verlassen. Acht Jahre war es schon her, daß er in Belgien während der Besatzung unter Umständen ums Leben gebracht worden war, die mir bis heute rätselhaft geblieben sind. Die Angriffe und Beschuldigungen gegen ihn - einen Toten -, die man von den Angeklagten erzwingt, haben mit der die Tschechoslowakei betreffenden Konstruktion von Ruzyně nichts zu tun. Da so gut wie niemand im Land weiß, was mit ihm geschehen ist, kann man damit, daß man ihn im Prozeß an den Pranger stellt, nur den Zweck eines Angriffs gegen die französische Partei selbst und deren Führer, die eng mit ihm zusammengearbeitet hatten, verfolgen...

In unserem Prozeß werden zwei Angeklagte zu folgenden Aussagen veranlaßt werden. Zuerst Geminder:

Der Staatsanwalt: »Haben auch Sie sich mit den feindlichen Elementen in der parteifeindlichen Einstellung zusammengetan?«
Geminder: »Ja, ich habe mit den Männern Freundschaft geschlossen, die mit einer bürgerlichen Vergangenheit belastet waren, und habe mit ihnen eng zusammengearbeitet. Im Jahr 1925 freundete ich mich mit Alois Neurath an, der als Trotzkist entlarvt und aus der Partei ausgeschlossen wurde. Später, im Jahr 1927, lernte ich Desider Fried kennen und schloß mich ihm näher an; er wurde 1929 wegen seiner groben politischen Abweichungen und seiner parteifeindlichen Haltung aus der Leitung der tschechoslowakischen Kommunistischen Partei ausgestoßen.«
Der Staatsanwalt: »Ihre kapitalistische Vergangenheit und Ihre Freundschaft mit feindlichen Elementen in der tschechoslowakischen Kommunistischen Partei ließen es also nicht zu, daß Sie ein wirklicher Kommunist wurden?«
Geminder: »So ist es ...«
Der zweite Angeklagte, der von Fried spricht, ist Reicin:
Der Vorsitzende: »Worin bekundete sich damals Ihre unheilvolle Tätigkeit bei der Partei?«
Reicin: »Ich gehörte im Herbst 1929 mit anderen Mitgliedern des Zentralkomitees des Komsomol (Kommunistischer Jugendbund) der ultralinken trotzkistischen Fraktionsgruppe Frieds an, die nicht mit der Richtung der neuen Gottwaldschen Leitung des Zentralkomitees übereinstimmte ...«
Meine Frau und ich hatten in Frankreich viele Freunde. Wenn sie nach Prag kamen, besuchten sie uns gern; fast jede Woche empfingen wir den einen oder anderen bei uns. Ich kann den Referenten noch soviel erklären, daß all diese Besucher Mitglieder des Zentralkomitees der Kommunistischen Partei oder bekannte politische Mitkämpfer aus Massenorganisationen waren, sie behaupten weiter, mein Prager Haus sei der Schlupfwinkel der Trotzkisten und der Spione des *Deuxième Bureau* gewesen. Sie beschuldigen meine Frau, ihnen als Mittelsmann zu mir zu dienen.
Fast täglich droht man mir nun, meine Frau zu verhaften, wenn ich mich nicht entschließe, ein Geständnis abzulegen. Major Smola richtet es so ein, daß ich glaube, ihre Verhaftung stehe unmittelbar bevor. Einmal teilt er mir sogar mit, sie sei bereits geschehen.
Ich glaube, zu einem bestimmten Zeitpunkt versuchte der Sicherheitsdienst tatsächlich, von der Leitung der tschechoslowakischen Kommunistischen Partei zu erreichen, daß meine Frau verhaftet werde. Die Referenten toben gegen sie, reißen sie buchstäblich in Stücke. Sie verhören mich über ihre Arbeitskollegen, die ich gar nicht kenne. Sie schleudern mir Namen mir unbekannter Personen entgegen, von denen sie behaupten, sie stünden mit ihr in Verbindung. Während der Verhöre,

die in kleinen Zimmern stattfinden, wo ich nicht weit vom Tisch des Referenten stehe, gelingt es mir, manche Zeilen der daraufliegenden Papiere zu lesen. Ich sehe, daß es Berichte über meine Frau sind, die vom Sicherheitsministerium stammen. Sie steht also unter ständiger Überwachung. Man legt mir auch Erklärungen vor, die von einigen meiner Mitangeklagten gegen sie erzwungen worden waren. Sie beschuldigen sie, in unserer »trotzkistischen Gruppe« eine aktive Rolle gespielt und sich auch sonst parteifeindlich betätigt zu haben. Man zeigt mir auch Protokolle, die sie verleumden. Einer meiner Kameraden hat »gestanden«, ihr Liebhaber gewesen zu sein.
Als ich ihn später in Leopoldov treffe, erklärt er mir, wie es zu diesem Geständnis kam. Über meine Frau befragt, hatte er gesagt, er kenne sie aus Paris. Bei einer Reise Lises nach Prag 1948 hatte sie ihn in seinem Büro im Zentralkomitee der Partei besucht. Damals war eben die Resolution des Kominform über Jugoslawien veröffentlicht worden. Meine Frau hörte, über die Schulter meines Freundes gebeugt, seine Übersetzung des Textes mit an. In diesem Augenblick öffnete sich eine Tür, und ein Angestellter des Zentralkomitees brachte eine Akte herein. Mein Freund machte ihn mit Lise bekannt. Auf Grund einer Denunziation jenes Mannes stellten die Referenten meinem Freund folgende Frage: »Da sie sich auf Ihre Schulter stützte, standen Sie doch wohl in intimer Beziehung zu ihr.« - »Aber nein, nicht intime, sondern sehr freundschaftliche.« - »Stützte sie sich auf Ihre Schulter, ja oder nein?« - »Ja.« - »Das beweist, daß Ihre Beziehungen intim waren, das ist das richtige Wort laut Wörterbuch.« - »Gut, dann nennen Sie es intim!«
Und durch eine neue Entstellung wurde daraus im Protokoll: »... war seine Mätresse.«
Man behauptet, daß Švab erklärt habe, sie sei die Geliebte Geminders gewesen...
In Ruzyně werden die Gefangenen häufig über solche »intime« Geschichten verhört, wobei man strenge Tugend hervorkehrt. Das geschieht einerseits, um einen moralischen Druck auf sie auszuüben und ihren Schuldkomplex zu verstärken, andererseits um sie in den Berichten für die Partei und den Protokollen als Leute mit lockeren Sitten erscheinen zu lassen.
Im allgemeinen fügen sich die Angeklagten auf diesem Gebiet widerstandslos, da sie diesen Aufschub dazu benutzen, um ihre Energie zu sammeln und sich gegen die wesentlichen Anklagen zu verteidigen.
Es gibt in Ruzyně ein junges Mädchen, von dem ein gutes Dutzend Angeklagte »gestanden«, sie seien ihre Liebhaber gewesen. Als man sie jedoch später gynäkologisch untersucht, stellt sich heraus, daß sie unberührt ist.

Jeder Vorwand ist ihnen recht, um meine Frau zu kompromittieren. So nimmt man ihr übel, mit der Prager Abgeordneten Hilda Synkova, die im Sommer 1950 Selbstmord beging, freundschaftlich verkehrt zu haben. Der Sicherheitsdienst deutet diesen Selbstmord als Beweis einer parteifeindlichen Tätigkeit, die vor der Entdeckung stand.
Hilda Synkova war eine intelligente Frau, mit der zusammen meine Frau im Konzentrationslager von Ravensbrück war.
Wie durch ein Wunder war es beiden gelungen, Fotos ihrer Töchter Françoise und Hanka bei sich zu behalten. Sie hatten sich vorgenommen, die Kinder später zusammenzubringen, und dazu kam es auch tatsächlich während der Schulferien im Jahre 1946. Hilda erzählte meiner Frau oft von ihrem Mann Otto Synek und dessen Bruder Viktor, die beide Mitglieder des ersten Zentralkomitees der tschechoslowakischen Kommunistischen Partei im Untergrund gewesen waren; ihr Mann war von den Nazis zu Tode gefoltert worden. Sie sagte: »Am bittersten wird es sein, wenn wir wieder freikommen. Erst dann werden wir die Leere empfinden.«
Als wir nach Prag zogen, verkehrten sie weiter miteinander, und unsere Töchter trafen zusammen. Hilda hatte im Sommer 1950 nach einem Nervenzusammenbruch Selbstmord begangen. Zwei Tage vor ihrem Tod hatte sie uns besucht und mich wegen ihrer Ernennung als stellvertretender Gesundheitsminister um Rat gefragt. Sie schien bedrückt. Es gab damals Schwierigkeiten zwischen der zentralen Parteileitung und dem Prager Komitee, zu dessen Sekretären sie gehörte. Sie hatte wiederholt von der Brüderlichkeit und Freundschaft gesprochen, die die Kommunisten vor dem Krieg beseelte. Sie beklagte, daß statt dieser Gefühle nun Gleichgültigkeit, ja sogar Mißtrauen herrschte, daß die Führer eine geschlossene, von Partei und Volk abgeschnittene Kaste geworden waren.
Meine Frau hatte sehr um sie getrauert. Und nun macht man aus dieser Freundschaft ein Verbrechen! Ich verstehe es nicht, doch was gibt es hier zu verstehen, in diesem Gebilde aus Fälschungen und Ungeheuerlichkeiten?
Jetzt sind sie auch noch dabei, eine Affäre Danh aus dem Boden zu stampfen. Im Sommer 1949 war Danh, der die Republik Vietnam in Frankreich vertrat, mit seiner Frau Lien nach Prag gekommen. Wir kannten sie aus Paris und setzten unsere freundschaftlichen Beziehungen mit ihnen fort. Der damalige Kulturminister hatte Lien ein Stipendium gewährt, um ihr zu ermöglichen, ihr Musikstudium am Prager Konservatorium zu vollenden. Er hatte die Kosten des Aufenthalts der Familie und der medizinischen Betreuung Danhs übernommen, der nach langem Aufenthalt in französischen Zuchthäusern schwer erkrankt war. Kurz

vor meiner Verhaftung war Danh in seine Heimat zurückgekehrt. Er starb im Jahre 1952 und wurde mit allen Ehren als verdienter Mitkämpfer der vietnamesischen Partei bestattet. Hier jedoch macht der Sicherheitsdienst aus ihm den Chef des vietnamesischen Trotzkismus und beschuldigt mich, »meinen Komplicen« in die offiziellen Kreise der Partei und der Regierung eingeführt zu haben.

Der Komplex von Anklagen, diese verbissenen und systematischen Bemühungen, mir seit meiner Verhaftung kompromittierende Beschuldigungen gegen die Kommunistische Partei Frankreichs und einige ihrer Führer zu entlocken, überzeugen mich immer mehr davon, daß es sich nicht um die Initiative irgendeines Herrn Smola oder gar der anderen Referenten handelt (sie sind zumeist zu primitiv dazu), sondern um einen wohlüberlegten Plan der Drahtzieher des Apparats, dem uns die Parteileitung ausgeliefert hat. Für mich wird es immer offensichtlicher, daß es sowjetische Dienststellen sind, die nicht nur »beraten«, sondern die allgemeine Richtung all dessen bestimmen, was uns auferlegt wird.

Wie wäre es sonst zu verstehen, daß der Sicherheitsdienst nicht nur unsere eigene Partei, sondern auch die Leitung einer ausländischen Partei, nämlich die französische, überwacht? Alles, was Gegenstand dieser überaus schweren Anklagen ist, war diesen beiden Parteien bekannt, von ihnen kontrolliert, meist von ihnen unmittelbar angeordnet worden! Eine Stelle in den »Geständnissen« Svobodas lautet zum Beispiel: »Nach unserer Rückkehr aus Frankreich 1945 täuschten wir Slansky, indem wir uns ihm als gute Kommunisten vorstellten und ihm unsere trotzkistische Tätigkeit verheimlichten.« Ich verstehe, warum man Svoboda zu diesem »Geständnis« zwang, das der Konstruktion unserer imaginären Verschwörung einen gewissen Anstrich zusätzlicher Wahrscheinlichkeit gibt. Aber wie kann Slansky das zulassen? Er verfolgt als Generalsekretär der Partei den Ablauf der ganzen Untersuchung. Er kennt unser aller Vergangenheit, in Spanien wie in Frankreich. Wie ist es möglich, daß er nicht reagiert? Daß er es geschehen läßt? Schon vor meiner Verhaftung hat er keinen Finger gerührt, als ich mich an ihn wandte, um meine Beziehungen zu Field vor der Partei klarzustellen...

Wenn ich zu meiner Entlastung den Namen Slansky - oder auch Gottwald, Široky, Geminder, Kopecky, Köhler - in den Mund nehme, löst das immer wieder die gleiche heftige Empörung aus: »Ein Verbrecher wie Sie hat kein Recht, hier den verehrten Namen Slanskys auszusprechen!«

Wenn aber dieser Name oder jener Gottwalds so verehrt wurde, wie konnte man es dann wagen, die Tätigkeit verbrecherisch zu nennen, die ich auf beider Geheiß ausgeführt habe? Angefangen bei gewissen diplomatischen Ernennungen. Oder soll man glauben, daß die Partei sich bewußt dazu entschloß, uns zu opfern? Das würde das Verhalten Širokys bei meiner Verhaftung, jenes Kopřivas bei unserer Begegnung erklären... Warum jedoch und von wem wurden wir als Opfer ausgewählt? Und wenn auch der Zweck die Mittel heiligt - um welchen Zweck handelt es sich dabei? Keiner von uns hat jemals irgendeiner Fraktion angehört. Wir sind treue, disziplinierte politische Mitkämpfer. Und ich gelange immer wieder zu der Feststellung, daß der Sicherheitsdienst, der unter der Leitung der sowjetischen Berater steht, Vortritt vor der Partei hat. Die Referenten benutzen die Kaderakten, um ihre Anklagen gegen uns zu fabrizieren.

Wenn man sich vorstellen kann, das Opfer eines Justizirrtums oder der Intrigen einer Fraktion zu sein, findet man in sich die Kraft zum Kampf. Hier jedoch werde ich mir bewußt, daß es die Partei ist, die mein Verderben beschlossen, eine Maschine, die mein Schicksal entschieden hat. Das erdrückt mich unter dem Gewicht meiner Ohnmacht. Die Illusion, daß es irgendwo noch eine Hilfe, eine Gerechtigkeit gibt, würde mich aufrechterhalten. Doch ich sehe klar, und das raubt mir alle Kraft.

8

Wieder schließt sich die Tür meiner Zelle mit Getöse hinter mir. Automatisch nehme ich meinen Marsch auf. Ich überwinde den Schmerz in meinen Füßen und trachte schneller zu gehen, um mich zu erwärmen. Obgleich wir schon Ende Juni haben, friere ich dauernd. Die Referenten sitzen in Hemdärmeln, ich zittere vor Kälte.

Im Gefängnis herrscht Grabesstille, zu hören ist nur dann und wann die Gucklochklappe, wenn sie hochgehoben wird, und das verstohlene Flüstern der Wärter.

Ich versuche, mir meine Freunde in ähnlichen Zellen vorzustellen, gequält von den gleichen Gedanken, der gleichen Verzweiflung preisgegeben. Ich stelle mir vor, was die ungerechte Haft, die verbrecherischen Methoden aus ihnen machen konnten. Haben sie hassen gelernt? Verfluchen sie das Leben? Sie waren der Partei beigetreten, weil sie ein brüderliches, gerechteres Leben anstrebten. Dafür hatten sie unablässig gekämpft bis zu jenem Tag, an dem...

Ich stelle sie mir vor, wie sie gleich mir der Gegenwart zu entfliehen suchen und sich in ihre Erinnerungen flüchten, in diesen Schatz, der nur uns gehört und den uns niemand rauben kann.

Vier Schritte bis an die Wand, umdrehen, vier Schritte bis zur anderen

Wand... Die Risse in den Mauern, auf die mein Blick immer wieder fällt, nehmen nach und nach menschliche Gestalt an. Zuerst ist es ein Spiel; ich versuche bewußt, die Züge meiner Kampfkameraden zusammenzustellen. Und dann stößt der Wahnsinn die Fiktion um. Die Risse der Mauern erweitern sich, bis sie meine Traumgestalten durchlassen. Wie bei einer Geburt erscheint zuerst der Kopf: er lächelt mir zu. Dann kommt der Körper... Jetzt sind sie alle hier bei mir, sie füllen meine Zelle; sie gehen mit mir auf und ab, und wir führen lange Diskussionen.
Unser Kampf, sein unermüdlich erstrebtes Ziel, haben die noch ihren Wert? Wir konfrontieren sie mit dem, was die Inquisitoren dieses Gefängnisses aus mir, aus meinen Mitangeklagten machen. Sie schütteln den Kopf. Ebensowenig wie du dich von deiner Vergangenheit zu befreien vermagst, in die du dich, um die Gegenwart zu vergessen, immer wieder flüchtest, kannst du dein Leben verleugnen mit allem, was es an Mut, an Kämpfen, an Freundschaften mit sich gebracht hat...
So wird meine Zelle zwischen den Verhören zu einem Asyl, in dem ich meine Gefährten wiedertreffe. Es kommt wohl vor, daß ich laut mit ihnen spreche, denn manchmal öffnet sich die Tür, und ein ärgerlicher Wärter ruft mir zu: »Schluß mit dem Blödsinn! Hören Sie auf, mit den Wänden zu reden!« Einer wird später sogar einen Bericht über mein seltsames Betragen schreiben.
Aber trotz meiner Angst vor dem lauernden Wahnsinn, freue ich mich jedesmal, wenn ich von meinen Kameraden umgeben bin...
Richard! Ich entsinne mich nicht mehr, wie ich mit ihm in Kontakt kam. Es war Ende 1939, in Paris. Ich wußte, daß er Deutscher war, daß er in der Kommunistischen Internationale wichtige Funktionen ausgeübt hatte, daß er sich ohne Papiere, ohne irgendwelche Verbindungen, in einer sehr schwierigen Lage befand. Es war Krieg...
Als ich ihn zum erstenmal sah, war ich von seiner mächtigen Gestalt, seinem Löwenkopf, seinem dichten Haar mit den weißen Strähnen, seinem energischen Kinn, dem eigenwilligen Blick seiner blauen durchdringenden Augen, in dem doch Herzlichkeit und viel Güte lag, stark beeindruckt.
Er mußte die Wohnung verlassen, in der er sich verborgen hielt. Das beunruhigte ihn nicht sehr, er hatte schon ganz andere Dinge erlebt! Hingegen war für ihn, der seit seiner Jugend daran gewöhnt war, immer aktiv zu sein, sein Einsiedlerleben - tage- und wochenlang allein - eine schwere Prüfung.
Wir entdeckten sehr bald, daß wir gemeinsame Freunde hatten - aus einer noch nicht lang vergangenen Zeit, Schauplatz: Spanien. Ich erfuhr, daß er der berühmte Richard war, der die Guerillakämpfer der republikanischen Armee angeführt hatte und auch alle jene Sabotagegruppen,

die in das von Francotruppen besetzte Gebiet zwecks Aufklärungs- und politischer Aktionen eindrangen...

Ich versprach, mich um ihn zu kümmern und bald wieder mit ihm zusammenzutreffen. Die Kommunistische Partei Frankreichs wußte nichts von ihm, zeigte sich zuerst mißtrauisch und weigerte sich, mit ihm in Beziehung zu treten. Ich mußte ihm also selbst helfen, indem ich ihm ein wenig Geld sowie Informationen über die damaligen Vorgänge gab, denn er sprach kein Wort Französisch, was seine Lage noch schwieriger machte.

Ich brachte ihn im 14. Bezirk bei einem Postbeamtenehepaar unter. Er konnte nur kurze Zeit dort bleiben: die Wohnung war sehr klein, außerdem waren die Genossen selbst politisch tätig, und die zahlreichen Razzien und Verhaftungen der damaligen Zeit gefährdeten seine Sicherheit.

Da die französische Partei inzwischen Richards Identität geprüft hatte, war sie bereit, sich um ihn zu kümmern, konnte ihm jedoch im Augenblick weder ein Obdach noch die nötigen Papiere besorgen. Sie ersuchte mich daher, weiter für ihn zu sorgen, bis man eine Möglichkeit gefunden hätte, ihn zur Komintern zu bringen.

Es war nicht leicht, ein Versteck für ihn zu finden. Damals hielten sich viele Genossen illegal im Land auf. Und dann ein Versteck... für einen Deutschen! Schließlich fand ich eines für ihn, bei einem französischen Metallarbeiter von Renault, der allein in einer Holzbaracke im äußeren Stadtgürtel von Paris an der Porte de Saint-Ouen wohnte.

Sein Leben war schwierig - er durfte kein Geräusch machen, niemals ausgehen, es durfte niemand seine Anwesenheit bemerken. So konnte er nicht einmal heizen, denn der Rauch hätte die Anwesenheit eines Menschen verraten, während die Baracke als leer galt. Auch abends konnte er sich mit seinem von der Tagesarbeit ermüdeten Gastgeber nicht unterhalten, da er für Sprachen nur wenig Talent hatte. Das von seinem Gastgeber gekaufte französisch-deutsche Wörterbuch half auch nicht viel: seine Aussprache der deutschen Worte machte sie für Richard unverständlich - beredt waren nur die Hände und Blicke. Der Genosse, der ihn beherbergte, war von bewundernswerter Selbstlosigkeit. Er sorgte für ihn wie für ein Kind. Wenn er abends von Hause kam, kochte er und bereitete ihm die Mahlzeit für den folgenden Tag, da Richard ohne Feuer weder kochen noch sein Essen aufwärmen konnte.

Es war Winter und in der Baracke schauderhaft kalt. Der Wind blies nach Herzenslust durch die tausend Fugen zwischen den Brettern. Ich las ihm aus Zeitungen vor, oder wir spielten Schach, solange es Tag war. Dann blieben wir im Dunkeln sitzen, mit einer Flasche Cognac - ein Getränk, das er sehr liebte - zu unseren Füßen. Er erzählte mir Epi-

soden aus seinem unglaublich ereignisreichen Leben in allen möglichen Ländern, bei verschiedenen kommunistischen Parteien. Er hatte aktiv an der Kommune in Kanton teilgenommen, das war eines seiner größten Erlebnisse gewesen; er erzählte von seiner illegalen Tätigkeit in den Balkanländern und von zahllosen anderen Aufträgen, die er als Delegierter der Kommunistischen Internationale ausgeführt hatte.
Ich stellte seine einzige Verbindung mit der Außenwelt dar. Er ertrug diese Lage mit erstaunlicher Geduld - nie gab es einen Augenblick der Nervosität, nie ein verdrossenes Wort. Er erwartete ruhig die Lösung seiner schwierigen Lage. Endlich brachte ich ihm eines Tages einen Paß und eine Fahrkarte, Geld, neue Kleider, Wäsche, einen Koffer. Und am Tag darauf reiste er nach Moskau.
Erst später sollte ich erfahren, daß er der Mann von Erna Hackbart war. Erna, genannt Clémence, die im besetzten Paris fast blind den Nazis ein Schnippchen schlug... Sie war 1942 nach einer neuen Augenoperation in die südliche Zone übergesiedelt. Nach der Besetzung von ganz Frankreich durch die Armeen Hitlers wurde sie festgenommen und mittels der Fingerabdrücke von der Gestapo identifiziert. Das war ein Fang! Sie wurde sofort nach Berlin geschickt. Noch einmal gelang es ihr, während eines Bombardements zu entkommen. Dann war sie nächtelang durch die Ruinen von Berlin geirrt, »mitten unter den Landstreichern«, wie sie uns später lachend erzählen sollte.
Zu Kriegsende befand sie sich in einem bayrischen Dorf, wo sie unter falschem Namen legal lebte. Sie hatte sich eines schönen Tages im Rathaus als Ausgebombte eines völlig zerstörten Ortes vorgestellt, was jede Nachprüfung unmöglich machte. Der Witz der Geschichte liegt darin, daß der Ortsführer der Nazis für sie bei den Ortsbehörden gebürgt hatte, da er sie als Erzieherin für seine Kinder haben wollte. Man denke, eine so kultivierte alte Dame... Sie paßte gut in den neuen Rahmen dieser Naziemporkömmlinge!
Ich denke auch an andere Freunde. Sie umringen mich, wie ein freundlicher Reigen...
Stanislav und Edvin, die ältesten unter den Freunden. Mit ihnen wollte ich die Polizeipräfektur meiner Heimatstadt in die Luft sprengen. Gemeinsam hatten wir so viele Versammlungen abgehalten, so viele Unternehmungen vorbereitet... Stanislav war kurz nach meiner Abreise aus Ostrau im Sommer 1933 in eine Untergrundgruppe eingetreten, die für die Kommunistische Partei Deutschlands arbeitete. Er beförderte Flugzettel und illegale Zeitungen, die im Hitlerreich verbreitet werden sollten, über die Grenze. Er war zu zehn Jahren Gefängnis verurteilt worden, die er in Einzelhaft in der Breslauer Burg verbüßte. In den letzten Kriegstagen wurde er von der SS erschossen.

Edvin wurde im Zuge seiner illegalen Tätigkeit in Ostrau während des Krieges von den Nazis unter Umständen hingerichtet, über die ich nie Genaueres erfahren habe.
Dann denke ich an die Kameraden, die mit mir zusammen in Moskau, in jenem Zimmer im Sojusnaja, wohnten. Gewöhnlich hausten wir dort zu zwölft, doch manchmal stellte man zusätzlich Betten auf, und dann waren wir mitunter bis zu achtzehn. Was gab es dort nicht für Diskussionen! Über alle Probleme, in allen Staaten, über die revolutionäre Bewegung in der Welt und die gegenwärtigen Vorgänge in der Sowjetunion...
Boris hatte im September 1932 mit Dimitrow und Kolarow am Aufstand in Sofia teilgenommen. Dafür hatte er zehn Jahre Gefängnis verbüßt. Alberto kam aus einem italienischen Gefängnis und dolmetschte für José und Ramon, wobei es ihm jedoch nicht ganz gelang, ihren schnellen Worten zu folgen, wenn sie alle Wechselfälle der Kämpfe in Asturien erzählten.
Man redete in allen Sprachen in dem großen Zimmer Nr. 18. Und unsere beiden chinesischen Genossen, die von den Kerkermeistern Tschiang Kaischeks so fürchterlich gefoltert worden waren! ... Und der schweigsame, rätselhafte Koreaner... Und mein polnischer Freund, dem Lise und ihre Freundinnen den boshaften Beinamen »Sécotine«* gegeben hatten.
Schlafen war für uns eine Sünde! Wir gingen nachts gemeinsam aus, manchmal gegen ein, zwei Uhr morgens, wenn der Sturm durch Moskau fegte. Bei solchem Wetter, wenn Wolken von trockenem Schnee hochgewirbelt wurden, spazierten wir gern über den Roten Platz. Dann schien es uns, als ob dort die Schatten der Vergangenheit wieder zum Leben erwachten und sich Szenen von der großen Oktoberrevolution vor uns abrollten.
Wir begeisterten uns beim Gedanken, daß wir über den Boden der Welthauptstadt der Revolution schritten. Auf diesem Platz hatte Lenin die Menge mit sich gerissen! Hier waren die Besieger Denikins, Koltschaks, Wrangels und Petljuras und verbündete Interventionisten aus allen kapitalistischen Staaten vorbeigezogen.
Damals durchlebten wir eine berauschende, eine unerhörte Zeit. Die revolutionäre Vergangenheit war noch ganz nahe, und überall in der Welt spielten sich Kämpfe ab... In Österreich Barrikaden, in Frankreich Straßenschlachten, in Spanien der Aufstand in Asturien... Wir waren voll guten Glaubens und von Optimismus beseelt, morgen werde die Revolution überall ausbrechen!

* ein Alleskleber

Jedesmal, wenn ich vom Verhör zurückkomme, drehe ich mich zur Wand und warte auf das Erscheinen meiner Freunde.
Ein ergreifendes Lächeln, leicht geschlitzte Augen, gekraustes Haar... Nein, so etwas - das ist doch Erna! Die Frau meines Freundes Erwin Polack... Sie blickt mich freundlich an, wie damals, wenn ich in ihr Zimmer im Sojusnaja kam, wo sie einmal wöchentlich unsere kleine Kolonie junger Tschechoslowaken empfing. Sie hebt sich von der linken Seite der Wand ab, dem Bildschirm meiner Erinnerungen. Und rund um sie gruppieren sich nun Brunclik, der von den Nazis hingerichtet wurde, Heinz, der während des Krieges mit Fallschirm in der Tschechoslowakei absprang und mit der Hacke enthauptet wurde, Schönherz, der von den Hortyfaschisten gehängt wurde, Krejzl, der in den Nazilagern umkam... Und hier wieder Erna, die mich unendlich traurig ansieht. Während sie sich bereit machte, Erwin nach Frankreich zu folgen, wurde sie von der Gestapo festgenommen. Sie kam nach Auschwitz und wurde zusammen mit ihrer kleinen Tochter vergast...
Von den bulgarischen Freunden sehe ich Pavlow vor mir, den Kommandeur des Bataillons Divisionario. Wir hatten in Tortosa eine ganze Nacht in einem Keller, hundertfünfzig Meter entfernt von den Faschisten, die am anderen Ufer des Ebro standen, verbracht und zusammen den dortigen schweren Wein getrunken. Er erzählte uns von den zehn Jahren, die er in Bulgarien nach den Kämpfen im Jahre 1923 im Gefängnis verbracht hatte.
Und Gregor Wiesner? Der junge Bessarabier, der als politischer Flüchtling in die Tschechoslowakei kam und später im Weltfriedenskomitee der Jugend in Paris gearbeitet hatte. Von dort ging er 1937 nach Valencia in Spanien. Ich entsinne mich unserer Gespräche mit Lise auf dem Platz Emilio Castellar. Die Nächte waren so hell, daß man beim Licht des Mondes und der Sterne die Zeitung lesen konnte. Wir sprachen von unseren Zukunftsträumen, von der revolutionären Zukunft der Menschheit. Ah, wenn erst überall unser Ideal gesiegt haben wird...
An der katalonischen Front sah ich ihn wieder, dann verlor ich seine Spur. Ich erfuhr nur, daß er aus dem Lager Vernet, in dem er interniert war, nach Djelfa in Nordafrika gebracht und nach der Befreiung Algeriens in die UdSSR entlassen worden war. Bessarabien war ein Bestandteil der Sowjetunion geworden. Zwei Jahre nach der Befreiung erfuhr ich, daß er in einem Regiment der Roten Armee im Kampf gegen japanische Truppen ein heldenhaftes Ende gefunden hatte.
Warum erscheint mir nun Winkler mit dem gespannten Ausdruck, den er hatte, als ich ihn zum letztenmal in Spanien sah? Er war ein polnischer Aristokrat, einer der Gründer und Führer der Kommunistischen Partei Polens. Wir nannten ihn den »Baron«. Er war überaus kultiviert und ein

sehr sympathischer Mensch. Als er aus Moskau zurückberufen wurde, reiste er mit großem Bangen ab. Damals war die Kommunistische Partei Polens von der Komintern aufgelöst worden. Er suchte Lise und mich in Valencia auf, um von uns Abschied zu nehmen. Er hatte das dunkle Vorgefühl, daß ihn nichts Gutes erwartete, dennoch reiste er seinem Schicksal entgegen, wie zahlreiche andere polnische Kommunisten...
So viele meiner einstigen Freunde kommen jetzt zu mir!
Nach dem deutschen Einmarsch in Paris trafen wir oft mit Poulmarch, unserem Nachbarn in Ivry zusammen, dann gesellte sich auch Pierre Rigaud zu uns. Beide waren später unter den fünfzig Geiseln, die in Châteaubriant erschossen wurden.
Oskar Grossmann, mein österreichischer Freund aus Moskau, war unter fürchterlichen Folterqualen in Lyon gestorben, nachdem ihn die Gestapo festgenommen hatte. Und da ist auch noch Paula, die junge Österreicherin, deren Baby achtzehn Monate alt war und die sich aus Verzweiflung aus einem Fenster gestürzt hatte. Sie war von Pétains Polizei in Lyon verhaftet und gequält worden, hatte eine Adresse genannt - da sie glaubte, die Wohnung sei bereits leer. Leider war das nicht der Fall!
Jetzt sehe ich vor mir unsere Ankunft von fünfzig N. N.-Deportierten am 26. März 1944 in Mauthausen wieder. Wir kamen aus dem Straflager Neue Bremme nach einer viertägigen Reise ohne Essen und Trinken. Wir waren am Ende unserer Kräfte, als wir nach einem Gewaltmarsch von sechs Kilometern rechts von uns die dunkle Masse einer Art Festung erblickten, deren hohe Türme und düstere Mauern sich gegen den schieferfarbenen Himmel abzeichneten. Die Schneeflocken, die über das Hochplateau, das österreichische Sibirien genannt, wirbelten, und der heulende Wind verliehen der Landschaft ein unwirkliches Aussehen. Mehrere Stunden lang standen wir in der Nähe des Eingangs gegenüber dem Antreteplatz in Reih und Glied in Habachtstellung. Der eisige Alpenwind ging uns durch Mark und Bein. Als es Tag wurde, beobachteten wir das erste Kommen und Gehen der Gefangenen. Plötzlich glaubte ich - oder war es eine Sinnestäuschung? - in einer Gruppe von drei Gefangenen, die vor einem SS-Mann die Mütze abnahmen, einen alten Jugendfreund zu erkennen. Trotz seiner kurzen Haare und der Spur der Haarschere quer über den Schädel erkannte ich ihn. Ja, es war wirklich Gabler, den ich einige Jahre zuvor in Moskau kennengelernt hatte, wo er die kommunistische Jugend Österreichs bei der KIM vertrat; wir waren damals sehr befreundet. Jetzt kam er ein zweites Mal an mir vorbei. Er hatte noch das gleiche offene Gesicht und den Blick, dessen leichtes Schielen den spöttischen Ausdruck verstärkte... Ich dachte, ich würde ihn nie wiedersehen, man hatte mir erzählt, er sei von den Nazis in Wien enthauptet worden.

Ich starrte ihn an, um seinen Blick auf mich zu ziehen. Dreimal war er bereits an unserer Gruppe vorbeigekommen, doch es war mir nicht gelungen, seine Aufmerksamkeit zu erregen.

Einige Stunden später erkannte ein neunzehnjähriger Spanier, Constante, nachdem er mir geschickt zwei oder drei Fragen gestellt hatte, in mir einen ehemaligen Freiwilligen der internationalen Brigaden. Er war der erste, der mir dort die kommunistische Solidarität und Brüderlichkeit bezeigte. Trotz seiner Jugend war er schon »ein alter«; er war 1940 aus Frankreich deportiert worden. Dank seiner Hilfe konnte ich noch am gleichen Tag mit Genossen verschiedener Nationalitäten zusammentreffen, von deren Anwesenheit im Lager ich durch ihn erfuhr.

Am nächsten Tag brachte er Gabler zu mir. Zutiefst ergriffen fielen wir einander in die Arme. In den folgenden Wochen sprachen wir von allen Genossen, die wir beide kannten. Er erzählte mir viel von seiner Frau Herta, die ich auch gut kannte und von der er schon lange keine Nachricht mehr hatte. Er beschrieb mir seinen Fallschirmabsprung in Österreich, um seinen Posten in der Leitung der illegalen kommunistischen Partei wieder zu übernehmen. Er war, ohne verurteilt worden zu sein, ins Lager geschickt worden, und wir hofften, es werde vorher noch zum Ende des Krieges und zu unserer Befreiung kommen. Gemeinsam halfen wir mit, das geheime internationale Widerstands- und Solidaritätskomitee zu gründen, das er leitete, bis er nach Wien geschickt wurde. Denn es gab leider doch noch ein Urteil! Er wußte, daß er in den Tod ging, dennoch verließ er uns heiter und gefaßt. Als wir einander zum letztenmal umarmten, sprach keiner von uns ein Wort ... Mein Blick folgte ihm, bis er zwischen den beiden SS-Männern, der Eskorte, hinter dem Lagertor verschwunden war. Kurze Zeit später wurde uns bestätigt, daß man ihn in Wien hingerichtet hatte ...

Schon am Abend meiner Ankunft traf ich Leopold Hoffman wieder. Er war in Frankreich einer der ersten Freiwilligen der Brigaden gewesen, die trotz aller Gefahren, die mit diesem Entschluß verbunden waren, in die Heimat zurückgekehrt war. In Prag hatte er den illegalen Kampf gegen die Nazis fortgesetzt. Nach Monaten intensiver Betätigung war er festgenommen und nach Mauthausen deportiert worden. Wegen seiner Vorzüge und seines Mutes hatten ihn meine Landsleute zu einem der Führer ihres nationalen Untergrundkomitees gewählt. Nach Gablers Hinrichtung und meiner schweren Erkrankung im September 1944, die meine Überweisung ins Krankenrevier nötig machte, wurde die Leitung des internationalen Komitees neu organisiert. Hoffman wurde zu meinem Stellvertreter gewählt. Gabler wurde durch Razola, einen intelligenten, mutigen, spanischen Genossen, ersetzt, mit dem mich große Freundschaft verband ... Und jetzt sehe ich mich wieder im Block 5, in

dem sich das Krankenrevier des Lagers befand. Damals lag mein Schwager wenige Meter von mir entfernt, von schwerem Brand befallen. Razola und Hoffman besuchten mich täglich und brachten mir, außer dem Trost ihrer Gegenwart, Nachrichten und manchmal irgendwelche Leckerbissen, die sie sich für mich zu beschaffen wußten.
Von allen Begegnungen in Mauthausen war jene mit Conrad eine der erschütterndsten. Er stammte aus meiner Heimatgegend, hatte Ostrau verlassen und war Dozent bei der KIM geworden. Ich hatte ihn seit 1937 aus den Augen verloren. Und hier sollte ich ihn 1944 wiedersehen! Eines Tages waren zwei Gefangene aus dem Bunker - dem Lagergefängnis - von SS-Männern auf den Antreteplatz geführt worden. Ich hatte ihn sofort erkannt. Noch zweimal sollte ich ihn unter gleichen Umständen wiedersehen. Aus der Ferne wechselten wir einen freundschaftlichen Blick, ein Lächeln, ein verstohlenes, grüßendes Handzeichen. Er sollte die Befreiung des Lagers nicht erleben; wenige Tage zuvor wurde er im Bunker von den SS-Leuten erschossen!
So viele Menschen haben für unsere Sache ihr Leben gelassen! Ist sie nun im Begriff, uns zu verraten?
Sollte die Revolution nur bei ihrem Ausbruch Größe zeigen?
Das ist meine Freundschaftsrunde, der Reigen unserer einstigen Hoffnungen. Der Reigen meines Wahnes zwischen zwei Verhören. Und dieser Wahn ist für mich ein Segen; er hilft mir durchzuhalten. Nur ein Wahnsinniger vermag in Ruzyně durchzuhalten.

9

Plötzlich dreht sich der Schlüssel im Schloß. Der Wärter hält mir das Tuch hin, mit dem ich mir die Augen verbinden muß. Ich habe gehofft, man werde mich bis zur Mahlzeit in Ruhe lassen; meine Illusion war von kurzer Dauer. Heute, Freitag wird es Grütze geben, natürlich schauderhaft schlecht, aber doch warm. Und ich hatte geglaubt, meinen Hunger ein wenig stillen und mich vor allem erwärmen zu können.
An der Gittertür des Korridors angekommen, läßt mich der Wärter los, und eine andere Hand packt mich. Es ist eine Hand, die ich bereits kenne, doch sie gehört nicht meinem Referenten. Ich suche zu erraten, wer mich führt, und zu welchem Büro wir gehen. Da weiß ich es auch schon! Smola! Ich erkenne ihn an seiner Art, mich an die Mauer zu stoßen, während er die Tür aufschließt.
Nach Entfernung der Binde stehe ich tatsächlich vor ihm. Er sitzt hinter

seinem Schreibtisch und sagt mit ungewohnt ruhiger Stimme: »Wir wollen ein Protokoll über Fritz Runge aufnehmen. Ich brauche wohl nicht zu betonen, daß Sie unbedingt alles sagen müssen, was Sie über ihn wissen.«
Ich bin verblüfft. Bisher hat er immer abgelehnt, ein Protokoll über mich zu schreiben. Warum also ein Protokoll über Runge, der einer der Mitarbeiter der Presseabteilung des Außenministeriums ist? Und dieser ruhige, höfliche Ton... was steckt dahinter?
Smola beginnt das Verhör; zuerst die Personalien. Und dann: wie lernte ich Runge kennen? Er schreibt. Alles scheint normal, das Verfahren korrekt. Ich antworte gewissenhaft und genau. Doch siehe da, nun formuliert Smola selbst mit lauter Stimme den Text, den er tippt: »Er hat viele Jahre hindurch in der Presseabteilung der Kommunistischen Internationale mitgearbeitet...« Darauf folgen Behauptungen, die mit dem, was ich diktiere, nichts zu tun haben. Seine Formulierungen sind alle zu Ungunsten Runges. Ich unterbreche ihn: »Ein solches Protokoll werde ich nie unterschreiben!«
Darauf bekommt er einen namenlosen Wutanfall und schlägt heftig auf mich ein. Er packt mich an den Schultern, stößt mich gegen die Mauer; die Brutalitäten werden lange fortgesetzt. Smola hört erst auf, als er sieht, daß ich Blut speie. Das scheint ihn zu beunruhigen, ich muß mich im Becken waschen und die Blutflecken von meinem Drillichgewand entfernen. Am nächsten Tag wird die Szene mit der gleichen Gewalttätigkeit wiederholt. Das ist mein letztes Verhör mit Major Smola. Es ist ihm zu Beginn meines sechsten Haftmonats nicht gelungen, mich zu einem »Geständnis« zu veranlassen. Zweifellos ist das die Ursache für seinen letzten Haßausbruch gegen mich...
Ich werde zur Gruppe von Hauptmann Kohoutek gebracht. Zum Empfang sagt er mir: »Sie haben ein gutes Dutzend Referenten fertiggemacht. Wir haben beschlossen, die Verhöre mit Ihnen neu zu beginnen, von Anfang an. Wir haben es nicht eilig. Wir verfügen über eine hinreichende Anzahl von Referenten, die einander ablösen können, auch wenn es ein Jahr oder noch länger dauert. Eines Tages werden Sie schließlich doch gestehen, was man von Ihnen will. Wir haben unsere Methoden noch bei weitem nicht erschöpft. Sie ahnen gar nicht, was für ein Karussell Sie erwartet!«
Smola war etwa fünfzig Jahre alt, hatte graue Schläfen, ein vorstehendes Kinn, einen metallisch grauen Blick und das Benehmen eines Fanatikers. Er behandelte mich ständig als Feind, mit zügellosen Haß- und Gewaltausbrüchen. Wenn er die sanfte Methode anwandte - an meine Gefühle als Kommunist appellierte -, merkte ich bald, daß er eine Lektion aufsagte. Dennoch war das der einzige Augenblick, in dem er ein wenig aus

seinem Verhalten als Maschine zur Erzwingung von Geständnissen heraustrat. In der übrigen Zeit äußerte er nie eine private Meinung und blieb taub für alles, was nicht in den Rahmen seines Auftrags fiel.
Ich empfand eine solche Abneigung gegen diesen stumpfen grausamen Menschen, daß ich ihm wahrscheinlich, falls er mich weiter verhört hätte, bis zum Krepieren meine Unterschrift verweigert hätte - und wäre es auch nur gewesen, um ihm bis zum Ende Trotz zu bieten.
Kohoutek war dem Wesen nach genau das Gegenteil. Er war etwas jünger, ein gutaussehender, nur ein wenig verfetteter Mann um die vierzig herum, immer, ob in Hauptmannsuniform oder in Zivil, elegant gekleidet. Er hatte etwas von einem Vertreter an sich, dem die Qualität der Ware, mit der er handelt, gleichgültig ist. Er war nie grob oder brutal, weder in Worten noch Gebärden, zeigte keinerlei Feindseligkeit, stellte einem sogar höfliche Fragen über Gemütszustand, Gesundheit, Familie. Ich merke bald, daß er von seiner Aufgabe überhaupt nichts hält und sich die Dinge mit rohem Zynismus erklärt. In seinen Augen stellt diese Angelegenheit eine politische Etappe dar; die Partei muß mit den Fehlern und Unzulänglichkeiten, die sie stören, reinen Tisch machen. Dazu dient der Prozeß. Gleichzeitig wird er der Partei einen Sprung nach vorn ermöglichen, indem er sie von einer bestimmten Kategorie Menschen befreit, da er sie von allen wichtigen Posten entfernen wird.
Kohoutek bezweckt wahrscheinlich keine wirkliche, physische Liquidierung. Die Eliminierung ist eine politische. Vermutlich ist das bei ihm nicht bloß eine vorsichtige Ausdrucksweise, sondern seine Art, seine Handlungen zu rechtfertigen, wenn er mir zum Beispiel sagt: »Wären Sie in Frankreich geblieben, dann wären Sie auch weiterhin in dem kapitalistischen Land ein sehr wertvoller Mitkämpfer gewesen. Aber Männer wie Sie, mit Ihrer Vergangenheit, Ihren Ideen und Vorstellungen, Ihren internationalen Verbindungen sind nicht für ein Land geschaffen, das den Sozialismus aufbaut. Sie muß man entfernen. Wenn die schwierige Zeit vorbei sein wird, kann die Partei Ihren Fall noch einmal prüfen und eine Lösung für Sie finden, die Ihnen das Leben ermöglicht, natürlich ohne daß Sie eine politische Rolle spielen...«
Aber Kohoutek hat mehr als einen Pfeil im Köcher. Er versteht es zwar, Samtpfötchen zu zeigen, doch darunter treten scharfe Krallen hervor. Tatsächlich hat er etwas von einer Katze, die langwierig mit der Maus spielt. Jedenfalls beginnt er sofort mit dem, was er das »Karussell« nennt. Die Verhöre dauern - pausenlos - zwanzig, einundzwanzig Stunden. Ich muß dauernd stehen. Wenn ich in die Zelle zurückgebracht werde, gestattet man mir nicht einmal, mich hinzulegen, geschweige denn zu schlafen. Nach mehr als fünf Monaten unmenschlicher Behandlung gibt mir Kohouteks Karussell den Rest.

Noch schlimmer jedoch trifft mich sein Zynismus. Was er von einer auf unsere Kosten geschmiedeten politischen Operation durchblicken läßt...
Später werde ich erfahren, daß Kohoutek in meiner Vaterstadt Ostrau der Polizeikommissar war, dem die Unterdrückung der Kommunisten oblag. Er führte also nacheinander unter zwei verschiedenen Regimen die gleiche Arbeit gegen die gleichen Leute aus... Das mußte ihm ein riesiges Vergnügen bereiten!
Bisher rechnete ich gewissermaßen auf den berühmten Prozeß gegen die »feindliche Gruppe der ehemaligen trotzkistischen Freiwilligen der internationalen Brigaden«, dessen Datum Smola und seine Referenten ungefähr für Mai, Juni angesetzt hatten. All meine Kräfte zielten darauf, bei dieser Gelegenheit laut meine Unschuld zu beteuern und die verbrecherischen Methoden zu entlarven, die vom Sicherheitsdienst gegen uns angewandt wurden. Wer daran glaubt, noch durch ein Wunder gerettet werden zu können, der beginnt, an Wunder zu glauben. So habe ich mich auch schon zur Überzeugung durchgerungen, daß die vielen Genossen, die unsere Tätigkeit kannten, sich nicht würden täuschen lassen, daß sie Erklärungen verlangen und unsere Verurteilung nicht zulassen würden... die auch die ihre wäre!
Auch müßte dieser Prozeß auf jeden Fall das Ende des entsetzlichen, entwürdigenden Lebens bedeuten, zu dem man mich seit bald sechs Monaten zwingt und das mich nach und nach in ein Tier in Menschengestalt verwandelt. Doch nun, da die Frist näherrückt, spricht Kohoutek nicht mehr davon, daß ein solcher Prozeß stattfinden soll. Am schlimmsten ist es, wenn man weiß, daß nichts mehr einem helfen kann... Das war jetzt mein Fall...
Um so mehr, als immer wieder die Drohung auftaucht, daß man mich in geheimer Verhandlung verurteilen wird, wobei es nur einen Ausgang gibt: den Strick! Das heißt, ich werde im Dunkel liquidiert, werde für immer das Schandmal des Verräters tragen, ohne jegliche Hoffnung, daß eines Tages die Wahrheit offenbar wird – denn Tote reden nicht.
Soll ich also einen solchen Tod hinnehmen, indem ich bis zum Schluß alles in Abrede stelle? Wer kann sich in einen solchen Tod fügen? Nur wenn der Mensch sein Leben einer begeisternden, bewußt erwählten Sache zum Opfer bringt, hat sein Opfer einen Sinn.
Bleibt man hingegen am Leben, so besteht schwach, aber dennoch, der Hoffnungsschimmer weiter, daß man eines Tages die Wahrheit und seine Unschuld ans Licht bringen kann. Denn im tiefsten Inneren hofft man, daß die Dinge nicht so bleiben und daß einmal die Voraussetzungen für die Wiederherstellung der Wahrheit gegeben sein werden.
Ich stehe vor einem qualvollen Dilemma. Ich hatte vor dem Krieg in der Tschechoslowakei vor der Polizei und den Gerichten gestanden, wäh-

rend der Besetzung in Frankreich vor der antiterroristischen Sonderabteilung und dem Gericht für Staatsverbrechen. Auch in den Konzentrationslagern der Nazis war ich gewesen. Hier aber bin ich in meinem Vaterland, in der demokratischen Volksrepublik der Tschechoslowakei; die Männer, vor denen ich stehe, handeln im Namen der Partei, im Namen der Sowjetunion. Gegen den Feind, den man kennt, kann man leicht kämpfen. Im Kampf gegen den Klassenfeind oder die nationalsozialistische Besatzung ist Heldentum natürlich. In meiner Jugend, in Spanien, in der Untergrundbewegung, gegenüber der Polizei, in den Gefängnissen und den Konzentrationslagern hatte ich immer Mut bewiesen, nie war ich vor Gefahr zurückgeschreckt, dafür genoß ich das Vertrauen und die Zuneigung aller meiner Genossen.

Hier jedoch befinde ich mich kraft des Wunsches meiner Partei. Derjenige, der mir gesagt hat: »Man wird dich mit oder ohne dein Geständnis vernichten!« ist ein Mitglied des Politbüros.

Kann man gegen einen solchen Gegner ankämpfen? Jede Geste, jede Weigerung zu »gestehen« wird als fortgesetzter Widerstand gegen die Partei, als die Haltung eines verbissenen Feindes gedeutet, der es auch noch nach seiner Verhaftung ablehnt, Abbitte zu leisten und sein Unrecht einzusehen. Für einen Kommunisten ist es unter solchen Umständen nicht nur unmöglich, seine Unschuld zu beweisen, sondern er steht auch noch vor der folgenden bestürzenden, vernunftwidrigen, aber zwingenden Gewissensfrage: Geht er darauf ein, die »Geständnisse« zu unterschreiben, dann beschreitet er damit in den Augen der Partei den Weg des Büßers! Weigert er sich, weil er unschuldig ist, dann ist er ein verstockter Verbrecher, der mitleidlos liquidiert werden muß.

Kohoutek versteht es, mit meiner Treue gegen die Partei ebenso zu operieren wie mit dem Schuldgefühl, das ich, seit Field bei dem Rajk-Prozeß als Spion entlarvt wurde, auf Grund der bloßen Tatsache empfinde, ihn gekannt und seine finanzielle Hilfe genossen zu haben. Er argumentiert folgendermaßen: »Herr London, Sie wissen, daß Szönyi im Rajk-Prozeß als Spion zum Tode verurteilt wurde. Er hatte von Field nur 300 Schweizer Franken erhalten! Und wieviel haben *Sie* bekommen?...«

Er fängt mich mit seinen logischen Schlüssen ein: »Jemand, der Brot backt, ist ein Bäcker. Sie sind der Leiter einer Gruppe von Männern, die sich trotzkistischer Tätigkeit schuldig bekennen; was also sind Sie, objektiv gesehen? Der Führer einer Trotzkistengruppe! Was ist der Führer einer Trotzkistengruppe? Ein Trotzkist!«

Er zieht einen Strich unter seine Rechnung: »Seien Sie doch nicht so naiv! Sie kennen die Geständnisse Zavodskys, Svobodas, Holdoš', Dora Kleinovas, Hromadkos, die schwerbelastenden Aussagen Nekvasils und

Štefkas sowie den ganzen Haufen von Sie anklagenden Briefen, die wir erhalten haben. Sogar wenn Sie nichts getan haben: Ihre Mitangeklagten haben gestanden, sich fortdauernder feindlicher Tätigkeit in den entscheidendsten Bereichen des Staates - Partei, Sicherheit, Armee - schuldig gemacht zu haben. Sie alle bezeichnen Sie als ihren verantwortlichen Führer. Sie selbst können es nicht ableugnen. Die Verbrechen, die sie begangen haben, fallen also auf Sie zurück, auch wenn Sie subjektiv nicht schuldig sind. Ihr einziger Ausweg und Ihre Pflicht besteht darin, sich der Gnade der Partei auszuliefern. Bisher ist ihr Verhalten das eines verstockten Feindes, Sie müssen sich umstellen!«
»Ihr einziger Ausweg...« Ich bin an einem solchen Punkt physischer Erschöpfung angelangt, daß das Wort »Ausweg« für mich kein bildlicher Begriff mehr ist. Doch vor allem hat Kohoutek verstanden, mich seelisch zugrunde zu richten. Es ist ihm gelungen, mich in eine politische Operation einzuschließen, er hat mich jeder Hoffnung, weiterkämpfen zu können, beraubt. Vielleicht hat er oder haben die Drahtzieher sich ausgerechnet, daß sie meinen Widerstand besiegen können, indem sie ihm jeden Sinn nehmen, und nicht, indem sie ihn zu brechen suchen. Ich sehe wirklich nirgends mehr einen Ausweg. Wenn man herausfindet, daß die Mühe, die man sich gibt, kein Ziel hat, dann erliegt man der Erschöpfung. Ich komme zu dem Schluß, daß meine Hartnäckigkeit die Marter unnötig verlängert.
Eines Tages im Juli bin ich am Ende meiner Kräfte und füge mich darein, meine ersten »Geständnisse« zu unterschreiben:
»Da die ehemaligen Freiwilligen der internationalen Brigaden zugeben, Trotzkisten und Verräter zu sein, stehe ich, als ihr verantwortlicher Führer, mit ihnen auf gleicher Ebene.«
»Da Field ein Spion ist, und ich mit ihm in Beziehung stand, bin ich objektiv schuldig...«

10

Meine Frau hatte mir, ausdauernd wie sie war, weiter geschrieben. Schon bei unserer ersten gemeinsamen Festnahme, im Jahr 1942, hatte sie sich über das Verbot des Untersuchungsrichters hinweggesetzt, der jede Korrespondenz zwischen uns untersagte, und nach einem Monat hatte der Richter nachgegeben und mir zu meiner Freude das ganze Paket der aufbewahrten Briefe ausgehändigt. Diesmal erhielt ich nach meinen ersten »Geständnissen« den Brief, aus dem mir Smola einen Absatz vorgelesen hatte, und zwei andere, die ihn ergänzen. Ich gebe sie hier wieder:

4. Mai 1951
Gérard,
gestern erhielt ich Deinen Brief. Ich habe ihn immer wieder gelesen, um zwischen den Zeilen eine Antwort auf alle Fragen zu finden, die ich mir seit dem 28. Januar gestellt habe, an dem Du das Haus verließest und nicht mehr wiederkamst. Wir haben so auf Dich gewartet! Jedesmal, wenn wir unten einen Wagen hörten, glaubten wir, jetzt kämst Du zurück. Doch die Tage, die Wochen, die Monate vergingen, und Du kamst nicht wieder.
Ich hatte solches Vertrauen zu Dir, mein geliebter Gérard. Ist es möglich, daß Du es nicht verdientest? Ich liebe Dich, Gérard, aber, Du weißt es ja, vor allem bin ich Kommunistin. Trotz meines unsäglichen Schmerzes wird es mir gelingen, Dich aus meinem Herzen zu tilgen, wenn ich Deiner Unwürdigkeit sicher bin.
Während ich Dir diese Worte schreibe, weine ich bittere Tränen, niemand weiß besser als Du, wie sehr ich Dich geliebt habe, wie sehr ich Dich liebe. Aber ich könnte nicht anders leben als im Einklang mit meinem Gewissen.
Bis ich Deinen Brief erhielt, hoffte ich immer noch, Du würdest rehabilitiert zu uns zurückkehren und unser gemeinsames Leben würde dort weitergehen, wo es unterbrochen worden war. Doch Dein Brief scheint unter dem Motto ›Laßt, die hier eintretet, jede Hoffnung fahren!‹ geschrieben. Ich kann mich mit diesem Gedanken nicht abfinden; wenn man mir das alles erklärt, wenn ich es begreife, dann wird mir leichter ums Herz sein.
Ich sehe, daß Du Dir um unsere materielle Lage große Sorgen machst. Sicher ist es nicht leicht, sechs Personen zu erhalten, doch mit der Hilfe der Partei werde ich es schaffen. Denn wenn du schuldig bist, Gérard, können ja unsere Kinder und Eltern nichts dafür und sollen nicht unter den Folgen zu leiden haben. Damit meine ich, vom materiellen Standpunkt aus. Denn moralisch liegt die Sache ganz anders, das kannst Du Dir wohl vorstellen. Meine Eltern haben ebenso wie ich gelitten und leiden weiter. Der Gedanke, daß Du - der Mensch, den wir am meisten lieben - unwürdig warst, der großen kommunistischen Familie anzugehören, ist für uns eine Qual.
Bis jetzt arbeite ich, schreibe, sorge für die Kinder und lese viel, um die Stunden auszufüllen und möglichst wenig Platz für die schweren Gedanken zu lassen, die mir nicht aus dem Kopf gehen.
Françoise und Gérard arbeiten ganz brav in der Schule, nach ihren

Noten zu schließen. Gérard ist ein wahrer Teufel, mit ihm werde ich es nicht leicht haben. Françoise ist in den letzten Monaten viel reifer geworden, viel zu sehr! Klein-Michel hat jetzt acht Zähne und bekommt gleichzeitig vier Backenzähne, das stört ihn sehr und macht ihn verdrießlich. Er liebt mich geradezu abgöttisch; sobald ich nach Hause komme, gibt es für ihn keinen anderen mehr. Ich habe ihm die Haare wie für einen großen Jungen geschnitten, und seine schwarzen Augen sehen in dem Gesicht mit dem kurzen Haar jetzt noch größer aus. Ich bin so glücklich, ihn zu haben, meinen kleinen Michel. Entsinnst Du Dich noch meiner Rückkehr aus dem Entbindungsheim? Gab mir damals meine Überempfindlichkeit nach seiner Geburt das zweite Gesicht? Ich hatte zu jener Zeit eine Vorahnung von dem Unglück, das über uns hereinbrechen sollte.
Papa und Mama waren in letzter Zeit sehr abgespannt. Ich bin glücklich, sie hier zu haben. Was wäre ohne sie aus mir geworden? Wir wohnen noch im selben Haus, müssen aber bald umziehen.
Zum Schluß, Gérard, möchte ich Dir noch die Worte von Jan Huss wiederholen: ›Die Wahrheit wird siegen!‹ Wenn Du unschuldig bist, kämpfe, gib nicht auf, und beweise es! Wenn nicht, dann ist es gerecht, daß Du die Folgen Deiner Handlungen trägst.
Gib uns Nachricht. Liebe Küsse von den drei Kleinen. Auf Wiedersehen, Gérard.

Ende Mai 1951
Lieber Gérard,
vielleicht schien Dir mein erster Brief hart, doch wie soll ich Dir erklären, was ich fühle? Ich erwarte Deine Antwort mit solcher Ungeduld, doch leider kam noch kein Brief von Dir. Ich hoffe, er wird mir bestätigen, was mein Herz fühlt, daß du unmöglich feindliche Handlungen gegen die Partei, gegen Dein Vaterland begangen haben kannst. Ich weigere mich, es zu glauben, denn was sollten dann die sechzehn Jahre unseres gemeinsamen Lebens bedeuten? Ich glaube, dich gut zu kennen: Deine Vorzüge und Deine Schwächen. Es ist ausgeschlossen, daß ich mit einem Übeltäter zusammengelebt habe, ohne mir dessen bewußt zu werden.
Dein Brief hat mir sehr weh getan, denn er ist entsetzlich traurig und hoffnungslos. Andererseits ist er so erfüllt von Deiner Liebe, von den Sorgen, die Du Dir um uns machst! Du hättest nicht gewagt, einen solchen Brief zu schreiben, wenn Du Dich mir, den Kindern und den Eltern gegenüber schuldig fühltest. Du kennst unsere Ergebenheit für die Partei, du weißt, daß wir Dir alles vergeben können, nur nicht, sie verraten zu haben.

Ich zermartere mir das Hirn, um klarzusehen, aber rund um mich bleibt es dunkle Nacht. Und immer, überall sehe ich Dein aufrichtiges Gesicht, Deinen offenen Blick, Dein liebevolles Lächeln. Ich glaube, Deine Stimme zu hören, wie Du mir sagst: ›Zweifle nicht an mir, Lise!‹ Ich zweifle nicht an Dir, Gérard, aber ich glaube auch an die Partei; und wenn die Partei solche Maßnahmen zugelassen hat, sage ich mir, dann muß es etwas geben, das sie rechtfertigt. Doch ich hoffe, daß sich alles aufklären wird und daß Du zu uns zurückkommst. Vor allem, mache Dir keine Sorgen wegen unserer materiellen Lage. Mama ist so wundervoll sparsam, daß wir immer noch auskommen werden. Denk nur daran, Deine Probleme ins reine zu bringen, Dich von jeder Beschuldigung reinzuwaschen. Ich glaube an Dich, sei mutig. Das bist Du nicht nur uns, sondern auch der Partei schuldig.

Michel wird täglich hübscher und braver. Wenn ich denke, daß Du ihn in diesem Alter nicht sehen kannst, in dem er so besonders niedlich ist! Aber bald wirst Du ihn wiedersehen, Gérard, denn wenn Du unschuldig bist, wie ich es glaube, wird die Wahrheit bald an den Tag kommen; vor allem ist ja die Partei da, und ich glaube an ihre Gerechtigkeit.

Unsere Eltern und die Kinder umarmen Dich. Ich liebe Dich, mein Gérard. Und wenn Du mich auch liebst, wirst Du die Kraft finden, um der Wahrheit zum Sieg zu verhelfen; sie kann nur zu Deinen Gunsten sprechen, das glaube ich fest. Und es ist doch so, nicht wahr?

Deine Lise

15. Juni 1951

Lieber Gérard,
wir sind bereits in der neuen Wohnung, Dyrinka 1, Prag, 19. Bezirk. Sie liegt auf einer Höhe, und der Blick aus unserem Fenster über die ganze Stadt ist herrlich. Mir gefällt es hier sehr gut mit unseren Möbeln aus Ivry, die mich an frühere Jahre erinnern, als wir glücklich waren. Ich bin sicher, Du kommst bald zu uns, in unser warmes Nest.

Hinter dem Haus liegt ein kleiner Garten und davor ein Platz, der mich an den Hauptplatz in einem Dorf erinnert. Ich bedaure nicht, daß wir umgezogen sind. Ich fühle mich hier eher daheim als in Střešovice... Die Kinder stehen vor dem Ende des Schuljahres. Françoise wird weiter ihre alte Schule besuchen, sie weigert sich, sie zu wechseln. Gérard wird hier ganz in der Nähe zur Schule gehen. Den Kindern geht es gut. Michel war eben zehn Tage krank, Angina. Es geht ihm schon besser. Mama hat der Umzug sehr ermüdet. Ich bin gesund. Gérard, ich bin überzeugt, daß sich alles für Dich aufklären wird und Du bald zu uns zurückkommst. Es kann gar nicht anders sein. Von Juli an werde ich in der Fabrik arbeiten.

Vor allem mach Dir keine Sorgen um uns, Gérard. Wir sind gesund, und wir erwarten Dich in völliger Zuversicht. Warum hast Du seit dem 1. Mai nicht mehr geschrieben? Bitte, schreib uns doch. Wenn Du wüßtest, mit welcher Ungeduld wir Nachrichten von Dir erwarten.
Wir machen uns große Sorgen wegen Deiner Gesundheit.
Die ganze Familie schickt Dir Küsse. Ich liebe Dich, Gérard.

Lise

Als ich diese drei Briefe las, war ich um so erschütterter, als ich erkannte, wie sehr mich Smola getäuscht hatte. Ich hatte aus dem Absatz aus Lises Brief, den Smola mir, aus seinem Zusammenhang gerissen, vorgelesen hatte, geschlossen, daß sie sich von mir losgesagt hatte. Ich kannte ihren frommen Glauben an die Partei. Und vor allem dachte ich an meine Schuld ihr gegenüber. Am Tag meiner Verhaftung war ich entschlossen, ihr alles darüber zu sagen, wußte ich doch, daß man hier das, was meinerseits eher ein Versagen infolge einer Depression gewesen war als eine Untreue, gegen uns als Ehepaar verwenden würde. Ich wußte, was Polizeibeamte aus solchen Abenteuern machen, aber ich kannte die Überredungsmethoden von Ruzyně noch nicht. Als Smola mich im Mai getäuscht hatte, war mir klar, welchen Vorteil der Sicherheitsdienst aus meinem Ehebruch ziehen könnte, um Lise erkennen zu lassen, daß es keinen Grund gab, warum ich sie nicht auf politischem Gebiet belogen haben sollte, wenn ich es auf privatem hatte tun können.
Nun habe ich mich also auch mangelnden Vertrauens zu Lise schuldig gemacht! Sie bleibt mutig auf meiner Seite. Sie bezeugt mir uneingeschränktes Vertrauen. Nur einen Satz lang in ihrem ersten Brief hat sie unter dem Schock geschwankt, doch sofort danach faßte sie sich wieder...
Trotz ihrer schwierigen Lage als Ausländerin, mit einer ganzen Familie, für die sie zu sorgen hat, dachte sie nie daran, sich von mir zu distanzieren, um ihre Eltern und die Kinder in Sicherheit zu bringen. Im Gegenteil, sie ermutigt mich. Sie beruhigt mich über das Schicksal unserer Familie, damit ich mich ganz der Klärung meiner Probleme, die die Partei und meine Tätigkeit angehen, widmen kann... Sie vertraut darauf, daß wir bald wieder vereint sein werden, und sagt es mir auf ihre Weise: ›Kämpfe, halt durch, ich bin bei Dir!‹
Später werde ich aus ihren Erzählungen die Wahrheit über ihre Lebensbedingungen erfahren, die sie in ihren Briefen rosig schilderte, über die täglichen Schwierigkeiten, über den harten Kampf, den sie für die Existenz unserer Familie führen mußte.
Und diese Briefe gibt man mir jetzt, nachdem ich meine ersten »Ge-

ständnisse« unterschrieben habe. Ich stelle mir den furchtbaren Schock vor, wenn sie erfährt, daß ihr Warten vergeblich ist. Die Tragödie, die das für sie und die ganze Familie bedeuten wird, wie sehr ihr ganzes Leben in diesem Land dadurch gezeichnet sein wird, in dem man sie bereits jetzt als Paria behandelt ... Noch nie habe ich mich meiner Lise so nahe gefühlt, und nun bedauere ich fast, daß ich nicht als Geisel erschossen wurde, daß ich lebend aus dem Lager zurückgekehrt bin. Das heutige Schicksal wäre ihr erspart geblieben; sie hätte für immer ein reines Bild unserer Liebe und den Stolz auf ihren Gefährten, auf den Vater ihrer Kinder bewahrt. Ich mache mir heftige Vorwürfe, sie in mein Unglück mitgerissen zu haben, sie nicht rechtzeitig in Sicherheit gebracht, nach Frankreich zurückgeschickt zu haben, sobald ich erkannte, daß meine Konflikte zu einer Katastrophe führen konnten.
Auch die Tatsache, daß sie mir ein paar Zeilen von Françoise und von Gérard beigelegt hatte, denen sie erzählt hatte, ich sei in einem Sanatorium, zeigte, mit welcher Zuversicht sie in die Zukunft blickte, denn auf diese Art bewahrte sie die Kinder vor dem schrecklichen Drama, das sich abspielte, um für sie das Bild ihres Vaters, von dem sie sicher war, daß sie ihn bald wiedersehen würden, ungetrübt zu lassen.
Und dann ihre Treuherzigkeit, ihr strenger Glaube an den Gerechtigkeitssinn und die Fairneß der Partei ...
Da gibt es nun eine Art Bruch - den ersten - zwischen ihrer kommunistischen Auffassung, dem unbegrenzten Vertrauen zur PARTEI, DIE NIE UNRECHT HABEN KANN, und jener, die ich mir seit bald sechs Monaten hier aneigne und die zeigt, wie kindisch ein bedingungsloser Glaube an die Abstraktion »Partei« ist und wie sehr er zu gedanklicher Verwirrung führt. Ja, man kann Vertrauen zur Partei haben, wenn man sie so ansieht, wie sie sein sollte, das heißt, als eine Ausstrahlung der Gesamtheit der Kommunisten, nicht jedoch, wenn es sich um einen engen, bürokratischen Apparat handelt, der die Ergebenheit, das Vertrauen, den Opfermut der Mitglieder mißbraucht und sie auf einen bösen Weg führt, der mit den Idealen und dem Programm einer Kommunistischen Partei nichts mehr gemein hat.
Ich habe jetzt nur einen einzigen Gedanken: Lise zu überreden, mit den Eltern und den Kindern nach Frankreich zu fahren. Dort kommt sie wieder in eine gesunde Umgebung, fern von allem Schmutz und geborgen vor der Willkür und der Vergeltung, die ihre Hilfe in meinem Unglück, ihre Liebe, die mir aus jedem an mich gerichteten Wort entgegenspringt, unvermeidlich nach sich ziehen muß.
In ihrer Heimat, unter ihren Genossen und Freunden, wird der Schmerz, den sie erdulden muß, wenn sie meine Verurteilung erfährt, leichter zu ertragen sein.

19. Juli 1951

*Meine liebe Lise,
Deine letzten Briefe und den von Françoise, zu dem Du einige Zeilen hinzugefügt hast, habe ich erhalten. Du kannst Dir nicht vorstellen, wie glücklich ich über sie war und wie ich mich freue, Dir darauf antworten und von mir Nachricht geben zu können. Mein Befinden ist gut, ich erhalte die ärztliche Betreuung, die mein Zustand erfordert. Mir fehlt nichts als die Freiheit, Du und die Familie, diese drei, die für mich ein Ganzes sind. Ich bin jetzt etwas ruhiger, was euer Schicksal betrifft, vorher war ich sehr besorgt. Ich kann mir vorstellen, in welche schreckliche moralische und materielle Lage ich Euch gebracht habe ...
Seit dem ersten Tag meiner Haft sind meine Gedanken unaufhörlich bei Euch. Nie noch in meinem Leben habe ich mich Euch so nahe gefühlt ... und noch nie habe ich Dich so sehr geliebt wie jetzt ... Und das trotz der Tatsache, daß ich mich Dir gegenüber schlecht verhalten habe ... Warum habe ich das getan? Heute kann ich es mir unmöglich erklären. Es war das Ergebnis großer Demoralisierung; Du kannst Dir nicht vorstellen, wie sehr ich es bereue und bedauere.
Bitte, kannst Du meinen Fehltritt vergessen oder versuchen, nicht mehr daran zu denken? Wenn Du wüßtest, wie oft auch ich an unsere Wohnung in Ivry denke, in der wir so glücklich waren, damals, als meine Liebe zwar nicht größer war als heute, aber noch kein Schatten auf ihr lag ...
Ich war entschlossen, Dir alles zu erzählen und Dich um Verzeihung zu bitten. Ich schämte mich schon lange und konnte Dir nicht ins Auge blicken. Und als ich Dich damals am Sonntag im Garten mit unserem kleinen Michel sah, der seine ersten Schritte auf dieser Erde machte, da wollte ich Havel so schnell wie möglich loswerden und zurückkommen, um Dir alles zu sagen. Leider hat meine Verhaftung das verhindert.
Wie wirst Du in der Fabrik zurechtkommen? Du hast in manueller Arbeit keine Übung und bist auch nicht so gesund! Du solltest erwägen, nach Frankreich zurückzugehen. Dort seid ihr in bekannter Umgebung, und es wäre für die Eltern, Dich und die Kinder leichter, mit Unterstützung Deiner Geschwister über die schwere Zeit hinwegzukommen, die vor Euch liegt. Denke darüber nach, meine liebe Lise. Küsse die Kinder und die Eltern für mich.*

Ich fügte ein paar Worte zum siebenundsechzigsten Geburtstag der Eltern hinzu:

Gebt auf Eure Gesundheit acht. Meine Lise und die Kinder brauchen Euch, und Ihr müßt noch sehr lang bei ihnen bleiben. Vergebt mir den

Kummer und das Unglück, das ich über Euch gebracht habe, obwohl ich mir so sehr wünschte, Euch ein glückliches Alter bereiten zu können. Ich küsse Euch.
Euer Gérard.

Einige Worte auch an meine Tochter:

Françoise, mein Blondchen! Deine Briefe machen mir große Freude. Du mußt nicht nur ein braves Mädchen sein, sondern auch eine gute Freundin für Deine Mutter werden, die eine sehr schwere Zeit zu überstehen hat. Du bist schon groß und vernünftig, und Du mußt ihr sehr viel helfen. Ich bitte Dich, nimm Dir ein Beispiel an ihr und werde eine so mutige Frau mit einem so makellosen Charakter wie sie. Du kannst in Deinem Leben kein besseres Vorbild haben, und ich kann Dir keinen besseren Rat geben. Sag Gérard, er soll brav sein. Küsse ihn und unseren kleinen Michel von mir, mein Liebling, und sei vielmals geküßt von
Deinem Vater.

22. Juli 1951

Mein lieber Gérard,
Ein Brief von Dir nach so langen Monaten! Ich freue mich, daß Dein Gesundheitszustand gut ist. Dagegen hat es mich sehr geschmerzt, Deine Beichte zu lesen. Alles wäre so leicht, so einfach gewesen, wenn Du Dich mir anvertraut hättest. Ich hätte Dir helfen können, ich war ebenso Deine Kameradin wie Deine Frau.
Du bittest mich, zu vergessen oder wenigstens nicht daran zu denken. Das fällt mir, so wie ich geartet bin, nicht leicht. Aber ich verzeihe Dir doch von ganzem Herzen, Gérard, was Du mir angetan hast. Was mich anlangt, kann ich Dir alles vergeben. Doch was die Partei anlangt, kann ich es nicht. Ich hoffe immer noch, daß Du keinen schweren Fehler begangen hast und daß Deine Demoralisierung sich darauf beschränkte, Zerstreuung außerhalb Deines Heims zu suchen.
Du wünschst, daß ich unsere Rückkehr nach Frankreich in Betracht ziehe. Aber Gérard, diese Rückkehr hängt von Deinem Schicksal ab. Sie wird nur dann in Frage kommen, wenn die weiteren Ereignisse mir beweisen sollten, daß ich Dich nicht mehr in Ehren als meinen Mann betrachten kann.
Mein Gott, Gérard! Wie dumm und traurig das alles ist!
Die Eltern haben geweint, als ich ihnen den Absatz vorlas, den Du für sie geschrieben hast. Sie sind so mutig, aber es ist schwer für sie.
Françoise hat die Zeilen abgeschrieben, die Du ihr gewidmet hast, und sie wird sie sorgfältig aufbewahren. Sie ist ein sehr tapferes Mädchen,

und sie begreift wirklich schon vieles, aber sie ist wohl noch zu jung, als daß ich mich auf sie stützen könnte.
Gérard fragt in letzter Zeit oft nach Dir. Er will wissen, wann Du wieder nach Hause kommst, welche Arbeit Du jetzt machst, warum Du so selten schreibst. Meistens ist er draußen und spielt, so daß er zum Glück nicht so sehr unter Deiner Abwesenheit leidet. In seinem Alter ist man wirklich sorglos und zufrieden.
Der kleine Michel ist zärtlich, aber auch jähzornig und impulsiv. Er hängt sehr an seinem Großvater, der ihn oft spazierenführt.
Ich werde in einer Fabrik in Karlin arbeiten, ›Autorenova‹, die auf Reparatur elektrischer Apparaturen von Kraftwagen und Flugzeugen spezialisiert ist. Die Arbeit ist interessant und erfordert nur Geschicklichkeit; die fehlt mir ja nicht, und ich habe keine Angst vor manueller Arbeit. Mache Dir also keine Sorgen um mich. Andererseits wird mich die Arbeit aus dem Haus und dem Kreis meiner Gedanken herausführen.
Auf Wiedersehen, Gérard, die Eltern und die Kinder senden Dir Küsse. Wie gern möchte ich doch eines Tages, nach der schmerzlichen Zeit, die wir erleben, mit Dir unseren Weg vorwärts wiederaufnehmen können. Denn wirklich, Gérard, ich liebe Dich sehr.

Ich fühle, wie Lise in jedem meiner Briefe das geringfügigste Wort oder eine Andeutung meinerseits sucht, die ihr Vertrauen zu mir und ihre Hoffnung auf die Zukunft rechtfertigt. Dieses Wort kann ich ihr nicht sagen, im Gegenteil, ich muß sie auf das düstere Drama vorbereiten, das sich bald abspielen wird, ihr verständlich machen, daß ich verloren bin, sie glauben lassen, daß ich schuldig bin. Sonst wird sie sich weigern, mich zu verlassen, und ich will doch, daß sie mit der ganzen Familie weit von hier fortreist.
Am 7. August darf ich ihr wieder schreiben.

». . . Was meine Liebe zu Dir anlangt, bitte ich Dich, liebste Lise, nicht daran zu zweifeln und mir zu glauben, wenn ich Dir sage, daß ich Dich immer geliebt habe und Dich weiter liebe.
Ansonsten ist Dein Vertrauen nicht gerechtfertigt, meine liebe Lise. Ich bin schuldig und muß dafür einstehen. Ich habe die Pflicht, es Dir zu sagen, damit Du die entsprechenden Maßnahmen treffen kannst, die sich für Dich und unsere Familie daraus ergeben. Ich will nicht mehr lügen, und ich beginne mit dieser, der schmerzlichsten Wahrheit. Ich weiß, daß das Leid, das ich damit verursache, groß sein wird. Je eher du jedoch den Dingen ins Gesicht siehst, desto besser. Ich weiß, wie mutig und stark du bist und daß jede Entscheidung, die Du treffen wirst, richtig sein wird.

Glaube mir, jedes Wort, das ich Dir schreibe, reißt ein Stück aus meinem Herzen, ein Stück aus meinem Leben, das an Deiner Seite so schön war. Ich bin mutig, wie Du es von mir verlangst, aber mein Mut würde in diesem Fall nicht genügen, wenn nicht auch Vernunft da wäre, viel Vernunft und viel Liebe für Dich. Deshalb ist es meine erste Pflicht, Dir die Wahrheit zu sagen. Schreibe mir, Liebes, was Du zu tun beabsichtigst.
Nun wirst Du sicher verstehen, warum ich Dir anheimgestellt habe, nach Frankreich zurückzukehren. Glaubst Du, ich hätte mir sonst ein Leben ohne Dich, ohne die Kinder und die Eltern vorstellen können?«

Trotzdem beharrte Lise darauf, an meiner Seite zu bleiben, sie schrieb mir kurz nacheinander zwei Briefe als Antwort:

9. August 1951

Mein lieber Gérard,
Ich erhielt vorgestern Deinen langen Brief, und ich habe ihn wieder und wieder gelesen. Du stellst das Problem nicht sehr klar dar; ich werde mich also viel klarer ausdrücken, denn über das ernsteste Problem - wie wir unsere späteren Beziehungen und wie ich mein weiteres Leben einrichten werde - darf kein Mißverständnis mehr bestehen.
Du sagst mir, Gérard, du hättest Fehler begangen, für die Du einstehen mußt. Ich kann mir aber unmöglich über die Schwere dieser Fehler klar werden. Ich werde erst dann eine meiner Ehre als Kommunistin entsprechende Entscheidung treffen können, wenn ich genau weiß, worum es sich handelt. Stalin hat uns gelehrt, daß der Mensch das kostbarste Kapital ist und daß man, wenn ein Mensch ertrinkt, ihm aus dem Wasser helfen muß und ihn nicht aufgeben darf.
Jeder Kommunist kann irgendwann in seinem Leben Fehler begehen, er muß dafür einstehen, richtig, aber das Leben geht weiter, und wenn ein guter Kern in ihm steckt, wenn er aus seinen Fehlern die Lehren zu ziehen versteht, wird ihm das ermöglichen, seine Fehler wiedergutzumachen und vorwärtszukommen. Wenn das bei Dir der Fall ist, Gérard, bin ich immer noch bereit, Dir auf diesem Weg zu helfen, ich meine, eine solche Haltung läßt sich mit meinen Pflichten als Kommunistin vereinbaren.
Wenn Du ein Verräter wärst, dann gäbe es nichts zu diskutieren. Mit einem Verräter spricht man nicht. Man spuckt ihm ins Gesicht. Meine Lage ist mir ganz klar ...
Ich vertraue dem Menschen. Ich weiß, er hat einen guten Kern, und es wird keine verlorene Zeit für mich sein, besonders nach dieser harten Lektion, die - davon bin ich überzeugt - Früchte tragen wird.

Das ist es, Gérard, was ich Dir heute über das Grundproblem sagen wollte.
Meine Arbeit gefällt mir auch weiterhin. Ich habe das Handwerk in sechs Tagen erlernt, obwohl ich einen Monat dazu Zeit gehabt hätte. Der alte Werkmeister wiederholt gern, daß ich geschickt, sogar sehr geschickt bin! Ich bin mit mir zufrieden, und die Zeit vergeht nun viel schneller. Françoise und Gérard sind auf dem Land. Den Eltern geht es gut, und unser kleiner Michel wird immer reizender.
Ich hoffe, ich darf noch sagen: ich liebe Dich, Gérard.

Prag, 12. August 1951

Gérard,
heute ist Sonntag, der 12. August. Denkst Du noch daran, was dieses Datum in unserem Leben bedeutet? Heute vor neun Jahren wurden wir in Paris verhaftet, und damit begannen die drei Jahre unserer Trennung. Wie herrlich erscheint mir jene vergangene Zeit - obgleich sie eine harte Prüfung war -, verglichen mit den traurigen Tagen, die ich jetzt erlebe. Dabei dachte ich doch, als wir in dem Wagen, der uns zur Polizei brachte, einen langen Kuß austauschten, das sei unser endgültiger Abschied voneinander. Nun bin ich schon so weit zu glauben, so wäre es besser gewesen. Meine Schwangerschaft im Gefängnis, meine Entbindung im Krankenrevier von La Roquette, das Warten auf den Tod, die Deportation, die mich von meinem kleinen Gérard trennte, der Gedanke, Dich niemals wiederzusehen, das waren schmerzliche Prüfungen, aber wie geringfügig erscheinen sie mir im Vergleich zu den jetzigen Leiden.
Ich erwarte Deine Antwort auf meinen letzten Brief; sie muß mich darüber aufklären, ob die Fehler, die Du Dir zuschulden kommen ließest, derart sind, daß man sie wiedergutmachen kann, oder ob es solche sind, daß sie aus Dir einen Menschen gemacht haben, der für immer für die Partei verloren ist und über den ich ein Kreuz machen muß.
Es ist nicht möglich, Gérard, daß Du mich in diesem Punkt ebenso getäuscht hast wie in dem anderen, es ist unmöglich, daß Du gegen die Partei, gegen das Ideal unseres ganzen Lebens verbrecherisch gehandelt hast. Das wäre zu entsetzlich! Nein, das ist nicht möglich! Und immer lebt in mir die Hoffnung, daß es Dir eines Tages gelingen wird, die Fehler wiedergutzumachen, die Du vielleicht in einer Zeit der Demoralisierung begangen hast, und daß meine Kinder eines Tages wieder auf ihren Vater stolz sein können.
Ich wiederhole, was ich in meinem letzten Brief geschrieben habe: ich werde mich nicht weigern, Dir zu helfen und an Deiner Seite weiterzumachen, wenn es Fehler sind, die sich wiedergutmachen lassen.

Heute morgen lag ich so traurig und niedergeschlagen im Bett, daß meine Tränen nicht versiegen wollten. Unser kleiner Michel war bei mir und blickte mich ganz erstaunt an. Er verstand nicht, daß seine Mama Schmerzen litt, denn wenn ihm etwas weh tut, dann schreit er laut. Er glaubte also, es sei ein Spiel und sagte: ›Wasser‹, dabei wischte er mit seinen Händchen über mein Gesicht. Und er versuchte vergeblich, auch Wasser aus seinen Augen strömen zu lassen, indem er drollig die Lider schloß und wieder öffnete und dabei ein rundes Mündchen machte. Aber er hatte keine Schmerzen, und das Wasser floß nicht.
Heute, wie vor neun Jahren, ist der Himmel blau, ohne ein Wölkchen. Es ist schön. Das Leben rund um mich ist schön ... für die anderen. Wird es das eines Tages auch wieder für mich sein?
Gestern hat der kleine Gérard geschrieben. Sein Brief ist lustig, ich schicke ihn Dir, er wird Dich einen Augenblick zerstreuen. Wie Dir der Junge ähnlich sieht!
In der vergangenen Woche habe ich die uns vorgeschriebene Norm in der Fabrik mehr als zweihundertprozentig erfüllt. In den beiden kommenden Wochen wird die Arbeit weniger interessant sein, denn mein Partner geht auf Urlaub, und mir bleiben nur Hilfsarbeiten, zerlegen und reinigen. Jedenfalls muß alles getan werden, und man muß ja zerlegen, bevor man wieder zusammenstellt ... also Geduld!
Auf Wiedersehen, Gérard. Hoffentlich bekomme ich bald einen Brief von Dir. Küsse von unserem Kleinsten, von den Eltern, von mir.
Lise.

Ende August 1951
Gérard,
wieder ein Sonntag als Abschluß einer weiteren Woche ohne Dich. Und so vergeht die Zeit, auch mit ihren Mühen. Heute morgen bin ich mit dem Kleinen spazierengegangen, wir haben Opa in das Gärtchen begleitet, in das er jeden Tag geht, um den vier Hühnern, die wir noch haben, Körner zu bringen; von dort brachten wir Bohnen und nun auch die ersten Tomaten nach Hause. Für ihn ist der tägliche Spaziergang eine Zerstreuung, ein Ziel.
Heute nachmittag blieb ich mit einem Buch auf dem Diwan liegen. Klein-Michel schlief lang, aber sein Schlummer wurde von einem schmerzhaften Sturz aus dem Bett unterbrochen, bei dem er auf den Mund fiel. Die Lippe ist ganz geschwollen. Er hat sehr geweint, ist aber schließlich wieder eingeschlafen. Als er aufwachte, gingen wir mit ihm und Mama bis zu dem Kinderspielplatz in unserer Nähe. Michou hat eifrig geschaukelt und sich sehr gut amüsiert.

Als wir wieder daheim waren, legte ich mich nochmals hin. Ich las Deine drei Briefe wieder, und nun schreibe ich Dir meinen wöchentlichen Bericht.
Gérard, ich warte ungeduldig auf Deine Antwort. Wie ich mein weiteres Leben einrichten werde, das kann ich erst entscheiden, wenn ich genau weiß, wie es mit Dir steht. Ich entsinne mich einer Rede von Maurice Thorez bei einer Sitzung des Zentralkomitees über die Methoden der Führung, die Praxis der Kritik und der Selbstkritik. Er stellte das so richtig dar! ›Wenn ihr aber einen Genossen kritisiert, dann tut es nicht, indem ihr ihn noch mehr zu zermalmen sucht, sondern helft ihm, die Wurzel des Übels zu erkennen, um besser dagegen ankämpfen zu können. Wenn man ein Kind wäscht, gibt man acht, es nicht mit dem Bad auszuschütten.‹
Nein, Gérard, ich gieße das Kind nicht mit dem Wasser aus. Das Kind bleibt rein, nur der Schmutz, der im Wasser geblieben ist, geht in den Ausguß! Allerdings, wenn es bei Dir etwas anderes wäre als Schmutz, wenn Du ein richtiger Übeltäter wärst, dann würde ich natürlich nicht so argumentieren. Dann würde ich Dich weit fortwerfen, denn alles Wasser wäre nicht imstande, Dich jemals reinzuwaschen. Und mir bliebe nichts als die Schande, die Frau eines Schurken gewesen zu sein. Dessen bin ich immer noch nicht sicher.
Die Schule beginnt schon bald wieder, und die Kinder haben noch nicht geschrieben, wann sie zurückkommen; ich erwarte sie Anfang der Woche.
Gute Nacht, Gérard, es ist zehn Uhr, ich bin schläfrig. Morgen muß ich um fünf aufstehen. Mein Arbeitspartner wird zurück sein, und ich werde wieder meine Anlasser montieren, das ist interessanter.
Michel schläft schon zu Füßen meines Diwans in dem Bettchen, das mir Pra-Has Mutter vor ihrer Abreise geschenkt hat.
Nochmals: gute Nacht!

11

Ich wußte nichts von den Kämpfen, die Lise sowohl bei der Partei für mich als auch für den Unterhalt der Familie führte. Erst nachdem alles zu Ende war, sollte ich davon erfahren. Aber ich muß sie hier einschalten, denn sie beleuchten die Rückseite dessen, was wir in Ruzyně erlebten, sie zeigen, wie unsere Affäre den Führern der Partei zu schaffen gab, wie diese gezwungen wurden, genau auf ihre Methoden zu achten, weil

Lise mit ihrem felsenfesten Glauben an die Partei, an den Kommunismus...

Am 15. März 1951, also sechs Wochen nach meiner Festnahme, schrieb sie folgenden Brief an Slansky:

»Es ist schon mehr als ein Monat her, daß ich Sie um eine Unterredung bat. Ihre Sekretärin antwortete mir am Telefon, Sie seien wegen der Vorbereitung der Zentralkomiteesitzung sehr beschäftigt und würden mir selbst mitteilen, wann Sie mich empfangen könnten. Die Zeit vergeht. Da ich nichts von Ihnen höre, gestatte ich mir, mich Ihnen mit diesem Brief in Erinnerung zu bringen.

Bereits seit zwanzig Jahren, Genosse Slansky, trage ich mit Stolz den Namen Kommunistin. Niemals habe ich mir etwas zuschulden kommen lassen. Mein Vater, der mit meiner Mutter hier lebt, ist seit 1921 Parteimitglied. Maurice Thorez hat ihn wiederholt als Beispiel des anständigen, seiner Klasse und seiner Partei treuen alten Arbeiters zitiert. Wenn ich dies nun anführe, so deswegen, damit Sie verstehen, welch schmerzliche Prüfung wir jetzt zu erdulden haben, um so mehr als wir über Gérards Schicksal und über den Grund für die Maßnahmen gegen ihn immer noch nichts wissen.

Ich verstehe, Genosse Slansky, daß Sie als Parteisekretär eine überaus schwierige Aufgabe haben, ich glaube aber, daß es in gewissen Fällen auch Ihre Pflicht ist, ein Mitglied der Partei zu empfangen und anzuhören...«

Im März erfuhr Lise von ihrem Chauffeur-Schutzengel, der jeden ihrer Schritte bewachte, daß es bei einer Vollversammlung der Parteiorganisation unter Vorsitz von Viliam Široky im Außenministerium zu wütenden Angriffen gegen mich gekommen war. Einige Tage darauf schrieb sie erneut an das Parteisekretariat und an Bruno Köhler:

»...Auf meine Frage berichtete mir ein Genosse, daß gegen Gérard sogar ein Antrag auf Ausschluß gestellt worden ist. Ich habe versucht, die Aufklärungen zu erhalten, auf die ich als seine Frau, als Kommunistin und auch als Familienoberhaupt ein Anrecht habe. Tatsächlich muß ich jetzt allein für sechs Personen sorgen, und entsprechend den Nachrichten, die man mir übermitteln wird, wird es meine Pflicht sein, mich mit der Zukunft auseinanderzusetzen. Ich konnte weder bei Genosse Široky noch bei Genosse Köhler erreichen, daß man mich empfing. Hingegen erhielt ich den Besuch von Angestellten des Wohnungsdienstes des Ministeriums, die mir mitteilten, daß wir ausziehen müssen. Glauben Sie nicht, Genossen, daß es richtig gewesen wäre, mir, ehe man mich vor dieses Problem stellte, die Gründe mitzuteilen, die das rechtfertigen? Ich wiederhole, daß mir bis heute nichts gesagt worden ist, wodurch ich Klarheit hätte gewinnen können.

Es fällt mir schwer, Ihnen derartige Fragen zu stellen; doch ich stehe vor sehr schwierigen materiellen und finanziellen Problemen, da ich seit dem Verschwinden meines Mannes nur 6000 Kronen erhalten habe*.
Das Geld, das wir besitzen, ist in der Bank blockiert. Niemand ist bereit, mir bei der Regelung dieser Probleme zu helfen. Ich muß aber weiter Miete bezahlen und meine Familie erhalten. Gibt es keine Möglichkeit, daß ich auf meinen Namen Familienunterstützung erhalte? Habe ich nicht auch Anspruch auf eine Unterstützung für meine Eltern? Vielleicht finden Sie, ich sollte es mir versagen, Ihnen diese Alltagsfragen vorzulegen. Ich muß sie jedoch lösen, und Sie dürfen mir glauben, das ist nicht leicht; an wen immer ich mich wende, ich stoße gegen eine Mauer...
Und an wen soll ich mich wenden, wenn nicht an die Partei! Vergessen Sie nicht, wie isoliert wir hier sind, das macht unsere Lage noch schmerzlicher. Solange es nicht erwiesen ist, kann ich nicht annehmen, daß Gérard ein Feind der Partei ist. Er mag vielleicht bei seiner Arbeit Fehler begangen haben, schlechten Einflüssen ausgesetzt gewesen sein... Daß er aber ein Feind ist, nein, das glaube ich nicht.
Nochmals ersuche ich darum, empfangen zu werden, und ich hoffe, daß Sie es mir nicht abschlagen werden.«
Auf Grund dieses letzten Briefes wurde meine Frau am 21. März zu Bruno Köhler, dem Leiter der Kaderabteilung des Zentralkomitees der Partei, vorgeladen. Sie kannte ihn sehr gut seit den Jahren 1939 bis 1940, in denen ich in Paris mit ihm gearbeitet hatte.
Lise schildert die Unterredung folgendermaßen:

Er empfängt mich in seinem Büro; bevor wir jedoch zu sprechen beginnen, führt seine Sekretärin einen hochgewachsenen, ziemlich grobknochigen, blauäugigen Mann herein; ich glaube, in ihm einen einstigen Spanienkämpfer zu erkennen.*
»Bringst du mir neue Informationen?«
»Ja, es kommen jeden Tag mehr.«
Er reicht Köhler einen großen Umschlag voll mit Papieren.
»Sehr gut, wir müssen aber das Tempo noch beschleunigen.«
Köhler scheint mir recht aufgeregt. Er führt seinen Besucher in eine entfernte Ecke des Raumes, wo die beiden eine Weile flüstern. Dann geht der Mann wieder weg, und wir sitzen einander gegenüber.

* Das war vor der Währungsreform, die Summe entsprach also 1200 heutigen Kronen, etwa 400 neuen Francs.
* Nach der Beschreibung handelte es sich vermutlich um Alois Samec, einen einstigen Spanienkämpfer, der damals beauftragt war, Material gegen die ehemaligen Freiwilligen zu sammeln. Er arbeitete mit den sowjetischen Beratern zusammen.

»Was geht mit meinem Mann vor?«
»Für ihn sieht es übel aus. Er scheint bis zum Hals drinzustecken. Hast du das Material gesehen, das man mir gebracht hat? Das betrifft auch ihn, und so einen Haufen bekomme ich jeden Tag.«
»Aber, ist er nun verhaftet oder nicht? Wenn ja, habe ich das Recht, erstens als seine Frau und dann als Parteimitglied, die Gründe dafür zu erfahren.«
Köhler antwortet mir, es gebe keine Anklage gegen dich, du seist aber in eine Menge von Affären verwickelt, von denen eine verdächtiger sei als die andere, und er sehe nicht recht, wie du dich da herausretten könntest. Dann macht er tückische Anspielungen auf unser Privatleben.
»Du wirst nicht behaupten, daß er sich gegen dich anständig benommen hat, er vernachlässigte dich, er kam zu unmöglichen Zeiten nach Hause...«
Und er bedauert mich!
Ich sträube mich dagegen: »Es stimmt, daß er häufig spät abends heim kam, aber er war in sehr schlechter Verfassung, auf der Flucht vor sich selbst. Er mag Schwächen gehabt haben, wie jeder andre. Aber ich habe Vertrauen zu ihm. Ich liebe ihn und ich bin sicher, daß er mich und seine Kinder liebt. Übrigens berührst du da ein Problem, das nur ihn und mich angeht! Das war wohl kaum ein Grund für die Partei, ihn verhaften zu lassen oder - wie sich Široky ausdrückt - ihn zu ›isolieren‹.«
»Im Augenblick gibt es noch keine Anklage gegen ihn. Široky hatte recht, als er von einer Isolierung sprach. Wenn ich dir aber einen Rat geben darf, dann fahre mit deinen Kindern und deinen Eltern so schnell wie möglich nach Frankreich zurück. Das Leben wird jetzt hier für euch zu schwierig.«
»Wegfahren! Aber wie könnte ich das? Das würde bedeuten, daß wir das Interesse am Schicksal meines Mannes verloren haben. Noch schlimmer: unsere Abreise würde die Bedeutung einer Verurteilung annehmen. Ich habe keinerlei Grund, so zu handeln; ich bleibe hier. Wenn du mir den Beweis lieferst, daß Gérard ein Feind der Partei ist, werde ich mir meine Entscheidung nochmals überlegen.«
»Denk gut nach, diesen freundschaftlichen Rat gebe ich dir. Du bist nicht allein, du hast für andere zu sorgen. Glaube mir, es wird nicht leicht sein für euch. Schon jetzt muß ich dir leider mitteilen, daß du sehr bald deine Arbeit beim Rundfunk verlieren wirst.«
»Warum? Hat man mir etwas vorzuwerfen? Die Direktion hat mich soeben für meine französischen Sendungen beim Friedenskongreß in Warschau als beste Reporterin bezeichnet. Ich spreche nicht fließend Tschechisch, wo könnte ich eine geeignete Anstellung finden?«
»Du kannst unmöglich weiter beim Rundfunk arbeiten und auch in kei-

ner anderen Stellung beim Staatsdienst. Für dich ist es das einzig Mögliche, dir eine Arbeit in einer Fabrik zu suchen.«
»Ich fürchte mich nicht vor manueller Arbeit, nur habe ich darin keine Erfahrung. Ich könnte in einem Beruf, den ich kenne, viel nützlicher sein.«
»Nicht darum handelt es sich. In der Sowjetunion werden solche Fälle eben auf diese Weise geregelt!«
»Seltsame Methode. Erstens, sogar wenn mein Mann schuldig ist - und das ist, wie du selbst sagst, noch nicht erwiesen -, bin ich für seine Handlungen verantwortlich? Zweitens finde ich es ein wenig merkwürdig, jemanden in die Fabrik zu schicken, um ihn zu bestrafen oder umzuerziehen. Betrachtet man vielleicht die Arbeit in der Fabrik als Zwangsarbeit? Das wäre eine recht kränkende Einschätzung der Arbeiterklasse!«
»Ich kann nichts dafür, das sind doch nicht meine Entscheidungen!« Und um mir die Pille zu versüßen, fügt er hinzu: »Es wäre doch nicht so übel, wenn du in einer Fabrik gute Arbeit leisten könntest, zum Beispiel in einer Spinnerei*. Dort ist die Arbeit nicht so schwer; du hast doch gewiß von den berühmten Stachanowistinnen, den Schwestern Filatow, gehört! Wer weiß, ob du nicht auch so eine wirst...«
Ich erzählte ihm von all meinen Sorgen: vom Geldmangel, deinem gesperrten Bankkonto, dem Befehl des Ministeriums auszuziehen... Er rät mir, mich in diesen materiellen Angelegenheiten an das Sozialministerium zu wenden, das mir eine Unterstützung für die Eltern gewähren wird.
Ich lenke das Gespräch wieder auf dich. Ich erwähne alle Schwierigkeiten, denen du während des vergangenen Jahres begegnet bist, wie es dir unmöglich war, bei der Partei Gehör zu finden, um mit ihr deine Probleme zu lösen. Ich erinnere ihn an die Umstände, die dich mit Field in Beziehung gebracht haben, wiederhole, daß die französische Partei über die ganze Affäre orientiert ist und man daher alles leicht an der Quelle nachprüfen kann.
Ich sage ihm auch, daß ich mir deine Festnahme als mögliche Folge einer Gefährdung gewisser getarnter Feinde vorstellen könnte, die im Sicherheitsministerium sitzen. Um die Aufmerksamkeit von sich abzulenken, haben sie ein Interesse daran, den »Fall London« aufzubauschen und die dich betreffenden Tatsachen, die doch eigentlich klar und leicht kontrollierbar sind, möglichst zu verwirren.
Mein Eindruck gründet sich darauf, daß zur Zeit, als dich der Sicher-

---
* Da die Spinnereien außerhalb des Prager Gebiets liegen, ließ Köhlers Vorschlag auf das Schicksal schließen, daß man meiner Frau zudachte: die Entfernung aus der Hauptstadt, wie es bei zahlreichen anderen Frauen von Häftlingen der Fall war.

heitsdienst - noch im Jahr 1949 - über Noel Field befragte, eine Schweizer Zeitung einen Artikel über »einen bevorstehenden Prozeß in der Tschechoslowakei« veröffentlichte und die Frage stellte: »Wird Artur London als Hauptangeklagter oder als Hauptzeuge auftreten?« Kann das nicht der Beweis dafür sein, daß die ganze Angelegenheit eine Provokation ist?
Köhler rät mir, an Minister Kopřiva zu schreiben, und das tue ich schon am nächsten Tag. Den Durchschlag des Briefes schicke ich dem Parteisekretariat.

In diesem Brief vom 22. März 1951 wiederholte meine Frau die Argumente, die sie am Tag zuvor Köhler dargelegt hatte, insbesondere die Frage Field. Sie schloß mit einer Kritik der Methoden, die die Partei in meinem Fall angewandt hatte:
»Gestatten Sie mir nun, liebe Genossen, als einer verantwortungsbewußten Kommunistin, eine Kritik an der Arbeit der Kaderabteilung der Partei bei dieser Sache. Vielleicht werden Sie sie ungerechtfertigt finden, ich halte es aber doch für meine Pflicht, meine Meinung hier auszusprechen.
Nachdem mein Mann vom Staatssicherheitsdienst eingehend befragt worden war, schienen die Probleme aufgeklärt zu sein. Es blieb nur noch übrig, die Dinge endgültig mit der Partei ins reine zu bringen. Auf das von meinem Mann an Geminder gerichtete Ersuchen, ›ich möchte jetzt, daß mein Fall von der Kaderabteilung geprüft und erledigt wird‹, antwortete Geminder, daß er und Genosse Kopřiva tatsächlich die Absicht hätten, schon am folgenden Tag mit ihm darüber zu sprechen. Doch der folgende Tag sowie weitere Tage und Wochen vergingen, ohne daß die Partei unter diese Affäre den Strich gezogen hätte. Die Lage meines Mannes wurde immer schwieriger, und er litt sehr darunter.
Ich mache ihm den Vorwurf, daß er nicht energisch genug darauf gedrungen hat, von der Partei angehört zu werden, ihr grundlegende Fragen zu stellen. Er war ja zutiefst davon überzeugt, daß die Partei einen Fehler beging, indem sie es den Dienststellen des Sicherheitsministeriums allein überließ, eine Streitfrage mit einem Mitkämpfer der Partei, zumal mit einem so wichtigen Funktionär, wie er es war, zu prüfen und zu entscheiden. Er fand diese Handlungsweise der Partei im krassen Widerspruch zu einer gerechten Kaderpolitik...
Verzeihen Sie mir, liebe Genossen, wenn ich ein wenig weitschweifig gewesen bin, aber ich glaube nicht, mit diesem Brief etwas Unnötiges getan zu haben. Ich wiederhole Ihnen, was ich gestern dem Genossen Bruno Köhler gesagt habe: mein Vertrauen zu Gérard beruht darauf, daß sein ganzes Leben, seine ganze Tätigkeit sich kontrollieren lassen. In unserem sechzehnjährigen Zusammenleben konnte ich mich, oft in

sehr schwierigen Zeiten, von seiner unentwegten Hingabe an die Partei, seiner großen Ehrlichkeit, seinem Mut und seiner Treue überzeugen.
Nun hätte ich doch noch eine Bitte an den Genossen Kopřiva: wäre es mit Rücksicht auf die Krankheit meines Mannes, und weil ich immer einen Tuberkuloserückfall befürchten muß, möglich, mir eine Nachricht über seinen Gesundheitszustand zukommen zu lassen?

Mit kommunistischem Gruß

Am 27. Mai schickte ihr das Außenministerium einen Lastwagen für den Umzug der Familie in eine neue Wohnung, in der es nicht einmal eine Kochgelegenheit gab. Meine Frau widersetzte sich standhaft und weigerte sich, unter solchen Umständen ihr Heim zu verlassen. Den Lkw-Fahrern und den Angestellten des Ministeriums, die die Anordnungen ausführen sollten, wies sie die Tür.
Am nächsten Tag schrieb sie an Minister Široky:
»...Wir haben aus Paris nur Bücher, Tisch- und Bettwäsche und die Möbel meines Zimmers mitgebracht. Die Einrichtungsstücke, die jetzt in unserer Wohnung stehen, wollten wir, wenn wir einen genauen Überblick hätten, mit dem Geld bezahlen, das auf dem Konto meines Mannes liegt.
Nun teilten mir aber die Abgesandten des Ministeriums heute morgen mit, ich dürfe diese Möbel nur mitnehmen, wenn ich sie noch vor Verlassen der Wohnung bar bezahlte. Man hält es also für gerechtfertigt, mich mit zwei bejahrten Menschen und drei Kindern in eine leere Wohnung zu schicken, in der es nicht einmal eine Küche und keine Möglichkeit gibt, eine solche einzurichten, während unser Geld auf der Bank blockiert ist und ich selbst nur noch bis Ende Juni ein Gehalt vom Rundfunk beziehen werde.
Meinst du, Genosse Široky, daß ich meine Kinder und meine Eltern auf dem Fußboden schlafen lassen soll? Das kann doch wohl nicht ernstgemeint sein, und so habe ich es auch den Beamten des Ministeriums erklärt. Ich verlange, daß alle diese finanziellen Fragen vor meinem Auszug aus dieser Wohnung erledigt werden. Nebenbei teile ich dir mit, daß ich unsere Miete bis zum 30. Juni bezahlt habe; ich glaube also nicht, daß mein Verhalten als unangemessen angesehen werden kann.
Ich weiß noch immer nicht, was meinem Mann vorgeworfen wird. Ich hoffe immer noch, daß die Angelegenheit geklärt werden wird, um so mehr als ja die Partei sie untersucht und ich auf sie vertraue. Ich persönlich habe keinen Grund, an Gérards Redlichkeit und Unschuld zu zweifeln. Jedenfalls aber - das habe ich bereits dem Genossen Bruno Köhler gesagt - sollten die Kinder, die Eltern oder ich, was immer er getan haben mag, nicht für seine Fehler zahlen müssen. Im Bewußtsein, nie-

mals des Vertrauens der Partei unwürdig gewesen zu sein, führe ich weiter erhobenen Kopfes meinen Namen als Kommunistin - auch, ja vor allem, in der schmerzlichen, schwierigen Zeit, die wir durchleben müssen.
Das wollte ich Dir sagen, lieber Genosse. Verzeih mir, daß ich Dich damit bemühe, aber ich muß mich doch wohl um die fünf Personen kümmern, die ich zu erhalten habe, und für ihre Existenz sorgen...«
So hatte meine Frau ihrerseits den gleichen Kampf geführt wie ich, als ich Tag für Tag um eine Unterredung mit einem der Leiter der Partei ersuchte. Sie hatte der Partei alles mitgeteilt, was sie wußte, alles, was ihr Ideal als Kommunistin verletzte. Keine der führenden Persönlichkeiten kann nunmehr die leere Ausrede vorschützen: ich habe nichts gewußt. Die Briefe und die von meiner Frau unternommenen Schritte hätten sie alarmieren müssen. Aber Široky und Köhler, ebenso wie Kopřiva und die anderen, wollten eben nichts hören und nichts sehen.

Dritter Teil
Wechsel in der Verschwörung

1

Es geschah am Ende einer Nacht. Stunden um Stunden vergingen mit der Fragerei. Plötzlich sagte der Referent zu mir: »Erzählen Sie mir von Ihrer Vergangenheit, von Ihrer einstigen Arbeit, in der Jugend. Kurz, schildern Sie mir Ihr Leben.«
Ich bin zunächst überrascht. Inwiefern kann meine Lebensgeschichte - in Anbetracht des Bildes, das man von mir darstellen will, all der verworrenen Anklagen, mit denen man mich überhäuft - den Referenten interessieren? Ich habe den Verdacht, daß er müde ist und sich auf diesem Umweg ein wenig zu erholen sucht. Das ist ein Irrtum. Ich werde bald feststellen, daß es sich um eine neue Taktik handelt - um eine Art Travestie und Karikatur der von den Führern der Parteikader angewandten Methode, die darin besteht, sich eine strittige Zeitspanne mehrmals erzählen zu lassen, um eventuelle Abweichungen von der Wahrheit durch Gegenüberstellung herauszufinden. Zwei Wochen lang werde ich nun Tag für Tag, zwanzig Stunden hintereinander, ununterbrochen mein Leben schildern, von meiner Kindheit bis zu jenem 28. Januar 1951, an dem zwei Autos mir den Weg versperrten und ich mitten in Prag auf der Straße entführt wurde. Jetzt bin ich seit sechs Monaten in den Händen dieser Leute, und ich habe noch nicht begriffen, daß ich in eine Welt der Wiederholung bis zum Überdruß, bis zur Übelkeit geraten bin, in die Welt der Protokolle und amtlichen Berichte, des Papierkriegs, der Unterschriften. Ich habe zu gestehen begonnen, doch dabei gebe ich diesem Wort seinen üblichen Sinn - auch wenn der Inhalt meiner Geständnisse mit »Sinn« überhaupt nichts zu tun hat. Ich weiß noch nicht, welche Stufe ich damit erreicht habe; es ist gewissermaßen meine Lehrzeit. Meine Lehrzeit für eine absurde, verzehrende, zerstörende Tätigkeit: die Anfertigung von Geständnissen.
Es beginnt wie eine Ermüdungserscheinung meines Inquisitors und wie eine Atempause für mich. Mein Leben zu erzählen, das wird mir, durch einige Stunden oder sogar noch länger, ersparen, unablässig, pausenlos mit widerwärtigen, blödsinnigen Fragen geplagt zu werden, die mich quälen, erniedrigen, aus der Fassung bringen und die ich doch nicht von mir weisen darf. Ich werde von mir sprechen, mich wiederfinden, aus dem Chaos heraustreten, das mich verzehrt. Ich selbst sein, und nicht mehr dieses Puzzle aus Lügen und scheußlich zusammengesetzten, zusammengeflickten, zu einem schauderhaften Bild vereinigten Halb- und Viertelwahrheiten.
Ich beginne meine Erzählung. Anscheinend schenkt mir der Mann gar keine Aufmerksamkeit. Er döst mit gesenkten Lidern, zeigt für einen

Augenblick Interesse, verfällt dann wieder in seinen Halbschlaf, ganz als ob es sich für ihn nur darum handelte, die Zeit verstreichen zu lassen. Ich versenke mich mit einer Art Andacht in meine Vergangenheit; es ist, als ob der Reigen meiner Erinnerungen die Mauerspalten meiner Zelle verlassen hätte, um mich in diesen Vernehmungsraum zu begleiten. Ich gebe mich der Welt von Licht und Brüderlichkeit hin, die mir so grausam fehlt, seit ich in den Händen der Referenten bin. Ich spreche nicht, um auf die Frage zu antworten, sondern für mich selbst, für Lise und meine Kinder, für meine Familie, für meine Kameraden, meine nächsten, teuersten Freunde. Als wäre mir nach all den Monaten endlich die Gelegenheit gegeben, mich durch diese Darstellung meines Lebens auszusprechen.

Wir sind zwei von fünf Geschwistern, die dem Blutbad meiner Familie durch die Nationalsozialisten entgangen sind. Meine Rückkehr in die Heimat beunruhigte meine Schwester Flora, die in New York lebt. »Wenn man eines Tages in Prag Menschen aufzuhängen beginnt, werden sie sicher auch für Dich eine Laterne finden...« schrieb sie mir damals.

Wenn ich von meiner Familie spreche, ergreift wahrscheinlich auch mich die Erschütterung, einer von zwei Überlebenden zu sein - vielleicht nicht mehr lange -, als ob mir eine letzte Chance gegeben würde, mich zu rechtfertigen...

Mein Vater Emil war das fünfte von acht Kindern eines Eisenbahnangestellten in Mähren zur Zeit der österreichisch-ungarischen Monarchie. Sehr früh zerstreute die Not den Schwarm seiner Kinder »in die Welt«, wie man damals sagte. Indem ich das erzähle, forsche ich dem Ursprung dessen nach, was ich seither geworden bin. Und dieser Ursprung ist ganz klar. Das erste, was ich von meinem Vater als Erwachsenen weiß, ist, daß er in Wien als Handwerksgeselle arbeitete und daß er der Sozialistischen Partei beigetreten war. Das geschah Ende der neunziger Jahre. Später lebte er in der Schweiz, wo er freundschaftliche Beziehungen mit einigen russischen politischen Flüchtlingen anknüpfte. Er verkehrte dort auch in anarchistischen Kreisen, mit denen er sich gut verstand; er hielt sie für echtere Revolutionäre als die Sozialdemokraten. Er achtete den Mut Bakunins und schätzte Kropotkin, dessen Schriften er alle kannte. Dennoch bekannte er sich nicht zur Grundideologie der Anarchisten.

Zu Anfang des Jahrhunderts reiste er nach Amerika, wo er mit zweien seiner älteren Brüder wieder zusammentraf. Dort hielt er die freundschaftlichen Beziehungen zu den anarchistischen Arbeitern weiter aufrecht, obwohl er inzwischen aktives Mitglied der sozialistischen Gruppen geworden war.

Er war von Amerika begeistert: ein junges Land, in vollem Aufstieg, mit phantastischen Aussichten und einer verblüffenden Fähigkeit, alle Auswanderer der Erde aufzunehmen und sie miteinander zu vermischen.
Menschen wie mein Vater, die unter dem Joch reaktionärer Machthaber gestanden oder in den Ghettos des alten Europa tausendfache Kränkung und Not erlitten hatten, fühlten sich drüben von Anfang an als freie Männer und waren entschlossen, um ihre Rechte zu kämpfen. Zu jener Zeit gab es in Amerika eine mächtige sozialistische Arbeiterbewegung.
Mein Vater lernte sehr rasch Englisch und studierte in seinem Wissensdurst - er sollte bis zu seinem Lebensende Autodidakt bleiben - die Literatur, die Dichtung und die Geschichte des Landes. Ich erinnere mich, daß er Gedichte von Whitman und Stellen aus Reden oder Schriften Paines und Jeffersons auswendig hersagen konnte. In seiner kleinen Bibliothek hegte er liebevoll die gesammelten Werke seines Lieblingsdichters Heinrich Heine.
In New York lernte er meine Mutter kennen, die mit ihrer Schwester aus der tiefsten slowakischen Provinz eingewandert war.
Sie arbeitete tagsüber als Stubenmädchen in einem Hotel und abends als Küchengehilfin in einem großen Restaurant. Dort traf sie mein Vater, als er infolge eines Streiks bei Ford, wo er Tapezierer und Sattler war, vorübergehend als Tellerwäscher sein Brot verdiente, bis er wieder Arbeit in seinem Beruf fand.
Sie heirateten in New York, und bald darauf kam meine Schwester Flora zur Welt. Auf diese Weise hatte sie eine doppelte Nationalität und konnte im Jahre 1939, nach dem Einmarsch der Deutschen in Ostrau, einen amerikanischen Paß verlangen und erhalten. Dann flüchtete sie in die Vereinigten Staaten und entging so dem Tod in den nationalsozialistischen Konzentrationslagern.
Meine Eltern kehrten später in die Heimat zurück - was sie noch oft bedauern sollten. Amerika blieb für sie die große Zeit ihres Lebens; immer wieder redeten sie mit vielen Ausschmückungen von ihren dortigen Erinnerungen, obgleich ihr von Arbeit und Kämpfen erfülltes Leben nicht immer leicht gewesen war.
Über wichtige Themen, die die Kinder nichts angingen, sprachen sie immer Englisch. In dieser Sprache aus der Zeit ihrer ersten Liebe fühlten sie sich einander am nächsten.
Bei der Kriegserklärung mußte mein Vater an die Front. Meine Schwester Flora und mein Bruder Jean waren bereits geboren. Oskar kam zu Anfang des Krieges zur Welt, ich und Juliette wurden im Urlaub gezeugt.
Mein Vater kam als Krankenträger an die russische Front. Wegen einer Verwundung und seiner schwachen Augen wurde er gegen Ende des

Krieges als Krankenwärter in ein Hospital versetzt. Er kam dort mit russischen Gefangenen in Berührung, für die er Solidaritätsaktionen veranstaltete, und befreundete sich mit bolschewistischen Soldaten. Er begeisterte sich für die Oktoberrevolution und wurde ein glühender Propagandist. Man setzte ihn zwar als politisch verdächtig auf die schwarze Liste der österreichisch-ungarischen Armee, aber er überstand den Sturm ohne weitere Behinderung.
Für uns war der Krieg sehr hart. Wir waren schon 1916 fünf Kinder. Meine einzige Erinnerung an jene Zeit fällt kurz vor den Waffenstillstand, als ich dreieinhalb Jahre alt war. Eines Abends lagen mein Bruder und ich nebeneinander im Bett, wir hatten beide Windpocken, unsere Köpfe waren wegen der Läuse rasiert, die Gesichter voller Krusten; da kam mein Großvater, der Eisenbahner, zu Besuch. Er nahm drei Stück Zucker für jeden von uns aus der Tasche. Es war das erstemal, daß ich etwas so Gutes aß, und die kleinen weißen Würfel blieben mir stets im Gedächtnis, ebenso wie der gute Geschmack des Zuckers, den wir langsam knabberten, um das Vergnügen zu verlängern.
Auch die Nachkriegszeit war nicht leicht. Mein Vater war Arbeiter. Er hatte sieben Menschen zu ernähren, das war viel für seinen kleinen Lohn. Wir wohnten in Ostrau in einer Zweizimmerwohnung mit einer winzigen Küche.
Die Stadt war damals schon ein sehr großes Industriezentrum mit Dutzenden von Kohlenbergwerken, Koks-, Metallwaren- und chemischen Fabriken, von denen manche zu den größten von Europa gehörten.
Nach seiner Rückkehr aus dem Krieg widmete mein Vater seine ganze Freizeit der politischen Betätigung. Oft kam er mit seinen Arbeitgebern in Konflikt und verlor seine Stellung; das bewog ihn, sich selbständig zu machen. Er mietete eine kleine Bude, die im Hof eines benachbarten Hauses stand. Er glaubte, er werde als Handwerker mehr Freiheit haben, und tatsächlich konnte er sich nun noch mehr der politischen Arbeit widmen. Er sprach häufig bei öffentlichen Versammlungen und schrieb Artikel in der sozialistischen Presse. Es war die Zeit der großen Kämpfe um den Beitritt der sozialistischen Parteien zur III. Internationale und die Bildung der Kommunistischen Parteien. Als langjähriges Mitglied der sozialistischen Linken wurde er ganz natürlich einer der Gründer der Kommunistischen Partei in seiner Heimatstadt und im Land.
Von der guten Gesellschaft und der jüdischen Gemeinde, die ihn als Verräter betrachtete, da er Atheist und politischer Mitkämpfer antireligiöser Organisationen war, wurde mein Vater boykottiert und fand nur mit Mühe Arbeit. Und die Arbeit brachte ihm sehr wenig ein: er besserte die Matratzen, Betteinsätze und Schlafsofas der Arbeiter aus. Die meisten seiner Kunden waren arm und zahlten in unregelmäßigen Raten.

Jede Woche wiederholte sich bei uns die gleiche Szene: Mama murrte, ärgerte sich und wußte nicht, wie sie mit ihrem Haushaltsgeld auskommen sollte. Die Familie meines Vaters betrachtete ihn als einen Narren, der dem Ruf der Seinen schadete. Seine besser situierten Brüder hatten wenig Lust, ihm zu helfen - ausgenommen Onkel Siegmund, mit dem er am besten stand -, und redeten ihm immer erst ins Gewissen, ehe sie ihm die Summe liehen, die ihm ermöglichte, seine einzige Nähmaschine, die entweder als Pfand ins Leihhaus gewandert oder vom Pfändungsbeamten wegen Nichtbezahlung von Schulden beschlagnahmt worden war, auszulösen.

Von meinem Vater hörte ich zum erstenmal von Bebel, Liebknecht, Rosa Luxemburg, den Spartakisten, den russischen Bolschewisten, Lenin, Lunatscharskij, Trotzkij, der Kommune in Kanton und Schanghai. Durch ihn lernte ich die Veteranen der sozialistischen Bewegung in den Vereinigten Staaten kennen: er sprach gern von Tom Munley. An seiner Seite nahm ich an den ersten Straßendemonstrationen teil, mit meiner kleinen Kinderhand klammerte ich mich an ihn.

Er gab mir Heinrich Heine zu lesen. Und er war es, der mir, als ich noch ganz jung war, dreizehneinhalb Jahre, den Weg in die Kommunistische Jugend wies. Damals begann ich bereits zu arbeiten, denn in unserer Familie konnte bloß *ein* Kind studieren, und auch das nur mit großen Opfern. Unser Student war Oskar, der ein Jahr älter war als ich. Er sollte seine Studien nicht beenden; er starb mit zwanzig Jahren.

Mein Vater war in der Stadt sehr beliebt, man nannte ihn den alten Bolschewisten. Jeden Abend war er vor unserem Haus von einer Gruppe Menschen umgeben, die die Tagesprobleme diskutierten: Gegner, Sozialisten, Kommunisten. Und die Debatten waren sehr lebhaft!

Trotz seiner politischen Betätigung hatte mein Vater nur zweimal mit den Behörden Schwierigkeiten: das erste Mal anläßlich einer Versammlung im Freien, als er sich geweigert hatte, beim Anhören der Nationalhymne den Hut abzunehmen. Er erklärte, die einzige Hymne, bei der er seinen Hut abnehmen würde, sei die Internationale. Das zweite Mal war es meinetwegen. In einer Winternacht im Februar 1932, erschien gegen zwei Uhr morgens die Polizei in unserer Wohnung, um mich zu verhaften. Nachdem ich mich angekleidet hatte, zog ich, bevor ich fortging, unter dem erstaunten Blick meines Vaters, an Stelle meines eigenen, seinen Mantel an. Er sagte aber nichts. Das hatte ich getan, weil in meinen Manteltaschen noch viele von den Flugzetteln steckten, deren Verteilung meine Verhaftung verursachte. Als ich im Polizeigebäude meine Taschen leeren mußte, und die Inspektoren die verschiedenen Dinge sahen, die ich herauszog, erkannten sie sehr bald, daß der Mantel nicht mir gehörte, sondern meinem Vater. Sie gingen sofort in unsere Wohnung zurück,

um den meinen zu holen, doch mein Vater hatte die Lage verstanden und nach meinem Abgang alles kompromittierende Material aus den Taschen entfernt. Die Polizei führte eine regelrechte Haussuchung durch und versuchte ihn durch Drohungen einzuschüchtern, jedoch vergeblich.
Zum letztenmal sah ich meinen Vater im Sommer 1935 in Moskau, nach dem Tod meines Bruders Oskar. Ich kannte das Datum seiner Ankunft nicht, daher waren meine Frau und ich auf den Flugplatz Tuschino gegangen, um uns das Wettfliegen anzusehen. Da es kein Beförderungsmittel gab, mußten wir zu Fuß zurückkommen. Wir fanden ihn in der Halle unseres Hotels; da saß er auf einer Bank und schlief. Er war sehr gealtert. In seinem Lächeln strahlte dann die Freude, mich wiederzusehen, meine Frau kennenzulernen. Um mich zu besuchen, hatte er an einer organisierten Reise teilgenommen. Alles interessierte ihn. Wir gingen durch die Straßen, und ich mußte unaufhörlich die zahllosen Fragen beantworten, die die Entdeckung dieser Welt, die er bisher nur aus seiner Lektüre und der eigenen Phantasie kannte, in ihm weckte. Oft waren die Antworten darauf nicht leicht zu finden.
»Warum tragen heute, achtzehn Jahre nach der Revolution, so viele Menschen trotz der sengenden Hitze Filzstiefel? Warum kostete in meinem Intourist-Hotel eine Orange einen Dollar?«
Bewaffnet mit Bleistift und Notizbuch, wollte er alles notieren: die Mietzinse, die Arbeitslöhne in den verschiedenen Kategorien, den Preis der Theaterkarten, der Bücher, die den Kindern gebotenen Wege zu höherer Bildung.
Ich sehe noch den jungen Propagandisten vom Stand Birobidschans im Kulturpark Maxim-Gorkij vor mir, dem, von meinem Vater überfragt, dicke Schweißtropfen auf der Stirn standen: »Wozu dieses Birobidschan*? Da der Kommunismus das Judentum nicht als Nationalität anerkennt und wir gegen die Auswanderung nach Palästina sind - wozu macht man hier das gleiche mit Birobidschan? Und wie sind die Verhältnisse dort...«
Schließlich bat der junge Mann meinen Vater, am nächsten Tag wiederzukommen, dann werde er ihm gedruckte Antworten auf alles geben: Bücher, Zeitungen... Aber mein Vater war nicht befriedigt.
Er bereitete sich gewissenhaft darauf vor, bei seiner Rückkehr nach Ostrau im Rahmen des Verbandes »Freunde der UdSSR« Vorträge zu halten, um objektiv über alles zu berichten, was er auf seiner Reise gesehen hatte.
Es war die Erfüllung eines großen Traums: den Roten Platz zu betreten,

---

* Unabhängiges Gebiet in der UdSSR, wo man alle Juden zu konzentrieren trachtete.

Lenin in seinem Mausoleum zu besuchen, die Mauern des Kreml mit den Gräbern der großen Revolutionshelden zu betrachten, die Luft des Landes zu atmen, das die erste Revolution verwirklicht hatte...
Nicht alles hatte ihm gefallen. Es gab Dinge, die er nicht verstand, doch im großen ganzen war er zufrieden. Traurig nahm er von uns Abschied. Wann würden wir wieder beisammen sein? Meine Frau sollte ihn noch einmal sehen, als sie sich im Jahre 1936 auf ihrer Rückfahrt nach Frankreich in Ostrau aufhielt, um meine Familie kennenzulernen. Ich aber sollte ihn nicht wiedersehen, weder ihn noch Mama, Jean oder Juliette...

2

Wir waren nicht sehr zahlreich in den Organisationen der Kommunistischen Jugend in den Jahren 1928 bis 1933, aber unsere Kampflust wog das auf. Unser Tätigkeitsdrang war grenzenlos, wir machten alles: Verteilung von Flugschriften, Inschriften auf den Mauern, Ankleben von Plakaten. Wir nahmen an öffentlichen Versammlungen teil, an Demonstrationen, verkauften die Zeitungen, organisierten die Propaganda und die Agitation unter den jungen Leuten in den Fabriken, den Bergwerken, wir warben und bildeten neue Jugendgruppen...
Aufenthalt in Gefängnissen - viele Male. Der Hungerstreik in den Zellen des Polizeigefängnisses, wo wir fünfundzwanzig junge Leute waren, die man wegen einer Demonstration festgenommen hatte. Und jener Tag vor dem ersten Mai im Ortsgefängnis, wo wir, einige Dutzend Kameraden und ich, die man ein paar Tage vor der Demonstration aufgegriffen hatte, eingesperrt wurden. Wir hatten auf einem Fenster des Gefängnisses die Rote Fahne gehißt. Um zehn Uhr vormittags ließ man mich frei. Ich war von meinen Kameraden beauftragt worden, in ihrem Namen der Freiluftversammlung, an der 20 000 Menschen teilnahmen, ihren Gruß auszurichten.
Die Demonstrationen, gegen die berittene Polizei anging und uns mit Peitschenhieben und Schlägen mit der flachen Säbelklinge auseinandertrieb; die Faschistenversammlungen, die wir sprengten, die Schlägereien, die wir mit ihnen austrugen...
Ich sehe uns noch, vier junge Genossen, angeführt von unserem Bundessekretär, wie wir eines Nachts vor dem polnischen Konsulat standen. Nachdem wir mit unserem Blut auf ein weißes Blatt geschrieben hatten: »Wir werden unsere ermordeten polnischen Brüder rächen«, zerschlugen wir die Scheiben mit Steinwürfen und warfen unsere an einem Dolch

befestigte Botschaft durch das Fenster. Das geschah nach einer Schießerei gegen Streikende in Polen; damals war unsere internationale Solidarität sehr stark!
Die großen Streiks in meiner Gegend, bei denen die Polizei auf uns feuerte und Verwundete neben mir zusammenbrachen. In unserer Empörung und mit der Romantik der Jugend hatten drei von uns beschlossen, den Polizeiterror damit zu beantworten, daß wir die Präfektur in die Luft sprengten. Wir hatten mit Patronen, die uns die Bergleute gegeben hatten, eine Zeitbombe hergestellt und bereiteten uns vor, unseren Plan zu verwirklichen. Da jedoch einer meiner Kameraden damit geprahlt hatte, war der Plan dem Bundessekretär der Partei zu Ohren gekommen. Er brachte uns schnell zur Vernunft, indem er uns vor den Gefahren anarchistischen Treibens warnte.
Ich erzählte von meiner Tätigkeit in der Führung der Organisation der Kommunistischen Jugend und der Jugendverbände der Roten Gewerkschaften im Gebiet von Ostrau.
Auch von der Reise, die wir im Jahre 1931 mit einer Gruppe von Genossen zur Berliner Spartakiade unternahmen. Und wie wir, da wir keine Pässe bekommen hatten, illegal die Grenze überschritten.
Das war mein erster geheimer Besuch in Deutschland. Da die Spartakiade verboten wurde, trafen wir in Chemnitz in Sachsen zusammen, um an einer Demonstration gegen das Verbot teilzunehmen. Zu unserem Schutz waren wir von uniformierten Mitgliedern der Selbstverteidigungsorganisation der Kommunistischen Partei Deutschlands (»Antifaschistischer Kampfbund«) umgeben. Sehr viele unserer Leute waren ohne Papiere nach Deutschland gekommen: Schweizer, Österreicher, Italiener, Tschechoslowaken...
Ich erwähne auch jene andere geheime Reise im Herbst 1932 kurz vor der Machtübernahme Hitlers, die ich unternahm, um einer Volksabstimmung beizuwohnen... Und die beiden Gewerkschaftstreffen gegen die Nazis, bei denen wir - Deutsche, Polen, Tschechoslowaken - brüderlich vereint zusammengekommen waren. Damals war ich Jugendsekretär der Roten Gewerkschaften im Gebiet von Ostrau.
Anfang Januar 1933 drang die Polizei auf Grund einer Denunziation in ein Lokal, in dem ich vor etwa dreißig jungen Kommunisten einen Vortrag über revolutionären Defaitismus hielt. Ich wurde festgenommen.
Nach dreimonatiger Untersuchungshaft wurde ich nach meinem Hungerstreik und infolge großer Solidaritätsdemonstrationen der Jugend zu meinen Gunsten und Interventionen unseres Abgeordneten Kliment bei den Behörden vorläufig in Freiheit gesetzt.
Ich erzähle, wie es mir dann gelungen ist, den Polizeibeamten zu entkommen, die mich festnehmen sollten, um mich vor Gericht zu stellen,

wo ich wegen Gefährdung der Sicherheit der Republik angeklagt werden sollte; das Zentralkomitee der Partei beschloß damals, mich in die Untergrundbewegung zu versetzen, um mich vor einer neuerlichen, zwei- bis fünfjährigen Haft zu bewahren.
So befand ich mich illegal in Prag. Ich sollte im geeigneten Moment die Ortsleitung der Roten Gewerkschaftsjugend übernehmen. Im Augenblick wurde ich von der Polizei gesucht, und seit einiger Zeit war meine Sicherheit gefährdet. Es kam zu immer häufigeren Haussuchungen in den Zentralen der Partei und der Gewerkschaften, sowie zu Kontrollen der Ausweispapiere in der Umgebung der Arbeiterlokale. Die Papiere, die man mir gegeben hatte, hätten einer ernstlichen Prüfung nicht standgehalten. Daher beschloß man, mich nach Moskau zu schicken.
Eines Morgens gegen neun Uhr brachte mir ein Genosse einen Paß und etwas Geld und sagte, ich solle mich zur sofortigen Abreise bereitmachen. Der vorgesehene Weg zwang mich zur Reise durch Polen. Ich mußte über Ostrau fahren, wo ich sehr bekannt war, und machte den Mann aufmerksam, daß das für mich gefährlich werden konnte. Er erwiderte: »Du hast dich streng an alle Weisungen zu halten, die dir unsere Auftragsgeber erteilen; sie wissen, wie Auslandsreisen organisiert werden müssen. Wenn du deine Weisungen nicht befolgst, und durch deine Schuld etwas schiefgeht, trägst du allein dafür die Verantwortung.«
Eineinhalb Stunden später kam mir derselbe Genosse in die Bahnhofshalle nach, wo ich soeben meine Fahrkarte nach Polen lösen wollte. Im letzten Augenblick hatte er meine Bemerkung dem Leiter des technischen Apparates mitgeteilt, den er zufällig traf, nachdem er mich verlassen hatte. Ich dürfe auf keinen Fall über diese Route reisen! Er traf mit mir eine neue Verabredung für vier Uhr. Ich sollte mit meinem Koffer kommen und würde noch am selben Abend abreisen.
Ich traf in einem Café mit ihm zusammen. Er übergab mir eine Fahrkarte nach Berlin, das Geld für eine weitere Karte Berlin-Moskau und ein loses Blatt Papier mit dem sowjetischen Visum. Er empfahl mir, das Visum gut zu verstecken und es erst bei der Kontrolle an der sowjetischen Grenze herauszunehmen. Ich verbarg es im Schirm meiner Mütze. Dann eilte ich zum Bahnhof. Der Zug stand bereits in der Abfahrtshalle. Ich legte meinen Koffer in ein Abteil und ging in die Toilette, um mich mit meiner neuen Identität vertraut zu machen. Es war ein tschechischer Paß, auf einen deutschen Namen lautend: Gerhard Baum. Ich sah etwas älter aus als auf dem Paßbild, da ich nicht die Zeit gehabt hatte, mich zu rasieren; der schwarze Bart machte mich älter. In einigen Tagen wurde ich neunzehn Jahre alt; auf dem Paß war ich erst siebzehn.
Es war Mitte Januar. Der Zug rollte durch die Winterlandschaft in Richtung deutsche Grenze. Ich saß in meinem Abteil und memorierte meine

neue Identität, den Zweck meiner Reise, für den Fall, daß ich gefragt wurde, und alle erhaltenen Weisungen. Die Reisenden mir gegenüber - ein Mann und eine Frau - betrachteten mich neugierig. Wir näherten uns der letzten Station vor der Grenze. Sie standen auf und machten sich zum Ausstieg bereit, dabei starrten sie mich unentwegt an. Ich verstand nicht, warum. Plötzlich fragte der Mann:
»Sie steigen nicht aus?«
»Nein, ich fahre weiter.«
»Sie fahren weiter und haben keine Angst?«
»Angst, wovor sollte ich denn Angst haben?«
»Sie fahren doch nach Deutschland; wir sind ganz nahe bei der Grenze.«
»Das weiß ich; ich fahre nach Berlin, und von dort noch weiter.«
Da wurde mir klar, daß mein Äußeres, meine von einem zwei Tage alten Bart geschwärzten Wangen mein semitisches Aussehen unterstrichen; das war die Ursache ihrer Beunruhigung und ihres Staunens, weil ich ja nach Deutschland fuhr!
Vor einem Jahr hatte ich während eines Aufenthalts im Ostrauer Gefängnis durch Kameraden, die als Journalisten den Vorzug genossen, als politische Gefangene zu gelten, von Hitlers Machtergreifung erfahren. Sie saßen in einer Nachbarzelle und bekamen Zeitungen; über die Rohre der Wasserleitung »telefonierten« sie mir jeden Morgen die Tagesnachrichten zu. Wir diskutierten stundenlang über die politischen Aussichten und waren überzeugt, daß Hitler sich nicht länger als ein Jahr halten würde. Dann würde alles vorbei sein, und Deutschland würde vor einer neuen Wahl stehen, die unserer Ansicht nach nur für eine sozialistische Republik ausfallen konnte.
Nun, ein Jahr später war ich im Begriff, die Grenze zu überschreiten. Und Hitler war immer noch an der Macht.
An der Grenze verlief die Paßkontrolle auf tschechischer Seite ohne Zwischenfall. Auf deutscher Seite durchsuchten die Polizisten streng einen Mann, bei dem sie sozialistische, bei den Nazis verbotene Zeitungen gefunden hatten, und widmeten meiner Person keinerlei Aufmerksamkeit. Spät nachts kamen wir in Berlin an.
Auf allen Bahnhöfen, durch die wir kamen, nationalsozialistische Uniformen, Hitlergruß: ich besuchte Deutschland zum erstenmal, seit es unter dem Nazistiefel stand, erlebte zum erstenmal das Schauspiel mit, das ich bisher nur aus Wochenschaufilmen kannte.
In Berlin mußte ich zu einem anderen Bahnhof fahren und mir eine Fahrkarte kaufen. Vor dem Schalter stand eine lange Schlange von Zivilisten, Militärpersonen, Männern in SA-Uniform und noch anderen mit dem Hakenkreuz. Die Reihe kam an mich. Ich verlangte eine Fahrkarte nach Moskau, die erstaunte Kassiererin ließ sich das wiederholen: »Eine

Fahrkarte nach Moskau, habe ich gesagt!« Sie entfernte sich und blieb längere Zeit fort. Die Leute hinter mir murrten, denn die Abfahrtszeit ihres Zuges rückte heran. Endlich kam sie wieder und entschuldigte sich laut mit der Behauptung, die Ausstellung einer Fahrkarte nach Moskau erfordere mehr Zeit als eine gewöhnliche Fahrkarte. Das führte zu Diskussionen in der Menschenschlange. Die Leute betrachteten erstaunt und neugierig den jungen Reisenden, der im Januar 1934 - in Berlin - eine Fahrkarte nach Moskau löste.

Die Genossen vom technischen Apparat kannten wahrscheinlich den Preis der Fahrkarte nicht genau. Ich gab dafür mein ganzes Geld aus, mir blieben nur 50 Pfennig, eine halbe Mark! Das würde, wenn ich irgendwelchen Schwierigkeiten begegnete, nicht genügen, um eine Briefmarke zu kaufen, geschweige denn ein Telegramm abzuschicken! Ich hatte keinerlei Proviant bei mir, aber was sollte ich tun? Weitermachen!

Im Abteil traf ich beglückt den Mann wieder, der an der Grenze durchsucht worden war. Ich freute mich, mit einem Landsmann zu reisen. Er war Techniker bei einem Textilunternehmen und begab sich für ein Jahr nach Litauen.

Wir fuhren die ganze Nacht durch. Ich vermied jedes Gespräch und stellte mich, als verstünde ich nicht gut Deutsch, um nicht mit den anderen Reisenden sprechen zu müssen.

Nachdem wir den polnischen Korridor durchquert hatten, gelangten wir morgens nach Königsberg. Der Zug leerte sich; nur ganz wenige Reisende verblieben im Waggon. Mein Landsmann hatte mich während der Nacht verlassen und sich in ein Schlafabteil zurückgezogen. Wir näherten uns der deutsch-litauischen Grenze. Die Zollbeamten und einige Männer in Zivil stiegen ein - Paß und Gepäckskontrolle. Der Kontrolleur fragte nach meinem Reiseziel. Den erhaltenen Weisungen gemäß antwortete ich, daß ich auf eine Einladung meiner Tante hin nach Riga führe.

»Sie haben aber doch eine Fahrkarte nach Moskau!«

»Ja, ich benutze die Gelegenheit, um mir auch Moskau anzusehen.«

Er betrachtete mich eine Weile, dann holte er den Zollbeamten. Dieser wunderte sich über meinen fast leeren Koffer. Sie entfernten sich und kamen mit zwei Männern in Zivil wieder, die mich auszufragen begannen. Ich wiederholte, was ich schon gesagt hatte. Sie fragten nach der Adresse meiner Tante. Ohne zu zögern, gab ich ihnen eine Adresse, die ich schon in Prag auswendig gelernt hatte; sie stammte aus dem Rigaer Telefonbuch auf der Hauptpost. Sie fragten mich nach meinem Vater und meiner Beschäftigung. Ich erzählte in aller Ausführlichkeit, die Reise sei die Belohnung für eine glänzend bestandene Prüfung im Gymnasium. Sie fanden es aber sonderbar, daß ich nach Moskau fuhr, während meine Tante in Riga wohnte, und daß ich meine Fahrkarte in Berlin gekauft hatte, anstatt sie nach meiner Ankunft in Riga zu kaufen. Offensichtlich befriedigten sie meine Antworten nicht. Sie verlangten, daß ich mich völlig entkleidete, und machten unanständige, provozierende Bemerkungen, bei denen ich mir den Anschein gab, sie nicht zu verstehen. Sie durchsuchten sorgfältig meinen Handkoffer, meine Schuhe (einschließlich der Sohlen und Absätze), die Nähte meiner Jacke. Ich bekam Angst: »Wenn sie nur mein sowjetisches Visum nicht entdecken!« Die Szene mußte wirklich drollig gewesen sein! Ich stand splitternackt im Abteil, hatte jedoch die Mütze auf dem Kopf. Und keiner kam auf den Gedanken, sie mir zwecks Untersuchung abzunehmen. An der Grenze stiegen sie aus und ließen noch ein paar letzte Kränkungen sowie Beschimpfungen auf jiddisch auf mich herunterhageln.

Ich atmete erleichtert auf und entspannte mich, indem ich die vorbeigleitende Landschaft betrachtete. Wir fuhren durch eine traurige, einförmige, von einem weißen Teppich bedeckte Gegend. Ich war in Litauen. Plötzlich schien der Zug mit rasender Geschwindigkeit dahinzubrausen. Später wandte sich ein Reisender, nachdem er mich eine Weile betrachtet hatte, im Korridor an mich:

»Sie rauchen tschechische Zigaretten?«

Er sprach Jugoslawisch. Ich sagte ihm, ich sei Tscheche, wie meine Zigaretten. Er schien sich darüber zu freuen, und wir stellten uns einander vor. Er setzte sich in mein Abteil. Er hatte keinen Pfennig in der Tasche und bat mich um eine Zigarette. Während er rauchte, erzählte er mir, er sei Jugoslawe, habe eine Zeitlang in der Tschechoslowakei gearbeitet, sei dann nach Kanada gefahren, von wo er eben wegen kommunistischer Betätigung ausgewiesen worden sei; das rote Hilfsbüro habe ihm in Wien, wohin er von der kanadischen Partei geschickt worden war, einen Paß besorgt, und damit fahre er nun als politischer Flüchtling in die Sowjetunion. Ich hörte erstaunt und mißtrauisch zu, denn ich befürchtete eine Provokation. Ich fand, er hatte eine recht leichtfertige Art, von diesen Dingen zu reden. Dabei war das ein erwachsener Mann, groß gewachsen, kräftig, man merkte, daß er Lebenserfahrung hatte. Er fragte nach meinem Reiseziel. Wie jedem anderen antwortete ich: »Riga...«

Wir überschritten anstandslos die lettische Grenze und kamen nach Riga. Entschlossen, meinen Reisegefährten loszuwerden, verließ ich mit den anderen Reisenden das Abteil und setzte mich in ein anderes. Abends stieg ich in Dünamünde (Daugavpils) in den Moskauer Waggon um, der am Gleisende stand.

Ich betrat das Abteil, und der erste Mann, auf den ich stieß, war mein Jugoslawe. Er blickte mich verblüfft an: »Was machen Sie denn hier, Sie

haben doch gesagt, Sie fahren nach Riga? Und ich sah Sie auch in Riga aussteigen!« Ich lieferte ihm einige verworrene Erklärungen; ich hätte mich geirrt und schließlich beschlossen, zuerst nach Moskau zu fahren und dann erst zu meiner Tante nach Riga.
Einige Russen setzten sich zu uns ins Abteil. Die Formalitäten an der lettischen Grenze waren kurz, der Zug fuhr jetzt in langsamem Tempo. Es war Nacht geworden. Bald traten die sowjetischen Kontrolleure an die Stelle der Letten.
Es war mir gelungen, geschickt und, ohne aufzufallen, mein Visum aus dem Mützenschild zu nehmen und es in meinen Paß zu legen.
Mein erster Soldat der Roten Armee, ein großer Bursche mit langem Wintermantel, der ihm bis zu den Knöcheln reichte, die Budjennymütze mit dem roten Stern auf dem Kopf, verlangte die Pässe. Man hatte mir gesagt, er werde wiederkommen und mir mein sowjetisches Visum zusammengefaltet zurückgeben; das sei das Zeichen, daß alles in Ordnung sei und ich meine Reise ruhig fortsetzen könne. Wirklich gab er mir etwa eine Viertelstunde später mein Dokument zusammengefaltet zurück und grüßte militärisch.
Bei diesem Anblick sprang mein Jugoslawe freudig auf; in seinem erregten Wortschwall tauchte immer wieder das eine auf: »Komintern, Komintern!« Ich zog die Schultern hoch: »Ich weiß nicht, was Sie meinen.« Ich konnte auch tatsächlich die mangelnde Diskretion meines Gefährten nicht begreifen. Nun blickten mich die beiden russischen Reisenden aufmerksam an. Wir fuhren wortlos weiter bis Bugossowo. Dort mußten wir aussteigen und unser Gepäck untersuchen lassen. Ich hatte meine Kofferschlüssel verloren; mein jugoslawischer Freund sprengte in seiner Begeisterung die Schlösser auf, in der Meinung, man dürfe die sowjetischen Soldaten nicht aufhalten.
Im Bahnhofsrestaurant tranken wir Tee... für meine 50 Pfennig; sie genügten für ein Glas Tee, nicht aber, um zu essen. Mein Reisegenosse hatte noch weniger Geld als ich, nämlich überhaupt keines. Er mußte in Bugossowo bleiben, wo das Visum, das ihn dort erwarten sollte, noch nicht eingetroffen war.
Ich traf ihn einige Tage später auf der Treppe in der Komintern wieder. Er machte mir bittere Vorwürfe, weil ich ihm nicht die Wahrheit gesagt hatte. Dann sah ich ihn noch mehrmals in Moskau und später, nachdem ich ihn aus den Augen verloren hatte, im Jahre 1937, in Albacete, der Zentrale der internationalen Brigaden in Spanien. Er war dort Hauptmann. Wir frischten mit großem Vergnügen unsere gemeinsamen Erinnerungen auf.
Während der Reise, die noch recht lang dauerte, gaben mir meine beiden russischen Reisegefährten zu essen und zeigten sich sehr freigebig. Sie

sprachen Deutsch, und unser angeregtes Gespräch verkürzte uns die Zeit bis zur Ankunft in Moskau.
Die Reise hatte mich sehr erregt und beeindruckt, nicht nur weil es meine erste große Reise ins Ausland war, sondern weil ich in die Sowjetunion fuhr, in das Land, um das seit meiner Kindheit all meine Gedanken, meine ganze politische Betätigung kreisten. Ich fuhr in das Land, über das ich so oft hatte sprechen hören – von meinem Vater, von Genossen, die dort gelebt und studiert hatten, von Leuten, die es als Touristen besucht hatten. Ich kannte die UdSSR auch aus vielen Büchern, und ich liebte sie. Nun würde ich mit ihr und ihrem Volk persönlich Bekanntschaft machen.
Als ich auf dem Moskauer Bahnhof ausstieg, empfing mich bittere Kälte. Mein tschechischer Übergangsmantel war nicht geeignet, der Temperatur des Moskauer Winters Trotz zu bieten. Ich trennte mich von meinen beiden sowjetischen Gefährten, die von ihrer Familie erwartet wurden, und ging in den Wartesaal, wo mich der damalige Vertreter der tschechoslowakischen Kommunistischen Jugend, Mirko Krejzl, abholen sollte. Neugierig betrachtete ich die Leute ringsum, Soldaten in verschiedenen Uniformen, die kamen und gingen. Ich bemühte mich, Fetzen ihres Gesprächs aufzufangen. Die Zeit verstrich – niemand kam. Ich begann, ungeduldig auf und ab zu gehen. Und siehe, da erschienen meine beiden Reisenden mit ihren Verwandten! Sie erblickten mich, zögerten einen Augenblick und kamen dann auf mich zu. »Auf wen warten sie?«
Ich erklärte ihnen, daß der Mann, den ich auf dem Bahnhof treffen sollte, nicht gekommen war. Nach kurzer Beratung sagten sie mir, sie wollten ins Buffet gehen und nach einiger Zeit nochmals nachsehen, ob ich noch hier sei; wenn inzwischen sich niemand nach mir erkundigt hatte, würden sie mich an mein Ziel bringen, dessen Adresse ich bei mir hatte.
Es war mir ein wenig unangenehm: meine Instruktionen befahlen mir ausdrücklich, niemandem das Ziel meiner Reise anzuvertrauen. Dessenungeachtet fühlte ich mich eine halbe Stunde später, als ich meine Reisegefährten zurückkommen sah, sehr erleichtert, ich war mir in der unbekannten Menge schon recht verloren vorgekommen. Sie schlugen mir vor, mich zuerst zu sich nach Hause mitzunehmen, dort sollte ich mich ein wenig stärken.
Draußen herrschte Schneesturm. Man erriet eher, als daß man ihn sah, einen großen Platz in der stockfinsteren Nacht. In etwa dreißig Meter Entfernung schaukelte eine Azetylenlampe mit ihrem fahlen Licht an einem Laternenpfahl im Wind. Schlitten glitten in rascher Fahrt unter Schreien und Peitschenknallen vorbei. Ich riß die Augen weit auf: das waren die Troikas, genau wie ich sie mir vorgestellt hatte, mit den behandschuhten Iswoschtschiks, in ihre weiten Mäntel gehüllt, die Pelz-

mütze auf dem Kopf. Der eisige Wind blies uns dicke Flocken ins Gesicht. Wir stiegen in einen Schlitten und fuhren durch die dunklen Straßen des damaligen Moskau zur Wohnung meiner neuen Freunde. Dort lernte ich zum erstenmal die Liebenswürdigkeit, die Gastfreundschaft der Russen kennen. Ich fühlte mich nicht fremd inmitten der Familie, die mich umringte, obgleich ich nur wenig von dem verstand, was sie sagten. Ich nahm an einer richtigen russischen Mahlzeit teil, mit zahlreichen Vorspeisen und Wodka, und als es Zeit wurde zu gehen, tat es mir beinahe leid. Die ältere Tochter, die ein wenig Deutsch sprach, schlug vor, mich zu begleiten. Sie fragte: »Wohin soll ich Sie bringen?« Obgleich ich es ungern sagte, blieb mir nichts anderes übrig: »Zur Komintern!« Man war überrascht, verstand jedoch anscheinend meine Verschwiegenheit. Wir fuhren mit der Straßenbahn, stiegen zweimal um und kamen schließlich zum Reitschul-Platz. Meine Führerin wußte, daß es hier in der Nähe war, kannte aber das Gebäude nicht. Sie fragte einen Milizsoldaten, der vor einem Gebäude Wache stand. Er zog die Schultern hoch und antwortete: »Ich weiß nicht!« Wir fragten nochmals, doch er wußte nur zu antworten: »*Njesnaju!* Ich weiß nicht.«
Wir waren einen Augenblick ratlos, dann bemerkten wir hinter dem Soldaten auf einer Tafel die Inschrift »Exekutivkomitee der Kommunistischen Internationale«.
Ich war am Ziel meiner Reise angelangt.

3

Mein Leben in Moskau führte mich in die Welt der Legende!
Zweimal hatte uns die Witwe Lenins, Krupskaja, empfangen und uns ausführlich von ihrem Mann und seinen Gefährten erzählt. Wir trafen die alten Bolschewisten, die noch Lenin, Trotzkij, Kamenew, Martow, Plechanow gekannt..., die im Herzen der Revolution in Leningrad, in Moskau, in Odessa und anderswo gestanden hatten; die deutschen Kommunisten, die in den Reihen der Spartakisten an der Seite von Rosa Luxemburg und Karl Liebknecht - die italienischen Kommunisten, die mit Gramsci gegen Mussolini gekämpft hatten.
In den Korridoren der Komintern begegnete ich Bela Kun. Ich führte Gespräche mit den Kämpfern der ungarischen Kommune, mit bulgarischen Aufständischen von 1923...
Ich habe Manuilskij gesehen und gehört, der so anziehend und sympathisch war mit seiner ergrauenden struppigen Mähne, dann die großen

Gestalten der damaligen internationalen kommunistischen Bewegung: Maurice Thorez, Marcel Cachin, Ercoli-Togliatti, La Pasionaria, José Diaz, Wilhelm Pieck, Browder, Pollit, Prestès und so viele andere.
Ich hörte beim VII. Kongreß der Komintern Dimitrows Bericht über die Einheit der Arbeiter und Antifaschisten, und auf der gleichen Rednertribüne vernahm ich mit ebensoviel Begeisterung die Schilderung des langen Marsches Mao Tse-tungs und Tschu-Tes durch den chinesischen Vertreter Van Min, der uns auf einer großen Landkarte zeigte, welchen Weg sie genommen hatten...
Ich habe Gorkij gesehen. Die Mitteilung von seinem Tod überraschte uns aus den Lautsprechern, während Lise und ich auf der Moskwa Kahn fuhren...
Ich habe mit den Erbauern von Magnitogorsk und Komsomolsk gesprochen, mich mit den Männern begeistert, die aus Novosibirsk eine sibirische Großstadt machten.
Mit leidenschaftlicher Anteilnahme verfolgte ich die Verwandlung der geheimnisvollen Länder, die man vor allem aus den Legenden über Dschingis Khan und Batu Chan kennt... ich hörte den jungen Usbeken zu, die uns von den Spuren alter Religionen und Sitten ihrer Heimat erzählten, wo die Karawanen den ersten Traktoren begegnen, wo noch zahlreiche Frauen den Schleier tragen, während sie bereits in großen Textilfabriken arbeiten...
Anläßlich der revolutionären Jahresfeiern bei den Begräbnissen von Kirow, von Gorkij, von Ordschonikidse ging ich im Zug mit den Massen der Moskauer mit, ich suchte und verschlang mit den Augen unser Idol Stalin. Mein Herz schlug wild, sooft ich ihn sah... Während seines kurzen Erscheinens beim VII. Kongreß der Komintern geriet ich in Ekstase. Wenn er Interviews gab, fand ich das einfache ja oder nein, das aus seinem Mund kam, genial... Wie die internationale kommunistische Bewegung in ihrer Gesamtheit huldigte ich inbrünstig dem Personenkult!

So muß ich Tag für Tag mein Leben bis in die geringsten Einzelheiten erzählen. Von einem Bericht zum anderen steigen Erinnerungen - unbedeutende und wichtige - aus dem Grund meines Gedächtnisses ans Licht und nehmen ihren Platz in dem Rosenkranz meines Lebens ein, dessen Perlen ich durch meine Hände gleiten lasse, dieses Lebens, das ein so jammervolles Ende nimmt. Der Referent hört mir schon lange nicht mehr zu. Als ich mit den Worten ende: »Und am 28. Januar wurde ich festgenommen«, befiehlt er: »Das Ganze noch einmal!«
Zweimal, zehnmal, hundertmal! Es ist ein wahrer Irrsinn! Während diese Aufzählung von Erinnerungen anfangs die Macht hatte, meine

Gedanken aus diesem widerwärtigen Ort abzulenken, mich die Anwesenheit meiner Inquisitoren vergessen zu lassen, kann ich nach einigen Tagen nicht mehr weiter! Nun hasse ich mich schon, hasse meine Vergangenheit, hasse alles, was zu meinem Leben gehört. Denn wenn ich unaufhörlich davon rede - zu diesen stumpfen Kerlen, die nur blind den erhaltenen Befehlen zu gehorchen verstehen, nicht einmal zuhören und nur im gegebenen Augenblick wie Automaten befehlen: »Nochmals!«, dann fordere ich meinen eigenen Hohn heraus, mir ist, als speie man mir ins Gesicht. Ich fühle mich bereits so entwürdigt - schmutzig, ungekämmt, mit struppigem Bart, übelriechend, mit der Hose, die mir über die Hüften nach unten rutscht, und nun bin ich wie eine Maschine, ein Grammophon, das man aufzieht und das dauernd dasselbe alte Lied herleiert. Wenn schon das immerwährende Anhören ein und derselben Melodie einem auf die Nerven fällt, daß man »Genug!« brüllt, was soll man dann jetzt von mir sagen?
Wer sind diese Männer? Was haben sie mit meiner Vergangenheit zu schaffen? Warum muß ich ihnen erzählen, was mir allein gehört?
Ich weiß jetzt schon, daß es nur darum geht, mich bis zum Zusammenbruch zu zermürben, aber wenn ich es auch weiß und wenn auch die Referenten vorgeben, überhaupt nicht auf meine Worte zu achten, so betrifft es doch mein Leben. Mich. Auch handelt es sich nicht nur um Zermürbung und Demütigung, sondern der Vorgang gehört mit zu Kohouteks Karussel; man will mein Leben in meinen eigenen Augen entwerten; ich soll dazu gebracht werden, die Rolle des Verräters, die man mir zuweist, darin aufzunehmen und mich dazu zu bekennen.
Übrigens sollte ich bald den Beweis dafür erhalten, daß Kohoutek und sein Team, wenn sie sich wirklich auf meine Lebensgeschichte beziehen müssen, gar nicht daran denken, meine Erzählungen dazu zu verwenden, sondern sich an die Lebensbeschreibung halten, die ich bei meiner Rückkehr in die Tschechoslowakei für das Zentralkomitee verfaßt habe.
Glücklicherweise sollte sich diese Prüfung schließlich schneller ad absurdum führen als mein Widerstand. Die beiden Referenten, die einander ablösen, um das seltsame Verhör mit mir zu vollführen, werden ebenso müde, mich anzuhören, wie ich, zu erzählen, wahrscheinlich sogar noch mehr, denn das Karussell hat auch für sie keinen Sinn; es macht sie zu reinen Maschinen; und diese Maschinen können jetzt auch schon bisweilen versagen. Zeitweilig haben sie es satt, hören mir nicht mehr zu, schlafen ein... Dann genieße ich einige ruhige Augenblicke, vorausgesetzt, daß ich weiterspreche... denn wenn ich schweige, erwachen sie.
Ich rede von irgend etwas, das mir gerade durch den Kopf geht. Ich sage das Alphabet auf, deklamiere Gedichte. Eines Nachts erwacht ein Referent plötzlich und sagt: »Erzählen Sie mir nochmals, was Sie soeben über

Holdoš gesagt haben, von damals, als ihr zusammen in Straßburg wart!«
»Aber ich war doch nie in Straßburg, weder allein noch mit Holdoš!«
Er wird wütend und verlangt, daß ich wiederhole, was ich vorhin gesagt habe. Ich weiß nicht, wer von uns beiden bei diesem Spiel zuerst irrsinnig wird!
Meine Gedanken kehren zu meinem Freund Laco Holdoš zurück. Ich stelle mir seine Erscheinung vor, denke an unsere durch Jahre geschmiedete Freundschaft, an den gemeinsamen Kampf, der uns von den gleichen Schlachtfeldern zu den Konzentrationslagern geführt hat. Vor zwei Wochen hat man mir lange Auszüge aus seinen »Geständnissen« vorgelesen. Wie muß dieser Mann gelitten haben, der so gut und so rechtschaffen war!
Man macht aus unserer Freundschaft die Komplicenschaft von Verbrechern. Gibt es denn für den Menschen etwas Edleres als Freundschaft? Sie steht mit der kommunistischen Ethik keineswegs in Widerspruch.
Der Referent ist wieder eingeschlafen. Ich benutze das, um mich an die Wand zu lehnen, dann schleiche ich lautlos und listig wie ein Indianer zu einem Schemel, rücke ihn heran und setze mich hin.
Ich habe mein eintöniges Gerede wieder aufgenommen und beschreibe jetzt, was ich rund um mich sehe: »Ein eiserner graulackierter Schrank in der Ecke, mit zwei Türen, der Schlüssel steckt im Schloß...«
Der Referent schnarcht hemmungslos. Plötzlich öffnet sich die Tür, und Doubek tritt ein. Er sieht mich sitzen, sieht den schnarchenden Referenten!
Er schüttelt ihn brutal: »Bring ihn in die Zelle zurück und melde dich bei mir!«
Diesem Zwischenfall verdanke ich ein paar Stunden Schlaf.
Am darauffolgenden Tag heißt mich der zweite Referent mit den Worten willkommen: »Sie Dreckskerl! Ihretwegen hat mein Kollege acht Tage Strafhaft gekriegt...«
Und nun beginne ich wieder mit meiner Leier: »Ich wurde am 1. Februar 1915 in Ostrau geboren...«
Es ist Nacht, totenstill, alles leer. Dies alles geht mich nichts mehr an. Es ist Vergangenheit, alles ist zu Ende. Ich bin jetzt in einer anderen Welt, der ich nicht mehr angehöre.
Ich warte. Die Stille der Nacht durchbrechen nur Schreie und Schläge aus den benachbarten Räumen. Ich warte auf das Morgengrauen, auf das Klopfen des Grünspechts, dem dann bald das Morgenkonzert der Vögel folgt.
»Sie warten auf den Grünspecht?« sagt der Referent, den es ebenso erleichtert wie mich, endlich den Tag anbrechen zu sehen. Er blickt auf die Uhr. Ich weiß, daß es bald vier Uhr sein muß. Auch er kann nicht mehr

weiter. Bald wird er mir die Augen verbinden, und in meiner Zelle wird mich das Piepsen der Sperlinge hinter dem Fenster und das Pfeifen der Amseln erwarten.
Dann wird für mich ein neuer trostloser Tag beginnen.

4

Wie konnte ich so naiv sein, auch nur einen einzigen Augenblick zu glauben, daß meine Inquisitoren sich mit dem »Geständnis« meiner Schuld bezüglich der »trotzkistischen Gruppe« der ehemaligen Freiwilligen und der Beziehungen, die ich mit Field hatte, zufriedengeben würden! Ich hatte geglaubt, dieses Geständnis reiche dafür aus, mir einen Prozeß zu machen. Jetzt weiß ich, daß es nur als Sprungbrett gedient hat, um mich weiterzuschleudern.
Von nun an verstärken die Referenten, die einander ablösen, den Druck auf mich, um mich zu dem Geständnis zu bringen, daß ich nicht erst darauf gewartet habe, bis ich in Frankreich war, um meine trotzkistische Tätigkeit zu entwickeln. Daß ich bereits in Spanien ein Agent Trotzkijs war.
»Ebensowenig wie eine Zeugung von selbst zustande kommt, hat sich auch Ihre trotzkistische Überzeugung nicht von einem Tag zum anderen offenbart. Es hätte keinen besseren Nährboden für Sie geben können als Spanien! Geben Sie zu, daß Sie bereits in Spanien Trotzkist waren, denn wenn Sie dort ein guter Kommunist gewesen wären, wären Sie es auch später geblieben. Und sagen Sie nur ja nicht, daß Sie es waren. Sie haben bereits Ihre Verantwortlichkeit für Ihre trotzkistische Gruppe in Frankreich eingestanden und auch zugegeben, daß Sie während des Krieges mit Pawlik in Verbindung standen, der im Rajk-Prozeß als Trotzkist und amerikanischer Agent entlarvt wurde...«
Eines Tages setzt Kohoutek die Beweisführung seiner Referenten folgendermaßen fort: »Sie sind nicht erst in Spanien Trotzkist geworden, Sie waren es bereits während Ihres Aufenthalts in der UdSSR...«
Da er sich darüber klar wird, daß es ihm trotz der bewundernswerten Phantasie, die er entwickelt, um mir dieses Geständnis zu entlocken, nicht gelingen wird, erklärt er mir zynisch: »So beurteilen unsere sowjetischen Freunde Ihren Fall; ich muß also unbedingt etwas in diesem Sinn in das Protokoll aufnehmen...«
Er weiß, daß ich in Moskau einige Wochen im Hotel Lux gewohnt habe, und zwar im Jahre 1935, während des ersten Prozesses gegen Sinowjew

und Kamenew. Zu jener Zeit waren dort mehrere Verhaftungen vorgenommen worden. Er schreibt also: »Schon in Moskau wohnte ich in einem Hotel, in dem zahlreiche Trotzkisten verhaftet wurden.«
Diese Erklärung erscheint mir so dumm, daß ich sie mit einer gewissen inneren Befriedigung durchgehen lasse. Lächerlichkeit tötet! Keine der leitenden Männer, die diese Erklärungen lesen werden, wird sie ernst nehmen. Tatsächlich haben in jenen Jahren, 1934 bis 1937 und auch noch später, Leute wie Gottwald, Slansky, Kopecky, Geminder und andere Parteiführer in diesem Hotel gewohnt. Ist das ein Beweis dafür, daß sie Trotzkisten sind? Ich hoffe, sie werden sich beim Lesen dieser Zeilen bewogen fühlen, sich über den Wert derartiger »Geständnisse« ein paar Fragen zu stellen.
Einige Zeit hindurch bemühe ich mich, diese Taktik zu verwenden, um die Protokolle zu diskreditieren, denn ich rechne damit - und das versichert man mir hier jeden Tag -, daß meine »Geständnisse« von einem verantwortlichen, aus den fähigsten Genossen des Politbüros und des Sekretariats zusammengesetzten Ausschuß der Partei nachgeprüft werden.
Eines Tages zum Beispiel gebe ich zu, für die Ernennung Kratochvils als Botschafter in Neu-Delhi verantwortlich gewesen zu sein, ebenso für jene Fischls in Berlin und für andere Entscheidungen dieser Art, die unmittelbar der Kompetenz Gottwalds und des Ministers unterstanden; ich sage mir, es sei unmöglich, daß Gottwald sich dadurch nicht über den Betrug klar wird, den die Männer in Ruzyně betreiben.
Wie hätte ich ferner annehmen können, daß Männer wie Köhler und Široky »Geständnisse« akzeptieren würden, wonach mir die Handlungen als Verbrechen zugeschrieben wurden, die ich in den Jahren 1939 bis 1940 in Frankreich ihren Weisungen, ihren Befehlen gemäß ausgeführt habe. Ich glaubte, sie hätten den Mut, das zuzugeben und solche Anklagen zurückzuweisen.
Jede objektive Prüfung meiner »Geständnisse« hätte klarlegen müssen, daß es sich da um Fälschungen handelte, die unter Zwang geschrieben wurden.
Ich hoffte, auf diese Weise werde die Partei alarmiert werden und sich besinnen. Leider täuschte ich mich. Dabei können die Leiter der Partei nicht als mildernde Umstände die Redensart anführen: »Je größer die Lüge, um so leichter wird sie geglaubt!« denn sie wußten genau, daß in diesen Fällen meine »Geständnisse« Unwahrheiten waren, deren Schlüssel sie besaßen.
Zum Beispiel veranlaßte man Margolius bei dem Prozeß zu folgender Aussage:
Der Ankläger: »Die Untersuchung hat bewiesen, daß Sie auch im Jahre

1949 bei den Verhandlungen über den handelspolitischen Vertrag mit England subversive Handlungen begangen haben.«
Margolius: »Ja, ich habe diesen Vertrag im Jahre 1949 nach den Weisungen, die ich von Löbl erhielt, abgeschlossen. Dessen schädlicher, subversiver Charakter lag vor allem darin, daß wir den britischen Kapitalisten große Vorteile verschafften.«
Der Ankläger: »Sie haben in diesem Vertrag auch die Bezahlung alter, vor den Münchner Ereignissen eingegangener Schulden zugestanden?«
Margolius: »Nach den Bestimmungen des Kompensationsabkommens habe ich die tschechoslowakische Republik verpflichtet, die Schulden zurückzuzahlen, die vor München und während des Krieges von der Regierung Beneš einerseits und der Londoner Exilregierung andererseits eingegangen worden sind. Außerdem willigte ich ein, Schulden an private Kapitalisten zu bezahlen, für die eine Garantie von seiten der Regierung aus der Zeit vor München bestand. Diese Schulden sollten vor allem durch Ausfuhren von Leder- und Textilartikeln bezahlt werden, die aus importierten und in Pfund Sterling bezahlten Rohstoffen hergestellt worden waren. Praktisch bedeutet das, daß die aus diesen importierten Rohstoffen hergestellten Waren kostenlos an Großbritannien geliefert wurden...«
Als stellvertretender Außenminister hatte ich Gelegenheit gehabt, in diverse Telegramme, die dieses Abkommen und alle seine Aspekte betrafen, zwischen Margolius (über die Botschaft in London) einerseits und Gottwald, dem stellvertretenden Ministerpräsidenten Dolansky, dem Außenhandelsminister Gregor andererseits Einsicht zu nehmen. Auch die anderen stellvertretenden Außenminister und zahlreichen Beamte meines sowie des Außenhandelsministeriums kannten diese Telegramme.
Margolius hatte in diesem Fall nur die Weisungen ausgeführt, die er von Gottwald, Dolansky und Gregor erhalten hatte, um das Handelsabkommen mit Großbritannien zum Abschluß zu bringen, von dem hier die Rede ist. Dennoch ließen alle drei die von Margolius geführten Verhandlungen durch die sowjetischen Berater und die Männer von Ruzyně zu »Verbrechen« stempeln und Margolius zum Tod verurteilen, ohne dem das geringste Dementi entgegenzusetzen...
Ähnliche Ausführungen lassen sich in der Anklage gegen die vierzehn Beschuldigten finden...
Es war eine Taktik der sowjetischen Berater, Aufgaben, Verträge, Verhandlungen, Aktivitäten, die von den höchsten Führern der Partei und des Staates oder unter ihrer Weisung ausgeführt worden waren, als »Verbrechen« zu bezeichnen, die Angeklagten dafür verantwortlich zu machen und auf diese Weise das Damoklesschwert über Gottwald und

den anderen weiter schweben, sie um ihr eigenes Schicksal fürchten zu lassen und so zu willigen Werkzeugen zu machen, die durch ihren Meineid widerstandslos waren.
Nun sind die Referenten darauf versessen, zum Ursprung meiner trotzkistischen Gesinnung vorzustoßen. Sie haben ihn entdeckt: ich war nämlich vorher Anarchist...
Sie stützen sich auf den Bericht in meiner Lebensbeschreibung, die ich, wieder in Prag, Ende 1948 für das Zentralkomitee verfaßt habe und in dem ich offen meinen Versuch zugebe, im Alter von sechzehn Jahren zusammen mit meinen Kameraden das Polizeigebäude in Ostrau in die Luft zu sprengen. Wie ich bereits erwähnt habe, war es dank der Wachsamkeit des Ortssekretärs der Partei bei dem Plan geblieben. Aus dieser kindischen Geschichte spinnen sie eine richtige Anarchistenvergangenheit. Ich bin wirklich in eine andere Welt geraten, in der nichts mehr den gleichen Sinn noch den gleichen Wert hat.
Die vereinten Bemühungen von Kohoutek und Doubek werden die folgende Formulierung zustande bringen, an sich ein kleines Kunstwerk in seiner Verbiegung einer Teilwahrheit zu einer Riesenlüge:»Meine anarchistischen Neigungen hielten in Spanien weiter an. Ich fühlte mich den anarchistischen Führern näher und schätzte sie mehr als die Parteileiter.«
Da ich protestiere, antworten Kohoutek und Doubek einstimmig: »Wegen Ihrer anarchistischen Tätigkeit in der Jugend ist es auszuschließen, daß Sie in Spanien eine andere Haltung haben konnten«, oder »Wenn man einmal im Leben anarchistische Ansichten gehabt hat, behält man sie sein ganzes Leben lang. Gestehen Sie doch, daß Sie sich in Spanien den Anarchisten näher fühlten als den Kommunisten!«
Und er fügt noch hinzu: »Übrigens ist das, was wir da von Ihnen verlangen, eine reine Formsache. Einfach um das Bild über Sie zu vervollständigen. Sie können auch gar nicht auf dieser Grundlage verurteilt werden, nach unserem Gesetz ist das kein strafbares Vergehen.«
Denn es ist wichtig, das wissen sie, die Bedeutung des Geständnisses, das sie erpressen wollen, herabzumindern. Ihr letztes Argument lautet daher: »Dies ist ja auch nur ein administratives Protokoll, keines, das für das Gericht bestimmt ist.« Weil es, ihrer Behauptung nach, rein stoffliche Protokolle gibt, Papiere, die nur für die Akte, für die Register unterschrieben werden. Um schriftlich festzuhalten, daß an einem bestimmten Tag dies oder jenes vermerkt wurde. Es ist wahrhaftig das Reich der Bürokratie.
Aber von einem Protokoll zum nächsten ändern sich allmählich die Formulierungen. Sie werden verbogen, weichen von ihrem ursprünglichen Sinn ab. Es handelt sich überhaupt nicht mehr um Fakten, auch nicht um

die Wahrheit, sondern nur mehr um Formulierungen. Eine Welt der Scholastik und der religiösen Ketzerei. Auch hier gibt es ketzerische Formulierungen, und es gilt, von dem als Schuldigen Ausersehenen zu erwirken, daß er von Geständnis zu Geständnis dazu gelangt, die Formulierungen gelten zu lassen, die aus ihm einen Schuldigen machen. So gelingt es den aus zynischen, oftmals primitiven Männern bestehenden Teams in Ruzyně, durch ihren seelenlosen Starrsinn, indem sie Tag für Tag die administrativen Protokolle wiederholen, Tag für Tag ihre Fassung unzählige Male umschreiben und so »verbessern«, jeden Widerstand aufzureiben. Du hörst auf, gegen ein Wort anzukämpfen, weil der Rest des Satzes aufgehört hat, einen Sinn für dich zu haben. Und das Wort, bei dem du nachgibst, wird einen anderen Satz nach sich ziehen, ein anderes Wort, das man dir vorschlagen, dir aufzwingen wird.
Auf diese Weise wird meine anarchistische und trotzkistische Vergangenheit Gestalt annehmen. Und die konnte nur zu einer Spionagetätigkeit führen, genau nach dem Modell der Moskauer Prozesse.
Es gibt aber ein Gebiet, wo dieser Kampf um Formulierungen nicht mehr harmlos erscheinen kann, und das ist der Antisemitismus.
Als ich zu Beginn meiner Haft einem bösartigen, geradezu Hitlerschen Antisemitismus begegnete, konnte ich glauben, dies sei Sache einiger weniger. Für eine so schmutzige Arbeit stellte der Sicherheitsdienst wohl keine Heiligen an. Jetzt weiß ich, daß dieser Geist, wenn er sich auch während der Verhöre nur in sporadischer Form kundtut, doch von einer ganz systematischen Richtlinie Zeugnis gibt.
Sobald ein neuer Name auftaucht, wollen die Referenten unbedingt erfahren, ob es sich da nicht um einen Juden handelt. Die Geschickteren unter ihnen fragen: »Wie hieß er vorher? Hat er nicht im Jahr 1945 seinen Namen geändert?« Ist der Betreffende tatsächlich jüdischer Herkunft, dann sorgen die Referenten dafür, ihn unter dem einen oder anderen Vorwand in einem Protokoll zu erwähnen, das mit den behandelten Fragen überhaupt nichts zu tun haben mag. Und vor seinen Namen stellt man die vorgeschriebene Bezeichnung »Zionist«.
Es gilt, so viele Juden wie möglich in den Protokollen zu sammeln. Wenn ich zwei oder drei Namen erwähne und einer davon »jüdisch klingt«, dann wird man nur diesen eintragen.
Dieses Wiederholungssystem, so primitiv es auch ist, erweckt schließlich den gewünschten Eindruck, nämlich daß der Angeklagte nur mit Juden in Verbindung stand oder zumindest mit einem bedeutenden Prozentsatz von Juden.
Von »Juden« ist allerdings niemals die Rede. Als man mich zum Beispiel über Hajdu verhört, wird der Referent von mir unverblümt verlangen, bei jedem der erwähnten Namen anzugeben, ob es sich um einen

Juden handelt oder nicht. Der Referent setzt aber dann jedesmal an Stelle der Bezeichnung Jude das Wort »Zionist« ein. »Wir gehören dem Sicherheitsapparat einer Volksdemokratie an. Das Wort Jude ist eine Beschimpfung. Deshalb schreiben wir ›Zionist‹.« Ich mache ihn darauf aufmerksam, daß »Zionist« eine politische Bezeichnung ist. Er erwidert, das sei nicht wahr, und übrigens seien dies die Weisungen, die er erhalten habe. Er fügt hinzu: »Übrigens ist der Gebrauch des Wortes Jude auch in der UdSSR verboten. Man spricht von Hebräern.« Ich weise auf den Unterschied zwischen »Zionist« und »Hebräer« hin. Vergeblich. Er erklärt mir, Hebräer klinge im Tschechischen schlecht und er habe einfach die Weisung erhalten, »Zionist« zu schreiben.
So haftete die Bezeichnung »Zionist« bis zum Schluß Namen von Menschen an, die mit dem Zionismus nie etwas zu tun hatten. Denn wenn die Referenten die Protokolle »für das Gericht« zusammenstellen, werden sie sich weigern, die administrativen Protokolle auch nur im geringsten zu berichtigen. Was geschrieben wird, bleibt geschrieben.
In der Folge wird daraus eine Hexenjagd. Man vermehrt die diskriminierenden Maßnahmen gegen die Juden unter dem Vorwand, sie seien in der tschechoslowakischen Nation ein Fremdkörper, Kosmopoliten, Zionisten, und als solche mehr oder weniger in unlauteren Schiebungs- und Spionageaffären kompromittiert.
In der ersten Zeit wetteifern die Referenten miteinander, wer den stärksten Antisemitismus vorweisen kann. Eines Tages antworte ich einem von ihnen, daß ich, selbst wenn ich seinen Standpunkt übernähme, nicht einsehen könnte, wie dieser sich auf unsere Gruppe ehemaliger Freiwilliger anwenden ließe, zu der mit Ausnahme von Valeš und mir keine Juden gehörten. Er erklärte mir mit vollem Ernst: »Sie vergessen ihre Frauen. Das sind alles Jüdinnen, und das läuft auf das gleiche hinaus.«
Dazu gibt es in Ruzyně eine eigene Theorie, und ich habe oft gehört, wie Kohoutek und die anderen Referenten sie darlegten: »In der Ehe gebietet immer die Frau. Ist sie Arierin und der Mann Jude, dann verliert dieser seinen ursprünglichen Charakter und gleicht sich seiner Frau an. Das ist bei Ihnen der Fall, Herr London! ... Wenn dagegen ein Arier eine Jüdin heiratet, gerät er unweigerlich unter ihren Einfluß und wird Philosemit. Das spielt in der Angelegenheit, die wir untersuchen, eine große Rolle, denn viele von unseren während des Krieges nach dem Westen ausgewanderten Landsleuten sind mit jüdischen Frauen ins Land zurückgekommen ...«
»Svoboda ist kein Jude. Aber seine Frau? Die ist eine bessarabische Jüdin! ... Hromadko ist nicht Jude, aber seine Frau ist Jüdin! Für Zavodsky, Pavel und so viele andere gilt das gleiche ... Was beweist das? Daß das Judentum dort, wo es ihm nicht gelungen ist, unmittelbar einzudrin-

gen, dies mittelbar erreicht: indem es euch jüdische Ehefrauen anhängt...«
Als mein Protokoll für das Gericht aufgeschrieben wird und man darin (ebenso wie bei zehn von vierzehn anderen Angeklagten) »jüdische Nationalität« einträgt, frage ich einen Referenten, wie man zu dieser Definition gelangt ist, um so mehr als mein Vater und ich selbst Atheisten waren. In seiner hochgelehrten Antwort bezieht er sich auf Stalins Werk über das nationale Problem, aus dem er mir die fünf Bedingungen zitiert, und erklärt abschließend, daß dies der Definition der »jüdischen Nationalität« entspricht. Später wird daraus auf Grund einer Intervention, deren Ursprung mir nicht bekannt ist, »jüdische Herkunft«, und diese Formulierung wird in den Prozeßakten auftauchen.

5

Wie eine Mühle zermalmt dieses ganze Treiben meinen Körper und mein Gehirn... Es dreht sich... dreht sich... Die Pyramide meiner Verbrechen wird immer höher. Um sie zu stützen, würde es nicht *eines* Mannes, sondern eines guten halben Dutzends bedürfen.
- Trotzkistische Betätigung in Spanien und Zusammenarbeit mit der Internationalen Kommission des Völkerbunds sowie mit Field und den amerikanischen Geheimdiensten.
- Zusammenarbeit in Frankreich mit der französischen Polizei, der Gestapo, den amerikanischen Geheimdiensten.
- Repatriierung der Trotzkisten in die Tschechoslowakei und die anderen Volksdemokratien während des Krieges, zum Zweck der Auslieferung der illegalen Parteiorganisationen und ihrer Führer an die Gestapo und der Vorbereitung künftiger Stellungen.
- Während der Besetzung, Entsendung Mirek Klecans in die Tschechoslowakei, um Fučik und das illegale Zentralkomitee an die Gestapo auszuliefern.
- Bildung eines auf ein Spionagenetz gestützten trotzkistischen Netzes, in allen Volksdemokratien.
- Funktionen als Delegierter der IV. Internationale für die Länder des Ostens.
- Unterhaltung von Beziehungen und Zusammenarbeit mit den Gruppen Rajk und Kostow.
- Kontakt mit einer wichtigen, in Ungarn operierenden Spionagegruppe (deren Name mir entfallen ist).
- Betätigung als Chef des trotzkistischen Netzes in der Tschechoslowakei

in dem aus ehemaligen Freiwilligen der internationalen Brigaden gebildeten Zentrum.
- Betätigung als ortsansässiger Chef des amerikanischen Spionagenetzes in der Tschechoslowakei unter Führung Fields, des unmittelbaren Mitarbeiters von Allan Dulles.
- Beziehungen zu den Leuten Titos und Vorbereitung eines Regierungssturzes in der Tschechoslowakei.
- Verantwortung für den Tod Hunderter von Juden in Frankreich während des Krieges.
- Zusammenarbeit mit der Gestapo in Mauthausen...

Im Juli droht mir Major Kohoutek wieder mit der Verhaftung meiner Frau. Er sagt mir, dies sei schon längst die Absicht des Sicherheitsdienstes. Lise werde übrigens nicht die erste Frau eines Angeklagten in diesem Gefängnis sein. »Glauben Sie ja nicht, daß ihre französische Staatsbürgerschaft sie davor bewahren wird, im Gegenteil. Wir können unschwer behaupten, daß sie eine Agentin des *Deuxième Bureau* ist und von ihm Ihnen »zugeteilt« wurde. Seien Sie überzeugt, es werden sich genug Zeugen finden, um das zu bestätigen.«

Auch gegen meine Schwiegereltern, einfache, anständige Leute, die ihr Leben ihrer Familie und der Partei gewidmet haben, zieht man los. Man beschuldigt sie, kosmopolitische Parteigegner zu sein. Wird in Ruzyně diese Bezeichnung gewöhnlich Juden, Intellektuellen und Genossen zuteil, die während des Krieges im Ausland waren, so ist es schon mehr als absurd, sie den Eltern meiner Frau anhängen zu wollen. Sie hatten das rauhe Gebiet von Aragonien verlassen müssen, dessen Boden zu arm war, um alle Kinder einer Bauernfamilie zu ernähren, und waren zu Anfang des Jahrhunderts aus Spanien nach Frankreich gekommen. Der Vater wurde Bergmann. Er trat der Kommunistischen Partei Frankreichs bei ihrer Gründung im Jahre 1921 bei; damals konnte er noch nicht lesen und lernte es mühselig an Hand der Artikel seiner *Humanité*. Ihre Mutter ist Katholikin, doch bei ihr verträgt sich der Kommunismus gut mit ihren christlichen Anschauungen. Fréderic Ricol, mein Schwiegervater, hatte seine Kinder im Geist des Vertrauens und eines frommen, bedingungslosen Glaubens an sein kommunistisches Ideal erzogen. Für die ganze Familie waren die UdSSR und Stalin die Verkörperung des Guten, die Garantie für eine glückliche Zukunft, die den Menschen aus seiner Knechtschaft befreien wird. Ihr Leben identifizierte sich völlig mit dem der Partei und der UdSSR.

Der Bruder meiner Frau wird beschuldigt, aus der Partei ausgeschlossen und ein Spion des *Deuxième Bureau* zu sein, während er in Wirklichkeit seit seinen Jünglingsjahren ein hochgeschätzter politischer Mitkämpfer ist.

Diese ständigen Drohungen gegen meine Frau setzen mir sehr zu. Ich kenne bereits zur Genüge die in Ruzyně üblichen Methoden; ich weiß, daß es dem Sicherheitsdienst nicht schwerfiele, falsche Zeugenaussagen zustandezubringen und damit seine Drohung wahr zu machen. Ich weiß auch, daß es Frauen in diesem Gefängnis gibt, ich habe mich bereits des öfteren gefragt, ob Lise nicht darunter ist.
Die Drohung beeindruckt mich um so mehr, als es mir eben an jenem Tag gelang, auf Kohouteks Tisch eine gegen meine Frau gerichtete Information zu lesen, die mit den Worten begann: »Genossin London sagte mir gestern ...« Daraus entnehme ich, daß sie von Spitzeln umgeben ist, die laufend Berichte über sie an den Sicherheitsdienst liefern. Später werde ich den Beweis dafür erhalten.
Tatsächlich handelt es sich da um eine neue psychologische Vorbereitung, eine neue »Konditionierung«. Erst bedeutend später werde ich begreifen, welcher Art die Wendung ist, die meine Verhöre genommen haben. Zuerst schien alles darauf hinzuweisen, daß man gegen mich eine schwerere Anklage erheben würde, daß ich als »der verantwortliche Leiter der IV. Internationale für die Länder des Ostens sei, jener IV. Internationale, deren trotzkistische Gruppe von Freiwilligen der internationalen Brigaden den Kern der Leitung in der Tschechoslowakei bildet«.
Von einem solchen Prozeß war nicht mehr die Rede. Nun aber stellt Kohoutek plötzlich die Behauptung auf, ich hätte nicht alles gestanden; ich hätte sehr wichtige Tatsachen verschwiegen. Überdies dienten meine »Geständnisse« nur dazu, die wahren Schuldigen zu decken und das Richtschwert von ihnen abzuwenden.
Er beschuldigt mich, diese Haltung nur deshalb einzunehmen, weil ich weiß, daß jene Schuldigen im Partei- und Staatsapparat eine sehr hohe Stellung einnehmen, und daher auf sie zähle, damit sie mich heraushauen. Er schließt mit den Worten: »Ihre Verhöre werden erst zu Ende sein, wenn Sie alles gestanden haben.«
Das Karussell dreht sich weiter, und die Verhöre werden in höllischem Tempo fortgesetzt.
Gegen Ende Juli holt mich Kohoutek aus dem Raum, in dem ich von einem der Referenten befragt werde, und führt mich in sein Büro. Dort teilt er mir mit, daß er von seinen Vorgesetzten soeben Weisungen bezüglich meines Falles erhalten hat. Nach Rücksprache mit der Parteileitung haben sie ihn ermächtigt, nicht nur in ihrem, sondern auch im Namen der Partei mit mir zu sprechen.
Die Partei hat eine umfangreiche Verschwörung gegen den Staat aufgedeckt, sagt er mir, die von einem ihrer höchsten Leiter geführt wird. Dann beginnt er, die Namen aller Mitglieder des Politbüros aufzuzählen: »Der ist es nicht, dieser auch nicht ...« Schließlich bleibt nur

mehr der Name Slansky übrig: »Sie haben bereits verstanden, von wem ich spreche?« fragt Kohoutek. »Sie meinen Slansky?« - »Ja, ich spreche tatsächlich von Slansky.«
»Sie werden über jeden Kontakt vernommen werden, den Sie und die anderen Freiwilligen eurer Gruppe mit ihm pflegten; Sie müssen unbedingt alles sagen, was Sie wissen, auch die geringfügigsten Einzelheiten.«
Er fährt fort: »Sie sind nicht der erste, den wir im Auftrag der Partei über Slansky verhören sollen. Wir haben zahlreiche Aussagen gegen ihn, manche von ihnen schon seit langer Zeit.«
Zum Beweis liest er mir eine umfangreiche Aussage gegen Slansky vor - ohne mir zu sagen, von wem sie stammt.
Angesichts meiner Verblüffung, liest er mir eine zweite, sehr eingehende Aussage vor und zeigt mir, um mich endgültig zu überzeugen, das Datum, März 1951, und die Unterschrift: Eugen Löbl.
Kohoutek blättert noch in zwei anderen Akten und liest mir Stellen daraus vor. Er sagt: »Und das ist nicht alles, es gibt noch viele andere. Übrigens haben Sie selbst bereits Slansky hineingezogen.« - »Ich?« frage ich bestürzt. - »Ja doch. Haben Sie uns nicht wiederholt erklärt, daß Sie mit der Repatriierung Ihrer Komplicen nach deren Rückkehr aus Frankreich nichts zu tun hatten? Haben Sie nicht gesagt, daß es Slansky selbst war, der ihnen den Befehl erteilte, ihre Rückkehr nach Prag zu beschleunigen, wo er sie bei ihrer Ankunft persönlich empfing und ihnen dann wichtige Aufgaben im Partei- und Staatsapparat anvertraute?«
Meine Bestürzung nimmt zu: »Warum haben sie mich dann bisher immer daran gehindert, derartige Erklärungen zu meiner Verteidigung ins Treffen zu führen und sogar den Namen Slansky auszusprechen?« - Er antwortet: »Weil Sie hartnäckig leugneten, der verantwortliche Leiter der trotzkistischen Gruppe zu sein, und Ihre Spionagebeziehungen mit Field in Abrede stellten. Da Sie nun Ihre ersten Geständnisse unterschrieben haben, meint die Partei, daß wir uns weiter bemühen sollen.«
Schließlich sagt mir Kohoutek mit Nachdruck: »Denken Sie doch nach, Herr London. Wer, glauben Sie, hat Befehl erteilt, Sie und die anderen Freiwilligen festnehmen zu lassen? Ohne Slanskys Befehl hätten wir das nicht tun können! Er hat euch geopfert, weil er glaubte, er werde sich selbst retten, indem er euch über Bord warf.«
Wieder in meiner Zelle, bleibe ich lange unter dem Eindruck dieser überraschenden Wendung der Lage. Ich war immer überzeugt, daß Slansky als Generalsekretär für meine Festnahme und jene der anderen ehemaligen Spanienkämpfer unter allen Mitgliedern der Parteileitung die Hauptverantwortung trug. Deshalb hatte er sich systematisch geweigert, mich zu empfangen, als ich mich seinerzeit an ih wandte, damit er

mir helfe, vor der Partei meine Beziehungen zu Field klarzulegen. Deshalb stieß ich fast zwei Jahre lang gegen diese unüberwindliche Mauer des Mißtrauens, und deshalb hat er mich bewußt dem Sicherheitsdienst überlassen, indem er versuchte, mich als Feind hinzustellen.
Deshalb ignorierte er unser mehrfaches Ersuchen nach Zeugenaussagen und ließ uns seelenruhig wegen Entscheidungen anklagen, die von ihm selbst oder seinem Sekretariatsapparat diktiert worden waren. Darum hat er die ungeheuerlichen Entstellungen des Sicherheitsdienstes bezüglich unserer Jugendaktivitäten in Spanien und Frankreich – die ihm doch bekannt waren! – hingenommen und ihnen kein Dementi entgegengestellt.
Wenn Slansky jetzt verhaftet ist*, kann das bedeuten, daß die Partei erkannt hat, welch widerwärtigen Machenschaften meine Kameraden und ich zum Opfer gefallen sind. Wäre es möglich, daß nun endlich die Zeit der Klarstellung gekommen ist, daß wieder Vertrauen herrschen darf? Hat sich die Partei endlich besonnen, wird sie den Handlangern des Faschismus, die in ihren Reihen wirken, von denen ich hier in Ruzyně ein recht nettes Exemplar kennengelernt habe und die der Gestapo würdige Inquisitionsmethoden anwenden, die Maske vom Gesicht reißen?
Doch in meinen Überlegungen klafft ein wichtiger Spalt. Kohoutek gibt mir zwar gleichsam zu verstehen, daß wir Slanskys Opfer sind, läßt aber bereits durchblicken, daß wir auch seine Komplicen waren. Versuchen Kohoutek und seine Chefs etwa, auf diese Weise ein Alibi für ihre Schandtaten zu finden?
Das ändert jedoch nichts an der Tatsache, daß Slansky für die gegen uns und viele andere unternommene Aktion verantwortlich ist. Durch die mir gestellten Fragen habe ich von der Festnahme der meisten Ortssekretäre der Partei erfahren, und die konnte nur mit dem Einverständnis des Generalsekretärs geschehen. So zum Beispiel die Verhaftung von Švermova, der Witwe Švermas und Sekretärin des Zentralkomitees bei der Organisation... Stammten nicht übrigens die ersten Verhöre, die Kohoutek mir gezeigt hatte und die Slansky belasten, ungefähr aus der Zeit meiner Verhaftung? Würde das nicht die Vermutung bestätigen,

---

* Ich irrte. Zu jener Zeit war Slansky noch Generalsekretär der Partei. Etwas später, am 31. Juli 1951, wurde sein fünfzigster Geburtstag mit großem Glanz gefeiert. Er erhielt aus Gottwalds Händen den höchsten Staatsorden. Am 6. September hörte das Zentralkomitee seine Selbstkritik bezüglich der Arbeit des Parteisekretariats. Auf den Vorschlag Gottwalds hin beschloß das Zentralkomitee seine Ernennung zum stellvertretenden Ministerpräsidenten. Er war nicht mehr Generalsekretär, blieb jedoch als Mitglied im politischen Sekretariat des Zentralkomitees. Er wurde erst in der Nacht vom 23. zum 24. November 1951 verhaftet.

die ich schon vor meiner Festnahme hatte, daß sich der Feind in der Parteileitung selbst verbirgt? Die Verhaftung der Spanienkämpfer, der Prozeß, den man uns machen wollte, sollte ihnen als Ablenkung dienen, ihnen ermöglichen, sich auch weiterhin zu tarnen...
Wenn unser Prozeß nicht wie vorgesehen stattfindet, wenn ihr Plan einer Wiederaufnahme des Rajk-Prozesses gescheitert ist, könnte das nicht darum der Fall sein, weil meine »Geständnisse« als des Chefs der Gruppe sie nicht so schnell erreichten, wie sie es erwarteten, wie es für das Gelingen ihres Vorhabens notwendig gewesen wäre? All das bestätigt mir, daß in den Worten Kohouteks etwas Wahres steckt. Ich klammere mich an den Gedanken, daß, wenn die Partei sich entschlossen hat, ihren Generalsekretär verhaften zu lassen, sie wohl entdeckt haben muß, daß so manches faul ist im Staate Dänemark! Wie jeder von der Wirklichkeit und der Welt abgeschnittene Gefangene baue ich spanische Schlösser auf dem gebrechlichsten Hoffnungsschimmer auf.
Nach all dem, was ich seit sechs Monaten ertragen muß, ist mein Gehirn nicht mehr imstande, vernünftig zu denken. Ich lebe in einer verkehrten Welt, und meine Gedanken und Schlußfolgerungen entsprechen dem Wahnsinn, der darin herrscht.

6

Nun werde ich jeden Tag von Kohoutek selbst verhört. Ich glaube, es wird mir endlich möglich sein, das Problem der Brigaden-Freiwilligen in das richtige Licht zu stellen. Ich antworte weiter auf die offenste, ehrlichste Weise. Ich spreche von Tatsachen und Vorfällen, die ich gut kenne, entweder weil ich sie selbst erlebt habe oder weil ich über sie im Verlauf meiner Tätigkeit durch daran beteiligte Genossen informiert worden bin.
Eines Tages reicht mir Kohoutek Papier und Bleistift und trägt mir auf, alles aufzuschreiben, was meine Beziehungen und die der anderen Freiwilligen mit Slansky betrifft. »Es wird von der Parteileitung und von Gottwald sorgfältig nachgeprüft werden«, fügt er hinzu. Ich beschreibe also mit allen Einzelheiten, wie im Juli bis August 1945 die Rückkehr der ehemaligen Freiwilligen vor sich ging, die aktiv an der französischen Widerstandsbewegung teilgenommen hatten.
Während einer Erholungszeit in einem Haus der FTPF hatte ich durch einen Brief Tonda Svobodas erfahren, daß ein von Slansky unterzeichnetes Telegramm angekommen war, das die schnelle Rückkehr der

tschechoslowakischen kommunistischen Kader, namentlich von Holdoš, Svoboda, Zavodsky usw. nach Prag verlangte.
Ihre Abreise fand mit dem Einverständnis der Kommunistischen Partei Frankreichs statt, deren Mitglieder sie bis dahin gewesen waren. An das Sekretariat der tschechoslowakischen KP wurde ein von Jacques Duclos unterschriebener Brief geschickt, der ihre Mitgliedschaft bei der französischen Partei während des Krieges und bis zu ihrer Abreise bestätigte.
Als ich nach Paris zurückkam, waren alle mit Ausnahme von Svoboda, der einige Tage später abreiste, bereits in Prag.
Ich kam mit Slansky erst im Frühjahr 1946 in Berührung. Während einer Unterbrechung der Sitzung beim VIII. Kongreß der tschechoslowakischen Kommunistischen Partei fungierte ich als Dolmetscher bei einem Gespräch zwischen ihm und Jacques Duclos. Er fragte mich, ob ich London sei; als ich es bejahte, sagte er, er habe viel von mir gehört und würde sich freuen, wenn ich ihn vor meiner Abreise nach Frankreich in seinem Büro aufsuchte.
Ich ging am Tag vor meiner Abreise zu ihm. Er empfing mich in Gegenwart von Dolansky, der damals der Leiter der internationalen Abteilung des Zentralkomitees war.
Das Gespräch dauerte fast eine Stunde. Es betraf verschiedene Probleme, über die die Kommunistische Partei Frankreichs Slansky schriftlich in Kenntnis gesetzt hatte. Slansky wollte Genaueres über die Differenzen erfahren, die 1944, nach der Befreiung Frankreichs, zwischen der Leitung der französischen KP und einigen tschechoslowakischen Genossen bestanden hatten.
Bei meiner Rückkehr aus Deutschland im Jahr 1945 hatte ich von der politischen Abweichung einiger ehemaliger Freiwilliger der Brigaden, Mitgliedern der Führung der tschechoslowakischen Gruppe der französischen KP, gehört. Sie hatten unter dem Einfluß der Leitung der tschechoslowakischen kommunistischen Emigration in London begonnen, Organisationen der tschechoslowakischen Kommunistischen Partei in Frankreich zu bilden, namentlich in den Départements Nord und Pas-de-Calais, in denen es zahlreiche Emigranten aus wirtschaftlichen Gründen gab.
Die Führer der französischen KP hatten diese Aktion mißbilligt: die wirtschaftlichen und politischen Emigranten, die in der französischen KP organisiert sind, unterstehen ihrer Disziplin und müssen genauso ihren Weisungen folgen wie irgendein französisches Mitglied. Keiner darf sich in die inneren Angelegenheiten der französischen KP mischen und vor allem nicht Organisationen einer ausländischen Kommunistischen Partei in Frankreich schaffen.

Später war diese Streitfrage bereinigt worden. Dessenungeachtet hatte das Sekretariat der französischen KP das der tschechoslowakischen Bruderpartei davon in Kenntnis gesetzt und zugleich seine prinzipielle Stellung zu dem Problem dargelegt.
Dann sprach Slansky mit mir über drei Genossen, die von der französischen KP wegen ihres Verhaltens im Krieg gemaßregelt worden waren und die, trotz der gegen sie ausgesprochenen Warnung, in der Tschechoslowakei wichtige Posten bekleideten. Als ich mein Erstaunen darüber zum Ausdruck brachte, antwortete Slansky, all diese Geschichten gehörten der Vergangenheit an, man müsse jedem die Möglichkeit geben, sich heute in der neuen Lage des Landes zu bewähren, um so mehr als bei der Partei ein Mangel an erfahrenen Kadern herrschte.
Zu den in die Heimat zurückgekehrten Spanienkämpfern sagte mir Slansky, daß, seiner Ansicht nach, manche nicht die ihren Fähigkeiten entsprechenden Funktionen ausübten. Er hoffe, sie würden in nächster Zukunft an wichtigeren Stellen eingesetzt werden, wo sie größere Dienste leisten würden. Er nannte unter anderen Pavel, Hromadko, Svoboda, Zavodsky, Nekvasil...
Am Ende des Gesprächs fragte mich Slansky, ob ich nicht geneigt wäre, nach Prag zurückzukommen und im Parteiapparat zu arbeiten. Ich lehnte das ab und erklärte ihm einerseits meine häuslichen Verhältnisse und andererseits meine Bindungen zur Kommunistischen Partei Frankreichs, in deren Reihen ich schon seit vielen Jahren kämpfte und in der ich mich heimisch fühlte. Slansky ließ nicht locker; er sagte, wenn ich zurückkäme, könnte ich in der Kaderabteilung des Zentralkomitees als Stütze des Genossen David arbeiten. Das wäre eine ausgezeichnete Stärkung dieser Abteilung, denn Gottwald und er hielten David für unfähig, und man müsse daran denken, ihn zu ersetzen. Ich würde praktisch die Arbeit der Abteilung leiten.
Er teilte mir noch mit, er habe Nekvasil als Mitarbeiter von Vodička in die Militärabteilung geschickt; dort sei die Situation die gleiche wie in der Kaderabteilung, nur war Nekvasil vorzuwerfen, daß er seine Zeit mit Streitereien vergeudete. Immer wieder wollte er Vodička seine Unfähigkeit vor Augen führen, statt an der Stärkung der Abteilung zu arbeiten.
Schließlich kündigte er mir an, daß in kurzer Zeit ein europäischer Partisanenkongreß in Prag stattfinden sollte. Er hoffe, Prag werde als Sitz des zukünftigen Europäischen Verbandes der Partisanen ausersehen werden; das würde seiner Ansicht nach bei der hervorragenden Rolle, die die Partei im Partisanenkampf gespielt hatte, ihre Position im ganzen Land verstärken. Er bat mich, diesen Plan in Paris zu erwähnen und am folgenden Tag wiederzukommen, um bei ihm den Brief abzuholen, den er an die Leitung des Verbandes der FTPF über diese Fragen schreiben

würde. So hatte ich ihn kurz vor meiner Abfahrt noch ein zweites Mal einen Augenblick gesehen.
Ich war damals ziemlich erstaunt darüber, wie oberflächlich das Problem der Kader behandelt wurde. Da ich jedoch seit langem an die Arbeitsmethoden der französischen Partei gewöhnt war und seit vielen Jahren nicht in der Tschechoslowakei lebte, deren augenblickliche Lage ich daher nicht sehr gut kannte, sagte ich mir, ich sei nicht in der Lage, mir ein gültiges Urteil zu bilden.
Im Herbst 1946 fuhr ich nach Prag zu Besprechungen mit den Kultur- und Außenministerien über Probleme, welche die Wochenzeitung *Parallèle 50* und das tschechoslowakische Nachrichtenbüro in Paris betrafen.
Bei dieser Gelegenheit traf ich Slansky ein drittes Mal. Ich hatte ihn gebeten, mich zu empfangen, um ihm meine Entrüstung über eine ungebührende Verwendung meines Namens durch das Verteidigungsministerium in einem Brief an den tschechoslowakischen Militärattaché in Paris, Mikše, mitzuteilen. Letzterer war es übrigens, der mich darauf aufmerksam gemacht hatte. Wir kannten einander gut aus Spanien, wo er bei den internationalen Brigaden gekämpft hatte. Er hatte mir nachdrücklich geraten, mich bei meinem nächsten Aufenthalt in Prag zu beschweren, und angeregt, ich solle mich an Slansky wenden, der als Abgeordneter und Mitglied der parlamentarischen Kommission für Nationale Verteidigung meinen Protest vorbringen könnte.
Bei dieser Besprechung hatte Slansky mir recht gegeben und versprochen, das Nötige zu veranlassen. Er hat Wort gehalten.
Ehe ich ihn verließ, befragte er mich in Gegenwart Geminders, der damals die internationale Abteilung des Zentralkomitees leitete, über die politische Lage in Frankreich.
Beide bedauerten lebhaft, daß Prag über die Lage in Frankreich so schlecht informiert wurde. Sie fragten mich, ob ich geneigt wäre, Korrespondent der vom Zentralkomitee herausgegebenen internationalen politischen Zeitschrift *Svetove Rozhledy* zu werden. Ich willigte ein.
So schildere ich die Gespräche und Begegnungen, die ich seinerzeit mit Slansky hatte. Als jedoch Kohoutek liest, was ich geschrieben habe, wird er zornig und verläßt den Raum mit der Erklärung, er müsse sich mit seinen »eigentlichen Chefs« beraten.
Eine Stunde später kommt er zurück und sagt, seine Chefs wiesen meine Darstellung zurück. Er zerreißt die von mir beschriebenen Seiten.
»Ich hatte mich im Namen der Partei an Sie gewandt, und Sie bringen es fertig, einen schlechten Roman zu schreiben! Wenn Sie sich weiter so verhalten, dann beweisen Sie damit, daß Sie auch jetzt noch die Partei zu belügen und Männer zu decken versuchen, von denen wir genau wissen, daß sie schuldig sind, denn wir halten alle Fäden der Verschwörung

gegen den Staat in Händen. Sie können sich doch denken, daß ich als einfacher Hauptmann des Sicherheitsdienstes mir nicht erlauben darf, Sie über den Generalsekretär der Partei zu verhören! Sie müssen sich doch klar sein, daß das für mich ohne Befehl von den höchsten Parteiinstanzen unmöglich wäre! Ich habe Ihnen Material gegen Slansky gezeigt, das zum Teil schon mehrere Monate alt ist. Wenn die Partei jetzt beschlossen hat, diese Angelegenheit trotz der Persönlichkeit Slanskys bis zum Ende zu verfolgen, dann verfügen sie über schwerwiegende, unwiderlegbare Beweise gegen ihn. Sie müssen Vertrauen zur Partei haben und sich von ihr leiten lassen. Nochmals: ich spreche zu Ihnen nicht als Hauptmann des Sicherheitsdienstes, sondern im Namen der Partei. Wenn Sie sich weigern, dem Interesse der Partei gemäß zu handeln, werden wir Methoden anwenden, von denen Sie noch keine Vorstellung haben. Und es wäre wohl möglich, daß Sie hier nicht lebend herauskommen!«

Dann sagte er noch, daß man auf keinen Fall auf meine »Geständnisse« zurückgreifen werde, ebensowenig wie auf die der Freiwilligen, meiner Komplicen, die unterschrieben und übrigens bei weitem nicht vollständig sind. Slansky wußte von der Existenz der trotzkistischen Gruppe, als deren Chef ich mich bereits bekannt habe. Ein Beweis dafür? Er kannte die feindliche Tätigkeit der ehemaligen Freiwilligen und hatte doch gegen sie keinerlei disziplinäre Maßnahme getroffen. Im Gegenteil, er habe uns alle bewußt gedeckt, auch mich und meine Spionagegeschichte mit Field, und uns auf sehr einflußreiche Posten im Partei- und Staatsapparat befördert. Warum? - weil wir eben seine Komplicen waren ...

An den folgenden Tagen und bis Ende August ging Kohoutek mit mir um wie ein Fischer, dem es gelungen ist, seinen Fisch anzuhaken, und der ihn nun langsam trotz dessen Sprüngen und Schlägen und verzweifelter Gegenwehr, Zentimeter für Zentimeter zu seinem Kescher heranbringt.

Jetzt stellen das Telegramm Slanskys, das er 1945 nach Paris geschickt hatte, um zur eiligen Rückkehr der ehemaligen Freiwilligen nach Prag aufzufordern, und mein Gespräch mit ihm im Jahre 1946, worin er seine Absicht erwähnte, einige von uns auf wichtigere Posten zu versetzen, den »Beweis« für die verbrecherische Komplicenschaft zwischen mir, dem in Haft befindlichen ehemaligen Freiwilligen, und Slansky dar.

Nun wird Mikše Slanskys Komplice und der berühmte Brief, dessen Inhalt er mir in Paris bekanntgab, ein Druckmittel, damit ich meine Beteiligung an den geplanten verbrecherischen Handlungen Slanskys zugebe.

Aus den wenigen für *Svetove Rozhledy* und andere Zeitschriften der Partei eingesandten Artikeln wird: »Sabotage und Spionage für Slansky in der französischen progressistischen Bewegung ...«

Der Brief, den ich der Vereinigung der FTPF in Paris übergeben sollte, in dem die Wahl Prags als Sitz des zukünftigen Europäischen Verbandes der Partisanen vorgeschlagen wurde, beweist meine Komplicenschaft mit Slansky, »mit dem Ziel, dessen persönliche Stellung in der Tschechoslowakei durch Ausnutzung der Partisanenbewegung zu seinen Gunsten zu stärken, als deren Organisator er sich nach seinem kurzen Aufenthalt auf tschechoslowakischem Gebiet zur Zeit des nationalen slowakischen Aufstands betrachtete...«

Ich erkläre anfangs, als man mich über das Gespräch mit Slansky 1946 verhört, daß es in Gegenwart Dolanskys geführt worden sei. Zunächst wurde also dieser Umstand schriftlich festgehalten. Das gleiche Protokoll, das etwas später umgeschrieben wurde, erwähnt dies nicht mehr.

Als ich betone, daß Dolansky Zeuge des ganzen Gesprächs mit Slansky war, sagt Kohoutek, es komme nicht in Frage, den Namen Dolanskys im Protokoll zu erwähnen; nicht über ihn sei er beauftragt, mich zu verhören, sondern über Slansky, deshalb wird er die Sache folgendermaßen formulieren: »Slansky benutzte einen Augenblick, in dem Dolansky den Raum verlassen hatte, um mich zu fragen...«

In den späteren Protokollen wird der Name Dolansky völlig entfernt, und es heißt da nur mehr: eine Besprechung zwischen »zwei Komplicen«.

Aus einem etwa einstündigen Gespräch und einem Abschiedsbesuch von fünf Minuten am nächsten Tag macht Ruzyně: »Eine Besprechung, die mit Unterbrechungen zwei Tage lang dauerte...«

So entsteht nach und nach dank sprachlicher Akrobatik, tendenziösen Auslegungen, kurzum mittels grober Fälschungen das Protokoll über »meine feindliche Tätigkeit und meine Komplicenschaft mit Slansky«.

Durch dieses Taschenspielerkunststück wird aus der trotzkistischen Gruppe der ehemaligen Freiwilligen der internationalen Brigaden, jenem ersten Konzept des Sicherheitsdienstes – ein wesentlicher Teil des Verschwörungszentrums gegen den Staat.

So ist »unsere Gruppe«, die zuerst unabhängig war und ursprünglich zu einem ähnlichen Prozeß wie jenem gegen Rajk Anlaß geben sollte, jetzt nur mehr ein Zweig der »Zentrale«; ich werde Gruppenchef einer der vierzehn Leiter des »von Rudolf Slansky geführten Verschwörungszentrums gegen den Staat«, während man »meine Komplicen« in andere, sich aus dem Großen Prozeß ergebende Affären einschalten und vor Gericht stellen wird. Nur Pavel wird allein vor Gericht stehen. Was Laco Holdoš anlangt, wird die Anklage gegen ihn wegen »Trotzkismus« in eine solche wegen »slowakischen bürgerlichen Nationalismus« umgewandelt werden, und man wird ihn im Jahre 1954 zusammen mit der Gruppe Novomesky, Husak usw. verurteilen.

Zur Zeit, als ich meine ersten »Geständnisse« unterschrieb, war ich bereits in einer kläglichen Verfassung körperlicher und moralischer Erschöpfung. Das fortgesetzte »Karussell« beanspruchte mich über die Grenze menschlicher Widerstandskraft hinaus. Der Gedanke, daß dieses elende Leben noch weiter andauern soll, ist untragbar. Ich kann nicht mehr, ich bin am Ende. Ich habe nunmehr weder die physische noch die moralische Kraft, die für Kampf und Widerlegung erforderlich wäre, und schon gar nicht die Energie, meine ersten »Geständnisse« zurückzuziehen.
Und dennoch gibt es noch etwas in mir, das weiterkämpft.

7

Kohoutek beginnt »administrative Teilprotokolle« abzufassen. Von dem Prinzip ausgehend, daß zwei Vorsichtsmaßregeln besser sind als eine, behauptet Kohoutek, daß die administrativen Protokolle nicht nur nicht »ausschlaggebend« sind, sondern auch noch, daß diese »Teil«-Protokolle einer Zusammenfassung bedürfen werden; ferner daß der Angeklagte, wenn dies geschehen ist und ehe man zum Protokoll »für das Gericht« übergeht, jede Möglichkeit haben wird, sich auszusprechen und die von ihm für seine Verteidigung notwendig erachteten genauen Erläuterungen darzulegen. Die gegenwärtigen administrativen Protokolle dienen nur dazu, »die laufende Arbeit zu erleichtern«.
Dann hält er es für angebracht, zusätzliche Erklärungen hinzuzufügen. Es muß sich seiner Ansicht nach wirklich um eine große Sache handeln, und auch er scheut keine Mühe, um die Formulierungen zu finden, die der neuen, von den sowjetischen Beratern erdachten Auffassung entsprechen. »In Ihrem Protokoll für das Gericht«, erklärt er demnach, »wird es zwei Teile geben: einen als Anklage gegen Sie, einen zu Ihrer Entlastung. Im zweiten Teil können Sie alles anführen, was zu Ihren Gunsten spricht oder Ihrer Meinung nach mildernde Umstände darstellt. Es ist daher ganz normal, daß wir hier in Ihren Angelegenheiten nur die negativen Seiten schriftlich festhalten. Es ist nicht unsere Sache, Ihre Verteidigung zu verfassen! Sie werden übrigens einen Rechtsanwalt erhalten, mit dessen Hilfe Sie sie aufsetzen werden.«
Das ist nichts als eine ungeheuerliche Prellerei. Bei der Abfassung des Protokolls »für das Gericht« wird man den Befehl erteilen, daß die von den Referenten verfaßten Formulierungen auf keinen Fall abgeschwächt werden dürfen, sondern daß sie im Gegenteil erschwert, verschärft wer-

den. Und nie wieder wird jener zweite Teil, jenes Gegenstück, erwähnt werden...
So etwas nennt man in allen zivilisierten Ländern eine erpreßte Unterschrift. Aber hier wird die Erpressung der Unterschrift zum Prinzip erhoben. Wenn man einmal durch monatelange Foltern den Widerstand des Angeklagten in einem Punkt zu brechen vermocht hat, dann ermöglicht es dieses Prinzip, die Bresche zu erweitern, eine Unterschrift nach der anderen, ein Protokoll nach dem anderen zu ergattern und schließlich den Papierberg aufzubauen, der bei diesem System verbrecherischer Bürokratie als Wahrheit und Tatbestand dient. Warum sollte auch der Angeklagte diesen Kampf des irdenen gegen den eisernen Topf fortsetzen, wenn ihm die Möglichkeit geboten wird, später in dem EINZIG UND ALLEIN für das Gericht bestimmten Protokoll seine Verteidigung geltend zu machen... Doch dann werden in Wirklichkeit EINZIG UND ALLEIN die erpreßten Unterschriften, der Berg der erpreßten Unterschriften Geltung haben! Und wie soll man dann glaubhaft machen, daß von einem nicht nur eine Unterschrift, sondern ein ganzer Berg von Unterschriften erpreßt wurde? Wie sollte man von diesem Berg von Unterschriften nicht selbst überwältigt sein, der einem die eigenen »negativen Seiten« bestätigt? Um so mehr, als man anfangs nicht den ganzen Plan der sowjetischen Berater und der Referenten begriff und leicht verbogene Formulierungen als unwichtig durchgehen ließ, weil man nicht erfaßte, in welche Richtung die Veränderung zielte. Man hätte es begriffen, wenn man schuldig gewesen wäre. Da man jedoch diesem Fortsetzungsroman völlig fremd gegenüberstand und womöglich noch fremder der Rolle, die einem darin zugedacht wurde, war es ganz einfach so, daß man anfangs gar nicht erkannte, worauf der andere hinauswollte. Und dieser macht sich alles zunutze, deine Müdigkeit, deine Unaufmerksamkeiten, deine Zerstreutheit. Deine Ahnungslosigkeit. Deinen guten Glauben. Manchmal kämpfe ich einen ganzen Tag um ein Wort; tage- und nächtelang, endlos um einen Satz. Doch nichts vermag Kohoutek von seinem Ziel abzubringen. Versuche ich noch, mich zu sträuben, sei es, weil er tendenziöse politische Erklärungen hinzufügt oder ganz einfach einen ganzen Absatz meiner Erklärungen ausläßt, dann gibt er mir ganz ernsthafte Antworten wie etwa: »Sie sind ein Politiker und sollten Ihre Aussagen dementsprechend abfassen. Das tun Sie gar nicht. Übrigens sind Sie bereits so lange in Haft, daß Sie von der Entwicklung der politischen Lage nichts wissen. In ihrem Text gibt es zu viele unnötige und uninteressante Dinge. Wir aber kennen die gegen den Staat angezettelte Verschwörung, wissen, was die Partei braucht.«
Ich würde meinen Ohren nicht trauen, wenn ich nicht tatsächlich schon seit so langer Zeit in ihren Händen wäre. Es existiert nichts mehr, keine

objektive Wahrheit, keine Tatsachen. Ein Politiker sein, heißt für sie einfach, lügen zu können, wie man's braucht, so sprechen, wie die Partei es benötigt. Die Tatsachen umbiegen, mein Leben, meine Ideen, meine tiefsten Überzeugungen zu dem umbiegen, was ihnen diesen Monat, diese Woche, dieser Tage in den Kram paßt. Und immer wieder, wie eine magische Beschwörungsformel: »Sie müssen der Partei vertrauen, sich von ihr leiten lassen; es liegt in Ihrem Interesse.« Und schließlich die ewige Leier: »Ich spreche zu Ihnen im Namen der Partei.« Ich, Kohoutek, der Mann des Folterkarussells, der Mann der lügenhaften Formulierungen, der Mann der erpreßten Unterschriften.

Er schämt sich keineswegs vor mir und zeigt ungehemmt, wie wenig ihm all diese angehäuften Texte bedeuten, sobald sie die neue Formulierung stören, statt sich ihr anzupassen, sie vorzubereiten, sie zu beglaubigen. Er läßt zahlreiche Beschuldigungen und »Geständnisse« meiner Mitangeklagten von der trotzkistischen Gruppe der ehemaligen Brigadefreiwilligen fallen. Dafür bringt er neue Anklagen vor, die geeignet sind, die neue Rolle zu bestätigen, welche mir bei der Verschwörung Slanskys zugewiesen wird. Er muß ja auch tatsächlich »den Beweis« erbringen, daß ich bis zu meiner Festnahme, sowohl in Prag als auch an anderen Orten während eines langen Zeitraums:

1. mich nacheinander mit den anderen Führern der Verschwörung (Slansky, Geminder, Frejka, Frank, Clementis, Reicin, Švab, Hajdu, Löbl, Margolius, Fischl, Šling, Simone) oder auch mit anderen Personen beraten habe; es sollen Mittel und Wege gefunden werden, um die Unabhängigkeit der Republik und das durch die Verfassung garantierte Regime der Volksdemokratie zu vernichten. Zu diesem Zweck bin ich mit einer fremden Macht und ausländischen Behörden in Verbindung getreten...

2. mit einer fremden Macht oder ausländischen Behörden in Verbindung getreten bin, um ihnen Staatsgeheimnisse zu enthüllen; daß ich das getan habe, obwohl mir die Bewahrung dieser Geheimnisse ausdrücklich aufgetragen worden war oder mit zu den Pflichten meiner Funktion gehörte; daß ich diese besonders wichtigen Staatsgeheimnisse in umfangreichem Maß eine beträchtliche Zeitlang auf außerordentlich gefährdende Weise verraten habe*.

Und jetzt verliert meine Rolle als Chef der trotzkistischen Gruppe ehemaliger Spanienkämpfer ihre Bedeutung, steht nicht mehr im Vordergrund. Was von nun an in meinen Protokollen hervortritt, ist meine aktive Mitarbeit - als einer der vierzehn Führer - in dem Verschwörungs-

---

* Auf Grund dieser Beschuldigungen wurde ich später vor Gericht gestellt und verurteilt. Siehe: »Prozeß gegen die Leiter des Verschwörungszentrums gegen den Staat, unter Führung von Rudolf Slansky«, herausgegeben von Orbis, Prag, 1953.

zentrum gegen den Staat. Dabei wird mir zusammen mit Clementis, Geminder und Hajdu, der Sektor des Außenministeriums zugedacht.
Die trotzkistische Gruppe im Außenministerium, an deren Spitze Geminder steht, wird einer der Zweige des Verschwörungszentrums. Ich bin, zusammen mit Vavro Hajdu und anderen, ein aktives Mitglied und sorge für die Verbindung zwischen dieser Gruppe und Geminder ...
Außerdem betreibe ich meine staatsfeindliche Tätigkeit im Außenministerium im Einverständnis und unter Mithilfe des bürgerlichen Nationalisten Clementis ...
Ich bin der Verbindungsmann in den Spionagebeziehungen zwischen Slansky und Zilliacus ...
Ich bin ein amerikanischer Spion in Allan Dulles' Sold, stehe in unmittelbarem Kontakt mit Noel Field ...
Mehr als drei Wochen lang wird Kohoutek in diesem August unermüdlich sein Werk immer wieder umarbeiten. Jedesmal wenn er eine oder zwei Seiten verfaßt hat – wobei er meine Aussagen den ihm von den sowjetischen Beratern übergebenen Notizen anpaßt, verläßt er mich, um zu seinen »eigentlichen Chefs« zu gehen, wie er sie gespreizt nennt, und ihnen seine Arbeit zu unterbreiten. Dann schreibt er vor mir die Seiten nochmals, wobei er sie nach den erhaltenen Weisungen verändert. Er macht mich schamlos darauf aufmerksam, daß der Wortlaut meiner »Geständnisse« erst endgültig sein wird, wenn er übersetzt und von seinen Chefs genehmigt worden ist.
In dieser Verbissenheit, dieser Hartnäckigkeit liegt etwas Bestürzendes. Ich hätte nie gedacht, daß jemand sich über so lange Zeit hinweg und mit solcher Genauigkeit einer derartigen Ameisenarbeit über Formulierungen hingeben könnnte. Kohoutek tippt den Text Stück für Stück neu auf der Maschine und erpreßt für jede neue Version meine Unterschrift. Von einer Überarbeitung zur anderen, einem Auszug zum anderen, einer Formulierung zur anderen entfernt sich der Sinn immer mehr vom Original, behält jedoch eine gewisse Familienähnlichkeit mit ihm. Das allerdings entgeht mir. Wahrscheinlich wird ja mit dieser ganzen Arbeit bezweckt, mich zu verwirren, so daß ihr Sinn mir entgeht, meine Worte nicht mehr mir gehören, daß die Beschreibung meiner Handlungen, die Darlegung meiner Gedanken mir nach und nach fremd werden. Das darf jedoch nicht zu weit getrieben werden, sonst könnte es passieren, daß ich mich auflehne und dadurch den Ermüdungs- und Abnutzungsprozeß unterbreche, bei dem Kontinuität offenbar ein unentbehrlicher Faktor ist. Im Augenblick bin ich aber zu unfrei, zu ununterbrochen in Anspruch genommen, zu müde, körperlich zu verbraucht, um unbefangen die Bedeutung des Verfahrens zu erfassen.
Ein unvorhergesehener Vorfall, sozusagen ein Reisehindernis wird auf-

tauchen müssen, damit das Bild der Mühle, in der Kohoutek mich zermahlen will, völlig deutlich wird.

Gegen Ende August 1951, als die besagten administrativen Protokolle schon eine eindrucksvolle Masse bilden, betritt zu meiner Überraschung Sicherheitsminister Kopřiva in Begleitung von Doubek den Raum, in dem Kohoutek so fleißig seine Formulierungen verfaßt.

»Jetzt hast du dich doch entschlossen zu sprechen! Ist ja auch deine einzige Chance«, sagt er als Einleitung.

Eine Zeitlang hört er beim Verhör zu, dann beginnt er selbst, Fragen zu stellen. Unsere erste Begegnung habe ich noch deutlich im Gedächtnis und auch die Worte, das »Mit oder ohne deine Geständnisse wird man dich vernichten!« mit dem sie zu Ende ging.

Da er mir schon damals nicht glauben wollte, als ich noch nichts unterschrieben hatte und um jeden Fußbreit kämpfte, um der Partei die Wahrheit vor Augen zu führen und die Verfolgung zu entlarven, deren Gegenstand ich war, weiß ich, daß er auch jetzt nichts glauben wird, das seinem vorgefaßten Urteil widerspricht.

Am 3. April hat er meine Verteidigung von vornherein als einen Versuch, die Partei zu täuschen, zurückgewiesen, daher besteht meine einzige Chance, um bei ihm Gehör zu finden, darin, ihm scheinbar recht zu geben, seine Anwesenheit aber zu nutzen und seine Fragen so objektiv als möglich zu beantworten. Mit anderen Worten, über die Frage meiner Schuld im allgemeinen nicht zu diskutieren, um über jede Frage im besonderen die Wahrheit sagen zu können und ihm den Beweis für den Unterschied zwischen meinen wirklichen Antworten und dem zu erbringen, was aus ihnen wird, wenn Kohoutek und seine »eigentlichen Chefs« sie »behandelt« haben. Es ist unmöglich, das Kopřiva sich nicht darüber klar wird, da er ja mit meinen »administrativen Protokollen« in der Hand hereingekommen ist. Er bezieht sich übrigens bei seiner Fragestellung darauf.

Tatsächlich nimmt die Sache sofort die Form eines Kontrollverhörs an: Kopřiva fragt mich, wer in der Tschechoslowakei die Gruppe der ehemaligen Spanienfreiwilligen leitete. Ich antwortete, das sei ursprünglich Pavel gewesen und nach meiner Rückkehr in die Heimat hätten er und ich die Verantwortung gemeinsam getragen. Auf seine Frage: »Wer hat Pavel gewählt oder ernannt?« antworte ich: »Niemand. Er wurde weder gewählt noch ernannt. Er wurde von allen Freiwilligen als Autorität angesehen, da er in Spanien den höchsten militärischen Rang bekleidet und immer im Führungskader der internationalen Brigaden gestanden hatte. Dasselbe gilt für mich«, füge ich hinzu. »Ich habe in Spanien wie in Frankreich immer hohe politische Funktionen bekleidet, daher habe ich mir unter den ehemaligen Freiwilligen meine Autorität bewahrt.«

Kopřiva scheint sich über meine Antworten zu wundern. Er fragt mich, ob Pavel mir von seiner Zusammenarbeit mit Slansky erzählt hat. Ich verneine es. »Wieso weißt du dann, daß er mit Slansky arbeitete?« Ich antworte - das war übrigens allgemein bekannt -, daß Pavel einem von Slansky geleiteten Arbeitsausschuß angehörte und von diesem im Februar 1948 als Chef der Arbeitsmilizen vorgeschlagen wurde. Ich erkläre auch, daß Slansky bei unserer Begegnung im Jahr 1946 von Pavel in günstigem Sinn gesprochen und mir seine Absicht anvertraut hatte, ihn ebenso wie andere ehemalige Spanienkämpfer besser zu verwenden. Ich sage auch, daß Slansky mit deren Problemen in Frankreich vertraut war, über die ihn die Parteileitung informiert hatte; auch ich übrigens, und zwar anläßlich jener Unterredung, die in Gegenwart Dolanskys geführt worden war.
Ich sehe, wie er im Protokoll blättert, wahrscheinlich um den Namen Dolansky zu finden, der, wie bereits erwähnt, daraus verschwunden ist.
Kopřiva ist anscheinend ungehalten. Er fragt mich: »Warum stützen sich die ehemaligen Freiwilligen gegenseitig?«
»Aus Kameradschaftsgeist.«
Er fährt fort: »Warum gab man ihnen überall im Staatsapparat Posten? Du zum Beispiel hast einige im Außenministerium angestellt.«
»Weil ich sie kannte. Übrigens sind es keine schlechten Leute!«
Er befiehlt scharf: »Gib mir Namen an!«
»Bieheller, Laštovička, Farber, Veivoda, Budaček, Ickovič, Hosek, Ourednicek...«, doch Kopřiva schneidet mir das Wort ab: »Aha, du glaubst wohl, die sind besser als ihr? Das ist Jacke wie Hose!«
Ich erkenne, daß sein Urteil über die Freiwilligen unverändert ist. Wieder fragt er: »Warum und zu welchem Zweck habt ihr die ehemaligen Freiwilligen in das Getriebe des Staatsapparates eingespannt?«
Ich antworte: »Wir hatten keinen besonderen Zweck im Auge!« Da er mich heftig und grob weiter bedrängt, antworte ich mit einer wirren, verzwickten Rede. »Wir verfolgten keinen Zweck, wenn das aber objektiv als Schwächung des Staatsapparates angesehen wird und jede Schwächung des Staates in gewissem Sinn Sabotage ist und jede Sabotage schließlich zu einer Schwächung des Sozialismus und zu einer Stärkung der Kräfte führt, die im Sinn der Wiederherstellung des Kapitalismus...«
Kopřiva hört mit verdutztem Ausdruck zu. Nun spricht er von Hašek, dem Schwager Slanskys, den ich aus der Schweiz kenne, wo er Korrespondent der ČTK (Tschechoslowakische Presseagentur) war. Er erinnert mich an ein Gespräch, das wir im Februar 1948 über Slansky führten und über das Kohoutek Protokolle abgefaßt hat. Von einer Reise nach Prag zurückgekehrt, hatte Hašek mir gesagt, daß Ruda (Slansky) nun die ganze Last der Parteileitung zu tragen haben würde,

da sich der Präsident (Gottwald) von jetzt an, wie es bei Dimitrow der Fall war, seinen repräsentativen Funktionen widmen müsse.
Allmählich beeindrucken meine Antworten Kopřiva, und er beginnt mit mir zu polemisieren, als handle es sich um einen gewöhnlichen Meinungsaustausch. Von Hašek sagt er, das sei ein Mann, den man nicht immer ernst nehmen dürfe. Ich erwidere, daß Hašek das Problem so sah und daß ich nur wiederhole, was er mir damals gesagt hat.
Meine Antworten scheinen Kopřiva zugleich ärgerlich und unsicher zu machen. Trotz meiner Angst vor den Folgen meiner Handlung, befriedigt es mich, diesmal erreicht zu haben, daß er mich anhört. Ich hoffe, in ihm den Keim zum Zweifel an dem Spiel gelegt zu haben, das hier in Ruzyně gegen mich betrieben wird. Um so mehr, als während unseres ganzen Wortwechsels Kohoutek, der hinter Doubek und Kopřiva sitzt, mich dauernd mit bösen Gebärden bedroht.
Nachdem Kopřiva und Doubek sich entfernt haben, geht Kohoutek wütend auf mich los. Er sagt mir heftig, meine Haltung dem Minister gegenüber sei ganz ungebührlich gewesen. Die anderen vor mir verhörten Angeklagten hätten zufriedenstellend geantwortet, ganz anders als ich. Mein Verhalten könne für mich die schwersten Folgen haben. Dann läßt er mich in meine Zelle zurückbringen.
Am Abend werde ich wieder Kohoutek vorgeführt. Wütend sagt er mir, daß er meinetwegen von seinen Vorgesetzten einen überaus strengen Verweis erhalten hat. Er hätte mich nicht hinreichend »bearbeitet«, mein Verhalten und meine Antworten hätten den Minister verwirrt und ihn einen Augenblick an der Wahrheit meiner »Geständnisse« zweifeln lassen. Er fügt aber hinzu, seine »Freunde« hätten mit ihm gesprochen, es sei ihnen gelungen, ihn zu überzeugen, und sie hofften, er werde »trotz des schlechten Eindrucks, den Ihre Antworten auf ihn gemacht haben, dem Präsidenten einen guten Bericht liefern.«
Dann ergeht sich Kohoutek in heftigen Vorwürfen. Er sagt mir, »ich soll es mir hinter die Ohren schreiben, daß ich ›meine Geständnisse‹, unter allen Umständen und gleichviel wem gegenüber, aufrechterhalten muß, denn sonst geht es um meinen Kopf und um die Existenz meiner Familie«.
An den folgenden Tagen setzt Kohoutek die Abfassung seiner »administrativen Protokolle« fort. Bevor er zum Ende kommt, sagt er mir: »Die bis jetzt mit Ihnen verfaßten Teile des Protokolls wurden Präsident Gottwald vorgelegt. Er drückte seine Zufriedenheit aus und sagte, man solle in diesem Sinn mit London fortfahren...«
Ich muß mir also, was immer ich tue, darüber klar sein: die sowjetischen Berater und ihre Handlanger in Ruzyně werden stets bei Gottwald und der Parteileitung das letzte Wort haben.

Kohoutek wiederholt mir noch mehrmals, daß meine Haltung gegenüber Kopřiva mir sehr geschadet habe. Und daß ich darauf achten müsse, es anders zu machen, wenn ein solcher Fall sich wieder ereignen sollte; jetzt erst recht, nach der vom Präsidenten geäußerten Ansicht.
Anfang September, nachdem diese erste Version »meiner Geständnisse« fertig ist, teilt mir Kohoutek mit, er gehe nun auf Urlaub. Noch einmal warnt er mich: »Wenn Ihnen Ihr Leben lieb ist und vor allem, wenn Sie Ihrer Frau ersparen wollen, mit hineingezogen zu werden, dann hüten Sie sich, und widerrufen Sie nicht etwa Ihre Geständnisse während meiner Abwesenheit. Denken Sie an Ihre Kinder!«
Ich habe wahrlich keinen Anlaß mehr, an den Drohungen Kohouteks zu zweifeln. Kopřivas veränderte Einstellung, die Zufriedenheit Gottwalds können nicht erfunden sein. Ich erkenne, wieviel mein Widerstand wert ist, und gleichzeitig, wie völlig unmöglich es ist, daß ich jemals in die Lage käme, ihn jemandem gegenüber zu offenbaren, der mir glauben würde, mit jemandem zu sprechen, der nicht mittut im Karussell der sowjetischen Berater. Ich stehe vor einem Abgrund, und nie hätte ich gedacht, daß er so tief sei.

8

Zum erstenmal seit mehr als sieben Monaten bleibe ich in meiner Zelle, ohne zum Verhör geholt zu werden. Zum erstenmal wird mir das Rauchen erlaubt, und es gelingt mir, siebzig Zigaretten in meiner Zelle zu verstecken. Während des letzten Verhörs mit Kohoutek hatte ich Streichhölzer geklaut.
Meine Gedanken wenden sich Lise, den Kindern, den Schwiegereltern zu. Mehr denn je habe ich Angst um sie. Möge diese Tragödie mich so schnell wie möglich ans Ende führen, meine Familie aber verschonen! Möge sie vergessen und weiterleben! Aber wird man sie in Frieden lassen?
Heute ist Samstag. Was tut meine Frau, was tun meine Kinder im Augenblick? Ihr Wochenende wird wohl nicht von lustigen Rufen und Lachen erfüllt sein wie früher, als wir noch beisammen waren. Das vorherrschende Gefühl wird Trauer sein, aber doch erhellt von Hoffnungsstrahlen. Lises Briefe drücken solche Zuversicht aus! Sie ist sicher, mich bald wiederzusehen. Sie erwartet mich, die Kinder auch. Und ich kann ihnen nichts mitteilen, ihnen unmöglich den fürchterlichen Schock ersparen, den mein Prozeß und meine Verurteilung für sie bedeuten wird.

Meine Briefe können keine Botschaft durchblicken lassen. Die Zensur arbeitet tadellos; wenn eine Stelle verdächtig erscheint, gibt man mir den Brief zurück, und ich muß ihn umschreiben.
»Lise, mein Liebes, meine Briefe müssen Dir sehr langweilig und eintönig erscheinen, doch dagegen läßt sich nichts tun. Ich kann mir vorstellen, daß Du wissen möchtest, was mit mir vorgeht und wie meine Lage ist, und ich verstehe, daß Du mich manchmal ungeduldig in Deinen Briefen danach fragst. Aber ich darf nichts über meine Sache schreiben, und Du begreifst bestimmt, daß sich der Briefwechsel in meiner Lage auf die persönlichsten Dinge beschränken muß. Und was soll ich Dir über mein jetziges Leben schreiben? Die Tage gleichen einander so sehr und sind so eintönig! Deshalb frage mich nicht mehr in Deinen Briefen, liebste Lise, wie es um mich steht. Schreib mir lieber, wie es Michel, Françoise und Gérard geht...«
Wie bitter wird für meine Lieben die Wirklichkeit sein, die ihnen bevorsteht, um so bitterer, als ihr Glaube an mich groß ist, ebenso ihre Hoffnung! Wie könnten sie ahnen, daß der Abschied zwischen uns schon ausgesprochen ist. Sie werden mich für schuldig halten... Wenn sie aber eines Tages die Wahrheit erfahren sollten, dann würde ihr Schmerz noch viel schlimmer sein. Besser also, sie bleiben in der Lüge gefangen und löschen mich aus ihrer Erinnerung.
Grollender Donner, blendend leuchtende Blitze – ich blicke zum schwarzgrauen Himmel empor, in dem die Blitze ihre grünlichen Zacken zeichnen. Der feuchte Wind weht stoßweise und dringt in meine Zelle. Dicke Tropfen trommeln gegen die Scheiben. Der Duft der nassen Wiesen gibt der Luft, die ich einatme, eine süße Würze.
Wie schön wäre es, in diesem Regen sein Gesicht vom Wind peitschen, die Tropfen über Haar und Stirn, Nase und Wangen rinnen zu lassen... Mit den Menschen zu leben, die ich liebe: meine Lise, die Kinder. Warum muß ich so kläglich enden? Warum dauert es so lang?
Die Tränen laufen mir über die Wangen, die Nase, das Kinn. Verzweifelt nehme ich meinen Kopf zwischen die Hände und schlage ihn gegen die Wand: ein Ende machen, mein Gott, ein Ende, sofort!
Krachend öffnet sich die Zellentür. Der Wärter stürzt herein und brüllt haßerfüllt: »Sie wissen sich im Gefängnis nicht zu benehmen! Das ist Ihr böses Gewissen, das Sie quält. Aber dazu ist es jetzt zu spät!«
Er stößt mich zum Waschtisch, reißt mir grob das Hemd ab und hält meinen Kopf und Oberkörper unter das kalte Leitungswasser.
Es scheint mir geraten, die Abwesenheit Kohouteks zu benutzen, um meinem Leben ein Ende zu machen.
Zuerst esse und trinke ich vier Tage lang nichts, um meinen Organismus zu schwächen. Dann fehlt mir der Mut, die Hungerqualen länger zu

erdulden, und ich gehe zur zweiten Phase meines Selbstmords über: Ich habe fünfzig Zigaretten aufgespart, die zerbröckle ich in meiner Suppe. Dazu lege ich noch die Köpfe von einigen Dutzend geklauten Streichhölzern. Das Ganze nehme ich zu mir in der Hoffnung, daß mein durch das neuerliche Fasten geschwächter und durch die bestialische, nun schon so lange erduldete Behandlung zerrütteter Organismus - wozu noch der lange Hungerstreik kam, den ich kurz vorher durchgehalten hatte - einer Nikotin- und Schwefelvergiftung nicht standhalten wird ...
Ich wurde sehr krank. Ich glaubte wirklich, diesmal sei mein Versuch gelungen. Mit ungeheurer Anstrengung gelang es mir, den Wärtern meinen Zustand zu verheimlichen. Ich litt entsetzliche Schmerzen und war sicher, der Tod werde mich nicht verschonen. Unnötig, alle Einzelheiten meiner Qual zu schildern ... auch diesmal gelang es mir nicht!
Zu jener Zeit ordnet Doktor Sommer an, daß ich in eine Zelle des Krankenreviers gebracht werde. Mein körperlicher Zustand ist tatsächlich so jämmerlich, daß er der Ansicht ist, ich müsse ärztlich behandelt werden, um die Verhöre weiter ertragen zu können. Ich bekomme Spritzen und Medikamente, deren Zusammensetzung und Wirkungen mir unbekannt sind. Selbstverständlich bleibe ich weiter in Einzelhaft und werde das Krankenrevier erst verlassen, um zur Gerichtsverhandlung gebracht zu werden.
Als meine Verhöre wieder beginnen, wird mir gestattet, mich auf eine Art Schemel zu setzen.

9

Später werde ich erfahren, daß Lise die Partie immer noch nicht aufgegeben hat.
Da ihre Bemühungen, bei der Partei und den Organen des Sicherheitsdienstes Gehör zu finden, um bei der Lösung meines Problems mitzuwirken, erfolglos blieben, schrieb sie gegen Ende September 1951 einen langen Brief an Klement Gottwald:

Lieber Genosse,
Ich wende mich an Dich persönlich als Präsidenten unserer Partei, um Dir alles, was ich über die Sache meines Mannes weiß, zu unterbreiten; es handelt sich um Artur London, mit dem ich seit sechzehn Jahren lebe und der sich seit acht Monaten in Untersuchungshaft befindet.
Bevor ich Anfang 1949 meinem Mann nach Prag folgte, war ich Mitglied

der Kommunistischen Partei Frankreichs, in der ich wichtige Funktionen bekleidete. Ich wurde beim X. Kongreß in den Zentralausschuß der Parteileitung gewählt und beim XI. Kongreß wiedergewählt; seit dem 1. Kongreß des französischen Frauenverbandes im Jahre 1945 war ich nationale Sekretärin dieser Massenorganisation. Ich bin seit dem Jahre 1931 Kommunistin und habe das Vertrauen der Partei in keiner Funktion, keiner Arbeit, die mir vor, während und nach dem Krieg anvertraut wurde, jemals enttäuscht. Ich wende mich an Dich, lieber Genosse, als Kommunistin, die sich ihrer Pflichten und Verantwortungen bewußt ist, und will versuchen, den Fall meines Mannes zu klären.
Ich habe mit großer Aufmerksamkeit und Überlegung die Kritiken gelesen, die Du beim letzten Zentralkomitee über die Arbeit des Sekretariats des Zentralkomitees vorgebracht hast und insbesondere, was Du über die Wahl der Kader und die Aufmerksamkeit sagtest, die man den Genossen, welche wichtige Posten bekleiden, widmen muß. Ich möchte Dir kurz zur Kenntnis bringen, unter welchen Bedingungen und in welcher Situation London seine Stellung in der Leitung der Kader und des Personals des Außenministeriums erhalten hat.

Dann schildert meine Frau meinen Lebenslauf seit der Abreise nach Moskau im Jahre 1933 und betont, daß »London als Illegaler unter der unmittelbaren Kontrolle der Leitung der Kommunistischen Partei Frankreichs auf verantwortungsvollsten Posten arbeitete«. Sie spricht von dem Beschluß der französischen KP, mich als Leiter der MOI in Frankreich zu halten, von meiner Krankheit, meinem Aufenthalt in der Schweiz ... und setzt dann folgendermaßen fort:

Als mein Mann zum stellvertretenden Außenminister ernannt wurde, erhielt er von dem Parteisekretariat weder ausreichende Unterstützung noch irgendwelche Ratschläge für seine Arbeit. Er versuchte nach seiner Ernennung mehrmals, jedoch vergeblich, von Slansky empfangen zu werden, um seine Arbeit mit ihm durchzusprechen. Wenn ich nicht irre, wurde er nach seiner Ernennung nicht einmal zu Kopřiva berufen, der damals die Zentralabteilung der Kader leitete ...
Ich habe erfahren, daß mein Mann bei der Versammlung der Parteiorganisation des Außenministeriums beschuldigt wurde, die Schule der Arbeiterkader sabotiert zu haben. Ich kann vor der Partei und vor Dir, lieber Genosse, bezeugen, daß er mit Begeisterung für diese Schule Vorbereitungen traf und auch daß die vom Sekretariat des Zentralkomitees für seine Organisation bewilligte Hilfe unzureichend war, insbesondere was die Kaderanwerbung betraf. Die Schule war betriebsbereit, es fehlten nur die Schüler! Da die Vorschläge des Sekretariats des Zentral-

komitees immer noch auf sich warten ließen, beschloß mein Mann, die Mahnung Stalins an die Bürokraten: »die Stühle haben keine Beine, um sich damit zu bewegen...« in die Praxis umzusetzen; er schickte Angestellte der Kaderabteilung aus, um an Ort und Stelle die Schüler mit der Hilfe der Ortsausschüsse der Partei anzuwerben. Dann legte er der Zentralabteilung der Kader des Zentralkomitees die auf diese Art erhaltenen Bewerbungen zur Genehmigung vor. Wenn ich mich richtig entsinne, war Genosse Geminder mit seinem Projekt einverstanden. So konnte die erste Schule eingeweiht werden. Ich weiß, daß mein Mann später von der Kommission des Außenamtes des Zentralkomitees heftig kritisiert wurde. Und zwar, wie ich glaube, von Slansky selbst, der die Vorwürfe Šlings, des Ortssekretärs von Brünn, gegen die Arbeitsmethoden meines Mannes aufgriff, die er als »Partisanenmethoden« bezeichnete. Später war es immer die Kaderabteilung des Zentralkomitees, die die Schüler anwarb. Mein Mann beklagte sich über die Schwierigkeiten, die sich aus der Wahl der Kader ergaben...

Sie fuhr fort:

Was die Tatsachen anlangt, auf die Du in Deiner Rede hingewiesen hast, und die Art, wie die Angestellten des Parteiapparats sich in die Angelegenheiten der Ministerien einmischten, indem sie über die Köpfe der Minister und stellvertretenden Minister hinweg, Anweisungen erteilten, die der von den Ministern für die Arbeit in ihrem Ministerium festgelegten Richtlinie nicht entsprachen, möchte ich Dich darauf aufmerksam machen, daß London bereits seit mehr als einem Jahr Geminder und auch Široky auf diesen ernsten Fehler in den Arbeitsmethoden hingewiesen hat. Als Beispiel erwähne ich folgende Tatsache, die Du leicht nachprüfen kannst: Genosse Černik, der Leiter der Kaderabteilung des Außenministeriums, stand mit dem Genossen Pechnik von der Kaderabteilung des Zentralkomitees in allen Fragen der Kaderpolitik in Verbindung. Genosse Pechnik wollte, daß Genosse Černik Arbeitsmethoden verwende, die mit den von Široky erteilten Anweisungen in Widerspruch standen. London befahl Černik, weiter so zu arbeiten wie bisher und Pechnik darüber zu informieren. Pechnik sagte Černik, er solle nicht auf London hören, sondern die Anweisungen der Partei befolgen, die er - Pechnik - ihm übermittelte. Daraufhin verlangte mein Mann von Geminder, er möge eine Zusammenkunft zwischen Pechnik, Černik, Geminder und ihm selbst veranstalten, um über diese Probleme zu diskutieren und diesen unannehmbaren Methoden ein Ende zu machen.
Eine andere Frage, die ich erwähnen möchte, sind die unstatthaften Einmischungen der Organe des Staatssicherheitsdienstes in den Betrieb des

Außenministeriums (ich nehme an, daß es in den anderen Ministerien und Regierungsstellen auch nicht anders ist); sie betrafen insbesondere das Gebiet der Kader. Die Mitglieder des Sicherheitsdienstes mißbrauchten ihre Stellung und wandten sich unmittelbar und über die Köpfe ihrer Vorgesetzten hinweg an die Beamten des Ministeriums und verlangten von ihnen allerlei Informationen. Diese Arbeitsmethoden schufen eine Atmosphäre von Mißtrauen, Unsicherheit und Angst unter den Angestellten des Ministeriums. London beschwerte sich bei Zavodsky über diese Methoden. Er brachte sie auch Široky zur Kenntnis, der ihm recht gab und sagte, er werde mit Kopřiva darüber sprechen und auch mit Dir, damit diese Dinge aufhören.
Sicher ist, daß diese Arbeitsmethoden und alle Schwierigkeiten, denen London begegnete, für ihn bedrückend waren.

Dann schildert Lise in allen Einzelheiten meine Beziehungen zu Field und erklärt von neuem, ich sei ihrer Überzeugung nach Opfer einer Provokation geworden, und es gebe innerhalb der Partei und des Sicherheitsdienstes verborgene Feinde, die »versuchen, über einen Fall London viel Lärm zu schlagen, um die Aufmerksamkeit der Partei von sich abzulenken...«
Sie setzt Gottwald davon in Kenntnis, daß sie am 26. März, zwei Monate nach meiner Festnahme, zuerst mündlich Bruno Köhler und dann am darauffolgenden Tag schriftlich den Sicherheitsminister, den Genossen Kopřiva, über alle Probleme informierte, die geeignet sein mochten, meinen Fall zu klären.

Ich hatte gemeint, daß es logisch und völlig normal wäre, wenn ich, da ich schon seit sechzehn Jahren Londons Frau und seit zwanzig Jahren Kommunistin bin, nach der Verhaftung meines Mannes verhört würde, denn ich kenne sein Leben und seine Arbeit sowie seine politischen Ansichten genau. Selbstverständlich kann ich als bewußte Kommunistin in allem, was ich weiß, sogar wenn dies zu Ungunsten meines Mannes sein müßte, nur im Interesse der Partei handeln und sprechen. Ich glaubte, daß meine Erklärungen dazu beitragen könnten, den Fall London zu klären. Im vergangenen Juni schrieb ich an den Staatssicherheitsdienst und bat, vernommen zu werden. Der Genosse, an den ich mich gewandt hatte, sicherte es mir zu, doch es kam nicht dazu. Im Juli schrieb ich an den Leiter der Kaderabteilung, den Genossen Köhler, um mein Ersuchen zu wiederholen, so daß ich die Partei über alles, was ich wußte, informieren könnte. Ich betone auch, daß ich von der Unschuld meines Mannes völlig überzeugt bin und auf die Partei vertraue, die schließlich die Wahrheit herauszufinden und die Affäre, in die er verwickelt ist, auf-

zuklären verstehen wird. Sollte diese Wahrheit gegen ihn sprechen, dann könnte ich mich als Kommunistin nur der Wirklichkeit beugen. In einem solchen Fall würden unsere sechzehn Jahre gemeinsamen Lebens und sogar die Tatsache, daß er der Vater meiner drei Kinder ist, auf der Waagschale meines Gewissens nicht viel wiegen.
Auf diesen letzten, im Geist der Offenheit und Redlichkeit geschriebenen Brief erhielt ich zu meiner großen Verwunderung die Antwort, die ich im folgenden wortgetreu wiedergebe:

Tschechoslowakische Kommunistische Partei
Sekretariat des Zentralkomitees
Ref.: IV/Ba/Ka/809
Prag, 13. Juli 1951
Genossin Lise Ricol-Londonova
Na Dyrince 1
Prag, XIX.

Genossin,
auf Deinen an den Genossen Köhler, der sich augenblicklich auf Urlaub befindet, gerichteten Brief, antworte ich Dir wie folgt: Du erklärst Dich bereit, uns alles, was Du über Deinen Mann weißt, mitzuteilen, doch aus dem Ton Deines Briefes geht klar hervor, daß Du ihn wieder verteidigen willst. Eine solche Haltung bezeichnen wir als: »zugunsten des Angeklagten handeln« - und damit können wir uns nicht einverstanden erklären. Ich rate Dir, Dich als diszipliniertes Parteimitglied zu verhalten und Deine Ansichten dem Gericht bekanntzugeben, sobald dieses es für richtig hält, Dich darum zu ersuchen.
Es grüßt Dich als Genossin
Baramova

Gestatte, Genosse Gottwald, daß ich darauf folgendes erwidere:
1. Als ich mich an die Kaderabteilung des Zentralkomitees wandte, tat ich das als Mitglied der Partei in der Überzeugung, mich damit an den Parteiorganismus zu wenden, der die Aufgabe hat, seinen Mitgliedern bei der Lösung ihrer persönlichen und ihrer Parteiprobleme zu helfen. Die Antwort, die ich erhielt, klingt so, als sei sie nicht aus der Kaderabteilung des Zentralkomitees, sondern eher aus dem Büro des Staatsanwalts gekommen und wende sich an einen falschen Zeugen.
Ich führe mit Stolz meinen Namen als Kommunistin und bin mir bewußt, daß mein ganzes Leben, all meine Arbeit und meine Haltung mir

das Recht geben, den Kopf hoch zu tragen. Ich kann weder der Genossin Baramova noch irgend jemand anders gestatten, gegen mich auf diese Weise vorzugehen.
2. Aus dem, was Genossin Baramova schreibt, nämlich: »Eine solche Haltung bezeichnen wir als den Versuch, zugunsten des Angeklagten zu handeln«, würde hervorgehen, daß es für einen Kommunisten unzulässig ist, der Partei seine Meinung zum Ausdruck zu bringen, wenn diese mit der in einem gegebenen Augenblick allgemein geltenden Ansicht nicht übereinstimmt. Das würde nicht mehr und nicht weniger bedeuten, als die Kritik zu knebeln und dazu beizutragen, eine Atmosphäre zu schaffen, in der die Menschen sich durch ihre Angst gehindert fänden, eine persönliche Verantwortung zu übernehmen.
3. Meiner Meinung nach steht eine solche Haltung in direktem Widerspruch zu dem, WAS DU SAGST UND LEHRST, daß nämlich jedes Mitglied der Partei sich mit vollem Glauben und Vertrauen an die Partei wenden und ihr alle seine Probleme und Gedanken unterbreiten soll. Eine Haltung wie jene der Kaderabteilung mir gegenüber macht es den Kommunisten unmöglich, sich offen der Partei anzuvertrauen.
Ich bitte Dich, lieber Genosse, das Nötige zu veranlassen, damit ich von der Partei befragt werde, um alles sagen zu können, was ich über den Fall meines Mannes weiß.
In der letzten Zeit vor seiner Festnahme hat mein Mann ein eigenes Leben geführt, unter dem ich zu leiden hatte. Dennoch ist mein Vertrauen zu ihm in politischen Dingen unerschütterlich geblieben. Dieses Vertrauen beruht auf der Tatsache, daß seine gesamte politische Betätigung nachprüfbar ist und daß sechzehn Jahre gemeinsamen Lebens mir die Möglichkeit gaben, in oftmals sehr schwierigen Zeiten seine unwandelbare Treue zur Partei bestätigt zu sehen.
Ich bin sicher, daß ich mich nicht vergeblich an Dich gewandt habe, und erwarte zuversichtlich, besonders da die Leitung der Partei jetzt ganz in Deinen Händen liegt, daß die Angelegenheit gerecht geregelt wird.
Mit aufrichtigem kommunistischem Gruß

Lise Ricol-Londonova

Der letzte Satz bezieht sich auf das Ausscheiden Slanskys aus dem Generalsekretariat der Partei und die Übernahme seines Postens als stellvertretender Ministerpräsident.
Es ist schwer, sich rückblickend vorzustellen, wie Gottwald wohl auf die Lektüre eines solchen Briefes reagiert haben mag. Er wußte bereits, welche Art von Beschuldigungen gegen Slansky und Geminder erhoben wurden, und dieser aufrichtige, ungekünstelte Brief hätte ihm gewissermaßen einen Floh ins Ohr setzen müssen, wenn er imstande gewesen

wäre, ihn objektiv zu lesen. Er hätte ihm die Nichtigkeit der Verschwörung zeigen müssen, in die man mich verwickeln wollte und deren Getriebe Lise in ihrer Ahnungslosigkeit beinahe enthüllte. Aber Gottwald war schon zu sehr mit dem Unterdrückungsprozeß verbunden, um die geringste Analyse »zugunsten des Angeklagten« anzuhören.
Ungefähr zehn Tage nachdem Lise diesen langen Brief eigenhändig im Sekretariat von Präsident Gottwald im Hradschin abgegeben hatte, wurde sie in das Zentralkomitee vorgeladen. Der Mann, der die Vorladung unterschrieben hatte, empfing sie und führte sie in einen Raum, in den einige Minuten später ein zweiter kam und sich an den Schreibtisch setzte. Vor allem anderen knipste er eine Lampe an, deren Lichtstrahl er auf das Gesicht meiner Frau richtete. »Sie haben verlangt, vernommen zu werden. Sprechen Sie. Was haben Sie zu sagen?« Trotz ihrer Überraschung über einen solchen Empfang, schöpft Lise einen Augenblick lang eine törichte Hoffnung: der Mann ihr gegenüber spricht mit russischem Akzent. Meine Frau glaubt, daß die Sowjets, nachdem sie von all den üblen Dingen Wind bekamen, die in unserem Land vorgingen, sich zu einer Gegenuntersuchung entschlossen haben und daß dadurch endlich die Wahrheit an den Tag kommen wird. Hatte sie nicht einige Monate nach meiner Verhaftung versucht, die bolschewistische KP in Bewegung zu setzen, indem sie einen Bericht über mein Leben, meine verschiedenen Aktivitäten in Spanien, in Frankreich, im Konzentrationslager und seit meiner Rückkehr in Prag verfaßte? Sie hatte darin von der Affäre Field gesprochen und sie in ihrem wahren Licht dargestellt. Diesen Bericht hatte sie einer jungen Frau gegeben, die in der UdSSR aufgewachsen war und in einer Abteilung des Außenministeriums arbeitet. Lise hatte sie durch einen ehemaligen Spanienkämpfer kennengelernt. Sie behauptete, in direkter Verbindung mit dem sowjetischen Botschafter zu stehen... Meine Lise war so glücklich, diese Vermittlung gefunden zu haben, die sie, wie sie meinte, bestimmt unmittelbar zu den sowjetischen Beratern führte!
Nun wiederholt also meine Frau die verschiedenen Punkte ihres langen Briefs an Gottwald. Sie fügt noch Einzelheiten und ergänzende Tatsachen hinzu. Sie spricht mit voller Überzeugung, es ist ja ganz leicht, meine Tätigkeit an den Quellen nachzuprüfen! Der Mann bleibt unbeeindruckt, regungslos wie eine Statue, und spricht kein Wort. Als Lise innehält und erwartet, daß er ihr Fragen stellt, zuckt er mit keiner Wimper: »Das ist alles?« Verwirrt beginnt sie ihre Erklärungen von neuem und trachtet, sich an die Punkte zu halten, die ihr für mich am wichtigsten erscheinen. Doch sie stößt auf das Schweigen ihres Gegenübers, in dessen Gesicht kein Muskel sich bewegt und dessen ausdrucksloser Blick Lises Augen fixiert. Schließlich verstummt sie. Dann stellt sie ihm

die Frage: »Können Sie mir endlich sagen, was mit meinem Mann vorgeht? Wessen wird er angeklagt? Jetzt ist er schon seit nahezu acht Monaten in Haft, und ich weiß nicht mehr als am ersten Tag. Die drei Briefe, die ich von ihm erhalten habe, sagen nichts. Sie müssen doch wissen, ob er schuldig oder unschuldig ist, und ich habe als seine Frau und auch als Kommunistin das Recht, die Wahrheit zu erfahren.« Darauf antwortet der Mann: »Es wurde keine Anklage gegen Ihren Mann erhoben. Er befindet sich immer noch in Untersuchungshaft, und die Untersuchung ist nicht beendet. Es ist nicht ausgeschlossen, daß er freigelassen wird. Sie müssen nur Geduld haben, ihm weiter schreiben. Sollten sich die Dinge für ihn verschärfen, wird die Partei es Ihnen mitteilen und Ihnen helfen.«
Lise, die sich an den kleinsten Strohhalm klammert, kann sich vor Freude nicht halten. Nach acht Monaten betrachtet man mich nicht als einen Angeklagten. Noch ist nichts verloren: man wird die wahren Verantwortlichen entlarven. Schließlich wird sich alles aufklären. Und in ihrer naiven Zuversicht wird sie noch dadurch bestärkt, daß sich zu jener Zeit in der Parteiführung bedeutende Veränderungen getan hatten. Auch hat man sie - zum erstenmal - angehört!
Das letzte Zusammentreffen Lises mit André Simone gegen Ende November 1951 zeigt deutlich, wie viele Illusionen es noch bei vielen Genossen gab. Simone wohnte mit seiner Frau in der Nähe meiner Familie. Lise und ihre Eltern trafen ihn manchmal zufällig bei einem Spaziergang oder einer Besorgung. Weit entfernt davon, ihnen auszuweichen, wie es leider die meisten unserer alten Bekannten taten, bezeugte er ihnen seine Sympathie und fand stets ein paar ermutigende Worte für sie. Eines Abends - es war nach Veröffentlichung der Nachricht von der Verhaftung am 23. November 1951 - stieg meine Frau auf dem Wenzelsplatz in die Straßenbahn und befand sich im selben Waggon wie er. Er rief sie zu sich, und sie setzte sich neben ihn.
»Jetzt wird dein Unglück bald ein Ende nehmen«, sagte er ihr gleich. »Mit der Verhaftung Slanskys werden die Dinge ja klar. Er ist es, der die Verantwortung für die Verhaftung deines Mannes und vieler anderer Genossen trägt. Wenn er verhaftet wurde, dann hat Gottwald sein Spiel endlich durchschaut. Ich habe übrigens soeben einen langen, auf viele Fakten gestützten Bericht für Klement Gottwald geschrieben, der dazu beitragen wird, die von Slansky und seinem Team betriebene unheilvolle Politik zu entlarven. Du weißt ja, daß Gottwald die Kaderpolitik des Parteisekretariats während der letzten Jahre gebrandmarkt hat. Ich zum Beispiel wurde buchstäblich verfolgt. Jetzt aber bin ich sicher, daß die dunkle Zeit, die wir erlebt haben, bald ihr Ende finden wird. Hab nur Vertrauen, Lise, bald wird es für uns alle wieder gut werden!«

Dann hatte er ihr erzählt, wie man ihn viele Monate lang schikaniert hatte, unter welcher Diskriminierung er gelitten hatte. »Er war an jenem Abend sehr fröhlich«, erzählte mir meine Frau, »optimistisch, um zehn Jahre jünger. Er machte auf mich den Eindruck eines Ringers, im Begriff, die Arena zu betreten.«
Dabei waren wir doch altbewährte politische Kämpfer und hatten reiche, vielfache Erfahrungen in verschiedenen Sektoren der internationalen kommunistischen Bewegung gesammelt. Wir wollten Marxisten sein, weise und realistisch. Und dennoch lebten wir außerhalb der Wirklichkeit, lebten in unseren Träumen. In schwierigen Augenblicken klammerten wir uns an unsere Illusionen, erwarteten ein Wunder, verschlossen uns vor der Wahrheit, vor der wir Angst hatten und die wir ignorieren wollten...
Einige Monate nach dieser letzten Begegnung mit Lise wurde auch André Simone verhaftet. Ein Jahr später wird er einer der vierzehn Angeklagten im »Prozeß gegen die Führer des Verschwörungszentrums gegen den Staat« sein, an der Seite Slanskys und als sein Komplice.

10

Nun sind es fast neun Monate her, daß ich in Haft bin. Ich habe bereits Kolodeje mit seinen Kerkerzellen hinter mir, die unerträglichen körperlichen und psychischen Foltern, die Wutanfälle Smolas und das Karussell Kohouteks. Wenn man mir jedoch, als Kohoutek vom Urlaub zurückkam, gesagt hätte, daß die täglichen Verhöre noch weitere zwölf Monate lang andauern würden und ich noch unzählige Male das Umschreiben der administrativen Protokolle würde erleben müssen, so wäre mir das unglaublich erschienen.
Einige Schlüssel dieser Taktik kann ich jetzt erraten. Die Verhaftung Slanskys im November, jene Geminders und anderer, ihre Verhöre, ihre »Geständnisse« mußten zwangsläufig neue Formulierungen in den administrativen Protokollen jener Männer nach sich ziehen, die, wie ich, in den Prozeß einbezogen werden sollten. Ich aber schloß, da ich über sie verhört wurde, und aus der Art, wie Kohoutek sie mir als Verräter der Partei seit eh und je darstellte, daß sie schon längst verhaftet waren. Ich glaube, kein normaler Mensch hätte sich vorstellen können, Führer der Partei wären fähig zuzulassen, daß gegen andere in Freiheit und auf ihren Posten belassene Führer ohne deren Wissen derartige Anklagen angehäuft wurden.

Slansky wurde erst im September aus dem Generalsekretariat der Partei entlassen und wurde stellvertretender Ministerpräsident, ein Abstieg, eine bittere Pille, jedoch reichlich versüßt. Tatsächlich veranschaulicht das, was mit uns geschah, recht deutlich die künstliche Entstehung derartiger Prozesse. Man fabriziert die Beschuldigungen, die Verbrechen, den Rahmen des Prozesses, und erst dann verhaftet man die Opfer, die zu Schuldigen Gestempelten.

Dennoch, bei allem, was ich bereits von dem Mechanismus der Protokolle, von den erpreßten Geständnissen und Unterschriften, von der ganzen vorfabrizierten Seite der Affäre, in die man mich verwickelt, begreife, kann ich mir in meiner isolierten Lage in Ruzyně doch nicht vorstellen, daß dies die Ursache der monatelangen Abschriften und Neufassungen sein soll. Zwölf Monate lang Manipulationen mit diesen lügenhaften, schändlichen Protokollen... Spätherbst, ein langer Winter, ein ganzes Frühjahr und ein Sommer und wieder der Herbst...

Fragmente einfügen, sie wieder und wieder auflösen und frisch vermengen. Von »administrativen Protokollen« über »vorbereitende Protokolle« zum »Protokoll für das Gericht« übergehen. Aus den Protokollen der anderen Angeklagten Stellen absahnen, die sich in meinen Protokollen gut machen - obgleich doch zwischen uns keinerlei Verbindung besteht -, und sie, aus ihrem Zusammenhang gerissen, in meine Protokolle einfügen. Sie in persönliche Erklärungen meinerseits gegen meine Mitangeklagten umwandeln. Stellen aus meinen eigenen Protokollen hören, die der gleichen Behandlung unterworfen und meinen Mitangeklagten in den Mund gelegt wurden. In den Fragen, in meinen Antworten, in den Behauptungen der Mitangeklagten neue Namen entdecken: das alles lassen mich Kohoutek und seine Mitarbeiter zwölf Monate lang erleiden. Und dieser Tanz der Namen wird bis zum Prozeß weitergehen, ja auch noch während dessen Ablauf fortdauern.

Das nennt sich: »Zusammenfassung des Materials, das wir über den Prozeß besitzen.«

Einige Episoden der Transkriptionen aus jener Zeit sind mir deutlich in Erinnerung geblieben. Vielleicht jene, gegen die ich mich am längsten gewehrt habe, vielleicht solche, die mich am schlimmsten getroffen, am stärksten gedemütigt haben. Ich entsinne mich eines langen, endlosen, nächtlichen Kampfes. Vielleicht habe ich davon nur behalten, was noch am wenigsten unklar war.

Zum Beispiel, daß die Technik des Umschreibens durch viel Praxis Fortschritte in der Kunst des Betrügens ermöglicht. Das Auslassen eines einzigen Namens bringt Wunder zustande. Ich wiederhole zum xten Mal: »Im Jahre 1940 machte mich Široky mit Feigl bekannt. Er trug mir auf, mit Feigl in Verbindung zu bleiben, ihm gewisse Parteiaufgaben anzuvertrauen und die Spenden einzukassieren, die er jeden Monat für die Partei bezahlte. Bis zum Jahre 1940 hatte Široky das selbst erledigt. Später teilte er mir mit, daß Feigl 1937 aus der österreichischen Partei ausgeschlossen worden war, doch es hätte sich da um eine Fehlentscheidung gehandelt. Er sagte mir, er kenne persönlich den Tatbestand und werde dafür sorgen, die Sache nach dem Krieg revidieren zu lassen. Tatsächlich wurde Feigl im Jahre 1945 durch eine Entscheidung des Zentralkomitees wieder in die tschechoslowakische KP aufgenommen.«

Diese Fakten werden in meinem Protokoll folgendermaßen interpretiert: »Ich trat im Jahre 1940 mit Feigl in Verbindung, obgleich ich wußte, daß er vorher als Feind der Partei entlarvt und aus der österreichischen Partei ausgeschlossen worden war; trotzdem vertraute ich ihm verschiedene Aufgaben für die Partei an und nahm von ihm monatliche Zahlungen entgegen, wiewohl ich wußte, daß das Geld von amerikanischen Kapitalisten herrührte.«

Die Art und Weise, wie die Fragen formuliert und die Antworten umgeschrieben werden, führt unwandelbar dazu, unsere Schuld zu beweisen. So zum Beispiel:

Frage: »Wann und wo haben Sie Ihre Spionagebeziehungen mit dem amerikanischen Agenten Noel Field aufgenommen?«

Antwort: »Im Jahre 1947 in seinem Büro des *Unitarian Service* in Genf.«

Man weigert sich, unter dem Vorwand, daß man hier »nicht Ihre Verteidigungsrede schreibt«, die Tatsachen mit allen ihren Verwicklungen einzutragen.

Frage: »Es ist bekannt, daß der Hilfsdienst für Tschechoslowaken in Marseille eine Zweigstelle des amerikanischen Nachrichtendienstes war und daß sie während des Krieges Ihre trotzkistische Gruppe ehemaliger Freiwilliger der internationalen Brigaden finanziell unterstützte. Nennen Sie die Mitglieder dieser trotzkistischen Gruppe, die Geld erhalten haben.«

Antwort: »Holdoš, Zavodsky, Svoboda, usw.«

Die Referenten lehnen es ab, etwas anderes als die Namen einzutragen. Die ständige Wiederholung des gleichen Wortes, des gleichen Satzes, und das stunden-, tage-, nächte-, ganze Wochen lang... bis er einem schließlich ins Hirn eindringt, kommt hier dem Wassertropfen der chinesischen Folter gleich. Beim Verhör über die »trotzkistische« Gruppe der ehemaligen Freiwilligen in Marseille, fragt mich der Referent:

»Welche Gruppe, Herr London?«

»Die Gruppe der ehemaligen Freiwilligen, in Marseille.«

»Die trotzkistische Gruppe, Herr London! Wiederholen Sie: Welche Gruppe?«

»Die Gruppe der ehemaligen...«
»Nein, die trotzkistische Gruppe.«
Der Referent wird immer boshafter und brutaler. Er unterbricht das Verhör, um mir eine Strafe aufzuerlegen. Und die Leier beginnt von neuem...
Über Noel Field erzähle ich:
»Ich trat mit Noel Field im Jahre 1947 in Genf in Verbindung...«
Er unterbricht mich.
»Welche Art Verbindung, Herr London?«
»In Verbindung eben!«
»Nein! In eine Spionageverbindung. Beginnen Sie nochmals und nennen Sie die Dinge beim Namen.«
Da ich mich weigere, Verbindungen, die keine Spionageverbindungen waren, als solche zu taufen, verhängt er eine erneute Strafe über mich, dann geht die Leier weiter.
Man hört unaufhörlich wochen-, monate-, jahrelang immer wieder die gleichen Worte, die gleichen Ausdrücke, bis man selbst automatisch wie eine Maschine die Worte wiederholt, die einem eingetrichtert werden.
Auf der ganzen Welt gibt es keinen Menschen mehr ohne Beinamen »Trotzkist«, »bourgeoiser Nationalist«, »Zionist«, »alter Spanienkämpfer«, »Spion«... Wenn dich schließlich einer nach deinem Letztgeborenen fragt, drängt sich dir die Antwort auf: »Mein Sohn, der kleine Trotzkist Michel, ist eben ein Jahr alt geworden!«
Wenn durch ein Verhör eine Lücke in dem verächtlichen Porträt, das man von mir malt, zu entstehen droht oder gar positive Aspekte meiner Arbeit, zum Beispiel im Außenministerium offenbar werden, dann schreiben die Referenten das Verdienst »der Kadermission«, »dem Minister«, »der Parteiorganisation« oder irgendeiner anderen Person zu.
So hatte ich zum Beispiel unter den von den Ortsausschüssen der Partei für unsere diplomatische Schule angeworbenen Arbeiterkadern zweifelhafte Elemente entdeckt.
Ich hatte persönlich kämpfen müssen, um durchzusetzen, daß ihre Akten geprüft wurden, woraufhin sie später entfernt wurden.
Die Referenten schrieben diesbezüglich: »X..., Y..., Z... wurden dank der Wachsamkeit der Kaderkommission als schlechte Elemente mit zweifelhafter Vergangenheit erkannt und vom Ministerium in ihren Heimatbezirk zurückgeschickt.«
Eines ergibt sich aus dem anderen, bis die Wahrheit völlig verschwindet.
Bei dem Prozeß wird daraus folgendes:
Der Vorsitzende: »Wie ging im Außenministerium die Rekrutierung der Kader aus den verschiedenen Bezirken vor sich?«
London: »... Die Politik der Rekrutierung der Arbeiterkader wurde auf

solche Weise sabotiert, daß man die Rekrutierung in den Gebieten vornahm, wo die Mitglieder des Verschwörungszentrums gegen den Staat großen Einfluß hatten, besonders in jenen von Brünn, Ostrau, Pilsen und Usti-nad-Labem. Dort rekrutierten die Anhänger Slanskys die Kader so, daß diese zu keinerlei Arbeit geeignet waren, entweder weil sie unfähig oder Leute waren, deren Mängel oder belastete Vergangenheit man verbarg. Deshalb mußten zahlreiche Bewerber nach einjährigem Unterricht entlassen werden, da man sich politisch nicht auf sie verlassen konnte. Tatsächlich waren darunter Mitglieder von faschistischen Organisationen, Freiwillige der faschistischen Armee, Teilnehmer an Kämpfen gegen die Partisanen und so fort. Schließlich gelangte kein einziges Mitglied eines wirklichen Arbeitskaders in der Zentrale des Außenministeriums oder bei diplomatischen Posten zu einer wichtigen Funktion...«

Ein anderes Mal lassen sie einen das Protokoll Seite für Seite unterzeichnen. Man unterschreibt, ohne zu wissen, was auf der nächsten Seite steht. Auch wenn einem eine Einzelheit ungenau oder entstellt erscheint, unterschreibt man schließlich, denn man verzichtet darauf, um eine Einzelheit zu kämpfen, die einem bedeutungslos vorkommt. Das kann sich mehrmals wiederholen, ehe man zu der Seite kommt, deren Text diese Methode verrät. Dann aber ist es zu spät...

Hier vier Beispiele von verleumderischen Bezeichnungen, womit Namen behaftet wurden, die in meinen Protokollen erscheinen:

Über die Beziehungen befragt, die Fischera (welcher mit Dubina während des Krieges in der tschechoslowakischen Hilfszentrale in Marseille arbeitete) mit Lumir Čivrny, dem in der Kulturabteilung beschäftigten Dichter, unterhielt, erkläre ich, daß er bei einer offiziellen Reise 1945 bis 1946 von Čivrny in seinem Büro im Zentralkomitee der KP in Prag empfangen wurde. Er hatte mir davon erzählt. Der Referent formuliert meine Antwort folgendermaßen:

»Lumir Čivrny, der während des Krieges für die Gestapo arbeitete...«

Ich protestiere; ich persönlich hätte nie von einer solchen Zusammenarbeit gewußt, worauf der Referent erwidert:

»Wir aber wissen es und haben die Beweise dafür.«

Und in meinem administrativen Protokoll wird Čivrny als Gestapoagent bezeichnet, als ob diese Behauptung von mir stammte.

Das gleiche gilt für Peschl, einen meiner Jugendfreunde, politischer Mitkämpfer der Partei in Ostrau, von dem der Referent behauptet, er habe gestanden, »während des Krieges in die Tschechoslowakei mit Fallschirm abgesprungen zu sein und sich der Gestapo als Mitarbeiter zur Verfügung gestellt zu haben«.

Die Formulierung über Smrkovsky, unter dessen Leitung ich anfangs der dreißiger Jahre in der Jugendorganisation der Roten Gewerkschaften, für die er auf nationaler Ebene verantwortlich zeichnete, mitgearbeitet hatte, wurde in mein Protokoll in folgender Weise eingeführt. Von einem Referenten über meine Arbeit in der Jugendbewegung befragt, hatte ich unter anderem erwähnt, daß Smrkovsky bei einem Kongreß der KIM in Moskau 1935 die politischen Probleme im Zusammenhang mit der Parteiarbeit in der Jugend aufs Tapet gebracht hatte. Der Referent macht daraus: »Die trotzkistische Vergangenheit Smrkovskys«. Da ich protestiere, antwortet er, es handle sich da um eine bekannte Tatsache, und Smrkovsky, der sich im gleichen Gefängnis befindet - was ich nicht wußte -, habe selbst darüber zahlreiche Protokolle unterschrieben. Der Referent fährt fort: »Wir hätten auch schreiben können, daß er ein Gestapoagent war. Haben Sie davon nichts gehört? Das ist doch allgemein bekannt; Sie haben es wohl vergessen. Er hat es übrigens selbst gestanden.« Doch wird diese Bezeichnung nicht eingetragen, man begnügt sich mit der »trotzkistischen Vergangenheit«.

Beim Verhör über Eduard Goldstücker, wird mir die Frage folgendermaßen gestellt: »Wissen Sie, wer von Ripka im Außenministerium in London angestellt wurde?« Ich verneine es. »Aber ja doch, es war Goldstücker! Wenn Sie es nicht wissen, macht das nichts. Hier ist das Protokoll, in dem er es selbst gesteht.« Der Referent gibt mir Stellen aus Goldstückers »Geständnissen« zu lesen. Dann schreibt er die Behauptung in mein Protokoll, als käme sie von mir.

Das Vertrauen zu ihrer absoluten Macht ist so groß, daß die Drahtzieher von Ruzyně ohne weiteres von den Referenten ganz normale Handlungen und Aufgaben in die Protokolle aufnehmen lassen, indem sie sie als »Verbrechen« bezeichnen.

So verhält es sich zum Beispiel mit dem dienstlichen Brief, den mir Kavan, unser Presseattaché in der Londoner Botschaft, zu einem Vorschlag von Zilliacus geschickt hatte, und meiner telegraphischen Antwort. Es handelte sich damals um einen Artikel für *Tvorba,* eine Wochenschrift der tschechoslowakischen Kommunistischen Partei. Hier die näheren Einzelheiten der Angelegenheit:

Eines Tages läßt mich Kohoutek in sein Büro kommen und verhört mich sehr eingehend über die Beziehungen zwischen Kavan und Zilliacus. Ich sage, ich weiß darüber nichts. Er wird aggressiv und zeigt mir den Durchschlag eines Briefes, den Kavan mir Anfang 1949 geschrieben hatte. Darin teilte er mir Zilliacus' Vorschlag an ihn mit, einen Artikel für die *Tvorba* zu schreiben, und fragte mich um Rat, ob er ihn annehmen solle oder nicht. Dem Durchschlag beigefügt ist der meines Telegramms, in dem ich angab, daß die *Tvorba* kein Interesse an dem Artikel habe.

»Ich erinnere mich überhaupt nicht an diese Korrespondenz, verstehe aber auch nicht, inwiefern sie tadelnswert sein soll. Sie gehörte mit zu unser beider dienstlichen Aufgaben.«

Aus diesem völlig vorschriftsmäßigen Vorfall wird in der Anklageakte des Prozesses ein »Verbrechen«. Der Staatsanwalt wird dem Gericht »den Durchschlag des Briefes« vorlegen, »der am 5. Februar 1949 von Pavel Kavan geschrieben wurde, und die telegraphische Antwort Artur Londons an Kavan, die beweisen, daß London mit Zilliacus in staatsfeindlicher Verbindung stand«.

Hinzu kommt, daß dieser Beschuldigung gegen Kavan eine Fälschung zugrunde liegt. Ich werde später im Zentralgefängnis Leopoldov Gelegenheit haben, mit Kavan über jenen Brief und jenes Telegramm zu sprechen, und werde erfahren, daß nicht er, sondern der Botschafter in London, Kratochvil, mir diesen Brief geschickt und die telegraphische Antwort von mir erhalten hat. Dennoch taucht in dem Durchschlag, den Kohoutek mir vorlegt, der Name Kavan auf...

Doch nun die Fortsetzung: Ende 1951 oder Anfang 1952 verhört mich Kohoutek über Zilliacus.

»Gab es in der mit dem diplomatischen Kurier nach London geschickten Korrespondenz nicht auch Briefe Geminders an Zilliacus?«

Ich entsinne mich eines Briefes, den Geminder mir für Zilliacus übermittelt hatte. Der Name war falsch geschrieben: ein k statt des c. Zwei oder drei »Dinge« betrafen auch noch Zilliacus, aber im Augenblick gelingt es mir nicht, mich deutlicher daran zu erinnern.

Kohoutek beginnt, einen Bericht zu tippen, den er sich laut vorsagt: »Ich erkläre, drei oder vier Briefe für Zilliacus erhalten zu haben.« Ich unterbreche ihn und wiederhole, daß ich mich nur an einen einzigen Brief erinnere. Er fährt mich barsch an; dieser Bericht sei nur eine interne Information, seine Formulierung gehe nur ihn an, übrigens habe meine Aussage keinen großen Wert, denn die Anzahl der an Zilliacus gesandten Briefe werde von Geminder genau angegeben werden.

Zwei Tage danach verhört mich Kohoutek erneut und sagt, Geminder habe eingestanden, etwa zehn Briefe geschickt zu haben. Demnach waren die »Dinge«, deren ich mich nur undeutlich entsinne, Briefe; und ich muß mich daran erinnern.

Ich räume also ein, daß es Briefe sein könnten, daß ich selbst jedoch es nicht beschwören könnte.

Einige Zeit später kommt Kohoutek wieder auf die Frage zurück, wie viele Briefe an Zilliacus gesandt worden waren. Ich wiederhole ihm meine Version. Er sagt, es bestehe diesbezüglich ein Widerspruch zwischen Goldstücker, Geminder und mir. Er liest mir die Stellen aus ihren Protokollen vor, zeigt mir sie sogar; da ist von etwa zehn Briefen die Rede.

Ich sage ihm, die einzigen, die so genaue Angaben machen können, sind Goldstücker, der die Post in der Londoner Botschaft entgegennahm, und Geminder, der mir die Parteipost in großen versiegelten Umschlägen, deren Inhalt ich nicht kannte, übergeben ließ. Wenn es darin noch andere Briefe gab, konnte ich das nicht wissen, ebensowenig kannte ich die Namen der Empfänger.
Kohoutek schreibt diesmal in das Protokoll »drei oder vier Briefe«, und ich protestiere nicht.
Und da plötzlich fällt es mir wieder ein. Die drei oder vier »Dinge«, die ich vergessen hatte, waren Telegramme, die 1949, zur Zeit der ersten Friedenskonferenz, an unsere Botschaft nach Paris geschickt wurden. Wir verlangten das Magnetophonband mit der Aufnahme der von Zilliacus beim Pariser Kongreß gehaltenen Rede, um sie dem Kongreß vorzuführen, der parallel in Prag mit den Delegierten, die kein Visum für Frankreich erhalten hatten, abgehalten wurde. Ein zweites Telegramm verlangte den Text dieser Rede für die Redaktion der *Rude Pravo*, die Auszüge daraus veröffentlichen wollte. Trotz meiner genauen Angaben bleibt das Protokoll unverändert.
Einige Tage darauf schreibt ein Referent mit mir einen Protokollentwurf von zwei kleinen Seiten mit doppelter Zwischenzeile. »Das unterschreiben Sie mir ein andermal, ich muß es vorerst meinem Chef vorlegen«, sagt er. Vier Tage später, einige Minuten vor sechs Uhr, läßt mich der Referent in sein Büro führen und legt mir einen Text zur Unterschrift vor, den er, wie er erklärt, um punkt sechs Uhr seinem Chef übergeben muß. Ich mache ihn darauf aufmerksam, daß der Text länger ist als der von uns gemeinsam verfaßte und daß ich seinen Inhalt nicht kenne. Ungeduldig antwortet er: »Die Zeilenzwischenräume sind größer, sonst ist alles genauso, wie Sie es das erste Mal gelesen haben. Unterschreiben Sie also jetzt, und morgen werden Sie es lesen. Ich habe es eilig und darf keine Zeit verlieren.« Ich weise nochmals darauf hin, daß die Zahl der Seiten größer ist und sicher Änderungen vorgenommen wurden. »Nein, nicht in dem, was Sie angeht. Nur einige Formulierungen zur besseren Charakterisierung von Zilliacus. Das werden Sie selbst sehen, wenn Sie es lesen. Unterschreiben Sie, ich muß fort. Ich bin schon zu spät.« Ich unterschreibe.
Auf mein beharrliches Verlangen gestattet man mir einige Tage später, in das Protokoll Einblick zu nehmen. Ich stelle fest, daß außer den Stellen mit der politischen Charakterisierung von Zilliacus andere darin enthalten sind, die mich betreffen, unter anderem »mein Geständnis«, diese Briefe übermittelt und doch »genau gewußt zu haben, daß es sich um eine geheime Korrespondenz gegen unseren Staat« handelte. Ich protestiere bei dem Referenten gegen diese unanständige Handlungsweise,

mittels derer er meine Unterschrift herausgelockt hat. Er versucht, mich zu beruhigen, und da ihm das nicht gelingt, wendet er sich an seinen Chef Kohoutek.
Dieser sagt mir, daß das, was ich als ein »Geständnis« betrachte, keines sei, da man ausdrücklich sage, daß die Briefe, die ich in Empfang nahm, geschlossen waren und daß ich ihren genauen Inhalt nicht kannte. Ich hätte unrecht, mir wegen einer solchen Kleinigkeit Sorgen zu machen. Ich brauchte keine Angst zu haben, deshalb schwerer verurteilt zu werden. Schließlich gebe es nur zwei Spionagebeschuldigungen gegen mich: Field und Zilliacus – während gegen andere Angeklagte zehn und mehr bestünden, und um wieviel schwerere als meine... Im Vergleich zu ihnen sei meine Rolle geringfügig gewesen... Jedenfalls, und ob es mir nun paßte oder nicht, müsse man mit dieser Sache ein Ende machen – und das Protokoll bleibt unverändert!
Ich habe im Laufe der folgenden Tage noch zwei ernste Zusammenstöße mit Kohoutek über dieses Thema, wodurch sich jedoch nichts ändert. Nach weiterem mehrfachen Umschreiben wird dieses Protokoll in seinem Inhalt noch verschärft und auf andere Angeklagte, Kratochvil und Goldstücker ausgedehnt, und so wird es in das Protokoll für das Gericht eingefügt und in die Anklageschrift des Prozesses aufgenommen.
Meine wirklichen Beziehungen zu Zilliacus waren folgende:
Anfang 1949 wußte ich von Zilliacus nicht mehr, als daß er dem linken Flügel der *Labour Party* angehörte und eine bedeutende Rolle in der internationalen Hilfskampagne für das demokratische Griechenland spielte. Er war Unitarier und wirkte bei der internationalen kommunistischen Bewegung mit. Ich wußte auch – die Presse hatte wahrlich genug darüber geschrieben –, daß er im August 1948 eine Einladung nach Jugoslawien angenommen und sich nach seiner Rückkehr weiter zugunsten Griechenlands politisch engagiert hatte. Das war alles.
Im März 1949 besuchten mich in meiner Wohnung Pierre Villon, Mitglied des Zentralkomitees der französischen KP, Darbousier und Jean Laffitte, die alle drei für die Friedensbewegung arbeiteten. Sie nahmen in Prag an einer vorbereitenden Versammlung des Ersten Internationalen Kongresses der Friedensbewegung teil.
Bei dem Gespräch über den Ablauf des Kongresses hatten sie Zilliacus als wichtige Persönlichkeit Großbritanniens genannt und hinzugefügt, sie rechneten sehr mit seiner aktiven Beteiligung an der Friedensbewegung. Was seine kürzliche Reise nach Jugoslawien anging, waren sie der Ansicht, daß für ihn als Sozialist die Annahme dieser Einladung ganz natürlich war.
Ich habe den Austausch von Briefen und Telegrammen mit der Londoner Botschaft wegen eines Artikels für die *Tvorba* sowie mit der Pari-

ser Botschaft über die Magnetaufzeichnung der Rede von Zilliacus bereits erklärt.
Die Telegramme waren auf normalem Weg abgesandt worden. Wie von jedem vom Außenministerium abgesandten Telegramm wurden die Durchschläge den anderen stellvertretenden Ministern, dem Ministerpräsidenten und dem Präsidenten der Republik übermittelt.
Um diesem Telegrammaustausch einen illegalen Charakter zu verleihen, schreibt man in das Protokoll, daß sie als geheime, verschlüsselte Telegramme abgeschickt wurden; doch sind ja Diensttelegramme, die an Botschaften abgehen, ebenso wie die Antworten immer verschlüsselt und tragen den Vermerk »geheim«.
Dann macht man aus mir »ein Glied der Spionagekette, die Slansky und Geminder mit dem ehemaligen Agenten des *Intelligence Service,* Koni Zilliacus, verbindet. Dieser war die wichtigste Persönlichkeit, die die Verbindung des Verschwörungszentrums gegen den Staat mit den führenden Kreisen der westlichen Imperialisten herstellte...«
Der Text, den ich bei dem Prozeß zu sagen habe, lautet:
»Von Anfang an fielen mir die Briefe auf, die Geminder durch den Kurier für Kratochvil und Goldstücker nach London sandte. Sie waren an Koni Zilliacus gerichtet. Ich entsinne mich sogar, daß auf dem Umschlag Zilliakus - mit k - statt Zilliacus stand.
Der Vorsitzende: »Wie viele solcher Briefe - genau - haben Sie durch den diplomatischen Kurier an Zilliacus geschickt?«
London: »Ich erinnere mich an drei, vielleicht vier... ich trug diese Korrespondenz nicht ins Register ein, es sollte keine Spur davon zurückbleiben.«
Der Staatsanwalt: »Kannten Sie den Inhalt dieser Briefe?«
London: »Nein, aber als Geminder mir sagte, daß es sich um Verschwörungsbriefe handle, die für Zilliacus bestimmt waren, war mir klar, daß es sich um eine geheime Korrespondenz gegen den Staat handelte. Sonst wäre es ja nicht notwendig gewesen, diese Briefe zu tarnen.«
Der Vorsitzende: »Sie erinnern sich also an drei oder vier auf diese Weise gesandte Briefe. Konnten es nicht mehr gewesen sein?«
»Das wäre möglich. Ich gebe zu, daß es auch zehn gewesen sein können.«
Unmerklich gelange ich im Lauf der Monate vom Stadium, in dem man von dem ausgeht, was ich sage, um es umzuarbeiten, neu zu formulieren und zu schreiben, zu entstellen, zu dem nächsten Stadium, in dem man mich zwingen wird, die Formulierungen der Referenten und ihrer Herren und Meister einfach auswendig zu lernen. Das ist die Vorbereitung für den Prozeß, bei dem wir die Darsteller eines von uns handelnden, gegen uns erdachten Schauspiels sein werden.

Von einer Umarbeitung zur anderen entfernen sich die Referenten immer weiter von den Tatsachen. Ihnen ist es nunmehr völlig gleichgültig, daß die Wirklichkeit, zum Beispiel über meine soziale Herkunft, von jedem Beliebigen nachgeprüft werden kann. Ich muß erklären, daß ich aus einer bürgerlichen Familie stamme und entsprechend erzogen wurde. Ich habe nicht einmal mehr die Hoffnung, daß das auffallen und klarmachen wird, wozu ich gezwungen werde. Das gleiche gilt für meine angebliche trotzkistische Betätigung in der französischen Arbeiterbewegung. Dutzende von leitenden politischen Kämpfern in der französischen und der Kommunistischen Partei Spaniens, von den Tschechoslowaken ganz zu schweigen, kennen meine wirkliche Tätigkeit. Auch das wird nicht mehr ins Gewicht fallen.

Nach einer Erfahrung von mehr als fünfzehn Jahren, die bis jetzt noch nie getrogen hat, rechnen die sowjetischen Berater damit, daß einer, der in einem bestimmten Punkt die Wahrheit kennt, schweigen wird, weil er die anderen Anklagepunkte nicht kennt und ihn deren Ungeheuerlichkeit davor bewahren wird, Kleinigkeiten zuviel Bedeutung beizumessen. Dann weil sie von Goebbels' Prinzip ausgehen, wonach die Lüge um so mehr Aussicht hat, geglaubt zu werden, je gröber sie ist. Und endlich, weil sie mit der Disziplin der Kommunisten rechnen, mit ihrem Vertrauen zur Partei. Wie sollte man mit seiner Partei über Teilbewertungen zu debattieren beginnen, offenbar für einen Verräter Partei ergreifen... besonders in jener Hexenjagd-Atmosphäre, die uns betreffend überall vorherrscht?

Anfang 1952 erteit also Kohoutek seinen Referenten die Anweisung, ein zusammenfassendes Protokoll über alle meine »verbrecherischen« Betätigungen zu verfassen; das will er der Partei übermitteln. Da man aber die Dinge immer am besten selbst tut, verfaßt er es schließlich eigenhändig auf siebzehn Seiten. Es ist auf unglaubliche Weise formuliert. Die Beschuldigungen, die es enthält, entsprechen nicht einmal mehr den »Zeugenaussagen«, den erpreßten »Geständnissen«, den vorangegangenen Fälschungen. Sie sind noch viel schlimmer! Ohne sich um meine Anwesenheit zu kümmern, schreibt er ganze Seiten mit Fragen und Antworten voll. Als er es mir zur Unterschrift vorlegt und obgleich ich schon andere »Geständnisse« unterschrieben habe, protestiere ich empört angesichts der Schwere, welche die Anklagen in ihrer neuen Formulierung angenommen haben.

Kohoutek ist bemüht, mich zu beruhigen. Er sagt, daß die Parteileitung auf einem sehr kurzgefaßten Protokoll besteht, das aber doch die Gesamtheit meiner »feindlichen« Betätigungen deutlich wiedergibt. Er sah sich daher gezwungen, mehrere Protokolle zu einem einzigen zusammenzufassen. Diese Zusammenziehung gibt der Darstellung der Tatsachen eine schärfere Wendung. Damit müsse ich mich abfinden, sagt er,

denn mit dieser Form der Abfassung habe er bloß die Anweisungen der Partei und der sowjetischen Berater befolgt.
Ich antworte, daß ein solches Protokoll für mich den Strick bedeutet. Er sagt, ich sollte es nicht so auffassen. Dies sei nur ein einfaches »informatives« Protokoll, keineswegs für das Gericht bestimmt, gewissermaßen eine Grundlage, zum internen Gebrauch. Übrigens hätte er es ebensogut schreiben können, ohne mich davon in Kenntnis zu setzen.
Um mich endgültig zu überzeugen, liest mir Kohoutek bestimmte Stellen aus den mit Geminder und Clementis aufgenommenen Protokollen vor, wobei er mich darauf aufmerksam macht, daß die Formulierungen darin noch bedeutend schärfer sind als in dem meinen. Und es wäre unklug, wenn ich meine Unterschrift verweigerte...
Sooft ich versuche mich zu widersetzen, werde ich (und so wurde es bis zur Urteilsfällung getrieben) die Drohung zu hören bekommen: »Was mit Ihrem Kopf geschieht, hängt von Ihrem Verhalten ab. Merken Sie sich, Ihre Verurteilung hängt nicht von dem Grad Ihrer Schuld ab! Die Partei kann Sie verurteilen lassen, wie sie will: mit ganz wenig Material gegen Sie zu einer sehr schweren Strafe oder mit viel Material zu einer geringen Strafe. Die einzige Aussicht, Ihren Kopf zu retten, liegt für Sie darin, sich ganz der Gnade der Partei zu überlassen.«
Nun liegen die Dinge wenigstens klar.

11

In der zweiten Hälfte März 1952 läßt mich Kohoutek in sein Büro kommen und eröffnet mir, daß ich am nächsten Tag mit Slansky konfrontiert werde. Dann gibt er mir einen auf der Maschine getippten Text, der die Erklärungen enthält, die Slansky bei dieser Konfrontation abgeben wird, und die Antworten, die ich darauf geben soll. In Ruzyně wird nichts dem Zufall überlassen. Kohoutek trägt mir auf, alles auswendig zu lernen. Um ganz sicherzugehen, lassen mich die Referenten alles memorieren, und Kohoutek selbst kommt nachprüfen, ob ich meine Lektion gut gelernt habe...
Am Sonnabend läßt mich Kohoutek wieder zu sich rufen und teilt mir mit, daß die Konfrontation mit Slansky in einigen Minuten stattfinden wird.
»Vor allem müssen Sie Ihren Text ganz genau vorbringen, Herr London. Von Ihrem Verhalten bei dieser Konfrontation hängt Ihre Zukunft in hohem Maße ab!«

Nochmals läßt er mich den Text aufsagen. Er teilt mir mit, daß man Slansky bereits mit zahlreichen Angeklagten konfrontiert hat, um gewisse Einzelheiten in seinen »Geständnissen« klarzustellen. Welchen Sinn haben solche Konfrontationen? Dieser ganzen Komödie einen Anschein von Legalität zu verleihen, indem man sie in den Prozeßakten erscheinen läßt? Sie gehören zum System der Geständnisse, wie die Umschreibungen, die aufeinanderfolgenden Formulierungen und alles übrige... Der Aufwand dieser Vorkehrungen erscheint mir fast übertrieben...
Inzwischen hat Doubek den Raum betreten. Kohoutek berichtet ihm, daß er mich soeben geprüft hat und daß ich meinen Text sehr gut kenne. Doubek empfiehlt mir, wie es Kohoutek getan hat:
»Geben Sie acht! Ihr Verhalten bei dieser Konfrontation wird für das Urteil, das die Partei über Sie fällen wird, entscheidend sein. Bemühen Sie sich also, den Text, den Sie gelernt haben, so genau wie möglich zu wiederholen.«
Und auf dem Weg zum Schauplatz der Konfrontation arbeitet Kohoutek, der mich hinbringt, noch die letzten Einzelheiten der Inszenierung aus. »Sie müssen Slansky in die Augen blicken, langsam sprechen, sich nicht verwirren lassen und vor allem sich an den Text halten.«
Es fällt mir nicht einmal auf, daß hier offensichtlich der Autor am Erfolg seines Stücks zweifelt. Ich beachte es kaum, so sehr bin ich schon an diese peinliche Genauigkeit in der Formulierung gewöhnt, an die sklavische Furcht, das Ergebnis nicht zu erreichen, an dem die »eigentlichen Chefs«, die sowjetischen Berater, nichts auszusetzen haben werden.
Nun stehe ich vor Slansky. Sein Gesicht ist eingefallen, er sieht sehr abgespannt aus. Und wie erscheine ich wohl ihm? Er muß sich, ehe ich eintrat, ausgerechnet haben, daß ich bereits seit mehr als vierzehn Monaten im Kerker sitze. Ich hatte während dieser Zeit keine Gelegenheit, mich im Spiegel zu sehen, kann mir aber vorstellen, wie ich aussehe, wenn ich ihn betrachte!
Slansky spricht: seinem Text entsprechend gesteht er, der Chef der Verschwörung gegen den Staat in der Tschechoslowakei zu sein, plötzlich jedoch, als das kommt, was mich betrifft, weicht er vom vorgeschriebenen Wortlaut ab. Er sagt, es sei in Anbetracht meines so langen Aufenthalts im Ausland nicht denkbar, daß ich an dieser Verschwörung beteiligt sein könnte.
Mir raubt es den Atem. Ich schwanke einen Augenblick. Was soll ich nun tun? Wenn ich meiner ersten Anwandlung folge, muß ich diese Gelegenheit benutzen, um meine Unschuld zu beteuern. Doch ich bin auf der Hut. Welchen Sinn hätte es, auf diese Abweichung vom vereinbarten Text zu bauen, da wir beide, er und ich, allein vor den Referenten ste-

hen, welche die Fälle bearbeiten, Doubek und Kohoutek? Was wird geschehen, wenn ich aus meiner Rolle falle? Ich habe weder die Zeit noch die Möglichkeit zu überlegen. Man hat mich so für das vorbereitet, was geschehen soll, daß man in mir fast entsprechende Reflexe geschaffen hat. Ich kann mich so wenig davon befreien wie ein Autofahrer vor einer unvorhergesehenen Situation auf der Straße. Von den Anweisungen, alles auswendig herzusagen, mich, was immer auch geschieht, an den Wortlaut ganz zu halten. Das Interesse, das Urteil der Partei. Mein Schicksal, das von meinem Verhalten während der Konfrontation abhängt. Vielleicht hatten sie vorausgesehen...
Ich habe meine »Geständnisse« unterschrieben. Ich weiß, daß ein Berg von »Beweisen«, von »Erklärungen« ehemaliger Freiwilliger der Brigaden und auch von meinen neuen Mitangeklagten Geminder, Goldstücker, Dufek, Clementis, Švab gegen mich vorhanden ist...
Meine »Geständnisse« unter diesen Umständen zurückzunehmen, würde nur dazu führen, meinen Fall zu verschlimmern.
Das war es wahrscheinlich, was ich mir vorhielt. Welches Interesse kann Slansky in diesem Augenblick haben, mich zu schonen? Und insbesondere von dem Wortlaut abzuweichen, den er wie ich auswendig gelernt hat, es wäre denn, um selbst abzustreiten, daß er mit mir in Verbindung stand; er wußte ja, was man mir alles an Verantwortung in dem angeblichen »trotzkistischen Zentrum«, der »amerikanischen Spionage« zuschob. Lauter Beschuldigungen, die er zur Zeit, als er noch Generalsekretär der Partei war, irgendwie genehmigte... Und die ihm jetzt vielleicht - aber zu spät - unangenehm sind...
Ich sage also wie ein Automat streng genau meinen Text auf: »Ich war an der von Slansky geleiteten Verschwörung gegen den Staat beteiligt...«
Nachher werde ich in das Büro Kohouteks gebracht, wohin er mir nach einer Viertelstunde nachkommt. »Sie haben sehr recht daran getan, so zu antworten«, sagt er. »Eine andere Haltung hätte verhängnisvolle Folgen für Sie gehabt.« Er fügt hinzu, die »Freunde« und der Präsident hätten verlangt, über den Verlauf der Konfrontation informiert zu werden.
Dann bezeichnet er das Verhalten Slanskys als einen Versuch, von seiner Verantwortung für die Spionageaktionen, die mir und anderen Angeklagten zugeschrieben werden, loszukommen, um seine eigene Rolle auf eine ideologische Leitung des Zentrums zu beschränken. Das wird auch Doubek später sagen.
Nach Verlauf etwa eines Monats läßt mich Kohoutek wieder zu sich rufen. Er sagt mir, Slansky solle mit Geminder und Goldstücker in Sachen Zilliacus konfrontiert werden. Ich werde am Ende dieser Kon-

frontation gerufen werden und brauche nur zu sagen, daß ich von Geminder Briefe für Zilliacus, zur Übermittlung durch Goldstücker, erhalten habe.
Er übergibt mir den Text der Fragen und Antworten Geminders und Goldstückers. Ich kann mir auf diese Weise über das Ausmaß ihrer »Geständnisse« bezüglich ihres Briefwechsels mit Zilliacus und *ihrer Beziehungen* zu ihm klar werden. Dann vertraut mich Kohoutek der Aufsicht eines seiner Referenten an. Nach fast einer Stunde Wartezeit klingelt das Telefon, und es wird der Befehl erteilt, mich in den Raum zu führen, in dem die Konfrontation stattfindet.
Die Tür öffnet sich, und ich erblicke meine drei Mitangeklagten, die in Gegenwart von Doubek, Kohoutek und anderen Referenten rund um einen großen Tisch sitzen. Ihr Blick ist leer, sie sehen aus wie Menschen, die sich in ihr Schicksal gefügt haben. Wahrscheinlich fragen Sie sich ebenso wie ich, welchen Sinn diese ganze Komödie haben soll ...
Eduard Goldstücker! Es ist achtzehn Monate her, seit wir einander zuletzt gesehen haben. Er war ins Palais Cernin gekommen, bevor er sich auf seinen Posten nach Tel Aviv begab, wo er unser Gesandter war. Er war einer unserer jüngsten und glänzendsten Diplomaten. Wir kannten einander seit dem VI. Kongreß der KIM in Moskau im Jahre 1935, an dem er als einer der Führer der kommunistischen Studenten teilgenommen hatte. Seine unvergleichliche geistige Regsamkeit, sein Talent als Erzähler von Anekdoten belebten unsere Debatten und Gespräche. Nach dem Krieg, den er in England verlebt hatte, trafen wir in Paris wieder zusammen, wo er unserer Botschaft angehörte. Er wurde zum Botschaftsrat in London ernannt und dann 1950 zum Vertreter unseres Landes bei dem jungen Staat Israel. Und da saß er nun...
Bedřich Geminder. Er sitzt blicklos, zusammengekrümmt wie ein verprügeltes Tier da. Ich kannte ihn seit jeher: sein Vater war mit dem meinen befreundet. Trotz des Altersunterschieds waren wir, seit wir in Moskau zusammengetroffen waren, wo er seit 1935 im Pressebüro der Komintern arbeitete, eng miteinander verbunden. Er war ein Mitarbeiter von Georges Dimitrow. Während des Krieges leitete er die fremdsprachigen Sendungen von Radio Moskau.
Obwohl er aus Ostrau stammt, gehört er der deutschen Minderheit an, die nach dem Sieg im Jahre 1945 fast vollzählig aus Deutschland ausgewiesen wurde. Er zog es damals vor, in Moskau zu bleiben, wo er sich an das Leben gewöhnt hatte. Es bedurfte des beharrlichen Drängens seiner alten Kameraden und vor allem Gottwalds und Slanskys, um ihn dazu zu bringen, 1948 in die Heimat zurückzukehren. Er übernahm damals die Leitung der internationalen Abteilung des Zentralkomitees.
Er war Junggeselle und wohnte bei der Familie Slansky. Er verließ kaum

jemals den Kreis seiner alten Freunde und unterhielt sehr enge Beziehungen zu Gottwald. Das gab ihm in den Augen der Leute das Ansehen einer grauen Eminenz des Kreml, um so mehr als er seine Schüchternheit unter einer Schroffheit verbarg, die jene verstimmte, die ihn nicht genügend kannten, um zu wissen, wieviel Freundlichkeit, Großzügigkeit und Empfindsamkeit im Grunde in ihm verborgen waren. Armer Bedřich! Was geht wohl jetzt in ihm vor, wenn er an sein Leben in Moskau, an die Zuneigung Gottwalds denkt...

Rudolf Slansky, der zwischen den beiden sitzt, scheint körperlich in dem gleichen Zustand zu sein wie bei unserer ersten Konfrontation. Er ist von den dreien jener, den ich am wenigsten kenne, obgleich auch er in Ostrau politisch tätig war, doch das war in den zwanziger Jahren. Bevor ich 1933 nach Moskau fuhr, hatte ich ihn zweimal im Büro des Zentralkomitees getroffen, wir hatten aber nur einige Worte gewechselt. Erst nach dem Krieg kam ich mit ihm in näheren Kontakt, namentlich bei den Versammlungen der Kommission der »Fünf« für das Außenministerium, die er leitete.

Seine Führungseigenschaften wurden von allen anerkannt und geschätzt, man respektierte und fürchtete ihn. Er war kühl und reserviert, es war schwierig, eine menschliche Beziehung zu ihm herzustellen. Er leitete die Partei seit den zwanziger Jahren, war ein enger Mitarbeiter Gottwalds und lebte wie er während des Krieges in Moskau. Er hatte zuerst bei der tschechoslowakischen Abteilung der Komintern gearbeitet und war später, 1944, Mitglied des Generalstabs der Partisanen an der ukrainischen Front geworden. Später wurde er mit Šverma in die Slowakei geschickt und beteiligte sich an der Führung des nationalen slowakischen Aufstands.

Seine Frau und er hatten in Moskau eine schreckliche private Tragödie erlebt. Im Herbst war ihnen ihr Töchterchen entführt worden, das unter der Obhut seines älteren Bruders vor dem Rundfunkgebäude im Kinderwagen gelegen hatte, während die Mutter in einer Sendung für die besetzte Tschechoslowakei mitwirkte. Alle Nachforschungen waren vergeblich geblieben... War es die Erinnerung an dieses Drama, die einen Schleier der Trauer über sein Gesicht legte?

Da sind wir nun also in diesem Raum, vier politische Kämpfer der Partei, zwei Veteranen, Slansky und Geminder, deren erster Einsatz noch auf die Zeit der Gründung der tschechoslowakischen KP zurückgeht, und zwei Vertreter der folgenden Generation, Goldstücker und ich, die noch fast als Kinder zur Partei gekommen waren. Hier sind wir, jeder von uns hat gestanden, gegen den sozialistischen Staat konspiriert zu haben, - dessen Erschaffung wir unsere gesamte Existenz gewidmet haben... Wir sind da für diese lächerliche Konfrontation, die im Grund

nur die Probe für ein Szenenbild aus dem Drama ist, das sich in einigen Monaten abspielen wird.
Unter den Genossen, die in Haft und in diesen Prozeß, den man fabriziert, verwickelt sind, gehören 90 Prozent zu den politischen Kämpfern aus der Vorkriegszeit...
Im Sommer 1952 teilt mir Kohoutek mit, daß ich wieder mit Slansky zusammenkommen soll. »Diesmal handelt es sich nicht um eine Konfrontation«, sagt er, »Sie sollen nur in seiner Gegenwart wiederholen, was Šverma Ihnen 1939 in Paris gesagt hat.«
Ich stehe im Büro Doubeks, in dem Slansky bereits anwesend ist. Ich wiederhole: »Šverma sagte mir 1939 in Paris, daß Slansky die Leute nicht mochte, mit denen Gottwald Umgang pflegte.«
Fertig! Man läßt mich in die Zelle zurückbringen. So werden die »Konfrontationen« inszeniert, die Ruzyně interessieren. Jene aber, die ich vor meinen »Geständnissen« lauthals verlangte, mit Zavodsky, Field, Svoboda und den anderen, waren mir immer abgeschlagen worden. Nie wurden die Konfrontationen veranstaltet, welche die Angeklagten verzweifelt verlangten, denn man wollte nicht, daß es Licht werde.
Heute, sechzehn Jahre nach diesem ganzen Alptraum, wird man in Prag eine Darstellung der Verhöre mit Doubek selbst veröffentlichen, die man anstellte, als er für seine »Arbeit« in Ruzyně im Jahre 1955 verhaftet wurde*. Dort werde ich entdecken, daß Slansky tatsächlich sofort gestanden hat, er sei der Chef der Verschwörung gegen den Staat gewesen, jedoch so lange wie möglich den Beschuldigungen der Spionage Widerstand geleistet hat. Das erklärt seine Abweichung von dem für unsere erste Konfrontation verabredeten Text.
Anfang September 1952 teilt mir Kohoutek mit, daß die Niederschrift des Protokolls für das Gericht nun begonnen wird. Ich nehme praktisch keinen Anteil daran.
Ich bin zwar in dem Zimmer anwesend, in dem die Referenten das Protokoll schreiben, jedoch nur gleichsam als eine Porzellanfigur. Mit dem, was geschrieben wird, habe ich nichts zu tun. Kohoutek bringt von Zeit zu Zeit ganze Seiten, die bereits getippt sind, heran; sie werden von den Referenten abgeschrieben und ihrer eigenen Arbeit einverleibt. Sie geben ihr Werk Stück für Stück an Kohoutek ab; dieser bringt an den darauffolgenden Tagen die Seiten, die er »auf Verlangen der Partei und der Freunde« entsprechend korrigiert hat, wieder, nachdem er die Anklagepunkte noch verschärft oder neue Fakten hinzugefügt hat.
Aus dem Berg, zu dem sich die Protokolle im Lauf der Monate auf die bereits geschilderte Weise angehäuft haben, nimmt man eine bestimmte

* Aus *Reporter*, einer Wochenschrift des Journalistenverbandes, Prag, Mai 1968.

Anzahl von Anklagen auf, andere läßt man fallen. Das ist eine wohlüberlegte Taktik. Zuerst belastet man den Angeklagten mit einer Pyramide von Beschuldigungen, die von politischen Abweichungen und Fehlern bis zur Spionagetätigkeit und Schwerverbrechen reichen, um schließlich nur jene auszuwählen, die zu der Rolle passen, die ihm im Prozeß zugewiesen ist. Überdies vergißt man nicht, ihm zu sagen: »Sie sehen ja, wir wollen Sie nicht vernichten. Aus dem ganzen Haufen haben wir nur einige Anklagen herausgegriffen. Die anderen werden Ihnen geschenkt!«
Šling war zum Beispiel in einer Rede im Zentralkomitee im Jahre 1951 von Kopecky* des Muttermordes, der angeblich durch eine Untersuchung festgestellt worden war, beschuldigt worden. Beim Prozeß wurde dieses Faktum kein einziges Mal erwähnt.
Die Angeklagten - das weiß ich aus eigener Erfahrung - fühlen sich wahrhaft erleichtert, wenn schurkische, schändliche Beschuldigungen aus dem Protokoll entfernt werden, durch die sie in einem abscheulichen Licht erschienen wären.
Wer zieht nicht eine Anklage wegen Spionage oder politischer Vergehen Beschuldigungen der Veruntreuung, des Diebstahls, der Denunziation, des Mordes vor? Jene, die mich am schwersten kränkte, nämlich daß ich Klecan während des Krieges mit dem Auftrag, das illegale Zentralkomitee mit Fučik und Černy der Gestapo auszuliefern, in die Tschechoslowakei geschickt hätte, wurde auf diese Weise zurückgezogen. Man kann sich vorstellen, wie sehr mich diese Beschuldigung bedrückt hatte. Der Ankündigung, sie werde nicht gegen mich vorgebracht werden, fügt Kohoutek hinzu: »Reicin hat das auf sich genommen!« Was mich anlangt, so sind mir gewiß zehn Anklagen wegen Spionage mit Field, Zilliacus und Gott weiß wem sonst lieber, als mich wegen des ungeheuerlichsten Verbrechens, das es gibt, zu verantworten: meine Kameraden dem Beil Hitlers ausgeliefert zu haben. Dieses Vorgehen stellt ein sehr wirksames Mittel dar, um den Angeklagten zur Unterzeichnung des Protokolls für das Gericht zu bringen. Bei mir jedenfalls hat es gewirkt.
Immerhin hält mir Kohoutek vor dem Prozeß nochmals den Berg von administrativen, von mir unterzeichneten Protokollen, Erklärungen von Mitangeklagten und Belastungszeugen vor und warnt mich: »Wenn Ihnen jemals einfallen sollte, das geringste in Ihrer Aussage vor dem Gericht zu ändern, dann denken Sie an all dies, das wir hier in Reserve haben und ohne weiteres gegen Sie verwenden würden. Handeln Sie danach!«
Das fertige Protokoll legt Kohoutek den sowjetischen Beratern vor, die -

* Minister für Information und Kultur. Er spielte eine sehr wichtige politische Rolle bei der Vorbereitung des Prozesses und bemühte sich, für ihn eine ideologische Rechtfertigung zu finden.

soviel ich seinen unvorsichtigen Äußerungen entnehme - einen Koordinierungsausschuß gebildet haben, um die völlige Übereinstimmung zwischen den Protokollen aller Angeklagten und den Aussagen der Zeugen zu gewährleisten. So wurden in dem meinen noch Stellen verändert, die Field betrafen, und Fakten sowie neue Namen eingefügt, die bisher noch in keinem meiner Protokolle aufgetaucht waren. Tatsächlich muß die Rolle des Angeklagten in der Anklageschrift sowie in seiner Aussage genau in den Rahmen der tragischen Farce passen, deren Aufführung vorbereitet wird. Alle Verschwörer müssen in den gleichen Topf geworfen werden.
Es kommt noch manchmal vor, daß ich mich sträube und protestiere, wenn mir ein Referent seine neuen Formulierungen vorliest. Dann ruft man Kohoutek, der mich verwarnt: »Wenn Sie sich dagegen weigern, daß Ihr Protokoll so abgefaßt wird - und wir allein entscheiden darüber, was geeignet ist oder nicht -, besteht die Gefahr, daß Sie nicht mit der Gruppe Slansky zusammen angeklagt werden. Da Ihre Betätigung mit jener der anderen nicht auf gleicher Stufe steht, nehmen Sie in diesem Prozeß keinen führenden Rang mehr ein. So haben Sie Aussichten, Ihren Kopf zu retten. Wenn wir jedoch entscheiden, daß Sie als Führer der trotzkistischen Gruppe der ehemaligen Freiwilligen der internationalen Brigaden anzuklagen sind, wissen Sie wohl selbst, was das für Sie bedeutet.«
Nach so überzeugenden Argumenten lasse ich alles schreiben, was man will. Und die Referenten fügen in einer neuen Fassung meine angebliche Spionagetätigkeit in der Arbeiterbewegung in Frankreich »zugunsten Slanskys« hinzu und noch andere Anklagen, die vorher nicht im Protokoll vorkamen.
Als man mir das erneut umgeformte Protokoll vorlegt, kann ich meine Empörung nicht verhehlen. Darauf sagt Kohoutek: »Sie sind nicht der einzige, dem das nicht gefällt. Aber schließlich haben sich doch alle unterworfen. Seit Geminder sein Protokoll unterschrieben hat, weint er unaufhörlich.«
Kohoutek nimmt die neue Version des Protokolls und legt sie der höchsten Stelle zur letzten Prüfung vor. Danach bringt man mir sie wieder, ich unterschreibe, ohne den Text auch nur zu lesen.
Eine neue Etappe beginnt. Man teilt mir mit, daß ich nun für das Gericht mein Protokoll auswendig lernen muß. Sechs Wochen lang, bis zum Beginn des Prozesses, führt man mich täglich zum Referenten, bei dem ich zur Schule gehe. Er gibt mir meine Aufgaben: »Bis Sonnabend diese zehn Seiten...«, »Bis Donnerstag diese fünfzehn...«
Ich bekomme bessere Verpflegung, schwarzen Kaffee und Zigaretten...
Jeden Tag führt man mich zum Spaziergang. Plötzlich wird eifrig für

meine Gesundheit gesorgt. Doktor Sommer empfiehlt ultraviolette Bestrahlungen, ich erhalte Spritzen. Es ist Kalzium, das weiß ich, denn ich kenne die Wirkung: die Hitze, die den Körper durchläuft, wenn der Kolben der Spritze ganz hineingedrückt wird. Mit einem Wort, man verwöhnt mich geradezu!
Bei dieser Behandlung werde ich wieder kräftiger, mein Gesicht muß den leichtgebräunten Teint eines Winterurlaubers angenommen haben. Ich frage Kohoutek, der mich eines Tages mit befriedigtem Gesichtsausdruck betrachtet, ob er glaube, ich ließe mich durch seine Fürsorge täuschen: »Die jetzige Behandlung verdanke ich nicht Ihrer Sorge um meinen Gesundheitszustand. Sie wollen, daß ich gut aussehe, wenn ich vor Gericht erscheine. Das erinnert mich an meine Großmutter, wenn sie ihre Gänse für Weihnachten stopfte...« Er lacht und sagt: »Es ist sowohl das eine als auch das andere!«
Kohoutek wiederholt mir bis zum Prozeß in allen Tonarten: »Schätzen Sie sich glücklich, daß Ihr Prozeß in der Sache Slansky mitverhandelt wird. Das gibt Ihnen die einzige Chance, am Leben zu bleiben...Vor allem aber, keine Dummheiten!«
Um einem »Versagen« meinerseits vorzubeugen, werden, wie mir noch gesagt wird, zahlreiche Belastungszeugen gegen mich bereitstehen. Und mein Verhalten vor Gericht wird den Ausschlag dafür geben, wie viele von ihnen vernommen werden. Ein andermal zeigt er mir ein dickes Aktenbündel und erklärt ausdrücklich, das seien die Aussagen von zwanzig Zeugen, die bereit sind, gegen mich auszusagen, »falls ich die Absicht haben sollte, aus dem fahrenden Zug zu springen!« Freundlicherweise liest er mir aufs Geratewohl einige Stellen daraus vor. An einem anderen Tag liest er mir Teile der Aussagen meiner Mitangeklagten bezüglich meiner Zusammenarbeit und meiner Mitschuld vor.
Vier, fünf Tage vor dem Prozeß teilt mir Kohoutek mit, er habe soeben mit dem Staatsanwalt gesprochen. Dieser habe ihm gesagt, er sei nach Durchsicht meiner Akte der Ansicht, meine feindliche Tätigkeit sei nicht so schwerwiegend, daß sie es rechtfertige, mich in dem Prozeß mitanzuklagen. Er habe meine Strafe auf höchstens fünfzehn Jahre eingeschätzt. »Sehen Sie, ich habe es Ihnen ja gesagt! Das ist Ihre Chance, dieser Prozeß! Nur vor allem, halten Sie sich gut!«
Vavro Hajdu wird mir bei einem späteren Zusammentreffen, einige Monate nach unserer Verurteilung, erzählen, daß Kohoutek für ihn damals achtzehn Jahre vorausgesagt hatte.
Zweifellos war auch das wieder eine Taktik des Sicherheitsdienstes. Und ich weiß nicht, wieweit die Referenten ehrlich sind oder nicht. Sagen sie das nur, um die Furcht der Häftlinge zu beschwichtigen und sie gefügiger zu machen? Oder glauben sie wirklich, daß die Opfer ihren Kopf retten

können, wenn sie sich den Anweisungen und Wünschen der Partei unterwerfen?
Eines Morgens kündigt mir Kohoutek an, daß Doubek persönlich nachprüfen wird, ob ich mein Protokoll auswendig kann. Man führt mich in sein Büro. Neben ihm sitzt ein Mann, den ich noch nie gesehen habe und der wortlos und sehr aufmerksam meinem Aufsagen lauscht. Einer der »eigentlichen« Chefs? Doubek erklärt sich jedenfalls zufriedengestellt; ich habe meine Prüfung erfolgreich bestanden.
Am Abend kommt Doubek in den Raum, in dem ich mich mit meinem Referenten befinde. Ein Zivilist begleitet ihn, den er uns als Dr. Novak, Präsident des Sondergerichtshofs vorstellt. Dr. Novak fragt mich, ob ich die Anklageschrift selbst lesen will, oder ob ich es vorziehe, daß der Referent sie mir vorliest. Ich ersuche um Vorlesung. Mir ist das alles so gleichgültig!
Am nächsten Tag kommt Dr. Novak wieder, begleitet von einem Beisitzer, um mir Fragen über meine Personalien zu stellen: Name, Alter usw. Er fragt mich: »Sind Sie schon einmal verurteilt worden?«
»Ja, ich wurde in der Ersten Republik, in den Jahren 1931 bis 1933, und dann während des Krieges in Paris 1942 vom Staatsgerichtshof verurteilt.« Der Assessor notiert meine Antworten. Dr. Novak fährt fort: »Aus welchen Gründen wurden Sie verurteilt?«
»Wegen kommunistischer Betätigung und wegen meiner Beteiligung am Kampf gegen die Nazibesatzung in Frankreich mit der Waffe in der Hand.«
Darauf verfügt Novak: »Nein, das brauchen wir nicht aufzuschreiben!«
Am gleichen Tag kündigt mir der Referent an, daß mich mein Verteidiger, Doktor Ružička, aufsuchen wird. Einige Tage zuvor hatte mich Kohoutek gefragt, ob ich einen Verteidiger wählen wolle. Das hatte ich abgelehnt: »Warum soll ich mir einen Rechtsanwalt nehmen, da Sie mir so oft erklärt haben, daß es die Partei ist, die über mich Gericht hält?«
Er hielt mir entgegen, daß das Gesetz die zwangsläufige Anwesenheit eines Verteidigers vor Gericht vorsehe und daß ich einen Offizialverteidiger bekommen würde. Er fügt hinzu: »Es würde kaum etwas ändern, wenn Sie einen gewählt hätten, denn es gibt nur etwa zehn Rechtsanwälte, die berechtigt sind, vor dem Staatsgerichtshof als Verteidiger aufzutreten.«
Man führt mich mit verbundenen Augen in das Zimmer, in dem mein Verteidiger mich erwartet. Unsere Besprechung ist sehr kurz und findet in Anwesenheit des Referenten statt, das heißt, eines der Männer, die die Anklage aufstellen, also eine weitere Verletzung des Gesetzes und des Anrechts des Angeklagten auf seine Verteidigung. Wie soll der Angeklagte es wagen, angesichts eines solchen Zeugen die Anklage zu ent-

kräften? Wie das Sprichwort sagt: »Das hieße den Bock zum Gärtner machen!«
Der Rechtsanwalt sagt, er habe die Anklageschrift studiert, und betont den Ernst meiner Lage.
»Ihnen droht die Todesstrafe. Unser Gesetz sieht für die Verbrechen, deren Sie angeklagt sind, diese Strafe vor. Nur wenn Sie sich schuldig bekennen und vor Gericht eine gute Haltung einnehmen, dürfen Sie sich einiger Hoffnung auf mildere Bestrafung hingeben.«
Genau das gleiche, was mir die Referenten predigen!
Bis zum Prozeß habe ich meinen Anwalt nicht wiedergesehen. Als man mich in das Gefängnis Pankrac bringt, in dem sieben Tage lang der Prozeß stattfinden wird, verlange ich vergeblich nach ihm. Er wird mich erst aufsuchen, nachdem das Urteil gesprochen ist.
Am Ende unserer ersten Unterredung hatte ich ihn gebeten, meine Frau aufzusuchen und sie auf diesen Prozeß und auf das Schicksal, das mich erwartete, vorzubereiten. Ich hatte ihn auch ersucht, ihr zu sagen, sie solle dem Prozeß nicht beiwohnen, denn wenn ich wüßte, daß sie im Gerichtssaal sei, würde ich nicht die Kraft haben, meine Aussagen zu wiederholen.
Er hatte mir versprochen, sie aufzusuchen, tat es jedoch nicht. Als ich ihn nach meiner Verurteilung wiedersah, versprach er mir von neuem, meine Frau aufzusuchen, um sie zu trösten, doch auch daraus wurde nichts.

12

Was mich so viele Monate lang aufrecht erhielt, war der Gedanke, ich würde während der Gerichtsverhandlung die Gesetzwidrigkeiten öffentlich brandmarken können. Doch nun, da das Datum des Prozesses herannaht, wird mir klar, daß mir dieser Ausweg nunmehr versagt bleibt. Ich verstehe jetzt, warum auch alle meine Vorgänger ihren Prozeß nicht benutzten, um zu sprechen, um laut herauszusagen, was sie erduldet hatten. Wir befinden uns auf dem Grund der Grube. Wir alle. Ich bin nicht der einzige, der im Gedächtnis die Moskauer Prozesse durchgeht, um darin Verteidigungsmöglichkeiten zu entdecken oder auch Fallen, die man uns noch legen könnte. Ich glaube nun, das Verhalten Slanskys bei unserer ersten Konfrontation zu verstehen. Er wollte sich, wie mir scheint, auf die gleiche Verteidigungsmethode einstellen wie Sinowjew oder Bucharin, die bereit waren, ihre politische, gewissermaßen rein

intellektuelle Verantwortung bei der Verschwörung zuzugeben, im Glauben, sich dadurch von den Anklagen wegen praktischer Spionage reinwaschen zu können. Aber das klappt nicht. Die Erfinder der »Konspiration« haben dafür gesorgt, alles mitzuerfinden, was dazugehört, sie mit Spionage, mit Morden und anderen Verbrechen auszustatten. Sie sind peinlich genaue Autoren. Sie achten auf die geringsten Einzelheiten ihrer Erfindungen, denn sie wissen ganz genau, wenn *eine* Lüge herauskommt, wird ihr ganzes Gespinst aufgedeckt...
Gegen meinen Willen ersteht vor mir wieder das Moskau der Säuberungswellen und der Prozesse.
In den drei Jahren, die ich dort verlebte, freundete ich mich mit Menschen aller möglichen Nationalitäten an: Deutschen, Italienern, Polen, Bulgaren, Jugoslawen, Franzosen, Belgiern, Engländern, Spaniern. Ich hatte auch zahlreiche sowjetische Freunde. Die Ausländer waren entweder politische Flüchtlinge, die dort Asyl gefunden hatten, oder Vertreter der kommunistischen Parteien und der revolutionären Bewegung, die in den internationalen Organisationen arbeiteten, auch Schüler der Leninschule, die mehr oder weniger lang in Moskau lebten, ehe sie in ihre Heimat zurückkehrten, um dort ihren Platz im Kampf wieder einzunehmen.
Die Bande der Brüderlichkeit, die uns alle vereinten, waren sehr stark. Das Wort Genosse war der Sesam der Herzen, und daß wir nicht die gleiche Sprache redeten, spielte keine Rolle. Es gelang uns übrigens bald, einander mit einigen russischen Worten, einigen Worten unserer eigenen Sprache und solchen, die wir da und dort aus anderen Sprachen entlehnten, zu verstehen.
Seit dem Attentat gegen Kirow hatte sich die Atmosphäre geändert, die Freunde sahen einander selten. Die sowjetischen Genossen hatten sich ängstlich abgesondert und mieden jedes Zusammentreffen mit uns. Dann verschwanden nacheinander einige hervorragende Persönlichkeiten, die ich im Hotel Lux oder in den Korridoren der Komintern getroffen hatte, wie Béla Kun, Heinz Neumann und viele andere bekannte Führer der kommunistischen Weltbewegung. Man flüsterte verstört, daß über sie etwas entdeckt worden sei, etwas Ernstes, worüber man im Augenblick nicht sprechen dürfte; man müsse auf Erklärungen warten. Doch diese Erklärungen kamen nicht. Und es verschwanden noch mehr Leute.
Ich entsinne mich des ersten Prozesses gegen Sinowjew und Kamenew, des Schocks, der uns alle traf, als wir einstige Gefährten Lenins auf der Schandbank sahen. Kurz darauf kam ihr zweiter Prozeß und ihre Verurteilung zum Tode. Wir suchten in langwierigen Diskussionen nach Erklärungen, wie Menschen mit einer solchen Vergangenheit so tief sinken konnten, Agenten des Imperialismus zu werden und die schänd-

lichsten Handlungen gegen ihr Land, ihr Volk, ihre Brüder im Kampf, ihre Partei zu begehen.
Ich erinnere mich noch, mit welcher Erregung mein Freund Sécotine mir eines Abends von einer Versammlung erzählte, an der er eben teilgenommen und Yejow sprechen gehört hatte. Er schilderte mir, wie begeistert die Zuhörer dem kleinen Mann zuriefen, als er unerbittlich für alle Verräter die schwerste Bestrafung verlangte. Sécotine war zufrieden. Wie er glaubte jeder, daß, da jetzt die wahren Schuldigen entdeckt worden seien, alles besser werden und die zu Unrecht festgenommenen Genossen freigelassen werden müßten. Leider wurden die Dinge jedoch immer schlimmer.
Sweridjuk kam aus Prag, wo er als polnischer Emigrant gelebt und im Apparat der tschechoslowakischen KP politisch gekämpft hatte, nach Moskau und besuchte die tschechoslowakische Kolonie, wo wir immer weniger zahlreich wurden. Eines Tages verschwand er mit seiner Frau. Ich erfuhr, daß er wegen seines Bruders, eines der Führer der Kommunistischen Partei Polens, der zum Tode verurteilt worden war, Schwierigkeiten gehabt hatte. Ich habe nie wieder etwas von ihm gehört.
Auch Martha, die ich in der französischen Kolonie kennengelernt hatte, verschwand eines schönen Tages. Die Leute, die einander in den Korridoren begegneten, hatten Angst, einander zu grüßen, und noch mehr, miteinander zu sprechen. In meinem Stockwerk blieben Frauen allein zurück; ihre Männer waren aus Moskau in andere Gebiete versetzt worden. So wurde zumindest behauptet. Nach einiger Zeit zogen auch sie mit ihrem Gepäck fort, irgendwohin in entfernte Gegenden. Von Sécotine erfuhr ich, daß ihre Männer in Wirklichkeit festgenommen worden waren. Sécotine hatte sie früher in Polen bei der illegalen Arbeit für die Partei gekannt und bemühte sich, zu ihren Gunsten zu intervenieren; er schrieb Briefe, unternahm persönliche Schritte beim NKWD*, sammelte positive Aussagen über sie, in der Überzeugung, daß es sich da um einen Irrtum handelte. Er erklärte mir, daß sich eine von den kapitalistischen Ländern geleitete Verschwörung mit Hilfe der oppositionellen Kräfte innerhalb der UdSSR, der Trotzkisten und anderer Leute anbahne und daß es ihr Ziel sei, das Regime zu stürzen. In dem von der sowjetischen Polizei geführten Kampf, um diese Verschwörung aufzudecken und ihre Anstifter auszuschalten, könnten wohl gewisse Fehler begangen werden. Doch auch mein Freund Sécotine verschwand während dieser schweren Zeit, und ich habe nie wieder etwas von ihm gehört.
Als ich Lise in Valencia wiedersah, schilderte ich ihr die bedrückende Atmosphäre in Moskau während der letzten Zeit. Ich sprach von meiner

---

* Volkskommissariat des Inneren.

Beunruhigung, wenn Kameraden von einem Tag zum anderen verschwanden. Warum verschwanden sie? Ich erzählte ihr von den Prozessen, in denen manche Gefährten Lenins verurteilt worden waren. Lise wußte davon nur, was sie in der Presse gelesen hatte. Die Angeklagten hätten Verrat begangen, sie hätten es selbst eingestanden...
Dann hatte, wenige Monate später, der Prozeß des »Blocks der Rechtsgerichteten und der antisowjetischen Trotzkisten« stattgefunden, dessen stenographierten Bericht ich mir kurz nach meiner Rückkehr in Paris besorgte.
Ich entsinne mich, wie stark ich damals von dem Fall Krestinskij beeindruckt war. Als Wischinskij, bevor noch das Gericht mit seiner Arbeit begann, den einundzwanzig Angeklagten die übliche Frage stellte, ob sie sich schuldig bekannten, hatten alle »ja« geantwortet, nur er nicht.
»Ich bekenne mich nicht schuldig. Ich bin kein Trotzkist. Ich habe niemals dem Block der Rechtsgerichteten und der Trotzkisten angehört, dessen Existenz mir nicht bekannt war. Ich habe auch kein einziges der Verbrechen begangen, die mir persönlich zur Last gelegt werden; insbesondere bekenne ich mich nicht schuldig, mit dem deutschen Spionagedienst Beziehungen unterhalten zu haben.«
Als Wischinskij ihn darauf aufmerksam machte, daß er bei der Voruntersuchung seine Geständnisse unterschrieben habe, antwortete Krestinskij:
»Die Erklärungen, die ich, bevor Sie mich befragt haben, bei der Voruntersuchung machte, waren falsch... Später hielt ich sie aufrecht, weil mich die Erfahrung lehrte, daß ich sie bis zur Gerichtsverhandlung - wenn es eine solche gäbe - nicht mehr ungültig machen könnte. Hätte ich das erzählt, was ich heute sage - daß alles falsch ist -, dann wären, meinte ich, diese Erklärungen nie bis zu den Führern der Partei oder der Regierung gelangt.«
An diesem zweiten Prozeßtag hatte er während seines ganzen Verhörs um jedes Detail gekämpft und alle Anklagen widerlegt. Wischinskij hatte sich dann an die Mitangeklagten Krestinskijs gewandt; sie sollten die Schuld ihres Komplicen bestätigen. Einer der Belastungszeugen, der Mitangeklagte Bessonow, behauptete, anläßlich einer Begegnung in Deutschland von Krestinskij Weisungen für seine trotzkistische Spionagearbeit erhalten zu haben. Da er dabei lächelte, fragte ihn Wischinskij, was dieses Lächeln zu bedeuten habe. Bessonow antwortete:
»Ich muß lächeln, denn wenn ich jetzt hier bin, so ist es, weil Nikolaus Nikolajewitsch Krestinskij mich als Verbindungsmann mit Trotzkij angegeben hat. Außer ihm und Piatakow wußte niemand davon. Hätte sich Krestinskij nicht mit mir im Jahre 1933 über dieses Thema unterhalten, dann säße ich heute nicht hier auf der Anklagebank.«

Das erschütterndste aber war, daß Krestinskij, als man ihn am nächsten Tag wieder in den Gerichtssaal brachte, alle seine bei der Voruntersuchung abgelegten »Geständnisse« bestätigte.
Und als ihm Wischinskij seine Haltung vom Vortag vorwarf, die nicht anders denn als trotzkistische Provokation angesehen werden konnte, antwortete Krestinskij: »Ich konnte gestern aus einem momentanen, übermächtigen Gefühl falschen Stolzes... nicht die Wahrheit sagen, nicht bekennen, daß ich schuldig bin... Ich bitte das Gericht, meine Erklärung zu protokollieren: ich bekenne mich schuldig, völlig und rückhaltlos, und ich übernehme die volle Verantwortung für meine Tücke und meinen Verrat...«
Und in seinem Schlußwort vor Gericht, einige Tage später, erinnerte er an seine ehemalige, richtige revolutionäre Tätigkeit und bat, man möge ihn am Leben lassen, um ihm die Möglichkeit zu geben, auf irgendwelche Weise seine schweren Verbrechen wenigstens zum Teil wiedergutzumachen.
In unseren Diskussionen in den Parteiorganisationen wurde das Verhalten Krestinskijs als das eines besonders verbissenen Feindes angesehen, weil er auch noch im Laufe des Prozesses versucht hatte, die Führung der bolschewistischen Partei und die sowjetische Justiz herabzusetzen.
Ich entsinne mich auch der letzten Worte Bucharins, die mich zu jener Zeit in Verwirrung gebracht hatten, ohne jedoch Zweifel an der Korrektheit des Prozesses in mir entstehen zu lassen.
Jetzt begreife ich, daß die Moskauer Prozesse Vorläufer der unseren waren. Mit dem einzigen Unterschied, daß die Hauptangeklagten dort vorher von der offiziellen Parteilinie abweichende Ansichten geäußert hatten und Oppositionsströmungen darstellten. Das eben hatte unsere Leichtgläubigkeit bis zu einem gewissen Grad gerechtfertigt.
Ich erinnere mich an die weniger weit zurückliegenden Prozesse von Sofia. Auch Kostow hatte versucht, alle Geständnisse, die er vorher während der Untersuchung abgelegt hatte, vor dem Gericht zu widerrufen. Sofort hatte man ihm das Mikrophon ausgeschaltet. Und dann hatte man zahlreiche Zeugen vor Gericht erscheinen lassen, die ihn schwer belasteten. Schließlich hatte er einen Brief an die Parteileitung geschrieben; das Buch über den Prozeß, das mir vor meiner Verhaftung in die Hand geriet, enthält davon ein mit seiner Unterschrift versehenes Faksimile. Das war der Brief, in dem er die Partei anflehte, ihm seine feindselige Haltung vom Vortag zu verzeihen, in dem er schrieb, er bereue und hoffe, man werde ihn weiterleben lassen, damit er eines Tages alles wiedergutmachen könne... Wie ergreifend scheint mir nun der Brief, da ich weiß, was er bedeutet, und wenn ich daran denke, wie Kostow - ein Unschuldiger! - gelitten haben muß, als er ihn schrieb!

Ich bin immer mehr davon überzeugt, daß ein ähnlicher Versuch meinerseits ebenso fehlschlagen wird. Zumal da mich die Referenten warnen: »Glauben Sie ja nicht, daß Sie Ihre Geständnisse zurücknehmen oder sich vor Gericht von Ihrem Text entfernen können. Alles ist vorgesehen für den Fall, daß Sie den Überklugen spielen wollen. Man wird Sie im Gerichtssaal nicht weiter anhören, und das Wort erhalten dann die zwanzig Belastungszeugen, die bereitstehen!«

Später werde ich erfahren, daß bei der Probe für den Prozeß die Aussage, die man uns hatte auswendig lernen lassen, auf Tonband aufgenommen wurde. Der Präsident des Gerichtshofes war durch ein Warnungssystem mit einer Gruppe von Referenten verbunden, die ihm die Anweisung erteilen konnte, die Verhandlung zu unterbrechen, falls einer der Angeklagten von seinem Text abwich.

Wenn auch ich widerrufe, wird es - dessen bin ich sicher - zuerst die gleiche Hetze und später die gleichen Diskussionen über mich geben wie jene, denen ich seinerzeit über Krestinskij und Kostow beiwohnte, die gleichen Kommentare in der kommunistischen Presse der ganzen Welt über mein verbrecherisches Verhalten. Ich werde der Mann sein, der bis zum letzten Augenblick, bis unter dem Galgen seine Partei bespie, sie vor der Meinung der Welt in Verruf zu bringen versuchte.

Und als ich zwei oder drei Tage vor dem Prozeß in einen Raum geführt werde, wo ich mich dem Mitglied des Politbüros, Sicherheitsminister Karol Bacilek, in voller Generalsuniform gegenübersehe, der nicht in seinem privaten Namen zu mir spricht, sondern wie er sagt, »im Namen der Partei, im Namen des Genossen Gottwald«, da weiß ich: die Würfel sind gefallen ...

Die Partei appelliere an mich, erklärt er mir, ich solle mich an die Aussage halten, wie sie im Protokoll des Gerichts formuliert ist; damit werde ich der Partei einen großen Dienst erweisen. Im Ausland, fügt er hinzu, sei die Lage sehr ernst, es drohe Krieg; und die Partei erwarte von mir, daß ich mich von ihren Interessen leiten lasse; wenn ich so handle, wird es mir zugute kommen ...

Mehr denn je bin ich nun überzeugt, daß mir niemand glauben wird, wenn ich vor Gericht eine ablehnende Haltung einnehme, wenn ich meine Unschuld beteure. Sie werden mir nicht glauben und werden mich hängen.

Wenn man auch weiß, daß man das unschuldige ohnmächtige Opfer in den Händen von gewissenlosen Verbrechern ist, deren machiavellistische Bemühungen nur darauf abzielen, einen seines Menschseins, seines Bewußtseins als freier Mensch und Kommunist zu berauben, so weiß man doch auch, daß jenseits des Gerichtssaals, der Referenten, der sowjetischen Berater, die Partei steht, mit ihrer Masse ergebener Mitkämpfer,

die Sowjetunion und ihr Volk, das der Sache des Kommunismus so viele Opfer gebracht hat. Man denkt an das Lager des Friedens, an die Millionen Kämpfer, die in der ganzen Welt um das gleiche sozialistische Ideal weiterringen, dem man sein ganzes Leben geweiht hat. Man weiß, daß die internationale Lage gespannt ist, daß der kalte Krieg in vollem Gang ist, daß alles von den Imperialisten benutzt werden kann, um den Krieg - ohne Beiwort - ausbrechen zu lassen. Mit dem Gewissen eines Kommunisten lehnt man es ab, unter diesen Umständen »objektiv gesehen ein Komplice« der Imperialisten zu sein.
Man kommt also zu dem Schluß, daß man, da ohnehin alles schon verloren ist, lieber seine Schuldlosigkeit verschweigt und sich schuldig bekennt.
Während der letzten Wochen hat sich meine körperliche Verfassung bedeutend gebessert. Das bedaure ich, denn es muß viel leichter sein, sich die Schlinge um den Hals legen zu lassen, wenn man sich schwach und elend fühlt!
Wie oft stelle ich mir diesen letzten Augenblick vor! Ich träume vom Galgen. Und wenn im Schlaf die Decke meinen Hals streift, verursacht die Berührung automatisch den gleichen Alptraum.
Ich versuche, diese Gedanken zu verscheuchen, doch je näher der Tag des Prozesses heranrückt, desto schlimmer plagen sie mich. Man gibt mir Bücher. Ich zwinge mich zu lesen. Aber ich lese nicht den Text, der vor mir liegt, sondern zwischen den Zeilen, meinen endgültigen Abschied von der Welt, die schwierige Lage meiner Familie, die meine Kinder auch noch als Erwachsene verfolgen wird. Für mich wird das Drama zu Ende sein... Aber Lise und die Kinder werden ihr ganzes Leben lang die Male davon tragen. Und sollte sogar ein Wunder geschehen, und ich entgehe dem Galgen, so wird man mich nach einem solchen Prozeß nie wieder aus dem Gefängnis fortlassen.
Man hat mir soeben den *Don Quijote* gebracht, und obgleich ich das Buch schon zum viertenmal lese, gelingt es mir, damit von meinen Gedanken loszukommen. Nun bin ich fern von meiner Zelle, in der Welt des Cervantes, und plötzlich überrasche ich mich dabei, über die Äußerungen Sancho Pansas, der mich so sehr an meinen Schwiegervater Ricol erinnert, herzlich zu lachen, und noch nie hat mich die Persönlichkeit Don Quijotes so erschüttert wie dieses Mal.
Die letzte Nacht ist gekommen. Ich errate eher die gedämpften Schritte im Korridor, als daß ich sie höre. Das Guckloch ist offengeblieben, damit ich die Überwachung nicht merke; in regelmäßigen Abständen wird es vom Auge des Wärters verdeckt. Er ist pünktlich wie ein Uhrwerk...
Welche Tragödie werden Lise und ihre Eltern morgen erleben! Die Kinder werden deren ganze Tragweite erst später ermessen können. Wenn

man sie nur in Frieden leben läßt! Wieviel Mut werden sie brauchen und wie viele Jahre, vielleicht ihr ganzes Leben, um den Schwierigkeiten zu begegnen, die sie noch über mein Grab hinaus verfolgen werden...
Bacilek hat mir versprochen, die Partei werde mit meiner Frau sprechen, um sie auf den Prozeß vorzubereiten. Als ich ihm von meinen Befürchtungen für meine Familie erzählte, die in einem für sie fremden Land ohnehin schon so vereinsamt steht, versprach er mir, die Partei werde dafür sorgen, daß die Meinen unter den Folgen des Prozesses nicht zu leiden hätten. Ich glaube diesen Versprechungen zwar nicht, aber sie sind mir doch gegeben worden...
Ich denke zurück an meine Kindheit. Mein bewußtes Denken begann mit der Affäre Sacco-Vanzetti, als ich an der Hand meines Vaters inmitten von Hunderten von Männern und Frauen die Internationale zu singen versuchte, deren Text ich schon ein wenig kannte. Man hatte Sacco und Vanzetti trotz des gewaltigen Protestschreis, der die Welt erschütterte, ermordet. Und sie waren unschuldig!
In einigen Stunden wird unser Prozeß beginnen. Wie anders doch alles für uns ist! Die Erinnerung an die beiden Märtyrer, die mir an der Schwelle meines Lebens als Mann, als Kommunist einen Stempel aufdrückten, ist in mir nie erloschen.
Soll ich meinen politischen Einsatz bereuen?
Diese Frage habe ich mir in den zwei Jahren, die ich hier bin, schon so oft gestellt. Und immer lautete die Antwort: Nein, ich bin stolz auf meine Vergangenheit.
Der Kampf unserer Vorgänger, unsere eigenen Kämpfe für ein internationales Ideal der Brüderlichkeit, der Gerechtigkeit und des Friedens sind und bleiben gerecht.
Die bürokratische Verunstaltung des Sozialismus, die Dogmatik, das Aufgeben der demokratischen Prinzipien und ihr Ersatz durch willkürliche Befehlsmethoden, die Knebelung der Kritik, die Vergötterung der Partei durch Mißbrauch der Formeln »Die Partei hat immer recht«, »Die Partei ruft dich«, das alles hat uns auf eine schlimme Bahn gebracht, die zu jederlei Mißbrauch führt.
Wieviel Ungerechtigkeit, Willkür und Gewalttat zeigte sich in der Art, wie man mit den Mitgliedern der Partei verfuhr! Systematisch wurde die Verdächtigung in unseren Reihen hochgespielt. Man benutzte die Informationen der Polizei zur Beurteilung der Kader. So ließ man in der Partei und im Land eine Atmosphäre des Mißtrauens, der Angst, dann des Terrors aufkommen; es entstand und wuchs jener allmächtige, ungeheuerliche Krebsschaden, der unter dem Deckmantel der Sicherheit für den Staat die Zerstörungsaxt in die Partei und den Bau des Sozialismus einführte, und zwar unter Anwendung der stalinistischen Vorstellung,

daß der Klassenkampf während des Aufbaus des Sozialismus verschärft werden müsse.

Wieviel hätte ich meiner Frau, meinen Kindern, meinen Freunden und Kampfgefährten zu sagen! Nie zuvor fühlte ich mich ihnen allen so nahe! Und morgen werden sie mich verfluchen, mich als einen Verräter ansehen... Dennoch muß ich mich schuldig bekennen! Das war auch schon bei unseren Vorgängern so - in Moskau, Budapest und Sofia...

Ein Gedanke streift Sacco und Vanzetti: als Kind hatte ich geweint, als ich ihren letzten Brief, ihren Abschied las. Unschuldig... hingerichtet... ihr Andenken ist rein geblieben... sie sind Helden...

Es ist soweit! Die Tür öffnet sich. Der Wärter sagt: »Machen Sie sich bereit.« Mein Leben geht zu Ende. Ich brauche viel Mut, um noch einige Tage durchzuhalten.

Ich habe Fieber. Ich verlange zu trinken. Beim Anziehen erkenne ich die Kleider, die man mir gibt. Sie kommen von zu Hause! Der Rechtsanwalt wird wohl meine Familie aufgesucht haben. Er hat sie auf die Tragödie vorbereitet, die sie erwartet!

Man verbindet mir die Augen und führt mich in den Hof, wo die grüne Minna wartet. Dann wird es schwarz um mich: ich falle in Ohnmacht. Als ich wieder zu mir komme, sehe ich die Referenten, die sich über mich beugen. Sie scheinen besorgt zu sein. Dr. Sommer kommt hinzu, fühlt mir den Puls, untersucht mein Herz, gibt mir Tabletten.

Ich steige in die grüne Minna. Sie fährt los.

Vierter Teil
Prozeß in Pankrac

1

Bei unserer Ankunft in Pankrac ist es noch Nacht. Es ist das alte traditionelle Gefängnis in einem Arbeiterbezirk von Prag, ähnlich wie die Santé in Paris, an die man den Justizpalast angeschlossen hatte. Um in die Untersuchungsräume oder in die Verhandlungssäle zu gelangen, braucht man das Gebäude von Pankrac nicht zu verlassen.

Umgeben von Wärtern und den Referenten, werde ich mit gefesselten Händen durch lange Korridore in einen Keller geführt, in dem sich zu beiden Seiten Zellen befinden. In eine davon werde ich eingeschlossen. Das Guckfenster bleibt offen wie in Frankreich bei den zum Tode Verurteilten. Vor der Tür ist ständig ein Wärter postiert. In einer Ecke der Zelle gibt es einen Strohsack, in der anderen einen Stuhl. Während der Zeit, die ich dort verbringe, wird jede Nacht ein Wärter auf diesem Stuhl sitzen. Man will uns entschieden bis zur Urteilsverkündung am Leben erhalten.

Kohoutek teilt mir mit, daß der Staatsanwalt heute, am 20. November 1952, in Gegenwart der vierzehn Angeklagten die Anklageschrift vorlesen wird, danach werden die Verhöre beginnen, als erstes Slanskys. Zu dem Zeitpunkt werde ich nach Ruzyně zurückgebracht, und man wird mich erst wieder nach Pankrac bringen, wenn ich an der Reihe bin. Nach meiner Aussage werde ich auf der Anklagebank Platz nehmen müssen und bis zur Urteilsverkündung dort bleiben.

Vor Eröffnung des Prozesses untersucht mich Doktor Sommer unter Assistenz einer Krankenschwester. Er mißt meinen Blutdruck, gibt mir Tabletten und geht weiter, von einer Zelle zur anderen. Dieses Ritual wiederholt sich dann Tag für Tag während der ganzen Dauer des Prozesses, zuweilen auch während der Verhandlungspausen.

Kurz vor neun Uhr holt man mich aus der Zelle. Die Türen der Nachbarzellen öffnen sich, und meine Mitangeklagten treten gleichfalls in den Korridor. Wir stehen einer hinter dem anderen. Jeder von uns ist vom nächsten durch einen Wärter getrennt - es sind unsere Wächter aus Ruzyně. Es ist das erste Mal, daß wir so beisammenstehen. Der einzige, den ich nicht persönlich kenne, ist Frejka.

Unsere Reihe setzt sich in Bewegung. Als erster Slansky, nach ihm Geminder und Clementis. Dann ich, nach mir Hajdu, André Simone, Frejka, Frank, Löbl, Margolius, Fischl, Švab, Reicin und Šling.

Alle Gesichter sind verschlossen, angespannt, die Züge sind eingefallen. Meine Kameraden starren ins Leere; es werden keine Blicke gewechselt.

Wieder ein endloses Labyrinth von Korridoren und Treppen. Und plötz-

lich gelangen wir in einen weiten, hellerleuchteten, von Publikum dichtbesetzten Saal. Ich vermeide es, mich umzublicken; ich habe Angst, meine Frau in der Menge zu erkennen. Ich hoffe, daß der Rechtsanwalt sie seinem Versprechen gemäß aufgesucht hat und daß es ihm gelungen ist, sie dem Prozeß fernzuhalten.
Als ich an den Journalisten vorbeigehe, fällt mein Blick auf einen von ihnen, den ich seinerzeit in Ostrau kannte.
Man läßt uns auf der Anklagebank Platz nehmen; immer ein Wärter zwischen je zweien von uns. Kurz darauf betritt das Gericht den Saal.
Ich habe den Eindruck, mich mit meinen dreizehn Kameraden und dem Gericht auf einer Theaterbühne zu befinden. Jeder von uns ist bereit, seine Rolle in dem von den Ruzyňer Spezialisten sorgfältig inszenierten Sensationsstück zu spielen. Es wurde keine Einzelheit übersehen. Der Vorhang hebt sich ungehindert. Man spürt das unfehlbare Fingerspitzengefühl, das sich die Meister des Betrugs durch lange Erfahrung und durch die Inszenierung so vieler früherer Prozesse erworben haben. Überall sind Mikrophone angebracht. Die Scheinwerfer, die Elektrokabel auf dem Boden ... alles erweckt den Eindruck einer großen Premiere!
Der Vorsitzende des Gerichts, Dr. Novak, eröffnet die Verhandlung. Dem Ritus gemäß wendet er sich an uns und fragt völlig ernsthaft, ob die vom Gesetz vorgesehenen Fristen für unser Erscheinen bei der Verhandlung richtig eingehalten wurden. Wie es sich gehört, antworten wir, einer nach dem anderen, bejahend. Dann empfiehlt er uns, der Verlesung der Anklage sowie der Entwicklung der Verhandlung aufmerksam zu folgen und von dem Recht Gebrauch zu machen, unsere Ansicht über die verschiedenen Beweisstücke auszudrücken. Er geht so weit, uns daran zu erinnern, daß wir das Recht haben, uns so zu verteidigen, wie wir es für richtig halten. Dann erteilt er dem Ersten Staatsanwalt Urvalek das Wort, und dieser verliest die Anklage:
... daß sie in ihrer Eigenschaft als Verräter, Trotzkisten, Titoisten, Zionisten, bourgeoise Nationalisten, als Feinde des tschechoslowakischen Volkes, der volksdemokratischen Ordnung und des Sozialismus im Dienst der amerikanischen Imperialisten und unter Führung der feindlichen westlichen Nachrichtendienste ein gegen den Staat gerichtetes Verschwörungszentrum aufgebaut haben, sie haben danach gestrebt, die Grundlagen der volksdemokratischen Ordnung zu untergraben, den Aufbau des Sozialismus zu hindern, der Volkswirtschaft zu schaden; sie haben Spionage betrieben, die Einheit des tschechoslowakischen Volkes und die Verteidigungskraft der Republik zu schwächen versucht, um sie von ihrem festen Bündnis mit der Sowjetunion zu lösen und von ihrer Freundschaft mit der UdSSR loszureißen, um der volksdemokratischen

Ordnung in der Tschechoslowakei ein Ende zu machen und den Kapitalismus wiederherzustellen, um unsere Republik von neuem in das imperialistische Lager zu führen und ihre Souveränität und nationale Unabhängigkeit zu vernichten*.

Während der langen Verlesung vieler unserer »Geständnisse und Erklärungen«, namentlich derer Slanskys, Frejkas und Franks sowie der Aussagen der zahlreichen Zeugen und Auszüge aus den Berichten von Fachausschüssen über wirtschaftliche und industrielle Probleme, zuckt keiner der Angeklagten auch nur mit der Wimper. Die Reihe unserer Verbrechen erstreckt sich vom Hochverrat bis zum militärischen Verrat, auf dem Weg über Spionage und Sabotage ...

Diese von Urvalek im Namen des tschechoslowakischen Volkes vorgebrachten Anklagen erklären *daß die Verschwörer sich ohne Rücksicht auf bestehende Verträge bemühten, die Lieferung unserer Waren an die UdSSR und an die volksdemokratischen Staaten möglichst zu verhindern, indem sie für diese Waren bedeutend höhere Preise als die auf dem Weltmarkt geltenden verlangten. In die kapitalistischen Staaten hingegen schickten sie die gleichen Waren zu beträchtlich verbilligten Preisen, verglichen mit jenen, die von der UdSSR gefordert wurden, und bedeutend billiger, als das Preisniveau auf dem Weltmarkt.*

Urvalek verliest Aussagen Slanskys:

Wir haben die Entwicklung des Außenhandels mit der UdSSR behindert, indem wir zum Beispiel wichtige Maschinen und Apparaturen in kapitalistischen Staaten bestellten und sie einführten, obwohl die gleichen Maschinen und Apparaturen in der UdSSR hergestellt werden, wo man sie billiger kaufen konnte. Viele sowjetische Bestellungen wurden unter dem unwahren Vorwand abgelehnt, daß die tschechoslowakische Industrie die verlangten Erzeugnisse nicht herstellte.
In anderen Fällen wurde der Handel mit der Sowjetunion durch die absichtlich hoch angesetzten Preise gehemmt, oder die Bestellungen wurden nur teilweise angenommen unter dem falschen Vorwand, daß die Lieferungsfähigkeit der Fabrik nicht ausreiche; auch wurden die festgesetzten Lieferfristen sabotiert ... In gleicher Art verfuhr man mit den Bestellungen der volksdemokratischen Staaten, und die Handelsbeziehungen mit diesen Staaten wurden auf diese Weise verringert ...

---

* Dieser Auszug aus der Anklageschrift ebenso wie alle anderen Auszüge aus den Debatten des Prozesses sind dem bereits zitierten Buch »Prozeß der Führer des von Rudolf Slansky geleiteten Verschwörungszentrums gegen den Staat« entnommen.

Urvalek gelangt zum Schluß der Aufzählung aller unserer Verbrechen gegen Staat und Volk:

Der tückische und gefährliche Charakter des Anschlags gegen die Freiheit, die Souveränität und die Unabhängigkeit des Vaterlandes, der von diesen Verbrechern geplant wurde, ist um so erheblicher, als sie ihre Zugehörigkeit zur tschechoslowakischen Kommunistischen Partei und das Vertrauen der unsren Werktätigen teuren Partei mißbrauchten, die hohen Funktionen, die ihnen anvertraut worden waren, mißbrauchten, um sich mit unseren hartnäckigsten Feinden, den amerikanischen Imperialisten und ihren Handlangern zu verbünden und unser Land in die kapitalistische Sklaverei zurückzuführen. Die Verschwörer konnten ihrer verbrecherischen Tätigkeit nur frönen, indem sie Einverständnis mit dem Programm und der Politik der Kommunistischen Partei heuchelten und mit geschicktem Betrug ihr wahres Gesicht verbargen. Sogar als die ersten Mitglieder des gegen den Staat gerichteten Verschwörungszentrums bereits entlarvt und verhaftet waren, versuchte Rudolf Slansky, dieser gerissene Januskopf mit dem Doppelgesicht, die Aufmerksamkeit von sich als Chef des Komplotts abzulenken, und täuschte vor, selbst das Opfer der subversiven Tätigkeit der Šling, Švermova und anderer zu sein.
Obgleich jedoch die Verschwörer, mit Slansky an ihrer Spitze, in den Organen der Partei und des Staates wichtige Positionen zu erringen vermocht hatten, gelang es ihnen nicht, wie Tito in Jugoslawien, die Spitzenorgane der Partei und des Staates zu unterwerfen, die Macht an sich zu reißen und damit ihre verbrecherischen Ziele zu erreichen.
Dank der Wachsamkeit, dem Scharfsinn und der Entschlußkraft des Führers des tschechoslowakischen Volkes, Genosse Klement Gottwald, dank der Einigkeit und der brüderlichen Geschlossenheit des eng um den Genossen Klement Gottwald gescharten Zentralkomitees der Kommunistischen Partei, dank der unverbrüchlichen Treue und Anhänglichkeit des gesamten Volkes der Tschechoslowakei zur Partei, zur Regierung und zu unserem Genossen Klement Gottwald, dank der unerschütterlichen Treue unserer Völker zur Sowjetunion, wurden die Verschwörung zerschmettert und die Anschläge der Verbrecher zunichte gemacht ... Dem Volk, der Regierung, der Partei und dem Genossen Klement Gottwald getreu, haben die Organe des Staatssicherheitsdienstes die verbrecherische Hand der Verschwörer rechtzeitig aufgehalten ... Auf Grund der angeführten Tatsachen werden folgende Personen angeklagt:
Rudolf Slansky, geboren am 31. 7. 1901, jüdischer Herkunft, von einer Kaufmannsfamilie abstammend ... ehemaliger Generalsekretär der Kommunistischen Partei der Tschechoslowakei, vor seiner Verhaftung

stellvertretender Ministerpräsident der tschechoslowakischen Republik.
Bedřich Geminder, *geboren am 19. 11. 1901, jüdischer Herkunft, Sohn eines Kaufmanns und Gastwirts ... ehemaliger Leiter der Abteilung für internationale Beziehungen des Zentralkomitees der Kommunistischen Partei der Tschechoslowakei.*
Ludvik Frejka, *geboren am 15. 1. 1904, jüdischer Herkunft, Sohn eines Arztes, ehemaliger Leiter der Wirtschaftsabteilung der Kanzlei des Präsidenten der tschechoslowakischen Republik.*
Josef Frank, *geboren am 15. 2. 1909, Tscheche, proletarischen Ursprungs ... ehemaliger stellvertretender Generalsekretär der Kommunistischen Partei der Tschechoslowakei.*
Vladimir Clementis, *geboren am 20. 9. 1902, Slowake, aus bürgerlicher Familie ... ehemaliger Außenminister.*
Bedrich Reicin, *geboren am 29. 9. 1911, jüdischer Herkunft, aus bürgerlicher Familie ... ehemaliger stellvertretender Verteidigungsminister.*
Karel Švab, *geboren am 13. 5. 1904, Tscheche, proletarischen Ursprungs ... ehemaliger Vizeminister für nationale Sicherheit.*
Artur London, *geboren am 1. 2. 1915, jüdischer Herkunft, Kaufmannssohn ... ehemaliger stellvertretender Außenminister.*
Vavro Hajdu, *geboren am 8. 8. 1913, jüdischer Herkunft, Sohn des Besitzers der Kurbäder von Smrdaky ... ehemaliger stellvertretender Außenminister.*
Eugen Löbl, *geboren am 14. 5. 1907, jüdischer Herkunft, Sohn eines Großkaufmanns ... ehemaliger stellvertretender Minister für Außenhandel.*
Rudolf Margolius, *geboren am 31. 8. 1913, jüdischer Herkunft, Sohn eines Großkaufmanns ... ehemaliger stellvertretender Minister für Außenhandel.*
Otto Fischl, *geboren am 17. 8. 1902, jüdischer Herkunft, Kaufmannssohn ... ehemaliger stellvertretender Finanzminister.*
Otto Šling, *geboren am 24. 8. 1912, jüdischer Herkunft, Fabrikantensohn, ehemaliger Sekretär des Kreiskomitees der Kommunistischen Partei der Tschechoslowakei in Brünn.*
André Simone, *geboren am 27. 5. 1895, jüdischer Herkunft, Fabrikantensohn ... ehemaliger Redakteur der Zeitung Rude Pravo.«*

Während der drei Stunden, die die Verlesung der Anklageschrift in Anspruch nimmt, herrscht völlige Stille im Saal. Von Zeit zu Zeit werden wir durch das starke Licht der Scheinwerfer geblendet. Man filmt uns! Wir werden also in den Kinosälen vor dem Hauptfilm zu sehen sein ...
Die Verhandlung wird unterbrochen, und wir werden in unsere Zelle zurückgeführt. Am Nachmittag bringt man mich wieder nach Ruzyně. Ich

fühle mich völlig ausgelöscht, apathisch, passiv. Ich bin in ein Getriebe verfangen und reagiere ebensowenig wie das Werkstück, das vom Förderband unerbittlich in das Zahnwerk der Maschine geschoben wird, um darin zermahlen zu werden.

Am übernächsten Tag, dem 22. November, kommt man mich holen. Ich bin an der Reihe auszusagen. Inzwischen mußte ich meinen Text noch einmal wiederholen. Ich weiß auch genau, in welchem Augenblick mich der Staatsanwalt und der Vorsitzende des Gerichts unterbrechen, welche Fragen sie mir stellen werden.

Während ich in den Kulissen, in einem Verschlag sitzend, darauf warte, daß die Reihe an mich kommt, sucht mich Kohoutek auf. Er teilt mir mit, daß die Parteileitung die Entwicklung des Prozesses aufmerksam verfolgt und daß sie hofft, alle Angeklagten werden sich ihrer Aufgabe gewachsen zeigen. Er sagt mir noch, ich solle die Worte von Minister Bacilek beherzigen, daß mein Schicksal von meinem Verhalten abhänge. Dann stellt Kohoutek Prognosen über die Strafen an, die man verhängen wird. Sie werden streng sein, meint er, aber es wird kein Todesurteil geben. Sollten überraschenderweise eines oder zwei ausgesprochen werden, dann gäbe es ja auch noch die Möglichkeit eines Gnadengesuchs...

»Ich wiederhole es Ihnen«, sagt er eindringlich, »was die Partei in der augenblicklichen Lage braucht, sind nicht fallende Köpfe, sondern ein politischer Parade-Prozeß ...«

Als Beispiel zitiert er eingehend den Prozeß der Industriepartei von Moskau. Die schweren Verurteilungen der Angeklagten, einschließlich der Todesurteile, waren nachher in verhältnismäßig geringe Strafen umgewandelt worden. Er spricht über Ramsin, den Hauptangeklagten, den er mit Slansky vergleicht. Dessen Todesstrafe wurde von der Partei in zehn Jahre Gefängnis umgewandelt, von denen er nur die Hälfte verbüßte. Fünf Jahre später wurde er wegen guter Führung freigelassen. Kohoutek erzählt mir sogar, daß Ramsin für seine während der Haft geleistete Arbeit einen der höchsten Orden der UdSSR erhalten hat.

Seine Worte wirken auf mich wie ein Beruhigungsmittel, um so mehr, als er mit großer Überzeugung spricht und, was er sagt, zu glauben scheint. Auch ich will daran glauben. Um mich darin zu bestärken, sage ich mir: Während der letzten zwei Jahre legten Kohoutek und alle anderen Referenten eine völlige Ahnungslosigkeit, was die Fakten der Vergangenheit anlangte, an den Tag; soweit sie davon zu sprechen versuchten, taten sie es in der Art von Schulkindern, die eine schlechtgelernte Lektion aufsagen, indem sie ein wenig aus den Gesprächen wiederholten, die sie zwischen den sowjetischen Beratern aufgeschnappt hatten. Was er mir sagt, kann er nicht erfunden haben; sicher ist es die Ansicht der Berater, die er damit wiedergibt!

2

Ich werde in den Saal geführt, vor das Mikrophon, dem Gericht gegenüber. Nur drei Männer sitzen auf der Anklagebank: Slansky, Geminder, Clementis. Sie haben ihre Aussagen bereits gemacht.
Auf die Frage des Vorsitzenden, ob ich die Anklageschrift verstanden habe, antworte ich bejahend. Darauf fragt er mich, inwiefern ich mich schuldig bekenne. Ich sage meine lange Lektion fehlerlos auf. Ich spreche meinen Text kühl, beflissen, als ginge mich das alles nichts an. Ich habe geradezu das Gefühl, dem Verhör eines Doppelgängers als Zeuge beizuwohnen.
»Ich gestehe meine Schuld, vom Jahre 1948 an bis zum Tag meiner Festnahme in der Tschechoslowakei dem von Rudolf Slansky gebildeten und geleiteten Verschwörungszentrum gegen den Staat aktiv angehört zu haben...
...Ich bekenne mich voll schuldig, als Mitglied der Verschwörung die Spionageverbindungen Slanskys mit dem englischen Agenten Zilliacus hergestellt, aufrechterhalten und zu diesem Zweck die diplomatische Post des Außenministeriums verwendet zu haben. Überdies stand ich selbst in Spionageverbindung mit dem amerikanischen Agenten Noel Field, dem ich Spionageinformationen übermittelte.«
Der Staatsanwalt: »Was hat Sie veranlaßt, aktiv als Feind gegen die tschechoslowakische volksdemokratische Republik zu arbeiten?«
»Ich bin in einem bürgerlichen Milieu aufgewachsen. Die werktätigen Massen blieben mir stets fremd, und ich ließ mich von meinem egoistischen bürgerlichen Instinkt leiten, der darauf abzielte, meine Karriere und mein privates Wohlergehen zu sichern. Vor allem jedoch entfremdete mich der Tschechoslowakei mein mehr als elfjähriger Aufenthalt im Westen, so daß ich das tschechoslowakische Volk, sein Wesen und seinen Kampf um die Freiheit nicht wirklich kannte. Während meines Aufenthalts im Westen wurde ich Kosmopolit und geriet völlig in das bürgerliche Lager. Das führte mich in Frankreich im Jahre 1940 zu der trotzkistischen Gruppe der internationalen Brigaden aus Spanien; diese Gruppe betätigte sich in Marseille und wurde von dem amerikanischen Verein YMCA und ihrer tschechoslowakischen Abteilung, der ›tschechoslowakischen Hilfszentrale‹, unterstützt, einem Organ des amerikanischen Nachrichtendienstes unter der Führung des Spions Lowry und des Trotzkisten Dubina.«
Staatsanwalt Urvalek: »Machen Sie ausführliche Angaben über die trotzkistische Gruppe, mit der Sie im Jahre 1940 in Frankreich in Verbindung traten.«

»Im Jahre 1940 arbeitete ich als Emigrant bei der Organisation der MOI. Dort erfuhr ich von der Existenz einer trotzkistischen Gruppe in Marseille, die aus ehemaligen tschechoslowakischen Mitgliedern der internationalen Brigaden bestand. Mit dieser Gruppe trat ich in Verbindung; ich übte einen gewissen Einfluß auf sie aus und konnte sie, dank meiner Verbindungen in Frankreich, dazu bewegen, nach Paris zu kommen.
... Dieser Gruppe gehörten unter anderem Oswald Zavodsky, Laco Holdoš und Antonin Svoboda an. Sie alle kamen nach dem Ende des Zweiten Weltkriegs in die Tschechoslowakei und erhielten dank der unmittelbaren Unterstützung Slanskys wichtige Posten im Partei- und Staatsapparat sowie in der Armee.
... Slansky handelte so, weil er selbst Trotzkist und völlig bürgerlich eingestellt war - er zog Menschen gleicher Art an sich, weil er mit ihnen seinen geplanten Verrat zu verwirklichen hoffte. Im Anschluß an die Gruppierung derart eingestellter Männer bildete sich Slanskys Verschwörungszentrum...«
Ich rezitiere, daß Slansky mich während des VIII. Parteikongresses 1946... »im Gefolge einer Besprechung, die mit Unterbrechungen zwei Tage dauerte« ... von seinen verbrecherischen Plänen in Kenntnis gesetzt und mir vorgeschlagen hatte, mit ihm zusammenzuarbeiten.
Daß »er, um meine Einwilligung zu erzwingen, jene Affäre um den Brief des Verteidigungsministers aufgezogen habe, mit dem sein Komplice Mikše, der Militärattaché der Pariser Botschaft, mir gedroht hatte...«
Daß »Slansky mir befahl, die französische progressistische Bewegung zu untergraben und auszuspionieren. Geminder und Zavodsky waren mit der gleichen Aufgabe betraut...«
Daß »ich nach Beendigung meiner Kur in der Schweiz nach Prag zurückkehrte... Ich wurde durch Slansky im Außenministerium untergebracht, wo ich in enger Zusammenarbeit mit den anderen Komplicen, Clementis, Hajdu, wirken sollte...«
Daß wie ich »Dutzende andere, gleichfalls aufrührerische Elemente, Komplicen Slanskys, ebenso wichtige Funktionen im Staatsapparat erhielten...«
Daß »ich auf Vorschlag Geminders meine Betätigung auf die wichtige Abteilung der Kaderpolitik im Außenministerium richtete...« Daß »ich den diplomatischen Kurier zu Spionagezwecken für das Verschwörungszentrum gegen den Staat mißbrauchte. Ich war ein Glied der Spionagekette, die Slansky und Geminder mit dem ehemaligen Agenten des *Intelligence Service,* Koni Zilliacus, verband. Dieser war die wichtigste Person, die die Verbindung des Zentrums mit den Führungskreisen der

westlichen Imperialisten sicherte ... mit dem Ziel, den Umsturz des Regimes in der Tschechoslowakei herbeizuführen...«

Ich fahre fort: »... in England standen der Botschafter der Republik, Kratochvil, der Botschaftsrat Goldstücker und Pavel Kavan in Verbindung mit Zilliacus. Sie übergaben Zilliacus die Geheimkorrespondenz, die ihnen Geminder und Slansky durch den diplomatischen Kurier sandten.«

Der Staatsanwalt: »Sprechen Sie nun von Ihren Beziehungen zu dem amerikanischen Agenten Noel Field.«

»Ich trat mit dem bekannten amerikanischen Agenten Noel Field 1947 in Genf in Verbindung...

Unter dem Deckmantel von Hilfsaktionen und Unterstützungen durch die amerikanische Organisation *Unitarian Service Commitee* versuchte der amerikanische Geheimdienst mit Hilfe verschiedener Leute aus Osteuropa in die volksdemokratischen Länder einzudringen und dort subversive und Spionagekräfte einzusetzen. Field bot vielen Leuten verschiedene Hilfeleistungen und finanzielle Unterstützung an und erwarb auf solche Weise allerlei Bekanntschaften und Verbindungen. Er gewann sie für sich und schuf günstige Bedingungen, um sie in seine Dienste zu nehmen und sie für die amerikanische Spionage arbeiten zu lassen. So verschaffte sich Field sehr wichtige Informationsquellen für die Spionage gegen die volksdemokratischen Länder, wie schon im Rajkprozeß in Ungarn nachgewiesen wurde. Dieses für die amerikanische Spionage arbeitende Agentennetz war von Field aus den Reihen jener Leute gebildet worden, die nach ihrer Rückkehr in ihre volksdemokratischen Heimatländer in der Staats- und Parteiorganisation zu hohen Funktionen gelangt waren...«

Der Vorsitzende: »Haben Sie mit jemand über Ihre Spionageverbindungen mit Field gesprochen?«

»Ja, ich sprach mehrmals darüber mit Slansky, mit Geminder und später mit Karel Švab. Švab gab mir durch feine Andeutungen zu verstehen, daß meine Zusammenarbeit mit Field nur dank Slansky, Geminder und ihm ohne Folgen blieb.«

Der Staatsanwalt: »Das bedeutet, daß Slansky, Geminder und Švab Sie als Mitarbeiter schützten und verhinderten, daß Sie entdeckt wurden?«

»Ja, so ist es. Dadurch wurde meine Bindung an Slansky noch enger. Von da an wandte ich seine verbrecherische Politik gegen die Tschechoslowakei noch aktiver an...«

Ich setze die Liste meiner »Untaten« fort, die ich in meiner Stellung als stellvertretender Außenminister beging. Ich nutzte meine Zugehörigkeit zum Dreierausschuß dazu aus, »staatsfeindliche Kader in wichtigen sowie in untergeordneten Posten des diplomatischen Dienstes im Ausland unterzubringen«.

Der Vorsitzende: »Mit wem standen Sie bei Ihrer aufrührerischen Tätigkeit im Außenministerium in unmittelbarer Verbindung?«
»Nach meinem Eintritt ins Außenministerium setzte ich mich, den Anweisungen Geminders folgend, mit Hajdu, Dufek und Clementis in Verbindung. Unterstützt von Geminder, gelang es mir und Clementis durchzusetzen, daß das Organisationskomitee der Partei in der Mehrheit aus Leuten gebildet wurde, die uns ergeben waren; das ermöglichte uns, im Ministerium unsere feindliche Tätigkeit auszuüben. Bei der Säuberung Ende 1949 festigten wir die Stellung unserer Leute; wir brachten sie in wichtigen Funktionen unter, während wir solche, die uns unbequem waren, versetzten.«
Der Staatsanwalt: »Warum waren Sie bei Ihren feindlichen Plänen im Außenministerium darauf aus, sich systematisch des Organisationskomitees der Partei zu bemächtigen?«
»Die Tätigkeit der trotzkistischen Gruppe im Ministerium wurde durch die verbrecherische Politik des gegen den Staat gerichteten Verschwörungszentrums bestimmt. Wir sorgten für die Durchsetzung einer feindlichen Politik und erleichterten sie uns, indem wir uns zu Herren der Parteiorganisation machten. Wir vereinfachten dadurch die Unterbringung unserer Kader. Aus diesem Grund stand auch unsere trotzkistische Gruppe in enger Zusammenarbeit mit Clementis, das schützte uns vor Entdeckung... Um unser Ziel zu erreichen, stellten wir Ende Februar 1949 eine Liste von Kandidaten für die Funktionen der Mitglieder des Parteikomitees auf. Sie enthielt Personen, die mit uns zusammenarbeiteten und unter unserem Einfluß standen. Bei der Versammlung gelang es uns jedoch nicht, diese Bewerber durchzusetzen; deshalb erklärte Geminder dann die Wahlen für ungültig. Er berief die Verschwörer in Clementis' Büro und erklärte, man müsse die Kandidatenliste im Parteikomitee durchsetzen und den Trotzkisten Dufek an ihre Spitze stellen... Das geschah auch, und so hatten wir im Außenministerium freie Bahn für unsere feindliche Betätigung...«
Der Vorsitzende: »Sie haben uns bisher nicht erklärt, wie die trotzkistische Gruppe im Außenministerium gebildet wurde und wer ihren Kern bildete.«
»Der Gründung dieser Gruppe wohnte ich nicht bei. Ich habe jedoch gehört, daß sie kurz nach den Vorfällen im Februar 1948 auf Weisung von Slansky und Geminder gebildet wurde... Die belastete Vergangenheit ihrer Mitglieder stellte für Slansky eine Garantie für seine gegen den Staat gerichteten Pläne dar. Anfangs bildeten Hajdu und Dufek den Kern der Gruppe... sie erhielten von Geminder Anweisungen wie sie ihre staatsfeindliche Tätigkeit auszuführen hatten. Nach meiner Ernennung im Ministerium im Jahre 1949 wurde ich Mitglied dieses Kerns der

trotzkistischen Gruppe... Auf Anweisung Geminders nutzten wir die Neuorganisierung, um Anhänger von Beneš und Trotzkisten, die unseren Plänen gegen den Staat günstig gesinnt waren, in der Zentrale zu halten und ihnen fast alle entscheidenden Funktionen anzuvertrauen...«

Ich erzähle weiter, daß wir auf Weisung von Clementis Ausschüsse bildeten, die über die gleiche Amtsbefugnis wie die Sonderabteilungen verfügten. Dazu war keine Genehmigung der Regierung nötig. So konnten wir von Clementis besonders empfohlene Leute, die ihm ergeben waren und sein volles Vertrauen genossen, auf die leitenden Posten setzen.

Ich erkläre auch, wie ich die Rekrutierung der Arbeiterkader für das Ministerium sabotiert habe...

Der Staatsanwalt: »Sagen Sie uns nun, mit welchen Trotzkisten Sie während Ihrer Verschwörertätigkeit im Außenministerium in Verbindung standen?«

»Mit Trotzkisten, die Mitglieder der internationalen Brigaden waren, wie Josef Pavel, Oswald Zavodsky, Oskar Valeš, Antonin Svoboda, Otokar Hromadko, Hoffman... durch sie alle waren wichtige Abteilungen im Partei- und Staatsapparat für Slansky gewonnen... Unsere Versammlungen fanden oft im Büro oder in der Wohnung eines unserer Leute statt, und wir berieten dabei über die Unterbringung unserer Anhänger, ehemaliger Mitglieder der internationalen Brigaden, im Staatsapparat, um die Stellung unseres Zentrums zu stärken...«

Der Staatsanwalt: »Was geschah bei Ihrer Verschwörersitzung im Januar 1951?«

»Wir machten uns damals Sorgen über unser weiteres Schicksal. Deshalb hielten wir Anfang Januar 1951 eine Beratung über Maßnahmen ab, um uns gegen eine etwaige Entdeckung zu sichern... Wir einigten uns darauf, uns auf Slansky zu stützen, der uns, solange er im Amt wäre, in jeder Hinsicht verteidigen würde. Davon waren wir um so mehr überzeugt, als uns Slansky bereits einmal geschützt hatte.«

Der Staatsanwalt: »Wann war das, und wie hat es sich abgespielt?«

»Es war kurze Zeit nach dem Rajk-Prozeß in Ungarn, gegen Ende des Sommers 1949, als die Partei die Vergangenheit und die Tätigkeit einiger ehemaliger Mitglieder der internationalen Brigaden in Spanien und Frankreich untersuchte. Damals stellten wir auf Anregung Pavels eine Liste der ehemaligen Freiwilligen zusammen, deren Vergangenheit belastet war. So lenkten wir die Aufmerksamkeit von der unheilvollen Tätigkeit ab, die wir in Spanien und später in Frankreich ausübten. Dadurch gelang es uns, unbemerkt zu bleiben...«

Der Vorsitzende: »Haben Sie alles über Ihre gegen den Staat gerichtete Verschwörertätigkeit gesagt?«

»Ja, ich habe nichts verschwiegen, weder während der Voruntersuchung noch vor Gericht. Ich habe über meine Beteiligung am Verschwörungszentrum gegen den Staat unter der Leitung Slanskys alles gesagt, ich habe sogar gestanden, daß ich als Mitverschworener mit meinen Komplicen Clementis, Geminder, Hajdu, Dufek und anderen im Außenministerium eine aufrührerische Tätigkeit ausübte. Ich gehörte der trotzkistischen Gruppe im Außenministerium an, deren Tätigkeit darauf abzielte, den Apparat dieser zentralen Behörde zu stürzen. Ich stand auch mit dem amerikanischen Agenten Noel Field in Verbindung, dem ich 1947 Spionageinformationen übermittelt habe.«

Der Vorsitzende: »Wir haben jedoch festgestellt, daß Sie uns zu Anfang der Voruntersuchung etwas verheimlichten. Worum handelte es sich?«

»Schließlich will ich noch darauf aufmerksam machen, daß ich zu Anfang der Voruntersuchung mein Hauptverbrechen, meine Beteiligung an der Verschwörung, verschwiegen habe. Das tat ich, weil ich wußte, daß das Haupt der Verschwörung – Rudolf Slansky – auf freiem Fuß war und daß er einen der höchsten Staatsposten bekleidete. Ich rechnete auf ihn und erhoffte seine Hilfe. Im Lauf der Untersuchung wurde ich mir über die Sinnlosigkeit einer solchen Handlungsweise klar, da die erwartete Hilfe nicht eintraf. Deshalb entschloß ich mich, alles über meine und meiner Komplicen feindliche Tätigkeit gegen den Staat, einschließlich des Leiters des Verschwörungszentrums gegen den Staat, Rudolf Slansky, zu gestehen, und das tat ich mit voller Aufrichtigkeit.«

In meiner Aussage nenne ich meine Mitangeklagten »meine Komplicen«, ebenso wie jeder von ihnen mich in seiner Aussage als »seinen Komplicen« bezeichnen wird.

Als Belastungszeugen gegen mich treten nacheinander die Mithäftlinge Goldstücker, Kavan, Klinger, Horvath, Dufek, Hajek, Zavodsky sowie ein freier Zeuge auf, der amtierende stellvertretende Außenminister Borek.

Hier nun einige, für unsere Mitschuld an dem Verbrechen aufschlußreiche Stellen aus den Aussagen meines Mitangeklagten Švab und des gleichfalls in Haft befindlichen Belastungszeugen Zavodsky:

Der Staatsanwalt: »Aus welchen Personen setzte sich also dieses Verschwörungszentrum gegen den Staat effektiv zusammen?«

Švab: »Abgesehen von Rudolf Slansky, der diese ganze feindliche Tätigkeit leitete, und mir, der ich als Kriegsverbrecher und Saboteur des Korps der nationalen Sicherheit die Aufgabe hatte, die Tätigkeit des Verschwörungszentrums vor Enthüllung zu schützen, bestand der Führungskern des Zentrums außerdem aus Vladimir Clementis, dem slowakischen bourgeoisen Nationalisten, der als Agent Verpflichtungen gegenüber dem französischen Spionagedienst übernommen hatte; Bed-

řich Geminder, Kosmopolit und jüdischer bourgeoiser Nationalist; Bedřich Reicin, Saboteur des Aufbaus der tschechoslowakischen Armee und jüdischer bourgeoiser Nationalist; Josef Frank, Großschieber auf dem Schwarzmarkt und engster Mitarbeiter Slanskys; ferner waren da noch der Trotzkist Artur London, jüdischer bourgeoiser Nationalist und Spion; Ludvik Frejka, jüdischer bourgeoiser Nationalist, Spion und Mitarbeiter des amerikanischen Agenten Emanuel Vosky; Otto Šling, jüdischer bourgeoiser Nationalist; Eugen Löbl, in der reaktionären Benešclique in London ausgebildeter Spion; Otto Fischl, jüdischer bourgeoiser Nationalist und Agent des imperialistischen Staates Israel, und André Simone-Katz, jüdischer bourgeoiser Nationalist und Spion ...
Ich deckte auch auf gleiche Weise andere Mitglieder des Zentrums, damit sie nicht entlarvt wurden, das heißt, ich übergab Slansky die kompromittierenden Dokumente und warnte die einzelnen Mitglieder des Zentrums, wenn sie bedroht waren.«
Der Vorsitzende: »Um wen handelt es sich?«
Švab: »Es handelt sich um Artur London, von dem Slansky und ich wußten, daß er Trotzkist und Mitarbeiter des amerikanischen Spions Noel Field war. Trotzdem vertraute ihm Slansky im Jahre 1948 einen wichtigen Posten im Außenministerium an. Ferner um Bedřich Geminder, der den Betrieb der feindlichen Tätigkeit auf dem Sektor Außenpolitik beeinflußte. Diesen Einfluß verdankte er seinem Posten als Leiter der internationalen Abteilung des Zentralsekretariats der Kommunistischen Partei der Tschechoslowakei, auf den ihn Slansky eingesetzt hatte.«
Der Staatsanwalt: »Auf welche Weise haben Sie und Slansky die Untersuchung über die in der Tschechoslowakei von dem amerikanischen Spion Noel Field ausgeübte Tätigkeit sabotiert?«
Švab: »Der bei dem Prozeß in Ungarn entlarvte amerikanische Spion Noel Field erklärte in seiner Aussage, er habe in der Tschechoslowakei ein Spionagenetz gebildet, das eine umfangreiche Tätigkeit entfaltete ...«
Der Präsident: »Wie haben Sie das, was Sie über Field wußten, verheimlicht?«
Švab: »Da Slansky und ich diese Aussage nun einmal nicht mehr aus der Welt schaffen konnten, ordnete Slansky an, daß die Untersuchung über die verschiedenen Mitglieder des Verschwörungszentrums, die das betraf, rein formal durchgeführt werden solle. Bei der Untersuchung wurden alle vom Inhalt der Aussage Fields in Kenntnis gesetzt, um ihre Verteidigung vorbereiten zu können ...«
Der Vorsitzende: »Auf wen stützte sich Slansky in erster Linie?«
Švab: »Ebenso wie Tito stützte er sich insbesondere auf eine gut orga-

nisierte Gruppe von Trotzkisten, bestehend aus ehemaligen Freiwilligen aus dem Spanischen Krieg, die einander gegenseitig deckten; sie stand unter der Leitung der Trotzkisten Josef Pavel, Osvald Zavodsky und des Spions London... Ich verhinderte es, daß diese Gruppen entdeckt wurden, und lenkte die Aufmerksamkeit des Sicherheitsapparats absichtlich von allen trotzkistischen Elementen ab, indem ich behauptete, die Trotzkisten seien nicht gefährlich...«

Der Staatsanwalt: »Hat Ihnen Slansky Weisungen darüber erteilt, was Sie auf Ihrem Posten im Sicherheitsdienst zu tun hatten?«

Švab: »Ja. Ich fragte Slansky selbst, wie ich vorgehen sollte. Er riet mir, das Buch des französischen Polizeiministers Fouché zu lesen und daraus Lehren zu ziehen. Das war noch vor meiner Anstellung im Sicherheitsdienst. Fouché, der sich als Fachmann bezeichnet, beschreibt in seinem Buch eine endlose Reihe von Intrigen, Betrügereien, Komplotten, die Organisation von Gruppen zur Provokation, zur Inszenierung von Prozessen, um unbequeme Personen zu kompromittieren und, wenn nötig, sogar durch einen Mord zu eliminieren. Schließlich zeigt der Autor in seinem Buch, wie er trotz seiner treuen Dienste oftmals beim König in Ungnade fiel und wie es ihm gelang, dessen Gunst neu zu erringen. Ich verstand, daß Slansky meinte, ich solle in der gleichen Weise vorgehen...«

Wie schamlos, wie zynisch erwiesen sich hier jene, die ihr eigenes Glaubensbekenntnis Švab in den Mund legten!

Mit der gleichen Schamlosigkeit werden sie seine eigene Schwester, Švermova, zwingen, seine Schuld als Mitglied der Verschwörung gegen den Staat zu bezeugen: »Slansky verwendete Karel Švab für seine feindliche Betätigung im Sicherheitsdienst. Für die Vorbereitung der Verschwörung gegen den Staat war die Beherrschung dieser wichtigsten Sektoren (Außenministerium und Sicherheit) im Staatsapparat überaus bedeutend.«

Während ich Karel Švab zuhöre, lebt in mir all das wieder auf, was ich durch ihn erlitten habe, die Monate der Anspannung und Demoralisierung, die Seelenqual, die Angst. Ich hatte ihn zuletzt als einen der Hauptturheber meines Unglücks angesehen, als einen der Männer, die die Polizei- und Terrormethoden in die Partei gebracht haben. Seine Kälte, seine Art, jeden als potentiellen Verdächtigen anzusehen, die Schroffheit seiner Ausdrucksweise und sein Verhalten mir gegenüber hatten mich in dieser Auffassung bestärkt.

Als ich dann während der Verhöre erfuhr, daß auch er festgenommen worden war, begann ich über dem Opfer den Peiniger zu vergessen. So hatten ihn also die sowjetischen Berater, denen er so blind vertraute, weil sie »das Schwert der proletarischen Justiz handhaben«, ausgeschaltet. Sie hatten ihn mißbraucht, manipuliert, sich seiner bedient und dann doch auch ihn selbst verhaftet, gefoltert und schließlich in den Slansky-Prozeß eingeschleust, da man dort einen Vertreter der im Sicherheitsdienst wirkenden feindlichen Kräfte brauchte...

Karel Švab, der Sohn eines Arbeiters und alten sozialistischen Mitkämpfers; auch er gehörte dem Arbeiterstand an. Im Jahre 1918 versorgte er im Alter von vierzehn Jahren in Deutschland, wo seine Familie damals lebte - ein zweiter Gavroche - die Spartakisten mit Munition. 1929 verbrachte er ein Jahr in der UdSSR als Schüler der Roten Sport-Internationale. Aus jener Zeit behielt er eine grenzenlose Bewunderung für das Land des Sozialismus. Beim Einmarsch der Nationalsozialisten in Prag wurde er als einer der ersten verhaftet und verbrachte dann den ganzen Krieg in den Gefängnissen und Lagern der Nazis. In Sachsenhausen-Oranienburg beteiligte er sich, zusammen mit Zapotocky und Dolansky, an der Widerstandsorganisation.

Jetzt veranlaßt man ihn zu »gestehen« - wie man es auch mit Frank machte -, daß er eigentlich in den Lagern ein Werkzeug der Gestapo war. Und seine Genossen in der Deportation und beim Kampf im Lager, Ministerpräsident Zapotocky und der Stellvertretende Ministerpräsident Dolansky, beide Mitglieder des Politbüros, lassen das zu und schweigen...

Als ich gerade dabei war, dieses Buch fertig zu schreiben, sollte ich von Mitgliedern der Familie Švab, die bei der juristischen Rehabilitierung im Jahre 1963 Zugang zu den Akten erhielten, erfahren, daß Karel Švab trotz des absoluten Vertrauens, das er in die sowjetischen Berater setzte, sich im November 1950 geweigert hatte, dem zentralen Kontrollausschuß der Partei Glauben zu schenken, und Zweifel an den Ergebnissen seiner Untersuchung über die Feinde innerhalb der Partei äußerte. Er habe sich als stellvertretender Minister für Sicherheitswesen sogar geweigert, den Verhaftungsvorschlägen besagten Ausschusses stattzugeben, der sich aus einem politischen zu einem polizeilichen Ausschuß entwickelt hat. Einige seiner Mitglieder wurden übrigens in den Sicherheitsdienst und unmittelbar zu den Verhören versetzt. Mein erster Peiniger, Smola, gehörte dazu. Tatsächlich war dieser Ausschuß bereits völlig mit Elementen durchsetzt, die den sowjetischen Dienststellen ergeben waren. Auf diese Weise hatte Švab sein eigenes Urteil unterzeichnet. Anfang Dezember 1950 wurde ihm auf Verlangen der sowjetischen Berater und des Kontrollausschusses von seinem Minister, Kopřiva, gekündigt. Am 16. Februar 1951 wurde er festgenommen.

Eine Bemerkung seiner Schwester Anna bestätigte die von mir aufgestellte Hypothese über den Grund der sofortigen Geständnisse Zavodskys. Švab war als stellvertretender Minister im Sicherheitsdienst auf politischer Ebene tätig, Zavodsky als Abteilungsleiter auf technischer, praktischer Ebene. Švabs Schwester schreibt: »Alles weist darauf hin, daß er, wenn er die wirklichen Untersuchungsmethoden gekannt hätte, keinen Versuch gemacht hätte, so gräßlichen Verhören zu trotzen; er hätte nicht, wie er es tat, mehrmals seine »Geständnisse« widerrufen. Er hätte sofort zugestimmt, alles zu gestehen, was man von ihm verlangte...«

Im Ausmaß der Leiden und des Martyriums hatte das bei Zavodsky und ihm nichts geändert. Zavodsky sollte achtzehn Monate länger auf den Strick des Henkers warten. Nun ist er an der Reihe, gegen seinen einstigen Chef Švab und mich auszusagen.

Der Vorsitzende: »Was wissen Sie über die Tätigkeit Karel Švabs?«

Zavodsky: »Ich wußte, daß Švab ein Mann war, der voll Ergebenheit für Rudolf Slansky arbeitete, und daß er zu den um ihn gruppierten Staatsfeinden gehörte...

Ich selbst habe, über unmittelbare Weisung Slanskys, Švab dabei unterstützt, die Tätigkeit Artur Londons, der als amerikanischer Agent entlarvt wurde, zu decken.«

Der Vorsitzende: »Wie ging das vor sich?«

Zavodsky: »Während der Untersuchung über den amerikanischen Spion Noel Field im Jahre 1949, stellte sich einwandfrei heraus, daß zwischen London und Field wirkliche Spionagebeziehungen bestanden. Diese unleugbare Tatsache war Slansky nach den Informationen, die Karel Švab ihm lieferte, bekannt. Dennoch erteilte Slansky keine Anweisung, daß Maßnahmen gegen London ergriffen werden sollten, sondern deckte im Gegenteil seine und anderer Leute Spionagetätigkeit... Er deckte London in dessen Eigenschaft als Saboteur, der dem Verschwörungszentrum gegen den tschechoslowakischen Staat angehörte. Slansky stand mit London von dem Augenblick an in Verbindung, als er die Gruppe der ehemaligen Spanienfreiwilligen aus Frankreich in die Tschechoslowakei hatte kommen lassen; die Mitglieder dieser demoralisierten, vom Trotzkismus unterminierten Gruppe brachte er im Staatsapparat unter. Wie bereits erwähnt, leitete London diese Gruppe in Frankreich. Er lieferte Slansky ausführliche, vollständige Informationen über die Tätigkeit unserer staatsfeindlichen Gruppe in Frankreich und außerdem über jeden einzelnen von uns, das heißt über jedes Mitglied unserer Gruppe.«

Der Vorsitzende: »Hat Ihnen London diesbezüglich noch etwas gesagt?«

Zavodsky: »London sagte mir dann, daß Slansky ihn zu überreden suchte, in der Tschechoslowakei zu bleiben, und daß er ihm einen einträglichen Posten in der Kaderabteilung des Zentralkomitees der Kommunistischen Partei der Tschechoslowakei angeboten habe. Er versprach ihm auch, sich um seine Familie zu kümmern.

Als er gegen Ende 1948 endgültig in die Tschechoslowakei zurückkehrte, brachten Slansky und Geminder ihn auf einem wichtigen Posten als stellvertretender Außenminister unter; in dieser Eigenschaft war London mit den Kaderfragen betraut. Zusammen mit Josef Pavel übernahm er erneut die Leitung der staatsfeindlichen Gruppe der ehemaligen Spanienfreiwilligen, die sich unter seiner Führung wieder zu einer organisierten Körperschaft zusammenfand; sie bestand aus Leuten, die einander gegenseitig stützten. Auf diese Weise dienten wir tatsächlich innerhalb des Staats- und Parteiapparats den Zielen des Verschwörungszentrums gegen den Staat...
Bei einer Besprechung, die ich 1946 mit London im Sekretariat der Kommunistischen Partei führte, vertraute er mir an, daß er nun für Slansky und Geminder in Frankreich arbeiten werde, und teilte mir mit, daß er ihnen, mit denen ich diese Frage im einzelnen erörtert hatte, auf dem Weg über mich vertrauliche Nachrichten senden werde.
London sandte mir bis 1947 Nachrichten für Geminder; dann verließ er Frankreich, um sich in der Schweiz ärztlich behandeln zu lassen. Dort spionierte er für den amerikanischen Agenten Noel Field, den Mitarbeiter von Allan Dulles, Chef des amerikanischen Spionagedienstes für Europa. Diese überaus ernste Tatsache erfuhr ich aus den Informationen, die dem Staatssicherheitsdienst zuflossen. Auch Rudolf Slansky wußte davon, da man ihm alle Informationen dieser Art vorwies. Die von uns nachgeprüften Nachrichten bewiesen einwandfrei, daß Artur London ein sehr enger Mitarbeiter des Spions Noel Field war.«
Der Wortlaut der Aussagen sämtlicher Belastungszeugen war von Ruzyně sorgfältig vorbereitet worden - wie es auch später die »Zeugenaussagen« sein werden, zu denen man mich in gewissen Prozessen zwingen wird.
Alles spielt sich so ab, wie Kohoutek es mir erklärt hatte. Die Fragen des Staatsanwalts und des Vorsitzenden des Gerichts werden genau in dem Augenblick gestellt, wie es vorher in meinem Protokoll festgelegt worden ist. Sie wiederholen Wort für Wort die Fragen, die ich auswendig gelernt habe und die von den Männern in Ruzyně formuliert worden sind. Kein Wort wird geändert, es gibt kein Zögern. Auch sie haben ihren Text gut gelernt!
Von meinem Verteidiger wird keine Frage gestellt. Das ist ja im Drehbuch nicht vorgesehen! Unsere Referenten hatten nicht gelogen, als sie sagten: »Das Gericht wird tun, was wir ihm auftragen werden...« Das hat das Gericht getan.
Wie ist es möglich, daß Juristen, Männer mit höchster Verantwortung, deren Funktion und Pflicht eben darin besteht, dem Gesetz Geltung zu verschaffen und das bestehende Recht anzuwenden, mit solcher Unterwürfigkeit sich dazu hergaben, bewußt die Werkzeuge der Gesetzwid-

rigkeit und Willkür zu sein? Die in der Verfassung festgelegten Rechte der Staatsbürger, für deren Erringung Generationen ihr Blut vergossen, sind mit der Demokratie und noch mehr mit dem Sozialismus untrennbar verbunden. Die Menschen, die den Eid geleistet haben, sie zu verteidigen, fügten sich, mit unseren Henkern zu paktieren und der Hexenjagd, der Verhandlung dieses Gerichts, das nach Scheiterhaufen riecht, ein Mäntelchen der Rechtlichkeit umzuhängen.
Sie sind nicht bloß gefügig, ihr Eifer läßt sich nicht bestreiten!
Im Fall Geminder - ich war nicht im Saal, als er aussagte - werde ich Tränen in die Augen bekommen, wenn ich später lese, mit welchem Eifer der Vorsitzende und Urvalek sich dazu hergaben, den wehrlos vor ihnen stehenden Mann zu demütigen.
Der Vorsitzende: »Welche Staatsbürgerschaft haben Sie?«
Geminder: »Ich bin Tscheche.«
Der Vorsitzende: »Sie sprechen gut Tschechisch?«
Geminder: »Ja.«
Der Vorsitzende: »Wollen Sie einen Dolmetscher?«
Geminder: »Nein.«
Der Vorsitzende: »Verstehen Sie die Fragen und werden Sie imstande sein, in tschechischer Sprache zu antworten?«
Geminder: »Ja.«
Der Vorsitzende: »Erkennen Sie klar und verstehen Sie, welches Vergehens Sie nach der Anklageschrift des Generalstaatsanwalts beschuldigt werden?«
Geminder: »Ja, ich bekenne mich in allen Punkten der Anklage für schuldig.«
Der Staatsanwalt: »Welche Einstellung hatten Sie gegenüber dem tschechoslowakischen werktätigen Volk?«
Geminder: »Die Interessen des tschechoslowakischen Volkes waren mir gleichgültig, ich war diesem Volk nie verbunden. Seine nationalen Interessen sind mir stets fremd geblieben.«
Der Staatsanwalt: »Welche Schule haben Sie besucht?«
Geminder: »Ich besuchte die deutsche Schule in Ostrau. Ich habe die Tschechoslowakei bereits im Jahr 1919 verlassen und die Schule in Berlin mit dem Abitur abgeschlossen. Nach Beendigung meines Studiums verkehrte ich in kleinbürgerlichen Kreisen mit Kosmopoliten und Zionisten; dort traf ich mit Deutschen zusammen, weshalb ich auch die tschechische Sprache nicht gründlich beherrsche.«
Der Staatsanwalt: »Und in dieser ganzen Zeit haben Sie nicht richtig Tschechisch sprechen gelernt, auch im Jahr 1946 nicht, als Sie in die Tschechoslowakei kamen und im Apparat der Kommunistischen Partei wichtige Funktionen bekleideten?«

Geminder: »Nein, ich habe nie richtig Tschechisch gelernt.«
Der Staatsanwalt: »Welche Sprache beherrschen Sie völlig?«
Geminder: »Deutsch.«
Der Staatsanwalt: »Können Sie Deutsch wirklich gut?«
Geminder: »Ich habe es schon lange nicht mehr gesprochen, aber ich kann die Sprache gut.«
Der Staatsanwalt: »Ungefähr so gut wie Tschechisch?«
Geminder: »Ja.«
Der Staatsanwalt: »Demnach können Sie eigentlich gar keine Sprache ordentlich. Sie sind ein typischer Kosmopolit. Als solcher haben Sie sich in die Kommunistische Partei eingeschlichen.«
Geminder: »Ich trat im Jahre 1921 der tschechoslowakischen Kommunistischen Partei bei und blieb Mitglied bis zu dem Augenblick, als ich 1951 entlarvt wurde.«
Man will also Geminder die Zugehörigkeit zum tschechoslowakischen Gemeinwesen absprechen, weil er, als Sohn jüdischer Eltern im Grenzgebiet – dem meinen – geboren wurde, in dem die Sprachrechte der deutschen Minderheit von der Republik Masaryks anerkannt wurden! Dabei ist doch die Tschechoslowakei mit Recht stolz darauf, zu ihrem kulturellen Erbteil hervorragende Denker, Historiker, Schriftsteller, Künstler, Journalisten deutscher Zunge zu zählen, darunter Kafka, R. M. Rilke, Werfel, E. E. Kisch, Max Brod, Weißkopf, Fürnberg, um nur einige von ihnen zu nennen...
Gottwald, Kopřiva, Bacilek, Široky, Kopecky, Dolansky, Köhler haben alle Fälschungen der sowjetischen Berater und ihrer Ruzyňer Gefolgschaft übernommen, durch die unsere politische Kampftätigkeit unter ihrem Befehl und ihrer Führung zu verräterischen, verbrecherischen Taten umgedeutet wurde.
Wir alle, einer wie der andere, hatten die wahnwitzige Hoffnung gehegt, sie würden eines Tages die Ungeheuerlichkeit der Geständnisse bemerken, die man von uns erpreßte. Statt dessen sandten sie uns Bacilek, womit sie in gewissem Sinne eingestanden, daß sie wußten, wie falsch unsere Geständnisse waren, und im Namen der Partei von uns verlangten, uns daran zu halten; es war eine Erpressung: sie versprachen, uns dafür am Leben zu lassen.
Und die Richter, die über uns zu Gericht sitzen, verraten ihre professionelle Pflicht, indem sie hinter den von der Partei erhaltenen Befehlen Deckung suchen. Ich hatte in Frankreich die Richter Pétains kennengelernt, die unter der Nazibesatzung gleichfalls die Ausnahmebestimmungen bei Sondergerichten, die Beseitigung der Rechte der Verteidigung, gelten ließen. Das waren aber Richter des bürgerlichen Unterdrückungsapparates. Und sie machten sich nicht so grob, so kriecherisch

zu Gehilfen der Polizei. Sie hielten sich wenigstens dem Anschein nach bis zum Schuldbeweis daran, an die mögliche Unschuld des Angeklagten zu glauben. Sie machten nicht Wischinskijs Erklärung, daß »das Geständnis bereits Beweis der Schuld ist«, zu ihrem Gesetz. Sogar Offizialverteidiger, die im letzten Augenblick bestellt wurden, versuchten den Angeklagten auf juristischem Gebiet zu helfen. Nach unserer Festnahme im Jahre 1942 hatten meine Frau und ich, obgleich wir vor den Staatsgerichtshof gestellt wurden, das Recht, unsere Verteidigung mit unserem Anwalt vorzubereiten.

Hier in Pankrac ist davon keine Rede. Für Staatsanwälte und Richter kann die Entschuldigung nicht gelten, daß sie sich an unsere Geständnisse halten, da sie doch ebenso wie wir das Szenario der sowjetischen Berater und der Männer in Ruzyně auswendig gelernt haben. Sie erkennen also die Posse, aber sie nehmen daran teil. Nicht nur, wenn sie uns zur Aussage zwingen, daß die gesetzlichen Bestimmungen eingehalten wurden - obgleich sie selbst sie verletzt haben -, sondern vor allem weil sie sich in jedem Augenblick zu Helfershelfern der Lüge machen.

Was macht der Vorsitzende Novak anderes, wenn er aus dem Verhör über meine Personalien die Ursachen meiner verschiedenen Gefängnisstrafen in den Jahren 1931, 1932, 1933 in Ostrau, im August 1942 in Paris einfach verschwinden läßt? Desgleichen meine Deportation nach Mauthausen sowie jede antifaschistische Betätigung, da es meine Persönlichkeit als Spion zu schmieden galt, indem man zum Überfluß noch die Vorstellung von einer fragwürdigen Vergangenheit aufkommen ließ.

Man darf sich also nicht wundern, daß das Gericht das gesamte Material, das ihm der Sicherheitsdienst vorlegt, für bare Münze nimmt und es beglaubigt, ohne es der geringsten Kontrolle zu unterziehen.

Man läßt die Briefe - völlig rechtmäßige Arbeitspapiere, die aus den Archiven des Außenministeriums oder der internationalen Abteilung der Partei geholt wurden - als Dokumentation meiner »Verworfenheit« gelten und legt sie im Verlauf des Prozesses als »Beweisstücke für die Anklage« vor.

Der Staatsanwalt: »Ich übergebe dem Gericht ein Dokument, das die staatsfeindliche Tätigkeit des Angeklagten London beweist. Es handelt sich um die Fotokopie eines Briefs vom 10. 7. 1946, den London aus Paris an Slansky schrieb und der eine gegen den Staat gerichtete Zusammenarbeit mit ihm beweist. Dann lege ich das Original des Briefes vom 7. 11. 1946 vor, den London in Paris an Geminder schrieb; er beweist seinen staatsfeindlichen Umgang mit Geminder. Die Fotokopie des von Slansky geschriebenen und nach Paris gesandten Briefs beweist gleichfalls die staatsfeindlichen Beziehungen Londons zu Slansky. Ich lege die Fotografie des amerikanischen Spions Noel Field vor, auf deren

Rückseite London eigenhändig seine Spionagebeziehungen zu Field bestätigt...«
Dann kommen die bereits erwähnten Dokumente, die mit den Botschaften in London und Paris bezüglich Zilliacus gewechselt wurden, und ein weiterer Briefwechsel mit Goldstücker und anderen Angestellten des Ministeriums über gewisse Probleme über Visa und Kader; schließlich... »das Original des am 23. 3. 1950 von Miloš Nekvasil an London geschriebenen Briefs, der die staatsfeindlichen Beziehungen Londons zu der trotzkistischen Gruppe der ehemaligen internationalen Brigaden beweist«.
Die geringste ernsthafte Prüfung der Dokumente aus meiner Akte, die als Beweisstücke vorgelegt werden, würde zeigen, daß es sich im Falle meines Briefs an Geminder um eine einfache freundschaftliche Korrespondenz handelte, um den Begleitbrief zu einem Artikel für die Zeitschrift *Svetove Rozhledy,* der ich meine Mitarbeit zugesagt hatte, und um einen dienstlichen Brief an Goldstücker. Der Brief, den mir Slansky nach Paris gesandt hatte, war eine Empfehlung für den neuen jungen Korrespondenten der Tschechoslowakischen Presseagentur (ČTK), Jirka Drtina, für Paris. Der letzte war ein Privatbrief von Nekvasil, der sich darin erbittert über einige unserer ehemaligen Kampfgefährten bei den internationalen Brigaden beklagt...
Die den Geschworenen vorgelegten Beweisstücke gegen die Angeklagten sind alle von der gleichen Art. Bei der Aussage Vavro Hajdus liefert unter anderem folgendes den »unwiderlegbaren« Beweis für seinen Antisowjetismus und sein abgekartetes Einverständnis mit den amerikanischen Imperialisten:
Der Staatsanwalt: »Ich lege dem Gericht das Dokument Nr. 1 vor. Es ist eine von der BBC am 4. Mai 1945 gesendete Rede, in der Sie in speichelleckerischer Form die Engländer und Amerikaner als die Besieger des nationalsozialistischen Deutschland rühmen und mit keinem Wort die Rolle der Sowjetunion erwähnen, die in Wirklichkeit den größten Anteil an diesem Sieg hat. Sie sagten wörtlich in Ihrer Rede: ›Das weitaus größte Verdienst kommt den heldenhaften amerikanischen und englischen Armeen zu, die unter Führung des großen Marschalls Alexander in grimmigen Gefechten bis zum Ziel, bis zur Vernichtung des Feindes und seiner Kapitulation gekämpft haben‹.«
Der aus seinem Zusammenhang gerissene Satz stammt aus einer von Vavro Hajdu geschriebenen Rede, die an das Volk der besetzten Tschechoslowakei ausgestrahlt werden sollte, um die Niederlage der Achsentruppen in Italien und ihre Kapitulation am 2. Mai 1945 vor den von Marschall Alexander befehligten alliierten Truppen zu feiern.
Läßt sich eine schamlosere, zynischere Art denken, in aller Öffentlichkeit

die Leichtgläubigkeit des Publikums auszunutzen! Die Justiz zu verhöhnen! Welche Verachtung des Menschen setzt das voraus! ...
Als ich während meines Aufenthalts in Moskau Gelegenheit hatte, in den Wäldern bei Moskau die Umerziehungskolonie der *besprisornis* in Kunzewo zu besuchen, hatte uns der Leiter eingehend von den strengen und gleichzeitig humanen Methoden erzählt, die vom sowjetischen Justizapparat angewandt wurden, um dem reinen Menschen zu helfen, sich von seiner infizierten Schlacke zu befreien. Bei mir und bei allen aufrichtigen Kommunisten hatte seit eh und je der Glaube bestanden, daß es keine wirkliche sozialistische Demokratie ohne Recht, ohne Legalität und ohne gesetzliche Sicherheit geben kann, ebensowenig wie es eine gerechte Justiz ohne sozialistische Demokratie geben kann ...
Wer von uns hat nicht zu irgendeiner Zeit das tief menschliche Werk Makarenkos *Die Fahnen auf dem Turm* zu seinem Lieblingsbuch gemacht, wer hat nicht im Kino bei dem wunderbaren Film *Die Wege des Lebens* geweint? Deshalb konnten wir - meine Kameraden und ich - ursprünglich keine Zweifel an der Rechtmäßigkeit der Moskauer Prozesse hegen.
Wie für alle, die wegen ihrer Überzeugung lange Haftjahre erlitten, die Kerker in ihrer nackten Wirklichkeit kennengelernt, die Willkür der bürgerlichen Justiz und ihre abgründige Unmenschlichkeit erlebt haben, bedeutete der Kommunismus auch für mich eine neue Justiz. Und nun wird sich unser Prozeß der langen Liste seiner Vorgänger anschließen, die unserem kommunistischen Ideal Schande gemacht haben. Meine dreizehn Gefährten und ich sind Opfer dieser Schändlichkeit, dieser Entartung. Ihr jedoch, Genossen, werdet weiter getäuscht. Ihr werdet jetzt in mir, in ihnen, in denen, die später unserem Weg folgen werden, die schlimmsten Feinde sehen. Während jene, die euch und uns entehren - uns, ehe sie uns töten, euch, weil sie euren Beifall zu unserer Ermordung finden werden - sich nicht nur an der Spitze der Partei breitmachen, sondern an der Spitze unserer ganzen Bewegung ...
Wie konnten wir zu einer solchen Verfremdung einer Idee abgleiten? Hatte ich nicht als erster jahrelang jene bekämpft, die Stalin des Betrugs anklagten? Und nun denke ich an die kommenden Prozesse, an die zahllosen Namenslisten, die in den administrativen Protokollen von Ruzyně bereitliegen. Übrigens sollten die Worte, die Slansky am Ende seiner letzten Erklärung aussprach und die aus allen offiziellen Dokumenten getilgt wurden, meine Befürchtung bestätigen. Tatsächlich sagte Slansky zu unserer Verblüffung: »Hunderte von Mitgliedern zählten zu unserem Verschwörungszentrum gegen den Staat.« Da wir einschließlich der Zeugen nur siebzig oder achtzig sind, die irgendwie in diese Affäre verwickelt sind, verspricht das hübsche Tage für die Referenten von Ruzyně und ihre Drahtzieher ...

3

Das sorgfältig ausgewählte Publikum besteht größtenteils aus Beamten des Sicherheitsministeriums in Zivil und, ebenfalls ausgesuchten, Delegierten aus den Fabriken und den Ministerien. Letztere erhalten Eintrittskarten, die nur für einen Verhandlungstag gültig sind, lösen sich also jeden Tag ab. Auch tschechoslowakische Journalisten und die Vertreter der Zentralorgane der ausländischen kommunistischen Parteien sind zugegen. Manche kennen mich, so zum Beispiel Pierre Hentgès. Das ist übrigens der Grund, weshalb er mich in seinen Verhandlungsberichten besonders hart behandelte. Kam ich nicht - um die Worte der *Marseillaise* zu gebrauchen - *jusque dans leurs bras égorger leurs filles et leurs compagnes* (bis in ihre Arme, um ihre Töchter und ihre Gefährten zugrunde zu richten)?
Die Familien der Angeklagten wurden nicht davon verständigt, daß dieser Prozeß stattfand. Sie werden erst durch Zeitung und Rundfunk erfahren, daß an diesem Tag der Prozeß beginnt, in dem über ihren Vater, Ehemann, Bruder oder Sohn Gericht gehalten wird. Das hat es noch nie gegeben!
Während der Verhandlungspausen führen uns die Wärter in einen Korridor, der an den Verhandlungssaal angrenzt. Auf meiner Seite sind acht Holzverschläge eingerichtet. Gegenüber befinden sich zwei Zellen mit ständig offenen Türen, die von Slansky und Clementis besetzt sind, und daneben vier weitere Verschläge. Vor jedem Verschlag und jeder Zelle stehen unsere Wärter aus Ruzyně, um eine Verbindung zwischen uns zu verhindern. Meine Zelle liegt zwischen der Geminders und Hajdus und der von Clementis gegenüber. Wir sehen einander recht deutlich und wechseln vom ersten Tag an freundliche Zeichen miteinander. Durch Kopfnicken, Blicke, Gebärden stellen wir ein lautloses Zwiegespräch her.
Wir reagieren nicht alle auf die gleiche Weise. Geminder zum Beispiel scheint völlig geistesabwesend. Er hält sich steif, in Gedanken versunken, und geht wie ein Automat oder verharrt bewegungslos, ohne sich zu rühren, sehr diszipliniert in seinem Verschlag. Er antwortet auf kein Lächeln, auf kein freundschaftliches Zeichen. Obgleich er mit Slansky, der ihm gegenüber in der Zelle sitzt, durch eine so alte Kameradschaft verbunden ist, wird er nie versuchen, durch ein Zeichen mit ihm in Verbindung zu treten, sondern im Gegenteil den Kopf abwenden, sooft sein Blick auf ihn fällt. Seine Augen nehmen niemanden wahr. Auch ich bemühe mich vergeblich, seinen Blick festzuhalten. Dabei kennen wir einander doch seit den fernen Tagen unserer Jugend!

Ich sehe Slansky jedesmal, wenn er wieder in seine Zelle geht. Trotz seiner gespannten Züge ist er dem Anschein nach ruhig. Er geht an all seinen Mitangeklagten vorbei, den Blick gerade nach vorn gerichtet, ohne einen von uns anzusehen. Ab und zu bemerken wir einen der Ruzyňer Chefs, seinen Referenten, der mit einem zwischen zwei Akten verborgenen Teller zu ihm in die Zelle geht. Vielleicht erfordert sein Gesundheitszustand eine besondere Ernährung?

André Simone, der an Durchfall leidet, kommt während der Pausen oft auf dem Weg zur Toilette an meinem Verschlag vorbei. Er sieht sehr leidend aus. Sein Gesicht ist ganz anders, als ich es kannte, es ist das Gesicht eines Greises. Seine Kinnbacken sind eingefallen und sein Kinn aufwärts gekrümmt. Da ich meine Verwunderung über sein Aussehen nicht verbergen kann, erklärt mir der Referent, daß Simones Zahnprothese im Gefängnis zerbrochen ist - daher die Veränderung seines Gesichts - und daß er seine Nahrung nicht kauen kann und deshalb an ständigem Durchfall leidet. Was haben sie aus diesem Mann gemacht, der so gut aussah und stets mit einem Spaß zur Hand war? Als Vilem Novy, mit dem er lange in der Redaktion der *Rude Pravo* gearbeitet hatte, als Zeuge zur Vernehmung kam und der Präsident ihn fragte, ob er André Simone unter den Angeklagten erkenne, wandte sich Novy uns zu, und sein Blick musterte uns der Reihe nach, ohne bei dem Mann anzuhalten, den er suchte. Beim zweitenmal zuckte er zusammen, und seine Miene verriet größte Bestürzung, als er endlich in dieser Karikatur den einst brillanten Journalisten André Simone erkannte.

Mein Freund Hajdu sitzt in seinem Verschlag neben dem meinen und raucht vergrämt, nervös eine Zigarette nach der anderen. Als sein Referent ihm eine Tasse Kaffee bringt, sagt er schroff: »Geben Sie sie London!« wie er es zu tun pflegte, wenn wir früher zusammen frühstückten. Er hat für dieses Getränk nicht viel übrig und weiß, daß ich dafür schwärme. Während der Verhandlungen bin ich nur durch einen Wärter von ihm getrennt. Ich sehe ihn mir an. Er ist verkrampft, kratzt sich die Handflächen. Er murmelt allerhand Flüche, wenn er, der Jurist, die vom Gericht vorgebrachten Ungeheuerlichkeiten hört. Während des Plädoyers seines Anwalts fällt es ihm schwer, seinen Zorn zu zähmen: »Dieser Dummkopf, Idiot, Schweinehund, Trottel!« Der Wärter, der auf der Bank zwischen uns sitzt, stößt ihn mit dem Ellbogen an, um ihn zur Ordnung zu rufen.

Margolius verhält sich sehr würdig. Er versteht seine Gefühle zu beherrschen, ebenso wie Frejka und Frank, deren Gesichter keinerlei Erregung verraten. Fischl dagegen macht den Eindruck eines gebrochenen Menschen. Löbl ist ruhig, Herr seiner selbst. Während der Verhandlungspausen spricht er sehr eingehend mit seinem Referenten.

Reicin und Švab achten auf alles, was um sie vorgeht. Šling ist von uns allen der entspannteste, der lebhafteste. Als er mich erblickte, grüßte er lächelnd, und jedesmal, wenn er an mir vorbeikommt, winkt er mir freundlich zu. Abgesehen davon, daß er in diesen zwei Jahren im Gefängnis sehr stark abgemagert ist, sieht er von uns allen noch am ehesten so aus wie früher.

Bei seiner Aussage kann Šling, der heftig gestikuliert, seine Hose - die ihm durch seine Abmagerung zu weit geworden ist - nicht rechtzeitig festhalten, und sie fällt ihm auf die Füße. Der komische Anblick unseres Gefährten in Unterhosen ruft bei uns ein homerisches, hysterisches Gelächter hervor. Unser Freund Šling bricht selbst in Lachen aus, zieht seine Hose hoch und vermag nur mit Mühe seine Aussage fortzusetzen.

Clementis ist unter denen, die am meisten lachen; vergeblich versucht er sich zu beruhigen, indem er so fest auf seine Pfeife beißt, daß er sie fast zwischen den Zähnen zermalmt. Slansky schüttelt es, und er lacht Tränen... Der einzige, der unbewegt bleibt, ist Geminder.

Das Lachen geht auf die Zuhörer und das Gericht über. Der Staatsanwalt verbirgt sein Gesicht hinter einer ausgebreiteten Zeitung. Die Herren des Gerichts stecken die Köpfe in die Akten. Auch die Wärter wiehern trotz aller Beherrschungsversuche.

Das Lachen, wofür das Mißgeschick unseres Gefährten nur ein Vorwand ist, bietet den Teilnehmern an der entsetzlichen Tragödie, die sich um uns abspielt, eine gemeinsame Ablenkung.

Der Vorsitzende sieht sich gezwungen, die Verhandlung zu unterbrechen.

Kohoutek und die Referenten sind empört. Während der Unterbrechung behaupten sie uns gegenüber, Šling habe bewußt den Clown spielen wollen. So konnte er, als er sich bückte, um seine Hose hochzuheben, zum Zeichen seiner Verachtung den Anwesenden seinen Hintern zeigen! Diese Gebärde beweise - sagen sie, und das ist die Ansicht, die der Sicherheitsdienst verbreiten wird -, daß Šling ein Lump übelster Sorte ist, dem alles und alle schnuppe sind...

Während der Woche, die der Prozeß dauert, ist der gesamte Ruzyňer Stab, mit Doubek an der Spitze, in Pankrac mobilisiert. Wir erhalten eine bessere Verpflegung als sonst, Kaffee und Zigaretten. Wenn die Verhandlung länger dauert, werden Sandwiches an uns verteilt.

Während der Verhandlungspausen herrscht in den Kulissen ein ständiges Kommen und Gehen, ebenso in dem unterirdischen Korridor, wo sich unsere Zellen befinden. Die Ruzyňer Chefs besuchen mehrmals täglich die Angeklagten, für die sie verantwortlich sind, um den Mut »ihrer Klienten« zu stärken.

Kohoutek ist, wie gewöhnlich, keineswegs wortkarg und spricht mehr,

als er es eigentlich sollte. Er erklärt, die Partei sei zufrieden, unsere »Freunde« hätten mit der Parteileitung gesprochen, die sämtliche Wechselfälle des Prozesses bis in die geringsten Einzelheiten verfolge. Seine Voraussagen über die Verurteilungen sind noch optimistischer als vor Eröffnung der Verhandlung. Ich bemühe mich, Bruchstücke aus den Mitteilungen Doubeks und anderer Referentenchefs an meine Mithäftlinge zu erhaschen. Nach dem, was ich davon auffange, zu schließen, drehen sich alle Gespräche um dieses Thema.
Nachdem ihre Chefs fort sind, kommen die Referenten nochmals auf das Problem zurück. Sie sagen uns, ihre Ansicht gründe sich auf Gespräche, die sie vorher mit ihren Chefs geführt haben. Ihrer Ansicht nach würde Šling eine der schwersten Strafen erhalten, 20 Jahre, Hajdu 12, Löbl 12, Clementis und Geminder 15 bis 18 Jahre, Slansky 20, schlimmstenfalls 25 Jahre, Margolius 10, und ich 12 ...
Aber je mehr Sitzungen vergehen, um so pessimistischer werden wir, da hilft nichts. Von Angst gepackt, werden wir uns bewußt, daß die Tragödie, deren letzten Akt wir eben spielen, ein viel düsteres Ende nehmen wird, als man uns bisher einreden wollte.
Eifrig geht Doktor Sommer von einem zum anderen und verteilt Sedative. Ich kann nachts in der Zelle nicht schlafen. Ich stehe auf, gehe auf und ab, hie und da bietet mir der Wärter eine Zigarette an, versucht mich zu beruhigen. Die gleiche Szene muß sich wohl in den dreizehn anderen Zellen abspielen, denn ich höre Schritte und unterdrückte Stimmen.
Im Verhandlungssaal ist die Feindseligkeit immer deutlicher zu merken. Die Verhandlung hat jetzt einen Punkt erreicht, da es so kommen mußte: eine schwere Atmosphäre des Hasses schwebt über uns. Auch tragen die Zeugenaussagen dazu bei, am schlimmsten die Gusta Fučikovas, die Reicin beschuldigt, die Festnahme ihres Mannes durch die Gestapo verursacht zu haben. Ihre Schlußworte, ein Zitat der letzten Worte Fučiks aus seinem Buch »Unter dem Galgen geschrieben«, wird von den Zuhörern mit frenetischem Beifall aufgenommen:
»Wer getreu für die Zukunft gelebt hat und für ihre Schönheit gefallen ist, ist eine in Stein gehauene Gestalt. Wer jedoch mit dem Staub der Vergangenheit einen Damm gegen den Strom der Revolution errichten wollte, ist nur ein Hampelmann aus morschem Holz, auch wenn seine Schultern goldene Tressen zierten. Ihr Menschen, ich liebte euch so sehr - seid wachsam!«
Am Tag bevor der Staatsanwalt sein Plädoyer halten wird, fragt mich Kohoutek während einer Verhandlungspause nach meiner Meinung über die zu erwartenden Strafen. Ich sage, daß der Prozeß allen Angeklagten das Leben kosten wird. Da blickt er mich mit ausdruckslosen Augen an und schüttelt langsam den Kopf: »Das ist unmöglich, sie kön-

nen euch doch nicht alle hängen! Sie werden einige am Leben lassen müssen. Und Sie haben Chancen dazuzugehören, da die Anklagen gegen Sie weniger schwer sind als gegen die anderen. Auch wenn die auferlegten Strafen streng sind, so ist doch wie bei allen politischen Prozessen nur eines von Bedeutung, nämlich, daß man am Leben bleibt. Geben Sie die Hoffnung nicht auf!« Sogar ein Mann wie Kohoutek, der doch ein eifriges Werkzeug im Prozeß war, scheint erstaunt und bestürzt über die tragische Wendung, die die Verhandlung in diesem Gerichtssaal nimmt.

Bis spät in die Nacht und auch noch morgens, vor Wiederbeginn der Verhandlungen hören wir in unserem Keller das Geklapper der Schreibmaschinen. Durch die Indiskretion meines Referenten erfahre ich, daß man sogar hier noch Verhöre anstellt und Protokolle über Personen aufnimmt, die sich auf freiem Fuß befinden.

Manchmal schiebt man einem Angeklagten während einer Pause ein Blatt Papier mit zusätzlichen Namen zu, die er in seiner Aussage erwähnen soll. Ich fange unter anderen die Namen General Svobodas und Minister Gregors auf. Als ich später nach meiner Freilassung Gelegenheit hatte, die Presse jener Zeit sowie den stenographischen Bericht des Prozesses durchzublättern, fiel mir auf, daß die kränkendsten antisemitischen Bezeichnungen sowie sehr viele Namen und ganze Absätze aus unseren Aussagen darin nicht vorkamen. Dieses Material wurde für Prozesse zurückbehalten, die eventuell später aufgezogen werden sollten.

Zugleich mit der Ankündigung, daß meine für den Morgen des 22. November festgesetzte Aussage auf eine spätere Stunde verschoben wird, teilt mir Kohoutek mit: »Nach Prüfung der gestrigen Aussage Clementis' hat die Partei beschlossen, ihn noch ein zweites Mal, heute morgen, vorführen zu lassen; er soll eine zusätzliche Aussage über den slowakischen bourgeoisen Nationalismus abgeben.«

Das letzte Protokoll für das Gericht wurde also mit Clementis im Laufe der Nacht verfaßt. Dann mußte er seinen Text auswendig lernen, um für die Eröffnung der Verhandlung, die mit seiner Aussage begann, gerüstet zu sein.

Einen Tag, bevor der Staatsanwalt Strafantrag stellt, bringt mir Kohoutek Papier und Bleistift in meine Zelle in Pankrac und verlangt, daß ich meine letzte Erklärung vor dem Urteil niederschreibe: »Sie müssen sich genau an ihre ›Geständnisse‹ halten und der Partei beweisen, daß Sie bis zum Schluß bei der Einstellung bleiben, die sie von Ihnen erwartet.« Etwas später übergebe ich ihm meinen Entwurf. Dann begibt er sich zu »seinen Chefs«, um sie nach ihrer Ansicht zu fragen. Früh am nächsten Morgen kommt er wieder und gibt mir den gehörig verbesserten Text. Drei Sätze sind gestrichen, andere hinzugefügt worden. Er wirft mir vor,

ich hätte mir für diesen Text nicht übermäßig den Kopf zerbrochen. »Und nun lernen Sie das auswendig. Vor allem ändern Sie nichts, Sie könnten es sonst bereuen.« Natürlich immer im Namen der Partei!
Glücklicherweise ist der Text kurz, denn mein Kopf gehorcht mir nicht mehr. In den letzten Tagen gelingt es mir nur mehr mit Schwierigkeiten, der Verhandlung zu folgen. Mein Gehirn erfaßt nur Brocken, davon abgesehen habe ich den Eindruck, in einem wolligen Getöse zu baden. Immer stärker wird das Gefühl der Persönlichkeitsspaltung: ich bin Mitspieler und gleichzeitig Zuschauer des Prozesses. Ein Gedanke läßt mich nicht los: »So also war es bei den Prozessen von Moskau, von Budapest, von Sofia... Wie konnte ich damals und mit mir so viele Kommunisten, so viele ehrliche Menschen auf der ganzen Welt mit soviel Vertrauen derartigen Inszenierungen Glauben schenken?«

4

Am siebten Tag, nachdem die vierzehn Angeklagten und die dreiunddreißig Belastungszeugen ohne die geringste Abweichung ihre Aussagen gemacht haben - so tadellos sind Inszenierung und Mitspieler gedrillt -, stellt der Erste Staatsanwalt, Josef Urvalek, seinen Strafantrag:
»Genossen Richter:
Seit Menschengedenken hat noch keines unserer demokratischen Volksgerichte über einen Fall zu entscheiden gehabt wie den der Verbrecher, die heute hier auf der Anklagebank sitzen und über die ihr urteilen sollt...
Das psychische Antlitz dieser Verbrecher konnten wir in seiner ganzen Ungeheuerlichkeit beobachten. Wir wurden uns klar über die Gefahr, die uns alle bedrohte. Die enthüllten Verbrechen brachten die wirklichen Ursachen der schweren Fehler an den Tag, die sich auf zahlreichen Arbeitsgebieten unserer Partei, unseres Staates und unserer Wirtschaft gezeigt hatten... Wie tausendarmige Kraken hatten die Verbrecher sich an den Körper unserer Republik geheftet, um ihr das Blut und das Mark auszusaugen...
Die tiefe Empörung, die sich unseres Volkes bemächtigt hat, zeigt deutlich, daß es entschlossen ist, jedes Individuum zu vernichten, das sich an der Freiheit und der Unabhängigkeit unseres Vaterlandes vergreifen, das versuchen wollte, die Hand gegen unseren sozialistischen Aufbau zu heben oder die Freiheit abzuschaffen, welche die Sowjetunion und ihre ruhmreiche Armee für uns erfochten haben...

Dieses Verschwörungszentrum entstand im Westen bereits während des Zweiten Weltkriegs und strebte die gleichen Ziele an, wie sie die westlichen Imperialisten in diesem Krieg aufs Korn nahmen: Unterdrückung, Knechtung. Bekanntlich entsprachen dann Verlauf und Ausgang des Krieges nicht den Plänen und Maßnahmen der westlichen Imperialisten. Sie hatten auf eine schlechte Karte gesetzt, als sie versuchten, sich Hitlers zu bedienen, um die Sowjetunion zu vernichten. Das gelang ihnen nicht... Die geniale Voraussage des Genossen Stalin ging in Erfüllung. Er hatte im Jahre 1934 prophezeit: ›Es unterliegt keinem Zweifel, daß der zweite Krieg gegen die Sowjetunion die vollständige Niederlage des Angreifers, die Revolution in einigen Ländern Europas und Asiens, die Vernichtung der bürgerlichen Regierungen und der Großgrundbesitzer dieser Länder nach sich ziehen wird.‹

Die Sowjetunion hat das ›Dritte Reich‹ der Nationalsozialisten ebenso ausgemerzt wie das Japan des Mikado... Infolge des Sieges der UdSSR und ihrer ruhmreichen Befreiungsarmee wurden die bürgerlichen Regierungen der Großgrundbesitzer nach 1945 in vielen Ländern Europas und Asiens sowie bei uns vernichtet...

Die amerikanischen Imperialisten, diese barbarischen Nachfolger Hitlers, bemühen sich, den Sturz zu verhindern, den die historische Entwicklung für sie bringen muß. Bereits während des Zweiten Weltkriegs unterhielten die anglo-amerikanischen Imperialisten ein Büro - eine ganze Reihe von reaktionären Regierungen mit Emigranten aus den von den Nazis besetzten Ländern -, das dazu berufen war, ihnen nach der Niederlage von Nazideutschland die Wiederherstellung ihrer führenden Positionen in diesen Ländern zu sichern... Dann sollten diese Länder in Waffenlager für einen neuen Plünderungskrieg gegen die UdSSR umgewandelt werden...

Dieses erste Büro, das aus den reaktionären bourgeois-nationalistischen und faschistischen Elementen bestand, wurde vernichtet.

Doch bald erkannte man, daß die Imperialisten, die ein Spiel begonnen hatten, dessen Einsatz das Schicksal der von der sowjetischen Armee befreiten Völker war, eine falsche Karte hatten einschmuggeln wollen. Die in den Jahren 1948 und 1949 vom Informationsbüro der Kommunistischen Arbeiterparteien gefaßten Resolutionen, die den Verrat der Titoclique in Jugoslawien in seinem ganzen Ausmaß entlarvten, haben deutlich am Beispiel des titoistischen Jugoslawien selbst gezeigt, was das für eine betrügerische Karte war und welche Gefahr sie bedeutete. Diese Resolutionen zeigten, daß das Bürgertum seiner alten Gewohnheit treu blieb, Männer aus den Parteien der Arbeiterklasse als Spione und Provokateure in Dienst zu nehmen und diese Parteien auf solche Weise von innen her zu zersetzen und sie sich unterzuordnen. In Jugoslawien gelang ihnen das. Aber die Resolutionen des Informationsbüros versetzten nicht nur der Titoclique, sondern vor allem den westlichen Imperialisten einen vernichtenden Schlag.

Die Titoclique, der die schändliche Rolle des Verräters zugedacht war für den Augenblick, in dem die Imperialisten einen Krieg gegen die Sowjetunion entfesseln würden ... wurde entlarvt, und ihre Absichten wurden dank der großen Erfahrung, welche die Kommunistische Partei der UdSSR im Lauf ihrer Geschichte gesammelt hat, vor der ganzen Welt enthüllt.

...Nach und nach wurden schließlich diese Büros entlarvt, die sich innerhalb der in den volksdemokratischen Ländern an der Macht befindlichen Kommunistischen Arbeiterparteien eingenistet hatten. Dank der Wachsamkeit der Arbeiterklasse und der Kommunistischen Parteien wurden die Verräterbanden Laszlo Rajks in Ungarn, Traitscho Kostows in Bulgarien, Kotschi Dzodzes in Albanien ebenso wie die Patranescus in Rumänien und Gomulkas in Polen entlarvt und unschädlich gemacht...

Die imperialistischen Beschützer der bürgerlichen Republik aus der Zeit vor München haben seit Beginn des Zweiten Weltkriegs dafür gesorgt, sich in unserem Land, innerhalb der führenden Partei selbst, einen strategischen Rückhalt zu schaffen ... Ist es denn ein Zufall, daß - wenn man von mehreren anderen, später angeworbenen Spionen absieht - sechs von den Angeklagten als Spione im Dienst ausländischer Mächte in unser Land zurückkehrten, um Aufgaben auf lange Sicht auszuführen: Clementis, Löbl, Šling, Frejka, Hajdu und André Simone? ...

Und es ist wohl auch kein Zufall, daß gerade der bekannte Spion Herman Field, ein enger Mitarbeiter von Allan Dulles, an der Spitze des amerikanischen Nachrichtendienstes in Mittel- und Osteuropa steht, der seine Agenten durch den *Trust Fund* anwirbt, eine Organisation, welche sich »wohltätig« nennt, jedoch in Wirklichkeit nichts anderes ist als eine Spionageorganisation, die zu Beginn der Besetzung Polens dort die Emigranten an sich zog. Eine andere Spionageorganisation, die als Deckmantel dient, die USC, arbeitet in der Schweiz im Dienst von Noel Field...

Im Auftrag der amerikanischen Imperialisten hat Slansky diese große Bande von Verschwörern um sich gesammelt, deren *Ataman* er wurde, das heißt ihr unumstrittener Chef ...

Aus der Aussage des Zeugen Oskar Langer, eines internationalen zionistischen Agenten, geht hervor, daß Slansky der wahre Chef aller bourgeoisen jüdischen Nationalisten war und daß Slansky in einer Unterredung mit ihm die Notwendigkeit betonte, an die Schlüsselposten des wirtschaftlichen, politischen und öffentlichen Lebens Zionisten und bour-

geoise jüdische Nationalisten zu setzen. Seiner Ansicht nach seien diese Leute für uns unentbehrlich, und man dürfe ihre ursprüngliche Zugehörigkeit zur Ausbeuterklasse nicht in Rechnung ziehen. Wer waren übrigens seine engsten Freunde von Jugend an bis zum heutigen Tag? Wir finden sie in diesem Gerichtssaal, vor dem Volk! Geminder, Frejka, Reicin, Šling und Gefolge - alles zionistische Agenten und mit ihnen eine ganze Kohorte anderer Zionisten in hohen Stellungen. Slansky hat vergeblich versucht, sein nationalistisches, jüdisches Bourgeois-Gesicht zu verbergen!... Er beendet seine Laufbahn vor dem Volksgericht unter der Anklage der schwersten Verbrechen, die unser Strafgesetz kennt... Diese schändlichen Verräter haben sich dank ihrem Chef Slansky in die wichtigsten Abteilungen des Partei- und Staatsapparates eingeschmuggelt, und jeder sorgte dann seinerseits dafür, in seiner Abteilung staatsfeindliche Individuen ähnlicher Art auf den wichtigen Posten unterzubringen...
... Wer sind die Menschen oder Menschengruppen, unter denen Slansky seine Helfershelfer für das Verschwörungszentrum gegen den Staat anwirbt? Es sind die Trotzkisten, sie stehen ihm, auch noch nach der Befreiung der Republik, am nächsten... Nach der historischen Erfahrung, die die UdSSR gemacht hat und aus der die Arbeiterklasse der ganzen Welt ihre Lehren zieht, könnten sie den Massen niemals ein trügerisches Programm vorlegen. Deshalb geben sie vor, die gerechten Entscheidungen der Partei und der Regierung anzunehmen und sich ihnen zu unterwerfen, aber Slansky verwirklichte sie auf seine Weise, indem er sie sabotierte...
Die dritte wichtige Gruppe, in der Slansky die Übeltäter für sein Zentrum anwarb, waren die Zionisten. Ich halte es für notwendig, mich etwas näher mit der sogenannten zionistischen Bewegung zu befassen. Erstens weil es unter den Angeklagten elf Anhänger der zionistischen Organisationen gibt, die sich in den Dienst des amerikanischen Imperialismus gestellt haben. Aber auch noch aus einem anderen Grund: Der Prozeß führt allen kommunistischen und Arbeiterparteien die Gefahr vor Augen, mit der der Zionismus in seiner Eigenschaft als Büro des amerikanischen Imperialismus sie bedroht. Seit jeher sind die zionistischen Organisationen durch die tausend Fäden der Klasseninteressen mit dem Weltkapitalismus verbunden. Daher waren sie für den Befreiungskampf der Arbeiterklasse gefährliche Organisationen.
Die Gefahr, die der Welt von den internationalen zionistischen Organisationen her droht, ist seit der Errichtung des amerikanischen Protektorates - des sogenannten Staates Israel - größer geworden. Auch nach der Gründung des Staates Israel verbleibt der Hauptsitz der zionistischen Organisationen weiter in Amerika, wo die Zionisten zahlreiche Anhän-

ger unter den amerikanischen Monopolisten haben, die die ganze Aggressionspolitik der Vereinigten Staaten bestimmen ... So leisteten die zionistischen Agenten von Slanskys Verschwörungszentrum durch ihre verbrecherische Tätigkeit nicht dem arbeitenden Volk Israels Dienste, sondern vor allem den amerikanischen Imperialisten, die die Beherrschung der Welt und den Krieg anstreben. Deren Kosmopolitismus läuft parallel zu dem bourgeoisen jüdischen Nationalismus; das sind tatsächlich die beiden Seiten derselben in der Münzstätte von Wall Street geprägten Medaille ...
Die Verbrecher, die Sie hier auf der Anklagebank sehen, haben den Widerwillen, den das tschechische und slowakische Volk stets gegen den Antisemitismus empfand - und ganz besonders nach dem Zweiten Weltkrieg, in dem die vom Rassenwahn erfaßten Nationalsozialisten die Juden in den Konzentrationslagern und Gaskammern in Massen ausrotteten -, schamlos ausgenutzt. Schieber, Fabrikanten, jüdische bourgeoise Elemente aller Art machten sich das zunutze, um sich in die Partei einzuschleichen, wo sie, jeder Kritik zum Trotz, ihr Gesicht als geschworene Feinde der Nation zu maskieren vermochten. Sie wiesen auf die Leiden hin, die die Juden in der Zeit, als die Nazis wüteten, erdulden mußten.
Unser Volk weiß sehr wohl, daß unsere Partei den proletarischen Internationalismus nie aufgeben wird und daß wir sogar in diesem Prozeß nur die Verbrecher richten, die sich gegen die Staatssicherheit vergangen haben, die räuberischen, zionistischen Schieber, die Agenten der westlichen Imperialisten.
Es ist offensichtlich - und übrigens auch logisch -, daß Slansky in den wichtigsten Abteilungen der staatlichen Wirtschaft und des Apparates des Zentralkomitees der Kommunistischen Partei bei uns vorzugsweise Zionisten eingesetzt hat ...
Der Prozeß zeigt uns mit aller Schärfe die Gefahr, mit der uns der Zionismus bedroht. Er hat aber auch eine internationale Tragweite, denn nicht nur unserer Kommunistischen Partei, sondern auch den anderen Kommunistischen Arbeiterparteien gilt diese Warnung, ihre Reihen nicht von diesem gefährlichen Werkzeug der amerikanischen Imperialisten infiltrieren zu lassen.
Slansky sammelt Menschen um sich, die ihm gleichen, Zionisten, Trotzkisten, Knechte der Bourgeoisie unter der Ersten Republik und Lakaien der amerikanischen Imperialisten in ihrer späteren Entwicklung. Und er weiß, wo sie zu finden sind: unter den Leuten, die nach dem Krieg aus den westlichen Ländern zurückgekehrt sind, wo sie Spionage- und Freundschaftsbeziehungen mit den Vertretern der imperialistischen Welt angeknüpft hatten, unter den Zionisten, den Trotzkisten, den bour-

geoisen Nationalisten, den hochverräterischen Kollaborateuren und anderen Feinden des tschechoslowakischen Volkes...
Die erste Sorge Slanskys und seiner Spießgesellen war, sich die absolute Herrschaft über die Partei zu sichern und aus diesem Werkzeug der Arbeiterklasse für den Aufbau des Sozialismus ein Werkzeug für die Wiederherstellung des Kapitalismus zu machen. Sie verletzten alle Grundprinzipien, die unserer Partei revolutionäre Kräfte verleihen, sie zum Handeln befähigen und alle arbeitenden Menschen ihnen geneigt machen. Sie unterwarfen die gewählten Organe dem Parteiapparat...
Sie verwarfen die Methoden geduldiger systematischer Überredung und der politischen Arbeit bei den Massen und zogen es vor, überall mit dem Stock zu regieren. Sie sabotierten und unterdrückten die Prinzipien des demokratischen Zentralismus, der Demokratie innerhalb der Partei, die Kritik und die Selbstkritik. Sie beabsichtigten, unter Ausnutzung ihrer Stellung im Parteiapparat im geeigneten Augenblick eine Kehrtwendung der Partei auszuführen, sie nach dem Beispiel Titos in das Lager der Verräter des Sozialismus zu führen und die ganze Republik unter die Vormundschaft der amerikanischen Imperialisten zu bringen... Die Sekretäre und Führer des Parteiapparates in den industriellen Gegenden sind zionistische Abenteurer, Fremde und Feinde der Partei und des Volkes...
Es liegt mir aber daran zu betonen, daß die Verschwörer sich noch so bemühen mochten, sich der Partei zu bemächtigen und ihren revolutionären Charakter zu verändern und sie außerstande zu setzen, ihre historische Rolle zu spielen - sie haben ihr Ziel nicht erreicht... Die Partei, mit Klement Gottwald an der Spitze, stand von Anfang an in ständigem Kampf mit ihnen. Allmählich gelang es ihr, verschiedene verbrecherische Elemente zu entlarven und sie schließlich alle ausfindig zu machen. Heute muß diese ganze Verbrecherhorde im Dienste Slanskys für ihre Missetaten Rechenschaft ablegen. Die Partei ging aus dem Kampf siegreich hervor, es konnte ja auch nicht anders kommen. Die Partei und ihre bolschewistischen Führer werden unser Volk auf dem siegreichen Weg des Sozialismus weiterführen...
Die Verhandlung hat die gemeinsamen Ziele Titos und Slanskys enthüllt. Sie hat auch klar gezeigt, daß die Ausplünderung und die Sabotage der Wirtschaft unseres Landes darauf ausgerichtet war, das zu erreichen, was der Mission der UNRRA* nicht gelungen ist und was in den Satellitenstaaten der Marshallplan mit sich brachte: in einem verarmten Land die Bedingungen für die Wiedereinführung der amerikanischen Monopole zu schaffen. Auf diese Weise nahmen die Angeklagten an der Ver-

---

* United Nations Relief and Rehabilitation Administration.

wirklichung der großen Verschwörung gegen die UdSSR und an der Vorbereitung eines neuen Krieges teil...
Der jetzige Prozeß hat wieder einmal den verbrecherischen Charakter der Pläne der westlichen Imperialisten gezeigt, die auf die Auslösung eines neuen vernichtenden Weltkriegs gegen die UdSSR und die Länder des Friedenslagers hinzielen... Die Partei und die Regierung bieten diesen irrsinnigen Plänen die Stirn. Im Einverständnis mit allen gutgesinnten Menschen setzen sie ihre ganze Kraft für unsere Armee ein, die Armee des Friedens, die ebenso wie die unbesiegbare sowjetische Armee, ihr großer Verbündeter und Inspirator, imstande sein wird, gemäß der ruhmreichen Tradition der hussitischen Kämpfer die modernen Kreuzfahrer völlig zu vernichten, die es wagen sollten, die heiligen Grenzen unseres Landes zu verletzen und sich an unserer Freiheit zu vergreifen. Unsere Armee, eine echte Volksarmee, ist der Gegenstand der Liebe und des Stolzes unseres Volkes.
Deshalb erfuhr unser Volk mit Empörung und gerechtfertigtem Zorn, daß die Verschwörer ihre verbrecherischen Bemühungen sogar gegen die Armee gerichtet hatten und sie unfähig machen wollten, unseren Boden, unsere Unabhängigkeit, unser Glück zu verteidigen...
Die Macht unserer Partei hat diese schändlichen Pläne vereitelt, und unsere Armee wurde dank ihrer neuen Führung ein ehrfurchtgebietendes Heer. Unser gestähltes Volk ist, von Kopf bis Fuß gewappnet, bereit, jeglichen Angreifer gebührend zu empfangen.
Die Verschwörer hatten sich auch die Schlüsselstellungen im Sicherheitsapparat gesichert, um ihre Verbrechen verbergen, die Spuren verwischen und dafür sorgen zu können, daß sie nicht entlarvt wurden, um die subversive Tätigkeit der imperialistischen Nachrichtendienste und der verschiedensten reaktionären Elemente zu erleichtern. Karel Švab, der von Slansky im Sicherheitsdienst eingesetzt wurde, war über sämtliche, vom Verschwörungszentrum in den verschiedenen Abteilungen besetzten Posten sowie über die subversive Tätigkeit genau unterrichtet... Er leitete die Berichte und Denunziationen an Slansky weiter, hielt ihn peinlich auf dem laufenden, schützte jedoch - auf dessen Befehl - die Übeltäter... Als man festgestellt hatte, daß die amerikanischen und titoistischen Nachrichtendienste ein umfangreiches Spionagenetz in der Tschechoslowakei besaßen, erhielt Švab den Auftrag, es aufzudecken. Er hatte herausgefunden, daß Field mit Frejka, Goldmann und Löbl zusammenarbeitete, auch wichtige neue Fakten festgestellt, die die Zusammenarbeit Fields mit anderen Verrätern des tschechoslowakischen Volkes bewiesen. Aber von Slansky beauftragt, verfolgte er seine Untersuchung bloß zum Zweck einer Irreführung, um die Aufdeckung der Verschwörung zu verhindern. Also blieben die Spione und Verräter auf

ihren Posten. So ermöglichte es Švab zahlreichen Trotzkisten und der trotzkistischen Gruppe der ehemaligen internationalen Brigaden oder auch den Trotzkisten des Außenministeriums, ihrer verbrecherischen Tätigkeit nachzugehen... Jene Männer, die versucht haben, unseren Sicherheitsapparat in Mißkredit zu bringen und ihn zu mißbrauchen, sitzen heute auf der Anklagebank.

Slansky, seine Verschwörergruppe und andere mit dieser Gruppe verbündete, verbrecherische Elemente standen von Anfang an im Dienst der westlichen Imperialisten und arbeiteten nach deren Weisungen, wurden in ihrer Tätigkeit durch deren Befehle und sehr zahlreiche Geheimagenten geleitet. Unter diesen Agenten nimmt Koni Zilliacus eine ganz besondere Stellung ein, und zwar als politischer Meisterjongleur. Dieser, zumindest auf den ersten Blick ehrenhafte Gentleman reist quer durch Europa... er stellt sich unter der Maske eines progressistischen Labour-Mannes vor. Er hat es nicht versäumt, auch die Tschechoslowakei mehrmals zu besuchen. Aber er wird nicht wiederkommen. Seine Rolle ist beendet... Wir geben den englischen Arbeitern den freundschaftlichen Rat, diesen Herrn aufmerksam zu überwachen.

Slansky wußte sehr wohl, wer Koni Zilliacus war. Er wußte, daß Zilliacus seit langer Zeit ein Spion war, der sich bewährt hatte...

Das erste Zusammentreffen zwischen Slansky und Zilliacus war 1946, das zweite im Herbst 1947... Schon nach der ersten Zusammenkunft entspannen sich zwischen ihnen regelmäßige Beziehungen. Slansky verwandte zu diesem Zweck die diplomatischen Kuriere des Außenministeriums, seine Komplicen in dessen Apparat sowie im Apparat der Partei, zum Beispiel Geminder, Goldstücker, Kratochvil, Kavan und noch andere...

Zilliacus hatte sich jedoch nicht nur um die Tschechoslowakei zu ›kümmern‹, sondern auch um die Volksdemokratie Polen, wo er mit dem imperialistischen Agenten Gomulka in Verbindung stand, und um Jugoslawien, wo er mit Tito und seinen Komplicen zusammenarbeitete...

Er war es auch, der seinen Schützling Tito lauthals verteidigte, als dieser nach der Resolution des Informationsbüros als Verräter entlarvt wurde. Und sogar nachdem Zilliacus Tito bereits öffentlich verteidigt hatte, brachen weder Slansky noch sein Verschwörungszentrum gegen den Staat ihre Beziehungen mit ihm ab. Zilliacus stellt das festeste Band dar, das die Slanskygruppe mit den westlichen Imperialisten verknüpft.

In unserem Prozeß werden elf von den vierzehn Angeklagten der Spionage beschuldigt. Die Spionage, eines der abscheulichsten Verbrechen gegen den Staat, ist so unlösbar mit dem Hochverrat verbunden, daß sie von ihm kaum mehr zu trennen ist...

Was die von dem Zentrum wirklich verfolgten Ziele anlangt, gibt Slan-

sky selbst zu: ›Ich habe daran gearbeitet, die für die Übernahme der Macht durch das Zentrum günstigen Bedingungen zu schaffen... Ich habe Klement Gottwald getäuscht, ihn zu isolieren versucht, ich habe mich als Feind bemüht, auf jede Weise Schaden zu stiften...‹
Slansky machte nicht einmal vor Klement Gottwald halt. Er hatte bereits seine Anordnungen getroffen, um dem Leben des vielgeliebten Führers des Volkes ein Ende zu machen. Er empfahl dem Präsidenten Gottwald als behandelnden Arzt den Freimaurer, Kollaborateur und Staatsfeind Doktor Haškovec! Wenn er eingesteht: ›Ich rechnete für den Fall, daß wir die Macht übernähmen, damit, daß es nötig sein würde, Klement Gottwald loszuwerden‹..., dann kann er das eben nicht leugnen. ›Ich hätte Doktor Haškovec benutzen können, um mich Klement Gottwalds zu entledigen und an die Macht zu gelangen‹, gibt Slansky zu, und es besteht kein Zweifel, daß er es auch getan hätte...
Sämtliche Hauptanklagepunkte wurden durch die Beweise, die im Laufe des Prozesses vorgelegt wurden, und durch die Geständnisse der Angeklagten bestätigt, sowohl was die in der Anklageschrift zitierten inkriminierten Fakten, nämlich die Verbrechen, betrifft, als auch deren Qualifizierung.
Ehe ich schließe, muß ich noch eine Frage beantworten. Wie war es möglich, daß diese Saboteure auf so gefährliche Weise die Grundlagen der Republik untergraben und ihre Verbrechen vor der Partei, den Sicherheitsorganen und dem Volk verbergen konnten?... Leicht war es bestimmt nicht, sie zu entlarven, denn sie nahmen überaus wichtige Posten ein... Aber es gelang ihnen doch kein Anschlag auf Herz und Gehirn unserer Partei. Sie drangen nur in ganz geringem Maße in das Zentralkomitee der Partei ein. Eine Zeitlang konnten sie die korrekte Politik unserer Partei verdrehen, die Berichte, die Ziffern, die Kaderakten fälschen, die Gottwaldsche Leitung der Partei und unverschämterweise sogar den Präsidenten selbst täuschen. Aber es hat alles seine Grenzen...
Sie betrogen bei der Kaderarbeit, in Wirtschaftsfragen, bei der Ausarbeitung internationaler Bündnisse, mit einem Wort, sie schwindelten immer und überall. Wenn es ihnen geraten schien, verstanden sie auch, ihre Betätigung zu verschleiern. Als unter dem Volk Proteste gegen die Zionisten laut wurden, erhoben sie ein großes Geschrei über die Gefahr des Antisemitismus und wußten zu verbergen, daß sie die Klasseninteressen der jüdischen Bourgeoisie verteidigten und auf dem Umweg über den Weltzionismus mit dem amerikanischen Imperialismus verbunden waren.
Das ist aber noch bei weitem nicht alles! Mit Hilfe ihrer Parteikarte, dieses von einem unserer Dichter besungenen roten Büchleins, versuch-

ten sie ihr wahres Wesen zu tarnen. Vergebens! Die Partei, mit Präsident Gottwald an ihrer Spitze, hat diese Verräterbande rechtzeitig zerschlagen... Unser Volk wird dem Genossen Gottwald nie genug Dank dafür wissen, daß er die verbrecherischen Versuche der Verschwörer gegen die Republik systematisch zunichte gemacht hat...
Die Tschechoslowakei wird kein neues Jugoslawien sein!
Genossen Richter!
Beim 19. Kongreß der Kommunistischen Partei der Sowjetunion hat Genosse Malenkow betont, wie ungeheuer wichtig für den Sieg des Sowjetlandes der unerbittliche Kampf, den die Kommunistische Partei der UdSSR während des großen patriotischen Krieges gegen die Halunken der Trotzky-Bucharin-Clique geführt hat, wie ungeheuer wichtig die Vernichtung dieser Feinde gewesen ist. Mit ebenso schändlichen Verrätern und Bestochenen haben wir es hier zu tun. Auch dieses Pack beabsichtigte, im Fall eines Angriffs gegen unser Land dem Volk den Dolch in den Rücken zu stoßen und so den amerikanischen Imperialisten zu dienen. Diese Verbrecher sind nicht nur die Feinde unseres Vaterlandes, sie sind die Feinde der gesamten friedlichen Menschheit. Wenn sie festgenommen und unschädlich gemacht wurden, so bedeutet das daher nicht nur einen Sieg für unser Land, sondern gleichzeitig eine neue schwere Niederlage der amerikanischen Imperialisten und einen neuen Sieg für die Seite des Friedens und der Demokratie...
Die Verschwörer haben unserem Land ungeheure, Milliarden zählende Verluste zugefügt. Dennoch erfüllen wir siegreich die Aufgaben des Fünfjahresplanes, bauen für uns und für die nachfolgenden Generationen ein neues, glänzendes Leben auf. Der unermüdliche Einsatz von Millionen Werktätigen steht einer Handvoll Verschwörern gegenüber. Tausende empörter Briefe erreichten in den letzten Tagen das Gericht; sie bringen den festen Entschluß unserer Arbeiter zum Ausdruck, in kürzester Zeit allen Schaden gutzumachen, den uns die Knechte des Imperialismus zugefügt haben... Immer wachsamer, immer dichter um seine Führer und um Klement Gottwald geschart, führt unsere Kommunistische Partei das Volk in eine strahlende Zukunft.
Genossen Richter!
Im Namen unserer Völker, gegen deren Freiheit und Wohlergehen diese Verbrecher frevelten, im Namen des Friedens, gegen den sie sich in schändlicher Weise verschworen, beantrage ich die Todesstrafe für alle Angeklagten. Möge euer Urteil unerbittlich und wie eine stählerne Faust auf ihre Köpfe niedersausen. Möge es das Feuer sein, das diesen verdorbenen Baum bis an die Wurzel versengt! Möge es aber auch wie eine Glocke überall in unserem schönen Vaterland erklingen und ihm neue Siege auf seinem Weg zur Sonne des Sozialismus verheißen!«

5

Während der Rede des Staatsanwalts herrscht im Saal vollkommene Stille. Ich höre gespannt und bangen Herzens zu. Die Entscheidung steht bevor. Seit zweiundzwanzig Monaten bin ich in Haft, losgerissen von meiner Familie, von meinen Kameraden, ein vorzeitig Begrabener...
Staatsanwalt Urvalek redet mit der Kraft der Überzeugung. Seine Stimme bebt, wenn er von der Partei, vom Führer des Volkes Klement Gottwald spricht. Der Ausdruck seiner Empörung steigert sich bei der Anklage gegen die Verräter- und Verbrecherbande, die er dem Strafgericht des Volkes ausliefert. Der Höhepunkt kommt genau im rechten Augenblick und zeigt, wie gut er seine Rolle gelernt hat. Wie vermag er eine solche Empörung zu heucheln, frage ich mich, so gut Komödie zu spielen? Das gilt übrigens auch für die Richter, die ihm andächtig lauschen. Dabei wissen sie doch, daß sie an dem Urteil, das sie morgen im Namen der Republik fällen werden, keinerlei Anteil haben. Sie warten auf die Befehle, die ihnen vom Präsidenten der Republik und von der Parteiführung zugehen werden.
Es ist entsetzlich und mich befällt ein Brechreiz. Ich blicke meine Gefährten an, es geht ihnen wie mir. Blaß und gespannt hängen sie an den Lippen des Staatsanwalts.
Die Verhandlung wird unterbrochen; die Wärter führen uns in unsere unterirdischen Zellen zurück, wo ich wieder eine schlaflose Nacht verbringen werde. Ich bin schon so weit, die Christen, die einst den wilden Tieren im Zirkus vorgeworfen wurden, um ihr Schicksal zu beneiden - ihr Ende kam schneller. Morgen folgen die Plädoyers, und dann muß jeder Angeklagte seine letzte Erklärung abgeben. Ich habe sie gelernt, Kohoutek hat sie mich aufsagen lassen, ich ergebe mich in die Gnade Go..., nein, der Partei!
Heute, am 26. November, hat die Verteidigung das Wort. Trotz zahlreicher Reklamationen, und obgleich der Prozeß vor seinem Ende steht, habe ich noch nicht mit meinem Rechtsanwalt sprechen dürfen. Ein Gedanke quält mich: Hat er Lise aufgesucht und sie, wie er es mir versprach, auf die bevorstehenden Ereignisse vorbereitet? Hat sich die Partei mit ihr ins Einvernehmen gesetzt, wozu Bacilek sich am Ende der Besprechung mit mir verpflichtete?
Zu meiner Erleichterung erfahre ich von Kohoutek und den Referenten, daß Lise nicht im Saal ist, so bleibt ihr wenigstens dieses Schauspiel erspart.
Wir wohnen nun der von der sogenannten »Verteidigung« gegebenen

Vorstellung bei; die Rechtsanwälte treten nacheinander auf und sagen ihre auswendig gelernte Lektion her.
Ihre Plädoyers, von denen eines soviel wert ist wie das andere, hätten ohne weiteres als Anklagen und Strafanträge fungieren können.
Jedem Anwalt obliegt die Verteidigung von drei Angeklagten, nur Dr. Bartoš verteidigt ihrer zwei, Slansky und Margolius.
Hier einige der typischsten Perlen aus Dr. Bartoš Plädoyer:
Dr. Bartoš: »... In den Fällen der Angeklagten Slansky und Margolius werde ich mich in meinem Plädoyer nicht mit den Einzelheiten ihrer verbrecherischen Tätigkeit befassen, da ihre Schuld, wie der Staatsanwalt sie näher beschrieben hat, klar erwiesen ist. Ihre Tätigkeit läßt sich nicht verteidigen, und die beiden Angeklagten haben übrigens ihre Schuld voll eingestanden.
Die größte Schwierigkeit der Verteidigung liegt eben darin, daß es vom juristischen Standpunkt aus tatsächlich unmöglich ist, der Anklage zu widersprechen, weder was die Bezeichnung der Verbrechen noch was ihr Ausmaß angeht.
Die während der Untersuchung gesammelten, nun in der Akte enthaltenen Dokumente - nämlich die Aussagen der Zeugen sowie die ausführlichen, durch noch andere Beweise bekräftigten Geständnisse der beiden Angeklagten, bestätigen in ihrer Gesamtheit unzweifelhaft den Tatbestand nicht nur für den Teil der Anklageschrift, der meine beiden Klienten unmittelbar betrifft, sondern auch für die ganze Anklage...«
Hören wir noch, was Dr. Pošmura, der Verteidiger von Löbl, Švab und Geminder, über letzteren zu sagen weiß:
»... Slansky erkannte bald, daß Geminder ein schwacher Mensch war, der in seinen Händen ein gefügiges Werkzeug werden konnte, und nutzte die Fehler und die bürgerliche Erziehung seines Freundes aus. Geminder hat gestanden, seit dem Jahre 1930 im Fahrwasser Slanskys geblieben und in der zweiten Hälfte des Jahres 1948 in das Verschwörungszentrum eingeführt worden zu sein. Man könnte also sagen, daß er zumindest einige Zeit der Verführung Slanskys widerstand und daß es, wenn er ihr schließlich erlag, einerseits seinem Ehrgeiz als Karrieremacher, andererseits seiner persönlichen Feigheit zuzuschreiben war. Solche Beweggründe sind in allen Geständnissen des Angeklagten Geminder zu erkennen. Ich weiß sehr wohl, daß diese Fehler die unzweifelhafte, bestätigte und bewiesene Schuld des Angeklagten in keiner Weise verringern; es ist jedoch laut Artikel 19 des Strafgesetzbuches meine Pflicht, Sie darauf aufmerksam zu machen...«
Mein Verteidiger, Dr. jur. Ružička, ist beauftragt, die Verteidigung Ludvik Frejkas, André Simones und die meine in einem einzigen Plädoyer vorzulegen.

Über mich hat er folgendes zu sagen:
»... Nun zum Angeklagten Artur London, dessen Schuld bewiesen worden ist; auch hat der Angeklagte ein vollständiges Geständnis abgelegt. Ich brauche also nur mehr einige Worte über die Umstände zu sagen, die London zum Trotzkismus führten, ihn bewogen, in den Dienst Noel Fields zu treten, Mitglied des Verschwörungszentrums zu werden und seine verbrecherische Tätigkeit zu entfalten.
London reiste 1937 nach Spanien, wo er sich als Freiwilliger bei den internationalen Brigaden meldete. Aus der Verhandlung geht hervor, daß die politische Lage bei den internationalen Brigaden nicht in jeder Hinsicht zufriedenstellend war. Es ist also leicht zu verstehen, daß London, der aus kleinbürgerlichen Kreisen stammt, erst zweiundzwanzig Jahre alt war und lange im Ausland gelebt hatte, zweifelhafte Freundschaften mit demoralisierten »Brigademitgliedern« wie Zavodsky, Holdoš, Svoboda schloß und dadurch zu trotzkistischen Ansichten gelangte.
Nach seiner Befreiung aus dem Konzentrationslager Buchenwald* im Jahre 1945 brach bei London ein altes Lungenleiden wieder aus. Er reiste zur Behandlung in die Schweiz; und dort, in der Heilanstalt, ließ er sich von Noel Field anwerben.
London sagt darüber: ›Meine privaten Beziehungen zu dem amerikanischen Spion Noel Field entstanden dadurch, daß er mir aus den Mitteln des *Unitarian Service Committee* Hilfe und Unterstützung verschaffte. Field bezahlte von 1947 an meinen Aufenthalt in dem Schweizer Sanatorium und verlangte dafür Informationen geheimen Charakters.‹
Diesbezüglich wurde das Geständnis Londons durch die Ergebnisse des Rajk-Prozesses bestätigt... der Angeklagte London war zeitlich der letzte, der mit Slansky zusammenarbeitete; er entschloß sich dazu nur unter starkem Druck und aus Furcht, wegen früherer Handlungen zur Rechenschaft gezogen zu werden.
Ich bitte Sie daher, Genossen Richter des Staatsgerichtshofs, im Fall des Angeklagten Artur London nicht die Todesstrafe zu verhängen, die von der Anklage verlangt wird, und sich für die Freiheitsstrafe zu entschließen, die ihm ermöglichen würde, seine schweren Fehler durch Arbeit zu sühnen.«
Da haben wir sie, die Ritter der modernen Zeit, die Streiter für die Unschuldigen, für die Schwachen, für Witwen und Waisen! Während sehr viele tschechoslowakische Richter und Juristen lieber Wagenwäscher oder Bergleute, Metallarbeiter oder Hauswarte wurden, als eidbrüchig zu werden - ist kaum ein Wertunterschied festzustellen zwischen jenen Rechtsanwälten, die sich zu der neuen, von den Ruzyňer Drahtziehern

---

* Ich wurde nicht nach Buchenwald, sondern in das Lager Mauthausen deportiert.

eingeführten Gesetzgebung in Justizangelegenheiten bekannten, und den »Richtern«, die die Strafen verhängten.
Nach den Plädoyers werden wir alle vierzehn der Reihe nach an die Schranke gerufen, um unsere letzte Erklärung abzugeben.
Ebenso wie die Referenten darauf Wert gelegt hatten, daß wir unsere Aussage in einem Ton machen, der den Eindruck der Aufrichtigkeit vermittelt, empfahlen sie uns auch, diese letzte Erklärung mit dem Akzent aufrichtiger Reue vorzubringen. Und vor allem kein Zögern! Bis zum Ende durchhalten und »auf die Partei vertrauen«!
Slansky schloß mit den Worten: »Ich verdiene kein anderes Ende meines verbrecherischen Lebens als das, welches der Staatsanwalt beantragt...«
Geminder: »Wie schwer auch die Strafe sein mag, - sie wird jedenfalls gerecht sein; ich bin mir dessen bewußt, daß ich die großen Schäden, die ich verursacht habe, weder auszugleichen noch wiedergutzumachen vermag...« - Frejka: »Ich habe eine so schwere Schuld auf mich geladen, daß ich im voraus jedes Urteil des Gerichts als gerechte Strafe aus den Händen des arbeitenden Volkes der Tschechoslowakei annehmen will...« - Frank: »Ich bitte den Staatsgerichtshof, die Schwere und das Ausmaß meiner Schuld streng zu beurteilen und ein hartes, strenges Urteil zu fällen.« - Clementis: »... Daher kann auch das Urteil über die Strafe, welches das Gericht der Nation für meine Tätigkeit aussprechen muß, so hart es auch ausfallen mag, nur eine gerechte Sühne sein.« - Reicin: »... Ich bin mir bewußt, daß ich für die Verbrechen, deren ich mich schuldig gemacht habe, die strengste Strafe verdiene.« - Švab: »... Ich bitte daher das Gericht, meinen Verrat mit höchster Strenge und Entschlossenheit anzusehen und zu verurteilen.« - London: »... Ich weiß, daß das Urteil gerecht sein wird.« - Hajdu: »... Ich möchte nur mein Bedauern über die begangenen Verbrechen ausdrücken.« - Löbl: »... Ich bereue alles, was ich getan habe aufrichtig und bin mir bewußt, daß ich eine gerechte, strenge Bestrafung verdiene.« - Margolius: »... Ich kann nur die härteste Bestrafung verlangen.« - Fischl: »... Demnach ersuche ich um ein meiner schweren Schuld entsprechendes Urteil.« - Šling: »... Ich werde mit Recht verachtet und verdiene die höchste, härteste Strafe.« - Simone: »... Deshalb bitte ich das Staatsgericht, mir die strengste Strafe aufzuerlegen.«
Dann unterbricht der Vorsitzende die Verhandlung und erklärt, sie werde am nächsten Tag um neun Uhr dreißig mit der Urteilsverkündung wiederaufgenommen.
Nun sind wir am Morgen des 27. November 1952 angelangt, an dem der Prozeß zu Ende gehen wird. Die Wärter brauchen uns nicht zu wecken, denn es hat keiner von uns ein Auge geschlossen. Kurz vor Eröffnung der Verhandlung erscheinen die Referenten in den Zellen. Kohoutek

und mein Referent vermeiden es, ein Gespräch zu beginnen, ihre Gesichter sind ernst und angespannt. Die Wärter, die die Nachtschicht ablösen, bewegen sich auf leisen Sohlen; sie sprechen nicht.
Wir werden aus den Zellen in den Korridor geführt. Alle sehen übernächtig und angegriffen aus. Wir blicken einander an, unsere Augen sind glanzlos, leblos. Ich habe nach allem, was ich fühle und wie ich meine Gefährten sehe, den Eindruck, daß in unseren Körpern nichts mehr steckt als maßloser Schrecken und Entsetzen.
Wir setzen uns in Bewegung wie Automaten, nehmen auf der Anklagebank Platz, auf der Bank unserer Schande. Wir warten...
Stille im Saal. Der Gerichtshof erscheint. Es ist genau neun Uhr dreißig. Der Vorsitzende Novak verkündet: »Die Verhandlung wird wiederaufgenommen. Stehen Sie auf und hören Sie die Verlesung des Urteils!«
Die Wärter stoßen uns mit dem Ellbogen und ziehen uns von unseren Sitzen hoch. Stehend höre ich, wie im Traum: »...Urteil. Im Namen der Republik!
Vor dem Prager Staatsgerichtshof hat vom 20. bis 27. November 1952 die Verhandlung über die verbrecherischen Handlungen der Führer des Verschwörungszentrums gegen den Staat, RUDOLF SLANSKYS UND SEINER KOMPLICEN, die des Hochverrats, der Spionage, der Sabotage und des militärischen Verrats angeklagt sind, stattgefunden.
Den Ergebnissen der Verhandlung zufolge hat das Gericht wie folgt erkannt...«
Die Urteilsverlesung erscheint mir endlos lang... Ich verstehe die Worte nicht, die der Präsident ausspricht, an mein Ohr dringt nur mehr ein wirres Gemurmel.
Warum fällt mir jener Kamerad aus der Widerstandsbewegung ein, dessen Geschichte man mir erzählt hat und mit dem ich mich nun identifiziere: Er wurde eines Tages in den Landes* zu einer Besprechung mit den FTP-Führern seines Sektors in den Wald gerufen und entdeckte erst dort, daß seine Kameraden gekommen waren, um ihn zu erschießen, weil sie ihn im Verdacht hatten, ein Verräter zu sein. Entsetzt wird er sich bewußt, daß nichts mehr ihn zu retten vermag. Nachdem ihn die Todeskugel getroffen hat, findet er im Sturz noch die Kraft zum Ruf »Es lebe die Kommunistische Partei!« und zu einem letzten Flüstern: »Genossen... Genossen... Gen...!«
Gibt es noch eine andere Hoffnung als jene, die wir in die Partei gesetzt haben, für die Millionen Menschen auf der ganzen Welt, die in ihr das Ende ihrer Mühsal und die Möglichkeit verwirklicht sehen, eine gerechte, aufgeklärte Gesellschaft hervorzubringen? Wenn wir den Betrug an-

---

* Landschaft nördlich von Bordeaux.

gezeigt und enthüllt hätten - wäre das nicht ein Verrat an unseren Genossen, unseren Freunden gewesen, in dieser Welt, die an der Schwelle eines neuen Krieges steht? Übrigens ist diese Frage absurd, denn wir hätten es ja keinesfalls tun können! Sowohl aus moralischen Überlegungen als auch, weil wir einfach nicht die praktische Möglichkeit dazu hatten.
Ich denke wieder an die Sowjetunion. Ich sehe ihr bewundernswertes, mutiges Volk vor mir, das ich lieben gelernt habe und weiter liebe, das so viele Opfer gebracht hat und weiter bringt, das für die Sache der Revolution mehr getan hat, als es irgendein anderes Volk zu tun vermocht hätte. Die UdSSR, Vaterland der proletarischen Revolution, Hoffnung der Völker, zweites Vaterland für die Kommunisten der ganzen Welt, dem so viele ihr Leben opferten... und dessen größter Totengräber Stalin war!
Ich schwitze in dicken Tropfen, spüre, wie sie meinen Körper entlangfließen, bald sind meine Schuhe voll davon... Ich habe Flimmern vor den Augen... Ich bemühe mich, diesen Zustand zu überwinden, um den Vorsitzenden hören und verstehen zu können. Mehrmals vernehme ich bei der Aufzählung der Verbrechen meinen Namen, LONDON, zusammen mit dem anderer Angeklagten. Aber das sind noch nicht die Verurteilungen... Und dann kommen die Nummern der Artikel des Strafgesetzes, die Nummern der Abschnitte des Zivilgesetzbuches und wieder Namen, darunter der meine... Aber das sind noch nicht die Verurteilungen... Und dann höre ich mit gespanntester Aufmerksamkeit:

... und werden hierfür verurteilt:
1. Die Angeklagten Rudolf Slansky, Bedřich Geminder, Ludvik Frejka, Josef Frank, Vladimir Clementis, Bedřich Reicin, Karel Švab, Rudolf Margolius, Otto Fischl und André Simone gemäß § 78, Abs. 3 StG, bei allen außer Karel Švab unter Bezugnahme auf § 22, Abs. 1 StG
ZUM TODE.
2. Die Angeklagten Artur London und Vavro Hajdu gemäß § 78, Abs. 3 StG unter Bezugnahme auf § 22, Abs. 1 StG, Eugen Löbl gemäß § 1, Abs. 3 des Gesetzes Nr. 231/48 Slg. unter Bezugnahme auf § 34 StG aus dem Jahre 1852; bei sämtlichen unter Anwendung des § 29, Abs. 2 StG, bei Eugen Löbl unter Bezugnahme auf § 12 StG
ZU LEBENSLANGEM KERKER.
Bei allen Angeklagten wird der Verlust der Staatsbürgerschaft gemäß §§ 42 und 78, Abs. 4 StG ausgesprochen.
Gemäß § 23 StG wird die Zeit, die Artur London, Vavro Hajdu und Eugen Löbl wegen ihrer verbrecherischen Handlungen in Untersuchungshaft verbracht haben, auf die ausgesprochenen Strafen angerechnet.

Nach der Verkündigung des Urteils zeigt das herrschende tiefe Schweigen, daß das Publikum, obgleich es sorgfältig ausgewählt worden ist, über dieses außerordentlich strenge, seine Erwartungen übertreffende Urteil betroffen ist.
Wer hätte ahnen können, daß man in der Tschechoslowakei, dem alten Kulturland mit seinen demokratischen Traditionen, noch weiter gehen würde als in Ungarn, Bulgarien, Polen oder Rumänien: elf Todesurteile! Dreimal lebenslänglich!
Kein einziges Beifallklatschen, kein Zeichen der Zustimmung... Im Gegenteil, man hat den Eindruck, daß ein Hauch von Terror, eine eisige Kälte sich über den Saal verbreitet hat. Die Menschen scheinen sich zu ducken... Niemand ist stolz auf diesen furchtbaren Ausgang.
Dann unterbricht der Vorsitzende die Verhandlung, um den vierzehn Angeklagten Zeit zum Überlegen zu geben. Wir werden uns mit unseren Rechtsanwälten beraten dürfen, bevor wir beschließen, ob wir unsere Strafen annehmen wollen oder nicht. Der Staatsanwalt behält sich seinerseits das ihm zugestandene Recht vor, seinen Standpunkt genauer darzulegen.
Das Publikum hat sich erhoben, alle Augen sind auf uns gerichtet; bewegungslos, immer noch ohne zu reagieren, sehen die Leute zu, wie wir den Saal verlassen.
Zerschmettert gehen wir, von den Wärtern begleitet, in unsere Zellen zurück. Wir nehmen nichts um uns herum wahr. Dabei hatten wir uns oft mit dem Gedanken vertraut gemacht, daß die Krönung des Prozesses nur der Tod sein konnte. Aber wir klammerten uns doch an jeden Strohhalm, an die geringste Hoffnung, die uns die einzigen Menschen, mit denen wir in Berührung kamen, die Referenten, überbrachten; jene Männer, die für uns die Partei darstellten.
Wir hatten zuletzt alles hingenommen, sogar unsere Verurteilung zum Tode. Einen anderen Ausweg gab es nicht: sich fügen, wie es vor uns die Gefährten Lenins, die Angeklagten von Budapest, von Sofia, von Bukarest getan hatten... unsere Rolle im Prozeß spielen und so die Anklage bestätigen.
Im Korridor finden wir unsere Wärter aus Ruzyně nicht wieder; sie sind ausgetauscht worden. Was aber schlimmer ist, auch unsere Referenten sind nicht mehr da.
Während der ganzen Dauer des Prozesses waren sie stets bei uns. In den Verhandlungspausen waren wir gewohnt, sie vor unseren Zellen zu finden. Sie plauderten mit uns, ermutigten uns. Und nun, nach dem Urteil, das elf von uns zum Galgen schickt, haben sie sich verflüchtigt.
War ihr Verschwinden im letzten Bild auch in der schaurigen Inszenierung des Prozesses vorgesehen?...

Mir gegenüber sehe ich Clementis in seiner Zelle. Er hat jede Spannkraft verloren. André Simone, der trotz seiner schlechten körperlichen Verfassung bis zum letzten Augenblick selbstsicher schien, ist jetzt völlig gebrochen... Ich lese in den Augen meiner Kameraden ihre Bestürzung darüber, ihre Referenten nicht wiederzufinden, in diesem Augenblick nur unbekannte Wärter um sich zu haben. Und nun verlangen wir alle, unsere Referenten zu sehen.
Unsere Referenten! Während der Monate und Jahre, die wir - die Opfer mit den Peinigern - täglich zusammen verlebten, haben sich zwischen uns Bindungen entwickelt, die sich schwer erklären lassen, und auch, trotz allem, ein gewisser menschlicher Kontakt.
Hatten uns die Referenten nicht im Namen der Partei ein anderes Los versprochen, falls wir uns so verhielten, wie es deren Interesse diente? Ich glaube nicht, daß sie uns alle nur eine einfache Polizistenfalle stellten, als sie uns versicherten, die Partei werde es uns zugute halten, wenn wir uns ihrem Willen fügten. Einige glaubten selbst daran. Sie waren nicht alle geborene Schinder! Auch ihnen war erst, ehe sie die gefügigen Werkzeuge der »Drahtzieher von Ruzyně« wurden, die richtige Geisteshaltung beigebracht, sie waren »konditioniert« worden. Ich sagte bereits, daß manche von ihnen alle Befehle blind befolgten, in der Überzeugung, damit als wahre Kommunisten zu handeln...
Mußte ich nicht oft, wenn ich sie beobachtete, auf unser eigenes Verhalten zurückblicken? Die Verdrehung des Prinzips des demokratischen Zentralismus durch Eliminierung der Demokratie zugunsten des Zentralismus hatte nach und nach dazu geführt, daß wir selbständiges Denken verlernten und alles vom obersten Führer der Partei erwarteten. Wir hatten darüber unser Recht, selbst nachzudenken und zu widersprechen, vergessen. Bei manchen Problemen hatten wir nicht immer menschlich genug reagiert. Bei unseren Referenten war der Drill so sehr gelungen, daß sie bereit waren, im Namen der Partei und der UdSSR die heiligen Menschenrechte zu verletzen.
Gleichzeitig jedoch glaubten manche von ihnen an die Beteuerungen der Partei über die kommunistische Moral, die Umerziehung, die Milde... Sie glaubten felsenfest daran, daß ihre Brutalität, ihre ständige Gewalttätigkeit gegen uns einen Sinn hatten, sich am Ende rechtfertigen ließen. Vielleicht sahen sie sogar darin einen proletarischen Humanismus oder wenigstens eine Art, ihm zu dienen.
Jetzt wissen sie alles. So wie wir.
Wir verlangen nun alle, unsere Referenten zu sehen. Wir wollen wissen, was vorgeht. Meine zum Tode verurteilten Kameraden kommen aus ihren Zellen, fassen die ihnen unbekannten Wärter am Arm: »Wo ist mein Referent? Rufen Sie meinen Referenten! Sagen Sie mir, wo mein

Referent ist! Ich will meinen Referenten sprechen!« Ihre letzte Chance, am Leben zu bleiben, liegt bei diesen Beamten, von denen sie Stunde um Stunde, Tag um Tag, Monat für Monat, Jahr für Jahr gepeinigt wurden, die aber doch auch mit ihnen sprachen, sie mit Hoffnungen, mit Versprechungen nährten, ihnen als Verbindung zur Außenwelt, zur Partei, zu Gottwald dienten.
Und plötzlich gibt es diese Hoffnung, diese Hilfe, diese Täuschung nicht mehr. Es gibt nichts mehr. Jeder ist allein mit seinem Tod. Wenn sie nach ihren Referenten verlangen, verlangen sie den Vermittler, der imstande wäre, ihre Verbindung mit der Parteileitung, mit Gottwald wiederanzuknüpfen... Vielleicht mit dem Leben. Der Referent, das ist die langsame Marter der »Geständnisse«, das ewige Neuschreiben der Protokolle. Die Erpressung. Die Schändlichkeit. Die schlimmsten Schikanen und Gewalttätigkeiten. Aber sahen wir in ihnen nicht auch eine Macht? War deren Verbindung mit den anonymen Drahtziehern nicht wirksam, da der Prozeß so verlief, wie sie ihn uns angedroht hatten? Hatten sie den Richtern die gleiche Lektion eingetrichtert wie uns Opfern?
Das Verschwinden der Referenten ist das Zeichen, daß alles zu Ende ist. Nur mehr die »Geständnisse« gibt es und nicht mehr die Männer, die sie verfaßt haben, die »Geständnisse« und die Verurteilungen, die diese Geständnisse in sich trugen. Keine Versprechungen mehr. Die Verurteilten haben ihr Versprechen bis zur höchsten Schmach eingehalten. Die Partei schweigt das ihre tot, verleugnet es.
Wenn ich es mir überlege, glaube ich, daß die letzte Etappe des schaurigen Spiels, das man von den Ruzyňer Referenten aufführen ließ, sich ihrer persönlichen Verantwortung entzog und völlig den sowjetischen Drahtziehern zuzuschreiben ist; auch der Parteileitung, Gottwald und den Mitgliedern des damaligen Politbüros übrigens, die die furchtbare Verantwortung für das Drama tragen, weil sie auf ihr Kontrollrecht verzichteten, die Verletzung der Gerechtigkeit zuließen und sich in letzter Instanz das Recht über Leben und Tod der Angeklagten anmaßten. Sie schlossen Augen und Ohren und überließen sich feige mit Leib und Seele jener zweiten Polizeimacht, dem Staat im Staate, der gemäß dem satanischen Willen Stalins und Berijas handelte! Und der nötigenfalls auch sie verschlang!
Hajdu und ich stecken den Kopf aus der Zelle, ohne uns um die Wärter zu kümmern, die uns daran hindern wollen, und beratschlagen: »Was sollen wir tun?« Wir sind beide der gleichen Ansicht: die Komödie hat lang genug gedauert, wir werden gegen das Urteil Berufung einlegen...
In diesem Augenblick erscheinen die Rechtsanwälte. Erste Fühlungnahme der Verteidiger mit ihren Klienten, zu einer Zeit, da diese bereits verurteilt sind! Ich höre Bruchstücke von Sätzen, die zeigen, daß die

Herren ihre Klienten zu beruhigen suchen: »...Brief an den Präsidenten« »...Gnadengesuch« »...die Hoffnung nicht aufgeben...« Mein Rechtsanwalt fragt nach meinen Absichten: »Ich nehme das Urteil nicht an, ich will Berufung einlegen.« Ich höre, wie Hajdu dem seinen das gleiche sagt.
Nachdem mein Rechtsanwalt mir mitgeteilt hat, daß er keine Zeit hatte, meine Frau aufzusuchen oder sie anzurufen, verläßt er mich mit der Ankündigung, daß die Verhandlung bald wieder beginnen wird.
Wenige Augenblicke später kommen Hajdus Rechtsanwalt und der meine atemlos im Laufschritt wieder. Hastig teilen sie uns mit, daß sie die maßgebenden Persönlichkeiten befragt haben und uns entschieden davon abraten, Berufung einzulegen. »Sie wissen nicht, wie es draußen aussieht. Aus allen Teilen der Republik, von Fabriken, Behörden, Dörfern gelangen Lastwagen voller Resolutionen an, in denen die Todesstrafe für alle vierzehn gefordert wird. Dazu kommt der Ernst der internationalen Lage. Eisenhower wurde soeben zum Präsidenten der Vereinigten Staaten gewählt. Wir stehen vor einem neuen Krieg. Der Staatsanwalt hat sich drei Tage Überlegungsfrist vorbehalten, bevor er seinen Standpunkt bekanntgeben will. Und wenn Sie Berufung einlegen, wird er es auch tun, dann haben Sie keine Chance mehr, dem Strick zu entgehen!«
Daraufhin entschließen wir uns beide, das Urteil anzunehmen.
Beim Abschied verspricht mir der Rechtsanwalt nochmals, sich mit meiner Frau in Verbindung zu setzen und mich dann im Gefängnis zu besuchen. Darauf warte ich noch heute...
Die Verhandlung wird wieder eröffnet - zum letztenmal. Der Vorsitzende ruft unsere Namen auf. Einer nach dem anderen erhebt sich und tritt an die Schranken. Wir alle erklären mit eintöniger, erstickter Stimme das gleiche: *Ich nehme meine Strafe an und verzichte auf mein Recht, Berufung einzulegen.*
Das Spiel ist zu Ende.
Der Vorhang fällt.
Kohoutek hatte mir einmal gesagt: »Die Partei braucht einen Prozeß, keine Köpfe!« Die Partei bekam den Prozeß und die Köpfe dazu...
Wir werden wieder in den unterirdischen Korridor von Pankrac geführt. Völlig niedergeschmettert, warten wir schweigend, bis uns die Wärter die Zellen aufschließen. Der erste, der unsere Gruppe verläßt, ist Šling. Bevor er in die Zelle tritt, wendet er sich uns zu. Auf seinen Lippen erscheint ein flüchtiges Lächeln, er winkt uns grüßend zu. Ich weiß nicht, was ich davon zu halten habe: Šling, mein Kamerad, was bedeutete jenes Lächeln, als du uns verließest?
In dem unterirdischen Korridor herrscht Grabesstille. Während der zwei

Stunden, in denen Löbl, Hajdu und ich in unseren Zellen bleiben, bis man uns holen kommt, um uns nach Ruzyně zurückzubringen, denke ich an meine elf Gefährten, darüber vergesse ich mein eigenes Los.
Welch ein entsetzliches Gefühl, als wir fortgeführt wurden und zu dritt durch den Korridor gingen, vorbei an den Zellen, in denen die elf zum Tode Verurteilten zurückblieben!
Beim Verlassen des unterirdischen Korridors ist uns zumute, als entstiegen wir einem Grab.
Die Erinnerung an meine elf Gefährten wird mich lange in meiner Gefängniszeit verfolgen. Dabei erfuhr ich erst viel später, daß sie hingerichtet worden waren. Ich hoffte immer, Gottwald würde sie begnadigen. Das war übrigens die erste Frage, die ich dem Referenten einige Wochen später stellte, als er mich aus einem Grund, den ich vergessen habe, in sein Büro kommen ließ. Er antwortete mir nicht. Einige Monate werden vergehen, ehe ich durch meine Frau und dann bei der Arbeitsgruppe in Ruzyně erfahre, daß sie alle gehängt wurden. Um es mir zu beweisen - denn ich will es noch immer nicht glauben -, zeigte mir ein Häftling einen Zeitungsausschnitt, nach dem das Urteil für die elf Verurteilten vollzogen worden ist.
Später werde ich erfahren, daß alle, mit Ausnahme Rudolf Slanskys, Briefe an ihre Verwandten und auch an Klement Gottwald* schrieben, bevor sie starben. In diesem letzten Abschied beteuern sie ihre Unschuld und erklären, nur im Interesse der Partei und des Sozialismus darauf eingegangen zu sein, »Geständnisse« abzulegen.
Otto Šling: »Ich erkläre vor der Hinrichtung in voller Wahrhaftigkeit, daß ich niemals ein Spion war...«
Karel Švab: »Ich habe ein Geständnis abgelegt, weil ich der Ansicht war, daß es meine Pflicht und eine politische Notwendigkeit war...«
Ludvik Frejka: »Ich habe ein Geständnis abgelegt, weil ich mit aller Kraft bemüht war, meine Pflicht gegenüber dem arbeitenden Volk und der tschechoslowakischen Kommunistischen Partei zu erfüllen...«
André Simone: »Ich war nie ein Verschwörer, nie Mitglied des Verschwörungszentrums Slanskys gegen den Staat, nie ein Verräter, nie ein Spion, nie ein Agent der westlichen Geheimdienste...«
Erst als während des »Prager Frühlings« Anfang 1968 die Rehabilitierung der Unschuldigen in aller Öffentlichkeit ausgesprochen wird, gelangen diese Briefe, die in den Archiven des Sicherheitsdienstes aufgefunden wurden, zu ihren Empfängern, den Witwen und Waisen.
Während ich dieses Buch schreibe, erfahre ich auch, voll Zorn und neu

---

* *Nova Mysl,* theoretische und politische Zeitschrift des Zentralkomitees der tschechoslowakischen Kommunistischen Partei, Juli 1968.

aufflammender Empörung, aus der Presse meines Landes*, wie schrecklich das Ende meiner Gefährten gewesen ist:
»Als die elf Verurteilten hingerichtet waren, befand sich zufällig der Referent D. im Gefängnis Ruzyně bei dem (sowjetischen) Berater Galkin. Der Chauffeur und zwei Referenten, die mit der Beseitigung der Asche beauftragt worden waren, erschienen zum Rapport. Sie berichteten, daß sie die Asche in einen Kartoffelsack gepackt hätten und in die Umgebung von Prag gefahren seien, um sie auf den Feldern zu verstreuen. Da sie bemerkten, daß die Straße von Glatteis bedeckt war, verfielen sie auf den Gedanken, die Asche dort auszuschütten. Lachend erzählte der Chauffeur, er habe noch nie vorher gleichzeitig vierzehn Menschen in seinem Tatra befördert, die drei Lebenden und die elf, die in dem Sack steckten...«

---

* *Reporter*, Nr. 26, Jahrgang 1968.

Fünfter Teil
Meine Familie

1

Nun bin ich wieder in Ruzyně. Ich komme nicht mehr ins Krankenrevier, sondern in eine Zelle im neuen Gebäude, immer noch in völliger Isolierung, genau wie vorher. Ich habe den Eindruck, daß das Urteil, das uns das Leben ließ, illusorisch ist; daß Löbl, Hajdu und ich nicht lebend aus dem Gefängnis herauskommen werden. Früher oder später wird man uns beseitigen. Man kann nicht riskieren, solche Zeugen, wie wir es sind, am Leben zu lassen... Werde ich zwischen diesen vier Wänden vegetieren müssen, bis der Tod mich haben will oder man sich entschließt, mich umzulegen?
Die ungeheure Erleichterung, die ich im Augenblick des Urteilsspruches empfunden hatte, als ich begriff, daß ich mit dem Leben davonkam, macht allmählich dem Gedanken Platz, daß es im Grunde besser gewesen wäre, wenn man mit einem Schlag ein Ende gemacht hätte.
Die Isolierung wird immer drückender. Es gibt keine Verhöre mehr. Nur mehr selten läßt ein Referent mich holen, wenn er auf eine Frage irgendeiner Abteilung des Innen- oder Justizministeriums eine Antwort braucht. Ich erhalte keinen Brief von meiner Familie. Ich habe um Erlaubnis ersucht, schreiben zu dürfen; nach einem Monat wurde sie mir erteilt. Ich schreibe. Einen Monat später schreibe ich einen zweiten Brief. Später werde ich erfahren, daß keiner der beiden Briefe zu meiner Familie gelangt ist.
Jedesmal wenn ich einen Referenten sehe, ersuche ich ihn, mir Nachricht von meiner Frau und den Kindern zu geben. Jeden Morgen beim Rapport verlange ich, zu einem Referenten gebracht zu werden, um über das Schicksal meiner Familie unterrichtet zu werden.
Ich sage den Referenten, meine Frau habe bestimmt, als sie mich im Rundfunk hörte, gegen mich Stellung bezogen. Sie antworten, sie wüßten von nichts.
Ich kenne sie zu gut, meine Lise, um nicht zu wissen, wie ihre Reaktion gewesen sein muß. Ich bin sicher, daß sie eine Erklärung abgegeben hat. Da ich ihre unumschränkte Treue zur Partei und zur UdSSR kenne, bin ich überzeugt, daß sie mit dem Verräter, der ich jetzt für sie bin, nichts mehr zu tun haben will. In allen Briefen, die sie mir vor dem Prozeß geschrieben hat, suchte sie vergeblich, mich zu einem Dementi zu veranlassen: »Sollte sich herausstellen, daß Du ein Verräter bist, dann wisse, daß das Band, das uns vereinte, trotz all meiner Liebe zu Dir, für immer gerissen ist!« Und ich habe mich schuldig bekannt... und sie hat mich im Rundfunk gehört, als ich es tat...
Wenn du nur wüßtest, Lise!

Ich werde nicht mehr ärztlich behandelt, da man mich jetzt nicht mehr vorzeigen muß. Ich habe schon lange keinen Pneumothorax mehr...
Ich bin allein mit mir selbst, mit meinen Gedanken, die ständig um Lise, die Kinder und die Eltern kreisen.
Wie ein Tier im Käfig wandere ich in meinem Betonwürfel umher, eine Beute meiner Gedanken. Im Gehen durchdenke ich unaufhörlich die Begleitumstände des Prozesses, die langen Monate der »Konditionierung«, durch die man mich unbarmherzig auf die Anklagebank und bis vor die Schranken des Gerichts trieb, wo ich mich »schuldig bekennen« sollte.
Wir waren vierzehn Angeklagte: alle - mit Ausnahme von Margolius, der während des Krieges, mitten im Kampf gegen den Nationalsozialismus, der Partei beigetreten war - seit sehr langen Jahren Mitglieder der Partei, manche sogar seit deren Gründung...
Wir waren vierzehn Angeklagte, alle verantwortungsvolle, bewußte politische Mitkämpfer, die Beweise aufrichtigster Hingabe an die Partei geliefert hatten. Wir alle hatten standhaft die schweren Zeiten mit den Gefahren und Verfolgungen durchgemacht, die unser Einsatz im Kampf für den Kommunismus mit sich brachte.
Und wir alle bekannten uns schuldig und klagten uns der schändlichsten Dinge an. Angefangen von Verbrechen des gemeinen Rechts, Diebstahl, Mord, bis zu Kriegsverbrechen, Ausrottung von Deportierten in den Lagern der Nationalsozialisten, Spionage, Hochverrat...
Und Ruzyně hatte uns so weit gebracht, daß man von uns auch noch Geständnisse aller möglichen anderen Verbrechen erreicht hätte, wenn das erforderlich gewesen wäre!
Wir waren vierzehn Angeklagte: jeder von uns vertrat einen Abschnitt des politischen oder wirtschaftlichen Lebens des Landes. Wir bildeten gewissermaßen die Plattform, an die später noch andere Prozesse angehängt werden könnten.
Wir waren vierzehn Angeklagte; vierzehn Sündenböcke, für die Öffentlichkeit mit allen Sünden, allem Unheil beladen; auf dem Altar des Sozialismus geschlachtete Sühnopfer!
Mir scheint, daß man in unserem Prozeß die Leichtgläubigkeit des Publikums überfordert hat. Nie zuvor gab es eine so heftige antisemitische Tendenz, derart grobe Fälschungen, so ungeheuerliche Lügen. Welche Verachtung für die Massen, welche Geringschätzung der Partei und ihrer Kämpfer... Wie stark müssen sie sich fühlen, diese Totengräber des Sozialismus, wenn sie sich gestatten können, den gesunden Menschenverstand unseres Volkes und die öffentliche Meinung der ganzen Welt derart herauszufordern.
Die Kämpfer der kommunistischen Parteien in den kapitalistischen

Ländern, die uns in gutem Glauben in den Kot zerren, ahnen nicht, daß bereits gegen ihre Führer - darunter gegen die besten - methodisch Akten mit »Beweisen« ihres Verrats angelegt werden, die die »Drahtzieher« sorgfältig aufbewahren bis zum Tag, an dem sie Gelegenheit haben werden, sie ans Licht zu ziehen... Wie soll man die Gefährdeten davon in Kenntnis setzen?
Und hier, in Prag, ahnen die Führer, die ihre Posten behalten haben, ebensowenig wie die neuen, die an den Platz der Sündenböcke getreten sind, daß es nun auch gegen sie Akten gibt, mit sie belastenden »Erklärungen« und »Beweisen«, von denen manche noch in Pankrac während des Prozesses von den Männern erpreßt wurden, ehe man sie auf den Galgen schickte.
Mich zum Beispiel hatte Kohoutek einige Tage vor dem Prozeß über Antonin Novotny verhört und namentlich über sein Verhalten im Konzentrationslager Mauthausen. Ich hatte den Eindruck, daß Kohoutek diese Fragen mit einem gewissen Behagen stellte. Damals ahnte ich nicht, daß Novotny als Nachfolger Slanskys der neue Erste Parteisekretär geworden war.
Ich hatte in Mauthausen praktisch keinerlei Kontakt mit Novotny gehabt, der sich immer von der geheimen Widerstandsbewegung des Lagers abseits gehalten hatte, weshalb er auch von zahlreichen Genossen kritisiert wurde. Das war alles, was ich sagen konnte...
Wer hat diese Höllenmaschine in Gang gesetzt, von wem und wann wird sie endlich zerschlagen werden? Ich weiß nunmehr, daß Stalin der Schuldige ist und mit ihm der schreckliche Apparat, den er zu diesem Zweck geschaffen hat. Nachdem er die Kader der bolschewistischen Partei geopfert hatte, dehnte er seine Untergrabungsarbeit auf die anderen Parteien aus. Doch ich stelle mir vergeblich die Frage: warum? Ich finde keine Antwort. Ich erkenne keinen »Zweck, der die Mittel heiligt«. Mir scheint es absurd, dieses Phänomen damit zu erklären, daß man - wie es manche tun - sagt, man müsse eine Revolution in ihrer Gesamtheit hinnehmen, einschließlich der Tatsache, daß zweifellos jede Revolution ihre eigenen Kinder frißt. Im Gegenteil, das ist eben ein Zeichen der Entartung, wenn eine Revolution den gegen ihre Feinde gerichteten Terror umkehrt und ihn nun gegen ihre eigenen Schöpfer richtet.
Ein Tag, zwei Tage, zehn Tage, ein Monat, zwei Monate... ich verfolge den zähen Verlauf der Zeit, denn jedesmal, wenn der Tag graut, ziehe ich in einem Winkel meiner Zelle an der dunkelsten Wand einen neuen Strich.
Sonst könnte sich durch nichts ein Tag vom anderen unterscheiden...
Nie spiegelt sich ein Sonnenstrahl auf meinen Mauern. Aufstehen, Zelle reinigen, Rapport, Essenausgabe, Schlafengehen und die langen end-

losen Nächte des Gefangenen... Fünf Zigaretten täglich und ein paar
Bücher, von denen ich die meisten schon viele Male gelesen habe.
Seit dem Prozeß sind mehr als drei Monate vergangen. Und ich weiß
noch immer nicht, was aus meiner Familie geworden ist.
Dann, Anfang März 1953, kommt mich ein Referent holen. Er führt
mich zwei Männern vor: einem Richter des Zivilgerichts Prag und seinem Beisitzer. Sie teilen mir mit, daß meine Frau schon am Tag nach
meiner Aussage vor Gericht eine Scheidungsklage eingebracht hat. Sie
scheinen überrascht, daß ich davon nichts weiß. Sie drücken meinem
Referenten ihr Erstaunen darüber aus, daß keines der diesbezüglichen,
vom Gericht an mich gesandten Verständigungsformulare zu mir gelangt ist. Sie wollen wissen, ob ich keinen Einspruch erheben will. Nein,
im Gegenteil, ich gebe meine Zustimmung, denn, abgesehen von meinem
Verständnis für die Beweggründe meiner Frau, weiß ich, daß die Scheidung der einzige Ausweg für sie ist, die Möglichkeit - vielleicht -, mit
ihren Eltern und unseren Kindern in Frieden leben zu können.
Der Richter zeigt sich verständnisvoll und sagt, er werde versuchen, für
mich die Erlaubnis zu erwirken, meine Kinder zu sehen. Sofort klammere ich mich an diese Hoffnung; und, wer weiß, vielleicht werde ich mit
den Kindern eines Tages auch Lise wiedersehen dürfen.
Einige Zeit später führt man mich in das Büro eines Referenten. Ich
kannte ihn recht gut. Er hatte sich am Anfang, in Kolodeje, an meinen
Verhören beteiligt und damals nicht die sanfte Methode angewandt.
Dann sah ich ihn viele Monate lang nicht wieder. Heute stehe ich ihm
zum zweitenmal seit meiner Verurteilung gegenüber. Der Mann ist nicht
mehr derselbe, den ich vor zwei Jahren vor mir hatte; er zeigt sich in
gewisser Weise menschlich. Schon beim letztenmal hatte er mir Bücher
gegeben und gesagt: »Hier, nehmen Sie, ich weiß, Sie lesen viel.« Er ist
es übrigens, der sich zu einem späteren Zeitpunkt entschuldigen wird,
bei den Verhören brutal gegen mich gewesen zu sein: »Unser Kommandant (Smola) war ein Rohling, und sobald er aus einem Vernehmungszimmer nicht Brüllen und Schmerzensschreie hörte, rief er uns zur
Ordnung...«
Heute fühle ich, daß er unentschlossen, bekümmert vor mir sitzt. Er bietet mir eine Zigarette, weist auf einen Stuhl. Und dann, plötzlich: »Ich
habe einen Brief für Sie. Es ist ein schrecklicher Brief, ich frage mich, ob
ich ihn Ihnen geben soll. Lesen Sie ihn zuerst, dann werden wir sehen,
ob ich etwas für Sie tun kann.«
Es ist ein Brief von Lise. Später wird sie mir erzählen, unter welchen
Umständen sie ihn geschrieben hat. Ich nehme ihn gierig an mich, obgleich ich aus den Worten des Referenten weiß, daß er mir nichts Gutes
bringt.

13. März 1954

Gérard,
gestern war ich beim Senat, der beauftragt ist, die Situation unserer drei Kinder in Verbindung mit der Scheidung zu regeln. Mir wurde gesagt, daß Du das Recht hast, Deine Kinder im Rahmen der Gefängnisvorschriften zu sehen. Ich habe also ein Protokoll unterzeichnet, das besagt, daß »ich im Falle eines entsprechenden Ersuchens des Vaters keinen Einwand dagegen erheben werde, daß er seine Kinder sieht«. Je länger ich jedoch darüber nachdenke, desto mehr glaube ich, daß dies nicht recht wäre. Wohl gilt für Dich der menschliche Aspekt, und glaube nicht, daß ich dafür kein Empfinden habe. Es gibt aber auch einen anderen menschlichen Aspekt, nämlich die Rücksicht auf die Zukunft der Kinder: Sie werden in ihrem Leben schwer zu kämpfen, zu arbeiten haben, damit die Welt vergißt, daß sie die Kinder Londons sind. Erschwere ihnen das Dasein nicht noch mehr, indem Du in ihnen einen Zwiespalt nährst zwischen dem Haß, den ein Kommunist gegen alle Verräter empfinden muß, und der Liebe, dem Mitleid, die sie doch für ihren Vater empfinden müssen.
Ich weiß jetzt aus Erfahrung, wie schwer es ist, die im Laufe der Jahre gesponnenen Liebesbande zu lösen, auch wenn man erkennt, daß sie einen mit einem Mann verbinden, der in allen Punkten versagt hat, wie hart es ist, das Mitgefühl zu unterdrücken, das man trotz allem für diesen Mann empfindet, den man liebte und zu kennen glaubte. Ich bin erwachsen und seit langem Kommunistin und brauche doch sehr viel Kraft, um diese Gefühle zu beherrschen und auf dem Weg fortzufahren, von dem ich weiß, daß er richtig ist. Aber Kinder sind schwach.
Das Leben ist nicht hier zu Ende, Gérard. Wenn Du Dir, wie ich es sehnlich wünsche, Deiner Fehler voll bewußt bist und Dich bereits auf den Weg der Sühne begeben hast, wirst Du verstehen, daß Du von nun an aus Dir selbst die Kräfte und den Willen schöpfen mußt, ein für die Gesellschaft nützlicher Mensch zu werden. Die Sowjetunion hat uns wiederholt Beispiele dieser Art gegeben. Laß Dich dadurch beeinflussen, und wenn Du Dich später dessen würdig erweist, werden Deine Kinder sich nicht weigern, Dich wiederzusehen, davon bin ich überzeugt.
Das wollte ich Dir sagen, Gérard, und ich bin sicher, Du wirst der gleichen Meinung sein wie ich.

Lise.

Dabei hatte ich doch geglaubt, den Becher bis zur Neige getrunken zu haben! Ich sitze regungslos, keiner Reaktion fähig, auf meinem Stuhl. »Ach nein, das nicht! Das ist zu viel!« Mehr bringe ich nicht heraus. Und die Tränen laufen mir über die Wangen.

Der Referent versucht, mich zu trösten. »Ich verstehe Sie, Herr London. Und ich werde versuchen, Ihnen zu helfen. Man hat nicht das Recht, Sie zu hindern, Ihre Kinder zu sehen. Ich will mit meinen Vorgesetzten sprechen. Ich werde ihnen berichten und für Sie um die Erlaubnis bitten, Ihre Frau zu sehen. Ich weiß nicht, ob man sie mir erteilen wird, aber ich verspreche Ihnen, alles zu tun, um es zu erreichen. Und wenn ich mit Ihrer Frau spreche, werde ich sie dazu überreden, Ihnen die Kinder zu bringen.«
Einige Tage darauf läßt er mich kommen und teilt mir mit, daß er mit meiner Frau und Françoise gesprochen hat und daß sie beide und die Jungen mich nach Ostern, das heißt in einigen Tagen, besuchen werden. Ich versuche gar nicht, die Sache vernünftig zu überlegen. Es ist der erste Lichtstrahl in meiner Nacht.

2

Die Tage verstreichen noch langsamer als zuvor, sie wollen kein Ende nehmen, seit ich diesen Besuch erwarte. Zu lange lebe ich schon isoliert, zu lange schon hebt sich kein einzelner heller Punkt in meinem Leben ab. Und nun ist plötzlich alles verändert, durcheinandergeraten. Es ist wie ein zu schwerer Wein. Zu meiner Ungeduld gesellt sich das Bangen: »Wie werden sie sein, die ich nun wiedersehen soll? Welchen Empfang werden sie mir bereiten? Was werde ich Lise sagen können, da mir unter Todesstrafe verboten ist, ihr die Dinge zu erklären...« Und wenn dieser Besuch nun, statt zur Klärung der Sache beizutragen, nur dazu dient, sie noch mehr zu verwickeln? Man hat uns in eine so unentwirrbare, so verrückte, so absurde Lage gestürzt... Darf ich hoffen, mich verständlich machen zu können, Glauben zu finden... Und wenn mir das gelingt – kann ich dann zugleich Lise überreden, sich scheiden zu lassen? Diese Woche, in der ich hin- und hergerissen werde zwischen Hoffnung und Furcht, ist eine der allerschlimmsten.
Endlich, am 8. April 1953, kommt der Friseur in meine Zelle und rasiert mich, obgleich das nicht der übliche Tag dafür ist. Der Besuch findet also heute statt. Es ist sechsundzwanzig Monate her, seit ich Lise zuletzt gesehen habe. Sechsundzwanzig Monate unaufhörlicher Qualen und Schändlichkeiten.
Ich habe richtig geraten. Am frühen Nachmittag kommt mein Referent mich holen. Er führt mich in die Wäschekammer, wo ich meine Gefangenentracht gegen Zivilkleidung tausche. Man verbindet mir die Augen,

läßt mich in einen Wagen steigen. Überrascht frage ich den Referenten, wo die Zusammenkunft stattfinden wird. Er sagt, daß wir zur Bartolomejska-Straße fahren, mitten in Prag, wo sich mehrere Dienststellen des Sicherheits- und Innenministeriums befinden. Bevor wir ankommen, nimmt er mir die Binde ab. Wir überqueren die Legionsbrücke. Vor mir sehe ich das Nationaltheater. Die Leute kommen und gehen in den Straßen, auf den Gehsteigen, gehen in Häusern und Geschäften aus und ein. Für sie ist nichts vorgefallen. Die Welt hat sich weitergedreht, während sie für mich seit so langer Zeit stillstand.
Wir biegen in die kleine Bartolomejska-Straße ein. Der Wagen fährt durch ein Tor. Ich steige ein Stockwerk hoch, begleitet von meinem Referenten. Wir gehen durch einen Korridor mit hoher Decke. Der Referent öffnet eine Tür und weicht zurück, um mich eintreten zu lassen. Sie sind da! Ich blicke Lise an: sie hält sich gerade, ich fühle, wie erregt sie ist. Trotz ihres traurigen Gesichtsausdrucks finde ich sie noch schöner als zuvor, mit ihrem nach hinten gekämmten Haar und dem großen Knoten im Nacken. Françoise! Sie ist so groß wie ihre Mutter, ihr langes blondes Haar fällt in Wellen auf ihre Schultern. Wie hübsch sie ist mit dem zarten Lächeln, mit dem sie als erste auf mich zutritt, um mir einen Kuß zu geben. Gérard – schon ein großer Junge – sieht immer noch so ausgelassen und pfiffig aus. Er bleibt schüchtern bei seiner Mutter stehen. Und Michel? Ihn finde ich am stärksten verändert: er war ein Baby, das seine ersten Schritte machte, als ich verschwand, und nun ist er über drei Jahre alt. Verwundert blickt er mich mit seinen großen schwarzen Augen an, die den gleichen traurigen Ausdruck zeigen, wie damals, als er noch ganz klein war; den wird er noch lange Jahre behalten.
Lise schiebt mir die Knaben zu. Gérard küßt mich: »Guten Tag, Papa!« Ich umarme ihn. Michel kommt näher. Er zieht zwei bemalte Ostereier aus seinen Taschen und reicht sie mir: »Das ist für dich, Papa. Das ist mein Geschenk!«
Die Geste rührt mich zu Tränen. Ich hocke mich zu ihm nieder und nehme ihn in die Arme. Lise steht neben uns. Sie sieht uns zugleich streng und gerührt an. Ich richte meinen Blick auf sie: »Du findest mich sehr verändert und gealtert, nicht wahr?« Ihr Gesicht wird von einem Lächeln erhellt, und sie sagt: »Wenn das deine größte Sorge ist, Gérard, ist das ein gutes Zeichen!«
Ich möchte sie in die Arme schließen, sie küssen, aber ich wage es nicht. Der Referent sagt uns, daß wir eine Stunde Besuchszeit haben, und ersucht uns, nur Tschechisch zu sprechen.
Er setzt sich hinter einen Schreibtisch in eine Ecke des Raums, in dem wir uns befinden. Der Hintergrund ist salonartig eingerichtet, mit einem dreisitzigen Sofa an der Wand, einem runden Tisch und zwei Armses-

seln. Lise schiebt mich zu einem der Stühle. Ich sitze mit dem Rücken zum Referenten. Lise sitzt mit Françoise und Gérard mir gegenüber auf dem Sofa. Michel weicht keinen Schritt von mir.
Während Lise mir von den Eltern erzählt, sehe ich, wie sie Françoise mit dem Ellbogen anstößt. Meine Tochter erhebt sich. Der kleine Gérard steht gleichfalls auf, nimmt Michel auf den Rücken und beginnt im Raum umherzuhüpfen, dabei ruft er: »Hü, Coco! Hott, Coco!« Ich höre, wie Françoise mit dem Referenten plaudert; sie hat ihn vorige Woche mit ihrer Mutter gesehen, sie kennt ihn also, und sie führen ein angeregtes Gespräch, von dem einzelne Brocken bis zu mir dringen. Sie erzählt ihm sehr angeregt Geschichten aus ihrer Schule, von dem Film, den sie gesehen hat, die neuesten Anekdoten. Ich höre, wie er schallend lacht. Der ganze Raum ist von Lärm, Lachen und Rufen erfüllt und auch ab und zu vom Weinen Michels, den sein Pferd abwirft. Lise erklärt mir, daß diese ganze Inszenierung sorgfältig von ihr und unserer Tochter vorbereitet worden ist, um uns beiden ein ruhiges Gespräch auf Französisch zu ermöglichen.
Wenn Lise, die dem Referenten gegenüber sitzt, merkt, daß er sich für uns interessiert, und den Sinn unserer Unterhaltung zu erfassen versucht, geht sie sofort auf die tschechische Sprache über und redet von Familienangelegenheiten.
Meine Frau bemüht sich, ihren Gesichtsausdruck zu beherrschen. Sie hat, auch wenn sie von den für uns traurigsten, erschütterndsten Themen spricht, ein stereotypes Lächeln.
»Was hast du von dem Brief gehalten, den ich während des Prozesses an Gottwald und den Präsidenten des Gerichtshofs geschrieben habe?«
»Von welchem Brief?«
»Was, du weißt nichts davon? Man hat dir das nicht mitgeteilt?«
»Nein, aber ich habe es mir gedacht. Ich war sicher, daß du einen geschrieben hast. Hundertmal habe ich danach gefragt, und immer wurde mir gesagt: nein! Eine weitere Lüge! So wie die beiden Briefe, die ich dir schreiben durfte und die nie abgesandt wurden!«
Wie haben sie doch bis zum Ende mit uns gespielt! Smola begann gerade dann mir einzureden, daß mich Lise verleugnete, als sie Zoll um Zoll gegen Slansky, Köhler, Široky und Gottwald ankämpfte. Dann, nach meinem »Geständnis«, hinderte mich Kohoutek, Lise darauf vorzubereiten, indem er mich in meinen Briefen nichts schreiben ließ, was sie nur im geringsten aufklären konnte – natürlich nicht über die Wahrheit, aber über das, was nun geschehen würde. Und warum hat man mir jenen Brief vorenthalten, von dem ich erst jetzt durch meine Frau erfahre? Sie zitiert mir dessen Inhalt aus dem Gedächtnis; er ist genauso, wie ich ihn mir vorstellte.

Michel kommt zu mir: »Papa, ich habe Hunger. Schenkst du mir ein Ei?« Lise muß beim Anblick unseres Sohnes lachen, der tiefernst sein Ei aufschlägt und schält und es dann genüßlich verzehrt. Er macht eine kleine Runde, dann kommt er zurück und hält sich mit schmeichelndem Blick an meinen Knien fest. Er fragt: »Papa, gibst du mir auch noch das andere?« Françoise ist zu uns zurückgekommen. Ihre Mutter bittet sie leise, mehr Lärm zu machen: »Beschäftige dich mit deinen Brüdern. Ich muß unbedingt mit Papa sprechen können!« Darauf beginnt ein richtiger Zirkus.

Lise blickt mir gerade ins Auge und fragt mich leise: »Gérard, wie ist es möglich, daß du uns so belügen konntest?« Ich glaube, sie meint damit den Kummer, den ich ihr bereitet habe, und den ich so sehr bereue: »Denkst du noch immer daran, Lise? Das hatte mit meiner Liebe zu dir nichts zu tun...« Sie unterbricht mich: »Aber nein, Gérard. Das alles ist doch jetzt so unwichtig. Ich spreche vom Prozeß. Du hast gestanden. Du hattest uns also getäuscht.« Ich blicke sie fest an und mache mit dem Kopf eine leichte, verneinende Bewegung, während meine Lippen ein lautloses NEIN formen. »Aber was du über Field gesagt hast?« – Neue verneinende Bewegung. Sie bedrängt mich: »Und über Zilliacus?« – »NEIN.« – »Und dein Wirken gegen die französische Partei?« – »NEIN«. Jetzt bekomme ich Angst und versuche, Lise verständlich zu machen, daß Mikrophone eingebaut sein könnten, indem ich zuerst auf den Lüster über unseren Köpfen und dann auf den Tisch blicke, zugleich führe ich mit dem Zeigefinger kreisförmige Bewegungen aus.

Die Fragen Lises sprudeln weiter: »Also waren alle Anklagen gegen dich falsch?« – »Ja.« – »Warum hast du dich dann schuldig bekannt?« Ich bange vor den Folgen, die dieses Gespräch für mich und meine Familie haben kann, aber es ist mir unmöglich, Lise zu belügen. Ich antworte ganz leise: »Ja, es ist alles falsch. Ich bin völlig unschuldig.« – »Alles? Alles ist falsch?« – »Ja, alles!« – »Aber worauf wartest du dann noch, um dich zu wehren? Warum hast du beim Prozeß nichts gesagt?« – »Das war unmöglich.«

Vom ersten Kontakt an, der zwischen uns entstand, als ich den Raum betrat, von Lises erstem Blick an wußte ich, daß ich die Liebe meiner Frau nicht eingebüßt hatte. Und nun wird mir klar, daß sie dieses NEIN auf ihre Frage, ob ich schuldig sei, aus ganzer Seele erhofft hatte. Sie hatte es geahnt, wollte es mich aber aussprechen hören.

»Wenn du nur wüßtest«, sagt sie, »wie schwer ich gegen mich ankämpfen mußte, um an deine Schuld zu glauben. Du hattest dich doch schuldig bekannt! Nachts, wenn ich im Bett lag, war mir, als seist du im Zimmer und beugtest dich über mich. Und ich hörte – ich hörte es wirklich –, wie mir deine Stimme zuflüsterte: ›Lise, glaube an mich, ich bin unschul-

341

dig!‹ Es waren richtige Halluzinationen, die mich nervlich aufrieben. Ich schämte mich, machte mir Vorwürfe: immer redest du von deiner Treue zur Partei... Und doch ist deine Liebe stärker als dein Parteigeist. Du bist bereit, dich deinem Mitleid, deiner Liebe zu dem Mann, der ein Verräter ist, hinzugeben. Du solltest dich schämen!... Und ein Gedanke quälte mich unablässig: Dich wiedersehen, um dir die Frage zu stellen und von dir selbst zu hören, ob du schuldig bist!«

Lise flüstert mir zu: »Gérard, du mußt wieder Vertrauen schöpfen. Ich habe eine gute Nachricht für dich...« Und sie erklärt mir in wenigen Worten die Geschichte der »Ärztekittel«, jener sowjetischen Ärzte, die man fälschlich beschuldigt hatte, Morde an Politikern begangen zu haben. Sie hätte, sagt sie, vor kurzem erfahren, daß der Prozeß, der gerade gegen sie vorbereitet werde, mit Sicherheit ein abgekartetes Spiel sei... Sie erzählt:

»Als der Hauptmann vom Sicherheitsdienst - der Referent, der jetzt bei uns ist - uns ankündigte, daß wir dich nach Ostern wiedersehen würden, konnten Françoise und ich uns vor Freude kaum fassen. Wir würden dich wiedersehen! Wir würden endlich Bescheid wissen!

Zum Wochenende fuhr ich mit Gérard zu unseren Freunden, den Havels, nach Luby. Das war das schönste Geschenk, das ich unserem Sohn zum zehnten Geburtstag machen konnte. Du weißt, wie gern er Ausflüge ins Freie macht.

Abends erwartete uns Tonda Havel auf dem Bahnhof mit einem Pferdewagen. Eine große Freude für unseren Gérard, der zum erstenmal wirklich Cowboy spielte, an den Zügeln der Pferde zog und seine Peitsche knallen ließ. Ich saß neben Tonda. Das erste, was er mich fragte, war, ob ich die Nachrichten im Rundfunk gehört hatte.

›Nein, warum?‹

›Bevor ich euch abholen kam, hörte ich im Rundfunk ein Kommuniqué über die Rehabilitierung der sowjetischen Ärzte!‹

Das ›Komplott der Ärztekittel‹ hatte viel Aufsehen erregt. Die Nachricht, daß diese Männer jetzt rehabilitiert werden sollten, erfüllt mein Herz mit Hoffnung. So könnte vielleicht auch Gérard... Ganz glücklich erzähle ich Havel, daß ich nach meiner Rückkehr nach Prag eine erste Zusammenkunft mit dir haben werde. Er stößt einen richtigen Freudenschrei aus: ›Er ist unschuldig, das habe ich immer gewußt. Du wirst sehen, daß man ihn bald freilassen muß!‹ Und er beginnt von seinen Erinnerungen an dich zu erzählen: von euren Gesprächen, in denen du dich immer so natürlich und verständnisvoll gezeigt hast, von deiner Freundlichkeit... ›Nein‹, sagt er noch, ›so ein Mann kann kein Lügner und Verräter sein!‹

Am folgenden Tag war im Nachbardorf Kirmes. Havel bestand darauf,

mit seiner Tochter Hanka und mir hinzufahren. Er war stolz, mich auszuführen, auch sollte es eine Herausforderung sein den Ortsbehörden gegenüber, die ihn lange verfolgt haben, ihn von seinem Posten verjagten und ihn wie seine Frau aus der Partei ausschlossen, weil er mehrere ehemalige Spanienfreiwillige zu seinen Freunden zählte. Man hatte ihm sogar zur Last gelegt, daß die - nun verhafteten - Freiwilligen der Brigaden auf seinem Bauernhof Schießübungen veranstalteten, natürlich im Hinblick auf die Verschwörung!
Und Havel war stolz, mit mir zu tanzen, Walzer, Polka und Mazurka auf Landesart. Zuerst zeigten sich die Leute erstaunt, dann wurde ich freundlich aufgenommen. Der Oberförster kam und bat mich um einen Walzer. Erinnerst du dich an ihn? Ohne dein Problem zu berühren, erkundigte er sich nach der Gesundheit der Kinder und meiner Eltern. Vor lauter Freude stieß Havel immer wieder mit den beträchtlich mit Rum verbesserten Bierschoppen an.
Und die Rückfahrt! Hanka auf der einen und ich auf der anderen Seite hielten ihn am Arm fest. Und er in der Mitte sang aus voller Kehle vor Freude und Glück. Es war eine Nacht mit tiefdunklem Himmel, an dem die Sterne glänzten wie kleine Sonnen. Es war warm. Eine leichte Brise wehte, und plötzlich begann Vater Havel Verse zu deklamieren! Es tat mir so leid, daß ich nicht genug Tschechisch konnte, um diese improvisierten Gedichte ganz zu verstehen, in denen er die Augen meines Gérard besang - so klar wie die Sterne, die am Himmel strahlen. Sein Gedicht endete mit deiner Freude, wenn du wieder bei uns sein würdest... Dann liefen Tränen über sein Gesicht, als er von deinem langen Leidensweg sprach.
So legten wir die vier Kilometer zurück, die uns vom Bauernhof trennten. Seine Frau erwartete uns am Eingang. Sie brach in lautes Gelächter aus, als sie ›ihren Alten‹ in dieser Verfassung sah, sprach ihm mütterlich zu und brachte ihn zu Bett.
Nichts hat mehr Wert auf dieser Welt als ein reines großzügiges Herz! Und bei den einfachsten Leuten liegen die größten Schätze an Liebe und Güte verborgen.«
Die in der UdSSR verurteilten Männer konnten also öffentlich rehabilitiert werden! Diese Nachricht verblüffte mich. Ich kann es nicht glauben. Lise beharrt darauf: »Aber ja, wenn ich's dir sage, es ist amtlich bestätigt. Nicht nur der Rundfunk hat es verkündet, sondern die Nachricht ist auch von allen Zeitungen gebracht worden. Ich wollte dir sogar einen Ausschnitt bringen, aber Renée, die Schwester Hajdus, meinte, es könnte unvorsichtig sein und dir und mir schaden.« Ich erhole mich nur langsam von dem Schock, den mir diese Nachricht versetzt. Lise fährt fort: »Du siehst also, es ist nicht alles verloren, wenn du unschuldig bist! Und

ich will mit dir kämpfen. Ich werde zur Partei gehen, mit Široky und Köhler sprechen...«
»Das darfst du keinesfalls tun, Lise. Wenn du mich noch genug liebst, um zu wünschen, daß ich am Leben bleibe, dann bitte ich dich, keinerlei Schritte zu unternehmen.«
Lise blickt mich ernst an: »Aber, Gérard, vergiß doch nicht: Wer leben will, muß kämpfen!«
»In diesem Fall würde es meinen Tod bedeuten. Ich bitte dich, mir die Wahl des richtigen Augenblicks zu überlassen. Vor allem glaube mir, wenn ich dir sage, daß du mir im Augenblick nicht helfen kannst, sondern mich und dich ins Verderben stürzen würdest, wenn du dich einzumischen versuchtest. Du kannst das nicht verstehen, aber du mußt mir vertrauen. Dagegen bitte ich dich, mit deinen Eltern und den Kindern nach Frankreich zurückzukehren. Du mußt unbedingt abreisen. Dann werde ich freie Hand haben.«
Lise bemüht sich, ein heiteres Gesicht zu zeigen, beim Sprechen zu lächeln, ihr Blick jedoch, den sie nicht zu beherrschen vermag, verrät, wie sehr sie von all dem, was sie hört, verstört ist. Ich lasse nicht locker:
»Du mußt meine Worte ganz ernst nehmen. Wenn du den geringsten Schritt für mich unternimmst, ist es das Ende, mein Todesurteil.«
Lises Augen fallen auf die großen Bilder von Stalin und Gottwald an den Wänden. Plötzlich wird sie sich bewußt, daß ich außerhalb von Welt und Zeit lebe. Sie sagt: »Weißt du, daß Stalin tot ist?« Diese Nachricht raubt mir den Atem, ich blicke Lise mit vor Überraschung weitaufgerissenen Augen an: »Nein. Aber mir ist es recht.« Nun ist sie es, die sprachlos starrt, und ich lache noch jetzt, wenn ich an den finsteren Blick zurückdenke, den sie mir zuwarf: »Ich hoffe, du bist Kommunist geblieben!« - »Ja, eben darum wiederhole ich: Mir ist es recht!« Lise fährt fort: »Auch Gottwald ist tot. Weißt du das?« - »Nein, aber glaub mir, beweinen werde ich ihn nicht!« Meine Frau kann meine Reaktion nicht begreifen, sie blickt mich nur schweigend an.
Der Referent ist nähergetreten. Lise spricht auf Tschechisch von allen Schwierigkeiten, denen sie seit meiner Verurteilung begegnet. Sie wurde aus der Fabrik entlassen, und in der neuen, der sie zugeteilt wurde, ist die Arbeit sehr mühsam und schlecht bezahlt. Sie weiß nicht, wie sie mit ihrem armseligen Lohn finanziell durchkommen soll. Man hat ihr auch die Parteikarte abgenommen, und die Briefe, die sie deswegen an die Parteileitung geschrieben hat, sind unbeantwortet geblieben.
Es ist also so, wie ich es befürchtet hatte, man hat meine Familie nicht verschont. Ich sage: »Schreibe sofort an Minister Bacilek. Er hat mich vor dem Prozeß aufgesucht und mir versprochen, daß ihr unter den Folgen meiner Verurteilung nicht zu leiden haben werdet. Die Partei werde

dafür sorgen, daß die Familien nicht verantwortlich gemacht werden. Laß es dir also nicht gefallen, schreib! Und wenn nötig, verlange vorgelassen zu werden...«

Dann erzählt mir Lise von ihren Eltern: »Mama hätte dich schrecklich gern gesehen; sie wollte mit uns kommen, aber Papa war dagegen. Er sagte: ›Die Partei hat ihn verurteilt, wir dürfen keinen Verkehr mit ihm haben. Wenn Lise hingeht, ist das ihre Sache, aber du bleibst hier!‹« Ich muß lächeln, denn auch diesen Charakterzug liebe ich bei meinem guten Vater Ricol...

Dann fragt meine Frau den Referenten – der es gestattet –, ob sie mir die Pakete geben darf, die sie für mich mitgebracht hat: Wurst, Schinken, Käse, Kekse, Bonbons, ein von Oma für mich gebackenes Früchtebrot und »die ganze Packung Gauloises, die ich immer unter deinen Sachen aufbewahrt habe, in der Hoffnung, du würdest sie eines Tages rauchen. Ich hatte recht, denn heute kann ich sie dir geben.« Sie freut sich so, meine Lise, mir diese Gauloises, meine Lieblingszigaretten, zu schenken.

Ich will die Pakete nicht annehmen, denn ich kann mir vorstellen, wie schwierig das Leben für meine Familie sein muß: »Die Zigaretten – gut, aber die Lebensmittel behalte für die Kinder.« Lise wird böse: »Du kränkst uns, wenn du sie nicht annimmst. Wir werden glücklich sein, wenn du alles ißt und dabei an uns denkst.«

Der Referent drängt uns, unsere Zeit ist schon längst überschritten. Wir stehen an der Tür. Ich nehme meine Frau in die Arme. Ich küsse sie. Sie sagt: »Morgen werde ich die Scheidungsklage zurückziehen.« Ich versuche, sie davon abzubringen, sage ihr, daß es für sie und die Kinder viel besser sein wird, wenn sie erst geschieden ist, und daß sie sogar den Namen der Kinder ändern lassen soll: Ricol statt London. Sie antwortet: »Nein, Gérard. Jetzt bin ich der Ansicht, daß es für eine Scheidung keinen Grund mehr gibt. Ich glaube an dich. Ich bleibe bei dir.« Wir trennen uns schwer. Ich küsse sie ein letztes Mal. Dann verschwinden Lise und die Kinder hinter der Tür. Ich werde jetzt nur mehr für unsere nächste Begegnung leben.

3

Zu viel Neues, zu viele Veränderungen auf einmal! Unmöglich, sie sich zusammenzureimen. Besteht ein Zusammenhang zwischen dem Tod Stalins oder Gottwalds und der Tatsache, daß man mir endlich gestattet, die Meinen wiederzusehen? Und was bedeutet die Rehabilitierung der sowjetischen Ärzte? Und andererseits alles, was ich über das Leben meiner Familie erfahre, über die Verfolgung, der sie ausgesetzt sind? Also war es nur, um uns noch ein wenig mehr zu täuschen, uns zu veranlassen, bis zum Schluß unsere »Geständnisse« aufrechtzuerhalten, daß Bacilek in seiner vollen Generalsuniform mit seinen Versprechungen zu uns kam. Welches Interesse kann die Partei daran haben, eine Frau mit drei Kindern und zwei bejahrten Eltern so zu quälen? Und im Namen welcher Sache läßt sich ein solches Verhalten rechtfertigen?

Erst jetzt erfahre ich, wie das Leben meiner Familie verlief, seit ich sie an jenem nun schon so fernen Sonntag - dem 28. Januar 1951 - verließ. Nach meiner Festnahme hatte meine Frau niemandem etwas davon gesagt. Sie arbeitete weiter im Rundfunk, wo sie dem französischen Auslandsdienst vorstand. Sie nahm auch weiter an Sitzungen und offiziellen Empfängen teil: »Der letzte fand bei der Präsidentin des tschechoslowakischen Frauenverbandes statt, zu Ehren der Mutter von Zoia Kosmodemianska*. Ich glaube wirklich, Anežka Hodinova** hat mir das nie verziehen, um so weniger, da ich als ehemalige Leiterin des französischen Frauenverbandes besonders geehrt wurde...«

Doch nach und nach begann sich in Prag das Gerücht von meiner Verhaftung zu verbreiten. Der Rundfunk und besonders Lises Abteilung war mit Spitzeln durchsetzt. Kurz vor meiner Festnahme war Lise das Opfer eines Diebstahls geworden. Ihre Brieftasche mit dem Monatsgehalt, das ihr eben ausgezahlt worden war, ziemlich vielen Darexbons und vor allem mit ihren Personaldokumenten - namentlich ihrem französischen Personalausweis - war aus ihrer Handtasche verschwunden. Sie hatte sich beschwert, war zum Fundamt gegangen, um wenigstens die Papiere wiederzubekommen, deren sich die Diebe ja gewöhnlich entledigen... Vergeblich. Als man uns aber nach meiner Rehabilitierung im Jahre 1956 die während der Haussuchung bei uns beschlagnahmten Papiere zurückgab, fand sich darunter, vorschriftsmäßig abgelegt... Lises Personalausweis!

Eine neue Mitarbeiterin des Chefredakteurs, die ihre Selbstsicherheit und Anmaßung aus ihrer Zusammenarbeit mit dem Sicherheitsdienst schöpfte, benutzte eine Redaktionssitzung, an der Lise nicht teilnahm, dazu, schwere Beschuldigungen gegen sie zu erheben: Lise habe in die französischen Sendungen antikommunistische Propaganda und Angriffe gegen die Tschechoslowakei eingeschmuggelt... Am folgenden Tag begibt sich meine Frau, die von ihrer Vertreterin darüber unterrichtet worden ist, zur Redaktionssitzung. Alle Teilnehmer vom Vortag sind an-

---

* Junge Partisanin - Heldin der Sowjetunion - 1941 von den Nazis gehängt.
** Abgeordnete der Nationalversammlung und Präsidentin des tschechoslowakischen Frauenverbandes. Inzwischen verstorben.

wesend. Sie verlangt, daß über die nun folgende Sitzung ein genaues Protokoll aufgenommen werde. Dann geht sie zum regelrechten Angriff gegen ihre Verleumderin vor: »Sie glaubten, ich würde mich infolge der Schwierigkeiten, gegen die ich im Augenblick ankämpfen muß, von Ihnen mit Füßen treten lassen, ich würde mir das alles ohne Gegenwehr wie ein Opferlamm gefallen lassen... Da haben Sie sich aber geirrt! Ich lasse mich von niemandem verleumden, gestatte keinem, meine Ehre anzugreifen... Und nun bringen Sie mir die Beweise für die Beschuldigungen, die Sie gestern in meiner Abwesenheit gegen mich erhoben haben!«
Darauf hatte die Aufhetzerin gekniffen. Lise wurde von den anderen Vertretern der fremdsprachigen Abteilungen unterstützt und konnte durchsetzen, daß die Abschrift des Protokolls an Bruno Köhler gesandt wurde.
Kurz darauf hatte sie mit ihm jene Unterredung geführt, die ich bereits erwähnt habe und bei der ihr bedeutet wurde, sie müsse ihre Anstellung im Rundfunk aufgeben und in einer Fabrik arbeiten.
Der leitende Funktionär des Rundfunks, der sie vorgeladen hatte, um ihr ihre Entlassung bekanntzugeben, kannte sie persönlich, da er ihr manchmal bei Sitzungen der Redaktionsleitung begegnet war. Er schien sehr verlegen, als er sie von dieser Entscheidung informierte; Lise beruhigte ihn, indem sie ihm sagte, sie wisse davon bereits durch Köhler.
Und weil sie in den Augen dieses Mannes einen Ausdruck von Sympathie erkannte, vertraute sie ihm ihre Sorgen an. Was soll aus ihr werden? Sie muß aus ihrer Wohnung ausziehen. Ihr Bankkonto ist gesperrt. Man will ihr nicht gestatten, ihre Möbel mitzunehmen... Sie spricht von ihren Eltern, von den Kindern. Sie sagt ihm auch, daß sie an mich glaubt. Sie zieht meinen Brief aus ihrer Handtasche - den ersten, vom 1. Mai - und reicht ihn ihm mit den Worten: »Glaubst du, daß ein Schuldiger so schreiben würde?«
Während dieses Gesprächs bringt ein Buchhalter Lises Abrechnung: man zahlt ihr das Gehalt bis zum Monatsende, dazu vierzehn Tage Urlaub. Sonst nichts. Das ist recht mager!
Lise berichtet:
»Ich stehe auf, um mich zu verabschieden. Der Genosse spricht mir tröstend zu. Er sagt, ich müsse stark sein, um den Schwierigkeiten zu begegnen, er habe Vertrauen zu mir, ich sei eine gute Kommunistin, und er hoffe, daß mein jetziges Unglück bald ein Ende nehmen werde. Ich reiche ihm die Hand und spüre, daß er einen Umschlag hineinlegt. Da ich ihn verwundert ansehe, sagt er: ›Nein, weigere dich nicht! Ich freue mich, dir helfen zu können. Du wirst es mir zurückgeben, wenn es dir wieder gut geht. Es ist für deine Kinder. Und du, halte weiter den Kopf

hoch, du hast das Recht dazu.‹ Nach kurzem Zögern fügt er noch hinzu: ›Du weißt ja selbst, in was für einer Zeit wir leben; also sprich nicht darüber.‹

Ich habe keine Ahnung, wieviel Geld er mir zugesteckt hat. Aber meine Lage ist zur Zeit so kritisch, daß mir sogar hundert Kronen willkommen wären. Ich weiß nicht, wie ich dem Genossen danken soll. Seine freundlichen Worte haben mich gestärkt. Endlich habe ich einen wahren Kommunisten getroffen!

Auf der Straße werfe ich einen Blick auf den Inhalt des Umschlags: 15 000 Kronen*. Wahrscheinlich sein Monatsgehalt, das er eben erhalten hat. Für uns war das eine sehr große Summe, denn abgesehen von den 7000 Kronen, die ich nach meiner Abrechnung vom Rundfunk erhalten sollte, besaßen wir keinen Groschen.

Als ich daheim den Eltern von der Handlung dieses Mannes erzählte, weinten wir alle drei vor Freude, nicht über das Geld, sondern über den ersten Lichtstrahl, den diese menschliche Güte in unserer Nacht erstrahlen ließ.«

Inzwischen weiß man, daß ich zusammen mit anderen Spanienfreiwilligen verhaftet worden bin. Von einem Tag zum anderen wird es leer um meine Familie. Keiner kennt sie mehr. Unsere alten Bekannten überqueren die Straße, um Lise nicht grüßen zu müssen, und gehen auf dem anderen Bürgersteig weiter. Die ersten, die mit Steinen nach mir werfen und sich von den Meinen abwenden, sind Leute, von denen ich früher umworben wurde.

Meine Kusine Hanka – geborene London –, die mit dem Arzt Pavel Urban in Kolin verheiratet ist, blieb stets unseren Familien- und Freundschaftsbanden treu. Da wir, mit meiner in New York lebenden Schwester Flora, die einzigen Londons sind, die der »Endlösung« der Nazis entkommen konnten, hatten uns Hanka und ihr Mann, als wir mit unseren Kindern nach Prag kamen, als ihre nächsten Verwandten aufgenommen. Wir stehen auch tatsächlich wie Brüder und Schwestern zueinander. Nach meiner Festnahme ließen sie die Meinen nie im Stich, obgleich sie wußten, daß sie darunter zu leiden haben würden. Als Lise umziehen mußte, brachte ihr Pavel eines Tages 15 000 Kronen, zum Kauf einiger Möbelstücke. »Mach dir über die Rückzahlung keine Sorgen«, sagte er, »das erledigen wir später...« Jedesmal wenn Hanka nach Prag kam, besuchte sie Lise in der Fabrik oder zu Hause und brachte ihr Eier, Fleisch, Obst. Und vor allem hatte sie für Lise ihr schönes Lächeln, ihre Freundschaft und trostreichen Worte bereit. Zu jener Zeit, als jeder sich von

---

* Um den Wert der Krone vor der Währungsreform von 1953 zu errechnen, muß man durch 5 dividieren. 15 000 Kronen entsprechen 3000 heutigen Kronen.

jedem abwandte, als die Familien, Unheil erwartend und fürchtend, ängstlich in sich zurückgezogen lebten, war diese menschliche Wärme das Allerwertvollste.
Kurze Zeit nach ihrem Einzug in die neue Wohnung in der Hanspalka erhielt Lise eines Tages den Besuch der zweiten Kusine, die ich in der Tschechoslowakei habe. Štefka kannte unsere Familie gar nicht, denn sie hatte mit ihrem Mann Miroslav in der Slowakei und dann in Mähren gelebt. Nun war er nach Prag versetzt worden. Sie hatte geduldig die neue Adresse meiner Frau ausgeforscht, um ihr - im Auftrag meiner Schwester Flora - 8000 Kronen zu überbringen. Von diesem Tag an bemühten sie und ihr Mann sich sehr um meine Familie, ohne sich um die Nachteile zu kümmern, die dieser Verkehr für Sztogryn, ihren Mann, der bereits eine leitende Stellung als Straßenbaumeister des gesamten Prager Gebietes bekleidete, nach sich ziehen konnte.
Lise fand auch die Frau Otto Hromadkos wieder. Vera entstammte einer großen bürgerlichen Familie Mitteleuropas - den Valdes. Sie war Doktor der Naturwissenschaften und zum großen Ärgernis ihrer Familie bereits als Studentin in Prag der Kommunistischen Partei beigetreten. Nach den Münchener Vorfällen war sie, um ihre Studien fortzusetzen, nach Paris gezogen, wo Lise und ich sie kennenlernten. Die monatlichen Beträge, die sie während des ganzen Krieges von ihren Eltern erhielt, benutzte sie zur Unterstützung der tschechoslowakischen Gruppe der Kommunistischen Partei, in der sie eine eifrige Mitkämpferin war. In schwierigen Zeiten hatte sie bedenkenlos ihre Pelzmäntel und ihren Schmuck verkauft. Ihre Aufgaben in der französischen Widerstandsbewegung hatte sie stets mit großem Mut bewältigt. 1941 lernte sie Otto Hromadko kennen; nach seiner Flucht aus der Kaserne von Tourelles beherbergte sie ihn in Paris, und sie verliebten sich ineinander...
Vera erzählte meiner Frau, daß die Agenten des Sicherheitsdienstes drei Wochen in ihrer Wohnung geblieben waren und daß es bei Valeš und bei Zavodsky ebenso gewesen sei. Die beiden Frauen versuchten gemeinsam, beim Innenministerium zu erfahren, wo Otto und ich sich befinden. Man schickte sie von einem Büro zum anderen bis zu einem sogenannten Suchdienst in einer Villa in der Kastanienallee, die vom Sicherheitsministerium beschlagnahmt ist. Überall waren sie auf eine Mauer des Schweigens gestoßen. Hier aber notierte man sorgfältig unsere Namen, Adresse, Personalbeschreibungen und sagte ihnen, man werde sie benachrichtigen, sobald man unsere Spuren gefunden habe...
Vera Hromadko war als Chemikerin in einem Forschungszentrum für Gesundheitslehre tätig. Sie hatte das Glück, sich in einem guten Arbeitsklima bewegen zu können. Es gelang ihr - ein wahres Wunder -, ihre Parteikarte und ihre Stellung bis zur Rückkehr Ottos zu behalten.

Sie kam oft mit ihren beiden Töchtern, die in unseren Eltern ihren Opa und ihre Oma sahen, in unser Haus. Vera war sehr tapfer; anfangs war sie es, die die Briefe meiner Frau für mich übersetzte.

Von allen unseren früheren Freunden war nur eine einzige Frau von Anfang an Lise und unserer Familie treu geblieben, und das obgleich sie ein Stipendium der tschechischen Regierung erhielt. Es war Lien, die seit der Abreise ihres Mannes Danh nach Vietnam allein mit Lises Patenkind, der kleinen Marianne-Pra-Ha in Prag lebte.

Antoinette, eine geborene Tschechin, die bis 1946 in Frankreich gelebt hatte und mit Lise sehr befreundet war, nahm, nachdem sie sich einige Monate lang unsichtbar gemacht hatte, den Kontakt mit meiner Familie wieder auf. Sie war inzwischen aus der internationalen Abteilung des Zentralkomitees entlassen und in eine Staatsverwaltung versetzt worden.

Sie war sehr unglücklich, in den Wirbelsturm geraten zu sein, ohne eigentlich zu verstehen, was vorging. Alle ihre Kameraden aus Frankreich, Otto, Tonda, Ossik, Laco, Gérard... waren verhaftet worden, und sie konnte nicht an ihre Schuld glauben. Sie blieb bis zum Schluß mit Lise verbunden, setzte wie sie auf meine Unschuld und rechnete darauf, daß die Dinge sich wieder richtig einrenken würden.

Zwei Monate nach meiner Festnahme war auch mein Freund Hajdu verhaftet worden. Ich glaubte auf Grund all des tendenziösen Materials, das mir in Kolodeje und in Ruzyně gegen ihn vorgelegt wurde und in dem er als mein Komplice im Außenministerium oder umgekehrt ich als der seine dargestellt wurde, und wegen der großen Freundschaft, die uns verband, daß er zur gleichen Zeit wie ich verhaftet worden war. Aber SIE hatten es vorgezogen, damit zwei Monate zu warten, wahrscheinlich um einen Anklagegrund gegen ihn zu finden, der in die ganze Inszenierung paßte. Und auch um den Denunzianten und Spitzeln des Sicherheitsdienstes, die sich ins Außenministerium eingeschmuggelt hatten, Zeit zu geben, die Verleumdungs- und Beschuldigungskampagne gegen ihn ins Werk zu setzen, die bei der Versammlung der Parteiorganisation des Ministeriums unter dem Vorsitz des die Hatz selbst anführenden Široky ihren Höhepunkt erreicht hatte. Vavro war mit mir zusammen an den Pranger gestellt und aus der Partei ausgeschlossen worden. Sofort darauf wurde er festgenommen. Ein symptomatisches Zeichen: an der Vorbereitungssitzung der Generalversammlung der Kommunisten, die beauftragt war, gegen einen der Mitarbeiter Hajdus Maßnahmen zu treffen, nahmen zweifelhafte Elemente teil, die dort nichts zu suchen hatten, namentlich eine junge Juristin, Fab..., die ihre Anwesenheit bei dieser Sitzung damit rechtfertigte, daß sie erklärte, sie sei Spezialistin für jüdische Fragen.

Nach Vavros Festnahme trat meine Frau mit der Familie Hajdu in Verbindung. Sie erklärt mir bei einem Besuch:
»Ich entsinne mich nicht, wann ich von Hajdus Festnahme erfuhr. Eines Morgens erschien bei uns eine junge Frau, zierlich und dunkel wie eine provenzalische Grille, mit schwarzen Augen, die im Augenblick größte Bestürzung und Trauer ausdrückten. Es war Renée, Vavros Schwester.
Sie erzählte mir, wie ihr Bruder verhaftet worden war. Ihre Schwägerin Karla hatte einen solchen Schock erlitten, daß sie bettlägerig wurde. Auch sie blieb mit drei Kindern allein zurück.
›An wen soll ich mich wenden, um zu erfahren, was aus meinem Bruder geworden ist?‹
Leider konnte ich ihr überhaupt nicht helfen, da es doch auch mir nach mehr als zwei Monaten noch nicht gelungen war zu erfahren, wo du warst. Renée arbeitete damals im Ministerium für Außenhandel. Sie hatte, ebenso wie ihr Bruder, nach dem Beispiel ihres Vaters, eines hochbegabten liberalen Rechtsanwalts, Jura studiert. Während des Krieges war sie den Rassenverfolgungen entgangen, indem sie sich mit ihrer Mutter unter falschem Namen in Budapest versteckt gehalten hatte. Sie ist sehr bescheiden, rechtschaffen und keiner Lüge fähig. Sie gibt sich mit Leib und Seele denen hin, die sie liebt. Wer sie kennt, muß sie gern haben. Sie erzählt mir von ihrer Absicht, zu kündigen und eine Stellung in einer Fabrik anzunehmen – ehe man sie fortjagt. Nach meinem Austritt aus dem Rundfunk beschlossen wir, gemeinsam neue Posten zu suchen.
Zuerst gehen wir zum nationalen Ortsausschuß des Arbeitsamtes. Man gibt uns einige Adressen. Eine Fabrik für Wiederverwertung von Altpapier... Enttäuschend. Der Direktor, der uns empfängt, sagt: »Aber nein, meine Damen, das ist keine Arbeit für Sie. Sie sind für andere Dinge geeignet. Sehen Sie sich doch diesen Schmutz an! Auch ist der Lohn sehr gering.« Tatsächlich schrecken wir vor all dem Staub zurück. Zweite Adresse: eine kleine Werkstatt, in der Thermometer hergestellt werden. Die Leute sind sehr freundlich und sagen, sie könnten uns anstellen. Der Empfang, der uns bereitet wird, richtet uns ein wenig auf. Wir glauben aber, wenn wir uns in einer großen Fabrik anstellen lassen, werden wir so den Beweis unseres Willens geben, aktiv am Aufbau des Sozialismus teilzunehmen. Die Partei könnte dann nicht umhin, dieses Verhalten bei ihrem Urteil über uns in Rechnung zu ziehen...
Und so fahren wir mit der Straßenbahn zur ČKD-Sokolovo, dem größten Metallverarbeitungsbetrieb von Prag. Aber wir fahren schon fast eine Stunde und sind noch immer nicht am Ziel. Die große Entfernung wirkt auf uns beängstigend. Da bemerken wir kleine Anschläge an den Fenstern der Straßenbahn, die besagen, daß bei ČKD-DUKLA in Kar-

lin, einem Bezirk nahe der Innenstadt, Arbeitskräfte aufgenommen werden. Wir überlegen beide, daß wir dorthin täglich eine Stunde weniger zu fahren hätten. Bei der Adresse angelangt, die wir notiert haben, irren wir uns im Eingang. Renée erkennt zu ihrer Überraschung eine Bekannte wieder, die zufällig gerade in der Kaderabteilung für die Anstellungen arbeitet. Sie erklärt ihr unsere Lage: ›Es war günstig, daß Sie sich in der Tür geirrt haben‹, sagt sie, ›denn für Sie wird ›Autorenova‹ besser sein als ČKD. Ich gebe Ihnen einige Empfehlungsworte für die Fabrik in der Sokolovska, zwei Schritte von hier, dort haben Sie die besten Aussichten auf einen guten Lohn.«
So stehe ich kurz darauf vor Karel Berger, dem Direktor dieser Fabrik. Wir reichen ihm das Empfehlungsschreiben der Kaderabteilung der Zentraldirektion. Er liest meinen Namen: ›London! Sie sind die Frau von Artur, dem Brigadenfreiwilligen?‹ - ›Ja, Sie kennen ihn?‹ - Er richtet einen mitleidigen Blick auf mich: ›Ich habe viel von ihm gehört!‹
Ich erzähle ihm, daß ich mit drei Kindern und meinen Eltern in Prag bin. Unser Leben ist hart. Man hat mich beim Rundfunk entlassen. Ich muß so schnell wie möglich arbeiten und Geld verdienen, denn ich stehe völlig mittellos da.
›Gut, daß Sie hierher gekommen sind, eben ist einer meiner Arbeiter zum Militär gegangen, und ich muß ihn ersetzen. Der Vorarbeiter ist ein braver Junge, einer unserer besten Spezialisten; er wird Ihnen rasch das Handwerk beibringen, und Sie können dann gut verdienen.‹
Er führt mich in die Werkstätte und stellt mich meinem zukünftigen Arbeitspartner Cara, dem Vorsitzenden des Werkausschusses und dem Leiter der Parteiorganisation vor. Wir kommen an einem hochgewachsenen mageren Mann vorbei, den mir Karel Berger als ehemaligen Spanienkämpfer vorstellt. Als dieser meinen Namen hört und ich ihm die Hand entgegenstrecke, bemerke ich bei ihm ein Zögern.
Ich begann am 1. August dort zu arbeiten. Später erfuhr ich, daß Karel Berger kämpfen mußte, um meine Anstellung durchzusetzen und manche Mitglieder des Werkausschusses und der Parteiorganisation zu überzeugen, daß in meiner Lage ein anderes Verhalten gegen mich vom menschlichen Standpunkt aus zu verurteilen wäre.«
Als meine Familie in den Bezirk des Hanspalkastraße zog, kam sie in die unmittelbare Nachbarschaft der Mutter Hajdus, bei der Renée und ihr Mann wohnten. Sie sahen einander jeden Tag. Renée übersetzte die Briefe ins Tschechische, die Lise mir schickte, sowie alle anderen, die sie an die Regierungs- und Parteiorgane sandte, um für mich und die Lebensberechtigung meiner Familie zu kämpfen. Diese Freundschaft bedeutete für beide einen starken Trost.

4

Lise arbeitete seit mehr als fünfzehn Monaten in der Fabrik, als sie am 18. November 1952 einen anonymen telephonischen Anruf aus dem Sicherheitsdienst erhielt, der sie aufforderte, am nächsten Tag gegen zehn Uhr zu Hause zu sein. Dann erschien ein Mann in Zivil und ließ sich von ihr einen Anzug, Wäsche, ein Hemd und einen Schlips für mich geben. Lise versuchte, von ihm etwas über mich zu erfahren, aber er wich ihr aus und sagte nur, ich sei gesund.
»Daß man diese Kleider für dich holte«, sagte mir Lise, »gab mir neue Hoffnung. Ich dachte, nun werde man dich freilassen. Während ich bei der Arbeit meine Anlasser reinigte und wieder zusammenbaute, sang ich vor mich hin. Ich war sicher, wir würden dich jetzt endlich wiederbekommen. Antoinette, die in meiner Fabrik eine Stellung gefunden hatte, teilte meine Freude. »Vielleicht wird er schon da sein, wenn du heute nach Hause kommst...«
Am übernächsten Tag, Donnerstag, dem 20. November, stieg Lise wie täglich um fünf Uhr morgens in die Straßenbahn. Sie bemerkte, daß die Leute, anstatt wie gewöhnlich zu dösen, in die Zeitungen vertieft waren. Alle Blätter hatten auf der ersten Seite eine Riesenüberschrift für fünf Spalten. Da Lise kurzsichtig ist, näherte sie sich einem Mann, der die *Rude Pravo* hochhielt, um über den Köpfen seiner Nachbarn lesen zu können. Sie entzifferte »Prozeß gegen die führenden Persönlichkeiten im von Slansky geleiteten Verschwörungszentrum gegen den Staat«. Das war für sie eine Erklärung: man konnte mich nicht freilassen, ehe nicht der Prozeß stattgefunden hatte. Dann blieb ihr Blick an einem schwarzumrahmten Kasten haften. Sie las die Namen der vierzehn Angeklagten. Und meinen. So erhielt sie die Nachricht. Die Leute in der Straßenbahn hielten sie fest – sie wäre sonst zu Boden gestürzt. Lise erzählt:
»In der Werkstätte wagen meine Arbeitskameraden nicht, mich zu grüßen oder die Augen auf mich zu richten. Sie haben die Nachricht gelesen und wissen nicht, wie sie mir begegnen sollen. Ich arbeite seit mehr als einem Jahr mit ihnen, und sie haben mich liebgewonnen.
Antoinette ist heute blaß, ihre Züge sind eingefallen. ›Hast du die Anklageschrift gelesen?‹ fragt sie mich. – ›Nein, noch nicht.‹ – ›Sie enthält furchtbare Anklagen gegen Gérard...‹ Ich leihe mir die Zeitung von ihr, laufe zur Toilette und schließe mich ein, um die Stellen in Ruhe zu lesen, in denen dein Name vorkommt. Ich verstehe das alles nur schwer – kann doch so schlecht Tschechisch lesen –, aber ich begreife, daß du der Spionage mit Field und Zilliacus beschuldigt wirst und auch der Mittäterschaft bei Slanskys Untergrund- und Verrätertätigkeit.

Wie ein Automat gehe ich zu meiner Werkbank zurück und versuche, mich an die Arbeit zu machen. Aber mir verschwimmt alles unter den Augen, und ich kann das Stück kaum erkennen, das ich feilen soll. Außer dem Maschinengeräusch hört man keinen Laut in der Werkstätte, die gewöhnlich voll von lärmenden Zurufen von einem Arbeitstisch zum anderen, von Schreien und Lachen ist. Alle schweigen, nehmen Rücksicht auf meinen Schmerz.
Nach einiger Zeit kommt der alte Werkmeister zu mir: ›Frau London, wir verstehen, wie schwer die Arbeit heute für Sie sein muß. Sie sollten zu Hause, bei Ihrer Familie sein. Wir geben Ihnen bis Montag Urlaub.‹ Ich danke ihm und gehe sofort nach Hause.
Bei der Station Prasny-Most, wo ich umsteigen muß, treffe ich Françoise, die auf ihrem Weg zur Schule auf die Straßenbahn wartet; sie wirft sich mir in die Arme, und da erst lasse ich meinen Tränen freien Lauf. Nun ist es meine Tochter, die mich tröstet, sie, die gewöhnt ist, in ihrer Mutter eine starke Frau, eine unfehlbare Stütze zu sehen. Sie tut es, wie sie es oft von mir gesehen hat, wenn einer ihrer Brüder oder sie selbst einen großen Kummer hatte. ›Nein, Mama, du darfst nicht weinen. Sicher ist es bitter für dich, für uns. Aber du wirst sehen, eines Tages werden aus diesen Schmerzensträhnen Freudentränen werden. Alles wird sich aufklären, und Papa wird wieder zu uns kommen. Es ist nur ein Alptraum, weine nicht, Mama!‹
Wir trennen uns, Françoise ist stolz, sie hat Charakter - das hat sie schon bewiesen, als sie sich weigerte, nach deiner Festnahme die Schule zu wechseln -, und sie hat beschlossen, auch heute in die Schule zu gehen. Als ich sie davon abhalten will, sagt sie: ›Mach dir keine Sorge um mich, Mama, ich lasse mir von keinem etwas gefallen und laß mich auch nicht provozieren...‹
Zu Hause finde ich meine Eltern zutiefst bedrückt vor; Françoise hat sie bereits unterrichtet. Mama weint, Papa verwünscht dich! Als Gérard zum Mittagessen nach Hause kommt, stellt er mir unschuldig die Frage: ›Sag, Mama, der London aus dem Prozeß, der hat doch nichts mit unserer Familie zu tun, nicht wahr?‹ - ›Nein, mein Kind!‹ Da sagt er mit einem Seufzer der Erleichterung: ›Ich hab's den Kameraden ja gesagt!‹ Ich log, weil ich gegen alle Wahrscheinlichkeit doch noch weiter hoffte!
Donnerstag... Freitag... Den ganzen Tag sendet der Rundfunk die Gerichtsverhandlung. Sonnabend bist du an der Reihe... Ich erwarte voll Ungeduld deine Aussage, denn im Grunde meines Herzens hoffe ich noch, daß du dich vor dem Gericht aussprechen und - vielleicht - deine Unschuld beteuern wirst. Ach...
Um den Apparat versammelt, erwarten wir den schicksalsschweren Augenblick, da wir dich hören werden. Antoinette ist da, Hajdus Mut-

ter, Renée und ihr Mann; unsere Eltern sitzen nebeneinander, wie um sich gegenseitig zu stützen. Françoise hat Fieber, sie liegt auf dem Diwan und hält meine Hand. Michel und Gérard spielen in einem anderen Zimmer.

Plötzlich schwillt die Stimme der Ansagerin an: »Wir setzen nun die Übertragung des Prozesses fort... Sie hören zunächst die Aussagen der beiden Zeugen in der Sache Clementis und darauf die Verhöre von Artur London und Vavro Hajdu, beide ehemalige stellvertretende Außenminister.« Françoise drückt meine Hand noch fester...

Und dann deine Stimme! Du bist es, wir hören dich. Obgleich ich Stimmen im Rundfunk meistens nur schwer verstehe, besteht diesmal kein Zweifel: ich habe richtig verstanden! Auf die Frage des Vorsitzenden: Bekennen Sie sich schuldig? hast du klar geantwortet: ›Ich bekenne mich schuldig...‹ Schuldig! Er bekennt sich schuldig! Ich kann nur diese Worte sagen. Vom Rest deiner Aussage verstehe ich fast nichts. Hie und da erfasse ich einen Brocken: Spionagebeziehungen zu Field... Zilliacus...

Hätte ich besser Tschechisch gekonnt, so hätten mich gewisse Wendungen deiner Sätze, schon die Art, wie deine Geständnisse aufgebaut waren, alles Dinge, die ich später erkenne, skeptisch gemacht. Aber jetzt gehen mir die Einzelheiten verloren, ich fasse deine Schuldbekräftigungen als Ganzes auf. Wir sind alle völlig niedergeschmettert.

Es ist entsetzlich. Ich überlege: wenn er sich schuldig bekennt, dann ist er schuldig! Ich erinnere mich an dein Verhalten im Krieg, als wir von der antiterroristischen Sonderpolizei festgenommen worden waren und Tag und Nacht verhört wurden. Du bliebst stumm. Deine Peiniger vermochten dir keine Information, keine Angabe über deine Tätigkeit in der Widerstandsbewegung zu entreißen. Sie erfuhren nie, daß sie einen großen Fang in den Händen hatten: Gérard, den Leiter des TA *(Travail Allemand),* der von der Gestapo in ganz Frankreich gesucht wurde; sie hätte viel darum gegeben, um dich fassen zu können.

Wie hätte ich annehmen können, daß ein Mann, der wie du fähig war, unter solchen Umständen durchzuhalten, sich schuldig bekennen kann, wenn er es nicht ist?

Wie hätte ich mir vorstellen können, daß es Methoden gibt, um aus einem Unschuldigen einen Schuldigen zu machen? Ein solcher Gedanke wäre mir nicht einmal im Traum eingefallen. Da hätte ich die Partei verdächtigen müssen, und dazu war ich damals nicht fähig.

Noch einen anderen Grund gab es für meine Leichtgläubigkeit: du wußtest, daß wir deine Aussage hören würden. Ich sagte mir, du wärest schon aus Liebe zu mir, zu den Kindern und den Eltern nie bereit gewesen, dich schuldig zu bekennen, wenn du unschuldig warst. Der Schmerz,

den eine solche Erklärung uns zufügen mußte, hätte dich davon abgehalten. Lieber sterben!
Ich entsinne mich, unserer armen Françoise, die vor Fieber und auch vor Erregung zitterte, gesagt zu haben: ›Es ist dein Vater, der das Geständnis ablegt. Du hörst doch, es ist seine Stimme. Wir dürfen nie vergessen, daß er allen seinen Pflichten untreu wurde, daß er schuldig ist...‹ Und dann mußte ich auch unserem kleinen Gérard die Wahrheit sagen. Ich werde seinen damaligen Ausdruck nie vergessen: er blickt mich mit seinen großen Augen an und fleht: ›Nein, Mama, das ist nicht wahr. Nicht von meinem Papa!‹ Dicke Tränen strömen über seine Wangen, und er läuft aus dem Zimmer, um seinen Kummer zu verbergen. Zu Hause spricht er dann nie mehr von dir, aber ich erfahre, daß er sich häufig mit Bengeln seines Alters prügelt, die ihm deinen Namen wie ein Schimpfwort zurufen...
Nachdem ich deine Aussage gehört hatte, handelte ich so, wie ich es dir in meinen Briefen vorausgesagt, wie ich es oft der Parteileitung geschrieben hatte, als ich noch für dich kämpfte: ich werde nicht die Frau eines Verräters, eines Spions bleiben. Für mich als Kommunistin kann es zwischen dir, dem Schuldigen, und der Partei keine Wahl geben. So hart das vom menschlichen Standpunkt aus auch scheinen mag, ich halte unfehlbar an der Partei fest.
Unter dem Eindruck des Schocks, den ich durch dein Schuldbekenntnis erlitt, schrieb ich einen Brief an Präsident Gottwald und an den Vorsitzenden des Gerichts. Er wurde dann, nachdem man seine menschliche Seite entstellt und beschnitten hatte, in der Presse schändlich mißbraucht. Er lautete:

Prag, 22. November 1952
An Präsident Gottwald
Nach der Festnahme meines Mannes glaubte ich auf Grund der Angaben, die ich über sein Leben und seine Tätigkeit besaß, er sei das Opfer von Verrätern geworden, die hinter dem »Fall London« ihre verbrecherische Betätigung in der Partei zu verbergen suchten.
Bis zum letzten Augenblick, das heißt bis zum heutigen Tag, an dem ich ihn soeben im Rundfunk gehört habe, hoffte ich, daß die Fehler, die er begangen haben mochte, sich wiedergutmachen lassen würden und daß er sie später, selbst wenn er sich dafür vor der Partei und dem Gericht verantworten müßte, sühnen und wieder in die Familie der Kommunisten zurückkehren könnte.
Nachdem ich die Anklageschrift gelesen und sein Geständnis gehört habe, sind meine Hoffnungen leider zunichte geworden: mein Mann war kein Opfer, sondern ein Verräter an seiner Partei, ein Verräter an sei-

nem Vaterland. Das ist ein schwerer Schlag. So konnte also neben mir und den Meinen, die alle bewährte Kommunisten sind, ein Verräter leben, ohne daß wir es wußten. Während der Besetzung sagte mein Vater: »Ich bin stolz darauf, daß meine Kinder wegen ihrer Treue zu ihren Idealen und zur Kommunistischen Partei in Haft sind. Dagegen würde ich sie lieber tot sehen als erfahren müssen, daß sie Verräter sind.« Und nun steht der Vater meiner drei Kinder als Verräter vor dem Volksgericht. Ich habe die schmerzliche Pflicht, meinen beiden älteren Kindern die Wahrheit mitzuteilen; sie haben mir versprochen, sich immer wie wahrhafte Kommunisten zu verhalten.
Obgleich ich weiß, daß die Bindungen zwischen Vater, Bruder, Mann und Kind hinter den Interessen der Partei und des Volkes zurückstehen müssen, ist mein Schmerz groß, und das ist wohl menschlich. Als Kommunistin jedoch muß ich - im Interesse des tschechoslowakischen Volkes und des Weltfriedens - froh sein, daß das Verschwörungszentrum gegen den Staat entdeckt wurde, und mich allen redlichen Menschen des Landes anschließen, um eine gerechte Bestrafung der Verräter zu verlangen, über die Sie zu Gericht sitzen.

Lise London.

Meine zweite Reaktion bestand darin, daß ich schon am Montagmorgen, während der Prozeß noch andauerte, eine Scheidungsklage beim Zivilgericht Prag einreichte. Scheidungsgrund: für eine Kommunistin ist es unmöglich, als Frau eines Verräters an Partei und Vaterland weiterzuleben.
Am selben Tag, dem fünften des Prozesses, kehrte ich in die Fabrik zurück. In der Straßenbahn treffe ich Karl Berger, der jetzt als einfacher Arbeiter in der Fabrik beschäftigt ist (man hat ihn vor einigen Monaten unter dem Vorwand, er stamme nicht aus einer Arbeiterfamilie und sei während des Krieges im Westen gewesen, aus der Direktion entfernt). Er setzt sich mit ernster Miene neben mich. Nachdem er mir herzlich die Hand gedrückt hat, sagt er: ›Lise, glaube nicht, daß ich dir Vorwürfe mache. Ich weiß, wie aufrichtig du bist und daß du geschrieben hast, was dir dein Gewissen gebot. Aber du hättest es nicht tun sollen, denn dein Mann ist unschuldig!‹
Ich blicke ihn entgeistert an. ›Aber du hast doch am Sonnabend im Rundfunk ebenso wie ich gehört, wie er sich schuldig bekannte?‹
›Ja, ich habe ihn gehört. Aber diesem Prozeß kann man nicht trauen. Alle Aussagen, die Anklageschrift, alles klingt falsch . . .‹
›Aber Karel, hinter dem Prozeß steht doch die Partei! Sie muß die Anklagen vorher geprüft haben. Welches Interesse hätte die Partei, einen solchen Prozeß zu führen, wenn er nicht auf wahren Tatsachen beruhte? ‹-

›Diese Frage stelle ich mir dauernd. Die Partei handelt nicht immer richtig, man braucht sich ja nur anzusehen, wie sie sich gegen dich und deine Familie verhalten hat. Hattet ihr das verdient? Nein. Ich glaube, die Partei ist nicht mehr das, was sie war. Sie hat sich entmenschlicht. Du verstehst nicht gut Tschechisch, sonst ließest du dich nicht täuschen! Da gab es zum Beispiel antisemitische Anklänge in der Anklageschrift und auch in der Verhandlung, die ich nicht gelten lassen kann. Ferner: wie läßt es sich erklären, daß die Helden des Vortags am nächsten Tag zu Verrätern und Spionen werden? Da ich das nicht verstehe und damit nicht einverstanden bin, habe ich beschlossen, meine Parteikarte zurückzugeben.‹

Ich finde es bemerkenswert, daß ein Mann in einer solchen Zeit der Massenhysterie den Mut besaß - denn den brauchte man damals dazu -, aus der Partei auszutreten und seinen Schritt folgendermaßen zu begründen:

›Mein Bruder war vor dem Krieg einer der Führer der kommunistischen Studenten von Prag. Er wurde im Krieg nach Auschwitz deportiert, dort starb er. Damals als er für die Partei kämpfte, war ich noch ganz jung, aber ich bewunderte ihn, und sein Vorbild ist es, das mich lehrte, die kommunistischen Ideen zu ehren.

Nach dem Einmarsch der Nationalsozialisten in unser Land flüchtete ich nach Frankreich und trat in die in Agde neugebildete tschechoslowakische Armee ein. Damals war ich achtzehn Jahre alt. Dort lebte ich mehrere Monate lang Seite an Seite mit den ehemaligen Freiwilligen der internationalen Brigaden. Ich lernte sie schätzen und lieben, ihnen vertrauen. Ich fand in ihnen die Unverdorbenheit und den Mut meines Bruders wieder. Ich nahm sie mir zum Vorbild und wollte ihnen nachstreben.

Diese Männer wurden in dem Prozeß an den Pranger gestellt. Das verstehe ich nicht, und da mich die Erklärungen nicht befriedigen, finde ich, es wäre nicht ehrlich, Mitglied der Partei zu bleiben, die sie verurteilt hat. Deshalb muß ich Ihnen heute zu meinem Bedauern meine Parteikarte zurückschicken...‹

Ich weiß, welche schweren Folgen diese Handlung nach sich ziehen wird. Schon wurde Berger von seinem Posten als Direktor entlassen; aber ihm gilt als das Wichtigste, mit seinem Gewissen im reinen zu sein...

Je mehr Zweifel an deiner Schuld mich befallen, da Renée oder Antoinette mir deine Aussage und den übrigen Wortlaut des Prozesses übersetzen, um so mehr bemühe ich mich, entschlossen auf dem Boden der Partei zu bleiben. Ich möchte meinen Gemütszustand mit dem einer Nonne vergleichen, die in ihrer Angst vor teuflischer Versuchung sich nicht genug tun kann an Gebeten und Kasteiung. Ich habe Angst, daß

meine Liebe zu dir mich blind macht. Es ist doch unmöglich, daß *ich* recht habe und die ganze Partei unrecht!
Auch leide ich unter meiner Vereinsamung im fremden Land, dem völligen Vakuum der französischen Genossen rund um mich. Wenn ich nach deiner Festnahme zufällig einen traf, etwa bei einem Spaziergang, und zu deinen Gunsten sprechen wollte, wandte er sich sofort ab. Ich erfahre, daß eine Genossin von der Friedensbewegung nach Paris gemeldet hat, mein Verhalten sei unrichtig, ich stelle mich auf einen parteifeindlichen Standpunkt und reagiere wie ein Weibchen, das sein Männchen verteidigt, und nicht wie eine Kommunistin. Die Führer der Bewegung haben mich dringend ersucht, mich nicht mehr in ihrem Büro sehen zu lassen, und ihren Genossen aufgetragen, nicht mehr mit mir zu reden. Der Leiter der französischen Abteilung im Rundfunk hat schon das gleiche getan. Ich war eine Aussätzige; mir fehlte nur mehr das Glöckchen.
Ich habe so oft erklärt, ich würde mich als wahre Kommunistin zu verhalten wissen, wenn mir die Partei die Beweise für den Verrat meines Mannes gäbe, daß ich nun fühle, wie ich zur Gefangenen meiner Rolle werde. Ich bin es mir, den Kindern, den Eltern schuldig, unerschütterlich auf meiner Einstellung zu beharren, besonders, da beim geringsten Zweifel das ganze Gebäude in Gefahr gerät. Ich dachte: ›Lise, du bist auf dem falschen Weg‹ oder ›Achtung, Lise, wenn sich einer fragt, ob er noch ein guter Kommunist ist, dann ist er bereits im Begriff, den Abhang hinunterzuschlittern, der ihn in den Morast der Reaktion führt...‹ O diese Schlagworte, die abgedroschenen Phrasen, die sich einem schließlich einprägen, einem das eigene Urteil rauben...
Von früh bis Abend senden die Lautsprecher in den Werkstätten die Übertragung der Verhandlung. Die Fragen des Vorsitzenden und des Staatsanwalts, die Aussagen der Angeklagten und der Zeugen. Ein Alptraum! Ich begreife nur ein paar Worte und höre die Namen, die ich kenne. Ich weiß wirklich nicht, wie ich es in einer solchen Atmosphäre aushalten und an meiner Werkbank bleiben konnte. Und schließlich kommt der Tag des Strafantrags und der letzten Erklärung der Angeklagten.
Schon seit einiger Zeit stellten die Leute Prognosen über die zu erwartenden Urteile. Sie sagen jetzt, daß es sehr schwere Strafen sein würden. Als jedoch am nächsten Morgen der Vorsitzende des Gerichts nach Verlesung des Urteils mit der Aufzählung der Strafen beginnt, ist alles fassungslos: elfmal wird die Todesstrafe ausgesprochen... Und jetzt ertönt dein Name und dann Vavro Hajdu und Eugen Löbl. Ich stütze mich auf die Werkbank, den Kopf zwischen den Händen, ich will es nicht hören. Aber man ruft mir zu: ›Lebenslänglich!‹ Meine Nachbarn

hatten verstanden, in welchem Zustand ich war. Du bleibst am Leben! Ich atme tief auf, ich weine, habe nicht die Kraft, mich aufzurichten...
Antoinette, die in einer benachbarten Werkstatt arbeitet, stürzt mit dem Ruf: ›Den Kopf gerettet!‹ in den Raum. Weinend umarmt sie mich. Die Arbeiter schweigen. Zwei von ihnen, die früher im Außenministerium waren und dich kennen, kommen auf mich zu und drücken mir wortlos die Hand. Auch Karel Berger: ›Ich freue mich für ihn, für dich, für die Kinder!‹
Mein neuer Chef - seit dem Beginn des Prozesses arbeitete ich in einer anderen Werkstätte -, ein vierschrötiger, freundlicher, etwa fünfzigjähriger Mann, ganz in der schwejkschen Tradition, sagte mir einige Tage später: ›Die Hauptsache ist, Frau London, daß Ihr Mann am Leben bleibt. Eines Tages werden Sie wieder beisammen sein.‹ Auf meinen erstaunten Blick sagte er noch: ›In diesem Prozeß war alles nur Theater und Lügen! Sie können nicht genug Tschechisch, um das zu begreifen. Merken Sie sich meine Voraussage: eines Tages leben Sie wieder vereint. Wollen wir wetten?...‹
Als wir am Abend des Urteils zu Hause beisammen saßen, warf sich mir Françoise beinahe fröhlich an den Hals und rief:
›Er lebt - das ist die Hauptsache!‹ Mama weinte vor Freude, und Papa verbarg seine Rührung unter einer griesgrämigen Miene und zupfte nervös an den Enden seines weißen Schnurrbarts.
Das einzige, was meinen Vater bei dem Prozeß aufbrachte, war der Antisemitismus. Als wir ihm die Vorstellung der Angeklagten mit der Anmerkung ›jüdischer Herkunft‹ bei elf von ihnen übersetzten, blieb er zuerst stumm, dann fluchte er: ›Gottverdammt! Was hat denn das damit zu tun? Seit ich bei der Partei bin, habe ich immer gehört, daß der Antisemitismus eine Waffe der Reaktion ist, um die Zwietracht im Volk anzufachen. Warum läßt man diesen Faktor also hier mitspielen? Jude? Und wenn schon? Was ändert das? Sagt man von den anderen, ob sie protestantischer oder katholischer *Herkunft* sind?‹ Er konnte sich nicht beruhigen. Was das übrige betrifft: die Verurteilung als Verräter und Spion und was sich daraus ergibt - da fällt es ihm gar nicht ein, ein von der Partei stammendes Urteil, auch wenn es sich dabei um seinen Schwiegersohn handelt, in Zweifel zu ziehen.«
Einige Tage nach dem Prozeß befand sich Lise, die der Nachmittagsschicht angehörte, nach der Arbeit auf ihrem Heimweg. Von der Last ihrer traurigen Gedanken niedergedrückt, ging sie bei der Kreuzung Prašny-Most, wo sie umsteigen mußte, auf und ab. Es war fast elf Uhr nachts. Plötzlich bemerkte sie eine kleine zarte Gestalt im Abendkleid, den Kopf in eine schwarze Mantille gehüllt, die auf sie zukam. Und jetzt erkannte sie in der Frau, die sich schluchzend an ihre Schulter lehnte,

Lea, die Frau des Botschafters der DDR in Prag, Fritz Grosse*. Auf der Heimfahrt von einem Empfang hatte sie Lise erkannt und sich von ihrem Chauffeur absetzen lassen, unter dem Vorwand, sie wolle die kurze Strecke bis zu ihrer Villa zu Fuß gehen.
Ich kannte Fritz und Lea aus unseren fernen Jugendtagen, als sie beide bei der deutschen Kommunistischen Jugend politisch tätig waren.
Während des Krieges war Lea von den Nationalsozialisten festgenommen worden; es gelang ihr, aus einer deutschen Festung zu entfliehen und nach zahlreichen Wechselfällen mit Hilfe der Partisanen quer durch Polen in die UdSSR zu gelangen, wo sie die ganze Kriegszeit verlebte. Fritz dagegen hatte mehr als zehn Jahre in Einzelhaft verbracht und galt für alle Welt – einschließlich seiner Frau – als tot. Meine Überraschung und Freude waren groß gewesen, als ich ihn in Mauthausen wiederfand, wo er sich bereits seit einigen Monaten befand. Wir waren sehr miteinander verbunden, denn er beteiligte sich aktiv an der geheimen Widerstandsarbeit im Lager. Nach Fritzens Ernennung zum Botschafter der DDR in Prag sahen wir einander häufig.
Lea fragte Lise nach den Kindern und den Eltern, die sie sehr gern hatte. Sie erzählte, wie sehr Fritz und sie unter den augenblicklichen Vorgängen in der Tschechoslowakei litten. Dieser Prozeß. Warum? Warum dieser Antisemitismus? Furchtbar, wie man Geminder behandelt hatte! (Sie war während des Krieges eine seiner engsten Mitarbeiterinnen gewesen. Damals leitete er die Sendungen von Radio-Moskau für alle besetzten Länder. Lea arbeitete in der Abteilung für Deutschland.) Es gab auch soviel Falsches in diesem Prozeß ... Sie will nicht mehr hierbleiben. Sie will fort, zurück nach Berlin. Ihr Mann hat seine Rückberufung verlangt. Sie fragte nach Lises neuer Adresse und schickte ihr vor ihrer Abreise ein anonymes Paket mit Lebensmitteln und Süßigkeiten.

5

Der Anfang des Monats März 1953 war von Trauer beherrscht, erst um Stalin, dann um Gottwald. Der Rundfunk brachte als einziges Programm Trauermärsche. Aufbahrung der Leiche Gottwalds im Hradschin, langer Leichenzug der Getreuen... Lise erfuhr aus der Zeitung, daß die Delegation der Kommunistischen Partei Frankreichs unter der Führung Raymond Guyots stehen würde. Den Eltern Ricol, die, da sie kein

---

* 1957 an den Folgen seiner Gefangenschaft unter Hitler verstorben.

Tschechisch verstehen, von allem abgeschnitten sind, erschien dieser bevorstehende Besuch ihres Schwiegersohnes wie ein Glücksfall. Sie rechneten aber nicht mit den Vorsichtsmaßregeln des Sicherheitsdienstes. Raymond Guyot konnte trotz seiner beharrlichen Bemühungen nicht zu ihnen gelangen und wurde auf den Flugplatz gebracht, ohne seine Schwiegereltern begrüßt zu haben.
Über diese Enttäuschung grämten sie sich sehr. Sie hatten sich von diesem Besuch soviel erwartet, ihn so sehr erhofft... Beim Anblick ihres Kummers flammte Lises Zorn gegen mich auf: »Warum hat er uns hierher verschleppt? Seinetwegen müssen meine Eltern so leiden!«
»Mein Unwille war um so erklärlicher«, sagte sie mir später, »als ich wußte, daß Hajdu nicht nur seiner Familie schrieb, sondern auch Besuch empfangen durfte. Wir dagegen bekamen nichts, kein Wort von dir, seit dem Prozeß. Ich mußte annehmen, daß du uns jetzt, da du dich öffentlich schuldig bekannt hattest, nicht mehr zu schreiben wagtest.
Da griff ich zur Feder und begann den Brief, den du erhalten hast. Ich mußte ihn mehrmals von neuem anfangen, denn ich konnte mich nicht beherrschen, und was ich dir schrieb, waren Liebesworte. Mein Haß, meine Wut nahmen auf dem Papier die Form meiner wirklichen Gefühle für dich an, meiner Liebe... Und jeder Text schien mir zu sanft, verdorben durch meinen Fehler, dich trotz allem zu lieben... Ich geriet in Zorn gegen mich, namentlich da wir über den Tod Stalins furchtbar erschüttert waren... und ich mir den Vorwurf machte, dir gegenüber zu schwach gewesen zu sein. Tatsächlich hatte ich den Geschworenen, die die Untersuchung über unsere Scheidung führten, bei der Verhandlung, die ich in meinem Brief erwähne, geantwortet, ich würde keinesfalls damit einverstanden sein, daß man dir das Vaterrecht über deine Kinder entzieht; du büßest schwer genug für deine Fehler, und der sozialistische Humanismus verlangte nicht die Vernichtung des Individuums, sondern im Gegenteil, daß man ihm bei seiner Sühne behilflich sei...«
Nun freue ich mich wirklich, daß Lise diesen Brief schrieb. Denn es ist sicher ihm zu verdanken, daß wir einander wiedersehen konnten. Wir waren bis dahin ohne Nachricht voneinander gewesen, die beiden Briefe, die ich ihr geschrieben hatte, waren nicht bis zu ihr gelangt.
Ich konnte nie aufklären, warum es bei mir diesen Zusatz von Grausamkeit gegeben hat, diese raffinierte Quälerei, meine Briefe zu blockieren - während man doch die der anderen Häftlinge beförderte. Warum war man hinter mir und meiner Familie so scharf her?
Wahrscheinlich wollten die Drahtzieher von Ruzyně die Wiederaufnahme der Verbindung zwischen uns verhindern. Fürchteten sie, daß Lise gewisse Informationen an Raymond Guyot und durch ihn an die Leitung der französischen Partei durchsickern lassen könnte?

Tatsache ist, daß, als jener Brief bezüglich der Kinder in die Hände der Referenten und durch sie zu sowjetischen Beratern gelangte, sein Inhalt ihnen ein Bild von Lise als so gut »konditionierte« Kommunistin vermittelte, daß sie meinten, man könne sich gefahrlos die generöse Geste leisten, den Kontakt zwischen mir und meiner Frau zu gestatten.

Auch die neuen Umstände, die sich in der UdSSR und in der Tschechoslowakei nach dem Tod Stalins und Gottwalds ergeben hatten und die nicht ohne politische Folgen bleiben konnten, spielten eine Rolle. Die Revision der Affäre der »Ärztekittel«, die mit einer Rehabilitierung der Angeklagten enden sollte, war eines der Elemente, die einen neuen Kurs in der UdSSR ankündigten; dieser Kurs sollte im Februar 1956 zum 20. Parteikongreß führen.

Ich glaube, daß in jener Periode bei den tschechoslowakischen Führern der Partei und des Sicherheitsdienstes eine gewisse Unruhe entstanden war. Sie überlegten sich, welche Haltung man bezüglich des Prozesses, dessen Überlebende wir waren, einzunehmen hätte. Unter den augenblicklichen Verhältnissen stellten wir einen politischen Faktor dar, der unsere persönliche Bedeutung weit überstieg.

Die nachfolgenden Ereignisse zeigten, daß meine Schlüsse richtig waren. Einige Monate lang besserten sich unsere Haftbedingungen. Als jedoch die gleichen führenden Männer, angestiftet von den sowjetischen Beratern, wieder selbstsicher wurden, weil sie zur Überzeugung kamen, daß man den Prozeß unangetastet und die Dinge ruhen lassen werde - wurden unsere Lebensbedingungen wieder so schlecht, daß unser Gefängnisdasein härter war als jenes der wirklichen Feinde des Regimes oder der schlimmsten gemeinen Verbrecher.

Wenige Tage nach der Abreise meines Schwagers Raymond Guyot erhielt meine Familie einen eingeschriebenen Expreßbrief aus Paris, in dem er sein Bedauern ausdrückte, sie trotz seines sehnlichen Wunsches nicht gesehen zu haben. Er schrieb, er habe bei einem Kameraden der internationalen Abteilung des Zentralkomitees ein Paket Süßigkeiten für die Kinder zum Osterfest zurückgelassen und hoffe, wir hätten es bereits erhalten ...

Lise berichtet: »Wir hatten kein Paket erhalten. Ich reklamierte mehrmals telephonisch beim Leiter der betreffenden Abteilung. Immer findet man die eine oder andere Ausrede, um mich hinzuhalten. Erst nach drei Wochen bringt man uns - endlich! - Raymonds Geschenk: die Henne, der Fisch und das mit Bonbons gefüllte Schokolade-Ei sind in tausend Stücke zerschlagen! Wahrscheinlich suchte der Sicherheitsdienst die geheime Botschaft, die Raymond Guyot in der Schokolade versteckt haben mochte.«

Seit dem Prozeß stürzt eine wahre Unheil-Lawine auf meine Familie

herab. Lise war während des Prozesses aus der Werkstatt, in der sie Anlasser für Militärflugzeuge reparierte, in eine andere versetzt worden, welche die Reparatur von Motorbestandteilen ziviler PKWs und LKWs besorgte; dadurch wurde ihr Lohn beträchtlich verringert. Es war ja auch tatsächlich gleichsam eine neue Lehrzeit für sie...
»Am Morgen des 13. März 1953«, berichtet Lise, »meldeten die Lautsprecher der Fabrik, daß sich die Genossinnen Hrbacova (Antoinette) und Londonova im Büro des Direktors einfinden sollten. Dort treffen wir Karel Berger, der gleichfalls vorgeladen ist. Wir stehen vor den Mitgliedern des Werkausschusses, dem Präsidenten der Parteiorganisation und dem Direktor der Fabrik. Sie sitzen alle in einer Reihe und sehen nicht gerade glücklich aus. Was geht da wieder vor?
Der Präsident der Parteiorganisation ergreift das Wort: ›Nach gemeinsamer Beratung über eure drei Fälle wurde beschlossen, daß ihr die Fabrik auf der Stelle zu verlassen habt.‹
Warum diese Entscheidung? Karel Berger trägt die Schuld, mich angestellt zu haben, als er noch Direktor war, Antoinette ist meine Freundin, und ich bin Londons Frau...
Antoinette bricht in Tränen aus. Karel verhält sich sehr würdig und blickt seinen ehemaligen Arbeitsgenossen streng in die Augen. Ich bin aufgestanden und wende mich nacheinander an die Mitglieder des Werkausschusses, dem mein jetziger Chef angehört, sowie auch an die Arbeiter, mit denen ich viele Monate lang Seite an Seite in bester Kameradschaft gearbeitet habe: ›Du, Soundso, du kennst mich ja schon gut: Hast du mir etwas vorzuwerfen? Und du... Und du... Und du? Hättet ihr bezüglich meiner Arbeit oder meines Verhaltens im Betrieb, in der Gewerkschaft, in der Parteiorganisation auch nur eine einzige Kritik vorzubringen? Ihr werft euch zu meinen Richtern auf. Mit welchem Recht? Auch wenn mein Mann der Partei und seinem Vaterland gegenüber eine Schuld auf sich geladen haben sollte - können wir, ich und meine Familie, etwas dafür? Warum sollen meine Eltern und meine Kinder - die ihr kennt - darunter leiden? Denn wenn ihr mich aus diesem Betrieb entlaßt, kann ich sie nicht weiter ernähren. Euer Verhalten läßt sich weder vom menschlichen Standpunkt noch von dem der sozialistischen Moral erklären, auf die man sich hier jeden Augenblick beruft. Eines Tages werdet ihr reuig an euer heutiges Verhalten zurückdenken. Die Schamröte wird euch in die Wangen steigen...‹
Ich war entfesselt, und mein tschechischer Wortschatz hatte sich plötzlich bereichert - wie in den Träumen, in denen man sich große Reden in einer fremden Sprache halten hört.
Ich erwähne auch Karel Berger: ›Er hat mich aufgenommen, weil er wußte, daß ich fünf Menschen zu erhalten hatte und mittellos war, fremd

in diesem Land. Diesen Mann entlaßt ihr, weil er sich gut und menschlich gezeigt hat... Und was habt ihr Antoinette vorzuwerfen? Daß sie meine Freundin ist, daß sie mir ihre Freundschaft bewahrt hat, als so viele andere sich von mir abwandten? Ja, sie schenkt mir weiter ihr Vertrauen, weil sie weiß, daß ich mir nichts zuschulden kommen ließ... Und deshalb jagt ihr sie fort!‹

Unseren Richtern ist bei der Sache nicht wohl zumute. Nur der Präsident der Parteiorganisation und der Direktor - der Nachfolger Karel Bergers - lassen eine feindselige Haltung erkennen.

Die Fabrik, in die Antoinette und ich versetzt wurden, ist von völlig anderer Art als unsere frühere Arbeitsstätte. Hier werden Einzelteile hergestellt. Ich muß also nochmals ein neues Handwerk lernen. Während der Lehrzeit wird mein Lohn wieder darunter leiden! Aber ich ahne noch gar nicht, was mir bevorsteht. Da ich als letzte angestellt werde und außerdem, man denke nur, die Frau Londons bin, schiebt man mir die unangenehmsten und am schlechtesten bezahlten, von jedem anderen gemiedenen Arbeiten zu.

Meine erste Aufgabe besteht darin, Werkstücke auf einer Maschine zu schleifen, an der sich keinerlei Schutzvorrichtung befindet. Die Metallborsten der kreisförmigen Bürste, die mit großer Geschwindigkeit rotiert, lösen sich ab und fliegen mir ins Gesicht. Nach kurzer Zeit ist meine Haut durchlöchert, und ich blute. Ich weine vor Zorn. Ich gehe zum Direktor: ›Sehen Sie sich doch an, in welchem Zustand mein Gesicht ist! Wie können Sie mich an eine solche Maschine setzen! Wenn der Arbeitsschutzdienst wüßte, was für Bedingungen hier herrschen, könnte Sie das teuer zu stehen kommen!‹

Die Tage vergehen. Ich verlange, an einer anderen Maschine arbeiten zu dürfen. Doch man schiebt mir weiter Aufgaben zu, die niemand haben will. Ich schufte wie ein Sträfling und verdiene doch kaum ein Viertel meines früheren Lohns. Für meine Familie ist das eine Katastrophe!

So beharrlich ich mich auch beim Werkmeister und beim Gewerkschaftsdelegierten beklage, sie stellen sich taub. Es ist ja recht praktisch, endlich das Opfer gefunden zu haben, dem man alle Arbeiten aufhalst, die immer wieder abgeschoben wurden, aber doch endlich einmal ausgeführt werden müssen.

Eines schönen Tages finde ich, daß das entschieden lang genug gedauert hat. Ich markiere meine Stechkarte wie gewöhnlich bei Arbeitsbeginn, dann suche ich meinen Werkmeister auf: ›Ich bin hergekommen, weil ich weiß, daß ich als Familienoberhaupt schlecht handeln würde, wenn ich aus eigenem Antrieb die mir zugewiesene Arbeit verließe. Ich bin jedoch entschlossen, in den Sitzstreik zu treten, bis man mir eine Arbeit gibt, die es mir ermöglicht, meine drei Kinder und meine Eltern zu ernähren!

Ich nahm einen Schemel und setzte mich mitten in die Werkstätte. Der Gewerkschaftsdelegierte und die Vertreter der Direktion kamen zu mir und wollten, ich solle mir meine Haltung nochmals überlegen. ›Ich weigere mich nicht zu arbeiten, aber ich verlange eine Arbeit, die mir einen anständigen Lohn sichert. Stellen Sie mich irgendwo hin, wo ich mein Auskommen finden kann!‹

Am Nachmittag kündigt mir der Werkmeister an, daß mir ein Arbeiter am nächsten Morgen die Handhabung einer Schleifmaschine beibringen wird. Ich habe gewonnen. Ich lernte dann rasch die Bedienung verschiedener Werkzeugmaschinen. Allmählich stieg mein Lohn wieder an.«

6

Jetzt bin ich nicht mehr allein in meiner Zelle. Ich komme mir vor, als sei ich in einem Kaleidoskop eingeschlossen, bei dem sich die Scherben aus den Bildern oder Eindrücken zusammensetzen, die meine Besucher mitbringen, und diese Bilder und Eindrücke ändern sich unaufhörlich und machen anderen Platz.

Eines Tages läßt mich Kohoutek in sein Büro kommen, um mir mitzuteilen, daß ich schreiben darf. Er sitzt vor mir in der Uniform eines Majors. So hat ihm also dieser Prozeß einen Streifen eingebracht. Auf seiner Brust glänzt ein neuer Orden...

Gewöhnlich redet er zungenfertig über die politische Bedeutung des Prozesses. Auf meine Frage: »Werden Sie mich noch lange in dieser schrecklichen Isolierung belassen, allein zwischen vier Wänden?« erwidert er, daß in bezug auf Hajdu, Löbl und mich noch nichts entschieden ist, daß es noch andere Fälle gibt, die zu regeln sind, ehe man sich mit uns beschäftigt. Dann setzt er eine strenge Miene auf und ermahnt mich feierlich: »Sie dürfen nie vergessen, wie ernst Ihr Fall ist. Geben Sie acht und versuchen Sie nie, der Gescheitere zu sein. Erst wenn die Partei Ihres guten Verhaltens und Ihrer richtigen Einstellung sicher ist, wird sie über Ihr künftiges Schicksal entscheiden können.«

Bald darauf werde ich zu meiner Überraschung wieder zu einem Verhör gebracht. Es wird von Kohoutek selbst geführt, und die Fragen betreffen ausschließlich meine Frau. Die Art, wie Kohoutek sie stellt, indem er mir Leute nennt, die ich nicht kenne und von denen er behauptet, es seien Bekannte meiner Frau, beunruhigt mich sehr. Was sucht er denn noch? Worauf will er hinaus?

Wie ich Lise später schrieb, als es mir gelang, ihr insgeheim einen Bericht

über meine Lage zu übermitteln: Erstens will er, um mich besser in der Hand zu haben, ständig die Drohung der Festnahme meiner Frau über meinem Haupt schweben lassen; zweitens will er Lise in Mißkredit bringen, um gegebenenfalls die Erlaubnis zu erwirken, sie zu verhaften. Der Sicherheitsdienst bemüht sich auch, die anderen Mitglieder meiner Familie zu kompromittieren, namentlich die Schwester meiner Frau, Fernande, die mit einem Mitglied des Politbüros einer Schwesterpartei verheiratet ist und die man auf gemeine Weise verleumdet. Wahrscheinlich will man mit dieser Methode einem möglichen Schritt meiner Frau oder ihrer Verwandten zu meinen Gunsten zuvorkommen und sich dagegen absichern...
Da alle meine Pläne auf die Rückkehr meiner Familie nach Frankreich hinzielen, befürchte ich auch, daß Ruzyně mit der Akte gegen Lise und die Ihren verhindern will, daß sie eines Tages die Tschechoslowakei verläßt. Man will sich gewissermaßen ihrer Person versichern.
Ich bin von dem Gedanken besessen, daß Lise so schnell als möglich von hier weg muß. Um so mehr, als Kohoutek am Ende des Verhörs die übliche Drohung ausgestoßen hat: »Denken Sie an Ihre Familie, Herr London!«
Nach Lises erstem Besuch wurde mir angst und bange: sollte es ihnen gelungen sein, einen Teil unseres Gesprächs auf Band aufzunehmen?
Von dieser Angst getrieben, schreibe ich in dem ersten Brief, den ich an meine Familie senden darf, zuerst, mit Hinblick auf die Zensur: »Ich war tief ergriffen, als du mir erzähltest, wie du den Kindern die Großherzigkeit erklärt hast, die die Partei mir gegenüber bewies, indem sie mir gestattete, meine Familie wiederzusehen...«
Gleichzeitig jedoch, weil ich ihren Glauben an mich festigen wollte, schmuggelte ich Worte für Lise ein, die bestätigten, was ich ihr über den Prozeß gesagt hatte; hoffentlich würde die Tarnung, mit der ich sie umgab, sie vor den Augen der Zensoren verbergen.
»Ich habe mich bei den Verhören so verhalten, wie die Partei es von mir verlangte und erwartete. Diese Einstellung habe ich beim Prozeß beibehalten und bleibe auch jetzt dabei. Ich habe mich bemüht, mich ausschließlich von den Interessen der Partei leiten zu lassen und meine eigenen unberücksichtigt zu lassen... Ich bleibe entschlossen bei den Erklärungen, die ich vor Gericht abgegeben habe, angefangen von der Sache Field bis zu Zilliacus...«
Dieser Brief blieb drei Wochen in der Schublade des Referenten liegen. Schließlich ging er doch durch, und Lise erhielt ihn am Tag vor ihrem zweiten Besuch bei mir. Damals sagte sie mir: »Ich war ganz toll vor Freude, als ich diesen Brief auf offiziellem Weg, mit der Post, erhielt. So kann ich ihn gegebenenfalls auch verwenden. Wer diese Stelle liest, für

den gibt es keinen Zweifel mehr: nur ein Unschuldiger kann das geschrieben haben! Für mich ist dieser Brief so etwas wie der erste SCHRIFTLICHE Beweis deiner Unschuld.«

Bei ihrem dritten Besuch erzählt mir Lise, unter welchen Umständen sie aus der Partei ausgeschlossen worden ist.

»Am 20. Mai 1953 wurde ich zu einer Sitzung meiner alten Werkzelle gerufen. Der Vorsitzende verkündet, daß nur ein Punkt auf der Tagesordnung steht: mein Ausschluß gemäß dem vom Zentralkomitee ausgedrückten Verlangen. Seine Worte werden mit tiefem Schweigen entgegengenommen.

Ich bitte ums Wort: ›Gemäß meinem Recht laut Artikel 14 der Parteistatuten verlange ich die Gründe für diesen Ausschluß zu wissen, um meine Verteidigung vorbringen zu können.‹

Alle Augen sind auf mich gerichtet. Ich lese den Brief vor, den ich vier Tage vorher an den Genossen Novotny, Ersten Sekretär des Zentralkomitees, über meine Zugehörigkeit zur Partei geschrieben habe. Ich bemerke, daß zahlreiche Anwesende Beifallszeichen geben. Dann hebt einer die Hand. Es ist ein ehemaliger Freiwilliger der internationalen Brigaden, mit dem ich schon oft in Widerspruch stand. Er hat sich in seinen Ansichten über seine verhafteten Genossen von den Brigaden immer etwas maßlos gezeigt, und ich hatte mit ihm deswegen viele Auseinandersetzungen. Einmal war er zornig geworden, als ich ihm sagte: ›Wenn ich dich richtig verstehe, gibt es nur zweierlei Freiwillige, die etwas wert sind: dich und die Toten ...‹ Seither standen wir nur mehr auf Grußfuß. Was würde er nun sagen? Ich horche gespannt und werde überrascht und erfreut.

›Genossen, ihr sagt uns, daß wir auf Verlangen des Zentralkomitees den Ausschluß unserer Genossin Londonova beschließen sollen, ihr gebt uns jedoch keinen Grund an, der diesen Ausschluß rechtfertigt. Wir kennen sie als ausgezeichnete Arbeiterin; haben wir sie nicht mehrmals als beste Arbeiterin der Fabrik bezeichnet? Wir kennen sie als gute Mutter und gute Kameradin. Wir können ihrem Verhalten, auch als Kommunistin, nur das Beste nachsagen. Daher fällt es uns schwer, ihren Ausschluß auszusprechen. Vielleicht hat das Zentralkomitee Gründe dafür, die es uns nicht mitteilen will; in diesem Fall wäre es aber wohl richtig, Genossen, wenn das Zentralkomitee selbst ihren Ausschluß aussprächse, statt es von uns zu verlangen.‹

Der Vorsitzende unterbricht ihn: ›Die Intervention zeigt Londonovas unheilvollen Einfluß in unserem Kollektiv‹, schreit er wütend. ›Es ist ein Versuch, sich dem demokratischen Zentralismus zu widersetzen. Wenn das Zentralkomitee den Ausschluß Londonovas anordnet, dann hat es dafür seine Gründe, und wir haben keine Erklärung zu verlangen. Wir

werden solche Interventionen nicht dulden, und sollten sie sich wiederholen, werden wir die notwendigen Maßnahmen zu treffen wissen. Jetzt aber fordere ich euch auf, mit erhobener Hand über den Ausschluß der Genossin Londonova abzustimmen.‹
Die Leute heben zögernd, einer nach dem anderen, die Hand, und mein Ausschluß wird einstimmig, auch mit der Stimme des Genossen von den Brigaden, der als letzter die Hand hebt, beschlossen.
Darauf erkläre ich: ›Ich teile euch mit, daß ich gegen diesen Ausschluß Berufung einlege. Ich lege Wert darauf, vor euch zu erklären, daß ich hinsichtlich der Tätigkeit meines Mannes Artur London niemals verhört oder gemaßregelt wurde. Ich habe ein reines Gewissen und bin sicher, mich immer als Kommunistin verhalten zu haben... Für mich hat der soeben ausgesprochene Ausschluß keinerlei Wert. Mit oder ohne Parteikarte werde ich mich stets weiter als Kommunistin verhalten...‹
Der Vorsitzende fordert mich auf, den Raum zu verlassen. Ich gehe auf die Tür zu. Alle meine ehemaligen Arbeitsgenossen und -genossinnen erheben sich, um mir der Reihe nach ein letztes Mal die Hand zu drücken. In ihren Augen lese ich Bedauern und auch Scham. Ich sehe, daß einige Arbeiterinnen, mit denen ich besonders gut stand, Tränen in den Augen haben. Ich beruhige sie: ›Ich bin euch nicht böse; ich weiß, daß ihr nicht anders handeln konntet. Ich betrachte euch weiter als Freundinnen!‹«
Lise nimmt ein Blatt Papier aus ihrer Handtasche und sagt: »Ich will dir den Protestbrief vorlesen, den ich am 27. Mai 1953 an das Zentralkomitee richtete:
›Ich lege Berufung ein gegen die Entscheidung der Versammlung der Parteiorganisation des Unternehmens CSAO, Werk 0104, Prag Karlin, durch die ich am 20. Mai aus der Partei ausgeschlossen wurde. Dieser Ausschluß sowie die Art, wie er durchgeführt wurde, steht in scharfem Widerspruch zu den Statuten der Partei. Ich wurde Mittwoch, den 20. Mai, zur Parteiversammlung des genannten Werks einberufen. Der Vorsitzende las einen Brief des Parteikomitees des 3. Prager Gemeindebezirks vor, der besagte, daß mir meine Parteikarte, die mir während des Prozesses abgenommen worden war, nicht zurückgegeben werden darf und daß ich auf Anweisung des Zentralkomitees ausgeschlossen werden soll. Zur Rechtfertigung dieser Maßnahme wurde keinerlei Grund angegeben. Ich habe Protest erhoben, denn ich bin trotz wiederholten Ersuchens nie von irgendeinem Organ der Partei vernommen worden. Außerdem fiel es mir schwer, mich zu verteidigen, wie es nach den Statuten der Partei mein Recht ist, da kein Grund für meinen Ausschluß angegeben wurde. Ich habe der Versammlung den Brief vorgelesen, den ich am 16. Mai bezüglich meiner Parteizugehörigkeit an den

Genossen Novotny, den Sekretär des Zentralkomitees, gerichtet hatte. Darauf verlangte ein Genosse in der Versammlung, daß mein Fall an das Zentralkomitee, das wahrscheinlich über die nötigen Informationen und über ausreichende Kenntnis verfügt, um ihn beurteilen zu können, zurückverwiesen werde. Der Vorsitzende der Organisation lehnte diesen Vorschlag mit der Begründung ab, daß er sich nicht mit dem Prinzip des demokratischen Zentralismus in Einklang bringen ließe; wenn das Zentralkomitee die Weisung erteilt hätte, könne die Grundorganisation nichts anderes tun, als diese Weisung widerspruchslos zu befolgen. Er fügte hinzu, ich könne später immer noch gegen diese Entscheidung Berufung einlegen.
Meiner Auffassung nach ist dieses Verfahren vollkommen unlogisch und illustriert die Redensart ›Den Pflug vor die Ochsen spannen!‹ Im Artikel 14 der Parteistatuten heißt es: ›Bei Ausschluß eines Mitglieds aus der Partei ist auf größte Sorgfalt, Besonnenheit und Kameradschaft zu achten, und die Gründe für die Beschuldigungen müssen genau untersucht werden.‹ Die gegen mich angewandte Methode kann also weder gerecht noch gültig sein: hier schließt man ein Mitglied zuerst einmal aus und gibt ihm erst nachher die Möglichkeit, sich zu verteidigen, indem es gegen die Entscheidung Berufung einlegt.
Die bei der Versammlung anwesenden Mitglieder der Werksorganisation haben aus Gründen der Partei für meinen Ausschluß optiert, da man ihn als von dem Zentralkomitee befohlen hinstellte. Sie haben es getan, ohne die Gründe für diesen Ausschluß zu kennen...«
Der Referent - es ist derjenige, der mit meiner Frau und Françoise gesprochen hat und in dessen Verhalten ich in den letzten Monaten eine Veränderung bemerkt habe - hört uns starr vor Staunen zu. Er mischt sich nicht ein, sein Blick verrät seine Verwirrung... Sieht so die Zusammenkunft zwischen einem von der Partei verurteilten Verräter und seiner Frau aus? Das entspricht keineswegs der Bilderbogenvorstellung, die man ihm vermittelt hatte. Sind die wahren Kommunisten wirklich unter seinen Chefs zu suchen? Unter den Drahtziehern?
Ich weiß natürlich, daß Lise für das kämpft und noch viel mehr kämpfen wird, was *ihre* Wahrheit ist, *ihr* Bild von der Partei. Ich weiß aber auch, daß sie nichts erreichen wird. Im Gegenteil, ich befürchte, daß man die erste Gelegenheit ergreifen wird, um sie festzunehmen.
Ich benutze eine auf Françoise zurückgehende Ablenkung, um Lise zu warnen: »Sei vorsichtig, du bist von Spitzeln umgeben, die über dein Tun und Treiben Bericht erstatten.« Sie blickt mich verwirrt an. »Ich habe mit eigenen Augen den Anfang eines solchen Berichts auf dem Tisch eines Referenten gesehen. Letzthin hat man mich wieder über dich und die Leute, mit denen du verkehrst, verhört, auch über Antoinette.

Du mußt unbedingt nach Frankreich zurück, denn es ist nicht ausgeschlossen, daß man dich zu verhaften versucht« - »Sie sollen nur kommen, ich erwarte sie, bei mir können sie sich auf etwas gefaßt machen!«
Ich erwidere: »Du redest Unsinn, du kennst sie eben nicht!«
Bevor Lise mich verläßt, meldet sie mir noch, daß sie vom Zivilgericht alle ihre Papiere sowie die Bestätigung erhalten hat, daß ihre Scheidungsklage rückgängig gemacht wurde.
Gewiß, Lises Handlung freut mich, aber ich habe große Angst, daß dies für sie zu neuen Schwierigkeiten führt, denn mit dieser Geste hat sie klar ausgedrückt, daß sie sich auf meine Seite stellt...

7

Einige Tage nach diesem dritten Besuch komme ich in eine andere Zelle. Der Wärter, der mich begleitet, sagt mir, ehe er die Tür schließt: »In dieser Zelle wird die Wasserleitung von uns von außen betätigt. Wenn Sie trinken oder auf die Toilette gehen wollen, stellen Sie sich vor das Guckloch und zeigen Sie mit dem Finger auf die Schüssel.« Verwunderlich. Diese Zelle sieht genauso aus wie viele andere, in denen ich schon gewesen bin. Die sanitären Anlagen sind vorhanden. Man merkt, daß gewisse Veränderungen an ihnen vorgenommen worden sind. Ich bin so neugierig, daß ich sofort den Versuch mache. Ich hebe den Finger, wie mir angegeben wurde, und automatisch löst sich die Wasserspülung aus. Etwas später hebe ich wieder den Finger und zeige auf den Wasserhahn. Ich will trinken. Das Wasser beginnt zu rinnen und hört automatisch wieder auf.
Ich finde es sonderbar und untersuche genau die ganze Zelle. Sie ist sehr rein, frisch gestrichen. Über der Wasserleitung bemerke ich an der Wand und an der Decke eine ziemlich große fleckige Stelle. Das löst bei mir eine Erinnerung aus. Ich war eines Tages bei Pavel zu Besuch, nachdem er seine Stellung als stellvertretender Innenminister verloren hatte, und wir sprachen über die Vetternwirtschaft, die sich bei uns zu entwickeln begann und deren augenfälligstes Beispiel der Fall Čepička war. Durch seine Heirat mit der Tochter Gottwalds war Čepička zu den höchsten Funktionen im Staat und in der Partei aufgestiegen. Im Augenblick war er Armeeminister...
Plötzlich bedeutete mir Pavel durch ein Zeichen, ich solle still sein. Er führte mich ins Badezimmer, öffnete alle Wasserhähne und sagte: »Ich weiß nicht, ob meine ehemaligen Kollegen nicht bei mir eingeschaltet

sind! Gespräche dieser Art führt man besser auf der Straße oder bei geöffneten Hähnen im Badezimmer, denn wenn das Wasser rinnt und sie abhören wollen, kommen sie nicht auf ihre Kosten!«
Das alles wird mir noch klarer, als Kohoutek mich am nächsten Tag rufen läßt, um mir mitzuteilen, daß es einen ersten Schritt zur Verbesserung meiner Lage gibt. Meine Isolierung nimmt ein Ende; man wird einen zweiten Häftling bei mir einquartieren.
Selbstverständlich werde ich mit diesem Zellengenossen nie ein heikles Thema berühren, ihm nicht sagen, wer ich bin, nicht über die Affäre sprechen, die mich hierher gebracht hat.
Vierzehn Tage später, eines Sonnabends im Juni 1953 werde ich zu Doubek gerufen. Er teilt mir mit, daß auf Anordnung Präsident Zapotockys eine neue Maßnahme der Hafterleichterung für mich, Löbl und Hajdu getroffen wurde. Wir werden der Arbeitsgruppe des Ruzyňer Gefängnisses zugeteilt, werden also von nun an den anderen Häftlingen zugesellt.
Während ich in meine Zelle zurückgehe, um meine Habseligkeiten zu holen, fällt mir ein, daß ich mich mit der Geschichte vom Mikrophon in meiner Zelle nicht getäuscht habe. Damit hat man mein Verhalten gegen andere Häftlinge geprüft. Einige Tage später erzählt mir Löbl bei einem Gespräch mit mir und Hajdu, daß sich bei ihm das gleiche abgespielt hat.
Ein Wärter holt mich ab. Er verbindet mir die Augen und führt mich durch Korridore, über Treppen, mit dem Aufzug irgendwohin an die frische Luft. Als er mir die Binde abnimmt, nehme ich das Eingangstor des Gefängnisses wahr, in dem ich nun achtundzwanzig Monate verbracht habe. Es wäre mir unmöglich, das Innere des Gebäudes zu beschreiben, denn abgesehen von meinen verschiedenen Zellen und den Büros der Referenten, in die ich, stets mit verbundenen Augen, geführt wurde, weiß ich nicht, wie es dort aussieht... Auch später noch, wenn Hajdu, Löbl und ich aus irgendeinem Grund zu einem Referenten gerufen werden, wird man uns die Augen verbinden, bevor wir dieses Gebäude betreten, das uns bis zuletzt unbekannt bleiben wird.
Immer noch vom Wärter begleitet, durchquere ich den Hof. Wir betreten ein Büro im Erdgeschoß eines anderen Gebäudes. Es ist der Sitz der Leitung der kleinen Ruzyňer Arbeitsgruppe. Ich begegne Hajdu, der eben herauskommt. Ein frohes Lächeln erhellt sein Gesicht, als er mich sieht, und auch ich freue mich über die Begegnung. Da wir nun beisammen sind, wird unser Leben leichter zu tragen sein.
Eine halbe Stunde später stehen wir im Hof auch mit Löbl vereint.
Seit einer Stunde tauschen wir unsere ersten Eindrücke aus, als der Chef von Ruzyně, Doubek, persönlich bei uns erscheint. Er läßt uns neben sich auf einer Bank Platz nehmen. Sein Verhalten uns gegenüber verblüfft

uns. Er teilt uns mit, Präsident Zapotocky habe ihn zu sich gerufen und angeordnet, uns in diese Arbeitsgruppe einzuteilen und Maßnahmen zu treffen, um unser Los zu bessern. Man wird uns allerlei Begünstigungen gewähren, uns das Leben erleichtern... Zum Schluß fordert er uns auf, uns jedesmal bei einem Wunsch an ihn zu wenden, so hätten es der Minister und der Präsident ausdrücklich verfügt.
Es macht auf uns den Eindruck eines Märchens aus *Tausendundeiner Nacht!*
Wir werden jede Woche den Besuch unserer Familien in den Gärten von Ruzyňe erhalten, Pakete und Briefe empfangen dürfen... Dann sagt Doubek sogar noch, daß ein Teil unseres beschlagnahmten Eigentums unseren Familien zurückerstattet wird! Wir trauen unseren Ohren nicht...
Und als er uns verläßt, drückt er jedem die Hand. - Wir sind wie vor den Kopf geschlagen! Uns, den Krätzigen, Räudigen...
Wir blicken einander an: was geht da vor? Wir stellen eine Menge von Vermutungen darüber an, welche Veränderungen wohl seit dem Tod Stalins im Gang sind. Vielleicht wird sich das Rad jetzt drehen? Aber wir beschließen, vorsichtig zu sein. Wir dürfen nicht vergessen, daß unsere Peiniger hier sind, daß wir in Schußweite von ihnen leben, von ihnen abhängig sind und daß hinter ihnen immer noch die Drahtzieher sitzen - soeben gingen zwei von ihnen mit großen Aktenmappen an uns vorbei.
Kevic, früherer jugoslawischer Vizekonsul in Preßburg, dessen Bekanntschaft wir soeben gemacht haben, teilte uns mit, daß das sowjetische Berater sind.
Wenn ich heute das Datum dieses Umschwungs bedenke und andererseits das, was in der Sowjetunion damals vorging, finde ich es auffällig, wie zur gleichen Zeit jener politische Umschwung nach dem 17. Juni 1953 in Berlin einsetzte, der sich dadurch äußerte, daß Rakosi nach Moskau berufen wurde und Imre Nagy an seiner Stelle die Spitze der ungarischen Regierung übernahm. Ereignisse von solcher Bedeutung mußten jenen zu denken geben, die bei uns der Linie Rakosis gefolgt waren. Es sollte jedoch sehr bald klar werden, daß diese Veränderungen auf das System der Prozesse selbst keinen Einfluß hatten. Berija wird verhaftet, jedoch offenbar nicht als Leiter des Sicherheitsdienstes angeklagt. Rakosi bleibt Generalsekretär der Partei. So wenigstens erkläre ich mir rückblickend, was sich für uns im Juni und Juli 1953 ereignete, namentlich unsere Einteilung in die Arbeitsgruppe, das Ende unserer Isolierung.
Unsere Ankunft wirkt auf die Gruppe belebend, weckt die Neugier der anderen Häftlinge. Es sind da keine hundert Mann: einige sind Nazi-

kollaborateure, aber die Mehrzahl besteht aus gewöhnlichen Verbrechern. Auch einige politische Häftlinge sind darunter.
Die Gefangenen haben die Gebäude des Gefängnisses instandzuhalten, die Büros und Korridore zu säubern, sie arbeiten in der Küche und im Garten, waschen, plätten und derlei mehr.
Einige Häftlinge erzählen uns, es sei ihnen gelungen, beim Säubern der Büros Zeitungen beiseite zu schaffen, in denen von unserem Prozeß die Rede ist, und sie wollten sie uns geben.
Durch Kevic, der eine lebenslängliche Strafe abbüßt und bereits seit mehreren Monaten hier ist, lernen wir das Leben der Arbeitsgruppe kennen, ihre Insassen, die verschiedenen Gefahren und Formen der Provokation, die wir zu gewärtigen haben, und er weist auch auf einige Lockspitzel hin, vor denen wir uns hüten müssen.
Bis Montag nützen wir jeden Augenblick, um unsere Erfahrungen der letzten Jahre auszutauschen. »Na, Gérard, was sagst du?« fragt Hajdu. »Man muß das erlebt haben, um es zu glauben! Wenn ich überlege, daß ich geradezu einen Schuldkomplex behalten hatte, weil ich an die Moskauer Prozesse vor dem Krieg nicht glauben wollte!«
Wir stellen fest, daß wir alle seit unserer Festnahme die gleichen Überlegungen angestellt haben. Wir beschließen, immer gemeinsam zu handeln: jedesmal, wenn für einen von uns etwas Neues eintritt, soll er es den anderen mitteilen. Dieses Solidaritätsprinzip ist unser einziges Verteidigungsmittel.
Bei meiner Einteilung zur Arbeitsgruppe hat man mir das Paket mit den Päckchen Gauloises zurückgegeben, das mir meine Frau bei ihrem ersten Besuch gebracht hatte und das bis jetzt in der Kanzlei geblieben war, wahrscheinlich mußte es sehr gründlich untersucht werden...
Ich nehme ein Päckchen heraus, die Augen meines Freundes Hajdu glänzen vor Begehrlichkeit - er ist wie ich ein großer Liebhaber dieser Marke. O weh! Beim ersten tiefen Zug schneiden wir beide eine abscheuliche Grimasse... Lise hatte mir gesagt, sie habe die Zigaretten sorgfältig unter meinen Sachen in einem Schrank aufbewahrt..., der war aber reichlich mit Naphtalin bestreut...
In Gesprächen mit Löbl, Hajdu und Kevic über die Frage der Verwendung von Drogen, unter anderen rechtswidrigen Mitteln zur Erpressung von Geständnissen, behauptete der ehemalige jugoslawische Konsul, er sei überzeugt, unter dem Einfluß von Drogen gestanden zu haben. Er fragte mich, ob ich nie zum Abendessen in Wasser gekochte, mit einer Art Öl übergossene Kartoffeln bekommen hätte, die bitter schmeckten. Tatsächlich entsann ich mich, mehrmals eine solche Speise erhalten zu haben. Er behauptete, sie habe Skopolamin enthalten, die bei van der Lubbe verwendete Droge; dieser war von Hitler und Göring beschuldigt

worden, 1933 den Reichstag angezündet zu haben; er stand dann mit Dimitrow zusammen in Leipzig vor Gericht.
Auch andere Häftlinge behaupteten das gleiche. Ich kenne Kevic als klugen realistischen Mann, keineswegs ein Mythomane, wie es die Gefangenen oft sind; außerdem hatte er sich mit einer Krankenschwester angefreundet, die mit Doktor Sommer arbeitete. Ich kann es nicht mit Sicherheit behaupten, möchte aber eher glauben, daß bei uns keine Drogen benutzt wurden. Wir bekamen zwar Medikamente, ohne jemals ihre Zusammensetzung und ihre Wirkungen zu erfahren, und mußten sie in Anwesenheit der Schwester und manchmal des Wärters einnehmen, die warteten, bis wir sie schluckten, und dann nachprüften, ob wir sie nicht vielleicht unter der Zunge oder in einem Mundwinkel verbargen.
Ich habe auch Spritzen erhalten, von denen ich noch heute nicht weiß, welche Wirkungen sie haben sollten. Manchmal befand ich mich während der Verhöre in einem Zustand völliger Stumpfheit, hatte häufig Halluzinationen oder Perioden völliger Teilnahmslosigkeit, in denen ich alles über mich ergehen ließ, als ginge es mich nichts an, in denen mir alles gleichgültig war und ich mich überhaupt nicht darum kümmerte, was die Referenten schreiben mochten.
Das übrigens brachte mich während der Zeit meiner Isolierung auf die Frage, ob der Sicherheitsdienst bei uns Drogen verwendete oder nicht. Ich hatte mich an van der Lubbe erinnert und an die damaligen Presseberichte.
Eigentlich glaube ich aber nicht, daß es für unsere Peiniger notwendig war, Drogen zu verwenden, denn das Ruzyňer System war schließlich bedeutend sicherer. Ihre Methoden waren gewissermaßen eine praktische Anwendung der Psychologie und der Wissenschaft Pawlows über »Konditionierung«.
Dieses System - das hat die Praxis bewiesen - ist wirkungsvoller als irgendeine Droge. Es wurde bei den Prozessen von Moskau, von Sofia, von Budapest und bei zahllosen anderen Gelegenheiten mit erstaunlichen Ergebnissen erprobt. Die monate- und sogar jahrelang bei ein und demselben Individuum angewandte Methode ist bedeutend sicherer als die einer Skopolaminspritze. Außerdem lag es im Interesse der Drahtzieher, bei einem großen öffentlichen Prozeß Männer vorzuführen, deren äußerer Anblick die seit ihrer Festnahme erduldeten moralischen und körperlichen Leiden nicht verriet, Männer im Vollbesitz ihrer geistigen Fähigkeiten, die sich wie normale Menschen benahmen, also keineswegs eine Art van der Lubbe, stumpfsinnig, sabbernd und mit Zeichen des Irrsinns.
In dieser Kunst, den Angeklagten vorzubereiten, haben es die Ruzyňer Männer wirklich zur Meisterschaft gebracht.

Montag und Dienstag sind Vavro und ich zur Arbeit bei den Kartoffeln im Keller eingeteilt. Unsere Aufgabe besteht darin, sie von den Sprossen zu befreien und die verfaulten auszusondern. Wir sitzen ohne Überwachung im Halbdunkel und können trotz des üblen Geruchs und der widerwärtigen Arbeit, die wir verrichten, bei diesem Zusammensein unter vier Augen stundenlange Gespräche über die Verhältnisse in der Partei und im Land führen, die einen solchen Prozeß ermöglicht haben. Gott weiß, wie viele Hypothesen wir über die Zukunft aufgestellt haben! Mittwoch werden wir zur Gruppe für die Gartenarbeit eingeteilt, bei der sich bereits Löbl befindet. Trotz der frischen Luft und der Sonne, oder wahrscheinlich eben deshalb, ist dieser Tag für uns schrecklich. Die lange Gefangenschaft und die Lebensweise, die ich seit dreißig Monaten erdulde, haben mich so geschwächt, daß ich abends mit meinen Kräften zu Ende bin; ich habe Fieber und bin außerstande, mich selbst fortzubewegen, man bringt mich zurück. Zwei Tage später muß auch Hajdu die Arbeitsgruppe verlassen. Sein Gesicht, das nach so langem Aufenthalt im Dunkeln plötzlich der frischen Luft und der Sonne ausgesetzt war, erlitt Verbrennungen zweiten Grades; es ist ganz verschwollen und entstellt. Nur Löbl hält dank einer gewaltigen Willensanstrengung durch, obwohl er fast um ein Jahr länger als wir in Haft gewesen ist.

Man bringt mich zur Behandlung ins Krankenrevier des Gefängnisses Pankrac. Nach meiner Rückkehr läßt mich Kohoutek zu sich rufen. Er fragt mich, wie die Häftlinge im Krankenrevier sowie jene der Arbeitsgruppe reagiert hätten, als Löbl, Hajdu und ich zu ihnen kamen. Welche Fragen sie uns gestellt und was wir geantwortet hätten?

Ich erzähle ihm, daß unsere Ankunft am ersten Tag große allgemeine Erregung verursacht habe. Und daß die Häftlinge an der Glaubwürdigkeit des Prozesses und an unserer Schuld zweifelten.

Kohoutek sagt mir darauf, wir müßten uns bemühen, in der Masse der Häftlinge unterzugehen und immer das Prinzip des Prozesses zu verteidigen. »Vergessen Sie nicht, daß Sie wegen Hochverrats verurteilt sind und sich dementsprechend verhalten müssen.«

Er blickt mich feierlich an und fügt hinzu, er spreche nicht in seinem Namen, sondern sei von »seinen Chefs« damit beauftragt worden. Er fordert mich auf Löbl und Hajdu darüber zu informieren, sobald ich zur Arbeitsgruppe komme.

»Wenn Sie eines Tages lebend aus dem Gefängnis kommen wollen, müssen Sie die Haltung einnehmen, auf die ich Sie hinweise. Vergessen Sie niemals, daß Sie unter allen Umständen bei Ihren Geständnissen bleiben müssen, immer und jedermann gegenüber: ob das nun Organe oder Vertreter des Staates, der Partei, die Gerichte sind, wo Sie gegen Ihre Komplicen auszusagen haben werden, die gegen Sie Zeugnis ab-

gelegt haben... Ich wiederhole: ob vor dem Staatsanwalt, dem Parteisekretär oder sogar vor dem Präsidenten der Republik, Sie müssen immer an Ihren Geständnissen festhalten...«
Wir schließen aus diesem Gespräch mit Kohoutek, von dem wir wissen, daß er der Vertrauensmann der sowjetischen Berater ist, daß die uns von Doubek auf Anordnung Zapotockys gewährten Zugeständnisse von den Ruzyňer Drahtziehern rückgängig gemacht wurden. Was bleibt von allen versprochenen Begünstigungen: Briefe und Besuche, vorerst jeden Monat, jedoch sehr bald in größeren Zeitabständen. Jedenfalls der Vorteil, von unseren Familien nicht durch ein doppeltes Gitter getrennt zu sein.
Anfänglich läßt man uns in der Arbeitsgruppe, zu der Vavro und ich nun in der Wäscherei eingeteilt sind, in Frieden. Später mischt sich Kohoutek wieder ein, um uns zu zwingen, uns noch mehr den anderen Häftlingen anzugleichen. Der Druck auf uns wird verstärkt. Kohoutek sagt uns zynisch: »Wir können nicht zulassen, daß Zweifel an dem Prozeß aufkommen. Man darf nicht vergessen, daß es hier Häftlinge gibt, die nach kurzen Strafen wieder in Freiheit gesetzt werden. Man muß sich - im Interesse der Partei - darum kümmern, was sie dann erzählen werden!«
Nach einiger Zeit erkennen wir, daß die Taktik der Drahtzieher und ihrer Vertrauensmänner in Ruzyně darin besteht, bei uns jede geringste Anwandlung, die Entwicklung der Ereignisse in der UdSSR zu nutzen, um den Prozeß wieder in Frage zu stellen, im Keim zu ersticken. In den folgenden Monaten werden wir immer schlechter behandelt.
Der Chef der Arbeitsgruppe wurde ausgetauscht. Sein Nachfolger hat sichtlich die Anweisung erhalten, uns im Vergleich zu den anderen Häftlingen immer stärker zu diskriminieren: wir sind gefährliche Verbrecher, politische Feinde ersten Ranges!
Jetzt werden wir Schikanen aller Art ausgesetzt, man schafft um uns eine provozierende Atmosphäre, man umgibt uns mit Spitzeln. Viele Wärter werden ausgewechselt. Die neuen glauben, es sei ihre Pflicht als Parteimitglieder, bei uns besonders wachsam und streng zu sein.
Dieser neue Umschwung der Lage beunruhigt uns beträchtlich. Wir versuchen die Gründe dafür herauszufinden. Wir halten Beratungen ab, um uns über unsere Lage klarzuwerden.
Hajdu, Löbl und ich kommen zu dem Ergebnis, daß unser Schicksal den derzeitigen politischen Schwankungen in der UdSSR unterworfen ist. Unser Prozeß ist ein in das System und seine Führung getriebener Keil. Wir drei sind als Überlebende dieses Prozesses zu einem heiklen, wichtigen politischen Faktor geworden, und das insbesondere jetzt, kurz vor einer möglichen Veränderung der Lage. Das veranlaßt manche Führer der Partei oder des Sicherheitsdienstes eine Rückendeckung zu suchen,

indem sie uns hilflos machen - und wer weiß - möglicherweise beseitigen wollen; andere wieder sichern sich gegen die Zukunft ab, indem sie unser Los erleichtern. Zwischen diesen beiden Strömungen werden wir hin- und hergeworfen. Im Augenblick ist es die verborgene Macht der sowjetischen Berater, die das letzte Wort hat. Leider sind wir immer noch in ihren Händen und werden es bis Mai 1954 bleiben.
Man braucht nur zu sehen, wie Doubek uns jetzt ausweicht, wenn er uns zufällig auf dem Hof begegnet. Wir müssen uns auf das Schlimmste gefaßt machen und überaus vorsichtig sein, uns keiner Provokation aussetzen und um jeden Preis versuchen, Zeit zu gewinnen.
Nach und nach festigt sich bei den Drahtziehern und ihren Ruzyňer Handlangern die Überzeugung, daß es in der Tschechoslowakei keinen Umschwung geben wird, daß der Prozeß »unantastbar« ist, und somit beginnt auch wieder die Vorbereitung von Prozessen, die sozusagen Nachträge des unseren sind. Immer noch befinden sich mehr als sechzig Personen, welche im Zusammenhang mit dem »Verschwörungszentrum gegen den Staat« festgenommen wurden, in Untersuchungshaft.
Im Frühjahr 1953 hat Sicherheitsminister Bacilek dem politischen Sekretariat des Zentralkomitees einen Plan vorgelegt, um diese »Rückstände« zu beseitigen: die Häftlinge sollen in sieben Gruppen eingeteilt werden: jene der Wirtschaftspolitiker mit Goldmann an der Spitze; die Gruppe des trotzkistischen Großen Rates; die der slowakischen bourgeoisen Nationalisten mit Husak; die Gruppe des Sicherheitsdienstes mit Zavodsky; die der Armee mit Drgač; und schließlich die Gruppe des Außenministeriums mit Goldstücker. Auch einige Einzelprozesse soll es geben, wie zum Beispiel gegen Smrkovsky, Utrata, Novy, Pavel usw.
Die Anklageschriften all dieser Prozesse wurden vom politischen Sekretariat besprochen und die Verurteilungen von ihm festgesetzt. Damals bestand das politische Sekretariat aus folgenden Mitgliedern: Antonin Zapotocky, Präsident der Republik nach dem Tod Gottwalds, Široky, der Ministerpräsident geworden war, Bacilek, Novotny, der Erster Parteisekretär geworden war, Čepička, Gottwalds Schwiegersohn und Armeeminister, Dolansky, stellvertretender Ministerpräsident, und Kopecky, Minister für Information und Kultur.
Mit Ausnahme des Prozesses gegen die Gruppe des Außenministeriums, der im Mai stattfand - nach dem Tode Stalins und Gottwalds -, fanden die Gerichtsverhandlungen Ende 1953 und während des Jahres 1954 statt, zu einem Zeitpunkt, da Berija schon lange verhaftet und zum Tod verurteilt war und Tausende Rehabilitierte aus den Gefängnissen und den sibirischen Lagern nach Hause zurückkehrten...
Und Osvald Zavodsky wurde als letzter hingerichtet, nachdem sein Gnadengesuch im März 1954 abgelehnt worden war!

Wenn uns während unserer langen Haft Gelegenheit geboten wurde, miteinander in Berührung zu kommen, versuchten wir uns immer wieder zu erklären, wieso derartige Prozesse bei uns aufgezogen werden konnten, in einem Land mit alter Kultur und großen demokratischen Traditionen...

Wir verglichen unsere Erinnerungen als Widerstandskämpfer, unsere Erfahrungen auf den verschiedenen Gebieten des wirtschaftlichen, politischen und sozialen Lebens, in denen wir vor unserer Einkerkerung gearbeitet hatten, mit unseren Ansichten über die Arbeitsmethoden der sowjetischen Berater und ihrer ausführenden Organe, der Referenten.

Indem wir all diese Bruchstücke aneinanderfügten, gelang es uns, ein Bild zu entwerfen, das jenem nahe kommt, das später die Historiker der Partei zusammengestellt haben.

Bei der konstitutiven Versammlung des Kominform* behauptete der Ideologe der Kommunistischen Partei der UdSSR, Schdanow, daß die Vorbereitung des imperialistischen Angriffs gegen die UdSSR und die Volksdemokratien von politischen und ideologischen Angriffen begleitet sei, die man auf allen Gebieten des politischen und sozialen Lebens bekämpfen müsse; deshalb sei eine gemeinsame ideologische Front unter Führung der Kommunistischen Partei der Sowjetunion notwendig.

Der von Jugoslawien bekundete Wille, eigene Wege zum Sozialismus einzuschlagen, stieß 1948 gegen die Stalinsche Auffassung einer monolithischen sozialistischen Partei unter dem Hirtenstab der UdSSR. Dieser Gegensatz zwischen zwei sozialistischen Staaten griff rasch auf die kommunistische Weltbewegung über, und die Kominformversammlung im Juni 1948 sprach den Bruch mit Jugoslawien und die Ächtung der jugoslawischen Kommunistischen Partei aus. In der Resolution zu diesem Thema heißt es:

»Die Führer der jugoslawischen KP geben in ihrer Innenpolitik die Positionen der Arbeiterklasse und die marxistische Theorie der Klassen und des Klassenkampfs auf. Sie leugnen die unbestreitbare Tatsache, daß sich nämlich in ihrem Land kapitalistische Elemente entwickeln und daß im Zusammenhang damit sich der Klassenkampf im jugoslawischen Dorf verschärft. Dieses Leugnen ist eine Folge der opportunistischen Auffassung, nach der sich während des Übergangs vom Kapitalismus

---

* Informationsbüro der Kommunistischen Arbeiterparteien, gegründet im Jahre 1947, dessen Mitglieder die Kommunistischen Arbeiterparteien der UdSSR, Bulgariens, der Tschechoslowakei, Ungarns, Polens, Rumäniens, Frankreichs, Italiens und bis 1948 auch Jugoslawiens waren. Seine Rolle sollte darin bestehen, den Austausch der Erfahrungen zu erleichtern und die Tätigkeit seiner Mitglieder zu koordinieren. Bis 1948 war sein Sitz in Belgrad, dann bis zu seiner Auflösung im Jahr 1956, in Bukarest.

zum Sozialismus der Klassenkampf nicht verschärft, wie es der Marxismus-Leninismus lehrt, sondern im Gegenteil abstirbt, wie es die Opportunisten von der Art Bucharins behaupteten, die die Theorie des friedlichen Übergangs von Kapitalismus zum Sozialismus verbreiteten...«
Das Informationsbüro war der Ansicht, daß die Einstellung zur Sowjetunion den einzigen Wertmesser darstelle, um die Treue zum Sozialismus zu beurteilen. Außerdem verurteilte es die Politik, die verschiedene Wege zum Sozialismus toleriert, als eine bourgeois-nationalistische Abweichung und erklärte ihr den Krieg bis aufs Messer.
Im September 1949 fand in Ungarn der Rajk-Prozeß statt, in dem drei der Angeklagten zum Tode verurteilt wurden. Er war von den sowjetischen Beratern unter Beihilfe des ungarischen Sicherheitsdienstes von A bis Z fabriziert worden, um einen eklatanten Beweis von Titos Verrat und der Infiltration seiner Agenten in alle volksdemokratischen Länder zu erbringen sowie die Stalinsche These von der Verschärfung des Klassenkampfes während des Aufbaus des Sozialismus zu erhärten.
Um bei den bewährten Traditionen der Moskauer Prozesse zu bleiben, wurden die politischen Differenzen von Stalin auf eine schmutzige Verrats- und Spionageebene gebracht. Die Resolution des Kominform von November 1949 bezeichnete den »Verrat Titos im Dienst des Imperialismus« als eine Verschwörung der »anglo-amerikanischen Kriegshetzer gegen die UdSSR und die Volksdemokratien« mit Hilfe der faschistisch-nationalistischen Clique Titos, die zu einer Agentur der internationalen imperialistischen Reaktion wurde.
Zum Beweis: »Die aus Mördern und Spionen bestehende Belgrader Clique hat sich offen mit der imperialistischen Reaktion geeinigt und sich in ihren Dienst gestellt, was durch den Budapester Prozeß Rajk-Brankow mit absoluter Klarheit erwiesen worden ist...
Der Verrat der Tito-Clique ist kein Zufall, er geschah den Weisungen gemäß, die sie von ihren Herren, den anglo-amerikanischen Imperialisten, an die sie sich verkaufte, erhalten hat... Die Tito-Clique hat Belgrad zu einem Zentrum der antikommunistischen Spionage und Propaganda gemacht... Infolge der konterrevolutionären Politik von Tito-Rankovic - die die Macht in der Partei und im Staat an sich gerissen haben - hat sich in Jugoslawien ein antikommunistisches Polizeiregime faschistischen Stils eingenistet...«
Und das Informationsbüro schlägt in der internationalen kommunistischen Bewegung Alarm, indem es in seiner Resolution beschließen läßt, »eine der wichtigsten Aufgaben der kommunistischen Parteien gegen die ›Spione- und Mörderclique Titos‹ ist, die Wachsamkeit in ihren Reihen mit allen Mitteln zu verstärken, um die bourgeoisen und nationalistischen Agenten sowie die des Imperialismus zu entlarven und auszurot-

ten, gleichgültig hinter welcher Fahne sie sich verbergen«. Den Feind innerhalb der Partei suchen, das hieße zum Halali gegen die politische Opposition blasen...

Man brauchte einen Rajk-Prozeß in den volksdemokratischen Staaten, um die führende Rolle der UdSSR, die Gleichschaltung der Regierungen und Parteien dieser Länder, die Aufgabe ihrer nationalen Interessen - die als nationalistische Abweichung bezeichnet werden - im Namen der Solidarität des sozialistischen Lagers und des proletarischen Internationalismus verstärken zu können.

Die Vorbereitung dieser Prozesse hatte Anfang 1949 zur gleichen Zeit wie die des Rajk-Prozesses begonnen. So verhaftete der tschechoslowakische Sicherheitsdienst nach einer Anweisung Rakosis an Gottwald im Mai 1949 Noel Field, Pavlik und seine Frau und lieferte sie dem ungarischen Sicherheitsdienst aus. Einige Monate später verlangte Rakosi die Festnahme von Dutzenden kommunistischen Politikern und hohen tschechoslowakischen Funktionären; dazu gehörte ich sowie Clementis, Löbl, Frejka, Šling, Goldstücker, Holdoš...

Am 5. September teilte Rakosi Gottwald mit, daß bei dem Rajk-Prozeß - der unmittelbar bevorstand - der öffentliche Beweis für die Verzweigung des Komplotts in der Tschechoslowakei erbracht werden sollte. Zwei Tage später ließ er ihm durch Švab, der die Verbindung mit dem ungarischen Sicherheitsdienst besorgte, sagen, er habe die Gewißheit gewonnen, daß hohe Funktionen in der Tschechoslowakei von Spionen bekleidet wurden und daß man sie namentlich unter jenen Leuten zu suchen habe, die während des Krieges in London waren, und auch unter den ehemaligen Freiwilligen der internationalen Brigaden. Nach Rakosis Ansicht war es besser, Unschuldige zu verhaften als Gefahr zu laufen, Schuldige auf freiem Fuß zu belassen. Die sowjetischen Berater in Budapest führten Švab gegenüber die gleiche Sprache.

Die Führer der polnischen Partei, Bierut und Zambrowski, informierten ihrerseits Gottwald darüber, daß sie in Polen ungefähr fünfzig Personen festgenommen hätten, die in die Affäre Rajk verwickelt waren und von denen viele mit hochgestellten tschechoslowakischen Staatsbürgern in Verbindung standen. Sie drängten darauf, daß bei uns so rasch als möglich Säuberungsmaßnahmen unternommen würden.

Zwei der Angeklagten im Rajk-Prozeß, Szönyi und Brankow (ein Jugoslawe) erklärten, daß in der Tschechoslowakei »die staatsfeindliche Tätigkeit besser funktioniere als in Ungarn und ihre Gruppe wirkungsvoller und besser organisiert war«.

Im Dezember 1949 kam es in Bulgarien zum Prozeß von Kostow und zu seinem Todesurteil, in Polen zur Einkerkerung Gomulkas...

In der Tschechoslowakei jedoch zeigte sich die Parteileitung nicht ge-

neigt, dem Ersuchen der Ungarn und Polen gemäß, die Maschen des Verschwörungsnetzes bei uns ausfindig zu machen.
Ich entsinne mich eines Gesprächs, das ich zu jener Zeit mit Široky führte, das war noch vor der Zeit, da er sich von mir distanzierte. Er erklärte mir, daß uns die Ungarn bedrängten, bei uns eine ähnliche Verschwörung wie jene Rajks aufzudecken, und fügte hinzu: »Unsere Lage läßt sich mit der ihren nicht vergleichen. Wir tauchen nicht wie sie aus einer lang dauernden Illegalität auf. Unsere Leitung ist homogen und arbeitet seit 1929 unter der Führung Gottwalds. Jedes ihrer Mitglieder ist bekannt und hat sich bewährt. Wir werden doch nicht, den Ungarn zuliebe, jetzt bei uns einen Prozeß improvisieren!«
Es hätte jedoch der Beherztheit Titos und des Verbands der jugoslawischen Kommunisten bedurft, um in dieser Haltung zu verharren. Leider war die bei uns nicht vorhanden.
Auf Gottwald wurde ein sehr starker Druck ausgeübt. Der Tschechoslowakei drohte, auf eine Stufe mit Jugoslawien gestellt und öffentlich beschuldigt zu werden, dem gesamten sozialistischen Lager gegenüber eine feindliche Haltung einzunehmen, und unter diesen Umständen gab er schließlich nach.
Bedeutsam ist hier der Umstand, daß die sowjetische Partei und Stalin nicht unmittelbar diesen Druck ausübten, sondern an ihrer Stelle die Führer anderer Volksdemokratien, namentlich Rakosi, handeln ließen.
Da es dem tschechoslowakischen Sicherheitsdienst trotz Verwendung der stärksten Suchlaternen nicht gelang, Verschwörer zu entdecken, wandte sich Gottwald, dem Rakosi die wirksame Arbeit der sowjetischen Berater bei der Aufdeckung der Rajk-Verschwörung gerühmt hatte, an Stalin um Hilfe.
Die Berater begannen im Jahr 1949 einzutreffen. Rasch bildete sich ein allmächtiger Apparat, der seine Handlungen nur seinem Chef Berija gegenüber zu verantworten hatte; zu ihm gehörten Lichatschew und Makarow, die sich eben bei der Vorbereitung des Rajk-Prozesses bewährt hatten.
Man ging sofort daran, im Sicherheitswesen des Staates eine Sonderabteilung für die Suche nach dem Feind innerhalb der Partei einzusetzen. Später wurde eine zweite für den Kampf gegen den Zionismus geschaffen.
Sie machen sich ihren Nimbus und ihre Amtsgewalt über die Beamten des Sicherheitsdienstes, mit denen sie zusammenarbeiten, zunutze und erwählen unter ihnen Vertrauensmänner, die ihnen mit Leib und Seele ergeben sind, sie als ihre eigentlichen Chefs betrachten und ihre Befehle außerhalb des Dienstweges und von ihren Vorgesetzten unabhängig ausführen.

Es entwickelte sich in allen Abteilungen des Staatssicherheitsdienstes sehr bald eine zweite Polizei, ein wahrhaftiger Staat im Staate, dessen Tätigkeit sich völlig den Instanzen des Ministeriums und der Parteileitung entzog. So konnten die Verhaftungen der ehemaligen Vizeminister, Abteilungschefs und anderer Leiter der Schlüsselabteilungen des Sicherheitsministeriums – Švab, Zavodsky, Valeš und vieler anderer –, in denen die Berater ein Hindernis für die Ausführung ihrer künftigen Pläne sahen, unter völliger Geheimhaltung vorbereitet werden.

Sogar Politiker des Parteiapparats und Beamte anderer, dem Sicherheitsministerium nicht angehörigen Verwaltungen, wandten sich unmittelbar an die Berater.

Diese besaßen zwar offiziell keinerlei Machtbefugnis, in Wirklichkeit waren sie jedoch mächtiger und einflußreicher als die Minister und die Führer der Partei.

Da sie gut informiert waren, verstanden es diese Berater auch, zweifelhafte, anrüchige Elemente zu finden, die sich nach Gutdünken verwenden ließen und denen man alle möglichen Arbeiten zumuten konnte.

Zu jener Zeit, da der kalte Krieg auf seinem Höhepunkt stand, war die innere Lage sehr verwickelt. Agenten fremder Nachrichtendienste drangen illegal ins Land ein, Sabotageaktionen wurden organisiert, aggressive Flugschriften verbreitet, es gab sogar politische Morde.

Die nationale Wirtschaft begegnete großen Schwierigkeiten, und die mangelnde Lebensmittelversorgung wurde durch eine schlechte Ernte noch verschlimmert. Unter der Bevölkerung begann sich Unzufriedenheit bemerkbar zu machen.

In dieser Situation wurde die gesamte Arbeit der Partei durch die Resolutionen des Informationsbüros von 1948 und 1949 beeinflußt und gesteuert. Die rund um die jugoslawische Affäre provozierte und genährte Hysterie, die Verräterprozesse von Budapest und Sofia und die gegen hochgestellte Politiker in der DDR, in Polen und Rumänien getroffenen Unterdrückungsmaßnahmen hatten allgemeines Mißtrauen zur Folge.

Die bereits beschränkte Demokratie verschwand immer mehr aus dem inneren Leben der Partei und machte bedingungslosem Gehorsam und blinder Disziplin Platz. Immer stärker konzentrierte sich die Macht in den Händen einer begrenzten Anzahl von Führern, das Zentralkomitee war eine Registraturinstanz geworden, welche die von dieser Minderheit gefaßten Entschlüsse und ihre politische Linie passiv genehmigte.

Diese Lage erleichterte den sowjetischen Beratern, von ihren Vertrauensmännern und dem Netz von Spitzeln und Provokateuren unterstützt, die in allen Sparten des sozialen und politischen Lebens eingesetzt waren, eine Kampagne der Verleumdung gegen zahlreiche Politiker ins Leben zu rufen; sie sammelten dafür Material, indem sie sich Hunderte, Tau-

sende von Anklagebriefen und tendenziösen Berichten und Informationen über ihre Gegner schicken ließen.
Damit war die Hexenjagd eröffnet, der Weg zu den Prozessen lag frei! Unter dem Vorwand, die in der Partei versteckten Feinde aufzustöbern, arbeiteten die Kontrollkommission und die Kaderabteilung des Zentralkomitees mit den sowjetischen Beratern Hand in Hand. Diese hatten freien Zugang zu allen Akten der Kader. Die Sonderabteilung innerhalb des von den sowjetischen Beratern völlig beherrschten Sicherheitsdienstes war jeglicher Kontrolle durch die regulären Organe der Partei entzogen. Sie hatten jetzt freie Bahn, um bei uns die später vom 20. Parteikongreß verdammten Methoden anzuwenden, die die besten Kader der sowjetischen Kommunistischen Partei, der Armee, der Wissenschaft, der Künste, die mutigsten Arbeiter und Bauern vernichtet haben. Diese Männer und diese Methoden sind es, die das Sinnbild des Sozialismus in den Augen der arbeitenden Menschen der ganzen Welt beschmutzt haben.

8

Durch die Briefe meiner Angehörigen und deren Besuche erfahre ich, welchen neuen Schikanen meine Familie ausgesetzt ist. Diesmal ist es meine Tochter, auf die man es abgesehen hat. Sie ist vierzehn Jahre alt. Sie hat die achte Schulklasse mit einer Prüfung erfolgreich beendet. Sie möchte ihr Studium fortsetzen und stellt ein entsprechendes Ansuchen. Sie wird mit ihrer Mutter vor den Ausschuß gerufen, der den Familien die Ergebnisse der Prüfungen und auch die über die Zukunft der Kinder getroffenen Entscheidungen mitteilt. Der Vorsitzende berichtet ihnen, daß das Ersuchen Françoises abgelehnt worden ist, mit dem Vorwand, »sie müsse vorher dafür sorgen, daß man ihre Vergangenheit vergesse!...« Die Vergangenheit einer Vierzehnjährigen! Und sie war erst elf, als ich festgenommen wurde...
Man schlägt ihr zuerst eine Lehrzeit als Schornsteinfegerin vor. Dann versucht man, sie für eine Verpflichtung auf fünf Jahre im Baugewerbe zu gewinnen: zwei Lehrjahre und drei Arbeitsjahre. Das würde bedeuten, daß sie Prag verlassen müsse, um in einem Internat in Šumperk, getrennt von ihrer Familie, zu leben. Zum erstenmal läßt sich meine Frau entmutigen: sie war überallhin gegangen, zum Bürgermeister, zur Schulverwaltung, zum Ministerium für nationale Erziehung. Sie klopfte an allen Türen, versuchte alte Bekannte zum Intervenieren zu brin-

gen... doch überall stieß sie auf eine Mauer der Gleichgültigkeit - oder sogar auf Schlimmeres.

Meine Tochter nimmt ihr Schicksal in die Hand. Ihr liegt vor allem daran, in Prag bleiben zu können. Sie hat sich mit einer ihrer Klassenkameradinnen, die die Anmeldungsformulare für die Lehrlingsschule der Fabrik ČKD-Sokolovo in Prag-Libén erhalten hatte, arrangiert und die Formulare selbst ausgefüllt. Damit ausgerüstet, stellt sie dann den Ausschuß und den Direktor vor vollendete Tatsachen. So beginnt also meine Tochter, den Beruf eines Werkzeugschlossers zu erlernen.

Françoise hat damit eine glückliche Hand. Sie wird in dieser Lehrzentrale von der Zuneigung und Fürsorge ihrer Lehrer umgeben, namentlich des Werkmeisters Miroslav Turek, der ihre Klasse leitet, und auch ihre Arbeitskameraden mögen sie gern.

Françoise hat, wie alle ihre Kolleginnen, um ihre Mitgliedschaft bei der Jugendorganisation ČSM ersucht. Die Karte wird ihr verweigert unter dem Vorwand, sie sei Französin (in Wirklichkeit besitzt sie beide Nationalitäten und einen tschechoslowakischen Personalausweis). Alle Kameraden aus ihrer und anderen Klassen erklären sich mit ihr solidarisch und geben bei einer Generalversammlung mit Berufung auf die Statuten der Organisation bekannt, daß keiner von ihnen seine Karte annehmen oder behalten werde, falls ihr die Karte verweigert wird. Und meine Tochter erhält ihre Karte...

Beim vierten Besuch meiner Familie werde ich von einem jungen Referenten begleitet, der neu im Dienst ist, was aus den Fragen hervorgeht, die er dem Chauffeur während der Fahrt stellt.

An jenem Tag mengt sich meiner Erregung und Freude, Lise und die Kinder wiederzusehen, ein Schimmer von Optimismus bei. Ich befand mich seit einigen Tagen unter Menschen und vor allem war ich mit meinem Freund Vavro zusammen. Auch hatten uns am Vortag Häftlinge die *Rude Pravo* gebracht, die sie im Papierkorb eines Referenten gefunden hatten und in der die »Thesen der bolschewistischen KP zu ihrem fünfzigsten Jahrestag« abgedruckt waren. Löbl, Vavro und mir waren beim Lesen überaus wichtige politische Gesichtspunkte nicht entgangen, die einen wichtigen Umschwung verhießen und darauf schließen ließen, daß viele Aspekte der Politik Stalins und seiner Person nun in Frage gestellt würden.

Diesen Aspekt von dem Sinn der Thesen hatte auch Lise bemerkt. Gleich zu Beginn des Besuchs spricht sie davon, im Glauben, ich hätte sie nicht gelesen. Der Referent versucht zwei- oder dreimal, uns zu unterbrechen: »Sprechen Sie nur über Familienangelegenheiten!« Da wendet sich Lise treuherzig zu ihm um und sagt: »Aber hören Sie, Herr Referent, diese Thesen wurden doch gestern in der *Rude Pravo* veröffentlicht!« Schüch-

tern, unerfahren und offensichtlich harmlos läßt er sich durch diese Antwort aus der Fassung bringen.
Der Besuch ist zu Ende. Lise und die Kinder entfernen sich. Eine Viertelstunde später steige ich mit dem Referenten in den Wagen, der uns im Hof erwartet. Als wir aus dem Tor kommen, wo der Chauffeur kurz anhält, ehe er in die Straße einbiegt, wird der Wagen von Lise und den drei Kindern buchstäblich im Sturm genommen. Meine Frau beugt sich zum Chauffeur und fragt ihn mit ihrem schönsten Lächeln: »Da Sie nach Ruzyně fahren und ich auf halbem Weg wohne - wäre es vielleicht möglich, daß Sie mich und die Kinder bis zur Straßenbahnendstation mitnehmen?«
Der Chauffeur, ein junger sympathischer Mann, öffnet die Wagentür, ohne den Referenten, der hinten neben mir sitzt, zu fragen, und antwortet: »Aber natürlich! Steigen Sie nur ein. Es wird schon für alle Platz geben!«
Lise setzt sich neben mich, mit Michel auf ihren Knien, Françoise und Gérard setzen sich zum Chauffeur.
Lise drückt sich an mich, sie strahlt. Wir fahren. Der Referent versucht mehrmals zaghaft, Einspruch zu erheben. »Machen Sie sich keine Sorgen, Genosse Referent«, sagt der Chauffeur, »sie wohnen auf unserem Weg. Man konnte sie doch nicht zu Fuß gehen lassen, da wir in dieselbe Richtung fahren!«
Ich bin über Lises Keckheit starr und gleichzeitig belustigt. Sie flüstert mir ins Ohr: »Vielleicht bringt er uns bis nach Hause, dann siehst du, wo wir wohnen.«
Inzwischen plaudert Françoise fröhlich mit dem Chauffeur. Anstatt die Straße nach Ruzyně weiterzufahren, die an der Kopfstation des Trolleybus nach Hanspalka vorbeiführt, dem Bezirk, wo meine Familie wohnt, biegt der Chauffeur rechts ab, fährt den Hügel hoch und durch ein Gewirr von Straßen und hält genau vor ihrem Haus.
Lise bleibt im Wagen sitzen. »Françoise«, sagt sie, »lauf geschwind hinauf und hole Opa und Oma!« Dann wendet sie sich an den Referenten und sagt, auf mich weisend: »Wenn er schon hier ist, soll er wenigstens meine Eltern umarmen, die zu alt sind, um auszugehen.« Der Referent versucht, diesmal energischer, dieser schweren Umgehung der Dienstvorschrift ein Ende zu machen. Der Chauffeur beruhigt ihn: »Da wir nun schon hier sind, ist das ja nur eine Frage von fünf Minuten!«
Oma steht schon neben uns. Ich steige aus dem Wagen, um sie umarmen zu können. Ergriffen und mit Tränen in den Augen, sagt sie: »Heute nacht habe ich von dir geträumt. Es klopfte an der Tür, und da warst du es. Und vorhin dachte ich gerade: Wenn man ihn mir brächte? Und nun bist du hier!«

Jetzt erblicke ich meinen Schwiegervater, der langsam auf uns zukommt. Er weiß nicht, warum Françoise ihn heruntergerufen hat. Man hat ihn beim Lesen gestört. Ich finde ihn sehr gealtert, gebückt, seine Bewegungen sind langsamer geworden. Er kommt näher, die Mütze auf dem Kopf, die Brille auf der Nasenspitze und seine aufgeschlagene *Humanité* in der Hand. Es rührt mich, ihn so zu sehen, und gleichzeitig bin ich neugierig auf seine Reaktion, wenn er mich erkennt. Bisher hatte er sich kategorisch geweigert, mich zu sehen.
Neben mir angekommen, hebt er den Kopf, und seine Augen drücken größtes Erstaunen aus. »Sieh mal an! Du hier?« Er kommt näher, und wir umarmen einander liebevoll. Ich frage: »Wie geht es dir, Opa?« Und er antwortet, wie nur er allein es imstande ist: »Ich bin eben dabei, die Thesen für den fünfzigsten Jahrestag der bolschewistischen Partei zu lesen. Hast du sie schon gelesen?« Und als ich es bejahe, sagt er noch: »Weil mir Lise heute morgen gesagt hat, mit Stalin stimmt etwas nicht. Man spricht nicht viel von ihm. Aber ich habe doch an zwei Stellen seinen Namen gefunden. Ich finde, für so ein Dokument ist das genug. Und es bedeutet nicht, daß mit Stalin etwas nicht stimmt!« Dann hebt er die Schulter hoch und gibt mir einen freundschaftlichen Stoß mit dem Ellbogen: »Was hältst du davon? Hab' ich recht?«
Es erschüttert mich, ihn so alt, so verbraucht vor mir zu sehen, und gleichzeitig bin ich entwaffnet vor soviel Treuherzigkeit und Unverdorbenheit. Ich habe nur noch Zeit, ihm zu sagen: »Hab Vertrauen zu Lise, sie wird dir alles erklären!« und ein letztes Mal die Meinen zu umarmen. Der Referent zieht mich ängstlich in den Wagen, und wir fahren sofort los. Der Chauffeur zwinkert mir erfreut zu.
Während der Fahrt wiederholt der Referent immer wieder: »Ich bitte Sie, Herr London, erzählen Sie bloß niemandem, was da vorgegangen ist, man würde mich glatt einsperren!« Der Chauffeur wendet sich um und sagt: »Machen Sie sich keine Sorgen, Genosse Referent, niemand wird etwas erfahren!«
Bei der Arbeitsgruppe angekommen, durchlebe ich nochmals mit Rührung die schöne Stunde dieses Besuchs und meiner improvisierten Fahrt nach Haspalka. Dabei kann ich mich des Lachens nicht erwehren und suche gleich Vavro auf, um ihm mein Erlebnis zu erzählen. Auch Vavro lacht Tränen über meinen Schwiegervater, der seinen verhafteten, als Verräter und Spion angeklagten, zu lebenslänglicher Haft verurteilten Schwiegersohn zum erstenmal nach so langer Abwesenheit wiedersieht – und bei ihm eine Stütze gegen den Zweifel sucht, den seine Tochter in ihm gegen Stalin zu erwecken versucht!
An dieser Geschichte werden Vavro und ich noch lange viel Freude haben!

Sechster Teil
Die Wahrheit wird siegen

1

Ich weiß, wie prekär meine Lage in der Arbeitsgruppe von Ruzyně ist und daß mich die geringste Unvorsichtigkeit ins Verderben stürzen kann. Dennoch bin ich entschlossen, um jeden Preis einen Weg zu finden, um draußen die Wahrheit bekanntzumachen. Diese Möglichkeit muß ich ins Auge fassen, sobald meine Familie in Sicherheit ist und ich mich selbst nicht mehr in direkter Reichweite der Drahtzieher des Gefängnisses befinde. Ich bin besessen von diesem Gedanken, und in jedem meiner Briefe, bei jedem Besuch dringe ich darauf, daß Lise ihre Abreise beschleunigt. Meine Familie muß zuerst allem Druck entronnen sein, damit ich nicht mehr erpreßt werden kann. Sobald es soweit ist, werde ich zu einer neuen Phase des Kampfes übergehen können. Das gibt mir von nun an ein Lebensziel: der Welt kundtun, was man aus uns gemacht und wie man uns zu Geständnissen gezwungen hat.
Für mich und meine Kameraden spricht nichts als unsere Unschuld. Aber ich bin trotz allem, was uns augenblicklich bedrückt und wofür wir noch kein Ende absehen, überzeugt, daß man uns eines Tages Gerechtigkeit widerfahren lassen wird; eine für viele von uns leider postume Gerechtigkeit.
Und meine Unruhe wird größer, je mehr Monate verstreichen. Was, wenn man mich aus der Welt schafft, ehe die Wahrheit an den Tag kommt? Wohl ist es mir bei Lises ersten Besuchen gelungen, ihr einiges von dem Mechanismus der fabrizierten Geständnisse und dem Prozeßaufbau zu erklären. Doch ist das, was wir erlebt haben, so ungeheuerlich, so entfernt von allem Glaubhaften, daß ich gut ermessen kann, wie wenig ich ihr erst gesagt habe. Es läßt sich noch viel schwerer deutlich machen als unser Leben in den nationalsozialistischen Lagern; und auch das konnten wir nur so mangelhaft schildern...
Außerdem, und das ist das wichtigste, wäre damit nichts getan, wenn Lise die Wahrheit zu enthüllen versuchte und sich dabei nur auf meine Mitteilungen beriefe. Sie muß ein von meiner Hand geschriebenes Dokument verwenden können, das klare - wenn auch nötigenfalls summarische - Erklärungen, unwiderlegbare, genaue Einzelheiten über den Mechanismus der Geständnisse und die Bewerkstelligung des Prozesses enthält und das wahre Gesicht des Sicherheitsdienstes und die von den sowjetischen Beratern gespielte Rolle aufdeckt. So wird die Wahrheit, sogar wenn ich beseitigt werden sollte, ans Licht kommen! Jetzt habe ich ein unmittelbares Ziel: schreiben! Es gelingt mir, mir einen Bleistift und Papier zu verschaffen, auch eine kleine Klinge, mit der ich die Mine spitzen kann. Ehe ich aber meinen Plan ausführe, muß ich eine Mög-

lichkeit finden, meine Schriften zu verstecken, um sie den häufigen Durchsuchungen zu entziehen.
Ich vertrage mich gut mit Kevic. Er ist ein angenehmer, mir ergebener Kamerad und obendrein einer, der sich zu helfen weiß. Ohne ihm meinen Plan genau anzuvertrauen, erzähle ich ihm, daß ich beabsichtige, Aufzeichnungen über den Prozeß zu verfassen, die ich jedoch sorgfältig verstecken muß, denn ihre Entdeckung würde für mich unabsehbare Folgen haben. Ich bitte ihn, mir von einem seiner Freunde, der in der Tischlerwerkstätte arbeitet, eine kleine Holzschachtel anfertigen zu lassen, wie sie die Gefangenen für ihren Tabak und ihre Zigarettenstummel verwenden. Ich erkläre ihm genau, wie sie aussehen soll. Nach einer Woche bringt mir Kevic diese Schachtel (ich bewahre sie immer noch als kostbare Reliquie auf). Der Deckel ist hohl, und darin kann ich meine Papiere verbergen.
Der einzige, der meine Absicht kennt und mir bei deren Verwirklichung helfen wird, ist mein Freund Hajdu, vor dem ich kein Geheimnis haben kann, denn er ist mein zweites Ich!
Ich kann nur schreiben, wenn ich in meiner Zelle bin, nach der Arbeit, und sonntags, aber auch da nur während einer beschränkten Zeit. Ich bin nämlich nicht mehr allein, sondern teile meine Zelle mit einem gewöhnlichen Verbrecher, der wegen Mordversuchs zu dreiundzwanzig Jahren Gefängnis verurteilt worden ist. Ein entsetzlicher Mensch, der sich rühmt, die Gerechtigkeit zweimal gefoppt zu haben. Nun sei er zum drittenmal in Haft. »Die beiden ersten Male konnte man mir meine Schuld nicht nachweisen!«
Er arbeitet in der Küche und kommt abends später als ich in die Zelle zurück. Sonntags hat er Dienst, und ich bin frei.
Wir werden jetzt bei der Arbeitsgruppe von Tag zu Tag strenger überwacht. Und sogar wenn wir in der Zelle eingeschlossen sind, kontrollieren uns die Wärter häufig durch das Guckloch. Ich habe meine Technik genau durchdacht. Ich setze mich wie zum Lesen hin; man hat sich schon daran gewöhnt, daß ich eine Menge Bücher verschlinge. Zwischen die Seiten meines Buches lege ich das Papier, das so groß wie ein halbes Maschinenblatt ist. Jedesmal, wenn ich draußen Schritte höre, die sich meiner Zelle nähern, blättere ich um. Dazwischen schreibe ich in winziger, aber doch lesbarer Schrift, so daß ich möglichst viel auf möglichst wenig Platz unterbringe. Am Ende jeder Zeile muß ich die Mine spitzen.
Wenn der andere Häftling zurückkommt, falte ich das Papier zusammen und verberge es im Deckel meiner Schachtel; ich habe viele Durchsuchungen erlebt, ohne daß diese Schachtel Aufmerksamkeit erregt hätte. Sobald ein Blatt auf beiden Seiten beschrieben ist, falte ich es sorgfältig auf die Größe eines in der Mitte umgeschlagenen Zigarettenpapiers zu-

sammen - wie bei den Heftchen »Kreuz Reispapier«, die man uns in der Kantine verkauft. Da meine Schachtel nach und nach nicht mehr alle vollgeschriebenen Seiten fassen kann, verberge ich sie zwischen meinem Zigarettenpapier. Damit sie sich korrekt einfügen, stecke ich sie, zur richtigen Größe gefaltet, zwischen die Rollen der Wäschemangel, die von meinem Freund Hajdu gewissenhaft gedreht wird. Wir arbeiten nämlich jetzt in der Wäscherei. Um mir allzu große körperliche Anstrengungen zu ersparen, dreht Vavro die Kurbel, während ich die Wäschestücke zwischen den Rollen einlege.

Lise weiß, daß ich ihr bei erster Gelegenheit eine Botschaft zukommen lassen will. Der nächste Besuch ergibt sich Anfang Februar 1954. In einem Brief bitte ich meine Frau, mir ein Paket Tabak und ein Heft »Kreuz Reispapier« mitzubringen, weil ich mir jetzt meine Zigaretten lieber selbst drehe. So kann ich bei Lises Besuch mein Heft »Kreuz Reispapier« trotz der Anwesenheit des Referenten leicht gegen das Zigarettenpapier austauschen, das meine Frau auf den Tisch gelegt hat.

Lise berichtet, daß ihre Schwester Fernande in Prag ist. Sie ist gekommen, um ihre schwererkrankten Eltern zu pflegen.

Der Winter 1953 bis 1954 ist in Prag überaus streng. Die Wohnverhältnisse meiner Familie sind trotz des gefälligen äußeren Anscheins sehr schlecht. Sie haben in einer Villa eine Etage zur Verfügung; in die übrigen Räume teilen sich zwei Familien. Die Kohlenzuteilung genügt bei weitem nicht, um das ganze Haus zu beheizen. Man kann nicht durch die Räume gehen, ohne sich in Mäntel oder Decken zu hüllen. Unser Vetter, Mirek Sztogryn, besorgt meinen Leuten einen kleinen Ofen, um den sich die ganze Familie versammelt. Wenn es regnet, lassen die Risse der Terrasse das Wasser durch, und man muß es in Eimern auffangen.

Unter solchen Verhältnissen wird Lises Mutter schwer krank. Man bringt sie zunächst in das Hospital Krč, wo man ihre Krankheit nicht diagnostizieren kann; auf Drängen meiner Frau kehrt sie zurück, um das Weihnachtsfest daheim zu verbringen. Sie wird in dem einzigen geheizten Raum untergebracht. Nach einer leichten Besserung kommt es zu einem Rückfall mit schwerem Fieber, und ihr Zustand verschlechtert sich zusehends. In Prag grassiert eine bösartige Grippeepidemie, die viele Menschenleben kostet. Die Krankenhäuser sind überfüllt. Ein Freund meiner Frau, Dr. Gregor vom Karl-Hospital, besucht meine Schwiegermutter und besorgt ihr Penicillintabletten. Schließlich schlägt der Mann meiner Kusine Hanka vor, sie ins Krankenhaus nach Kolin zu bringen, wo er sie betreuen könnte. Meine Frau organisiert den Transport ihrer Mutter mit einem Taxi, das sie, von Decken und Wärmflaschen umhüllt, nach Kolin bringt. Dort ist sie von der Fürsorge meiner Verwandten und des Pflegepersonals umgeben.

Anfangs ist die Prognose beunruhigend, man befürchtet ein böses Ende. Lise telefoniert nach Paris und bittet ihre Schwester, so schnell wie möglich mit ihrem Bruder ans Krankenbett der Mutter zu kommen. Fernande und Frédo Ricol suchen um ein Visum an. Doch läßt es trotz ihres Drängens auf sich warten. Erst einen Monat später, als Jacques Duclos in Paris beim tschechoslowakischen Botschafter dagegen protestiert, daß man der Frau Raymond Guyots, eines Mitglieds des Politbüros für den Besuch ihrer kranken Mutter das Visum verweigert, wird es ihr endlich erteilt. Mein Schwager erhält kein Visum.

Nach den Schwierigkeiten, die man Raymond Guyot in den Weg gelegt hat, um ihn beim Begräbnis Gottwalds in Prag daran zu hindern, mit meiner Familie in Berührung zu kommen, sind diese Verzögerungen bei der Erteilung eines Visums für meine Schwägerin und die Verweigerung des Visums meines Schwagers zusätzliche Beweise dafür, daß man hier eine unmittelbare Verbindung meiner Frau mit ihrer Familie unterbinden will.

In diesem Sinn schreibe ich an Lise im zweiten Teil meiner geheimen Botschaft:

»Du weißt, daß man seit dem Beginn meiner Haft unaufhörlich die schändlichsten, beleidigendsten Anklagen gegen dich und die anderen Mitglieder unserer Familie erhoben hat. Du weißt, daß man mich mit Faustschlägen zu einem Geständnis über Raymond zwingen wollte; er sei über meine trotzkistische Tätigkeit auf dem laufenden gewesen und habe sie aktiv unterstützt. (Anschließend erwähne ich die verschiedenen, von den Referenten gegen Raymond erhobenen Beschuldigungen, von denen ich bereits sprach.)

Über dich haben gewisse Häftlinge erklärt, du seist über unsere parteifeindliche Tätigkeit informiert gewesen und habest an unseren geheimen Versammlungen teilgenommen... Auch gegen Fernande wurden Beschuldigungen erhoben, und noch mehr gegen Frédo, von dem man behauptet, er sei aus der Partei ausgeschlossen worden, und wie bei mir sei seine Evakuierung aus Mauthausen durch das Internationale Rote Kreuz der Beweis, daß er ein Agent der amerikanischen Geheimdienste sei.

Alle diese Verleumdungen gegen Dich und die Mitglieder Deiner Familie stellen den Versuch des Sicherheitsdienstes dar, Euch alle in Mißkredit zu bringen und sich so dagegen zu schützen, daß Ihr vielleicht darauf sinnt, Schritte zu meinen Gunsten zu unternehmen.

So könntest Du beispielsweise erklären wollen, wie sich alles zwischen Field und mir in Wirklichkeit abgespielt hat. Da man Dich aber schon vorher als verdächtig hingestellt hat, würden Deine Erklärungen nicht in Betracht gezogen werden. Wahrscheinlich wird man all das gegen Dich zu verwenden versuchen, um Deine Abreise nach Frankreich zu verhin-

dern; man wird Dich bei der Kommunistischen Partei Frankreichs verleumden, damit sie sich nicht weiter für Dein Schicksal interessiert.«
Als Fernande nach Prag kommt, ist meine Schwiegermutter wieder zu Hause und liegt mit Fieber zu Bett. Sie hat einen Rückfall erlitten, und man muß die Penicillinbehandlung wieder aufnehmen. Mein Schwiegervater – ehemaliger Bergmann – leidet an Staublunge und Asthma und liegt nun mit einer Lungenentzündung neben seiner Frau. Unsere drei Kinder haben eine schwere Angina. So muß Lise ihre Arbeit unterbrechen, um sich als Krankenpflegerin zu betätigen. Sie lebt von dem Geld, das ihr einige treugebliebene Freunde und meine Kusinen geben. Eine neue Katastrophe: die Rohre sind geplatzt. Es gibt kein Wasser mehr im Haus – dabei braucht man viel Wasser für fünf Kranke! Am Tag vor dem Eintreffen ihrer Schwester ist Lise einem Nervenzusammenbruch nahe. Als sie mit zwei Eimern Wasser, die sie eben ins Haus geholt hat, die Treppe hochsteigt, fällt sie hin, und das Wasser ergießt sich über sie bis zum Erdgeschoß. Das junge Paar, das unten wohnt, benimmt sich sehr nett zu meiner Familie. Er, Jan Polaček, ist ein angehender Physiker, seine Frau, Marie, Lehrerin. Sie setzt sich zu Lise auf eine Stufe, will sie trösten und weint schließlich mit. Dann hilft sie ihr beim Aufwischen.
In dieser Lage findet Fernande ihre Familie vor. Sie ist darüber sehr betroffen, denn in Paris glaubten alle, ich sei zwar ein zu Recht verurteilter Verräter, die Familie aber lebe geachtet und leide keinerlei Not. Lise hat sich nie in ihren Briefen beklagt, nie die Schwierigkeiten erwähnt, mit denen sie zu kämpfen hat, hat auch verschwiegen, daß man sie aus der Partei ausgeschlossen hat und ihr wie einer Aussätzigen ausweicht ...
Sie erklärt: »Erstens wegen der Prager Zensur, und dann wegen der französischen. Warum soll man dem Gegner eine Freude machen, indem man die von einem Kommunisten in einem sozialistischen Land erduldeten Mißhandlungen an die große Glocke hängt?«
Bei ihrem letzten Besuch sagte mir Lise, wie sehr sie sich auf ihre Schwester freue, sie brauche ihre Hilfe, um ihre fünf Kranken zu betreuen; sie erwähnte aber auch ihre Befürchtungen: »Zugleich habe ich Angst vor ihrer Reaktion, wenn sie alles auf einen Schlag erfährt: daß ich aus der Partei ausgeschlossen bin, daß ich mich nicht scheiden lasse, daß ich den Kontakt mit dir wiederaufgenommen habe und dich mit den Kindern besuche ... Wie wird sie darauf reagieren, wenn ich ihr sage, daß ich so handle, weil ich an deine Unschuld glaube? Wird nicht bei ihr – als einer Kommunistin, die nicht weiß, was hinter der Affäre steckt – der erste Eindruck der sein, daß ich den Boden unter den Füßen verloren habe? Daß ich aus Schwäche, aus Liebe zu dir, zum Feind übergelaufen bin?«
Am Abend ihrer Ankunft sitzt Fernande weinend am Krankenlager ihrer Eltern: »Wie hätten wir uns je vorstellen können, daß ihr unter

solchen Verhältnissen lebt?« Und sie macht mich verantwortlich: »Er ist schuld an eurem Unglück! Wie ich ihn hasse!« Lise hat sich mit ihrer Schwester noch nicht ausgesprochen, sie wartet auf einen günstigen Augenblick. Ihre Mutter ist es, die, blaß und kraftlos auf dem Sofa liegend, als erste spricht: »Rede nicht so von Gérard, Fernande. Schuld sind jene, die ihn in seine jetzige Lage gebracht haben, jene, die es jetzt auch auf deine Schwester abgesehen haben. Sie hat es dir noch nicht gesagt: man hat sie aus der Partei ausgeschlossen, man verfolgt sie ... Dabei war sie immer so tapfer, so loyal ...«
Fernande ist wie vor den Kopf geschlagen. Sie richtet ihren Blick auf ihre Schwester: »Du wurdest aus der Partei ausgeschlossen?« Nun erzählt ihr Lise von ihrem Leidensweg. Von den Kämpfen, die sie vor dem Prozeß für mich geführt hat. Und wie sie nach dem Urteil, als sie eine Zeitlang an meine Schuld glaubte, weil ich mich selbst schuldig bekannt hatte, ihren Brief geschrieben hat, in dem sie sich entschlossen gegen mich auf die Seite der Partei stellte ... Aber ihre einwandfreie Haltung hatte weder sie noch die Eltern, noch die Kinder vor der verbissenen Verfolgung jener Männer bewahrt, die sich als Diener des sozialistischen Humanismus hinstellen.
Dann berichtet Lise, daß sie mich wiedergesehen hat und mich seit April jeden Monat mit den Kindern besucht. Daß sie jetzt von meiner Unschuld überzeugt ist. Sie erzählt Fernande von dem Brief, den ich ihr nach unserem ersten Wiedersehen geschrieben habe. Sie liest ihr, in französischer Übersetzung, die Stelle vor, in der ich sage, ich hätte nach dem Willen der Partei gehandelt, meine Erklärungen abgegeben, mich vor dem Gericht so verhalten, wie die Partei es von mir erwartete, und von meinen privaten Interessen zugunsten jener der Partei abgesehen ...
Meine Schwägerin ist auf eine derartige Situation nicht gefaßt gewesen. Ein Sturm einander widersprechender Gefühle mußte da durch ihren Kopf jagen ... Eines Tages, auf der Fahrt ins Stadtzentrum, fragt Lise sie ohne Umschweife in der Straßenbahn: »Fernande, sieh mir in die Augen! Du kennst mich doch gut, nicht wahr? Glaubst du, ich könnte eine Feindin der Partei sein?« Fernande zögert einen Augenblick, dann erwidert sie: »Nein, Lise, von dir könnte ich das nie glauben!«
An jenem Tag fiel der Besuch zufällig auf meinen Geburtstag, den 1. Februar. Schon seit Monaten finden die Besuche unter Aufsicht eines Referenten in einem dafür bestimmten Raum in Ruzyně statt. Lise hat ein Paket Delikatessen vorbereitet. Bevor ihre Schwester die Wohnung verläßt, nimmt Fernande zwei Päckchen Gauloises aus ihrer Handtasche: »Da«, sagt sie, »gib sie Gérard ...« Ihre Überzeugung von meiner Schuld beginnt zu wanken!
Nachdem Lise mir von ihren Diskussionen mit ihrer Schwester erzählt

hat, dränge ich sie, bei ihr Hilfe zu suchen, damit die Familie nach Frankreich zurückkehren und dort leben kann.
Fernande hatte diese Lösung wohl bereits in Betracht gezogen, um diesem Leben voller Leiden und Diskriminierungen gegen ihre Familie ein Ende zu machen, denn als meine Frau davon spricht, erwidert sie, sie wolle auf keinen Fall, daß die Eltern weiter unter solchen Verhältnissen leben, daß aber deren Schicksal von dem Lises und der Kinder nicht getrennt werden dürfe. Sie fügt hinzu, sie werde sofort nach ihrer Rückkehr in Paris mit Raymond sprechen.
Ende Februar schreibt Fernande meiner Frau: »Ich freue mich sehr, Schwesterchen, Dir melden zu können, daß Raymond gestern Euren Botschafter in Paris aufgesucht hat, um offiziell zu ersuchen, daß Euch allen, den Eltern, Dir und den Kindern nichts in den Weg gelegt werde, nach Frankreich zurückzukommen. Hier wird das Leben für Euch leichter sein. Wir sind glücklich bei dem Gedanken, daß wir bald wieder mit Euch vereint sein werden ...«

2

Der erste Teil meiner Botschaft ist bereits in Lises Händen; beim nächsten Besuch drei Monate später stecke ich ihr den zweiten zu. Im ganzen sind es sieben auf beiden Seiten beschriebene Halbblätter. Auf der Schreibmaschine abgeschrieben, werden es mehr als sechzig Seiten bei doppeltem Zeilenzwischenraum.
Mein Text beginnt mit folgenden Worten: »Die Untersuchung wird nicht mit dem Ziel geführt, die Schuld oder Unschuld des Angeklagten festzustellen. Die Schuld wird von vornherein angenommen, und die Entscheidung der Partei, die die Festnahme zugelassen hat, stellt den Beweis dafür dar. Die Verhöre werden geführt, um die Richtigkeit dieser Entscheidung, das heißt, die Schuld des Angeklagten, zu beweisen.«
Darauf folgt die kurze Darstellung, die ich bereits von den ungesetzlichen und unmenschlichen Methoden des Sicherheitsdienstes und der Art gegeben habe, wie der Prozeß aufgebaut wurde. Dann klage ich die Drahtzieher an:
»... Die sowjetischen Berater haben ihre Vertrauensmänner unter den Untersuchungsorganen. Der Mann, der lange meine Verhöre führte, war einer von ihnen (hier handelt es sich um Kohoutek)... In den vom Sicherheitsdienst an die Parteileitung gesandten Berichten und Informationen sind Ansicht und Einfluß der sowjetischen Berater entschei-

dend. Sie wollten um jeden Preis einen Führer der IV. Internationale in mir sehen oder aus mir machen ... Ihre erbitterte Hetze gegen mich war mein Verderben. Bei ihrem Plan hielt Sinnlosigkeit mit Phantasterei gute Nachbarschaft. Alle Theorien und Thesen über die Verschwörung der Imperialisten gegen die UdSSR und die Volksdemokratien konzentrierten sie auf meine Person. So wollten sie einen Vorprozeß aufziehen, der die allgemeine Meinung auf den Fall Slansky vorbereiten sollte. Sie glaubten, bei mir alle für sie günstigen Umstände vereint zu sehen: Jude, Freiwilliger der internationalen Brigaden, langer Aufenthalt im Westen, Field und meine zahlreichen Verbindungen im Ausland. Letztere ermöglichen es ihnen - und werden es vielleicht auch noch weiter tun -, ihre Konzepte auf andere Länder und insbesondere auf andere Personen im Westen auszudehnen, was sie übrigens bereits versucht haben. Es ist nicht ausgeschlossen, daß sie sich diese Möglichkeit für später aufbewahren. Vielleicht werden sie eines Tages gegen gewisse Leute die bloße Tatsache verwenden können, daß sie mich gekannt haben!...«

Die Technik der Berater und ihrer tschechoslowakischen Ausführungsorgane vom Sicherheitsdienst, um einen Prozeß aufzuziehen, schildere ich folgendermaßen:

»Die Häftlinge gehören einer Kategorie von Menschen an, die man aus dem politischen und wirtschaftlichen Leben entfernen will (Juden, Emigranten aus London, Freiwillige der internationalen Brigaden, usw.). Man wählt unter ihnen jene aus, die eine Gruppe bilden sollen. Darauf legt man die politische Einstellung fest, der man bei dieser Gruppe den Prozeß machen will; sie hängt von der augenblicklichen politischen Lage und den verfolgten politischen Zielen ab. Schließlich beschließt man, jenen unter den Häftlingen als Führer der Gruppe anzusehen, dessen Herkunft, Vergangenheit usw. am besten der gegnerischen politischen Anschauung entspricht...

Seit unserem Prozeß hat sich die Lage in der UdSSR und auch auf internationaler Ebene verändert. Heute erfordert ihre Taktik nicht nur keine weiteren Schauprozesse mehr, sondern sie macht sie im Gegenteil unzweckmäßig. Deshalb wurde die Richtlinie unseres Prozesses aufgegeben, nämlich ihm wie in der UdSSR vor dem Krieg eine Reihe anderer folgen und die Köpfe der späteren Gruppen rollen zu lassen.

Nach dieser ersten Richtlinie waren die vierzehn Angeklagten ausgewählt worden, sie sollten alle Tendenzen und alle Gebiete des öffentlichen und politischen Lebens der Nation vertreten und sie dadurch kompromittieren. So wie unser Prozeß verlief, wurde die weitere Verfolgung dieser Richtlinie erschwert ... Und da man demnach keine solchen öffentlichen Prozesse mehr ins Auge faßt, haben sich die Untersuchungs-

methoden geändert; die den Häftlingen jetzt zuteil werdende Behandlung hat sich gebessert. Nach den Informationen, die zu uns durchdringen, gibt es keine Tag und Nacht ununterbrochenen Verhöre mehr, kein fortgesetztes Stehen, keine Dunkelhaft, keine körperlichen Qualen, keine Demütigungen. Es wurde wieder ein Schein von Rechtlichkeit eingeführt. Augenblicklich läßt man sogar Häftlinge wieder frei, ohne sie zu verurteilen. Andere werden weniger schwer bestraft als ursprünglich vorgesehen. Auch zwanzig, fünfundzwanzig Jahre wären für Leute, die man bei unveränderter Lage an den Galgen geschickt hätte, geringere Verurteilungen ...
Das ist nicht darauf zurückzuführen, daß sie ›durchgehalten‹, oder ›zu gestehen sich geweigert‹ hätten, sondern es geschieht deshalb, weil sie - von Anfang an - nicht dazu bestimmt waren, eine Rolle in den vorgesehenen Prozessen zu spielen. Infolgedessen hat der Sicherheitsdienst nicht seine intensivsten Bemühungen auf sie konzentriert.
Nachdem die erste Welle vorüber war und die Unterdrückungsmethoden sich abgestumpft hatten, wurde manchen auch die Möglichkeit gegeben, ihre früheren Geständnisse und Aussagen zu ändern oder sogar zu widerrufen, oder es kam vor, daß die Schwere der Anklage und die Verurteilung durch einen Parteibeschluß abgeschwächt wurde. Bei der Parteikonferenz, die nach unserem Prozeß stattfand, erklärte Bacilek in seiner Rede: ›Die Partei wird entscheiden, wer ein Verbrecher ist und wer nicht ... wer mit Slansky zu verbrecherischen Zwecken zusammengearbeitet hat und wer nur durch ihn getäuscht und irregeleitet wurde ...‹
So ist es auch gewesen. Diese neue Richtlinie erklärte die milderen Urteile und jetzigen Freilassungen.
Im Fall von N ..., der sich nicht damit begnügte, mich als den Leiter der trotzkistischen Gruppe zu bezeichnen, sondern noch andere sehr schwerwiegende Erklärungen gegen mich und andere Spanienkämpfer abgab, ... finde ich es abscheulich, daß er sich ein persönliches Verdienst an seiner Freilassung zuschreibt und draußen Verleumdungen über uns verbreitet ... Ich habe Dir bereits erklärt, wie ich durch die Aussagen, die er sowie andere verhaftete Spanienfreiwillige gegen mich machten, in die Enge getrieben wurde, bis ich gestand. Manche, besonders jene Zavodskys, hätten ausgereicht, um mich fünfmal an den Galgen zu bringen.
In der jüngsten Vergangenheit habe ich tatsächlich alle gehaßt ... Jetzt natürlich, da ich die Dinge besser verstehe, trage ich keinem etwas nach. Sie gaben diese Erklärungen unter Zwang, sie wurden getäuscht, ihre Protokolle wurden umgedeutet und gefälscht, wie es bei mir der Fall gewesen ist ...
Wenn ich nicht sechs Monate lang alles in Abrede gestellt hätte - was später die Lage veränderte -, wäre es kurz nach unserer Festnahme zum

Prozeß gekommen... mindestens drei von uns wären gehängt worden, und die anderen hätten sehr hohe Strafen erhalten...
Während all der Monate, in denen ich leugnete, hat er (Zavodsky) sich verbissen bemüht... mich jeder Art von Verbrechen zu überführen. Sogar später, als man ihn beim Prozeß gegen mich aussagen ließ, protestierte er heftig dagegen, daß man ihm nur einen Text von sechs Seiten statt der ursprünglich vorgesehenen achtzehn bewilligte. Seine Aussage wurde in der Presse nicht vollständig veröffentlicht, weil er darin eine Bemerkung über die Festnahme Noel Fields in Prag machte, die geheimgehalten werden sollte. Seine Zeugenaussage stellte gleichzeitig ein öffentliches Geständnis seiner eigenen Schuld dar.
Als ich dann gezwungen wurde, bei seinem Prozeß gegen ihn auszusagen, hörte ich, wie er unter anderem erklärte: ›Ich wußte bereits vor unserer Festnahme, daß London ein Spion war...‹
Da mich der Sicherheitsdienst zwang, auf Grund der Zeugenaussagen der anderen Häftlinge meine ›Geständnisse‹ abzulegen, die nichts als eine Bestätigung aller gegen mich ausgearbeiteten Fälschungen waren, muß ich nun diese ›Geständnisse‹ in Form von Zeugenaussagen gegen jene Angeklagten wiederholen, die er vor Gericht zu stellen beschlossen hat. Ich kann die Zeugenaussage unmöglich verweigern... das würde ein zu großes Risiko mit sich bringen, da wir immer noch die Geiseln der Männer von Ruzyně sind...
Bei der Zeugenaussage bemühte ich mich, die Fakten herabzumindern, indem ich von dem Text abwich, den der Sicherheitsdienst aufgesetzt hatte und den ich aufsagen sollte. Mehrmals setzte ich mich der - für mich schweren - Gefahr aus, gewisse Tatsachen in ihrem wahren Licht erscheinen zu lassen. Den Referenten gegenüber redete ich mich heraus, sprach von Gedächtnislücken, Lampenfieber und meiner Nervosität vor Gericht...
Wie ich Dir bereits erklärte, sind die Zeugenaussagen ebenso wie der ganze übrige Prozeß reines Theater, denn die Entscheidungen wurden im voraus gefaßt...«
Schließlich sind wir alle, wie ich an Lise schreibe, Opfer des gleichen unmenschlichen Karussells, ganz gleich, ob wir am Anfang gestanden oder es zum Schluß getan haben, die Toten, die zu schweren Gefängnisstrafen Verurteilten und sogar jene, denen man später den Prozeß machte und die ihre Geständnisse widerrufen konnten...
»Nun will ich Dir einiges über das Problem Deiner Abreise nach Frankreich schreiben. Du verstehst gewiß ohne weitere Erklärung, was das für mich bedeutet. Ich habe in letzter Zeit viel darüber nachgedacht und bemühe mich, mehr auf die Stimme der Vernunft als auf meine Gefühle zu hören. So schwer es mir auch fällt, bleibt mein Entschluß der gleiche:

Du mußt nach Frankreich zurück. Ich will, daß Du nach Frankreich fährst, und Du sollst alle Mittel in Bewegung setzen, um dieses Ziel zu erreichen.
Noch ein paar Worte über meine Lage: Ich werde sicher in einigen, vielleicht schon in zwei oder drei Monaten in ein anderes Gefängnis, wahrscheinlich nach Leopoldov in der Slowakei, gebracht. Dort sind Besuche nur einmal alle fünf Monate gestattet, sie dauern fünfzehn Minuten und finden unter peinlichen Bedingungen, hinter Eisengittern statt, man hat dabei kaum die Möglichkeit, ein paar Worte zu wechseln. Auch besteht die Wahrscheinlichkeit, daß, falls die internationale Spannung wächst, die Besuche völlig abgeschafft werden. Die Freude, Dich vielleicht ab und zu sehen zu können (die Kinder erhalten keine Erlaubnis), wäre zu teuer bezahlt. Ihr müßtet, Du, die Eltern und unsere Kinder, fern von Eurer Familie, in einer fremden, feindseligen Umgebung leben, unter Bedingungen fortwährender Diskriminierung, in einer Atmosphäre des Mißtrauens und Verdachts. (Die Visa-Schwierigkeiten für Fernande und Frédo sind ein Beweis dafür.) Du hättest alle möglichen Demütigungen zu erleiden und derlei mehr.
Nein, liebe Lise, diesen Preis dürft Ihr nicht zahlen. Es würde mein seelisches Leid unerträglich machen, Euch in einer solchen Lage zu wissen. Ich mache mir jetzt den Vorwurf, nicht genug auf Eure Abreise gedrängt zu haben. Wahrscheinlich, weil ich mich trotz allem an die Hoffnung klammern wollte, in der Du mich immer wiegtest, daß etwas geschehen könnte, das mein Schicksal ändern würde, und daß man Dir inzwischen nicht das Leben zur Hölle machen würde.
Du mußt abreisen, Lise. Bei Deinem letzten Besuch sagtest Du mit Recht, in Frankreich könntest Du etwas für mich tun. Wer weiß - vielleicht könntest Du mir zur Rettung verhelfen, obgleich mir das immer schwieriger erscheint.
Solange Ihr hier seid, hindert mich die Angst um Euer Schicksal, eine Wiederaufnahme meines Prozesses zu versuchen.
Ich weiß nicht, wie man sich hier nach dem von der französischen Kommunistischen Partei gestellten Antrag zu der Möglichkeit Deiner Rückkehr nach Frankreich stellt. Ich hoffe, es geht alles gut. Möglicherweise wird man aber versuchen, Deine Abreise zu verhindern, aus Angst, Du könntest eine Kampagne gegen die Tschechoslowakei starten. (Du kennst die krankhafte Furcht vor dem Sicherheitsdienst und den ›freundschaftlichen Beratern‹, die man über diese Frage konsultieren wird, noch nicht genug.) Falls man unter dem Vorwand, Du seist selbst kompromittiert, so weit geht, Dir Schwierigkeiten zu bereiten, oder gar, damit sich die Kommunistische Partei Frankreichs nicht mehr weiter um Dein Schicksal kümmert, an sie zu schreiben, es sei unmöglich, Dich fortzulassen -

dann mußt Du eben um Deine Abreise kämpfen. Schreibe an Maurice (Thorez) persönlich. Verlange, daß die französische KP ihren Antrag für Eure Rückkehr wiederholt; schreibe an Raymond, er soll herkommen und persönlich intervenieren. Schreibe hier an den Präsidenten der Republik. Führe ins Treffen, daß Dich gegen Deinen Willen hier festzuhalten eine Rechtswidrigkeit darstellt, die gerade in dem Augenblick geschieht, da man soviel von der Notwendigkeit spricht, das Recht aufrechtzuerhalten und die Gesetze zu achten. Du bist nach französischem und internationalem Recht Französin, und man darf Dich hier nicht festhalten, wenn Du weg willst . . .«
Ich habe so glückliche Erinnerungen an meine Arbeits- und Kampfjahre in der Kommunistischen Partei Frankreichs, an meine brüderlichen Beziehungen zu den Genossen, deren Freundschaft, Mut und Aufrichtigkeit ich schätzte, daß ich ständig an diese Zeit zurückdenke, um daraus Kraft zu schöpfen. Und so kommt es, daß in meiner finsteren Nacht das Vertrauen auf die Stärke und Reinheit unseres kommunistischen Ideals niemals ganz erlosch. Ich klammerte mich so sehr an diese Hoffnung, daß mir keinen Augenblick lang der Gedanke kam, man könnte Lises Darstellung bezweifeln.
Wir nahmen an, daß Maurice, sobald er von so ernsten Problemen Kenntnis erhielte und insbesondere erführe, daß die politischen Freiheitskämpfer aus der französischen Parteispitze mitbetroffen und ein ganzer Abschnitt des politischen Lebens der Partei während der Besetzung in Frage gestellt war, nicht umhin könnte, zu intervenieren und Erklärungen zu verlangen.
Für mich war die Intervention von Maurice Thorez, also eine Intervention von außen, von großer Wichtigkeit, denn sie bedeutete gleichzeitig eine gewisse Sicherung; nun könnte man mich nicht mehr sang- und klanglos verschwinden lassen, wenn ich meinerseits zur Tat überging und die Wiederaufnahme meines Prozesses verlangte. Und sollte es meinen Peinigern sogar gelingen, mich zu beseitigen, so hätte ich bereits Alarm geschlagen, meine Unschuld beteuert, die Beweise für den ganzen Anschlag geliefert, den Berija mit dem Segen Stalins und seinem Apparat geschmiedet hat, wobei ihre Komplicen in der Tschechoslowakei sie unterstützten. Jedenfalls mußte die Aktion, zu der Lise und ich uns entschlossen hatten, dazu führen, die Wahrheit ans Licht zu bringen, die Krebswucherungen in der kommunistischen Bewegung bloßzulegen und somit dazu beitragen, sie auszumerzen.
Im Laufe unserer einzelnen Unterredungen bei Lises Besuchen hatten wir unseren Plan so ausgearbeitet, daß wir nach ihrer Abreise in Verbindung bleiben könnten; auch hatten wir eine eigene Ausdrucksweise vereinbart, mit der wir uns in unseren Briefen verständigen würden.

Vor allem hatte meine Frau von meiner Kusine Hanka die Zusicherung erhalten, daß sie nach Lises Abreise als meine Verwandte mit mir offiziell in Verbindung bleiben würde. In den Briefen - die Hanka mir schreiben durfte - würde sie mir den Inhalt der Briefe meiner Frau mitteilen; sie war über unsere Scheinsprache unterrichtet.

Die Übermittlung meiner geheimen Botschaft an Raymond und Maurice Thorez würde in ihren Briefen heißen: »Wir haben die Adoptierung Michels mit seinem Onkel besprochen.« Der Beginn von Lises Aktion zu meinen Gunsten: »Michel wurde adoptiert.« Moskau ist »das Haus«, Berija »Josefs Freund«, die sowjetischen Berater »seine Leute«, usw. Ich bin abwechselnd Gérard, Emile oder Michel, da ich für das Gefängnis und den Sicherheitsdienst meinen aktenmäßigen Vornamen Artur trage.

3

Wie recht ich doch hatte, mit der Übergabe meiner Botschaft an Lise nicht länger zu warten. Sie erhält den Schluß, den ich ihr für den nächsten Besuch versprochen habe, nicht mehr, hat aber doch das Wichtigste bereits in der Hand.

Zwei Tage nach dem letzten Besuch, Ende Mai 1954, werden Hajdu, Löbl und ich in das Zentralgefängnis Leopoldov in der Slowakei gebracht. In dem Autobus, in dem etwa vierzig Gefangene zusammengepfercht sind, werden Vavro und ich aneinandergekettet: als einzige übrigens, auf besonderen Befehl. Nach der letzten Etappe, Illava, wo wir die Nacht verbringen, wird auch Löbl gefesselt.

Am Morgen erreichen wir Leopoldov, eine riesige, finster aussehende Festung, deren Name allein bei den Gefangenen, die sie kannten, Furcht und Schrecken auslöste. Die Festung war Ende des 17. Jahrhunderts von der österreichisch-ungarischen Monarchie als ein Bestandteil der Befestigungen gegen die Türken gebaut worden. Beendet wurde sie jedoch erst lange nach der endgültigen Niederlage der Türken. Da man sie nun einmal hatte und ihr Bau ein Vermögen gekostet hatte, beschloß die Monarchie, eine Verwendung dafür zu finden. Und so wurde sie vom Beginn des achtzehnten Jahrhunderts an zum Staatsgefängnis. Ihre ersten Insassen waren die damaligen politischen Gefangenen: die Evangelisten, die später als Galeerensklaven an die Italiener verkauft wurden ...

Auf der Reise freuten wir uns, Vavro und ich, daß meine Botschaft sich

in sicheren Händen befand, denn es wäre unmöglich gewesen, aus diesem neuen Gefängnis irgend etwas in die Außenwelt gelangen zu lassen.
Leopoldov. Hier ist der Eindruck, außerhalb der Welt zu leben, noch stärker als an irgendeinem anderen Ort. Von der Umgebung sieht man nichts, denn die Schutzmauern sind viel höher als der Giebel der Festung. Wir leben in einem schmutzigen Loch, in dem die hygienischen Verhältnisse furchtbar sind und Wasser Seltenheitswert besitzt. In den Werkstätten gibt es statt Toiletten Klosetteimer. Alle sechs Wochen etwa gibt es Kurzduschen. Die Ernährung ist völlig unzureichend, und Besuche waren - wie ich Lise in meiner Botschaft mitgeteilt hatte - alle fünf Monate einmal nur möglich.
In der ersten Zelle, in die man uns sperrt, sind wir achtzig Mann. An der Hinterwand gibt es zwei Stehklosette und zehn Wasserhähne, aus denen morgens, mittags und abends je fünf Minuten lang ein dünnes Rinnsal fließt; das muß zum Waschen, als Trinkwasser und auch noch zum Säubern der Eßnäpfe dienen. Hajdu, Löbl und ich werden in eine Werkstätte eingeteilt, in der wir Federn zur Herstellung von Daunen ausfasern müssen. Neben uns werden Stricke zum Binden von Getreidegarben hergestellt.
Etwa siebzig Gefangene sind in der ziemlich kleinen Werkstätte zusammengepfercht. Die Fenster bleiben ständig geschlossen, ebenso die Türen, sonst könnte die Zugluft die Daunen fortwirbeln. Die Federn, die wir erhalten, sind im Rohzustand, noch an der Pinne mit verfaulten Fleischstücken daran, in denen es von Maden wimmelt.
Den Häftlingen, die in den Metallarbeitswerkstätten arbeiten, geht es etwas besser. Mit dem Geld, das sie verdienen, können sie sich in der Kantine Brot und Schweineschmalz kaufen und so ihre Normalkost verbessern.
Infolge der mangelnden Hygiene und der Bedingungen, unter denen wir arbeiten und leben, leiden viele Gefangene an Ekzemen, Pickeln und eitriger Bindehautentzündung. Der Arzt behandelt all das auf gleiche Weise mit roter Desinfektionslösung und verschiedenfarbigen Salben. Daher haben wir bei unserem ersten Rundgang, zu dem das gesamte Personal der Werkstätten im Hof zusammentrifft und mit dem Getrampel von Hunderten von Stiefeln eine dichte Staubwolke aufwirbelt, eine dantische Vision: eine richtige Prozession lebender Vogelscheuchen, mit von Medikamenten und Salben rot, blau, weiß, braun gefärbten und mit Leukoplast verklebten Gesichtern. Und zur Krönung des Ganzen, die rasierten Schädel und struppigen Bärte . . .
Vor diesem Anblick stehen wir mit offenem Mund. Dann sage ich: »Wir sind an den ›Hof der Strolche‹ geraten!« worauf Vavro laut auflacht.
Man rasiert uns einmal wöchentlich: eine kleine Waschschüssel, etwa zu

einem Drittel mit Wasser gefüllt, in das die beiden Pinsel getaucht werden, die unsere hundertvierzig Wangen der Reihe nach einseifen - ohne irgendwelche Desinfizierung und ohne daß wir uns nach dem Rasieren mit reinem Wasser abspülen könnten!
Für unsere Arbeit gilt ein Pensum, das praktisch unerreichbar ist; dadurch kommen wir nicht in den Genuß der geringen Vorteile, die seine Erfüllung verspricht. Mit dem, was ich verdiene, verfüge ich über höchstens sechs bis sieben Kronen im Monat; damit kann ich mir eine Tube Zahnpasta, zwei Päckchen Tabak minderer Qualität - von den Gefangenen »Stalins Rache« getauft -, Zigarettenpapier und zwei Pakete Klosettpapier kaufen. Nach Aussagen alter Gefangener waren die Verhältnisse früher noch schlimmer; sie sind aber noch immer so schlecht wie im Zentralgefängnis von Poissy, in dem ich während der Besatzungszeit in Haft saß; das stammt aus dem 13. Jahrhundert und genoß in Frankreich den Ruf, das allerschlimmste zu sein.
Ich werde trotz meines Lungenleidens in diese Werkstätte eingeteilt. Ich erhalte keine Zusatzverpflegung - die, soweit ich mich erinnere, aus einem Becher Milch im Tag besteht -, kein Medikament, und meine Bemühungen um eine ärztliche Untersuchung bleiben vergeblich.
Es gelingt mir, zuerst in der Zelle und dann in der Werkstätte mit Hajdu zusammenzubleiben. Löbl wurde anderswo eingeteilt, wir bleiben jedoch mit ihm in Verbindung. Wir haben hier viele Leidensgenossen, die in späteren Prozessen verurteilt worden waren, wiedergetroffen. Die ersten, die ich zu Gesicht bekomme, sind Otto Hromadko, der zu zwölf Jahren, Svoboda, zu fünfzehn, Valeš zu zweiundzwanzig und Josef Pavel, zu fünfundzwanzig Jahren verurteilt sind. Auch die Kameraden vom Außenministerium treffe ich hier wieder, Pavel, Kavan, Richard Slansky, Edo Goldstücker und viele andere Häftlinge. Von Zeit zu Zeit sehe ich meinen Freund Kevic, der gleichfalls hierher versetzt wurde.
Die erste Fühlungnahme zwischen den Angeklagten ist nicht immer sehr warm. Das ist die Folge der jahrelangen Ruzyňer Vergiftungskampagne, als es den Referenten gelungen war, uns gegeneinander aufzuhetzen und jeden glauben zu machen, er sei ein Opfer des anderen. Außerdem hatten manche Häftlinge noch nicht begriffen, welchen Maschinerien wir zum Opfer fielen. So unverständlich dies scheinen mag, wenn man es heute liest: manche von den Verurteilten haben, wie ich bereits erwähnte, ein Schuldgefühl; sie sprechen und verhalten sich, als hätten sie wirklich strafbare Handlungen begangen, die die Ahndung durch die Partei verdienen ... Das würde uns nicht stören, wenn sie nur, was sie selbst betrifft, so handelten, sie sind jedoch so vergiftet, daß sie dieses Schuldgefühl auch auf die anderen zu übertragen versuchen. Ein hoher Funktionär der politischen Heeresleitung betrachtet sich zum Beispiel als

schuldig und sieht in Hromadko einen langjährigen Trotzkisten, der immer in der Armee eine feindliche Tätigkeit entfaltet hatte. In seiner einfältigen Naivität geht er so weit, Aussprüche unseres schlagfertigen und freimütigen Freundes Hromadko, die der Funktionär als parteipolitisch auslegt, weiterzugeben.
Im ganzen knüpfen sich zwischen uns rasch wieder die Bande alter Freundschaft. Außerdem haben wir nun die Möglichkeit, unsere Ansichten über die Tragödie, die wir erlebt haben, miteinander zu vergleichen und sie zu vervollständigen. Das Vertrauen lebt wieder auf. Wir müssen unsere Solidarität festigen, denn wir leben in einer feindlichen Welt. Unter den Häftlingen gibt es gewöhnliche Verbrecher, deutsche Kriegsverbrecher, tschechische und slowakische Kollaborateure, Spione und Abwehragenten, die - bei diesen ist es wirklich der Fall - von westlichen Nachrichtendiensten ausgesandt wurden. Und dann gibt es auch noch die große Masse von an der Grenze verhafteten Überläufern, Beneš-Anhängern, Sozialdemokraten, Katholiken, Geistlichen, von denen manche wirkliche Oppositionsarbeit geleistet haben, andere jedoch Polizeiprovokationen zum Opfer fielen oder unschuldig in mehr oder minder erdichtete politische Prozesse verwickelt wurden. Allen ist ein Zug gemeinsam: unverhältnismäßig hohe Strafen und auch die Erfahrung unmenschlicher Methoden, um von ihnen Geständnisse zu erpressen.
Als diese Männer uns ankommen sahen, war ihre erste Reaktion gegen uns sehr feindselig; für sie waren wir nicht nur Kommunisten, also politische Gegner, sondern auch die Urheber dieses Regimes, dessen Opfer sie waren.
Auch da besserten menschliche Kontakte die Lage. In meiner zweiten Zelle war ich unter vierzig Häftlingen der einzige Kommunist. Jeden Abend nach dem Zapfenstreich gab es, obwohl es verboten war, ein gemeinsames Gebet, dem eine kurze Predigt voranging. Nur zwei, ein Jugoslawe und ich, nahmen daran nicht teil. Am dritten Tag wußten alle, wer ich war.
An den beiden folgenden Tagen hatte ich nichts zu essen, denn jedesmal, wenn ich meinen gefüllten Napf erhielt, stieß mich jemand an, und der Inhalt ergoß sich auf den Boden. Ich wurde in Acht und Bann erklärt, und jeder, der mit mir sprach, war vom gleichen Schicksal bedroht. Der einzige, der sich dadurch nicht einschüchtern ließ und mir einige Sympathie entgegenbrachte, war Klima, ein alter rechtsorientierter Abgeordneter der nationaldemokratischen Partei, der vor den Münchner Ereignissen von 1938 mit Gottwald und Rassin, auch einem rechtsgerichteten Abgeordneten, eine Delegation gebildet hatte, um Präsident Beneš den Wunsch der Nation zu überbringen, angesichts der Bedrohung durch Hitler Widerstand zu leisten. Klima hat es mir nie gesagt, ich bin aber

sicher, es seiner Intervention zu verdanken, daß die Häftlinge am dritten Tag ihr Verhalten mir gegenüber änderten. Ich sah Klima längere Zeit mit einem jungen Mann diskutieren, der gewöhnlich die Predigt hielt. An jenem Abend ging es um den Kommentar des Verses: »Wer unter euch ohne Sünde ist, der werfe den ersten Stein auf sie!«
Einige Zeit später befand ich mich wieder mit Hajdu und meinem alten Freund Otto Hromadko in der gleichen Zelle. Hromadko ist es zu verdanken, daß es manchmal in dem traurigen Grau in Grau unseres Daseins Lichtblicke gibt, in denen das Lachen zu seinem Recht kommt. Seine launigen Einfälle treffen jedesmal ins Schwarze. Harmlos aufschneidend, erzählt er uns köstliche Geschichten, deren Held unweigerlich er selbst ist und die sich jedesmal ändern, wenn er sie wieder vorbringt. Als er uns eines Tages mit der dritten oder vierten Version einer seiner Taten während des Kriegs in Spanien kommt, unterbricht ihn Vavro Hajdu: »Hör mal, mein lieber Otto, gestern hast du uns das aber anders erzählt.« Hromadko bricht in ein lautes Gelächter aus. »Aber so ist es doch interessanter!« erwidert er.
Ohne sich um die Spitzel zu kümmern, die uns umgeben, schießt er scharfe Pfeile gegen die Parteileitung ab. Pavel hat davon erfahren und befürchtet schlimme Folgen für Hromadko und uns alle. Eines Tages, als wir, Svoboda, Hromadko, Hajdu und ich, beim Spaziergang beisammen sind, bemerken wir Pavel, der uns vom Fenster seiner Zelle aus beobachtet. Er macht Otto vorwurfsvolle Zeichen und droht ihm mit dem Zeigefinger. Erstaunt fragen wir unseren Freund, was Pavel damit sagen wollte. Ohne sich im geringsten beirren zu lassen, antwortet Otto: »Ich weiß nicht. Vielleicht will er mich aus der Partei ausschließen!«
Auch in dieser Festung ist der Antisemitismus zu Hause. Ein Wärter, der Eduard Goldstückers Personalien aufnimmt, fragt ihn: »Aber wie haben Sie früher geheißen?« – »Ich heiße Goldstücker, seit ich am Leben bin!« – »Sie lügen! Leute wie Sie, die haben früher immer anders geheißen ...«
Otto Hromadko ist reiner Tscheche, hat aber eine vorstehende gebogene Nase, wie man sie den Juden in antisemitischen Karikaturen anhängt. Und wegen seiner Nase ist er eine Zielscheibe für die Judenfresser. Mit seinem ironischen, spöttischen Temperament ist er übrigens der erste, der die Übelgesinnten provoziert und mit ihnen Ulk treibt: »Wissen Sie, bevor ich Hromadko geheißen habe, hieß ich Kleinberg!« (Ein Wortspiel: Hromadko heißt auf Tschechisch »kleiner Haufen«.) Eines Tages jedoch hätte ihn seine Nase fast das Leben gekostet, während sie andererseits Goldstücker rettete. Als beide im Jahre 1955 mit anderen Häftlingen aus politischen Prozessen von Leopoldov zur Zwangsarbeit in den Uranminen nach Jachimov (Johannistal) verschickt wurden, war von den dort bereits anwesenden antisemitischen Gefangenen ein Komplott

gegen Goldstücker, von dessen Ankunft sie erfahren hatten, geschmiedet worden. Bei Eintreffen des Transports stürzte sich die Meute wegen seiner Nase auf Hromadko, in der Meinung, es handle sich um Goldstücker; nachdem sie ihre Wut an ihm ausgelassen hatten, ließen sie ihn blutend und bewußtlos liegen.
Auch in Leopoldov spielten sich derartige Szenen gegen Juden und Kommunisten ab. Ehemalige Faschisten von den Hlinkagarden, Kollaborateure, deutsche Kriegsverbrecher tobten sich mit Freuden aus, wenn sie sich einem wehrlosen Juden gegenüber befanden.
Leider gehören die Wärter der gleichen feindlichen Welt an. Sie sind sogar, abgesehen von einigen Ausnahmen, die die Regel bestätigen, die hartnäckigsten! Ihre Theorie wie die der Referenten geht dahin, daß die Hlinkagarden, die ehemaligen Nazis und selbst die Agenten ausländischer Geheimdienste Feinde sind, die daraus kein Hehl machten; wir hingegen sind die schlimmsten Verbrecher, weil wir unter der Maske von Kommunisten kämpften.
Hajdu und ich entgingen nur mit knapper Not der Provokation eines Wärters, der wegen seiner Dummheit und Brutalität von den Gefangenen den Beinamen »Herr Ochs« erhalten hatte. In unserer Zelle und auch in der Werkstätte gab es einen ehemaligen Legionär aus dem Indochinakrieg, der sich vom amerikanischen Geheimdienst hatte anwerben und mit Spionage- und Sabotageaufträgen in die Tschechoslowakei schicken lassen. Bei seiner zweiten Mission wurde er festgenommen und zu einer Strafe von fünfundzwanzig Jahren verurteilt, die er in Leopoldov abbüßt. Er ist kräftig und im Nahkampf geübt, überaus gewalttätig und haßt Juden und Kommunisten. Er hat also alle Vorzüge, die ihn als Werkzeug für die dunklen Pläne geeignet machen, die Herr Ochs gegen uns schmiedet. Jedoch: seit kurzem sprechen wir miteinander, und der Legionär schützt mich, seitdem er erfahren hat, daß ich bei den internationalen Brigaden gekämpft habe. Er stellt mir viele Fragen über Spanien und hat sich in den Kopf gesetzt, Spanisch zu lernen. Ich werde also sein Lehrer. Als ihm Herr Ochs zuflüstert, indem er mit dem Finger auf mich und Vavro zeigt: »Sehen Sie die zwei dort drüben? Wenn Sie die über das Treppengeländer hinunterwerfen, habe ich nichts gesehen! Ich werde mich freuen, wenn man sie in Stücken aufklaubt und in einem Laken forträgt!«, weist ihn der Legionär derb zurecht. Seit jenem Tag stellt er sich immer ostentativ neben uns - wir haben einen Verteidiger gefunden ...
So hart die Gefangenschaft auch ist, finde ich doch eine Erleichterung und einen Trost darin, daß ich die freundschaftlichen Bande mit meinen alten Kameraden aus Spanien wieder knüpfen kann, daß ich jedesmal, wenn sich die Gelegenheit bietet, Zeichen und Worte der Verbundenheit

mit Pavel, Valeš, Goldstücker wechseln kann, die wir von der Ferne hinter den Gittern ihrer Zellenfenster sehen, wenn wir zum Ausgang geführt werden.
Ich magere ab. Glücklicherweise ist vor kurzem der Entschluß gefaßt worden, zusätzliches Brot an die Gefangenen zu verteilen. Dennoch verschlechtert sich mein Gesundheitszustand zusehends. Ich habe Fieber. Schließlich erreiche ich es, daß man mich zur Untersuchung ins Krankenrevier bringt. Der Arzt stellt Fieber fest, begnügt sich jedoch damit, mir drei Tage Ruhe zu verordnen, ohne eine Änderung der Arbeit oder die Zuteilung der zusätzlichen Milch zu verlangen, auf die ich als Lungenkranker ein Recht hätte.
Ich denke viel an Lise. Ist es ihr endlich gelungen, ihre Abreise nach Frankreich in die Wege zu leiten? Als ich sie das letzte Mal sah, teilte sie mir mit, daß das Parteisekretariat auf sie einen Druck ausübte, um sie in der Tschechoslowakei zurückzuhalten. Baramova, die jetzige Leiterin der Kaderabteilung des Zentralkomitees, hatte sie kommen lassen und ihr gesagt, sie solle sich's gut überlegen, ehe sie sich entschließe wegzufahren: »Du bist ja doch die Frau eines Verräters und Spions, der vom Volksgericht verurteilt worden ist. Deine früheren Genossen in Frankreich werden sich von dir abwenden. Um so mehr als du schon seit so langer Zeit fort bist und die meisten dich vergessen haben.« Lise hatte geantwortet: »Meine Kameraden haben mich in Zeiten und unter Umständen gesehen, in denen man sich über den Wert eines Menschen nicht täuschen kann. Ich brauche nicht zu befürchten, daß sie mir den Rücken zukehren.«
Baramova hatte noch gesagt: »Wir werden hier Maßnahmen treffen, um eure Lage zu verbessern: wir haben in Usti-nad-Labem (Aussig an der Elbe) eine starke spanische Kolonie; wenn ihr euch in Prag zu einsam fühlt und euch hier die Zeit lang wird, könnten wir euch dorthin versetzen!« (Die spanischen Genossen waren nach 1951 nach Aussig verbannt worden. Man wollte also meiner Familie das gleiche antun und verdeckte das Vorhaben unter schönen Worten.)
Man hatte Lise auch gesagt, daß die amerikanischen Geheimdienste versuchen würden, sich ihre Dienste zu sichern. Darauf hatte meine Frau ruhig erwidert: »Dazu braucht man zwei, einen, der das Angebot macht, und einen, der es annimmt oder ablehnt...« Dann hatte man gedroht: »Und wenn die amerikanischen Geheimdienste deine Kinder entführen, um dich zu erpressen? Das ist schon vorgekommen!« Auf all diese Einwände fand Lise treffende Antworten. Soweit waren wir gekommen, als man mich nach Leopoldov brachte.
Wir hatten für den Fall, daß ich Prag verlassen mußte, vereinbart, daß sie alles versuchen würde, um mich vor ihrer Abreise nach Frankreich

noch einmal zu sehen. Und nun lebe ich nur noch in Erwartung dieses Besuchs.

Am 30. Mai 1954, kurz nach meiner Ankunft in Leopoldov, hatte ich - wie jeder Neuankömmling - ausnahmsweise die Erlaubnis erhalten, einen Brief zu schreiben, um meiner Familie meine Adresse sowie das Reglement für Besuche und Korrespondenz in meinem neuen Gefängnis bekanntzugeben: Ein Besuch alle fünf Monate, ein Brief alle drei Monate.

»... Ich glaube, meine liebe Lise, das beste wäre, wenn Du erst dann im Ministerium um die Erlaubnis bätest, mich zu besuchen, wenn Du die Vorbereitungen für Deine Übersiedlung beendet hast... Früher hat es keinen Sinn, denn ich darf erst fünf Monate später wieder Besuch haben, und ich will doch mit Dir alle unsere privaten Angelegenheiten besprechen und regeln. Ich bin weiterhin der Ansicht, je eher Ihr übersiedelt, um so besser für Euch... Aber vorher müssen wir noch über das Problem der Adoption unseres Sohnes sprechen. Ich denke, Du kannst wieder auf die Unterstützung Deiner Schwester, Jeannes und ihres Mannes (gemeint ist Maurice Thorez) rechnen. Ich halte es für unnötig, vor der Übersiedlung mit Herrn Keler (es handelt sich um Bruno Köhler) zu sprechen. Das wäre zwecklos und würde Dir beim Umzug nicht helfen. Sobald Du mit der Familie in Deinem neuen Heim bist, wirst Du die Familienprobleme viel leichter lösen können... Ich kann Dir erst in drei Monaten wieder schreiben, hoffe aber, daß Du inzwischen zu Besuch kommen kannst, das würde heißen, daß Deine Übersiedlung schon vorbereitet ist. Verlaß Dich auf keinerlei Versprechen einer besseren Arbeit oder derlei... (von der Gefängniskanzlei zensurierte Stelle) für die Adoption unseres Sohnes ist es so am besten...«

Am 29. Juli darf ich den ersten regulären Brief an meine Familie schreiben. Wieder erteile ich Lise einige Ratschläge: »Ich hoffe, daß alle Formalitäten im Zusammenhang mit Eurer Übersiedlung bald geregelt sein werden. Was die Adoption Michels anlangt, mit der ich vollkommen einverstanden bin, könnte es vielleicht einige Schwierigkeiten geben. Ich weiß aber, wie energisch Jeanne und ihr Mann (Maurice Thorez) sind, und ich bin überzeugt, daß es ihnen gelingen wird, alle eventuellen Hindernisse im Haus (Moskau) zu überwinden. Es wäre gut, wegen der Adoption des Jungen auf den üblen Einfluß hinzuweisen, den Josefs Freund (Berija) auf die Erziehung unseres Sohnes ausübte, und zu betonen, wie schlecht er und seine Freunde (die sowjetischen Berater) sich gegen unseren Michel (mich) benommen haben. Und da wir dabei sind, unsere Familienangelegenheiten endgültig in Ordnung zu bringen, müßte gleichzeitig die Sache Raymonds mit dem Haus (Moskau) ge-

regelt werden. Ich war erstaunt, daß nicht nur Gérard (ich), sondern auch seine Mitschüler (meine Mitangeklagten) so viele Unannehmlichkeiten bei der Affäre hatten, von der Ihr mir erzählt.
... Wenn Du um Besucherlaubnis fragst, bitte auch darum, daß man Dir diesmal eine längere Dauer bewilligt.« (Dann füge ich noch die Aufträge hinzu, die Vavro mir regelmäßig zur Übermittlung durch Lise an seine Familie aufgab.)
»Was mich anlangt, gibt es nichts Neues, ich hatte eine Bronchitis, bin aber nun wieder gesund. Mache Dir keine Sorgen. Du sollst nur wissen, wie viel ich an Dich denke und wie sehr ich Dich liebe, meine Lise...«
Eines Tages, Anfang Oktober, holt mich ein Wärter und bringt mich in eine Zelle im neuen Gebäude von Leopoldov. Es bleibt mir keine Zeit vor meinem Abgang mit Vavro oder Otto in Verbindung zu treten. Ich weiß wohl, daß sie es von anderen Häftlingen erfahren werden und daß ich ihnen ohnehin keine Angaben über meinen Bestimmungsort machen könnte, aber ich kann mir vorstellen, wie besorgt sie über mein Schicksal sein werden; in unserer jetzigen Lage ist jede Versetzung oder Änderung beunruhigend. Ich verbringe die Nacht allein in einer Zelle. Sehr früh am nächsten Morgen muß ich Zivilkleider anlegen, und man fesselt mich an Armen und Beinen. Ich werde in einen Wagen mit undurchsichtigen Fensterscheiben geschoben und sitze zwischen zwei Wärtern. Wir fahren ab, zu einem mir unbekannten Bestimmungsort.
Erst nach einem Aufenthalt in Olmütz teilen mir die Wärter mit, daß wir nach Prag fahren. Warum? Sie wissen es nicht. Sie sagen mir jedoch, daß wir auf Anordnung des Innenministeriums reisen. Ich bitte sie, mir die Ketten abzunehmen. Sie entschuldigen sich höflich, doch der mich betreffende Befehl trage den ausdrücklichen Vermerk, ich müsse in Ketten befördert werden. Es ist zu dieser Jahreszeit bereits sehr kalt. Ich zittere auf der ganzen Fahrt, denn der Wagen ist aus unerforschlichen Gründen ungeheizt. Ich fühle, daß ich Fieber habe.

4

Am Abend nimmt man mir in Prag, im Gefängnis Pankrac, die Ketten ab und bringt mich in eine Zelle, in der ich die Nacht allein, ohne Nahrung verbringe. Ich kann nicht schlafen und frage mich, was diese Versetzung bedeuten soll. Neben allen pessimistischen Erklärungen, die ich in Betracht ziehe, gibt es eine, an die ich nicht zu denken wage: ein Besuch meiner Familie vor ihrer Abreise nach Frankreich! Ich hatte mir

aber nie vorgestellt, daß dieser Besuch in Prag stattfinden könnte, ich hatte immer geglaubt, Lise werde zum Abschied nach Leopoldov kommen.
Die ganze Nacht hindurch gehe ich in der Zelle auf und ab. Der Vormittag verstreicht, es ereignet sich nichts, und ich werde immer nervöser. Ich habe den Eindruck, daß mein Fieber steigt. Endlich, nach einer Ewigkeit, holt mich ein Wächter. Er führt mich durch ein wahres Labyrinth unterirdischer Korridore, bei dem ich den Eindruck habe, wir werden da nie wieder hinauskommen, bis zu einer Treppe, die auf einem schmalen Absatz endet. Er stellt mich mit dem Gesicht zur Wand und befiehlt: »Warten Sie!« Nach einer Weile, die mir endlos scheint, holt er mich wieder und führt mich in einen Verschlag, dessen zwei Teile durch Doppelgitter getrennt sind. Es ist das Sprechzimmer. Vor mir sehe ich Lise, unsere Kinder, Oma. Und, zum erstenmal im Gefängnis, Opa.
Das bedeutet also die Abreise nach Frankreich! Ich bin so glücklich, sie alle wiederzusehen – und gleichzeitig zutiefst erschüttert, denn es fällt mir ein, daß dies vielleicht das letzte Mal ist!
Lise sagt: »Gérard, wir fahren übermorgen nach Frankreich. Ich hatte das Zentralkomitee der Partei gebeten, meinen Antrag beim Innenministerium zu unterstützen, damit dieser Besuch in Prag stattfindet und du uns alle noch sehen kannst. Es war aber nicht vorgesehen, daß wir einander unter solchen Bedingungen sehen sollten!« Sie wendet sich zum Wärter und sagt: »Ich fahre mit meiner Familie nach Frankreich. Bisher haben wir meinen Mann noch nie hinter Gittern gesehen, und nun soll sich dieser Besuch so abspielen? Nein, das lehnen wir ab. Ich will mit dem Direktor sprechen.« Dann wendet sie sich an mich und sagt: »Gérard, du bleibst keine Minute länger hier. Du kommst heraus aus diesem Käfig. Wir werden einander sehen, das verspreche ich Dir, aber nicht so! Auf bald, Gérard!« Sie geht hinaus, die Kinder und die Eltern schiebt sie vor sich her. Ich verlange von dem sprachlosen Wärter, er soll mich zurückführen, und verlasse ebenfalls den Käfig.
Nun stehe ich wieder oben auf dem Treppenabsatz, wo einige Häftlinge auf ihre Besucher warten. Alle möglichen Gedanken schwirren mir durch den Kopf: Werde ich meine Lieben wiedersehen? Jedenfalls reisen sie ab, und das ist das wichtigste. Ich denke an Lise und ihren finsteren Blick, als sie dem Wärter ihren Standpunkt klarmachte. Sie ist zäh und hartnäckig. Sie wird bestimmt keine Mühe scheuen, um durchzusetzen, daß wir vor ihrer Abreise miteinander sprechen und einander umarmen können! Ich merke gar nicht, daß mich jemand am Ärmel zupft. Erst ein Ellbogenstoß in die Rippen macht mir bewußt, daß da Rudolf Peschl in Gefängniskleidung neben mir steht, einer meiner alten Kameraden aus Ostrau. Er stammt aus Bilovec, einer Gegend mit deutscher Minderheit,

wo er Leiter der Kommunistischen Jugend war. Wir waren lange gemeinsam politisch tätig gewesen, denn ich unterrichtete die Jugend in seinem Bezirk. Wir hatten auch nebeneinander im Ortsausschuß der Kommunistischen Jugend gesessen. Gemeinsam hatten wir den ersten Jugendstreik in der großen Waggonfabrik organisiert, die in seinem Bezirk lag. Welch ein Zusammentreffen! Er lächelt mir zu und sagt, als antworte er auf meine stumme Frage: »So hast du geglaubt, du seist der einzige alte Kommunist hier in Pankrac? Erkennst du mich nicht?«
Wie kommt es, daß er hier ist? Er erklärt mir, er sei verhaftet worden, wie viele andere alte Kommunisten, habe aber mehr Glück gehabt als ich und die anderen Angeklagten im Prozeß; er hat nur eine geringe Strafe erhalten. Übrigens versteht er gar nicht, was sich da eigentlich abspielt. Er sagt mir, er habe deswegen an Zapotocky geschrieben; er rechnet damit, ihn bald persönlich zu sprechen, da seine Strafe zu Ende geht. »Ich werde mit ihm reden, denn er weiß sicher nicht, was vorgeht!«
Aus dem, was er mir über seine Verhöre erzählt, schließe ich, daß die gegen ihn angewandten Methoden mit denen, die wir in Kolodeje und Ruzyně erdulden mußten, nicht zu vergleichen sind. Er bittet mich, ihm zu erklären, was mit uns geschehen ist und was der Prozeß in Wirklichkeit bedeutet. Ich sage ihm in wenigen Worten, daß der ganze Prozeß eine abgekartete Affäre war und daß ich unschuldig bin.
Peschl wird zu seinem Besucher gerufen. Wir umarmen einander gerührt, wahrscheinlich beide mit dem gleichen Gedanken: »Soweit ist es also mit uns nach fünfundzwanzig Kampfjahren gekommen!«
Nun bin ich allein. Die Häftlinge haben ihre Besucher empfangen und wurden ins Gefängnis zurückgeführt. Plötzlich höre ich, daß man mich ruft. Man bringt mich in einen anderen Raum - es ist das Wartezimmer für die Besucher. Meine ganze Familie ist da. Wir setzen uns, in Gegenwart von zwei Gefängnisbeamten, rund um einen Tisch.
Lise erklärt mir, sehr stolz über ihren Erfolg, sie habe mit dem Direktor gesprochen und gegen die Begleitumstände ihres Besuchs Protest erhoben: Sie habe darauf bestanden, mit dem Innenministerium und dem Parteisekretariat telefonisch verbunden zu werden, um von ihnen zu verlangen, daß wir einander ungestört und ohne trennende Gitter sehen können. Darüber war der Direktor in größte Aufregung geraten. So etwas war noch nie vorgekommen! Ich weiß, wie meine Lise ist, wenn sie wütend wird, eine wahre Löwin... Der Direktor wußte sich nicht mehr zu helfen. Meine Frau verlangte in ihrem russisch-französisch-tschechischen Sprachgemisch ihre Telefonverbindungen. Er entfernte sich einen Augenblick, wahrscheinlich um sich Anweisungen zu holen. Kurze Zeit darauf kam er zurück und ersuchte sie, sich zu gedulden; nach Ende der Besuchszeit werde man uns zusammenführen.

Und da sind wir nun! Lise sitzt neben mir, wir halten einander an der Hand. Die Jungen sind eingeschüchtert, kommen aber nach einiger Zeit zu mir und geben mir einen Kuß. Françoise erzählt, wie schweren Herzens sie abreisen wird. Gerührt betrachte ich meine Schwiegereltern: was wäre ohne sie in diesen schrecklichen Jahren aus meiner Frau geworden? Ihnen verdanken es meine Kinder, trotz meines Schicksals und Lises aufreibender Arbeit in der Fabrik, eine warme Familienatmosphäre genossen zu haben.

Opa versucht, mit mir zu scherzen, aber ich fühle die nahen Tränen hinter seinem Lächeln. Ich sehe ihn noch vor mir, 1942 in Paris, nach unserer Festnahme durch die Sonderpolizei, tapfer und bei bestem Humor trotz der widrigen Umstände. Und als wir dann ins Polizeigefängnis befördert wurden, saß er in der Zelle oberhalb der meinen, und wir sprachen durch die Luke miteinander. Mittels einer Schnur ließ er mir Zigaretten zukommen... Und wenn man uns in von einander getrennten Höfen zum Ausgang führte, hörte ich, wie er mir Ermutigungen zurief. Gemeinsam riefen wir Lise, die, an den Gitterstäben ihrer Zellenluke hängend, uns beiden liebevoll antwortete.

Und Oma mit ihrem Gesicht einer Mater dolorosa! Wie viele Leiden hat sie in ihrem Leben durchgemacht! Nach unserer Festnahme während des Krieges war sie mit unserer Françoise, die damals drei Jahre alt war, allein geblieben; ihr Mann, ihr Sohn, ihr Schwiegersohn und ihre Tochter waren alle im Gefängnis. Mein Schwager Frédo, der seit Oktober 1941 in Haft war, hatte sich nach schweren Schlägen, die ihm bei den Verhören versetzt worden waren, einer schweren Kopfoperation unterziehen müssen und lag damals auf der Krankenstation des Gefängnisses Fresnes. Oma ging jede Woche von einem Gefängnis zum anderen und brachte uns Pakete, und unsere kleine Françoise hielt sich an ihrem Rock fest, trottete hinter ihr her und weinte manchmal vor Müdigkeit. So wanderten die beiden vom Polizeigefängnis, in dem Opa saß, zur Santé, wo ich in Haft war; vom Gefängnis La Roquette, wo Lise sich befand, nach Fresnes, wo Frédo saß... Manchmal um Lebensmittel- oder Wäschepakete zu bringen, dann wieder nur um uns zu besuchen... Und nie gab es ein Wort der Klage, immer nur Ermutigungen - dazu die letzten Nachrichten von der Front... Unter solchen Verhältnissen half sie auch noch mit, Frédos Flucht vorzubereiten; sie mißlang im letzten Augenblick, da der Leiter des Unternehmens bei einer Razzia am Tag vor dem für den Fluchtversuch bestimmten Datum verhaftet wurde.

Nun stehen die beiden vor mir, die ich als meine zweiten Eltern betrachte. Seid bedankt, daß ihr in einer solchen Zeit bei meiner Lise und den Kindern geblieben seid! Habt Dank, daß ihr durch eure Anwesenheit meiner Familie als Schild gedient habt! Wenn ihr nicht dagewesen

wärt - ihr seid ja schließlich auch die Eltern von Fernande und Raymond - wären meine Frau unweigerlich verhaftet und meine Kinder in Waisenhäuser gesteckt worden . . .
An all das denke ich beim Wiedersehen mit meinen Schwiegereltern.
Lise schildert mir die Vorbereitungen für ihre Abreise. Die Übersiedlung unseres Hab und Guts wird mit der Bahn bewerkstelligt; die Familie reist mit dem Flugzeug nach Paris. Lise bestätigt mir, daß Hanka Urbanova - an ihrer Stelle - den Kontakt mit mir aufrechterhalten wird, sowohl was die Korrespondenz als auch was die Pakete und Besuche anlangt. Lise hat das der Partei mitgeteilt, um die Kusine und ihren Mann vor möglichen unangenehmen Folgen zu bewahren. Im Innenministerium hat sie ein Protokoll über diese förmliche Anmeldung verlangt, damit niemand den Urbans Vorwürfe machen kann, weil sie die Familienkontakte mit mir aufrechterhalten.
Ich werde also durch Hanka Nachricht über sic erhalten, und sie werden von Hanka weiter über mich benachrichtigt. Lise sagt mir auch, daß mein Aussehen ihr Sorge bereitet: sie findet, ich sei sehr abgemagert, und meine Züge seien schärfer geworden, seitdem ich vor fünf Monaten von Ruzyně nach Leopoldov gebracht worden bin. Ja, ich bin krank, ich fühle mich nicht sehr wohl!
»Sobald ich nach Paris komme, will ich zu allererst Michels Onkel dazu bringen, daß er ihn adoptiert. Das ist mein einziges Ziel, deshalb fahre ich«, sagt sie mir.
Die uns bewilligte halbe Stunde vergeht rasch. Wir müssen uns trennen. Ich weiß, daß die Minuten gezählt sind, und ich will das Bild meiner Lieben in mir aufnehmen. Jetzt wird die Wahrheit der Außenwelt bekannt werden! Aber ich habe sehr wenig Hoffnung durchzuhalten, bis alles geregelt ist! Lise hält mit Mühe die Tränen zurück, sie will ihren Kummer vor mir verbergen: »Im Augenblick ist es das wichtigste, daß du für deine Gesundheit sorgst. Alles andere wird gut werden. Verlaß dich darauf!«
Ich umarme Opa, Oma, Françoise, meine beiden Jungen. Dann drücke ich Lise fest an mich und flüstere ihr ins Ohr: »Die Lebensbedingungen in Leopoldov sind auf die Dauer für mich tödlich. Ich werde nicht ärztlich behandelt und fühle mich immer schlechter. Ich glaube nicht, daß ich unter diesen Umständen noch lange durchhalten kann. Bemühe dich, so schnell wie möglich zu handeln. Auch ich bin bereit, zur Aktion überzugehen!«
Lise lächelt mir durch ihre Tränen zu . . . sie sind weg.
Ich bleibe allein in einer Zelle in Pankrac zurück. Die Abreise meiner Familie befreit mich von meiner größten Sorge. Sobald ich wieder in Leopoldov bin, kann ich beginnen, für die Wahrheit zu kämpfen.

Zwei Tage später bringt man mich mit einem großen Transport von Häftlingen ins Zentralgefängnis zurück. Ich bin der einzige, der Ketten trägt. Körperlich geht es mir immer schlechter; mein Fieber muß noch gestiegen sein. Diese Hin- und Rückreise in der Kälte mit unzureichender Bekleidung hat meinen Gesundheitszustand verschlimmert. In Leopoldov steckt man mich in eine neue Zelle mit etwa vierzig Insassen, von denen ich keinen kenne. Am nächsten Morgen muß ich wieder zur Arbeit. Mittags sehe ich flüchtig Vavro, der an meiner Zelle vorgeigeht, und teile ihm den Grund meiner Reise nach Prag mit.
Meine Temperatur steigt, alles dreht sich um mich. Am Nachmittag verliere ich die Besinnung. Ich habe 41 Grad Fieber. Ein Krankenpfleger gibt mir Aspirin und trägt mich für die ärztliche Visite am nächsten Tag ein. Ich verbringe eine schreckliche Nacht - das Fieber, das nicht sinken will, verursacht Alpdrücken. Ich schwitze, mir ist kalt, mir ist heiß . . . ich kann nicht atmen und meine, ich muß sterben . . .
Am nächsten Tag bin ich außerstande aufzustehen und in die Werkstätte zu gehen, von der ich dann normalerweise zur ärztlichen Visite gebracht würde. Der Wärter drängt mich, aber ich kann den Fuß nicht auf den Boden aufsetzen. Zwei Stunden später holt man mich aus der Zelle und trägt mich auf einer Bahre ins Krankenrevier. Ich bin am Ende!
Der Arzt, ein Häftling, der das Krankenrevier leitet, mißt meine Temperatur. Sie ist immer noch so hoch. Jetzt horcht er mich ab, untersucht mich gründlich und stellt eine Bronchopneumonie fest mit doppelseitigem Wiederaufbrechen des tuberkulösen Prozesses. Er ordnet meine sofortige Einlieferung ins Hospital an. So liege ich jetzt in einer Zelle des Krankenreviers, in der ich mit energischen Maßnahmen, namentlich mit Streptomyzin- und Penicillinspritzen behandelt werde.

Meine Familie verläßt Prag am 6. Oktober 1954. Die Abreise hat sich verzögert, denn man mußte auf die französischen Visa für die Eltern warten. Nach mehrfachen Interventionen Raymonds, wobei er bis zum damaligen Innenminister François Mitterrand vordrang, haben sie endlich die Visa erhalten. Meiner Frau und den drei Kindern erleichterte das französische Konsulat alle Formalitäten für die Abreise.
Zur letzten Mahlzeit ist meine Familie bei Antoinette eingeladen. Leopold Hoffmann und seine Frau Libuše sind, um sich zu verabschieden, eigens aus ihrer Heimatstadt Budweis gekommen, in die sie nach der Freilassung Leopolds 1952 zurückgekehrt waren. Hoffman weiß, daß Lise die Absicht hat, sofort nach ihrer Ankunft in Paris Schritte zur Wiederaufnahme meines Prozesses zu unternehmen. Er ermutigt sie: »Wenn die französische Partei davon erfährt, wird sie dir helfen!«

»Wir haben auf deine baldige Rückkehr in unsere Mitte getrunken!« erzählte mir Lise später, als sie mir nach unserer Wiedervereinigung ihr Leben schilderte.
Renée und ihre Familie sowie Véra Hromadkova sind auch gekommen, um Abschied zu nehmen. Jeder Abschied macht traurig, aber dieser ist voller Verheißungen. Auf Wiedersehen und auf bald!
Trotz des Schmerzes, mich in der Ferne zurückzulassen, sind meine Lieben froh, daß ein so leidvoller Abschnitt ihres Lebens nun ein Ende nimmt. Sie werden jetzt einen neuen beginnen, von dem sie noch nicht ahnen, daß er mit dem Triumph der Wahrheit enden wird.
Fernande und Raymond sowie Frédo und seine junge Frau Monique erwarten meine Familie auf dem Flughafen; sie wird mit Ausnahme Lises, die bei ihrem Bruder in Ivry schlafen wird, bei Raymond wohnen. Meine geheime Botschaft steckt in einem der nach Frankreich transportierten Möbelstücke. Lise hat gut daran getan, sie nicht bei sich zu tragen, denn auf dem Prager Flughafen haben die Zöllner alle Gepäckstücke und Handtaschen sorgfältig durchsucht und alles Geschriebene beschlagnahmt. Wahrscheinlich hatten sie vom Sicherheitsdienst entsprechende Weisungen erhalten.
Die Schwester meiner Frau hat für sie eine Stelle als Sekretärin in einem Konfektionshaus gefunden; der Lebensunterhalt meiner Familie ist gesichert.
Lise hat Raymond mündlich über meine Lage in Kenntnis gesetzt und ihm alle Stränge der Maschinerie erklärt, die der Sicherheitsdienst gegen mich in Bewegung gesetzt hat, sowie die schändlichen Angriffe gegen die Kommunistische Partei Frankreichs und einige ihrer Politiker. Für meinen Schwager bedeutet das einen Schock. Drei Wochen später holt Lise sich meine Botschaft aus dem Depot, wo die Möbel noch lange Monate bleiben werden, bis meine Familie eine Wohnung in Paris findet.
Auf Raymonds Anraten schreibt Lise unverzüglich an die Parteileitung mit der Bitte, ihr die Mitgliedskarte der Kommunistischen Partei Frankreichs zuzusenden.

Im Krankenrevier werden mir auch Spritzen verordnet, die mir Tag und Nacht alle vier Stunden gegeben werden sollen. Tagsüber kann das ein Arzt oder Krankenpfleger ohne Schwierigkeiten ausführen. Abends jedoch sind sie nicht da, und die Injektionskur darf nicht unterbrochen werden. Der Wärter fragt in der Zelle, in der ich liege, ob es unter dem Dutzend Kranken einen gäbe, der imstande wäre, Spritzen zu verabreichen. Ein Häftling meldet sich und bietet sich an, mich zu betreuen. Die Wärter vereinbaren mit ihm, daß sie ihm die Spritze alle vier Stunden durch das Guckfenster reichen werden.

Dieser Mann pflegt mich mit Hingabe. Ich habe über 40 Grad Fieber, und es geht mir elend. Er bleibt an meinem Bett sitzen, legt mir kalte Umschläge auf die Schläfen und um die Handgelenke. Er gibt mir zu trinken und macht die Injektionen. Er erzählt mir sein Leben: Er stammt aus Spišska Nova/Ves und war Mitglied der nationalsozialistischen Partei. Während des Kriegs kämpfte er als Oberleutnant in der SS-Division »Das Reich«. Er schließt seine Erzählung mit den Worten: »Siehst du, wie weit es uns beide gebracht hat? Jeder von uns bezahlt sein Vertrauen, ich meines zu Hitler, du deines zu Stalin!« Und er meint: »Wäre Hitler nicht so dumm gewesen, hätte er die UdSSR nicht angegriffen, in den besetzten Ländern, besonders in Rußland, nicht so furchtbare Blutbäder angerichtet und nicht die Juden abgeschlachtet, dann hätten wir den Krieg nicht verloren.«

Ein andermal sagt er: »Komisch, daß wir, die wir so entgegengesetzte Standpunkte eingenommen haben, einander hier treffen, im selben Gefängnis, in derselben Zelle: ich als Kriegsverbrecher zu dreißig Jahren Kerker und du als Kommunist zu lebenslänglichem Freiheitsverlust verurteilt...«

Er sorgt wirklich gut für mich, bis man mich aus dem Krankenrevier wegschafft. Ich habe ihn nie wieder gesehen. Später erfuhr ich, daß er bei einem Gefangenenaustausch mit Westdeutschland freigelassen worden war.

Er sagte mir immer, er habe sich kein Verbrechen vorzuwerfen. Seinen Angaben nach war er auf eine briefliche Anzeige hin, in der man ihn als besessenen Nazi hingestellt hatte, verhaftet worden. Er leugnete auch nicht, ein aktives Mitglied der Hitlerpartei gewesen zu sein.

Nachdem ich etwa eine Woche im Lazarett gelegen habe, werde ich um den 20. Oktober eines Nachmittags in einen Raum gebracht, in dem mich ein Militärstaatsanwalt erwartet, den ich beim Prozeß Zavodskys gesehen habe.

Er stellt sich als Staatsanwalt des Obersten Militärgerichts vor und beginnt mich über Pavel zu verhören. Es wundert mich, denn ich weiß, daß Pavel bereits verurteilt ist. Zuerst beantworte ich seine Fragen ausweichend, versuche Zeit zu gewinnen und zu verstehen, worauf er hinaus will. Gleichzeitig raffe ich mich zusammen - wie ein Athlet vor seinem Anlauf -, um ihm, endlich, zu sagen, was ich von den Prozessen halte.

Mein Entschluß ist gefaßt. Ich sage: »Alle Anklagen gegen Pavel sind falsch. Er ist unschuldig!« Der Staatsanwalt blickt mich überrascht an. »Und das sagen Sie mir heute?« Seine Stimme schallt, und ich sage ihm: »Schreien Sie nicht. Ich sage Ihnen das heute und will noch viel mehr sagen. Wenn ich es bis jetzt nicht getan habe, so darum, weil es eben unmöglich war.« Darauf erzähle ich ihm, wie ich und meine Familie in

Ruzyně bedroht worden waren, falls ich meine Geständnisse zurücknähme. »Wer hat Sie bedroht?« fragt er. Ich nenne Kohoutek und beschreibe, wie er aussieht. Ich füge hinzu: »Da meine Familie sich bereits außer Landes befindet und Unterdrückungsmaßnahmen sie nicht mehr treffen können, da ich mich ferner zum erstenmal in Gegenwart eines Mannes befinde, der nicht dem Sicherheitsdienst angehört, sondern Staatsanwalt ist, ist es mir endlich möglich, diese Erklärung abzugeben. Gleichzeitig bitte ich Sie, Sicherheitsmaßnahmen zum Schutz meines Lebens zu treffen, denn ich wiederhole: es wurden Drohungen gegen mich ausgesprochen, mich, falls ich widerrufe, wie eine Ratte krepieren zu lassen.«
Der Staatsanwalt ist leichenblaß geworden. Er fragt: »Und die anderen Spanienfreiwilligen?«
»Es ist bei allen das gleiche. Ich kann Ihnen versichern, daß alle Erklärungen und ›Geständnisse‹, die von mir über sie erpreßt wurden, falsch sind, ebenso wie alle von ihnen gegen mich erhobenen Beschuldigungen. Keiner von ihnen hat jemals als Feind der Partei gehandelt, ganz im Gegenteil.«
Wieder schweigt er. Dann fragt er: »Und Sie?«
»Ich bin ebenso unschuldig wie die anderen. Der ganze Slansky-Prozeß wurde von A bis Z künstlich aufgebaut.«
Die Pfeife fällt ihm aus dem Mund, er steht auf und ruft den Wärter. Dabei zittert er vor Erregung. Er sagt, man soll mich hinausbringen und im Korridor warten lassen.
Nach einer halben Stunde läßt er mich wieder vorführen. Er geht nervös auf und ab: »Herr London, was Sie mir soeben gesagt haben, ist eine schreckliche Enthüllung, von höchster Bedeutung, und ich sehe mich gezwungen, meinen Vorgesetzten davon in Kenntnis zu setzen!«
»Zu diesem Zweck habe ich zu Ihnen gesprochen. Ich bitte Sie sogar ausdrücklich, unser Gespräch Ihren Vorgesetzten, dem Präsidenten der Republik und der Parteileitung zur Kenntnis zu bringen. Ich bitte Sie auch, mich regelrecht verhören zu lassen, so daß ich mich im einzelnen aussprechen kann. Aber ich wiederhole mein Ersuchen, Maßnahmen zur Wahrung meiner Sicherheit zu treffen.«
Daraufhin werde ich wieder ins Krankenrevier gebracht. Am nächsten Tag verlange ich eine Sondererlaubnis, um einen Brief an den Generalstaatsanwalt zu schreiben. Man gestattet mir, ein Blatt zu beschreiben. In wenigen Zeilen erkläre ich, daß ich durch physische und psychische Gewaltanwendung dazu gezwungen wurde, falsche »Geständnisse« über mich und andere Angeklagte abzulegen.
Es ist soweit! Der Brief ist abgeholt worden. Jetzt heißt es nur mehr abwarten, was weiter geschieht.

Es gelingt mir, Hajdu und Hromadko eine Botschaft zukommen zu lassen, um sie über den Verlauf meiner Besprechung mit dem Staatsanwalt und mein schriftliches Ersuchen um Wiederaufnahme des Prozesses zu informieren. Ich lasse Hajdu sagen, der Augenblick scheine mir für ihn gekommen, das gleiche zu tun.

Indessen erhalte ich am 24. Oktober 1954 den Besuch meiner Kusine Hanka. Für mich ist das eine unverhoffte Gelegenheit, den von mir unternommenen Schritt unverzüglich der Außenwelt bekanntzugeben.

Diesen Besuch, drei Wochen nach dem Besuch meiner Familie in Prag, verdanke ich einem glücklichen Zufall. Das Recht auf einen Besuch alle fünf Monate ist von der Verwaltung automatisch auf meine Kusine übertragen worden, die meine Gewährsperson in der Außenwelt ist. Meine Reise nach Prag und zurück auf Anweisung des Sicherheitsministeriums gilt hier nicht als Besuch.

Hanka berichtet mir, daß meine Familie in Frankreich gut angekommen ist und bei Raymond Guyot wohnt.

Ohne mich um die Anwesenheit des Wärters zu kümmern, entschließe ich mich, sie über die neuen Entwicklungen zu unterrichten. So wird Lise in wenigen Tagen von Hanka davon erfahren.

Ich erkläre ihr, daß ich mit dem Staatsanwalt gesprochen, alle meine Erklärungen und »Geständnisse« zurückgezogen und schriftlich beim Generalstaatsanwalt um Wiederaufnahme meines Prozesses ersucht habe, »da alle meine Aussagen und Geständnisse durch gesetzwidrige physische und psychische Druckmittel erreicht worden sind«.

Dem Wärter stockt der Atem, als er mich so sprechen hört – er weiß, wer ich bin und um welchen Prozeß es sich handelt –, und er ist so neugierig, daß er der Fortsetzung dieses Gesprächs kein Hindernis in den Weg legt.

Hanka freut sich über diese Nachricht. Sie ist aber auch sehr besorgt, denn ich erzähle ihr von meinem schweren Tuberkuloserückfall und meiner schlechten allgemeinen Verfassung. Sie verspricht, sofort nach ihrer Rückkehr nach Kolin meiner Frau einen Brief zu schreiben, um ihr die letzten Ereignisse zu berichten. Und hält ihr Versprechen.

Später erzählte mir Lise, was sie tat, nachdem sie diesen Brief anfangs November erhalten hatte.

»Mein erster – entsetzlicher – Gedanke war, daß dich die Krankheit für immer von uns zu reißen drohte, und dies gerade im Augenblick, da du die Wiederaufnahme deines Prozesses verlangt hattest. Ein schreckliches Gefühl! Ich werde mir klar, daß sich da ein richtiges Wettrennen gegen die Uhr entspinnt, dessen Einsatz dein Leben ist. Ich dachte an deine Worte bei unserem Abschied: ›Beeil dich, Lise, verliere keine Zeit. Diesem Leben in Leopoldov bin ich nicht mehr lange gewachsen!‹

Ich setzte Raymond sofort von den schlechten Nachrichten, die ich über deine Gesundheit erhalten hatte, in Kenntnis, sowie auch von dem Kampf, den du nun begonnen hattest, um deine Unschuld zu beweisen. Ich sagte ihm, daß ich beabsichtigte, mich noch am selben Tag an die höchsten Behörden der Partei und des tschechoslowakischen Staates mit dem Verlangen zu wenden, daß alle Maßnahmen getroffen wurden, namentlich deine bedingte Freilassung, um zu verhindern, daß du fern von uns stirbst.

Raymond erteilte mir den Rat, im Augenblick nur das menschliche Problem, deine Gesundheit, aufzuwerfen. Nicht zu polemisieren, indem ich von deinem Kampf um die Rehabilitierung spreche und dadurch vielleicht verhinderte, daß eine sofortige Maßnahme zum Schutz deiner Gesundheit getroffen wird. Seine Überlegung schien mir richtig. Er sagte mir: ›Das Hauptproblem ist im Augenblick Gérards Rettung!‹

Ich sandte also persönliche Briefe an Novotny, den Ersten Parteisekretär, an Zapotocky, den Präsidenten der Republik und an den Justizminister. Der Brief an den Präsidenten lautete folgendermaßen:

Paris, 9. November 1954

An den Herrn Präsidenten der
Tschechoslowakischen Republik
Antonin Zapotocky
Prag

Herr Präsident,
im Namen meiner drei Kinder Françoise, Gérard, Michel sowie in meinem eigenen Namen erlaube ich mir, Sie um die Gunst zu bitten, ihren Vater, meinen Mann Artur London, derzeit Häftling im Gefängnis Leopoldov, dessen Gesundheitszustand sich in letzter Zeit lebensgefährlich verschlimmert hat, bedingt in Freiheit zu setzen. Ich wurde soeben durch einen Brief von der Kusine meines Mannes, Hanka Urbanova, davon in Kenntnis gesetzt, daß sie ihn am 24. Oktober d. J. besuchen durfte und ihn im Hospital antraf, wo er mit einer Bronchopneumonie eingeliefert worden war. Die Krankheit hatte er sich wahrscheinlich bei der Reise zugezogen, die er anfangs Oktober nach Prag unternahm. Dort sollte unser vom Innenminister autorisierter Abschiedsbesuch stattfinden, da meine Eltern, meine Kinder und ich vor der Abreise nach Frankreich standen. Die Krankheit meines Mannes kann zu den ernstesten Folgen führen . . .
Nach unserer Rückkehr von der Deportierung erlitt er 1946 einen lebensgefährlichen Tuberkuloserückfall - neue Kavernenbildung und

tuberkulöse Peritonitis -, den er wie durch ein Wunder überstand, der aber irreparable Spuren hinterließ. Seine Atmungskapazität war 1948 geringer als 50 %, was ihn bereits damals zum Invaliden machte. Wir haben daher allen Grund, bei einer neuen Bronchopneumonie das Schlimmste zu befürchten. Unter diesen Umständen bitten seine Kinder und ich um seine bedingte Freilassung. Diese Bitte gründet sich auf humanitäre Gefühle.
In einer Zeit, da die demokratische Republik sich festigen soll, glaube ich, Herr Präsident, daß auch die Sorge um einen Menschen nicht groß genug sein kann, und ich erlaube mir deshalb die Bitte, einem so kranken Mann, dessen Leben bedroht ist, eine bedingte Freilassung zu gewähren.
Ich kenne die erhabenen Gefühle, die Sie beseelen, Herr Präsident, Ihre Redlichkeit als Kommunist und Staatsmann, deretwegen sie von allen verehrt werden, und Ihre tiefe Menschlichkeit; so wende ich mich vertrauensvoll, als Mutter und Frau, an Sie, denn es wäre für mich ein ungeheurer Schmerz, müßte ich den Vater meiner drei Kinder, meinen Mann, im Gefängnis sterben sehen.
Herr Präsident, ich weiß, daß ich mich unter diesen Umständen nicht vergeblich an Sie wende, und danke Ihnen im voraus in meinem Namen und in dem meiner Kinder.

Lise Ricol-Londonova.

Ich setzte mich telefonisch mit dem tschechoslowakischen Botschafter in Paris, Soucek, in Verbindung und bat ihn um eine dringende Unterredung. Er setzte sie für den nächsten Tag an. Ich muß sagen, daß er sich sehr nett zeigte. Ich gab ihm drei Briefe und bat ihn, sie so schnell wie möglich zu übermitteln, weil es für dich um Leben und Tod ging. Er sagte mir, der Kurier gehe am nächsten Tag ab und meine Briefe würden noch am selben Abend in Prag sein. Das würde also am 11. November 1954 sein, am sechzehnten Geburtstag unserer Françoise!«

5

Einige Tage nachdem ich meinen Brief an den Generalstaatsanwalt abgeschickt habe, ergeht der Befehl, mich aus dem Krankensaal zu entlassen. Der Protest des Arztes ist vergeblich; man verbietet ihm sogar, mir Medikamente mitzugeben. Man bringt mich in das neue Gebäude. Ich glaube, daß es sich um eine Versetzung auf Grund meines Briefes

handelt. Wird man mich wieder nach Ruzyně bringen? Davor fürchte ich mich am meisten. Doch bald begreife ich, daß dem nicht so ist. Ich werde in eine Isolierungszelle gebracht.
Schon seit einiger Zeit kursierte in Leopoldov das Gerücht, daß in dem neuen Gebäude der Zentrale eine Isolierungsabteilung geschaffen worden war. Bevor ich zum Besuch meiner Familie nach Prag gefahren war, hatte ich gehört, daß sich die Verurteilten des sogenannten Prozesses »der slowakischen bourgeoisen Nationalisten« sowie die Ortssekretäre der Gruppe Švermova dort befanden. Nach meiner Rückkehr erfuhr ich, daß andere Häftlinge in dieser Abteilung untergebracht worden waren, namentlich Pavel, Valeš, Kevic. Die Maßnahme war von allen Häftlingen mit Besorgnis verfolgt worden, da sie deren Gründe nicht verstanden.
Nun bin ich mit dem bekannten Intellektuellen Kostohryz zusammen, der im Zusammenhang mit dem Prozeß der Grünen Internationale* zu einer schweren Strafe verurteilt worden ist. Er empfängt mich freundlich und informiert mich sofort über unsere Lebensbedingungen. Wir sind vom Rest des Zentralgefängnisses isoliert. Nur wenige Wärter haben zu dieser Abteilung Zutritt, den anderen ist er untersagt. Die Stockwerke sind voneinander völlig abgeschlossen. Man bemüht sich auch, die Isolierung der einzelnen Zellen aufrechtzuerhalten, was schwierig ist, denn wir bringen es zuwege, durch Klopfen an die Wände und auch während des Ausgangs, zu dem die Häftlinge aus mehreren Zellen gleichzeitig kommen, untereinander in Verbindung zu treten. So gelingt es mir, Goldstücker, Kevic, Pavel, Valeš, Hašek und noch andere zu sehen.
Verwundert erfahre ich, daß auch Hajdu fast zur gleichen Zeit wie ich in diese Abteilung versetzt worden ist. Zu unserer beiderseitigen Freude befindet er sich in meiner Nachbarzelle. Löbl hingegen ist im alten Gebäude geblieben.
Mein Kamerad erzählt mir, daß Pavel in unserem Stockwerk als Speisenträger beschäftigt ist. Er macht sich übrigens schon bei der ersten Suppenverteilung bemerkbar. Zusammen mit den zwei Eßnäpfen, die er durch das Guckfenster reicht, schiebt er einen Bleistift und ein Blatt Papier mit ein paar Worten hinein: »Ich muß wissen, ob Du über mich schon verhört worden bist und wie dieses Verhör vor sich ging.« Bei der Rückgabe der leeren Eßnäpfe flüstere ich ihm zu: »Heute abend!« Am Nachmittag, während der andere Häftling beim Guckfenster aufpaßt, schreibe ich für Pavel mein Gespräch mit dem Staatsanwalt auf, den Widerruf aller meiner »Geständnisse« und Erklärungen über mich und

---

* Dieser Prozeß umfaßte die politischen Parteien der Rechten, insbesondere die Agrarier.

die anderen Angeklagten - ihn eingeschlossen -, sowie mein Verlangen nach Wiederaufnahme des Prozesses, das ich mündlich und schriftlich zum Ausdruck gebracht habe. Am Abend, beim Abholen der Eßnäpfe, läßt Pavel mein Briefchen mit einer wahrhaft eines Taschenspielers würdigen Geschicklichkeit verschwinden!
Ich versuche, mit meinem Freund Vavro in Verbindung zu treten. Ihm ist jedoch das Alphabet der alten Bolschewisten, das ich verwende, nicht bekannt. Dank Pavels Bleistift kann ich ihm schon am nächsten Tag beim Ausgang den Schlüssel dieses Alphabets zukommen lassen. So halten wir den Kontakt zwischen uns aufrecht, wobei wir sehr vorsichtig verfahren. Er läßt mich wissen, daß er lieber noch ein wenig warten will, ehe er die Wiederaufnahme seines Prozesses verlangt.
Während man mich auf der Krankenstation energisch mit Antibiotika und anderen Medikamenten behandelt hatte, geschieht hier überhaupt nichts mehr! Jeden Tag verlange ich, zur ärztlichen Visite gehen zu dürfen und Medikamente zu erhalten. Vergeblich! Das einzige, was ich erreiche, ist eine Zusatzration Milch. Die Tage verstreichen, mein Fieber nimmt wieder zu. Es geht mir schlecht, und ich beginne zu glauben, daß man mich in diesem Loch wie eine Ratte krepieren lassen will. Wahrscheinlich ist das die Umsetzung der Drohung der Ruzyňer Männer in die Praxis!
An einem Spätnachmittag, kurz vor dem Zapfenstreich (es war um den 10. Dezember 1954), erscheint der Oberwärter persönlich und erteilt mir die Anweisung, mich für eine Verlegung bereitzumachen. Ich versuche, Vavro die Nachricht durchzugeben; in der Eile gelingt es uns jedoch nicht, einander zu verstehen. Ich nehme Abschied von meinem Zellengenossen, mit dem ich mich ausgezeichnet verstanden habe, und bitte ihn, Vavro mitzuteilen, was mit mir vorgeht.
Kurze Zeit später bin ich allein in einer Zelle im Erdgeschoß, ohne daß man mir irgend etwas erklärt hätte. Nach etwa einer Stunde kratzt ein im Gang arbeitender Häftling an meiner Tür und flüstert mir durch das Guckloch zu, man habe Löbl eben in eine Zelle dieser Abteilung gebracht; er soll woandershin gebracht werden. Löbl läßt mich fragen, wohin ich komme. Ich antworte, ich weiß es nicht, und frage, ob jemand weiß, was aus Hajdu geworden sei. Es ist mir nämlich bei der Nachricht, daß Löbl hier ist, der Gedanke gekommen, daß wir vielleicht alle drei auf den Brief hin, den ich geschrieben habe, nach Ruzyně gebracht werden.
Bis zum Morgen grüble ich in meiner Zelle und bereite mich auf alle möglichen Eventualitäten vor.
Am nächsten Morgen läßt man mich in den Korridor hinaus, hält mich jedoch von einer Häftlingsgruppe fern, die offenbar gleichfalls woanders-

hin gebracht werden soll. Ich sehe Löbl, aber nicht Vavro! Es gelingt Löbl nach und nach, indem er mit anderen Häftlingen die Plätze tauscht, in meine Nähe zu gelangen. Er fragt mich, was vorgeht. In wenigen Worten berichte ich ihm von meinem Gespräch mit dem Staatsanwalt und von meinem Brief. Er ist überrascht. Ob ich mir die Folgen gut überlegt habe, die meine Handlung nach sich ziehen kann? Ich sage ihm, ich bin entschlossen, bis zum äußersten zu gehen, und rate ihm, das gleiche zu tun: »Jetzt oder nie!«

Es wird der Befehl erteilt, in die Zellen zurückzukehren. Ich benutze die Gelegenheit, um mit Löbl in seine Zelle zu gehen. So können wir einige kostbare Minuten lang miteinander sprechen. Er fragt nach den Verhältnissen in der Isolierabteilung, wer dort sei und was die Häftlinge von der jetzigen Lage hielten.

Ich erzähle ihm das wenige, das ich dort erfahren habe, und insbesondere, wie ich die anderen Angeklagten gedrängt habe, einen ähnlichen Schritt wie ich zu unternehmen. Löbl ist unschlüssig: »Und was sagt Goldstücker?« Ich teile ihm mit, daß Goldstücker es sich noch überlegt und daß ich glaube, er werde es tun.

Wir verlassen die Zellen, doch soll ich, gegen meine Erwartung, nicht mit Löbl und den anderen gehen. Diese steigen in einen Autobus, während man mich, auf eine Tragbahre gefesselt, in einen Krankenwagen legt. Neben mir sitzt ein Wärter, ein zweiter neben dem Chauffeur. Daß ich anders als die übrigen behandelt werde, beunruhigt mich.

Damals wußte ich nicht, daß meine Frau, durch den Brief meiner Kusine Hanka verständigt, ihrerseits bereits Schritte unternommen hatte.

Während der Fahrt wird mir klar, daß es in Richtung Prag geht. Wohin aber? Nach Ruzyně oder anderswohin? Wir treffen gegen Mitternacht ein. Wir sind im Gefängnis Pankrac! Man bringt mich in eine Abteilung, befiehlt mir, mich auszuziehen. Erstaunt stelle ich fest, daß sehr wenige Zellen besetzt sind und daß vor den besetzten Zellen die Kleider der Häftlinge zusammengelegt bei der Tür liegen. Das sehe ich zum erstenmal.

Die Zelle, in der ich mich befinde ist sehr sauber, frisch getüncht. Unter der Farbe sind Inschriften an den Wänden, sie wurden aber sorgfältig abgekratzt und unleserlich gemacht.

Der Strohsack befindet sich unmittelbar vor der Tür; wenn ich liege, ist mein Kopf einen Meter von ihr entfernt, gegenüber dem Fenster. Meine Kleider hat man mir weggenommen, mir aber den Tabak gelassen. Ich kann nicht einschlafen, quälende Gedanken beherrschen mich: »Was wird jetzt mit mir geschehen?« Und ständig die Vorstellung, daß man mich beseitigen will ...

Die Deckenlampe brennt. Da ich nicht schlafen kann, beschließe ich, eine

Zigarette zu rauchen. Während ich sie anzünde, bemerke ich plötzlich, daß das Guckfenster in der Tür offensteht und ein Wächter mich beobachtet. Erst glaube ich, es sei der Zeitpunkt seiner Runde. Nach einiger Zeit stehe ich auf, um mir noch eine Zigarette anzuzünden, und sehe, daß das Guckfenster immer noch offen ist und der Wächter am gleichen Platz steht. Da fällt mir ein, daß diese ständige Überwachung im allgemeinen in der Abteilung der zum Tode Verurteilten geübt wird. Nun begreife ich, weshalb die Kleider vor den Türen liegen, die Zellen so sauber, sorgfältig frisch getüncht und die Inschriften abgekratzt sind: ich bin in der Abteilung der zum Tode Verurteilten.
Ich wende mich an den Wärter und frage ihn: »Wo bin ich?« - »Das werden Sie doch wissen!« - »Ich weiß, daß ich in Pankrac bin, aber warum in der Abteilung der zum Tode Verurteilten?« - »Sie müssen wissen, was Sie getan haben! Ohne Grund hat man Sie nicht hierhergebracht!« - »Aber ich bin zu lebenslänglichem Gefängnis verurteilt, nicht zum Tod!« - »Sie können ja morgen beim Rapport die Frage stellen.«
Am Morgen verlange ich, zum Direktor oder zum Oberwärter geführt zu werden, um eine Erklärung zu erhalten. Niemand holt mich oder besucht mich. Dagegen werde ich zum Ausgang geführt. Bevor ich aus der Zelle trete, klatscht der Wärter in die Hände und ruft: »Alle fort aus dem Korridor. In die Zellen!« Ich bin allein in dem kleinen Innenhof. Bevor ich wieder in den Korridor und in die Zelle komme, spielt sich der gleiche Vorgang ab: Händeklatschen des Wärters und Befehl »Alles in die Zellen!« Das gilt den Häftlingen vom Arbeitsdienst.
Die Szene wiederholt sich etwas später, als man mich zu den Duschen führt. Für mich besteht kein Zweifel mehr, das ist die Hausordnung für die zum Tode Verurteilten. Und immer noch zeigt sich weder der Direktor noch ein Oberwärter, mit dem ich sprechen könnte.
Am dritten Tag verweigere ich jede Nahrungsaufnahme und erkläre, in den Hungerstreik zu treten. Die Wärter wollen mich zur Aufgabe meiner Absicht bewegen. »Ich habe in dieser Abteilung nichts zu suchen. Ich bin nicht zum Tode verurteilt, sondern zu lebenslänglichem Gefängnis. Ich will wissen, was man mit mir vorhat!«
Am nächsten Tag werde ich zum Gefängnisdirektor geführt. Er fragt mich, warum ich mich zum Hungerstreik entschlossen habe; nachdem er mich angehört hat, rät er mir, ihn aufzugeben. »Ich habe mich über Ihren Fall beim Staatssicherheitsdienst erkundigt. Ich erhielt zur Antwort, daß Sie in nächster Zeit von einem seiner Vertreter angehört werden sollen.« Er fügt noch hinzu, ich brauche mich über mein Schicksal nicht zu beunruhigen, denn ich befände mich in der Obhut der Gefängnisverwaltung von Pankrac, ich solle mich bis zu der Besprechung gedulden.

Ich warte ungeduldig und besorgt auf dieses erste Verhör, fange aber wieder zu essen an. Doch ich werde weiterhin auf die gleiche Weise behandelt, und es kommt niemand zu mir. Am 24. Dezember lehne ich das Essen erneut ab. Am Nachmittag kommt ein Oberleutnant in meine Zelle. »Sie kommen hier raus«, teilt er mir mit. »Ich bringe Sie woandershin.« Wohin führt er mich? Hier sind wir in der Abteilung, in der sich das Lazarett befindet; das kenne ich, weil ich einmal von Ruzyně hierher kam. Ich weiß aber auch, daß sich unmittelbar dahinter der Platz befindet, wo die Hinrichtungen stattfinden. Ich beruhige mich erst, als der Offizier eine Zelle öffnet und sagt: »Treten Sie ein, wir sind angelangt!«

Ich bin im Krankenrevier. In dieser Zelle stehen zehn Betten, von denen nur zwei - von einem Zigeuner und einem Jugoslawen - belegt sind. Ich habe die kritische Etappe erfolgreich überstanden, habe meine Geständnisse widerrufen und bin weiter am Leben! Später werde ich erfahren, daß es die Aktion meiner Frau von Paris aus war, die die Parteileitung aufgeschreckt und die Waagschale zu meinen Gunsten beeinflußt hat...

Für mich sind das schöne Weihnachten, Weihnachten der Hoffnung. Ich lebe wieder auf!

6

In der zweiten Dezemberhälfte liest meine Frau in den Personalnachrichten des *Monde* eine Anzeige, über die sie sich sehr freut: Noel Field ist vor kurzem von der ungarischen Regierung offiziell rehabilitiert worden. Kurz vorher hatte die polnische Regierung seinen Bruder Herman rehabilitiert. Lise schilderte mir jenen Tag:

»Ich las die Nachricht in der Métro auf der Fahrt zu einem Begräbnis. Ich war aufgeregt und ungeduldig und wollte Raymond gleich treffen, um ihm zu sagen, daß endlich eine neue juristische Situation gegeben war, wodurch eine Wiederaufnahme des Prozesses in größere Nähe rückte, und daß ich schon am nächsten Tag um ein Visum ansuchen wollte, um nach Prag zu fahren.

Der Botschafter empfing mich. Ich legte ihm die Tatsachen dar und bat ihn, mein Ersuchen nach Prag weiterzuleiten.«

So rückt für die Meinen das Jahresende mit den Weihnachts- und Neujahrsfeierlichkeiten heran. Meine Frau schreibt fast täglich an Hanka, Renée und Antoinette nach Prag, so daß die drei, indem sie die Briefe vergleichen, trotz der Zensur verstehen können, welche Schritte sie unternimmt, und Hanka in der Lage ist, mir davon zu berichten.

Am 26. Dezember gibt Lise mir in einem langen Brief mitten in der Schilderung des Weihnachtsabends die Nachricht der Rehabilitierung der Brüder Field zu verstehen und erwähnt auch ihre Vorsprache beim Botschafter und ihre Reise nach Prag, um die Wiederaufnahme meines Prozesses in die Wege zu leiten. Dann schreibt sie: »Seit Hankas letztem Brief, in dem sie uns keine guten Nachrichten von Emile (ich) gibt, machen wir uns große Sorgen um seine Gesundheit. Daß er aber seinen Wohnort (Leopoldov) verlassen hat und in seine alte Heimatstadt (Prag) zurückgekehrt ist, scheint uns sehr erfreulich. Wahrscheinlich ist es die Antwort auf das von seiner Familie im November ausgedrückte Ersuchen. Wir hoffen, daß er jetzt die Pflege erhält, die er braucht, und daß ihm nun glücklichere Zeiten bevorstehen.«
Sie wissen also, daß ich nach Prag gebracht worden bin!
Am 1. Januar schreibt Lise wieder: »Jedenfalls beabsichtige ich, nach den Feiertagen wieder zu dem Arzt zu gehen (dem tschechischen Botschafter), an den ich mich vor mehr als einem Monat gewandt habe, um mich zu erkundigen, wie es um meinen Antrag steht ...
... Ich habe ausführlich mit Fernandes Mann über die Erziehung der Kinder gesprochen. Er ist mit Gérards Arbeit zufrieden (sie meint den Brief, den ich zwecks Wiederaufnahme meines Prozesses geschrieben habe). Seiner Ansicht nach kann es für ihn ein positives Resultat nur dann geben, wenn er persönlich weiter handelt. Im Augenblick besteht gute Aussicht, daß seine umgeschriebene Dissertation endlich angenommen wird. Und dann wird der Weg für eine Professur (meine Rehabilitierung) für ihn offen sein ...
... Jeans Vater (Maurice Thorez) ist nicht in Paris. Er verbringt den Winter aus gesundheitlichen Gründen in der Provence. Seine Frau hat uns zweimal mit ihren Jungen besucht, sie hat uns viel Freundlichkeit erwiesen. Ihr Mann interessiert sich - das weiß ich - für die Gesundheit und den Gemütszustand meines Ältesten. Er meint, er soll sich operieren lassen (ich soll einen Antrag um Rehabilitierung stellen). Ein Kranker kann nur gesund werden, wenn er selbst den Wunsch zeigt, um sein Leben zu kämpfen. Vergangene Woche ließ er mir sowie den Eltern und den Kindern herzlichste Grüße übermitteln. ... Bei Tonča (in der Tschechoslowakei) dauert es lange, bis die Dinge geregelt werden, während man überall sonst schon soweit ist, sagte mir Raymond am Sonntag. Er wundert sich darüber, ebenso wie sein Freund Jean (Maurice Thorez) und fragt sich, was sie eigentlich treiben! Jedenfalls werden sie ihre Probleme nicht bei ihr lösen, sondern lieber mit dem Mutterhaus (Moskau). Nun, das ist ihre Sache ...«
Da Lise weder auf ihren ersten Brief, in dem sie meine bedingte Freilassung verlangt hatte, noch auf ihr mündliches Ersuchen um ein Visum

Antwort erhält, beschließt sie, nicht länger zu warten und einen offiziellen Antrag um Wiederaufnahme des Prozesses an den Präsidenten der Republik, A. Zapotocky, zu richten; das überreicht sie am 22. Februar 1955 dem Botschafter Soucek.
»Am 10. November 1954 habe ich mich an Sie gewandt, um eine bedingte Freilassung meines Mannes Artur London zu erwirken, der sich seit Januar 1951 in Haft befindet.
Seit diesem Tag hat sich etwas ereignet, wodurch das gegen meinen Mann ausgesprochene Urteil juristisch in Frage gestellt wird und ich mich berechtigt fühle, die Wiederaufnahme seines Prozesses zu verlangen. Der gegen ihn vorgebrachte Hauptanklagepunkt, er sei der besoldete Agent des amerikanischen Spionagechefs Noel Field gewesen, ist hinfällig. Nach der Rehabilitierung Herman Fields durch die polnische Regierung wurde nämlich sein seit fünf Jahren in Ungarn eingekerkerter Bruder Noel freigelassen und von der ungarischen Regierung glanzvoll rehabilitiert, man bot ihm außerdem das Asylrecht. Die Kommuniqués, die diese Tatsachen der öffentlichen Meinung der Welt zur Kenntnis bringen, betonen, daß die Spionagegeschichte der Brüder Field das Werk von Feinden der Demokratie war und daß die Urheber dieser Verbrechen gegen die Wahrheit und die Menschenrechte die ihnen gebührende Strafe erhalten werden.
Diese neuen Gegebenheiten ... machen es der tschechoslowakischen Justiz zur Pflicht, das gegen Artur London ausgesprochene Urteil zu revidieren. (Man kann sich vorstellen, welche verbrecherischen Druckmittel, welche gesetzwidrigen Polizeimethoden angewandt wurden, um von meinem Mann zu erreichen, daß er sich öffentlich eines Verbrechens schuldig bekannte, das er nicht begangen hat!)
Da Sie die höchste Instanz der Republik darstellen, wende ich mich an Sie, damit Sie die Wiederaufnahme des Falles A. London in die Hand nehmen, um die ganze Wahrheit ans Licht zu bringen und einem Unschuldigen, der überdies schwer krank ist, zu ermöglichen, in Freiheit seine Familie wiederzufinden und auch die nötige Pflege zu erhalten.
Ich teile Ihnen mit, daß ich auf dem gleichen Weg einen langen Brief an die Leitung der tschechoslowakischen Partei richte und darin auf gewisse Umstände hinweise, auf welchen schon vor der Enthüllung der Unschuld Fields meine Überzeugung von der Unschuld meines Mannes beruhte.
Ich wiederhole meinen Vorschlag an die Leitung der tschechoslowakischen Partei, wonach ich bereit bin, nach Prag zu kommen, um der Parteileitung und der Regierung mit all meinen Kräften zu helfen, Licht in den Fall London zu bringen; ich würde ihnen alle Dokumente und Informationen, die ich besitze und die für eine neue Untersuchung sehr nützlich sein können, zur Kenntnis bringen.«

In ihrem Brief an die Partei, den sie Antonin Novotny gesandt hat, faßt sie alle Unwahrheiten in der Anklageschrift und in meiner Aussage beim Prozeß zusammen, angefangen von »meinen Spionageverbindungen zu Noel Field«, meiner »trotzkistischen Tätigkeit«, meine »Sabotage der französischen Arbeiterbewegung«. Dann erwähnt sie kurz meine wirkliche Tätigkeit als Widerstandskämpfer bei den internationalen Brigaden während des Krieges und nachher bei der MOI und auch meine aktive Beteiligung am illegalen Widerstand in den Gefängnissen und im Lager Mauthausen. Im letzten Absatz schreibt sie:

»In allen Gefängnissen und Lagern, in denen er gefangen gewesen ist, haben ihn Vertrauen und Achtung seiner Kameraden immer an die Spitze der illegalen Organisationen der Partei und des Widerstands gestellt. Im Lager Mauthausen hat ihn seine internationalistische Gesinnung zu einem der Organisatoren und Anreger des internationalen Lagerausschusses gemacht - das können die tschechoslowakischen Genossen bezeugen, die mit ihm im Lager waren, zum Beispiel Antonin Novotny, Jiří Hendrych, beide Mitglieder des Parteisekretariats, Leopold Hoffman aus Budweis und viele andere...«

Doch die Wochen verstreichen, und Lise wird ungeduldig. Bisher hat sie sich abseits gehalten, ihre früheren Genossen nicht aufgesucht, um nicht auf die Fragen, die sie unweigerlich über mich und den Prozeß stellen würden, antworten zu müssen. Sie weiß, daß sie sich sehr umsichtig verhalten muß, daß sie der Presse keinen Anlaß geben darf, sich unserer Situation zu bemächtigen und sie auszunutzen. Das würde mir viel mehr Schaden als Nutzen bringen.

Da sie aber keinerlei Antwort erhält, beschließt meine Frau, nunmehr offener zu handeln und die Hilfe von Freunden in Anspruch zu nehmen. Mittwoch, den 9. März 1955, findet in Paris die Premiere der Marionettenspiele von Hurvinek und Špejbl statt. Lises Freundin Janine Chaintron teilt ihr mit, daß ihr Mann Plätze für die Vorstellung bekommen hat und ihr den seinen überlassen will. So begibt sich Lise zu dieser Vorstellung. Zahlreiche Genossen und Freunde aus früherer Zeit sind anwesend und empfangen sie mit Jubel: die Ehepaare Hilsum, Wurmser, Daquin, Magnien, die Brüder Soria... Der tschechoslowakische Botschafter kommt dazu, während sie von allen umgeben ist, und schüttelt ihr die Hand. In einem Brief an mich schreibt sie über den Abend:

»Janine und ich hatten sehr gute Orchesterplätze. Aragon und Elsa Triolet saßen in einer Loge. Sie grüßten mich und bedeuteten mir durch Handzeichen, ich solle zu ihnen herüberkommen. Ich ging also in ihre Loge. Sie umarmten mich und zeigten sich sehr erfreut, mich wiederzusehen. Wir plauderten, bis der Vorhang aufging, und ich beantwortete rückhaltlos ihre Fragen...«

Später erzählte mir Lise, sie hätten ihr damals berichtet, daß sie 1954 in Prag auf der Durchreise nach Moskau, wo Aragon den Vorsitz bei der Überreichung des Leninpreises führen sollte, eindringlich verlangt hätten, mit ihr zusammenzutreffen. Es sei ihnen jedoch nicht gelungen, die Sperre rund um Lise zu durchbrechen.
Gegenüber saß in einer Loge der Botschafter mit seiner Frau. Während Lise bei den Aragons stand, dachte sie: Morgen wird Prag über den Empfang informiert werden, der mir heute abend hier zuteil wurde! Sie nahm alle Einladungen zum Mittag- und Abendessen an, die sie an jenem Abend erhielt.

7

Am 15. April 1955 unternimmt meine Frau einen neuen Schritt. Sie überreicht in der Botschaft einen diesmal an Viliam Široky, den Ministerpräsidenten, gerichteten Brief:
»Lieber Genosse... Am 10. November habe ich, sobald ich von der schweren Erkrankung meines Mannes erfuhr, über die Botschaft in Paris einen Antrag um seine bedingte Freilassung aus Gesundheitsgründen an den Präsidenten der Republik, Genossen Antonin Zapotocky gerichtet und gleichzeitig das Sekretariat der tschechoslowakischen Partei von diesem Schritt informiert.
Kurze Zeit nach meinem Antrag wurde im Rundfunk die Nachricht von der Freilassung und dann von der völligen Rehabilitierung der Brüder Herman und Noel Field durch die polnische und die ungarische Regierung bekanntgegeben. Dieses neue Faktum wäre geeignet, die Revision des gegen meinen Mann ausgesprochenen Urteils nach sich zu ziehen. Deshalb habe ich am 22. Februar d. J. einen Antrag auf Wiederaufnahme seines Prozesses an den Präsidenten der Republik und einen längeren Brief an die Leitung der tschechoslowakischen KP gerichtet, in dem ich eingehend die Gründe darlege, auf die ich mich bei der Formulierung dieses Antrags stütze. Ich füge die Durchschläge dieser beiden Briefe bei. Nun habe ich bisher weder auf meinen ersten noch auf meinen zweiten Brief eine Antwort erhalten, obgleich die darin aufgeworfenen Fragen ernst genug sind, um eine Antwort zu rechtfertigen. Ich frage mich also, ob die Briefe tatsächlich ihre Empfänger erreicht haben oder unterwegs durch ›übereifrige‹ Beamte aufgehalten wurden.
Ich weiß, daß mein Mann seinerseits zweimal die Wiederaufnahme seines Prozesses verlangt hat - das erste Mal, wenn ich nicht irre, im No-

vember, das zweite Mal durch einen vom 22. Februar datierten Brief an das Sekretariat des Zentralkomitees der tschechoslowakischen KP. Auch er hat weder auf sein erstes noch auf sein zweites Schreiben, die vielleicht ihre Empfänger nie erreichten, eine Antwort erhalten.
Lieber Genosse, ich unternehme diesen Schritt nicht nur als Ehefrau und Mutter, ich habe dabei auch das Bewußtsein, meine Pflicht als Kommunistin zu erfüllen. Mein ganzes Verhalten in der Vergangenheit hat klar bewiesen, daß ich den Parteigeist über meine privaten Gefühle und über meine Liebe zu meinem Mann stelle. Da ich aber nun einmal die Gewißheit erlangt habe, daß mein Mann kein Schuldiger ist, sondern ein Opfer, ist es meine Pflicht, alles ins Werk zu setzen, um die Wahrheit ans Licht zu bringen, und das nicht nur in meinem privaten Interesse, sondern auch in dem der Partei. Der Kampf für Wahrheit und Gerechtigkeit gehört mit zum Kampf für den Kommunismus. Die Sowjetunion hat vor der ganzen Welt bewiesen, daß sie die Wahrheit nicht fürchtet. Sie hat ein eindrucksvolles Beispiel ihrer Bemühung, das durch die Bande Berijas verursachte Unrecht wiedergutzumachen, geliefert, indem sie die Opfer rehabilitierte und von den Justizbehörden unabhängige ›Präsidien‹ einsetzte, die die Anträge um Revision der Urteile, einschließlich der Hochverrats- und Spionageaffären, nachprüfen sollten ...«
Meinen Schwager Frédo, mit dem mich eine brüderliche Freundschaft ohnegleichen verbindet, nicht nur auf Grund unserer verwandtschaftlichen Beziehungen, sondern auch durch unsere gemeinsame Arbeit in der Partei und in der Widerstandsbewegung und durch unser gemeinsames Leben in den Gefängnissen Frankreichs und im Lager Mauthausen, hat es sehr schwer getroffen, als ihm Lise von meiner Schuldlosigkeit und dem Leidensweg erzählte, den ich zu erdulden hatte. Er schickt Hanka eine kurze Botschaft, die sie mir vorlesen soll, wenn sie mich im Gefängnis besucht: »Heute am Geburtstag des kleinen Gérard - 3. April 1955 - freue ich mich sehr, Dir diese Botschaft schicken zu können. Ich bin sehr glücklich zu erfahren, daß Du unschuldig bist. In meinem Inneren hatte ich nie wirklich an Deine Schuld geglaubt, aber es war mir als Kommunisten recht schwer, mich zu meiner Überzeugung zu bekennen. Leute, die Dich kennen und nicht der Partei angehören, wie Fichez, Souchère und so viele andere weigerten sich von Anfang an, daran zu glauben. Wenn Du wüßtest, wie viele Fragen wir einander stellten, wenn wir zusammenkamen! Zugleich bin ich sehr unglücklich, angesichts dieser Lage machtlos zu sein. Aber es geht vorwärts. Darauf vertraue, lieber Gérard. Wenn Du nur wüßtest, wie viele Menschen zu Dir halten und Dich lieben. Der Alptraum wird zu Ende gehen, und dann wirst Du sehen, wie wir Dich mit Liebe und Aufmerksamkeit umgeben werden, wenn Du wieder in Deinem eigenen Heim bist. Ich küsse Dich, lieber

Gérard, so innig wie damals in Blois, als wir in Ketten fortgebracht wurden, und nicht wußten, daß man uns nach Compiègne schickte.«
Durch Frédo hat Lise mit den ehemaligen Deportierten des »Vereins von Mauthausen« Verbindung aufgenommen, namentlich mit dessen Generalsekretär Emile Valley, mit dem ich seinerzeit sehr befreundet war. Als meine Frau ihm sagte, ich sei unschuldig, zeigte er sich gar nicht überrascht: »Ich habe niemals wirklich an seine Schuld geglaubt; ich verstand die Sache zwar nicht, aber ich wartete ab. Wir werden tun, was wir können, um ihm zu helfen.«
In einem vom 3. Mai datierten Brief schreibt Lise nach Prag: »Seit den letzten Nachrichten über den Gesundheitszustand meines teuren Freundes, die leider durch den Brief meiner Kusine bestätigt wurden, schlafe ich nicht mehr, vergehe ich vor Sorge. Dieser 1. Mai war für uns recht traurig. Ich stand in Vincennes inmitten der festlich gekleideten Demonstranten, aber ich sah nur ihn, hörte nur ihn. Ich erinnerte mich, wie er vor zehn Jahren mit der ersten Gruppe der aus den Todeslagern zurückgekehrten Deportierten an der Demonstration teilnahm. Damals soll es geschneit haben...«
Bei diesem Umzug hat meine Frau von Emile Valley erfahren, daß der Verein die Broschüre von Professor Michel De Bouard über Mauthausen herausgegeben hat, in dem meine - und Leopold Hoffmans - Rolle als Organisatoren und Mitglieder des ersten geheimen internationalen Widerstandsausschusses im Lager erwähnt wurden. Das war eine sehr erfreuliche Nachricht. Dieses Zeugnis machte die berühmte Anklage gegen mich wegen feindlichen Verhaltens in Mauthausen zunichte. Mimile - wie der Sekretär des Vereins von allen genannt wird - schickt meiner Frau am nächsten Tag mehrere Exemplare der Broschüre; eines soll der Akte für meine Rehabilitierung beigelegt werden. Wenige Tage später kann Lise eine Unterredung mit dem Botschafter haben; sie übergibt ihm zwei Exemplare der Broschüre mit der Bitte, sie an die Parteileitung in Prag weiterzusenden. Und nochmals ersucht sie um ein Visum.
Frédo und Mimile bringen mehrere Kameraden aus der Zeit der Deportation zusammen, die mich im Lager gut gekannt haben, und ersuchen sie, zu meinen Gunsten zu intervenieren, wobei sie auf die Rolle hinweisen, die ich in Mauthausen gespielt hatte, und auf die beträchtliche Hilfe, die ich damals den französischen Deportierten leistete. Professor de Bouard interveniert persönlich bei Jacques Duclos und verlangt, daß eine Aktion unternommen werde. Dr. Fichez, der Vizepräsident des Vereins, bittet, vom tschechoslowakischen Botschafter empfangen zu werden. Er setzt ihm den Standpunkt meiner Kameraden aus der Widerstandsbewegung und der Deportation auseinander und verlangt dringend, man solle meiner beispielhaften Haltung im Lager Rechnung tra-

gen, der zahlreiche Deportierte ihre Rettung verdankten, und mir als erste humanitäre Maßnahme eine bedingte Freilassung aus Gesundheitsgründen gewähren.
Ich meinerseits habe im Januar aus dem Krankenrevier von Pankrac erneut einen Brief an die Parteileitung gerichtet, in dem ich darum ersuche, von einem ihrer Vertreter angehört zu werden, um einmal die gesetzwidrigen Methoden darzulegen, die der Sicherheitsdienst zur Erpressung falscher Geständnisse und Erklärungen angewandt hat. Immer noch keine Antwort!
Durch die Briefe meiner Kusine erfahre ich, daß meine Frau sich weiter aktiv um meine Freilassung bemüht. Bei einem Besuch, den Hanka mir in Begleitung ihres Mannes abstattet, berichtet sie, daß Lise ihr von einem neuen Ereignis, der Rehabilitierung Fields geschrieben hat! Für mich ist das ein Ansporn, eine Ermutigung. Ich erzähle ihnen - damit sie es an Lise weitergeben -, daß ich meinerseits alles tue, was in meiner Macht liegt, um die Parteileitung für das Problem des Prozesses zu interessieren; daß ich von hier aus einen Brief geschrieben und heute um die Bewilligung gebeten habe, ihr ausnahmsweise nochmals zu schreiben.
Bei diesem Besuch sprechen wir sehr frei miteinander. Der Wärter, der neben mir steht, versucht nicht, uns zu hemmen oder zu unterbrechen; im Gegenteil, er und auch seine beiden Kollegen lassen ihre Häftlinge allein, kommen zu uns und hören uns zu. Es interessiert sie so sehr, etwas über den Prozeß zu erfahren, daß sie uns sogar die vorschriftsmäßige Besuchsdauer überschreiten lassen.
Der Zufall will es, daß ich am gleichen Tag, dem 22. Februar, an dem meine Frau ihre Briefe für Zapotocky und Novotny mit dem Antrag um Wiederaufnahme meines Prozesses der Botschaft in Paris überreichte, meinen neuen Brief an das Zentralkomitee schreibe; er ist diesmal an Viliam Široky gerichtet. Ich wiederhole darin mein Ersuchen, mit einem der Parteiführer sprechen zu dürfen. Immer noch keine Antwort.
Die einzige Veränderung meiner Lage, von der ich verständigt werde, ist, daß im Rahmen der Amnestie zum zehnten Jahrestag des Sieges meine Strafe auf fünfundzwanzig Jahre herabgesetzt wird.
Mein Leben im Krankenrevier verläuft unverändert weiter. Dort bekomme ich die für meinen Zustand notwendige Behandlung; doch bessert er sich trotzdem nicht. Die Röntgenaufnahme zeigt beidseitige Kavernen und Herde in voller Entfaltung. Auch leide ich unter Asthmaanfällen und nervösen Spannungen, die sich in hartnäckiger Schlaflosigkeit und ulzeröser Gastritis äußern.
Ich erfahre durch eine vertrauliche Mitteilung des - ebenfalls gefangenen - Arztes, daß von höchster Stelle ein eingehender Bericht über meinen

Gesundheitszustand angefordert worden ist. Um die gleiche Zeit berichtet mir ein Häftling, er sei vom diensthabenden Offizier des Krankenreviers eingehend über mich befragt worden. Wie verhielt ich mich in der Zelle? Worüber redete ich? Er versichert mir, die besten Auskünfte erteilt zu haben. Ich denke - da ist etwas im Gang... Aber was? Inzwischen ist es Mai geworden.

Anläßlich eines Diners beim Ehepaar Wurmser hat Lise Gelegenheit, mit Ilja Ehrenburg zu sprechen. Er sagt ihr, er habe selbst weder an den Prozeß noch an meine Schuld geglaubt. Lise erzählt ihm von allen Schritten, die sie unternommen hat, und von ihrem Bestreben, überall anzuklopfen, um auf Beschleunigung meines Rehabilitierungsprozesses zu dringen: »Wenn du wüßtest, wie sehr ich leide! Mein Gemütszustand läßt sich mit Worten nicht ausdrücken. Wenn ich nicht eine so tief überzeugte Kommunistin wäre, verstehst du, und so sicher, daß unsere Sache gerecht ist und daß man nichts tun darf, das ihr Schaden bringen kann, würde ich einfach handeln wie jede Ehefrau und meine Überzeugung von der Unschuld meines Mannes in die Welt hinausschreien. Ich würde die Dokumente und Beweise, die ich für seine Unschuld besitze, verbreiten, die Debatte in die Öffentlichkeit tragen...« Ehrenburg stimmt ihr zu und sagt, daß sie seiner Ansicht nach die bestmögliche Methode gewählt hat: so viele Genossen als möglich zu meinen Gunsten intervenieren zu lassen.

Louise Wurmser begibt sich in Begleitung meiner Frau und meiner Tochter zu einem Empfang des Schriftstellerverbandes zu Ehren Ilja Ehrenburgs. Es sind sehr viele Leute da, und Lise erneuert ihre Verbindung zu zahlreichen anderen Freunden und Bekannten. Sie schreibt an Antoinette darüber: »Pierre Daix sprach mit Tränen in den Augen über Gérard und fragte mich, was er für ihn tun könne. Ich sagte ihm, wie er ihm helfen kann...«

Am nächsten Sonntag, dem 15. Mai, nimmt sie zusammen mit ihrem Bruder und ihrem Vater an dem von der Stadt Ivry veranstalteten Bankett zur Feier des dreißigsten Jahrestags der kommunistischen Verwaltung teil, bei dem Maurice Thorez den Vorsitz führt. Thorez umarmt meinen Schwiegervater und sagt ihm, er wolle bald wieder mit ihm und meiner ganzen Familie zusammentreffen. Für Lise ist die Art, wie sie von allen ihren früheren Genossen, namentlich Laurent Casanova, empfangen wird, ein großer Trost.

Einige Tage später erhält sie einen telefonischen Anruf von Marcel Servin, dem damaligen Sekretär der Parteiorganisation. Er teilt ihr freudig mit, daß ihr in kurzer Zeit offiziell die Partei-Mitgliedskarte zurückgegeben werden soll. Für Lise ist die Frage ihrer Mitgliedschaft sehr wichtig, denn sie will nach Prag - wo sie aus der tschechoslowakischen

Partei ausgeschlossen worden ist - als vollanerkannte Kommunistin zurückkehren.
Sehr bewegt hat sie mir später von der Sitzung im Bezirk *Place de la République* erzählt, bei der ihr die Karte übergeben wurde. Der Sekretär hatte eine nette Rede vorbereitet, um sie den anwesenden Genossen vorzustellen. Er sprach von ihrer langjährigen politischen Tätigkeit, auch von ihrem Aufenthalt im Ausland, der ihre Zugehörigkeit zur französischen Partei eine Weile unterbrochen habe; nun zähle sie sie wieder mit großer Freude zu ihren Mitgliedern.
Lise war sehr gerührt, denn sie gedachte jener anderen Sitzung in Prag, bei der sie ausgeschlossen worden war, und ihrer damaligen Worte: »Ich war Kommunistin, ich bin es und werde es bleiben - mit eurer Karte oder ohne sie...«
Am 2. Juni wird sie von der Botschaft benachrichtigt, daß ihr Visum für Prag eingetroffen ist und sie es jederzeit abholen kann. Am nächsten Tag fliegt sie nach Prag, wo sie auf dem Flughafen von meinen Verwandten Urban und Sztogryn, Antoinette und Renée erwartet wird. Ihre Rückkehr bedeutet den Beginn einer neuen Etappe, von der alle eine Entscheidung erhoffen, nicht nur für mich, auch für Vavro und alle anderen. Als erste besucht sie Mama Hajdu, die ihr unter Freudentränen um den Hals fällt.

8

Der sechste Monat meines Aufenthalts im Krankenrevier von Pankrac beginnt. Seit ich vom Außenleben abgeschnitten bin, versuche ich durch die Erzählungen von Häftlingen auf dem laufenden zu bleiben, die erst seit kurzem unter uns sind oder aus einem Arbeitslager, wo sie Zeitungen lesen durften, hierher versetzt worden sind. Ich erfahre neue Einzelheiten über die Affäre Berija, die einige Prozesse, namentlich gegen Abakumow und Riumin, nach sich gezogen hat; höre von den Änderungen, die nach Stalins Tod in der UdSSR eingetreten sind; von der Absetzung Malenkows und Chruschtschows Aufstieg, von der kollegialen Führung, von der Annäherung an Jugoslawien... Diese politische Entwicklung ist sehr ermutigend. Unsere Zeitungen sind voll von Artikeln über die sozialistische Legalität und tadeln die Verstöße gegen das Gesetz... Aber meine Briefe bleiben nach wie vor ohne Antwort.
Die Nachrichten von Lise, die ich durch Hanka erhalte, geben mir neuen Mut: ich weiß, daß die französische Partei von dem Antrag Lises um

Wiederaufnahme meines Prozesses Kenntnis erhielt und daß Lise jetzt auf ihr Visum wartet, um zu mir zu kommen und an Ort und Stelle Schritte zu meinen Gunsten zu unternehmen.
Von Löbl und Hajdu habe ich keine Nachricht. Ich weiß nicht, wo sie sind. In Leopoldov? In einem Arbeitslager?
Ich warte. Endlos ziehen sich die Tage hin.
Ende Mai führt mich ein Wärter in ein vom Krankenrevier ziemlich entferntes Gebäude, und wir betreten einen Büroraum, wo drei Männer um einen Tisch sitzen. Sie sagen mir, daß sie der Sonderkommission beim Zentralkomitee angehören, die beauftragt ist, die Verstöße gegen die sozialistische Legalität zu untersuchen. Einer stellt sich persönlich vor: es ist Ineman. Ich habe vor meiner Festnahme von ihm gehört. Ich weiß, daß er ein alter politischer Kämpfer der Partei ist und während des Krieges in Buchenwald deportiert war.
Endlich sind sie da! Ich habe Mühe, meine Erregung zu beherrschen. Die drei verhalten sich korrekt und freundlich. Sie stellen mir Fragen über Pavel und Valeš. Ich gebe über beide die besten Auskünfte. Ich berichte von den gesetzwidrigen Methoden, den körperlichen und seelischen Mißhandlungen, die in Kolodeje und Ruzyně angewandt wurden, um falsche »Geständnisse« und erlogene Erklärungen der einen gegen die anderen zu erpressen. Und sogleich erweitere ich das Problem und spreche von allen verurteilten ehemaligen Freiwilligen. Die Vertreter der Kommission weisen mich in den engen Rahmen ihrer Untersuchung zurück: »Im Augenblick prüfen wir nur den Fall von Pavel und Valeš, du mußt dich auf diese beiden beschränken!« Sie interessieren sich aber offensichtlich für das, was ich ihnen erzähle und notieren meine Antworten sorgfältig.
Da ich sehe, daß sie im Begriff sind wegzugehen, ohne weitere Fragen zu stellen, sage ich: »Ich lege Wert darauf zu erklären, daß alles, was ich euch gesagt habe, nicht nur auf Pavel und Valeš zutrifft, sondern auch auf alle anderen verurteilten Freiwilligen!« - »Um die werden wir uns später kümmern«, antworten sie, »die Lage ist nicht so einfach. Die Kommission steht vor einem Komplex sehr verwickelter Probleme; man wird Zeit brauchen, um sie zu klären und in Ordnung zu bringen.« Sie haben ihre Papiere in ihre Aktentaschen gesteckt, sind aufgestanden, wollen weggehen... Da halte ich sie auf: »Und ich? Ich habe mehrmals an die Parteileitung geschrieben, damit mein Fall geprüft wird. Wann werdet ihr euch mit mir beschäftigen?«
Darauf sagt mir Ineman ganz schonungslos, ohne zu versuchen, mir die Wahrheit zu verhelen: »Was den Großen Prozeß anlangt, ist es im Augenblick unmöglich, daran etwas zu ändern. Ich will nicht, daß du dir Illusionen machst, das kann noch lange dauern. Du bist einer der vier-

zehn Führer des Verschwörungszentrums, wurdest in diesem Prozeß, der öffentlich war, mit dem die gesamte Presse - nicht nur hier, sondern in der ganzen Welt - sich sehr viel beschäftigt hat, verurteilt. Sogar Bücher wurden darüber veröffentlicht! Das Politbüro hat beschlossen, auf diesen Prozeß nicht zurückzukommen.« Er bemerkt meinen entsetzten Blick und sagt mir noch ein paar ermutigende Worte: »Du sollst aber nicht verzweifeln, du mußt Geduld haben. Alles hängt von der Entwicklung der inneren und der internationalen Lage ab. Eines Tages wird man wohl nicht umhin können, auch auf diesen Prozeß zurückzukommen, aber wann, wie und in welcher Form, das weiß ich nicht.«
Zutiefst niedergeschlagen, kehre ich ins Krankenrevier zurück. Ich überlege, wie richtig wir, Hajdu, Löbl und ich, in Ruzyňe und dann in Leopoldov unsere Aussichten eingeschätzt haben, als wir über die Voraussetzungen für eine Änderung unserer Lage sprachen. Damals sagten wir: Eines Tages wird man gezwungen sein, die Prozesse neu zu prüfen - jedoch mit Ausnahme des unseren, denn man wird nicht die Geister von elf unschuldig zum Tode Verurteilten wiedererwecken wollen. Ihn wieder aufs Tapet zu bringen würde bedeuten, die das System und die Menschen betreffenden Probleme neu aufzuwerfen. Deshalb will man ihn ein für allemal begraben!
Das alles ist zutiefst bedrückend: So gibt es also für mich, Löbl und Hajdu keinen Ausweg? Nach zwei bis drei Tagen gelingt es mir jedoch, meine Depression zu überwinden und die Frage unter einem anderen Blickwinkel zu betrachten: Es muß doch einen Ausweg geben! Wenn man die Prozesse nachzuprüfen beginnt - ob man nun den einen oder den anderen Fall nimmt -, so wird früher oder später das ganze Gebäude in Frage gestellt. Eines Tages werden sie wohl auch auf uns zurückkommen müssen. Wie Ineman sagte: Die Hauptsache ist, Geduld zu haben. Aber wie lange werde ich, krank wie ich es bin, durchhalten können? Mein Sputum ist immer noch positiv, trotz der starken Dosen Antibiotika und anderer Medikamente, die mir verabreicht werden. Ich setze mir einen Termin von einem Jahr und überlege, wie ich es mir inzwischen einrichten werde.
Einige Tage später holt man mich, der ich noch immer wenig optimistischen Gedanken nachhänge, kurz vor Schließung der Zellen. Ich muß reine Kleidung anlegen, man rasiert mich und bringt mich in ein Büro, wo ich dem stellvertretenden Innenminister Jindra Kotal gegenüberstehe. Die Gefängnisse unterstehen seiner Leitung. Ich kannte ihn in Mauthausen als einfachen, bescheidenen, beherzten Genossen. Er beteiligte sich an der Tätigkeit der geheimen Widerstandsbewegung mit sehr viel Selbstverleugnung, und wir standen miteinander auf bestem Fuß. Nach meiner Rückkehr in die Tschechoslowakei habe ich ihn mehrmals

wiedergesehen; damals arbeitete er mit Antonin Novotny im Ortskomitee der Partei in Prag.
Später traf ich ihn auch in der Zentrale Leopoldov wieder, in seiner Uniform eines hohen Offiziers, als er eine Inspektionstour absolvierte. Er ging durch die Werkstätten, begleitet vom Kommandanten und der gesamten Direktion des Gefängnisses. So erfuhr ich von seiner neuen Funktion. Ich saß vor dem Haufen Federn, die ich zu schleißen hatte, und bemerkte seinen spöttischen Gesichtsausdruck bei meinem Anblick. Seine Lippen verzogen sich zu einem leicht ironischen Lächeln. Ich war übrigens nicht der einzige in der Werkstätte, den er kannte... Der ehemalige Deportierte, der er war, wußte also über die abscheulichen Haftbedingungen in Leopoldov Bescheid! Wie kann er zulassen, daß in einem sozialistischen Staat in dem, was man pompös Institute für Umerziehung durch Arbeit nennt, derartige Lebensbedingungen weiterbestehen? Und wie kann er, ohne vor Scham und Schmerz zu schaudern, so an uns, seinen früheren Kampf- und Leidensgenossen, vorbeigehen? Was vermochte dieses System aus Menschen zu machen, die ursprünglich gut und human waren!
Hier sitzt er nun vor mir. Er spricht höflich, per Sie, als hätte er mich noch nie im Leben gesehen. Er fragt nach meinem Gesundheitszustand. Ob ich einen Wunsch habe? Ich bin niedergeschmettert. Wie geht er mit mir um? Ich antworte, mein einziger Wunsch ist, daß mein Fall geklärt wird und ich in Freiheit gesetzt werde! Ich erinnere ihn an die mündlichen und schriftlichen Anträge, die ich in diesem Sinn bereits gestellt habe, und erzähle ihm von meiner kürzlichen Unterredung mit den Vertretern der Sonderkommission beim Zentralkomitee. Er sagt mir, er sei für diese Probleme nicht zuständig. Hingegen will er meine anderen Wünsche hören. - »Ich habe keine!« Darauf macht er mir Vorschläge: »Wollen Sie, daß wir Ihnen Bücher besorgen?« - »Gewiß, das Lesen geht mir ab, und ich freue mich immer, wenn ich Bücher bekomme!« - »Was mir noch Freude machen würde? Vielleicht eine bessere Zelle?« - »Nein, darauf lege ich keinen Wert. Aber ich bitte Sie, lassen Sie den Genossen Ineman sagen, er möge so bald wie möglich wieder zu mir kommen, damit ich ihm im einzelnen erklären kann, wie die Anklagen und Prozesse fabriziert wurden, ihm alle Probleme in bezug auf die ehemaligen Brigadenfreiwilligen und die Methoden darstellen kann, die vom Sicherheitsdienst gegen uns angewandt worden sind!« Er verspricht mir, meine Botschaft zu bestellen, dann drängt er nochmals: »Was könnte ich noch sonst für Sie tun?« Da fällt mir Lise ein, die in Paris auf ihr Visum wartet, um mich besuchen zu können. »Lassen Sie meiner Frau das Visum bewilligen, das sie braucht, um mich zu besuchen.« - »Ihre Frau! Ganz richtig! Warum schreiben Sie ihr, wie Sie es tun, über

Ihren Gesundheitszustand? Sie kann ja doch nichts für Sie tun, und Sie quälen sie unnütz. Warum bereiten Sie ihr noch mehr Sorgen, als sie ohnehin schon hat?« Auf so einen Vorwurf war ich wirklich nicht gefaßt! »Sie halten es also für meine Pflicht, meiner Familie meinen wahren Zustand zu verheimlichen? Ich finde im Gegenteil, daß ich nicht das Recht habe, sie, was mich betrifft, in Illusionen sich wiegen zu lassen!« Und da er mich unterbricht und mich erneut auffordert, ihm meine Wünsche zum Ausdruck zu bringen, antworte ich ihm präzise: »Die Wiederaufnahme meines Falles, ein Visum für meine Frau und, wenn Sie wollen, Bücher.« Er lächelt, sagt: »Wollen sehen, was sich machen läßt!« und nimmt von mir Abschied.
Wieder in meiner Zelle, frage ich mich, was das alles zu bedeuten hat. Ist es eine von der Sonderkommission befohlene Maßnahme? Meint sie, man müsse wenigstens meine Haft erleichtern, da man mir unmöglich die Freiheit wiedergeben kann? Ich grüble während der ganzen Nacht darüber nach. Am Morgen werde ich in eine Zelle gebracht, in der ich allein bin. Man bringt mir Bücher. Der Wärter, den ich befrage, weiß mir keine Erklärung zu geben. Daß ich wieder isoliert bin, freut mich gar nicht, im Gegenteil!
Drei Tage vergehen, ohne daß etwas Besonderes einträte. Ich verlange eine besondere Erlaubnis, um an die Parteileitung und an den Präsidenten der Republik zu schreiben, und eine unbeschränkte Menge Schreibpapier. Mein Entschluß ist gefaßt: ich werde alles, was sich mit uns abgespielt hat, alle unmenschlichen und gesetzwidrigen Methoden der Leute vom Sicherheitsdienst zu Papier bringen, alles, alles... Im Geist formuliere ich den Bericht vor, den ich so verständlich und überzeugend wie möglich schreiben will. Die Lichter sind schon seit fast einer Stunde gelöscht, ich habe mich hingelegt, als ich höre, daß der Riegel zurückgeschoben und der Schlüssel im Türschloß gedreht wird. Es ist der Hauptmann, der das Krankenrevier leitet. »Stehen Sie auf«, sagt er, »Sie werden rasiert und bekommen frische Kleidung. Verlieren Sie bloß keine Zeit!« Ich bin schon auf den Beinen, der Friseur kommt, rasiert mich und flüstert mir ins Ohr: »Was geschieht mit dir? Wohin bringt man dich?« Ich weiß es nicht...
Man führt mich in ein Büro in einem anderen Gebäude. Man sagt mir, ich soll mich mit dem Gesicht zur Wand kehren und warten. Neben mir sitzt ein Wärter. Plötzlich öffnet sich eine Tür hinter mir und eine Stimme befiehlt: »Umdrehen! Kommen Sie mit!« Ich gehorche. Der Offizier, der im Türrahmen steht, bedeutet mir durch ein Zeichen, an ihm vorbeizugehen... Und plötzlich stehe ich vor meiner Frau; sie lächelt, sie strahlt, ihre Augen funkeln vor Glück. Sie wirft sich mir in die Arme: »Da bin ich endlich! *Uź jsem tady!*«

Die Besprechung mit Kotal hatte also keinen anderen Zweck, als mein Zusammentreffen mit meiner Frau vorzubereiten.

Die Sonderkommission beim Zentralkomitee ist seit Anfang des Jahres 1955 tätig. Die Parteileitung weiß also bereits, was sie von der Rolle zu halten hat, die der Sicherheitsdienst in den fünfziger Jahren gespielt hat. Unter dem Druck der auswärtigen Ereignisse – zuerst in der UdSSR, wohin die Deportierten aus den sibirischen Lagern zurückkehrten, dann in Polen und Ungarn, dann die Rehabilitierung der Brüder Field, die Wiederaufnahme des Rajk-Prozesses und schließlich die spektakuläre Änderung der Beziehungen zu Jugoslawien – sieht sich die Parteileitung gezwungen, manche im Prozeß ausgesprochene Anklagen, die im Widerspruch zu diesem neuen politischen Kurs stehen, nachzuprüfen. Aber die Zukunft bleibt immer noch von Unsicherheit und Verwirrung gezeichnet.

Eigentlich ist Lise für etwa vierzehn Tage gekommen. Sie ist zu ihrer großen Überraschung im Hotel der Partei untergebracht worden, und nun besucht sie mich jeden Tag eine Stunde lang im Gefängnis von Pankrac. Diese paradoxe Situation zeigt, wie verwirrt die damalige Lage war.

Schon am Abend ihrer Ankunft ruft Baramova sie an, die jetzt Leiterin der internationalen Abteilung des Zentralkomitees ist, und teilt ihr mit, sie werde Montag um 15 Uhr von Barak, dem Innenminister, empfangen werden, »der den Wunsch ausgedrückt hat, dich zu sehen«.

An diesem sonnigen Sonntag vor unserem Wiedersehen, erblickt Lise zum erstenmal das Stalindenkmal, das nach ihrer Abreise aus Prag fertiggestellt worden war. Häßlich, riesenhaft, steht es auf dem Hügel von Letna und erdrückt die Stadt von seiner Höhe aus. Die zweifellos unfreiwillige Darstellungskunst des Bildhauers verleiht Stalin den Ausdruck eines Mannes, der einen mit einer Fahne bedeckten Sarg zur Beisetzung begleitet... Wie Lise sagt, die Grablegung des Kommunismus! Und dabei wurde dieses greuliche Riesending zu einem Zeitpunkt eingeweiht, da die öffentliche Aufkündigung des »Personenkults« einsetzte. Auch das war ein paradoxes Geschehnis jener Epoche!

Am Montag wird meine Frau von Barak empfangen. Er beginnt, ihr Erklärungen über die Frage der Verstöße gegen die Legalität und die Existenz der Sonderkommission zu geben, die alle diese Probleme untersuchen soll. Lise stößt sofort zum Kern der Sache vor: »Die Methoden des Sicherheitsdienstes während der Untersuchung waren so und so... Die ›Geständnisse‹ und ›Erklärungen‹ wurden auf folgende Weise erpreßt... Die Anklagen waren vollständig erfunden... Der Aufbau der Protokolle ging auf die und die Weise vonstatten... Die Aussagen beim Prozeß waren Lektionen, die von den Angeklagten, dem Vorsitzenden,

den Staatsanwälten und den Verteidigern auswendig gelernt worden waren ..."
Mehr als eine Stunde lang hört der Minister starr vor Staunen meiner Frau zu, ohne sie zu unterbrechen. »Aber, Genossin«, sagt er endlich, »du weißt ja viel mehr als ich! Woher beziehst du all diese Informationen?«
Lise erklärt ihm, wie ich sie mündlich und schriftlich über die ganze Angelegenheit informiert habe, indem ich mir unsere Erfahrung aus der illegalen politischen Tätigkeit und aus unserem Leben als Kriegsgefangene zunutze machte.
Barak erkundigt sich, wo sich meine Botschaft im Augenblick befinde. Meine Frau antwortet, sie habe, wie ich es von ihr verlangt hatte, ihren Schwager und Maurice Thorez über deren Inhalt in Kenntnis gesetzt und sie dann in Paris zurückgelassen. Am Ende des Gesprächs teilt Barak Lise mit, sie werde schon am nächsten Tag von der Sonderkommission des Zentralkomitees empfangen und angehört werden. »Weißt du«, fügt er mit einer abwehrenden Geste hinzu, »ich selbst hatte mit dieser Sache nie etwas zu tun. Ich bin dafür, daß alles ans Licht gebracht wird ...«
Darauf drückt meine Frau den Wunsch aus, mich noch am selben Tag besuchen zu dürfen. Trotz der späten Stunde wird er von Barak erfüllt. Und so kam Lise tatsächlich eine halbe Stunde später nach Pankrac, und ich konnte sie in die Arme schließen.
Lise bringt mir jeden Tag ein kleines Nahrungsmittelpaket mit. Es ist ihr Abendessen, das sie im Kühlschrank der Hotelküche aufbewahren läßt. So erhalte ich, ein wegen Verrat zu lebenslänglicher Haft verurteilter Gefangener in Pankrac, täglich mein Essen unmittelbar vom Hotel der Partei!
Anfänglich wohnt ein Mann vom Sicherheitsdienst in Zivil als Dritter den Zusammenkünften zwischen meiner Frau und mir bei. Sein Verhalten ist das eines groben, brutalen, dickköpfigen Menschen. Er will verbieten, daß ich Lises Hand in der meinen halte und daß wir über Themen sprechen, die er als tabu ansieht. Unerschüttert und fest entschlossen, uns nicht imponieren zu lassen, setzen wir unser Gespräch ruhig fort. Er schäumt vor Wut und droht ständig, den Besuch zu unterbrechen. Später ändert er seine Taktik, hört aufmerksam zu und beobachtet uns aus halbgeschlossenen Augen. Meine Frau beschwert sich über die Anwesenheit dieses Individuums, und er wird zu unserer Genugtuung durch einen Gefängniswärter ersetzt, der sich uns gegenüber korrekt verhält. Später sagt mir Ineman, daß der frühere ein Vertrauensmann der Berater und beauftragt gewesen sei, gegen uns gerichtete Meldungen zu verfassen.

Meine Frau wird mehrmals von der Sonderkommission vernommen. Sie gibt den Inhalt meiner geheimen Botschaft mit noch weiteren Einzelheiten bekannt und teilt auch mit, wie sie sie verwendet hat. Obgleich man es ihr nahelegt, will sich meine Frau keinesfalls von dieser Botschaft trennen, die sie als ein Druckmittel ansieht, um die Prüfung und Wiederaufnahme meines Prozesses durchzusetzen.
Ineman erklärt ihr klipp und klar, daß immer noch die gleichen Männer im Sicherheitsdienst sitzen, die bei dem Prozeß die Hände im Spiel hatten; sie stellen der Kommission endlose Schwierigkeiten in den Weg, um ihr den Zugang zu den Archiven vorzuenthalten und setzen alles daran, die Wiederaufnahme des Prozesses unmöglich zu machen. Er ersucht meine Frau, bei ihren Telefon- und auch allen anderen Gesprächen vorsichtig zu sein.
Was ist von allen Anklagen, die bei dem Prozeß gegen mich erhoben wurden, übriggeblieben? Noel Field wurde rehabilitiert, und die Beschuldigung, ein besoldeter Agent gewesen zu sein, ist damit hinfällig. Man hat Jugoslawien Gerechtigkeit widerfahren lassen, anerkannt, daß es immer sozialistisch geblieben war, also fällt mein »Titoismus« ins Wasser. Zilliacus wurde rehabilitiert, und so ist die zweite Anklage wegen Spionage gegenstandslos. Man hat den Rajk-Prozeß wiederaufgenommen, was gleichzeitig die meisten der gegen mich und die ehemaligen Spanienkämpfer erhobenen Beschuldigungen tilgt... Täglich zeigen sich neue Sprünge in dem so sorgsam von den sowjetischen Drahtziehern und ihren Ruzyňer Vertrauensmännern errichteten Gebäude.
Was bleibt also noch übrig? Die Entscheidung des Politbüros, unseren Prozeß auf keinen Fall wieder in Frage zu stellen. Voll Bangen sehen wir das Ende von Lises Aufenthalt herannahen. Eines Tages, gerade da sich meine Frau von mir verabschiedet, betreten Ineman und seine beiden Gefährten den Raum, in dem wir uns befinden. »Die Kommission wurde jetzt beauftragt, sich mit Ihrem Fall zu befassen!« teilen sie mir mit.
Man sieht sich also trotz der ursprünglichen Entscheidung des Politbüros nun doch gezwungen, meine Sache nachzuprüfen. Warum? Ich denke mir, daß abgesehen von dem Zusammenbruch der Hauptanklagen der Grund dafür in den Schritten, die Maurice Thorez bestimmt unternommen hat, zu finden ist. Ich weiß zwar nicht genau, um welche Schritte es sich handelt, doch läßt sein Verhalten Lise und meiner Familie gegenüber auf eine Intervention seinerseits schließen... Das gilt auch für meine Kameraden aus der Deportation und für die Freunde, an die sich meine Frau während ihres Pariser Aufenthalts wandte. Und dann auch mein Manuskript... an sicherem Ort in Paris!
Das Sekretariat der tschechoslowakischen Partei ersucht Lise, ihre Ab-

reise nach Frankreich abzusagen und ihren Aufenthalt in Prag zu verlängern, bis man mit meiner Sache zu einem Schluß gekommen sei. Dieser Beschluß, der vermutlich aus der Sorge, Indiskretionen im Ausland zu vermeiden, gefaßt worden ist, wird von ihr mit Freude aufgenommen. Sie wird mir bei dieser letzten Prüfung zur Seite stehen.

9

Inzwischen sorgen meine Schwägerin und ihr Mann weiter in Paris für meine Familie. Meine Frau ist jetzt in einer Wohnung untergebracht, die in einem Nebengebäude des Partei-Hotels liegt.
Da der Beschluß, den Prozeß in seiner Gesamtheit nicht anzutasten, weiter bestehen bleibt, sucht die Kommission nach einer Möglichkeit, meinen Fall davon loszulösen. Man muß ein Mittel finden, einen Pfeiler aus dem Gebäude herauszunehmen, ohne daß dieses einstürzt! Das ist eine Illusion, früher oder später wird das Gebäude, das trotz aller Stützbalken zu schwanken begonnen hat, zusammenbrechen. Ineman, der mir gegenüber stets offen ist, vertraut mir an, daß manche Mitglieder des Politbüros sich der Prüfung meines Falles widersetzen. Wie es mir mein Freund Oskar Valeš später einmal gesagt hat, als er von dem Führungsteam der Partei sprach: »Sie verzeihen uns ihre Fehler nicht!« so suchen sie, indem sie uns ankreiden, mildernde Umstände für sich zu finden: »Kein Rauch ohne Feuer - sie haben natürlich nicht alle Verbrechen begangen, deren man sie anklagt, ABER...«, oder sogar die Verantwortung für ihr damaliges Verhalten auf uns zu schieben: »Sie haben ihr Schicksal ja selbst gewollt! Sie haben uns irregeführt, indem sie sich schuldig bekannten; sie haben der Partei Schwierigkeiten bereitet.«
Als mir eines Tages die Mitglieder der Kommission diese Argumente entgegenhalten, erwidere ich ihnen: »Siehe da, nun sind die Opfer die Schuldigen!« Ich erinnere sie an die glänzende Rehabilitierung der »Ärztekittel« in der UdSSR, an die Bestrafung der Schuldigen... sogar Berijas! Und erhielt nicht eines der Opfer, Winogradow, vor kurzem den Leninorden? Warum hat man ihn nicht wieder ins Gefängnis geschickt?
Man versucht auch, die Einheitsfront der Opfer zu brechen - und einige Genossen haben für einen Augenblick den Köder angebissen - indem man den einen schmeichelt und die ändern tadelt, je nachdem, ob sie ihren Peinigern länger oder weniger lang widerstanden haben. Man versucht sogar, diese Auffassung der öffentlichen Meinung beizubringen, um unserem Ansehen zu schaden.

Jenen Männern, die die Helfershelfer des Prozesses waren, die begeistert für die Resolutionen gestimmt haben, in denen für die »Verräter« die Todesstrafe verlangt wurde, steht es gut an, wenn sie heute, zwischen Obst und Käse, ehe sie ihren Kaffee schlürfen, weise über die »Geständnisse« argumentieren. Denen, die erklären: »Mich hätte man nie zwingen können, sie zu unterschreiben...« Denen, die nachträglich große Sprüche tun, nachdem alle Wege und Stege bekannt geworden sind, und dieses Drama nun wie eine Zeitungsnotiz in der Spalte für Prozeßberichte ansehen; dabei vergessen sie, daß sie noch vor kurzem alle Erklärungen der Partei für bare Münze nahmen oder heuchlerisch dazu schwiegen...

Warum sollte man uns nicht einen zweiten Prozeß anhängen - wegen falscher Zeugenaussage -, um uns dafür zu bestrafen, daß wir den gesetzwidrigsten, unmenschlichsten Methoden des Sicherheitsdienstes, den Täuschungen, Betrügereien und der Erpressung im Namen der Partei erlegen sind? Und dann verleihe man, da man schon im Schwung wäre, den Anstiftern der Prozesse und den Peinigern einen Orden!...*

Die Kommission sagte mir, sie müsse, ehe sie meinen Fall nachzuprüfen beginnt, vorerst den Weg ebnen, das heißt mit weniger wichtigen Fällen als dem meinen anfangen, die unter Ausschluß der Öffentlichkeit oder in Nebenprozessen verhandelt worden waren; es sind die Fälle all jener, bei denen sich die Gründe der Anklage mit den meinen überlagerten: ehemalige Brigadefreiwillige, Beamte des Außenministeriums. Danach erst wird man meinen Fall wirklich in Angriff nehmen können.

Die Kommission sagt auch, man müsse behutsam vorgehen, der geringste Fehltritt könne von den Mitgliedern des Politbüros, die sich den

---

* Während ich die Probeabzüge dieses Buches lese, erfahre ich aus der Tageszeitung der tschechoslowakischen Gewerkschaften *Prace* vom 5. Oktober 1968, daß die Moskauer *Literaturnaja Gazeta* vom 2. Oktober 1968 einen schändlichen Angriff gegen den Präsidenten des tschechoslowakischen Schriftstellerverbands, Eduard Goldstücker, gerichtet hat. Er war ein Opfer der stalinistischen Unterdrückung, wurde 1953 zu lebenslänglicher Haft verurteilt und wird nun beschuldigt, im Slanskyprozeß als Denunziant und als einer der Hauptbelastungszeugen aufgetreten zu sein. Diese Verleumdungskampagne, die sich jenen anschließt, die vor kurzem gegen den ehemaligen Außenminister Jiří Hajek gestartet worden ist - Hajek wurde beschuldigt, ein ehemaliger Sozialdemokrat, Gestapoagent und »Zionist« zu sein, während er faktisch nicht einmal Jude ist (zu dem Zweck nannte man ihn Hajek-Karpeles, das war der Name eines ehemaligen Untergrundkämpfers, der ebenfalls in den Prozeß verstrickt war) -, beweist, daß, trotz des 20. Kongresses der KPdSU und der Rehabilitierungen, die Überlebenden unter den alten Peinigern mit Unterstützung der Neo-Stalinisten hemmungslos aus dem Sumpf der von ihnen fabrizierten Prozesse Argumente herausangeln, um von neuem die gleichen schamlosen, verbrecherischen Anklagen gegen Menschen zu erheben, die sie als Hindernisse für ihre Politik betrachten.

Rehabilitierungen widersetzen, ausgenutzt werden. Sie verhehlt uns nicht, daß sie keine Entscheidungsgewalt besitzt, daß ihre Tätigkeit durch die Beschlüsse der vorgesetzten Parteibehörden beschränkt ist.

Meine Frau erkennt, daß die Klärung meines Falles sich noch in die Länge ziehen kann, und stellt daher, ohne mich davon in Kenntnis zu setzen - um mir im Fall einer Ablehnung der Enttäuschung zu ersparen -, einen Antrag auf bedingte Freilassung, damit ich in einem Sanatorium gepflegt werden kann. Welche Überraschung für mich und welche Freude, als ich mich am 20. Juli zusammen mit Lise und zwei Genossen von der Kommission, die meiner Entlassung beiwohnen wollten, tatsächlich in der Kanzlei des Gefängnisses Pankrac wiederfinde.

Nun bin ich also Patient im Sanatorium von Pleš. Mein Aufenthaltsort muß geheim bleiben, mit Ausnahme meiner Frau und meiner Kusine Urbanova und ihres Mannes darf mich niemand besuchen. Ich erfreue mich gewissermaßen eines überwachten Wohnsitzes.

Nach viereinhalb Jahren schrecklicher Einkerkerung lebe ich endlich in Freiheit, und ist diese Freiheit auch beschränkt, so weiß ich sie doch zu schätzen! Welch angenehmes Gefühl! Wie wunderbar! Der einzige Schatten bei meinem Glück, der mich quält und mich noch lange quälen wird, ist der Gedanke an meine Kameraden, die ebenso unschuldig sind wie ich und weiter gefangen bleiben. Lise hat mir erzählt, daß die meisten nicht mehr in Leopoldov sind, sondern nach Jachimov oder Pfibram, in die Uranbergwerke, versetzt wurden. Ich versuche mir einzureden, daß ihr Schicksal in einem Arbeitslager weniger schwer ist als das schauderhafte Leben in Leopoldov, vor allem für die Häftlinge in Isolierzellen, doch das ist ein schwacher Trost . . . Ich vergesse sie keinen Augenblick!

Eines Samstagnachmittags im August kommt meine Frau ganz erschüttert ins Sanatorium: »Rate, wen ich im Autobus getroffen habe? Die Witwe von Margolius! Was sie mir erzählt hat, werde ich bestimmt nie vergessen können.« Kurz nach der Abfahrt hatte Lise im Autobus den Blick einer blonden jungen Frau, deren schwarze Brille einen Teil ihres Gesichts verdeckte, auf sich gerichtet gefühlt. Sie hatte ihren Blick erwidert, und dann waren sie einander nach kurzem Zögern in die Arme gefallen. »Londonova? Du hier? Ich dachte, du seist in Frankreich!« Meine Frau erzählte ihr, unter welchen Umständen sie vor einigen Wochen zurückgekehrt ist. Trotz des Verbots, darüber zu sprechen, teilte sie ihr meinen Aufenthaltsort mit und daß die Sonderkommission beim Zentralkomitee eine Gegenuntersuchung zum Zweck meiner Rehabilitierung führt. Heda Margolius sagte ihr, wie sehr sie sich darüber freue, daß wenigstens für uns die Sache ein gutes Ende nimmt. Lise ermutigte sie, beim Zentralkomitee einen Antrag um Rehabilitierung ihres Mannes zu stellen. Heda sagte: »Das macht ihn zwar nicht wieder lebendig -

aber ich werde es tun, für seinen Sohn..." Dann erzählten sie einander, wie es ihnen während der letzten Jahre ergangen war. »Als dein Mann festgenommen wurde«, erzählte Heda, »war Rudolf darüber sehr erschüttert. Ihr wart ihm beide sehr sympathisch. Er hat mir häufig von dem Zusammentreffen 1948 in Paris erzählt, als er seinen Minister Gregor begleitete. Er mochte dich sehr gern, weißt du, und wir fragten uns oft, was aus dir geworden war, als du allein für drei Kinder und deine Eltern sorgen mußtest. Er ahnte nicht, daß ein Jahr später, am 11. Januar 1952, er an die Reihe kommen würde!«
Nach der Verhaftung ihres Mannes war Heda Margolius aus dem Verlag, in dem sie als Graphikerin und Kunstredakteurin arbeitete, verjagt worden. Man hatte sie dann auf ganz untergeordnetem Posten in einer Versicherungsgesellschaft angestellt. Ihr Lohn war sehr niedrig. Sie hatte versucht, unter ihrem Mädchennamen anderswo unterzukommen, doch sie fand sich immer wieder, wenn ihre Identität bekannt wurde, nach sehr kurzer Zeit entlassen.
Während des Prozesses lag sie schwerkrank im Bulovka-Krankenhaus von Prag. Am Tag nach der Aussage ihres Mannes teilte ihr der leitende Arzt ihrer Abteilung mit, er bedaure es, habe jedoch die Anweisung erhalten, noch am gleichen Tag ihren Entlassungsschein auszufüllen; dabei war die Infektionskrankheit, die sie seit Wochen ans Bett fesselte, noch bei weitem nicht geheilt und die ihr verordnete Injektionskur nicht beendet. Glücklicherweise hatte ihr eine Krankenschwester, die über dieses Vorgehen empört war, angeboten, täglich zu ihr zu kommen, um die Injektionen fortzusetzen.
Am 3. Dezember 1952 waren zwei Männer vom Sicherheitsdienst bei ihr erschienen und hatten ihr mitgeteilt, sie dürfe ihrem Mann am Nachmittag einen Abschiedsbesuch im Gefängnis in Pankrac abstatten. Sie lag noch mit Fieber zu Bett. Für sie war es ein fürchterlicher Schlag: Rudolf sollte hingerichtet werden, sie würde ihn zum letztenmal sehen! Sie hatte seine Unschuld nie bezweifelt, und nun sollte er sterben. »Ich zog mich so hübsch wie möglich an, frisierte und schminkte mich sorgfältig, um meine Blässe und mein schlechtes Aussehen zu verbergen. Ich wollte, er solle von mir das Bild mitnehmen, das er geliebt hatte. Er sollte wissen, daß er nicht allein stand in seiner letzten Stunde, daß ich bei ihm war mit meinem ganzen Vertrauen und meiner Liebe...«
Sie hatte ihren Mann im Sprechzimmer von Pankrac wiedergesehen, durch ein doppeltes Gitter von ihm getrennt. In dem herrschenden Halbdunkel vermochte sie kaum seine Züge zu erkennen. Sie zwang sich, fröhlich über ihre Verwandten und vor allem von seinem Sohn zu sprechen. Sie hatte dessen letztes Foto mitgebracht und zeigte es ihm durch das Gitter. Aber so konnte er es nicht gut sehen. Da bat sie den Wärter -

vergebens –, es ihm zu reichen. Sie wiederholte ihrem Mann, daß sie ihm vertraute, daß sie sicher war, er habe nie verbrecherische Taten begangen. Sie sprach noch von ihrem gemeinsamen Leben, ihrem Glück . . Er wollte Näheres von ihrem Sohn hören. Bevor sie fortging, sagte er noch: »Wenn er älter ist und es verstehen kann, dann richte ihm von mir aus, er soll ›Die Männer, die reinen Gewissens waren‹ lesen.« Das war seine letzte Botschaft an seinen Sohn. Wie entsetzlich tragisch, so machtlos vor dem geliebten Menschen zu stehen, der »reinen Gewissens« in den Tod geht!
Ein Jahr lang bemühte sie sich vergeblich, die amtliche Bestätigung vom Tod ihres Mannes zu erhalten. Es kam so weit, daß sie schließlich glaubte, er sei noch am Leben, das ganze sei nur so schaurig inszeniert worden, da man ein ihr unverständliches politisches Ziel verfolgte. Sie dachte sich aus, die elf zum Tode Verurteilten seien irgendwo interniert worden, man warte, bis die Sache in Vergessenheit geraten sei, und sie werde eines Tages ihren Rudolf wiedersehen. Am 3. Dezember 1953, ein Jahr nach seiner Hinrichtung, erhielt sie die amtliche Todesanzeige . . .
Sie hatte in elenden Verhältnissen mit ihrem Sohn gelebt, bis sie eines Tages einen Mann kennenlernte, der sie heiraten wollte und sogar bereit war, dafür seine Laufbahn als Professor zu opfern und Fabrikarbeiter zu werden. »Mit dem Anerbieten, mein Leben zu teilen und mit mir Margolius' Sohn aufzuziehen, verdammte er sich selbst.« Sie hatte ein neues Leben begonnen, blieb aber für immer von der Tragödie gezeichnet. An diesem Punkt ihrer Erzählung angelangt, wandte sie sich an einen Fahrgast, der sich taktvoll abseits hielt, und stellte ihn Lise vor: »Mein Mann, Professor Kovaly.«
Margolius! Seit unserer ersten Begegnung in Paris hatten wir uns immer glänzend verstanden. Er war jung, brillant, vor Geist sprühend, grundanständig. Seine Frau und er waren in nationalsozialistischen Lagern deportiert gewesen; dort hatten sie die Kommunisten kennen- und schätzengelernt. Margolius sagte, was er an ihnen bewundere, sei ihre Fähigkeit, selbst unter den tragischen Bedingungen in der Welt der Konzentrationslager nicht an sich selbst zu denken, sondern mit ihren Nächsten solidarisch zu empfinden und sich der Zukunft zuzukehren. Nach der Befreiung aus dem Lager war das erste, was Margolius und seine Frau taten, der Kommunistischen Partei der Tschechoslowakei beizutreten.
Margolius, »der Mann reinen Gewissens«!
Das Ärztepersonal im Sanatorium hat mich gut aufgenommen. Die Nonnen, die hier als Krankenschwestern arbeiten, erweisen sich mir gegenüber sehr zuverlässig und hilfsbereit. Sie drücken ein Auge zu, wenn Lise sich außerhalb der Besuchertage durch ein Loch in der Gartenmauer ins Sanatorium schleicht, und auch später, wenn ich auf dem

gleichen Weg meine Frau in dem Zimmer besuche, das sie in einem einsamen Haus am Waldrand gemietet hat.
Die Kommission, die mich regelmäßig besucht, fordert mich auf, einen Bericht über meine Tätigkeit in der Partei und über alles, was mit meiner Festnahme, meiner Haft und meiner Verurteilung zusammenhängt, zu verfassen. Zugleich rät sie mir, den Prozeß selbst darin nicht zu berühren, da sonst mein Bericht nicht angenommen würde. Innerhalb von sechs Wochen, bis Ende September, diktiere ich meiner Frau mehr als dreihundert Seiten in französischer Sprache. Abends fährt Lise nach Prag zurück und diktiert die Tagesarbeit Renée, die sie unmittelbar ins Tschechische übersetzt, damit die einzelnen Teile, so wie ich sie nach und nach schreibe, abgegeben werden können. So war es mir auch möglich, einen Durchschlag davon zu behalten, der mir zusammen mit der geheimen Botschaft aus Ruzyně an meine Frau das Material für das vorliegende Buch lieferte.
Der Bericht wird schon mehrere Monate vor dem 20. Kongreß fertiggestellt und der Kommission übergeben. Trotz der Warnungen habe ich mich nicht auf meine persönlichen Erfahrungen beschränkt, sondern versucht (unter gleichzeitiger Beachtung gewisser Tabus), die gesamten verbrecherischen Methoden zu beleuchten, die die Männer in Ruzyně unter der Leitung ihrer »eigentlichen Chefs« angewandt haben.
Ich habe von den internationalen Brigaden berichtet, von der wirklichen Tätigkeit all meiner Mitangeklagten, der ehemaligen Spanienkämpfer und ihrer Beteiligung an der Widerstandsbewegung in Frankreich. In diesem Teil des Berichts ist der Platz, den ich ihnen widme, bedeutend größer als der meine.
An Hand meines eigenen Falles wird der ganze Mechanismus der Prozesse bloßgelegt; wo sich meine Unschuld erweist, kommt auch die aller anderen Angeklagten ans Licht.
Später erfuhr ich durch Ineman, daß mein Bericht beträchtlich dazu beitrug, die Fälschungen und den künstlichen Aufbau der Prozesse verständlich und rekonstruierbar zu machen.
Ich erinnere mich an den Abend, an dem ich einen Augenblick des Zögerns und Bangens durchmachte, bevor meine Frau jenen Teil des Berichts weitergab, in dem ich die Rolle der sowjetischen Berater schilderte. Sie hatte nämlich durch Vera Hromadkova erfahren, ein ehemaliger Funktionär des Sicherheitsdienstes - sein Name ist mir entfallen -, der zur Untersuchung seines Falles aus Leopoldov nach Pankrac gekommen war, habe an die Parteileitung geschrieben, daß die sowjetischen Berater Lichatschew und Makarow, die bei den Prozessen eine aktive Rolle eingenommen hatten, zu den Verurteilten in der Gruppe Abakumow und Riumin gehörten. Kurz nach Absendung des Briefs

wurde er nach Leopoldov zurückgeschickt und die Untersuchung seines Falles abgebrochen.
Sollte ich den fraglichen Teil meines Berichts in seiner jetzigen Form abgeben? Ich entschied, daß die Wahrheit gesagt werden müsse, was immer auch geschehen möge! Die wirklichen Anstifter aller Verhaftungen und Prozesse müssen angezeigt werden, sonst wäre es unmöglich, den Verlauf dieser Affäre zu begreifen.
Ich beendete meinen Bericht folgendermaßen:
»Ich habe mich bemüht, so klar wie möglich all das darzulegen, was mir für das Verständnis meines Falles erforderlich scheint, und damit die gesamten gesetzwidrigen, terroristischen Methoden zu schildern, die der Sicherheitsdienst angewandt hat, um einen rechtschaffenen Widerstandskämpfer und Parteigenossen zu zwingen, sich eines Verbrechens schuldig zu bekennen, das er nie begangen hat.
Es ist sehr schwierig, alle komplexen Seiten meines Leidenswegs so zu erzählen und zu erklären, daß sie Menschen begreiflich werden, die Derartiges nicht erlebt haben. Ebenso schwer wie es 1945 war, nach der Rückkehr aus den Konzentrationslagern das dortige Leben jenen begreiflich zu machen, die nicht die geringste Ahnung davon hatten, wie es den Deportierten in Deutschland ergangen war.
Viele Einzelheiten, die ich angegeben habe, mögen auf den ersten Blick bedeutungslos erscheinen. Ich habe sie erwähnt, um den Genossen, die meinen Bericht lesen, die Technik der körperlichen und vor allem der seelischen Martern verständlicher zu machen, die ich zu erdulden hatte, damit sie versuchen, sich vorzustellen, wie sie selbst reagiert hätten, wenn sie sich durch Monate und Jahre in einer ähnlichen Lage befunden hätten.
Vielleicht habe ich infolge des zeitlichen Abstands manches vergessen, das seine Bedeutung haben könnte und mir erst später wieder einfallen wird. In der Hauptsache glaube ich jedoch, alles gesagt zu haben.
Jene Genossen, die predigen, ›Du hättest durchhalten müssen!‹, möchte ich nochmals darauf hinweisen, daß ich mich in den Händen der Partei befand, von ihr angeklagt, vor Gericht gestellt, verurteilt worden bin . . . Wie soll man unter solchen Umständen kämpfen, wenn der Gegner, den man vor sich hat, die Partei und die sowjetischen Berater sind und wenn *jeglicher Kampf als ein Kampf gegen die Partei und gegen die Sowjetunion angesehen wird?*
Erst später, nach meiner Verurteilung, wurden mir politische Tatsachen bekannt (einerseits durch meine Frau, die mich bei ihrem ersten Besuch vom Fall der ›Ärztekittel‹ in Kenntnis setzte, andererseits dann beim Lesen der sowjetischen Kommuniqués über Berija, Riumin, Abakumow), die mir ermöglichten, das durchlebte Drama zu verstehen und

die Feinde zu identifizieren, die unter dem Schutzmantel der Partei die ganze schaurige Komödie angezettelt hatten.

Als ich erfuhr, daß die Kommunistische Partei der UdSSR sich scharf gegen die antisemitische Kampagne beim Prozeß der ›Ärztekittel‹ wandte, erkannte ich die Quelle des Antisemitismus und des Pogromgeistes, deren Zeuge und Opfer ich in Ruzyně gewesen war.

Als ich von der Verurteilung Berijas und seiner Komplicen und von der Brandmarkung der gesetzwidrigen, terroristischen Methoden erfuhr, die der sowjetische Sicherheitsdienst gegen ehrliche Parteikämpfer anwandte, erkannte ich, daß ich, wie so viele andere, das Opfer Berijas und seiner Nacheiferer in der Tschechoslowakei gewesen war.

Die Sowjetunion hat vor kurzem einen glänzenden Beweis politischen und staatsbürgerlichen Mutes geliefert, indem sie vor der öffentlichen Meinung der Welt die Schändlichkeiten eingestand, die die Feinde, innerhalb der Kommunistischen Partei der UdSSR getarnt, im Namen des Kommunismus begangen hatten, und das von ihnen getane Unrecht wiedergutmachte.

Als ich das Problem verstand, fand ich auch mein Vertrauen zur Partei und zur UdSSR wieder. Ich wußte, daß die Wahrheit auf dem Weg war und bald an den Tag kommen würde.

Ich hoffe, daß mein wahrheitsgetreuer Bericht dazu beitragen wird, der Partei die restlose Klärung all dieser Probleme zu ermöglichen.«

Einige Monate später, nachdem ich die letzten Seiten geschrieben und übergeben hatte, sollte die Rede Chruschtschows, die er im Februar 1956 beim 20. Kongreß der KPdSU gehalten hatte, den Inhalt meines Berichts bestätigen.

Damals sah ich in diesem 20. Kongreß den reinigenden Strom, der die Augiasställe säubern würde. Ich glaubte nicht, daß die bürokratischen und reaktionären Kräfte innerhalb der kommunistischen Bewegung noch stark genug seien, um eine Wehr zu errichten, die diese Flut dämmen konnte. Und daß in meinem Vaterland Hunderte von Verurteilten noch jahrelang im Gefängnis dahinsiechen oder sterben würden, obgleich ihre Unschuld bekannt war.

Im Oktober teilt mir die Kommission mit, daß das Politbüro in nächster Zeit über mein Schicksal bestimmen werde. Doch es vergehen Wochen, wir sind schon im Dezember, und noch gibt es keine Lösung. Ich erfahre von der Freilassung Pavels und Valeš', ich weiß auch, daß die Rehabilitierung Dufeks, Goldstückers und Kavans auf gutem Weg ist und daß man nun die Untersuchung von Vavro Hajdus Fall ins Auge faßt. Diese Nachrichten machen mir Freude; sie bestätigen, daß die zu meinen Gunsten unternommene Untersuchung zwangsläufig andere nach sich gezogen hat.

Bei jedem Besuch der Mitglieder der Kommission benutze ich die Gelegenheit, um zugunsten Hromadkos, Svobodas, Holdoš', Erwin Polaks, Vavro Hajdus und anderer zu sprechen... Über Hromadko sagen sie, daß in den Gefängnisrapporten sein schlechtes Verhalten vermerkt wird. Ich schildere ihnen eingehend die Lebensbedingungen in Leopoldov und nenne ihnen den Urheber dieser Meldungen – den mehrere von uns kannten und vor dem wir uns in acht nehmen mußten. Die Leute schweigen, was die Richtigkeit meiner Vermutung bestätigt. Ich sage: »Ihr kennt Hromadkos Art, er will sein Maul nicht halten! Und man kann schwerlich erwarten, daß er, ein schuldlos zu zwölf Jahren Verurteilter, der weiß, gegen welche Schwierigkeiten seine Frau und seine Kinder anzukämpfen haben, und selbst unter unwürdigsten Umständen in Leopoldov lebt, noch Loblieder auf die Parteileitung singt.«

Ineman räumt ein, daß alles, was ich sage, wahr ist, daß es aber Leute gibt, die diese Fakten eifrig aufgreifen, um die Erledigung des Falls Hromadko zu verzögern.

Ende Dezember erscheinen Ineman und zwei Genossen aus der Kommission unversehens in der Heilanstalt und teilen mir mit sorgenvoller Miene mit, im letzten Augenblick machten Köhler und Široky Schwierigkeiten. Sie behaupten, daß ich in ihrem Fall während des Krieges in Frankreich mit Vorbedacht gegen sie gehandelt hätte.

Es genügt ihnen also nicht, an der Hexenjagd aktiv teilgenommen und zugelassen zu haben, daß wir festgenommen, angeklagt und verurteilt worden sind, nun versuchen sie auch noch die Wahrheit zu fälschen, um sich rechtfertigen zu können. Sie werfen eine letzte Bananenschale auf den Weg meiner Rehabilitierung. In dem Klima, das für die Wiederaufnahme meines Falls zur Zeit wenig günstig ist, kann die Aufrechterhaltung ihrer Beschuldigungen das Politbüro beeinflussen und eine Entscheidung verhindern. Zum Glück kann ich meine Ehrlichkeit leicht der Kommission beweisen: Ackermann und seine Frau, die in der DDR leben und die jene von Köhler abgelehnten Pässe benutzt haben, sind zwei lebende Zeugen... Široky kann vor mir und vor Zeugen aus der damaligen Zeit nicht leugnen, daß er selbst von mir verlangte, ich solle Köhler und seiner Frau, wegen Köhlers Befürchtungen, andere Pässe besorgen. Was die Zug-Geschichte und den Irrtum Širokys anlangt, so ist sie doch wohl zu albern, als daß man auf sie zurückkommen sollte, außer man wollte nochmals mit den Ruzyňer Fälschungen beginnen!

Der Januar verstreicht, ohne etwas Neues in mein Leben zu bringen. Für den 2. Februar hatten meine Frau und ich verabredet, daß ich zum Wochenende (natürlich ohne Erlaubnis) nach Prag kommen würde. Ich habe gerade den Bereich der Heilanstalt verlassen und gehe auf der Straße entlang, die quer durch den Wald zur Autobushaltestelle führt.

Da bemerke ich im Tal eine Gestalt, die sich ihren Weg durch den dicken Pulverschnee bahnt, nur mit Mühe vorwärtskommt und heftige Zeichen macht. Rufe dringen zu mir, ich bleibe stehen und erkenne verwundert Lises Stimme: »Gérard! Gérard!« Besorgt eile ich ihr entgegen. Ich spitze die Ohren, vermag aber nicht zu verstehen, was sie ruft. Und da plötzlich: »Gérard, du bist frei! Du bist frei!« Nun ist sie bei mir, sie weint und lacht zugleich. Sie wirft sich mir in die Arme, sie küßt mich: »Frei, Gérard, du bist frei!« Und sie erklärt es mir: »Heute morgen rief ich bei der Kommission an, um zu erfahren, ob es etwas Neues für dich gibt. Und stell dir vor, man sagt mir, schon vor zwei Tagen wurde die Entscheidung gefällt, daß du rehabilitiert wirst. Man hat nur vergessen, es uns mitzuteilen!«

Zwölf Jahre später

Zwölf Jahre nach der Zeit, bei der dieser Bericht endet, begann das, was von nun an für die Geschichte den Namen »Tschechoslowakischer Frühling« führt. Das Jahr 1968 erlebte es nämlich, daß das Korsett der reaktionären Kräfte, das unsere Partei gefangen hielt, gesprengt wurde und unsere Gesellschaft sich den läuternden Fluten des 20. Kongresses der Entstalinisierung erschloß.

Zwölf volle Jahre, um einer schändlichen Vergangenheit zu Leibe zu gehen, um die Rehabilitierungen - auch die meine - endlich auszusprechen, wie es Rehabilitierungen gebührt, mit einem Glanz, der das Verbrechen verdammt. Zwölf Jahre, bis man uns schreiben und sagen konnte, daß der Sozialismus für den Menschen gemacht ist und ein menschliches Gesicht hat; bis auch Tschechen und Slowaken, geeint wie die Finger einer Hand, in gleicher Weise daran glauben können und daraus jenes feste Vertrauen zu ihrer gemeinsamen Bestimmung schöpfen, das Berge versetzen kann.

Dann aber, am gleichen Tag, als ich mit meiner Frau nach Prag kam, um mein Manuskript dem Verlagshaus des tschechoslowakischen Schriftstellerverbandes zu übergeben, mußte ich den Einmarsch von 600 000 Mann und 6000 Panzern der Warschauer-Pakt-Staaten in mein Vaterland erleben. Ich befand mich seit fünf Stunden in Prag, als die Invasion begann.

Nun gab es also in meinem Leben dieses vom moralischen Standpunkt aus vielleicht noch schlimmere Kapitel als jene, die ich bereits erlebt hatte: den ersten Angriff in der Geschichte der Arbeiterbewegung von sozialistischen Ländern gegen ein sozialistisches Land. Gegen ein sozialistischen Land, welches das Verbrechen beging, das Vertrauen seiner Völker zum Sozialismus wiederherstellen zu wollen.

So war es mir denn vergönnt, Zeuge des bewundernswerten Verhaltens meines Volkes zu sein, Zeuge seines hohen staatsbürgerlichen Bewußtseins, seines erstaunlichen politischen Verständnisses, seines Muts, seines Kampfeswillens.

Ich sah am Vormittag des 21. August eine Gruppe von etwa hundert jungen Männern und Mädchen, die vor dem von sowjetischen Fallschirmjägern und ihren Panzern besetzten Innenministerium standen. Ich hörte sie rufen: »Hoch Pavel! Wir halten zu dir!« Da dachte ich, daß wir nicht umsonst gelebt haben. Ich dachte... Aber sie sagten es lauter als ich und entfalteten dabei die Fahne, die man in das Blut des ersten Toten jenes Tages getaucht hatte, und vor den erschütterten sowjetischen Soldaten sangen sie das alte Lied der Revolution:

Hier ist sie, seht her, merkt euch gut,
wie sie flattert voll Stolz, unsre Fahne,
entfaltet in sonniger Glut!
Wagt es doch, ihr zu trotzen, nur Mut!
Unbesiegbar bleibt unsre Fahne,
Gerötet von Arbeiterblut!
Gerötet von Arbeiterblut!

Zu den Soldaten sagten sie: »Weshalb seid ihr hier, Brüder? Man hat euch getäuscht! *Wir* sind die Konterrevolutionäre, wir, unser ganzes Volk! Wir sind die Revolution!« Sie sprachen vom Leben, vom Sozialismus und von der Freiheit. Vom Sinn all dessen, wofür ich mich bemüht habe, wovon ich geträumt habe; all dessen, wofür wir uns bemüht, wovon wir geträumt haben. Alles dessen eben, was sich in unserem Land verwirklichte.

An diesem Septemberende weiß ich bereits, daß mein Land einen sehr großen Sieg errungen hat. Wenn es nachgegeben, wenn es zugelassen hätte, daß die Besatzer die Gefängnisse füllten, erlaubt hätte, daß auch nur dem geringsten seiner Söhne der Prozeß gemacht würde, hingenommen hätte, daß die Mühle sich von neuem gedreht hätte, und sei es nur für einen einzigen von jenen, deren Kopf die Sowjets verlangten, was hätte das für Folgen gehabt, nicht nur in der Tschechoslowakei, sondern auch bei den fünf Angreifern! Wie viele Unschuldige wären der neuen Unterdrückung zum Opfer gefallen!

Wenn die Hoffnung, die sich im Januar 1968 bei uns zu regen begann, auch nur jene Rehabilitierung des Wortes Sozialismus, nur jene neue Achtung vor den menschlichen Werten hervorgebracht hätte, die ihm innewohnen, hätte schon damit das tschechische und das slowakische Volk für die gesamte Arbeiterbewegung gute Arbeit geleistet. Diese Hoffnung, so bedroht sie auch sein mag, ist nunmehr keine gebrechliche mehr; schon ist sie so weit verbreitet, daß keine brutale Gewalt sie mehr auszulöschen vermag, es sei denn, man wolle einen Frieden der Leichenstätten herrschen lassen. Das Volk des Jan Huss hat seinem Wahlspruch »Die Wahrheit wird siegen« zu neuer Ehre verholfen und ihn für immer mit der *Internationale* vermählt.

Paris, den 30. September 1968

Chronologische und biographische Anhaltspunkte

Im Dezember 1954 meldete die *Prawda* den Prozeß und die Hinrichtung von Berijas stellvertretendem Sicherheitsminister, Abakumow, sowie einiger Chefs der sowjetischen Berater, die den Slansky-Prozeß aufgezogen haben, namentlich Lichatschews.
1955 werden Kohoutek und Doubek festgenommen und zu Freiheitsstrafen verurteilt. Auf Grund von Strafermäßigungen und Amnestien werden sie 1958 freigelassen. Kohoutek wird pensioniert, Doubek erhält beim staatlichen Reisebüro Čedok einen leitenden Posten und wird der tschechoslowakischen Vertretung bei der Brüsseler Weltausstellung angehören, während viele Opfer der beiden aus den fünfziger Jahren noch weitere zwei Jahre im Gefängnis bleiben.
Gegen Smola und andere Referenten werden behördliche Maßnahmen getroffen, die jedoch nicht sehr schwerwiegend sind.
Generalstaatsanwalt Urvalek und Gerichtsvorsitzender Novak wurden nur - und auch das erst viel später - behördlich gemaßregelt.
Ladislav Kopřiva wurde 1963 zugleich mit Alexander Čepička, Gottwalds Schwiegersohn und ehemaliger Armeeminister, vom Zentralkomitee aus der Partei ausgeschlossen.
Damals wurde auch Karol Bacilek seiner Funktion als Mitglied des Parteipräsidiums enthoben und mußte seinen Posten als Erster Sekretär der slowakischen KP aufgeben, wo Alexander Dubček an seine Stelle trat. Ebenso wurde Bruno Köhler seiner leitenden Stellung als Sekretär des Zentralkomitees der tschechoslowakischen KP enthoben.
Bacilek und Köhler wurden erst bei der Sitzung des Zentralkomitees im Mai 1968, gleichzeitig mit Novotny und Široky aus dem Zentralkomitee ausgeschlossen und als Parteimitglieder suspendiert.
Eine erste Rehabilitierungskommission unter Vorsitz des damaligen Innenministers Rudolf Barak legte im September 1957 ihren Bericht vor. Sie bestätigte in beinahe allen Fällen die Verurteilungen. Sie war sogar der Ansicht, daß die Tatsache der »Entlarvung« Slanskys »der Partei sehr geholfen habe« und daß seine Verurteilung »recht und billig« war.
1962 wurde eine zweite Kommission unter dem Vorsitz von Drahomir Kolder eingesetzt; sie gab ihren Bericht im April des folgenden Jahres. Im Gegensatz zur ersten entschied sie, daß die Prozesse auf erfundenen Beschuldigungen fußten, verlangte die Aufhebung der Urteile und sprach sich für die gerichtliche Rehabilitierung der Verurteilten aus. Das Zentralkomitee wies für Rudolf Slansky, Otto Šling, Bedřich Reicin, Otto Fischl, Karel Švab usw. die Rehabilitierung als Parteimitglieder ab.

Erst 1968 wurde die Frage der Rehabilitierungen in ihrem ganzen Umfang und mit allen ihren Zusammenhängen erwogen. Am 1. Mai erhalten die Verurteilten des Slansky-Prozesses und der anderen damit verbundenen Prozesse die höchsten Orden des tschechoslowakischen Staates.

Unter den Männern, die in diesem Buch eine Rolle spielen, nahmen fünf Überlebende im Demokratisierungsprozeß einen wichtigen Platz ein: Josef Smrkovsky, Präsident der tschechoslowakischen Nationalversammlung; Gustav Husak, Erster Sekretär der slowakischen Kommunistischen Partei; Eduard Goldstücker, Präsident des tschechoslowakischen Schriftstellerverbandes; Josef Pavel, Innenminister von Mai bis Ende August 1968, als er auf Verlangen der Sowjets zurücktreten mußte; Leopold Hoffman, Präsident der Kommission der Nationalversammlung für Armee und Sicherheit.

Historische Anhaltspunkte

Der Präsident der tschechoslowakischen Republik, Beneš, nimmt nach mehreren Wochen politischer Wirrnis, am 25. Februar 1948, den Rücktritt der nichtkommunistischen Minister der Regierung der nationalen Front entgegen; er betraut Klement Gottwald, den wichtigsten unter den Leitern der Partei, mit der Bildung eines neuen Ministeriums, das zur Hälfte - zwölf von vierundzwanzig - aus kommunistischen Mitgliedern bestehen soll. Dieses Ereignis gab der Westen als »Prager Staatsstreich« bekannt und hielt dann, im Spiel seiner eigenen Formulierungen gefangen, an der Bezeichnung fest.
Dabei hatte das Ereignis nichts von einem Staatsstreich an sich. In den Industriezentren von Böhmen und Mähren gab es eine alte kommunistische Tradition. Die tschechische KP, die 1921 durch die klassische Spaltung der Sozialdemokratie anläßlich des Beitritts zur III. Internationale entstand, war vor der deutschen Invasion von 1938 nie eine geheime gewesen; sie hatte als Oppositionspartei stets einen zutiefst nationalen Charakter bewahrt, auch dann noch, als der große Umschwung der Jahre 1928 bis 1929 die Neugruppierung der kommunistischen Internationale um das Zentrum Moskau bestätigte. Gottwald und Slansky, die die Partei nach dem sowjetischen Vorbild eines strengeren Zentralismus neuorganisierten, und die neue Generation der kommunistischen Kader, die sich von nun an in Moskau bilden sollte, fanden sich auf allen Ebenen des Widerstands gegen Nazideutschland zusammen oder kämpften an der Seite der Roten Armee. Der Preis, der für die Befreiung des Landes zu zahlen war, gab ihnen das Recht, wie in zahlreichen anderen Ländern des befreiten Europa, auf eine neue Rolle für sich zu rechnen; und plötzlich kam alles zusammen, um dieses Streben nach Führungsmacht noch zu verstärken.
Die Befreiung des Landes geschah in einem wilden Durcheinander: Die Rote Armee und die Kommunistische Partei waren lange Zeit hindurch die einzigen organisierten Kräfte, und unter ihrer Kontrolle bildeten sich nach und nach in den befreiten Gebieten Nationalausschüsse, die während mehrerer Monate tatsächlich die Macht ausübten. Damals stand den tschechischen Kommunisten bei ihrer Machtergreifung nichts im Wege: In Böhmen und Mähren erhielten sie bei den ersten Wahlen nach dem Krieg 38, beziehungsweise 43 Prozent der Stimmen; das zeigt, daß die uneinigen bürgerlichen Parteien kaum in der Lage gewesen wären, sie auf ihrem Weg aufzuhalten. Das Experiment wurde jedoch drei Jahre lang verschoben. Nach der Konferenz von Jalta wurde die Tschechoslowakei unter die Demokratien Osteuropas gereiht, die zur Einfluß-

sphäre Sowjetrußlands gehören sollten; das war eine sehr ungenaue Definition, die in der Folge zahlreiche und verschiedene Anwendungen erfahren sollte. Die tschechoslowakische Lösung wird jedoch dem Geist von Jalta am ehesten gerecht: In der internationalen Politik bereitete Beneš' diplomatische Geschicklichkeit während des Krieges eine Annäherung an die UdSSR vor, die jedoch die traditionelle Anhänglichkeit an den Westen nicht beeinträchtigen sollte; in der Innenpolitik fand die Formel der Nationalen Front, die - wie Moskau es schon seit 1941 angestrebt hatte - alle politischen Kräfte der Patrioten und Widerstandskämpfer vereinigte, ihren ersten Ausdruck im Programm von Košice (März 1945) und in der Bildung einer provisorischen Regierung, die fast zu einem Drittel kommunistisch war: Gottwald und Široky waren darin stellvertretende Ministerpräsidenten und der Slowake Clementis Stellvertreter Jan Masaryks im Außenministerium.

Dieses prekäre Gleichgewicht wurde aber bald gestört. Das Problem des wirtschaftlichen Wiederaufbaus erforderte eine dringende Lösung. Im Jahr 1947 verlieh ihm der Marshallplan eine neue politische Färbung: die UdSSR, die befürchtete, daß Mitteleuropa sich den amerikanischen Interessen unterwarf, zwang die zögernde Tschechoslowakei, die westliche Hilfe abzulehnen; gleichzeitig schufen wirtschaftliche und diplomatische Übereinkommen zuerst mit der UdSSR und dann zwischen den Ländern des Ostens eine neue Solidarität, die im September 1947 durch die Gründung des Kominform bestätigt wurde - eines Informationsbüros, das mit der Koordinierung der Tätigkeit der neun großen europäischen kommunistischen Parteien betraut wurde. In der Tschechoslowakei wie anderwärts kennzeichneten das Jahr 1947 und die Intensivierung des kalten Krieges mehr als der »Prager Staatsstreich« des Jahres 1948 die große Wendung der Nachkriegszeit. Als die UdSSR die kommunistischen Parteien in verschiedenen Ländern aufforderte, die Macht zu ergreifen, gab es keinen Widerstand gegen die tschechoslowakische KP. Wie Beneš erkannte, war die Partei »auf ihrem Weg zur wirklichen Macht weit vorgeschritten«. Sie kontrollierte mit Zapotocky die einzige Gewerkschaftsorganisation und viele von den traditionellen nationalen Verbänden, sie war in einer Zeit politischen Unbehagens und wirtschaftlicher Schwierigkeiten die einzige organisierte Kraft, sie erfreute sich der wohlwollenden Neutralität des Kriegsministers, General Svobodas, und war überall in der Verwaltung und der Polizei vertreten. Angesichts dieser Macht trat das Problem der Verfassungsmäßigkeit des »Prager Staatsstreichs« in der Hintergrund: die schnell wachsende Zahl der revolutionären Aktionskomitees über Aufruf der Partei zwischen dem 21. und 25. Februar 1948, die Unterstützung durch die Werkausschüsse ließen im Augenblick, da sie die Macht ergriffen, lassen den

Umfang der Mobilisierung des Landes zugunsten der Kommunisten ermessen.
Doch bald kam es bei dieser siegreichen, einigen Masse zu Zwist und Zerrüttung, wodurch auch sie die große Krise der kommunistischen Parteien zwischen 1949 und 1953 durchmachte. Mehr noch als auf die Verschlechterung der internationalen Lage ließ sich diese Entwicklung auf die gleichzeitige Spaltung der kommunistischen Welt zurückführen. Die Verurteilung Jugoslawiens durch das Kominform im Juni 1948 bedeutete die Maßregelung eines Bruderlandes, das die Schuld auf sich geladen hatte, seine Unabhängigkeit den politischen und wirtschaftlichen Plänen Moskaus gegenüber betont zu haben; von diesem Augenblick an wurde Tito, einstmals Stalins beliebtester Anhänger, zur Personifikation des inneren Feindes, dessen Gestalt so oft in der Bilderfabrik des Prozesses der fünfziger Jahre vorkam. Gegen diese Anwandlungen von »nationalem Kommunismus« setzte Stalin nach der Machtübernahme die Intensivierung des Klassenkampfes sowie die Bolschewisierung der kommunistischen Parteien auf die Tagesordnung: in jedem einzelnen Fall galt es, den Feind im eigenen Haus zu verfolgen, die Partei zu säubern, ihre Unterwerfung unter die Weisungen des Kominform zu gewährleisten.
In der Tschechoslowakei brachte ein Wiederaufleben der Opposition bei den in der Regierung nicht vertretenen Parteien bereits im Herbst 1948 sowie die nicht zu unterdrückende nationale slowakische Opposition früher als anderswo eine Verhärtung in der Haltung der Partei mit sich; der Generalsekretär der Partei, Slansky, und Geminder wurden beauftragt, einen Plan des sogenannten »Klassenkampfes« zu verwirklichen: beide befanden sich dann unter den Verurteilten des Jahres 1952. In einer Atmosphäre des Mißtrauens und der Denunziationen wurden so die politischen Motive deutlich, aus denen auf Anleitungen von Moskau Anklagepunkte wurden: wieder ins Leben gerufene traditionelle Anklagen wie Trotzkismus, Spionage für den Westen oder »bourgeoise Abweichung«; neuere, wie Titoismus, »bourgeoiser slowakischer Nationalismus«, unzureichende Wachsamkeit. Schließlich wurde in dieser verschlossenen Welt, in der jeder den anderen beobachtete, die individuelle politische Erfahrung zu einem diskriminierenden Faktor: wer, wie London, in Spanien oder in den westlichen Widerstandsbewegungen gekämpft hatte, schien denen verdächtig, die im Exil in Rußland oder bei der Widerstandsbewegung in der Tschechoslowakei gewesen waren; und hinzu kam auch noch der Antisemitismus, der am Ende der stalinistischen Periode neu auftauchte. Diese diversen Anklagegründe mußten nur noch koordiniert werden; der Prozeß des Außenministers Rajk im Jahre 1949, der Fall der Brüder Field dienten als Vorbild und Grund-

lage für spätere Prozesse. Von einem zum anderen Prozeß, von einem zum anderen Geständnis fand man die gleichen Anspielungen und widersinnigen Schlußfolgerungen. So entdeckte man in Prag, nachdem Gottwald seine Hemmungen überwunden hatte, mehrere »Sabotagezentren«: im Außenministerium und in der Leitung des Außenhandels (London, Hajdu, Löbl, Margolius), in der slowakischen KP (Šling, Clementis, Husák), unter den hohen Parteifunktionären (Geminder, Švab, Simone und vor allem Slansky, der als letzter im November 1951 festgenommen wurde). Die Hauptangeklagten des »Verschwörungszentrums gegen den Staat« wurden im Dezember 1952 vor Gericht gestellt und verurteilt. So kam die tschechoslowakische Partei den Wünschen Moskaus nach, sie sollte sich Autorität verschaffen und die kommunistische Bewegung in festen Griff bekommen; im September 1951 traten sechs neue Sekretäre des Zentralkomitees an die Stelle Slanskys, dessen alleiniges Sekretariat abgeschafft wurde, und alle, darunter Antonin Novotny, waren für die »harte bolschewistische Linie«. Gleichzeitig fand man solche, die für die wirtschaftlichen, industriellen und Ernährungsschwierigkeiten des Landes verantwortlich waren. So schürten Schlagwörter aus dem kalten Krieg, Abrechnungen im Parteiapparat, Zerrissenheit in der kommunistischen Welt und die Forderungen Moskaus die große Säuberung.

Trotz der Periode der Unklarheit und Unsicherheit nach Stalins Tod, trotz Chruschtschows Bericht im Jahr 1956, nahm die Leitung der tschechischen KP nur sehr langsam die Akten des Prager Prozesses wieder auf. Dann wurde eine Sonderkommission damit betraut, die Untersuchungen zu prüfen. Ihr Bericht wurde nie bekanntgegeben; doch begann man insgeheim einige der Verurteilten freizulassen. Die Staatsführung überstand die Stimmungswechsel des Jahres 1956 und die Entstalinisierung, und erst 1961 begann man die Überlebenden zu rehabilitieren. Im April 1963 mußte Novotny dem Zentralkomitee den Bericht übergeben, den eine neue Kommission über den Prozeß der elf Hauptverurteilten von 1952 angefertigt hatte: der von anstößigen Stellen gereinigte, mit Zurückhaltung veröffentlichte Bericht gab die Verstöße gegen die Gesetze und die Nichtigkeit aller Anklageschriften zu. Einige Verurteilte, die auf strafrechtlicher Ebene freigesprochen wurden, waren es auf politischer Ebene immer noch nicht: Slansky, Šling und Fischl blieben postum weiter aus der KP, Clementis aus dem Zentralkomitee ausgeschlossen. Erst im Frühling 1968 kam es zur vollen Rehabilitierung.

Der Herausgeber

Personenregister

Bacilek 299, 378, 456
Bartoš 319
Beneš 291, 406, 458 f.
Berger 357, 360, 364 f.
Berija 156, 378, 382, 402, 436, 450, 456

Čepička 371, 378, 456
Černik 46, 243
Černy 82, 147 f., 266
Čivrny 253
Clementis 15, 32 f., 39 ff., 118, 140, 234 f., 262, 281, 285, 287, 290 ff., 303, 305 ff., 310, 321, 323, 325, 355, 381, 459, 461

Dolansky 118, 217, 227, 231, 237, 295, 378
Doubek 114, 120, 129, 214, 218, 236 ff., 261 ff., 305 f., 372, 377 f., 456
Dubček 456
Duclos 32, 37, 155, 227, 433
Dufek 262, 290, 292, 451
Dulles 29, 145, 235, 297, 310

Feigl 11, 15, 35, 113, 250 f.
Field 11, 13, 18, 21, 29, 33 ff., 36, 38 ff., 53, 58, 97, 117, 119, 124, 174, 191, 225, 235, 244, 247, 251 f., 266, 289, 292 f., 297, 300, 310, 314, 320, 354, 367, 381, 398, 400, 427, 429 ff., 443, 460
Fischl 234, 281, 285, 293, 304, 321, 323, 456, 461
Frank 44, 234, 281, 283, 285, 293, 304, 321, 323
Frejka 234, 281, 283, 285, 293, 304, 310 f., 314, 319, 321 f., 328, 381

Geminder 34, 37, 39, 43, 46, 101, 156 f., 160, 191, 216, 234 f., 243, 246, 249, 255, 262 f., 281, 285, 287, 289 ff., 297 ff., 306, 311, 315, 319, 321, 323, 460 f.
Goldmann 314, 378
Goldstücker 254 ff., 262 f., 289, 292, 301, 315, 378, 381, 404, 407 f., 423, 425, 445, 451, 457

Gomulka 315, 381
Gottwald 27, 39 ff., 81, 94 f., 97, 128, 140, 160, 216 f., 225 f., 228, 241 ff., 284, 299, 313, 316 f., 328, 340, 344, 356, 363, 371, 378, 381 f., 394, 406, 458 f.
Guyot 85, 155, 361 ff., 394, 420

Hajek 292, 445
Hajdu 32, 38 ff., 115, 219, 234 f., 281, 285, 290, 292, 301, 304, 306, 310, 321, 323, 326 ff., 333, 343, 351, 355, 359, 362, 366, 372, 374, 376 f., 392 f., 403 ff., 407, 420, 423 f., 437 f., 451 f., 461
Hašek 237 f.
Havel 16 ff.
Hervé-Kaminsky 31, 33, 54
Hoffman 43, 91, 168 f., 291, 430, 457,
Holdoš 59, 62, 68, 70, 77, 96, 113, 141 f., 144 f., 154, 173, 214, 227, 231, 251, 288, 320, 381
Hromadko 11, 18, 31, 59, 62, 91, 113, 123, 173, 220, 228, 291, 349, 405 ff., 420, 452
Husak 231, 378, 457, 461

Janoušek 28 f.

Kavan 289, 292, 315, 405, 451
Kevic 373 ff., 405, 423
Klecan 148
Kleinova 13, 18, 38, 113, 123 f., 173
Köhler 139, 141, 160, 187 ff., 216, 244 ff., 299, 340, 347, 410, 452, 456
Kohoutek 123, 170 ff., 213, 218, 222 ff., 231 ff., 249 f., 254 ff., 281, 305 ff., 318, 321, 327, 335, 340, 366 f., 377, 397, 419, 456
Kohnova 35, 149
Kolder 456
Kopecky 32, 160, 216, 299, 378
Kopřiva 13 f., 21, 35, 39, 44, 46, 59, 114, 122, 129 f., 135, 137, 161, 191, 236 ff., 244, 295, 299, 456
Kratochvil 216, 289, 315
Krestinskij 273 ff.

Leclerc 93
Lichatschew 81
Löbl 217, 224, 234, 281, 285, 293, 304, 306, 310, 314, 319, 321, 323, 328, 333, 359, 366, 372, 374, 376 f., 381, 403 ff., 423 ff., 437 f., 461
London, Lise 14, 16 f., 21 f., 30, 46, 49, 61, 86, 98 ff., 130 ff., 157 ff., 174 ff., 192, 222, 239 ff., 272, 276 ff., 318, 333 f., 336 ff., 386 f., 391 ff., 409 ff., 420, 427 ff.
Longo 77, 85

Malenkow 317
Margolius 216 f., 234, 281, 285, 306, 319, 321, 323, 461
Marty 31, 34, 87, 91 ff.
Molotow 41
Masaryk 32

Nekvasil 113, 123, 173, 228, 301
Nosek 39 f.
Novak 269, 282, 300, 322, 456
Novomesky 231
Novotny 335, 368, 370, 378, 421, 430, 434, 439, 456, 461

Pavel 11 ff., 59, 62 f., 69, 85, 90 f., 96, 122, 144, 220, 228, 236 f., 291, 294, 297, 378, 405, 407, 409, 418, 423 f., 437, 451, 454, 457
Pavlik 11, 15, 35, 113, 381

Rajk 36 ff., 51, 63, 69 f., 97, 116 f., 119, 130, 173, 226, 289, 291, 310, 320, 380 f., 460
Rankovitsch 36
Reicin 234, 281, 285, 293, 305, 311, 321, 323, 456

Simone 41, 234, 248 f., 281, 285, 293, 304, 310, 319, 321, 323, 325, 328, 461
Sinowjew 270 f.

Široky 15 f., 21 f., 35, 37, 39, 42 f., 46, 100 ff., 115, 140 f., 149, 160, 187, 189, 192 f., 216, 243 f., 250 f., 299, 340, 350, 378, 382, 431, 434, 452, 456, 459
Slansky 32, 37, 39, 41, 46, 81, 99, 101 f., 160, 187, 216, 224 ff., 303 f., 306, 310 ff., 319 ff., 328, 335, 340, 398 f., 405, 419, 456, 458, 460 f.
Šling 234, 243, 266, 281, 285, 293, 305 f., 310 f., 321, 327 f., 381, 456, 461
Smirnow 81
Smola 29, 50 f., 53, 56, 68, 75, 83, 98, 113, 115, 121 f., 127 ff., 136, 138, 157, 169 ff., 178, 295, 336, 456
Smrčka 125 f.
Smrkovsky 16, 253 f., 378, 457
Sommer 278, 281, 306
Švab 35 f., 38, 44, 158, 234, 262, 281, 285, 289, 292 ff., 305, 314 f., 319, 321, 323, 328, 381, 383, 456, 461
Šverma 140 f.
Svoboda 11 f., 31, 59, 62, 85, 91, 113, 122 f., 160, 173, 220, 226 ff., 251, 291, 307, 320, 405, 407, 452

Tito 34, 70, 126 f., 313, 315, 381 f.
Togliatti 34, 92

Valeš 11 f., 18, 51, 59, 76 f., 85, 99, 113, 220, 291, 383, 405, 409, 423, 437, 444, 451
Vincent 32 f.

Wischinskij 273, 300

Zapotocky 372 f., 377 f., 413, 421, 429, 431, 434, 459
Zavodsky 11 ff., 28, 35, 38, 40, 43, 51, 53 ff., 69, 85, 94, 99, 121 ff., 129, 145, 173, 220, 227 f., 244, 251, 288, 291 f., 294 ff., 320, 378, 383, 400
Zilliacus 235, 254 ff., 287, 289, 301, 315, 355, 367, 443